Veröffentlicht im Rowohlt Taschenbuch
Verlag GmbH, Reinbek bei Hamburg,
April 2001
Unveränderter, fotomechanischer Nachdruck

Umschlaggestaltung Walter Rebhuhn
(Foto: Archiv für Kunst und Geschichte, Berlin)
Gesamtherstellung Clausen & Bosse, Leck
Printed in Germany
ISBN 3 499 61131 7

Zu diesem Buch

Band 6 der «Kriminalgeschichte des Christentums» behandelt das Hochmittelalter, also das 11. und 12. Jahrhundert. Zentrale Herrschergestalten der Epoche sind: der letzte Ottone Kaiser Heinrich II., der Heilige, mit seinen drei großen Kriegen an der Seite von Heiden gegen das katholische Polen, der Salier Heinrich IV. sowie der Staufer Friedrich O. Barbarossa. Der folgenschwere Pontifikat Gregors VII. (1073–1085), eines aggressiven «heiligen Satans», führt im berüchtigten Investiturstreit – Stichwort: Canossa – zum Sieg des Heiligen Stuhls über den Kaiserthron. Die Ecclesia militans et triumphans spiegelt sich im vergossenen Blut von Millionen, die sie zu den drei Kreuzzügen aufhetzt. Deschner seziert ebenso unbestechlich den barbarischen Wendenkreuzzug von 1147, überhaupt die Heidenmission, die päpstliche Ostpolitik, die rasch wachsenden «Ketzer»-Bewegungen, die beginnende Inquisition.

Der Autor

Karlheinz Deschner, geb. 1924 in Bamberg, im Krieg Soldat, studierte Jura, Theologie, Philosophie, Literaturwissenschaft und Geschichte. Seit 1958 veröffentlicht Deschner seine entlarvenden und provozierenden Geschichtswerke zur Religions- und Kirchenkritik. Der forschende Schriftsteller lebt in dem durchaus katholisch geprägten Franken-Städtchen Haßfurt am Main. 1988 wurde er mit dem Arno-Schmidt-Preis ausgezeichnet.

Weitere im Rowohlt Taschenbuch Verlag erschienene Bände der «Kriminalgeschichte des Christentums»: Band 1 «Die Frühzeit» (rosach 19969), Band 2 «Die Spätantike» (rosach 60142), Band 3 «Die Alte Kirche» (rosach 60244), Band 4 «Frühmittelalter» (rosach 60344), Band 5 «9. und 10. Jahrhundert» (rosach 60556).

KARLHEINZ DESCHNER

Kriminalgeschichte des Christentums

SECHSTER BAND

11. UND 12. JAHRHUNDERT

Von Kaiser Heinrich II., dem «Heiligen» (1002), bis zum Ende des Dritten Kreuzzugs (1192)

Rowohlt Taschenbuch Verlag

Gewidmet besonders meinen Freunden Alfred Schwarz und Herbert Steffen sowie allen, deren selbstlosen Beistand ich, nach dem steten meiner Eltern, dankbar erfuhr:

Wilhelm Adler
Prof. Dr. Hans Albert
Lore Albert
Klaus Antes
Else Arnold
Josef Becker
Karl Beerscht
Dr. Wolfgang Beutin
Dr. Otto Bickel
Prof. Dr. Dieter Birnbacher
Dr. Eleonore Kottje-Birnbacher
Kurt Birr
Dr. Otmar Einwag
Dieter Feldmann
Dr. Karl Finke
Franz Fischer
Kläre Fischer-Vogel
Henry Gelhausen
Dr. Helmut Häußler
Prof. Dr. Dr. Norbert Hoerster
Prof. Dr. Walter Hofmann
Dr. Stefan Kager und Frau Lena
Hans Kalveram
Karl Kaminski und Frau
Dr. Hedwig Katzenberger
Dr. Klaus Katzenberger
Hilde und Lothar Kayser
Prof. Dr. Christof Kellmann
Prof. Dr. Hartmut Kliemt
Dr. Fritz Köble
Hans Koch
Hans Kreil
Ine und Ernst Kreuder
Eduard Küsters
Robert Mächler
Jürgen Mack
Volker Mack
Dr. Jörg Mager
Prof. Dr. H. M.
Nelly Moia
Fritz Moser
Regine Paulus
Jean-Marc Pochon
Arthur und Gisela Reeg
Hildegunde Rehle
M. Renard
Gabriele Röwer
German Rüdel
Dr. K. Rügheimer u. Frau Johanna
Heinz Ruppel und Frau Renate
Martha Sachse
Hedwig und Willy Schaaf
Friedrich Scheibe
Else und Sepp Schmidt
Dr. Werner Schmitz
Norbert Schneider
Alfred Schwarz
Dr. Gustav Seehuber
Dr. Michael Stahl-Baumeister
Herbert Steffen
Prof. Dr. Dr. Dr. h. c.
Wolfgang Stegmüller
Almut und Walter Stumpf
Artur Uecker
Dr. Bernd Umlauf
Helmut Weiland
Klaus Wessely
Richard Wild
Lothar Willius
Dr. Elsbeth Wolffheim
Prof. Dr. Hans Wolffheim
Franz Zitzlsperger
Dr. Ludwig Zollitsch

INHALT

11. Kapitel: Der Dritte Kreuzzug (1189–1192) 545

Anhang 567

1. KAPITEL

KAISER HEINRICH II. DER HEILIGE (1002–1024)

«Der über alles kirchlich gesinnte Mann.»
Annales Hildesheimenses[1]

«Jetzt will ich anheben, von ihm zu schreiben, der durch Gottes Gnade und eigene Tüchtigkeit jeden demütigte, der gegen ihn aufstand, und der sie alle zwang, ihm mit gebeugtem Nacken zu huldigen.» Bischof Thietmar von Merseburg[2]

«Wie keiner seiner Vorgänger griff er in die Leitung des Gottesvolkes, der Kirche, ein, glich sich den Bischöfen an.» «Heinrich war ein König, der konfrontierte, nicht befriedete, der Gräben aufriß, nicht zuschüttete. Er bediente sich aller Mittel, von der List über den Verrat bis zur nackten Gewalt und mit besonderer Vorliebe des kanonischen Rechts.» «Der den Frieden bringen wollte, wurde einer der kriegerischsten Könige der Zeit.» Johannes Fried[3]

«. . . vermochte sich durchzusetzen . . ., indem er auf die gesunden (!) Regierungsprinzipien Ottos I. zurückgriff».
Handbuch der Kirchengeschichte[4]

Kirchenluft und ihre Folgen

Kaiser Heinrich II. (= Herzog Heinrich IV. von Bayern) der Heilige (1002–1024) wurde am 6. Mai 973 oder 978 geboren; vielleicht in Abbach bei Regensburg, vielleicht in Hildesheim. Hier jedenfalls lebte er während der Verbannung seines Vaters Heinrich «des Zänkers» von Bayern (V 523 ff., 544 ff.). Und die Hildesheimer Domschule hat ihn auch für den geistlichen Stand ausgebildet; wahrscheinlich weniger wegen seiner schwachen Gesundheit, als wegen Kaiser Ottos II. Absicht, den Sprößling seines Gegners um jede Teilhabe an der Reichsgewalt zu bringen. In Regensburg wurde dann die Ausbildung des Prinzen durch den «Reformkleriker» Ortsbischof Wolfgang beendet, den Freund des großen Urkundenfälschers Pilgrim von Passau (V 441 ff., 528 f.), wobei ihn auch Abt Ramwold von St. Emmeram beeinflußt hat, gleichfalls ein reger Propagandist der Gorzer Reform. Kurz, Heinrich wuchs in Kirchenluft auf, und zeitlebens blieb er darin, blieb er seiner geistlichen Erziehung verhaftet – ja Sinn der Sache.

Für einen so geformten Kopf aber zeitigt das Folgen. Er lavierte nicht nur, was sich schwer vermeiden ließ, wollte man zwischen all den Adelsgruppen regieren; er lockte nicht nur, da mit großen Lehen, dort mit attraktiven Pfründen. Nein, er nutzte auch die Zwietracht der Magnaten, intrigierte, agitierte, trieb immer wieder zu Konflikten. Er setzte vor allem die tradierte Gegnerschaft der Liudolfinger, zumal der bayerischen, gegen die Konradiner und die schließlich mit ihnen kooperierenden Salier fort. Er verbreitete Angst. Er schloß Freundschaften und brach sie rasch wieder. Er bedachte besonders die bayerischen Bistümer, begünstigte Verwandte und übersah noch so berechtigte Erwartungen anderer. Er verstellte sich gern. Seine häufigen Listen streiften mitunter an Heimtücke. Er betrieb offensichtlich Unrecht durch ungerechte Richter, und selbst der ihm wohlgesonnene, sehr ergebene Thietmar, der ihm zwei Bücher seiner Chronik widmete, gestand einmal: «alles Volk murrte, und heimlich beschwerte man sich, der Gesalbte des Herrn sündige».

Harmloser vielleicht Heinrichs Faible für makabre Späße. So amüsierte er sich zum Beispiel mit seinem ganzen Hofstaat (freilich nicht ohne Zurechtweisung) über die Todesangst eines nackten, mit Honig beschmierten Mannes, den ein Bär ableckte! Makaber, auf ganz andere Art, seine forcierte Ausbeutung der Silberminen des Rammelsberges bei Goslar, ein so gewaltiges Holzverschwenden, daß es zu einer ökologischen Krise im Harz führt, mit der rasch wachsenden Fichte im Gefolge.

Vor allem aber gebraucht der Heilige, der immer wieder Frieden gebietet, Frieden beschwören läßt, fortdauernd Gewalt – einer «der kriegerischsten Könige der Zeit» (Fried).

Persönlich wirkt der künftige Kaiser fromm. Er besucht ab und zu ein prominentes Heiligengrab, verehrt selbstverständlich Reliquien, nimmt überhaupt häufiger als andere Fürsten der Zeit an kirchlichen Zeremonien teil. Ja, er demonstriert bei fast jeder Gelegenheit seinen Glauben. Kaum nachdem er so an Weihnachten 1002 in Frankfurt «die Fleischwerdung des Herrn» gefeiert, verbringt er am 24. Januar 1003 in Aachen das Jahresgedächtnis seines Vorgängers «in größter Andacht», kommt dann aus Liebe zu dem hl. Servatius (gest. 384) zu dessen Grab nach Maastricht, zieht weiter nach Lüttich, um den dortigen Patron Lambert (gest. um 703) zu verehren, begeht, wieder in Aachen, am 2. Februar 1003, «in Ehrfurcht das Reinigungsfest der Gottesmutter», worauf er nach Nimwegen eilt, um da zur Fastenzeit «zunächst das Reich Gottes und seine Gerechtigkeit zu erlangen . . .», wie Thietmar von Merseburg meint, unsere Hauptquelle für Heinrich.

Hat diese Frömmigkeit etwas «Berechnendes»? Natürlich, wie jede Frömmigkeit; zumal die christliche! Die seiner Gattin etwa, der hl. Kunigunde, von der es nicht weniger als 60 Urkunden mit der Formel «pro remedio animae» gibt, zum Heil der Seele oder mit analogen Floskeln.

Bekanntlich war Heinrich, der «rex canonicus», der sich als «oberster Reichskleriker» verstand, auch Inhaber mehrerer Kanonikate. Seit 1007 gehörte er in Bamberg, seit 1010 in Magdeburg dem Domkapitel an, ist aber auch Kanoniker in Straßburg, Aachen, Paderborn, Hildesheim. Er beteiligt sich an Gebetsgemeinschaften von Domkapiteln und bezieht deren Pfründen. Er tritt der Gebetsgemeinschaft von Montecassino bei, schließt mit Cluny eine «Societas et fraternitas», verbrüdert sich auch mit anderen Reformklöstern, mit Fruttuaria, mit Saint-Benigne in Dijon. Er vollzieht die Wiedergründung des Bistums Merseburg (1004), die Neugründung des Bistums Bamberg (1007) sowie des Bistums Bobbio (1014) – «als dritte Zier seines frommen Lebenswerkes» (Thietmar): möglicherweise von der Abtei Bobbio initiiert, die, durch benachbarte Bischöfe viel geplagt, von einem eigenen Bistum Bobbio mehr Schutz erhoffen mochte. Noch heute jedenfalls preist man in hergebrachter Apologetik Heinrichs (und seiner hl. Gattin) Willen «nach einem Leben in der Maßgabe Christi», spricht man von einer «persönlichen Nachfolge nach der Weisung des Evangeliums» und bescheinigt ihm «eine religiöse Begabung eigener Art» (Guth).

Letzteres mag zutreffen. Denn war Heinrich auch «wahrhaft fromm», wie Benediktiner Bauerreiss, der bayerische Kirchenhistoriker beteuert, so doch nicht zu fromm, nicht von jener Frömmigkeit des «guten Kerl» etwa, die nur zur unrechten Zeit begegne, nur abstoße. Nein, ein «weichherziger König», nein, «das wäre auch schlecht», zitiert Bauerreiss Brun von Querfurt, einen weiteren Heiligen.

Denn natürlich beherrschte der Herzogssohn auch das «Kriegshandwerk». Beten und töten (vgl. V 16 ff!, 28 ff!), das verband sich da harmonisch. Schließlich war der blutige Streit (freilich nicht nur) in dieser Familie sozusagen ein Herrschaftsrequisit. Schlug sich Heinrichs Vater, der Zänker, doch so mit seinem Vetter, Kaiser Otto II., daß er Freiheit und Herzogtum verlor (V 523 ff.). Und schon Heinrichs Großvater, Heinrich I. von Bayern, der Bruder Kaiser Ottos I., befehdete diesen jahrelang (V 420 ff.).[5]

Heinrich der Heilige raubt die Reichsinsignien und wird wider jedes Recht König

Obwohl zunächst nicht für den Thron bestimmt, wurde er von seinem Vater zum Mitregenten (condux) gemacht und nach dessen Tod 995 vom bayerischen Adel zum Herzog gewählt, in Bayern auch sein Griff nach der Krone unterstützt, zumindest allseits toleriert. Sonst freilich war seine Anwartschaft auf den Herrschersitz des so unerwartet und erbenlos gestorbenen Otto III. alles andere als unbestritten. Gab es doch weder einen direkten Leibeserben noch eine vorherige Designation, wohl aber mehrere Bewerber und uneinige Fürsten, die alle eigene Wahlversammlungen einzuberufen beschlossen. Zwar war Heinrich ein Urenkel Heinrichs I., ein Großneffe Ottos I., ein Vetter zweiten Grades Ottos III. Doch gab es auch des letzteren nächsten Verwandten, den Salier Otto von Kärnten, einen Enkel Ottos «des Großen». Und als Sohn von dessen Tochter stand er dem verstorbenen Herrscher um einen Grad näher noch und war wohl auch mächtiger als Heinrich. Der Kärntner allerdings verzichtete, wenn wir Bischof Thietmar, Heinrichs ausgemachtem Parteigänger, glauben können; wenn es nicht ein erzwungener Verzicht war. Und auch weitere Aspiranten, zumal die beiden Abkömmlinge von Geschwistern König Heinrichs I., Schwabenherzog Hermann und Markgraf Ekkehard von Meißen, schieden schließlich aus.

Denn Heinrich, obwohl von früh an krank, war versessen auf die 936 seinem Haus entgangene Königskrone. Nicht gesonnen, lange zu fackeln, lauerte er, so listig wie brutal, dem zuerst ständig vom Feind bedrohten Trauerkondukt des über die Alpen geführten Toten auf dem Hof Polling des Bischofs Siegfried von

Augsburg auf, des einzigen Großen, der anfangs entschieden für Heinrich, der ihn eben zum Bischof gemacht, eintrat. Und in Polling entriß der Bayer dem Leichenzug die kaiserlichen Insignien, seinerzeit besonders bedeutsam, versinnbildlichten sie doch das Reich. Der Räuber vergoß bei dieser dreisten Action directe reichlich Tränen und ersuchte jeden Magnaten «einzeln» (singulatim) und «unter großen Versprechungen ... ihn zu ihrem Herrn und König zu wählen» (Thietmar).

Allerdings fehlte die Heilige Lanze. Der mißtrauische Kölner Erzbischof Heribert, der seinen Verwandten, den Schwabenherzog Hermann II., zum König machen wollte, hatte sie vorausgesandt. So erzwang Heinrich ihre Herausgabe durch Inhaftierung des Erzbischofs – übrigens gleichfalls hl. (Fest ursprünglich 16. März, jetzt 30. August) –, dann durch Geiselnahme von dessen Bruder, dem Würzburger Bischof Heinrich I. Beide Heilige mißtrauten einander zeitlebens, und der hl. König stellte den hl. Kirchenfürsten fast während seiner ganzen Regierung kalt. Freilich ließ Heinrich auch Ottos Eingeweide in Augsburg beisetzen und machte große Stiftungen für dessen Seelenheil – wobei nicht überliefert ist, daß er sie auch erfüllt hat.

Es war besonders die Mehrzahl der mächtigsten Prälaten, die Heinrichs Throngelüste, nicht zuletzt wegen seiner Versprechungen, befriedigte. Doch stellte er reiche Belohnungen auch den weltlichen Großen in Aussicht, deren Majorität ihn aber zunächst «aus vielerlei Gründen für ungeeignet» zum Regieren hielt, «worin die Nachwelt den Fürsten Jahrhunderte lang zugestimmt». Heinrich, eher verschlagen, wie jeder Vollblutpolitiker, war schnell mit Zusicherungen zur Hand, deren Einlösung jedoch oft auf sich warten ließ. So erlangte er auch bei der Jagd auf seine Legitimation die Königswürde nur durch eine formelle, hastige Teilwahl und «wider alle zu Recht bestehenden verfassungsmäßigen Normen» (Hirsch), neben der Wahl Heinrichs I. «die umstrittenste in der Geschichte des Ostfrankenreichs» (Brühl).

Am 7. Juni 1002 wurde der Neunundzwanzigjährige als letzter männlicher Nachkomme des sächsischen Herrscherhauses in Mainz, wo man bisher noch keinen König gekürt, durch Franken,

Bayern und Oberlothringer zum König gewählt, darauf rasch durch den dortigen Erzbischof Willigis, seinen eifrigen und wichtigsten Helfer, unter Lobgesängen zu Ehren Gottes gesalbt und gekrönt. Metropolit Willigis, dem Heinrich dabei gelobt, «Gottes Kirche und Christi Priester nach Wissen und Können in wachsamster Verehrung zu erhöhen und zu erheben» (dem er aber auch, wie so manchem, persönlich «viel geschenkt und viel versprochen»), war ohne Zweifel der legitime Coronator. Doch sonst war fast alles unüblich, die Zeit, der Ort, und der Karlsthron fehlte natürlich ebenso wie eine allgemeine Wahl.

BLUTIGER REGIERUNGSANTRITT

Miterhoben hatten Heinrich, der sein ganzes Wollen und Können «mit Herz und Verstand dem göttlichen Kult übergeben», die Bischöfe Albwin von Brixen, Hartwig von Salzburg, Christian von Passau, Gebhard von Regensburg, Werner von Straßburg, Gottschalk von Freising, sogar der von Heinrich zuvor als Geisel genommene Würzburger Prälat. Andere aber neigten anderen Prätendenten zu oder traten für sie ein; für Markgraf Ekkehard von Meißen einige der wichtigsten Persönlichkeiten Sachsens, Arnulf von Halberstadt und Bernward von Hildesheim, der hl. Krieger, Burgenbauer und einstige Lehrer Ottos III. (V 550), der Ekkehard in Hildesheim bereits mit königlichen Ehren empfangen hat; für Herzog Hermann von Schwaben vor allem Erzbischof Heribert von Köln, Gisiler von Magdeburg, Lantbert von Konstanz, Othelrich von Chur, wenn auch aus oft unterschiedlichen Motiven. Die Sachsen, Schwaben und Niederlothringer fehlten bei der Wahl ganz.

Ekkehard von Meißen allerdings, der ambitiöse Volksherzog von Thüringen und Favorit besonders der Sachsen, der «Schrekken der Feinde», der unter dem mit ihm befreundeten Otto III. 998 die Engelsburg erstürmt und Crescentius samt Genossen brutal liquidiert hatte (V 559), wurde nun seinerseits und eben noch rechtzeitig umgebracht. Schnitt man doch diesem wichtigen Bewerber um die Krone – der freilich gerade zugunsten des Schwabenherzogs aufzugeben schien, was dessen Position beträchtlich verstärkt hätte – eines Nachts in der Pfalz Pöhlde am Harz den Kopf ab und bestahl noch die Leiche: die, wie es immer wieder heißt, Privatrache der Grafen Siegfried II. und Benno von Northeim nebst Spießgesellen, die darauf «froh und unbehelligt» heimkehrten, während Abt Alfger die «Seelenmesse» las. Ohne diesen Meuchelmord, bei dem vermutlich doch politische Gründe mitspielten, wäre Heinrich, eingeweiht nun oder nicht, vielleicht kaum König geworden, der Mann, der, so Bischof Thietmar, «durch Gottes Gnade und eigene Tüchtigkeit jeden demütigte, der gegen ihn aufstand», der «sie alle zwang, ihm mit gebeugtem Nacken zu huldigen».

Das gilt auch für Hermann II. von Schwaben und Elsaß (997–1003) aus dem rheinfränkischen Haus der Konradiner (V 354 ff.). Der Großneffe Heinrichs I. verfügte über beste Beziehungen und erschien zunächst sogar aussichtsreichster Thronbewerber, da ihn die meisten der bei Ottos III. Beisetzung versammelten Fürsten ihrer Solidarität versicherten. Man wünschte seine Kandidatur, er suchte auch bei Worms mit einem aus Schwaben, einigen Franken und Elsässern bestehenden Heer dem Rivalen die Rheinüberquerung zur Krönung in Mainz zu verwahren, wurde indes durch ein Scheinmanöver ausgetrickst.

Jetzt aber ergriff der «gottesfürchtige und demütige Herzog» gegen den künftigen Heiligen die Waffen. Seine Schwaben nahmen das zum König stehende Straßburg, plünderten es, raubten gar «den gesamten Schatz» in der Domkirche der hl. Gottesmutter und steckten dann, zur Krönung ihrer Heldentat, «das Haus des Herrn in Brand» – ohne Wissen des Herzogs, behauptet Thietmar, sein Verwandter; doch die meisten Quellen beschuldigen ihn. Der heilige Heinrich aber, der den ganzen Thronstreit dem Teufel zuschrieb, der ihm sein königliches Glück mißgönne, verheerte im Gegenschlag die Ländereien des Schwaben und räumte dessen Höfe aus; ein notwendiges Geschäft, das dann offenbar die Bischöfe von Straßburg und Basel fortgesetzt haben.

Denn um seine Dominanz zu erhärten, um als König zu gelten, mußte dieser, so war nun mal der fromme Brauch, das Land verwüsten, plündern, «ob er wollte oder nicht».

Bevor indes Heinrich die für das Frühjahr geplante Heerfahrt antreten konnte, unterwarf sich der Schwabe am 1. Oktober zu Bruchsal. «Auf so gewaltsame Weise hat sich weder vorher noch nachher ein deutscher König der Krone bemächtigt» (R. Usinger) – wenn man freilich auch feststellen konnte, daß es so ähnlich, nämlich mit Gewalt und Krieg gegen Widerstände, «alle Könige bisher gehalten hatten» (Fried). Doch wollte Heinrich seinerzeit ja auch nicht selig, nicht heilig werden. Er wollte nur um jeden Preis eine Würde gewinnen, die schon sein Vater und sein Großvater vergebens begehrt, kurz er wollte zurückgreifen «auf die gesunden (!) Regierungsprinzipien Ottos I.» (Handbuch der Kirchengeschichte).

Daß der künftige Heilige sich noch nicht fest im Sattel fühlte, zeigt sein der Krönung gleich folgender, viele Monate dauernder «Königsumritt». Bei den Merowingern üblich, war er danach jahrhundertelang entfallen. Heinrich nahm ihn wieder auf, und zwar offensichtlich zur «Legalitäts»-Demonstration: ein Kampf gleichsam um die Zustimmung nach der Wahl, eine Königserhebung, sagt Roderich Schmidt, «in Etappen»; ein Zug, der über Thüringen, Sachsen, Niederlothringen, Schwaben, Bayern nach Oberlothringen führte.

Und schon auf diesem Umritt floß wieder Blut, kam es zu einem «sehr heftigen Kampf». Stießen doch am 10. August, anläßlich der Krönung der hl. Kunigunde in Paderborn, plündernde bayerische Truppen mit den Einheimischen zusammen, wobei auch der königliche Truchseß Heinrich, der Bruder des Kanzlers Eilbert, fiel. Bischof Thietmar macht dafür die «Habgier der Baiern» verantwortlich. «Zu Hause müssen sie sich wohl immer mit wenigem begnügen, in der Fremde aber sind sie fast unersättlich.»[6]

Reformieren – und kassieren

Heinrich II., ein ausgesprochen «pragmatischer» Typ, war zäh, berechnend, vorteilserpicht, mit einem fast untrüglichen Gespür für Leute, die er brauchen konnte. Kein Anflug von Genialem, nicht der kleinste, haftet ihm an, nicht einmal im Kriminellen. Das berüchtigte Pokerspiel Alles oder Nichts ist ihm gänzlich fremd. Er sieht nur das Mögliche, Nächstliegende und sucht es zu realisieren. Deshalb ersetzt er auch Ottos III. Devise «Wiederherstellung des Römerreiches» auf seinem Königssiegel – mit Rückgriff auf eine karolingische Herrscherbulle – durch den Wahlspruch «Erneuerung des Frankenreiches» und gibt die romzentrierte Kaiserideologie, die universalistischen Ambitionen seines Vorgängers, preis.

Die ottonische Kirchenpolitik allerdings führte er bruchlos fort. Dabei machte «der über alles kirchlich gesinnte Mann» (vir omni ecclesiastica perfectione praecipuus), der geradezu «Simpnista», Kollege sein wollte der Bischöfe, sie sich durchaus dienstbar. Seine Sorge für sie wandelte er, wie nicht ich zum erstenmal erkenne, in Herrschaft über sie um – mehr noch als unter Otto I.; ja, mehr als alle seine Vorgänger brachte er System in die Sache.

Heinrich II. stützte die Reform, die strengere Beachtung kirchlicher Disziplin, das Zölibat etwa (S. 122), das Naheheverbot, gewisse monastische Normen; doch die Reform stützte auch ihn – und nützte ihm.

Schon als Herzog galten seine ersten Regierungsmaßnahmen der Klosterreform, wobei er sich sogar gegen die Bischöfe stellen konnte. Und später betreute er derart den Besitzstand der Klöster, ihre Bauten, daß man ihn «pater monachorum» nannte, Vater der Mönche. Freilich, mehr noch wurde er pater episcoporum. Unentwegt machte er große Schenkungen an den hohen Klerus, die Bistümer, die Säulen seiner Macht. «Welcher (Kaiser)», rühmt ein zeitgenössisches Klagelied auf seinen Tod, «hat so glänzend erhöht und bereichert die Tempel der Heiligen mit Überfluß an Gütern?»[7]

Heinrich II. war aber nicht nur «der große Tröster der Heiligen

Kirche» (Annales Quedlinburg), sondern war eben auch und noch mehr «Realpolitiker», ja, war es so sehr, daß er, der Heilige, viele Jahre, schien es vorteilhaft, ohne weiteres gemeinsam mit den verfluchten Heiden focht, Seite an Seite gegen einen katholischen Fürsten (S. 83 ff.), einen Fürsten, der noch vor kurzem, gemeinsam mit den Deutschen, eben diese verfluchten Heiden bekämpft hatte!

Frömmigkeit und ausgeprägter Sinn für Nutzen waren bei ihm untrennbar verknüpft. Kümmerte er sich um die Klöster, trieb er ihre Reform voran (schon am ersten Tag seines Königsregiments bestätigte er eine Abtswahl in Lorsch), beschenkte er Äbte und Bischöfe mehr als zuvor mit Reichsgut, so deshalb, weil die Klöster, in Reichtum und Luxus versunken, Versorgungsinstitute des Feudaladels geworden waren, die Mönche oft wie dieser lebten oder leben wollten, Heinrich aber ihre Leistungsfähigkeit brauchte, keinesfalls nur für seine Kriege jenseits der Grenzen, oft vielmehr noch für seine Schwächung der adligen, der fürstlichen Machtkonzentration im Reich. Die Klöster, die Bischofskirchen mußten, da die Pfalzen inzwischen darin versagten, für die Königsgastung (servitium regis) sorgen, mußten Heinrich – häufiger noch, auch viel aufwendiger unterwegs als die Vorgänger – und sein Gefolge unterhalten, seine Gesandten, Boten sowie deren Begleitung, Personal, denn auch diese Herren reisten natürlich nicht allein. Ganz zu schweigen davon, daß die Kirche einen wesentlichen Teil des Reichsheeres zu stellen, daß Heinrich gerade «seine meisten und bedeutendsten Feldzüge», wie Looshorn betont, mit den Truppen «der geistlichen Fürsten hauptsächlich geführt» hatte. (Noch in seinem Todesjahr erhielt das Kloster Fulda, dessen Äbte bereits wie Fürsten residierten, von ihm die Grafschaft Stoddenstadt im Maingau; selbst das Nonnenkloster Gandersheim war erst wenige Jahre vorher zu einer Grafschaft gekommen.)

So machte er sich die wichtigsten Reichsklöster Fulda, Prüm, Reichenau, Corvey, St. Maximin bei Trier politisch wieder voll nutzbar – und beschränkte ihre Selbständigkeit. Mißachtete er doch schon als Herzog das Recht der Tegernseer Mönche auf freie Abtwahl – sie sollen anno 1003 ihrem Abt sogar nach dem

Leben getrachtet haben – ebenso wie den Einspruch des Freisinger Bischofs Gottschalk gegen seinen, Heinrichs, Kandidaten. (Dabei hatten die Mönche von Tegernsee für das Heil ihres mit Otto III. in Italien weilenden Herzogs einhundertfünfzig Messen und sieben Psalterien gebetet.)[8]

Alle Klöster mußten Heinrich feste Abgaben entrichten, das servitium regale, und fast überall, wo er Klöster reformierte, säkularisierte, kassierte er auch, kassierte höchst ungeniert, schröpfte er oft bis zur Erschöpfung. Nicht von ungefähr brandmarken ihn die Quedlinburger Annalen als «Kirchenräuber». Seine dauernden Fehden und Kriege verschlangen viel Geld, und zur Beschaffung der nötigen Mittel forderte er von Kirchen und Klöstern Leistungen weit über die Praxis Ottos I. hinaus. Es war jedesmal dasselbe Verfahren, jedesmal das Reformerische wunderbar harmonisch mit dem ökonomischen Bedarf verbunden, das Religionsinteresse sozusagen mit dem Reichsinteresse, wobei Heinrich sich mit Vorliebe an die vermögendsten Abteien hielt.

So zwang er 1003 dem Eifelkloster Prüm die erste Reform auf und vergriff sich an dessen Besitzstand. Die reiche Abtei Hersfeld, wo die hochherrschaftlichen Kuttenträger in Saus und Braus lebten, getrennt voneinander in eigenen Häusern, mit Pferden und üppigen Gelagen, ließ Heinrich 1004 reformieren und zog einen großen Teil ihrer Besitzungen ein. Auch bei der Reform von Kloster Berge bei Magdeburg (1005) und Kloster Reichenau (1006), seit dem 10. Jahrhundert nur noch dem Adel zugänglich, bereicherte er sich. In Reichenau feuerte er den von den Brüdern gewählten Mönch Heinrich, «obwohl er von ihm Geldzahlungen angenommen hatte» (quamvis ab eo peccunias accepisset), und ernannte an dessen Stelle den Abt Immo von Gorze und Prüm, der manche Brüder «durch Fasten, Schläge und Verbannung schwer bedrängte; so erlitt das vornehme Kloster», schreibt Hermann von Reichenau, der da schon siebenjährig «den Wissenschaften» übergebene und dort bis zu seinem Tod 1054 an den Tragstuhl gefesselte bedeutende Chronist, «einen schweren Verlust an großen Männern, Büchern und Kirchenschätzen». Allerdings wurde auch Abt Immo bald wieder gefeuert.

Ähnlich kam es 1013 bei der Reform Fuldas, der «Königin unter den deutschen Klöstern», und Corveys an der Weser zu beträchtlichen Enteignungen zugunsten der königlichen Domäne. Den Abt des mächtigen, Heinrich viel zu mächtigen Fulda, dessen Riesenbesitz er erst 1012 bis auf entlegenste Ansprüche und Rechte bestätigt, noch vermehrt hatte, setzte er kurzerhand ab und konfiszierte «die überflüssigen Güter des Konvents» (Guth); vielleicht sogar eine vorsätzliche Beraubung zur Bestreitung der Kosten seines Römerzugs. Jedenfalls verließen die Herren scharenweise das Kloster, vor allem die von freier Geburt. Fulda schien zu veröden; es glich vorübergehend, so ein Zeitgenosse, einer «Brandstätte».

Auch den Abt Walh von Corvey entließ Heinrich und machte, gegen den Willen der Religiosen, den Mönch Druthmar aus Lorsch zum neuen Abt. Die hochfeudalen Insassen griffen zwar «wie Rebellen» zu den Waffen. Doch Heinrich steckte siebzehn von ihnen ins Gefängnis, worauf die übrigen parierten, was man nicht nur damals als schmählichen Schlag gegen Recht und Herkommen der fast zwei Jahrhunderte bestehenden hochangesehenen Stiftung empfand.

Zu Hilfe gerufen hatte seinen Herrn der Ordinarius der Reichsabtei, Meinwerk von Paderborn (1009–1036), dem Kaiser verbunden durch Versippung mit dem sächsischen Königshaus, durch seinen Reichtum, wovon er viel der Paderborner Kirche übertragen mußte, sowie durch seinen Kriegsdienst, ja schon durch die gemeinsame Mitschülerschaft an der Domschule von Hildesheim. Heinrich hat den Bischof – in Corvey mehrfach schroff hinausgewiesen – häufig durch Schenkungen belohnt, u. a. durch die Abteien Schildesche und Helmarshausen, letzteres besonders im 12. Jahrhundert, als es seinen Privilegienbestand durch Fälschungen gegen Paderborn zu sichern suchte, «ein nicht unbedeutender Fernhandelsplatz» (Fahlbusch). Und Meinwerk, dieser überaus erwerbstüchtige, bauwütige, prunksüchtige Prälat, «das Ideal eines Reichsbischofs ottonisch-frühsalischer Zeit» (Struve), ging bis zum Beklauen des Herrschers; er stiehlt ihm einen Becher, läßt diesen zu einem Meßkelch umschmieden und erklärt, durch das Monogramm überführt, dem Bestohlenen, doch gar nichts geraubt, sondern nur die eitle Habgier des Kaisers in den Dienst Gottes gestellt zu haben.

In Memleben, dessen Kloster Otto II. gegründet und mit der ungewöhnlich großen Schenkung von elf Burgwarden versehen, Otto III. noch mit thüringischem Besitz, mit Markt-, Münz-, Zollrecht ausgestattet hatte, setzte Heinrich den Abt Reinhold ab und entzog dem Haus alle Dotationen und Vorrechte. Darauf zerstreute sich ein großer Teil der Belegschaft, und die Abtei, fortan Propstei, ein Anhängsel Hersfelds, verarmte für Jahrhunderte.

In Trier, wo es in St. Maximin, dem ältesten und reichsten aller dortigen Klöster, bei Durchführung der Reform sogar zu einem Mordversuch der Brüder an dem neuen strengen Abt Poppo kam, kassierte der Monarch 1023 nicht weniger als 6656 Hufe oder Mansen (wobei diese Bezeichnung für einen landwirtschaftlichen Betrieb oft über den Rahmen eines Bauernhofes, einer Hofstätte, hinausgeht). Ein Chronist des 17. Jahrhunderts schätzt, unter Zugrundelegung der Preise seiner Zeit, den Wert des vom König dem Kloster genommenen und, zu einem nicht unbeträchtlichen Teil, dem Herzog von Bayern, seinem Schwager, gegebenen Gutes auf nahezu 43 Millionen Gulden.

Für viele Mönche, zumal für die konservativen, reformfeindlichen, war Heinrich II. lediglich «ein Tyrann, der sich an Gütern, Rechten und Lebensformen geheiligter Institutionen vergriff» (Schulze). Reihenweise schenkte er den Bischöfen Klöster, dem Bistum Würzburg Seligenstadt, dem Bistum Straßburg St. Stephan und Schwarzach; Paderborn bekam die Abteien Helmarshausen und Schildesche, Trier St. Florin zu Koblenz, Brixen Disentis etc. Und in Italien verfuhr er nicht anders: ein politisches Konzept, das den Bischöfen erlaubte, ausreichend und regelmäßig «ihren militärischen und wirtschaftlichen Leistungspflichten ... nachzukommen» (Seibert).

Gab Heinrich aber mal aus seinem «Eigengut», nannte er es «unsere Pflicht, von den uns von Gott verliehenen Glücksgütern vor allem die heiligen Kirchen Gottes auszustatten». Dies konnte er jedoch umso eher, als alles, was die Bistümer, deren Grundbesitz stetig wuchs, bekamen, ihm selbst dienstbar blieb, euphemistisch oder historiographisch (oft dasselbe) gesagt: den «Reichsinteressen». Daß sich so mancher Bischof zwecks Eigenversorgung am Klosterbesitz vergriff, ist klar; aber die Strafwunderberichte der Mönche mochten Prälaten viel weniger schrecken als gewöhnliche Gläubige. Den Lütticher Bischof Durand tadelt die Chronik von St. Lorenz aufs schärfste, weil er rücksichtslos Klostergüter genommen, teils um seine Ritter damit zu belehnen, teils zugunsten der eigenen Tafel. Denn wie der Herr, so's Gescherr. Noch 1023, nach seiner letzten Klosterreform in St. Maximin bei Trier, übertrug Heinrich einen großen Teil dieser Besitzungen leistungsfähigen Vasallen. Gar nicht zu reden davon, daß er die Äbte, ohne jede Rücksicht auf das Wahlrecht des Konvents, ein- und abgesetzt hat, wie es ihm paßte.[9]

«Gute Schäferhunde» und «heilige Leithammel»

Heinrich II., der am Einsetzungsrecht der Bischöfe festhielt, der resoluter noch als Otto I. freie Wahlen verhinderte, der gelegentlich, wie in Paderborn, bei der Erneuerung von Privilegien, das Wahlrecht einfach fortließ, Heinrich gab die wichtigsten Kirchenämter Männern seines Vertrauens, ohne sich viel um Vorschläge von Domkapiteln, Konventen, um freie Zustimmung, kurz um die electio canonica und ihre durchaus verbrieften Rechte zu scheren. Bei Widerspruch im Episkopat, bei Gegenwirkungen, setzte er seinen Willen durch, in Magdeburg, Trier, Hamburg, Halberstadt, einen einzigen, etwas undurchsichtigen Fall in seiner ganzen zweiundzwanzigjährigen Herrschaft ausgenommen.

Viele Bischöfe kamen auch direkt aus der «Hofkapelle», dem politisch diplomatischen Dienst; von den zehn Erzbischöfen, die Heinrich ernannte, sechs. Mochte er doch überhaupt nur Kleriker zu Bischöfen machen, die sich zuvor, gleichsam unter seinen

Augen, bewährt hatten. So besetzte er von den 51 während seiner Regierung eingetretenen Vakanzen 21 mit Mitgliedern der Hofkapelle, 41,2 Prozent; wobei die Bischofsernennungen in Merseburg, Bamberg, Cambrai, Toul, Brixen und Trient noch fehlen. Doch er zog seine Leute auch aus Kathedralschulen heran, fünf allein aus Absolventen der Lütticher Domschule, sein Kanzler Gunther darunter, sein Biograph Adelbold.

Vielfach machten jüngere Männer durch ihn klerikale Karrieren, mußten gelegentlich aber auch Leistungen in Geld und Gut zugunsten von Kaiser und Reich erbringen. Vergab er das Bischofsamt ja nicht zuletzt im Hinblick auf das Kapital seiner Kandidaten; so an Thietmar von Merseburg, so an Meinwerk von Paderborn und Unwan von Hamburg, die beide der sehr begüterten sächsischen Sippe der Immedinger entstammten und einen beträchtlichen Teil ihres Reichtums der Kirche überlassen mußten. Dem Heiligen blieb deshalb auch der Vorwurf der Simonie nicht erspart.

Jedenfalls bekam jeder seiner Kanzler schließlich ein Bistum. Dadurch hielten die führenden Prälaten, Willigis von Mainz, Burchard von Worms, Bernward von Hildesheim, Meinwerk von Paderborn, Eberhard von Bamberg, stets fest zu ihm. Er vermehrte ihren Besitz, gab ihnen noch mehr Grafschaften, Gerichtsherrschaften, Königsbann zu Lehen als sein Vorgänger. Er erweiterte ihre Rechte, stärkte ihre Macht, aber ohne daß ihre Selbständigkeit gegenüber der Krone wuchs. Im Gegenteil. Er drückte ihnen seinen Willen auf. Er verlangte unbedingten Gehorsam. Als es mit Gundachar von Eichstätt Differenzen gab, sagte er ihm rundheraus, ihn deshalb zum Bischof gemacht zu haben, damit unverzüglich geschehe, was er wolle; wünsche er im Amt zu bleiben, müsse er sich danach richten. Und als der Lütticher Bischof Wolberto sich mehrmals sträubte, der königlichen Kammer Geld zu schicken, als er sich widersetzte, es «den Gauklern und sonstigen Hofhunden» in den Rachen zu schmeißen, als er lieber Kirchen dafür bauen und Arme unterstützen wollte, tobte der hl. Herr.

Heinrich, der die Königshoheit in der Reichskirche vollendet, indem er über diese die uneingeschränkte Macht beansprucht, wurde «Priesterkönig» wie kaum ein zweiter deutscher Regent. Er leitete geradezu – selbstverständlich im Gegensatz zum kanonischen Recht – die deutsche Kirche. Noch in ihren Tempeln hatte er den Vorsitz unter den Prälaten, und keinesfalls nur einen Ehrenvorsitz. Fünfzehn sogenannte Reichssynoden berief er als König, wobei er viele Mißstände in der Kirche zu regeln versuchte wie (andere) Dinge des Reiches. Hoftag und Synode, die Zusammenkünfte des Laienadels, regelmäßig neben den Konzilien tagend, gingen ohnedies ineinander über.

Heinrich verhandelte mit den Bischöfen wie mit seinen Untergebenen. Er kontrollierte die Disziplin in der Kirche, die Verwaltung. Er brachte seinen Willen in rechtlichen Problemen zur Geltung, bei Prozessen, bei Auseinandersetzungen um das Kirchengut, die Bistumsgrenzen, beim Absetzen von Bischöfen, in Fragen der Sittlichkeit, der Ehe, ja noch im theologischen Bereich. Er nötigte sogar Benedikt VIII. zur Einführung des Symbolum in die stadtrömische Meßliturgie.

Überhaupt hatten die Päpste bei alldem wenig zu melden. Die Kirche war im wesentlichen Heinrichs Instrument, ein Politikum. Doch er regierte sie nicht nur, er regierte auch durch sie. Wie andererseits der Staat hoch verkirchlicht war, noch mehr als unter den Ottonen, und die Klerikalisierung des Königtums ihren Gipfel erreichte. Daß Heinrich die innerkirchliche Reform ernst nahm, widerspricht dem nicht, unterstreicht es vielmehr, zumal das gorzisch beeinflußte Reichsmönchtum prinzipiell positiv zu seiner Reichspolitik stand, er auch die Bischofsgewalt über die Klöster nicht einschränken ließ.[10]

Heinrich stellte 1004 das unter Otto II. aufgelöste Bistum Merseburg wieder her, erhob 1014 Bobbio zum Bistum und gründete zwischenzeitlich – «nicht ohne Verschlagenheit» (Wendehorst) – 1007 das Bistum Bamberg (S. 67 ff.). Der Mainzer Erzdiözese zugeordnet, wurde es noch unter den besonderen Schutz des Papsttums gestellt und vom Herrscher in jeder Hinsicht gefördert, beschenkt mit Königsgut, bayerischem Herzogsgut, mit oberfränkischen Grafschaften, mit Ländereien in Steiermark, Kärnten, Tirol und mit Klöstern. War doch die politisch-missionarische Hauptaufgabe dieses Bistums zweifellos die endgültige Unterwerfung der an Regnitz und Obermain sitzenden und noch ein halbes Jahrhundert später bezeugten slawischen Bevölkerung (S. 70 ff.), also wieder die «bewährte» karolingische Politik, Gewinnung der Slawen «durch Schwert *und* Mission» (Brackmann).

Heinrich II. stützte sich um so mehr auf die Bischöfe, als sie ihm als Gegengewicht wider den laikalen Adel dienten, als er mit ihrer Hilfe alle Empörungen weltlicher Feudalherren, oft sogar seiner Verwandten, im ersten Jahrzehnt seiner Regierung niederschlug, dabei noch «die letzten Reserven des Reichsgutes» (Fried) zum Nutzen der Kirche mobilisierend.

So ruinierte er den Markgrafen Heinrich von Schweinfurt, dem er das Herzogtum Bayern versprochen hatte (S. 60 ff.). So zerstörte er systematisch die Machtpositionen des bayerischen und des schwäbischen Herzogs. Gerade die unter Otto II. und III. besonders mächtig gewordenen Fürsten waren des Königs größte Gegner. So verfolgte er, der bayerische Liudolfinger, mit unerbittlichem Haß die fränkischen Adelshäuser der Salier, der Konradiner und bot dagegen die Bischöfe von Worms, Mainz, Würzburg, Bamberg, Straßburg, Basel auf. Er stärkte die Prälaten auf Kosten der Herzogsgewalt mit generösen Privilegien. Ergo führte er auch die meisten und entscheidenden Feldzüge hauptsächlich mit Hilfe der Bischöfe, von denen er wohl mehr als 42 eingesetzt und gefordert hat, «gute Schäferhunde» und «heilige Leithammel» zu sein!

Denn was längst vordem galt: «In den politischen Kämpfen spielen die Erzbischöfe, die Metropoliten, die erste Rolle» (Daniel Rops), gilt unter Heinrich erst recht. Der Episkopat ist eines seiner maßgebenden Herrschaftsinstrumente. Das kriegerische «Reichskirchensystem» kulminiert.[11]

Schon früher, besonders in den Bänden 4 und 5, wurde die zunehmende militaristische Implikation des hohen Klerus deutlich. Doch erscheint es wünschenswert, den gesamten, in der Geschichte des Frühmittelalters so staats- wie kirchentragenden

Komplex einmal etwas systematischer, mehr zusammenhängend zu thematisieren. Bedingt dies auch längere Rückblicke und teilweise Wiederholungen, wird es für das Verständnis dieser und der folgenden Zeit desto förderlicher sein.

EXKURS

KLERUS UND KRIEG

«Fränkische Herrscher und insbesondere Karl d. Gr. stützten ihre Politik, Verwaltung und das Heerwesen bereits zunehmend auf Bischöfe und Äbte.» Reinhard Schneider[12]

«Von Kriegstaten hörten und schrieben sogar Klosterschüler gerne; durch sie erlangte man ‹unsterblichen› Ruhm, ohne sie war das Leben öde und prosaisch.»
Heinrich Fichtenau[13]

«Erträglicher ist der Kampf mit den Waffen als ein Rechtsstreit.» Gerbert von Aurillac (Papst Silvester II., 999–1003)[14]

Noch heute gilt das Christentum, wunderbarerweise, als ein Verein des Friedens, der Nächsten-, Feindesliebe, Frohen Botschaft. Noch heute ahnt die Mehrzahl der Menschen und zumal der christgläubigen nicht das ungeheure Ausmaß der Verstrickung schon der spätantiken, vor allem aber der frühmittelalterlichen Kirche in Fehden und Kriege. Denn mehr als jede andere Religion, selbst mehr als der Islam, ist das Christentum die Religion des Krieges gewesen und geblieben.

Bereits im frühen 4. Jahrhundert erfolgt dieser Verrat, die jähe Metamorphose der Kirche der Pazifisten in die der Feldpfaffen, ihr schlimmster Fall, und sozusagen einer über Nacht (I 247 ff!). Zwar klingt gelegentlich ein armseliger Rest von urchristlichem Pazifismus nach, setzten frühmittelalterliche Poenitentialien, in Fortführung einer Bestimmung des Basilius von Cäsarea, für Tötung des Kriegsfeindes eine Buße für 40 Tage fest, ja manchmal für ein Jahr, wie noch Fulbert, seit 1006 Bischof von Chartres. Doch umging man derartige Strafen im Investiturkampf dann dadurch, daß man den jeweiligen Gegner nicht als Menschen ansah – und konnte nun ungestraft töten.

Im Orient gibt es bald Soldatengötter, kriegerische Heilige, den hl. Demetrius, den hl. Theodor, hl. Sergius, hl. Georg. Und schon im ausgehenden 4. Jahrhundert schlägt sich die Sache literarisch nieder, schreibt Christ Vegetius seine «epitoma rei militaris»: ein offenbar an Kaiser Theodosius I. gerichtetes Opus, die sogenannte Kriegskunst betreffend: Rekrutenaushebung und -ausbildung, das Heer samt seinen Einrichtungen, den Festungs-, den Seekrieg. Durch Jahrhunderte hat dies Lehrbuch eines Christen das militärische Denken der Christenheit beherrscht. Es wurde bis ins spätere Mittelalter eifrig gelesen, abgeschrieben und von den Heerführern praktisch gebraucht. Es stand in Klosterbibliotheken, in Reichenau, in St. Gallen. Bischöfe schenkten es gern Fürsten, wie Bischof Hertgar von Lüttich (mit entsprechendem Widmungsgedicht) dem Heerführer Graf Eberhard von Friaul (gest. 864 oder 866), einem Schwiegersohn Ludwigs des Frommen.

Eberhard, ein erfolgreicher Haudegen gegen Sarazenen wie Slawen und in der von ihm gegründeten Abtei Cysoing bei Tournai als Heiliger verehrt, war befreundet mit Rhabanus, dem berühmten Abt von Fulda und Metropoliten von Mainz. Und dieser schuf, wahrscheinlich noch in seinem letzten Lebensjahr, 855, eine gekürzte Fassung des Vegezschen Werkes für den jungen König Lothar II., einen Neffen Karls des Kahlen. In einigen Zusätzen rühmt der Erzbischof den Kampf für Freiheit, König, Vaterland als beste Gewähr für den Eingang ins Paradies. «Denn wer die seinem Fürsten gelobte Treue unversehrt bewahrt und lieber sein gegenwärtiges Leben verlieren will als die Treue, der wird ohne Zweifel das ewige Leben von dem erhalten, welcher das Recht geschaffen und es zu bewahren befohlen hat.»[15]

Im selben Säkulum beantwortet Nikolaus I. (858–867), der heilig gesprochene Papst, die Anfrage der Bulgaren, ob man an bestimmten heiligen Tagen Krieg führen dürfe, recht christlich: «Wenn zu diesen Zeiten Krieg vermeidbar sei, so solle man von ihm ablassen; erweise er sich aber zu Verteidigung des Vaterlandes oder aus ähnlich gerechten Gründen als notwendig, so sei er zu führen; es hieße Gott versuchen, angesichts der größten Gefahr die Hände in den Schoß zu legen; nicht auf bestimmte Tage, sondern allein auf den Herren seien Hoffnung und Heil zu setzen; diese Lehre zu erteilen, habe Gott die Hebräer niedermetzeln lassen, als sie sich am Sabbat zu kämpfen geweigert hätten (1 Mac. 2,32 ff.).»

Oh erhebendes biblisches Beispiel! Und wie willkommen stets: Niedermetzeln, wer nicht metzeln will – «gerechte» Gründe natürlich vorausgesetzt. Doch die gab es immer. Vom »gerechten» Krieg reden und leben (!) die Theologen seit Augustinus (I 514 ff.).

In Wirklichkeit freilich zerbrach man sich, fing der Krieg erst einmal an, über seine Gerechtigkeit nicht mehr den Kopf, sollte man vielmehr marschieren, sollte auf Befehl zuschlagen, sollte töten von Anfang an und von Anfang bis Ende. Wie noch heute! Im Mittelalter aber waren Kriege so häufig, daß man Kriegserklärungen im modernen Sinn kaum kannte, daß man geradezu sagte, sie seien nicht gebräuchlich gewesen. (Krieg – und ebenso die nah verwandte Fehde – begann gewöhnlich durch die faktische Attacke auf den Feind.)[16]

Auch Päpste aber, Leo IV. (847–855) und Johann VIII. (872–882), sicherten bereits allen, die im Kampf wider Heiden und sonstige Kirchengegner fielen, den himmlischen Lohn, das ewige Leben zu.

Militärseelsorge oder «Liebe in fremder Gestalt»

Längst nämlich sorgte sich Mutter Kirche um die Seelen ihrer schlachtenden Söhne. Kein Geringerer als der «Apostel der Deutschen», der hl. Bonifatius (IV 11. Kap.), der dem König von Mercien Schilde und Lanzen schenkte, erstrebte energisch eine intakte Militärseelsorge. So verfügte das Concilium Germanicum 742: «der Fürst soll einen oder zwei Bischöfe samt den Pfalzpriestern bei sich haben und jeder Kommandierende (Graf) einen Priester, welche über solche, die ihre Sünden beichten, das Urteil sprechen und ihnen Buße auflegen können». Der Beschluß wurde von Karlmann, dem Herrscher Austrasiens, durch Königsgesetz wiederholt und bestätigt, später auch von Papst Hadrian I. befürwortet, womit die karolingische Militärseelsorge erstmals rechtlich und förmlich begründet worden war.

Seit der Ära Karls I. wird sie oft erwähnt. Und nicht wenige begleiteten zwecks Gottesdienst, Sakramentenspende, Propaganda das Heer, zumal im 9., im 10. Jahrhundert, in dem unter den Ottonen in Italien die Domkanoniker als Feldpfaffen fungierten.

Wie ja auch die Kriege, besonders die sogenannten Bürgerkriege und Fehden (ein Unterschied mehr der Größenordnung als der Gattung) im Mittelalter kaum abgerissen sind, wobei weniger die Ethik der Christen erstarkte als ihre Barbarei.

So ist es pure Augenwischerei zu behaupten, das Christentum habe erst die Welt tiefer durchdringen müssen und dabei erst mittels «immer neuer Impulse, neuer religiöser Kraftströme», von Benedikt von Aniane (V 35 ff.) im 9. Jahrhundert über Cluniazenser und Gorzer, Zisterzienser und Prämonstratenser bis zu den Bettelmönchen im 13. Jahrhundert, das blutige Geschäft, die disciplina militaris, gleichsam humanisiert. Es gab «eine Veredlung des Waffenhandwerks durch ein christliches Ritterideal», wenn es auch «erst auf der Höhe des Mittelalters geschichtlich wirksam wurde» (Schieffer) – nach eintausendzweihundert Jahren christlicher Zeitrechnung!

Und wurde es denn wirksam?

In Wirklichkeit blieben doch die Kriege im ganzen Mittelalter gleich fürchterlich. Und wurden danach unter christlichen Völkern nicht nur umfassender, sondern noch fürchterlicher, immer geordneter und zermalmender zugleich, eine schrankenlos ausufernde, faktisch fast unbegrenzte, aber kirchlich grundsätzlich abgesegnete Eskalation der Gewalt, die sich mehr und mehr auch auf die Nichtkombattanten erstreckte.[17]

Gleichwohl setzen die Apologeten ihr abgeklappertes Repertoire, ihre permanente Volksverblödung und -verrohung fort. So schreibt, völlig unerschüttert durch zwei Weltkriege, Franz Böckle, Deutschlands einst prominentester Moraltheologe: «Wenn Gewalt dem wirklichen Verbrechen selbst wehrt, ist sie nicht böse, sondern erscheint dann vielmehr als Liebe in fremder Gestalt. Absolute Gewaltlosigkeit führt geradezu zu Anarchie und Gewalttätigkeit.»

Absolute Gewaltlosigkeit ist des Teufels, klar. Ergo praktiziert die Christenheit die «Liebe in fremder Gestalt» und wird von ihren Pfaffen dafür längst nicht mehr gestraft, wird vielmehr dafür buchstäblich zu Tod gelobt. Noch ins 4. Jahrhundert zwar gebietet Basilius, Bischof, Heiliger und Kirchenlehrer, den Kriegern, «mit ihrer unreinen Hand drei Jahre wenigstens der Kommunion fernzubleiben». Und noch Jahrhunderte später verlangt Fulbert von Chartres für das Töten im Krieg ein Jahr lang Buße – für Töten eines Priesters (im Frieden) allerdings einundzwanzig Jahre.[18]

Segnen der Feldzeichen, der Waffen, der Schlächter oder «Christ ist geboren»

Da ein Jahr Buße, dort einundzwanzig Jahre – wen das nicht nachdenklich macht! Dabei wurde damals das Abstechen im Kampf von der Kirche schon lang gefordert, jahrhundertelang. Wurde darüber hinaus das ganze Kriegsgeschehen mit klerikalem Ungeist angereichert, wurde der Massenmord pseudoreligiös ritualisiert, mystifiziert, durch Verwendung christlicher Texte, durch Symbole, Weihe, Segen etc. in der Liturgie, der Schlacht, in deren Vorbereitung.

Bereits im 5. oder 6. Jahrhundert heißt es im leonianischen Sakramentar, seinerzeit in Rom entstanden: «Besiege, Herr, die Feinde des römischen Namens und des katholischen Bekenntnisses! Beschütze allerorten die Lenker Roms, damit durch ihren Sieg Dein Volk sicheren Frieden habe! Vernichte die Feinde Deines Volkes!» Die gallikanischen Sakramentare des 7. und 8. Jahrhunderts setzen in den Gebetstexten anstelle des römischen Reiches gewöhnlich das fränkische und schließen mit dem König manchmal auch schon das Heer in die Fürbitte ein.

Kriegsflaggen lehnten die frühen Christen selbstverständlich ab, im Abendland länger als im Orient. Doch um die Jahrtausendwende kommt es auch im Westen zu ihrem kirchlichen Gebrauch. Ja, Papst Nikolaus I. (858–867) empfiehlt in seinem ausführlichen Lehrschreiben an die Bulgaren die Führung des Kreuzes als Feldzeichen und tut so, als wäre das in der Christenheit bereits allgemein üblich.

Im 10. Jahrhundert taucht zuerst in deutschen Pontifikalien der liturgische Segen der Kriegsfahnen auf. «Wie du Abraham gegen fünf Könige hast triumphieren lassen und dem König David zum Ruhme deines Namens den Schlachtensieg gegeben hast, so lasse dich herbei und segne und heilige auch dieses Feldzeichen, das zur Verteidigung der heiligen Kirche gegen den Feind, der vor Wut rast, getragen werden soll.» Immer, nebenbei, dieselbe Schwarzweißmalerei: da das heilige Feldzeichen, die heilige Kirche, die Verteidigung, dort der vor Wut rasende Feind.

Natürlich wird auch die christliche Soldateska selbst benediziert. So lautet ein Segen für das Heer im 11. Jahrhundert: «ihr Mut sei unerschrocken, ihre Kampfesgier sei aufrecht, und wenn das Heer durch deinen Engel gesiegt hat, dann gebe es nicht seiner eigenen Kraft, sondern nur deinem Sohne, dem siegreichen Christus, den Dank und den Triumph, der durch die Demut seines Leidens und Sterbens am Kreuze über den Tod und den Teufel triumphiert hat.» Ja, wie gut läßt sich doch Golgatha vermarkten! Bis in die beiden letzten Weltkriege dient es den menschlichen Schlachttieren als Vorbild, wird es zum metaphysischen Kraftreservoir für das physische Krepieren.[19]

Nur konsequent, daß man bereits auch die Mordwaffen weiht (was ich oft bestreiten hörte und meist ganz generell: «Die Kirche hat nie Waffen gesegnet!»).

Nun steht aber, wieder zuerst in deutschen Pontifikalien, bereits im späteren 10. Jahrhundert ein «Schwertsegen», der auch in den Titeln der Handschriften so heißt. Und er gilt vor allem dem Totschlagstück selbst: «Erhöre, Herr, unsere Bitten und segne mit der Hand deiner Majestät dies Schwert, mit dem dieser Dein Knecht N. umgürtet zu werden wünscht, damit es Verteidigung und Schutz sei für die Kirchen, Witwen und Waisen, für alle Diener Gottes gegen das Wüten der Heiden, und den Gegnern Angst und Schrecken einflöße.» (Daß Witwen und Waisen hier – und sonst – nur euphemistische Versatzstücke, bloße rhetorische Figuren zwischen Kirchen und Gottesdienern sind, um die allein es den Pfaffen wirklich geht, wer möchte das bezweifeln? Oder ist's Zynismus? Denn Witwen und Waisen kamen ja gerade dank solcher Kirchenbeihilfe massenhaft zustande.)

Die katholischen Kämpfer rüstete der Bischof selbst mit Fahne, Schwert, Lanze und Schild aus.

Kriegspatrone wie Mauritius (vgl. V 459 f.), Sebastian, Georg werden immer beliebter. Es entsteht eine christliche «Ritterethik» und ein christliches Rittertum, in dem «die Gestalt des Kriegers ihre Apotheose» erreicht (Contamine). Vor Schlachtbeginn schluckten die Schlächter den lebendigen Leib des Herrn (um so nötiger, als ihr eigener bald tot, bald selbst geschlachtet sein konnte). Auch empfahl man sich Gott und allen Heiligen zur moralischen Aufrüstung. Und zur waffentechnischen schliff man die Schwerter an Kirchenportalen, wie noch die «Wetzmarken» norddeutscher Christentempel zeigen.[20]

Doch ging man nicht nur aus solch «religiösen» Gründen in die Kirchen, nicht nur zu einer «gottesdienstlichen» Handlung, einem Fahnensegen, einer Waffenweihe. Vielmehr trafen sich dort die Ausrückenden, wie beispielsweise im mittelalterlichen Florenz, auch zur Verlesung der Kriegskapitel, der für den Feldzug festgesetzten «Statuten und Ordnungen» mit detaillierten Bestimmungen über Marsch, Lager, Strafen etc. «Das umfangreichste Spionenwesen (später pflegten Mönche das militärische Nachrichtenbureau zu leiten) diente der Vorbereitung des Kampfes und begleitete ihn» (Davidsohn).

Spätestens im 10. Jahrhundert zogen Bischöfe oder Priester den tötenden Haufen mit Kreuzen, Fahnen, Reliquien voran. Sie sprachen Gebete, Litaneien, intonierten fromme Lieder, etwa das beliebte «In Gottes Namen fahren wir ...». (Noch über meinem Bauch stand im Zweiten Weltkrieg: «GOTT MIT UNS». Und bei vielen stand und steht es leider noch immer auch im Kopf.) Dann stürzten sich die in jeder Hinsicht Aufgerüsteten, fest um das Banner, das geweihte, geheiligte, geschart, auf den bösen Feind mit den allerreligiösesten Schlachtrufen, mit «Kyrieleison» oder den Namen diverser Heiliger, wie des hl. Benedikt. «Christ ist geboren», schrie Erzbischof Christian von Mainz, in Gedanken vielleicht noch bei seinen zahlreichen Lustweibern (S. 527). Der Bischof von Basel rief auf dem Marchfeld, Schauplatz so vieler Gemetzel durch zwei Jahrtausende: «Sant Marei, Mutter und

Maid, all unsere Not sei dir geschlait.» Die Reichstruppen brüllten «Rom», die Franzosen «Montjoie», die Normannen «Gott hilf», die Kreuzritter «Heiliges Kreuz». Und dann begann die Arbeit, das eigentliche Wirken im Weinberg des Herrn...

So beinah pausenlos aber auch die Christianitas, zumal die katholische, im Mittelalter Krieg geführt hat, Zeit, um zusammenfassende Kriegs*geschichten* zu schreiben, fand sie kaum. Bezeichnenderweise begannen damit erst die Humanisten.[21]

Dem Klerus war Kriegsdienst streng verboten

Während die Kirche ihren Laien das Töten im Krieg schon seit Konstantin großzügig gestattete – *strikt entgegen* freilich der vorausgehenden *dreihundertjährigen* pazifistischen Lehre und Praxis! –, verweigerte sie dies dem Klerus. Denn er hatte sich, keusch und unbefleckt, um seine Besonderheit, Auserwähltheit, seine Würde zu demonstrieren, von dem übrigen hurenden und mordenden Christenvolk abzuheben. So sollte er schließlich keine Ehe mehr führen und, von Anfang an, kein Schwert. Ein Priester durfte keine blutbesudelten Hände haben, durfte weder Kriegs- noch Militärdienst leisten noch Waffen tragen. Verstöße dagegen zogen jahrhundertelang Absetzung und Ausstoßung nach sich. Kirchliche Vorschriften der Antike verboten dem Klerus auch die Jagd. Ebenso jede kriminalgerichtliche Tätigkeit. Geistliche sollten nicht an der Fällung oder Vollstreckung eines Todesurteils beteiligt und derart mitschuldig sein. Zuwiderhandelnde wurden abgesetzt, durch das 11. Konzil von Toledo (675) mit lebenslänglichem Gefängnis belegt, und dies sogar bereits bei direkter oder indirekter Verhängung einer bloßen Leibesstrafe.[22]

Nun untersagte man zwar auch im ausgehenden 6. und im 7. Jahrhundert Priestern Waffentragen und -gebrauch, doch ohne dafür noch eine konkrete Sühne anzudrohen. Auch das germanische Nationalkonzil verbot ihnen 742 die Beteiligung am Kampf, ja, schon das Waffenführen, setzte freilich, zur Wahrung der «geistlichen» Funktionen, auch die Militärseelsorge durch. Noch Päpste des 8. und 9. Jahrhunderts indes drängten den Klerus zum Verzicht auf das blutige Tun. Papst Zacharias etwa oder Hadrian I., der Karl «den Großen» ersuchte, insbesondere Bischöfe von jedem Kriegsdienst fernzuhalten – und doch selbst 778 mit einem eigenen Heer den ersten päpstlichen Angriffskrieg wegen Terracina unternahm.[23]

Und Sachsenschlächter Karl – in der Kirche ein Jahrtausend lang als Heiliger gefeiert – zwinkert dem Papst gleichsam zu, wiederholt im ältesten seiner erhaltenen Kapitulare (um 769) die Erlasse des Concilium Germanicum, untersagt auch noch mehrmals, so in seinem Kirchenkapitulare von Aachen (789), Klerikern Bewaffnung, ihnen ratend, mehr auf den Schutz des Herrn zu bauen. Tatsächlich aber konnte der große Blutvergießer bei seinen unentwegten Feldzügen, seiner Schaffung «Europas», überhaupt nicht auf die Kontingente der Prälaten verzichten, drang er immer wieder auf ihre Heeresdienstpflicht, ließ er Bischöfe und Äbte unter und für sich fechten, bedeutete sein Staat «ohne Frage einen wichtigen Schritt auf dem Wege zur Einbeziehung des Krieges in die kirchliche Ethik» (Erdmann). Wurden ja auch «die Kriege immer häufiger durch religiöse Motive bestimmt» (Montgomery).[24]

Und wie Karl im Widerspruch zu seinen eigenen Verfügungen und denen seiner Vorgänger verfuhr, so auch die Kirche. Während noch Papst Nikolaus I. im späteren 9. Jahrhundert sich wiederholt gegen einen armierten Klerus und dessen Heerfolge aussprach, auch auf das Schwert zu schwören verbot, während die italische Geistlichkeit noch im 10. Jahrhundert mit Bischof Atto von Vercelli, dem bekannten Theologen und Kulturgeschichtler, im Kämpfen keine Sache von Priestern sah, sondern von Dämonen, zogen ringsum Kirchenfürsten ins Feld; übrigens bei feindlichen Einfällen, bei Landesnot, auch gewöhnliche Kleriker.

Denn eins war gewöhnlich die Predigt – und das andere das Gegenteil, die Praxis. Spätestens vom 4. Jahrhundert an taumelte man so als ein einziges krasses kriminelles Paradoxon durch die

Zeiten. Die Kriegspflichten der Bischöfe, strikt wider die kanonischen Bestimmungen, wurden geleistet; viele eigentliche Pfaffenpflichten, strikt kanonisch, kaum getan. Und indes das Ansehen der Oberhirten, ihr Selbstbewußtsein, ihre Macht wuchsen, sahen ihre Diözesanen sich stets mehr geschröpft.[25]

Militärisches Draufgängertum der Bischöfe «geradezu eine Art Voraussetzung für die Heiligkeit»

Die Beteiligung des Klerus, besonders des hohen, am Kriegsdienst resultierte aus verschiedenen Faktoren: aus dem Umschlag des rigorosen christlichen Pazifismus in das abscheulichste, die Geschichte durchgellende Schlachtgeschrei (I 247 ff.); aus einer gewissen Germanisierung (IV 32 ff.); aus dem enormen kirchlichen Grundbesitz, der seinerseits wieder zur Immunität und Vasallität führte, zur Herausbildung des Heer- und Burgbannes, die jedoch auch ausdrücklich verliehen wurden. Beim Heerbann stand der Bischof an der Spitze der Schlächter, der Burgbann gab dem hohen Klerus das Recht, Befestigungen anzulegen.

So geboten allmählich alle Bistümer über ihre militia, über milites, Vasallen, Ministerialen, die für ein Lehen oder Dienstgut hauptsächlich zum Kriegsdienst für den König verpflichtet waren. Dabei rekrutierten die Bischöfe ihre Truppe mit Vorliebe aus ihren Verwandten. Ebenso verfügten die meisten Klöster über militärische Mannschaften, nicht nur die reichsunmittelbaren, sondern auch die Eigenklöster des Königs sowie die der weltlichen und geistlichen Großen.

Schon seit der Völkerwanderung werden die Prälaten «zentrale Träger des Widerstandes» (F. G. Maier) gegen die Germanen. So verteidigt sich bereits zu Beginn den 5. Jahrhunderts Toulouse unter seinem Bischof gegen die Wandalen. So ruft der um 410 geborene St. Severin die Noriker zum militärischen Einsatz gegen die Alemannen auf und kommandiert persönlich das Unternehmen. 470 leitet Oberhirte Sidonius Apollinaris, Schwiegersohn des gallischen Gegenkaisers Avitus, die Verteidigung von Clermont-Ferrand (Avernum) wider die Westgoten.

Unter den Merowingern – sie kämpften «primitiv», schreibt seinerzeit der griechische Dichter und Historiker Agathias, mit Wurfspießen und, ihre wichtigste Waffe, der Streitaxt – stritt der hohe Klerus schon selber an der Spitze seiner Haufen. In der Schlacht bei Embrun 571 fechten der Ortsbischof und der Bischof von Cap gegen die Langobarden und erschlagen, so ein zeitgenössischer Prälat, «sehr viele mit eigener Hand». Seelenhirte Sagittarius, ein großer Säufer und Hurenbock, reitet damals ins Gemetzel «nicht gewappnet mit dem Zeichen des heiligen Kreuzes, sondern mit dem weltlichen Brustpanzer und einem Helm» (vgl. IV 269 ff.).[26]

Im 7. Jahrhundert sind schlachterfahrene Bischöfe – Leodegar von Autun etwa (IV 286 ff.), Desideratus von Chalon-sur-Saône, Bobo von Valence oder Genesius von Lyon – schon ganz «normal», wird militärische Tüchtigkeit (ähnlich wie adelige Abkunft) «geradezu eine Art Voraussetzung für die Heiligkeit» (Prinz).

Man sieht das gleich an Emilianus, dem 725 gefallenen Christenhaupt von Nantes. In der an Helden und Heiligen so reichen Bretagne geboren, focht er dreimal wie ein Berserker gegen die Sarazenen, streckte selbst ihren bösen General Nympheus nieder, zerschmettert, zerstreut, reißt seine Kombattanten, von ihm zweifach gestärkt, durch sein tollkühnes Beispiel und «die himmlische Speise» (Donin), zu wahren Großtaten im Totschlagen hin, ruft fallend noch, für die heilige Kirche zu kämpfen, zu sterben, röchelt, «ich sehe schon den Himmel offen; dort ist unser wahres Vaterland» – und wird Heiliger der Catholica.

Seit Ende des 7. Jahrhunderts mußten Bischöfe und Äbte, laut «Staatsrecht», ihre dienstpflichtigen Hintersassen und Vasallen persönlich dem Heer zuführen. Zwar sollten sie selbst nicht schlachten, töten. Aber Pippin II. der Mittlere (gest. 714) sah kriegstüchtige Kleriker nicht ungern. Und unter seinem Sohn Karl Martell waren streitende Seelenhirten schon eher die Regel.

Auf einer seiner Sachsenfahrten fiel Bischof Gerold von Mainz. Und Sohn Gewilib, wiederum Mainzer Bischof, übte auf dem nächsten Feldzug Blutrache an jenem Sachsen, der seinen Vater umgebracht. (Gewilib wurde zwar 745 abgesetzt, lebte aber als Eigenkirchenherr noch 14 Jahre «in Ehren». Beiläufig: die Namen beider Mainzer Hohenpriester fehlen in den meisten katholischen Kirchengeschichten – wie die so vieler schwarzer Schafe!)[27]

Sie kommandieren ganze Heere, sie morden und fallen in der Schlacht

Seit Karl «dem Großen», dessen Gesamtstreitkräfte mehrere Zehntausende an Berittenen umfaßte samt einer noch größeren Zahl von Fußsoldaten, erscheinen die Prälaten allmählich immer regelmäßiger auf Kriegszügen und Schlachtfeldern. Bei Karls Angriff auf Pavia sind in seinem Heer die Bischöfe und Äbte des Reiches sowie die Geistlichen der Hofkapelle, sie marschieren sogar noch vor dem König. Und 791 werden Erzbischof Angilram von Metz und Bischof Sintbert von Regensburg Opfer seiner Awarenoffensive. Im 9. Jahrhundert ist der Kriegsdienst (hostilicium) des hohen Klerus fast schon eine Selbstverständlichkeit. Auch unter Ludwig dem Frommen, als die Prälaten immer tiefer in Politik und politische Parteiungen geraten, ist Kriegsdienst üblich. Ja, zu der Zeit, als Erzbischof Hinkmar von Reims (845–882), im Anschluß an Augustin, Krieg zur Ehre Gottes stets erlaubt, sind Bischöfe und Äbte derart auf dem Schlachtfeld aktiv, daß Franco von Lüttich den Papst bittet, ihm für alle geistlichen Verrichtungen zwei Chorbischöfe zu geben, da seine Hände allzu oft Feindesblut beflecke. «Das waren nicht Ausnahmen, sondern so stand es überall» (Hauck). Und nicht einmal selten starben jetzt die geistlichen Haudegen den Heldentod.

In Italien stattete Kaiser Lothar besonders rege Krieger unter den Prälaten mit einer Abtei aus. Ludwig II. erließ 866 noch verschärfte Bestimmungen über den klerikalen Kriegsdienst. Nur ein triftiger Grund, hohes Alter etwa oder Krankheit, entband davon. Bloß ein einziger italienischer Bischof, Ansovin von Camerino, war seinerzeit unseres Wissens vom Kriegsdienst befreit.[28]

Die geistlichen Herren ziehen aber nicht nur ins Feld, sie kommandieren oft ganze Heere, wie 857 Otgar von Eichstätt, 872 Liutbert von Mainz oder Arn von Würzburg.

Oberhirte Arn (855–892), ein besonders rühriger Recke, erbeutet 871 beim Überfall auf den Hochzeitszug einer böhmischen Herzogstochter u. a. 644 Pferde. Im nächsten Jahr befehligt er, zusammen mit dem Fuldaer Abt Sigehard, eine Streitmacht gegen die Böhmen; er wird aber mit schweren Verlusten heimgeschickt. 884 siegt er als Oberbefehlshaber an der Spitze eines ostfränkischen Heeres gegen die Normannen. 892 bricht er auf eigene Faust wieder in Böhmen ein, doch die Sorben erschlagen ihn mit dem größten Teil seiner Truppen, passenderweise angeblich, «während er die Messe sang». Dabei ließ er, wie das einem Bischof ziemt, erst «alle seine Begleiter im Martyrium voraufgehen» und brachte sich dann, samt den hl. Hostien, «selbst Gott dem Vater dar» (Thietmar). Der Bischof, kommentiert Siegfried Hirsch, demonstriere mit seinen «Zügen an die Heidengrenze ... die Aufgabe des Bisthums ... so recht ...». Nun, immerhin konnte er den abgebrannten Würzburger Dom wieder aufbauen und neun Kirchen errichten lassen, wohl auch mit Hilfe etlichen Kriegsgewinnes. Und zumindest noch im 18. Jahrhundert verehrt man in Franken den wilden Kämpen als Märtyrer (Fest 13. Juli).

Arns Nachfolger, Bischof Rudolf, nach einem zeitgenössischen Chronisten zwar adelig, doch recht dumm (licet nobilis, stultissimus tamen), führt verheerende, ganz Ostfranken wie eine Naturkatastrophe erschütternde Fehden mit den älteren Babenbergern (V 354 ff.). Er fällt 908 gegen die Ungarn, die ein Jahrzehnt später, 919, auch Erzbischof Heriveus von Reims mit 1500 Bewaffneten heimsucht.

Nicht minder streitbar als die Würzburger: ihr Nachbar Erzbischof Liutbert von Mainz, dessen verräterischer Frontwechsel auf der Reichsversammlung zu Tribur Kaiser Karls III. Absetzung mit entschied (V 291). Der geistliche Herr attackiert bald Wenden, bald Normannen, zieht 872 mit einem Heer nach Böhmen, schlägt fünf ihrer duces und verwüstet das Land. 883 kämpft er auch gegen die Normannen und tötet viele. Sein Nachfolger Erzbischof Sunderhold fällt 891 in dem verlustreichen Treffen am Geulenbach bei Meersen als Führer einer fränkischen Feldschar.[29]

Gegen die Normannen hatten schon 854 die Bischöfe Agius von Orléans und Burchard von Chartres Schiffe und Soldaten geschickt. Der Diakon und Abt von S. Amand, Karlmann, ein Sohn Karls des Kahlen, marschierte 868 gegen sie. Bischof Wala von Metz wurde 882 ihr Opfer. Bischof Franco von Lüttich und Abt von Lobbes (856–903) griff sie nach eigenem Bekenntnis in «vielen Kriegen» an. Auch Gauzlin, Abt von Saint-Amand, St. Germain-des-Prés, St. Denis, seit 884 noch Bischof von Paris, war Truppenführer gegen sie, streckte die Teufel – gelegentlich «nach einem tränenreichen Gebet zur Gottesmutter» – mit eigener Hand nieder und half so «auf alle Weise dem christlichen Volke». (Sein Neffe war jener Abt Ebolus, der mit einem einzigen Pfeil sieben Normannen gekillt und dann humorvoll befohlen haben soll, sie in die Küche zu schaffen.) Nur nach einem Sieg über den gottlosen Feind hielt Bischof Gauzlin sich der hl. Messe für die Jungfrau Maria würdig. Sein Nachfolger, Bischof Askerich von Paris (886–910), wird gerühmt, unter ihrem Schutz mit Gottes Hilfe sechshundert Normannen geschlachtet zu haben.[30]

Nun bissen natürlich nicht nur teuflische Landesfeinde oder christliche Laien ins Gras. Vielmehr blieben damals, um 900, nicht weniger als zehn Bischöfe auf dem Schlachtfeld. Stellten die hohen Seelenführer für die Heerfahrten doch nicht bloß ihre Aufgebote, sondern partizipierten auch selbst «als Mitglieder des Schwertadels an den Feldzügen» (Prinz), ja sie kämpften «an der Spitze eigener Heereskontingente» (Störmer) – während sie später (nichts paßt uns!) nur noch andere für sich krepieren lassen. 880 fallen Markward von Hildesheim und Theoderich von Minden, 882 Wala von Metz (gegen die Normannen), 885 Wolfher von Minden (gegen die Slawen); 891 Sunderold von Mainz; 892 Arn von Würzburg. Am 5. Juli 907 sterben bei Preßburg an der

Enns (gegen die Ungarn) der bayerische Metropolit Thietmar von Salzburg sowie die Bischöfe Udo von Freising und Zacharias von Säben, 908 fällt Rudolf von Würzburg.

Doch fochten die Prälaten auch schon gegeneinander. So zwang im September 946 vor Reims ein deutsches Heer, darunter die Erzbischöfe von Mainz und Trier nebst anderen geistlichen Fürsten, den Erzbischof Hugo von Vermandois zum Abzug aus seiner Bischofsstadt. Und bald darauf eroberten lothringische Oberhirten Hugos Schlupfwinkel, die Burg Mouzon, und zerstörten sie.[31]

Unter den Ottonen stand die Reichskirche sozusagen in voller Kriegsbemalung da, durch und durch waffenstarrend. Auf rund 10 000 Panzerreiter (loricati) schätzte man den damaligen Gesamtbestand des «Regnum Teutonicum», davon etwa 6000 der weltlichen Lehnsträger, 3000 der Kirche und 1000 des Königs, wozu noch der Troß kam. Fast alle Bistümer und Abteien verfügten über ein beträchtliches militärisches Potential. Und nicht selten stellten sie die stärksten Haufen der kaiserlichen Heere; im Aufgebot Ottos II., verglichen mit den Weltlichen, sogar im Verhältnis 2,5 : 1. Während der längsten Zeit seiner Regierung sind an allen Aktionen Bischöfe beteiligt. So bei der Belagerung und Zerstörung des Kastells Boussu im Westen (Januar 974). Oder vier Jahre später bei dem Vergeltungszug für Lothars Überfall auf Aachen (V 528), wo die Bischöfe Notker von Lüttich, Dietrich von Metz und der hl. Wolfgang von Regensburg in der Streitmacht des Kaisers stecken, ebenso, wie gewöhnlich, nicht wenige Feldgeistliche.

Notker von Lüttich (972–1008), ein typischer Repräsentant des ottonischen Reichskirchensystems, dem er u. a. die Grafschaften Huy und «Brunnengeruut» verdankte, befestigte nicht nur seine Bischofsstadt, sondern ließ zu ihren Gunsten 987 auch die Burg Chevremont zerstören, ihm wie seinem Klerus schon lang ein Dorn im Auge, wobei er mit echt pfäffischer Heimtücke vorgeht. Da er nämlich das starke Kastell nicht gewaltsam nehmen kann, erklärt er, am herannahenden Gründonnerstag auf der Burg Beichte zu hören und das heilige Öl zu weihen. Mit Freuden ist man dort einverstanden. Notker aber schleust seine Vertrauten mit Waffen unter ihren geistlichen Gewändern ein, wirft sofort die Besatzung, «wohl nicht ohne Blutvergießen» (Hirsch), aus der Burg und kann nun Ländereien und Zehnten benachbarter Dörfer einstreichen. Und die Methode behagte dem hohen Herrn. Drang er doch unter dem Vorwand, das heilige Sakrament zu spenden, ein weiteres Mal in fremdes Eigentum ein und setzte sich wieder blutig in dessen Besitz – ein Bischof, der angeblich fortwährend in der Heiligen Schrift las. Und dessen Zöglinge an der gefeierten Lütticher Domschule bekannte Vertreter des Reichsepiskopats wurden: Adalbold von Utrecht, Ruthard und Erluin von Cambrai, Heimo von Verdun, Hermann von Toul, Gunther von Salzburg, Durandus und Wazo von Lüttich.[32]

Zur Ottonenzeit hatten alle Reichs-Bischöfe Truppen, ausgenommen vielleicht die Bistümer Brandenburg und Havelberg bei Beginn ihres Bestehens. Dabei ließen die Prälaten, zumal in lothringischen Diözesen und Klöstern, ihre Schlachthaufen mit Vorliebe durch Verwandte befehligen. Doch mußten sich die Herren auch oft selbst samt ihrer Soldateska stellen. So war unter Otto I. der Bischof Dietrich von Metz fünf Jahre ununterbrochen in Italien im kaiserlichen Heer, fast ebensolang Bischof Adaldag von Hamburg. Die Bischöfe Lantward von Minden und Otker von Speyer wurden zweimal nacheinander in den Süden aufgeboten, wo sie insgesamt mehr als sieben Jahre verbrachten. Unter Otto III. leisteten die Christenhäupter von Konstanz, Worms und Würzburg beinah ständig bewaffneten Dienst. Bischof Bernward von Hildesheim segnet bei der Erhebung der Römer gegen diesen Kaiser nicht nur dessen Truppe, sondern stürzt auch selbst mit der heiligen Lanze in die ersten Schlachtreihen (»signifer ipse cum sancta haste in prima fronte aciei egredi parat») – und ist seit 1192 Heiliger der katholischen Kirche, Fest 20. November. Doch auch beim Feldzug nach Flandern 1006/1007 des hl. Heinrich zieht der hl. Bernward mit. Denn: «Der Krieg für das Reich ist heiliger Krieg» (Köhler).

Natürlich empörten sich Prälaten mit ihren Gewalthaufen zeitweise auch gegen den König, etwa die lothringischen Bischöfe

Gauzlin von Toul, Adalbero von Metz und der äußerst kriegerische Bernain von Verdun. Denn so wenig der Adel je als einheitlicher Interessenblock auftrat, fast so wenig mitunter «die Kirche», in der Bischofs-, Klosterkirchen und Prälaten konkurrieren und stark rivalisierende Faktionen bilden konnten.

Im Osten verband sich zur Ottonenzeit die verstärkte Slawenmission auch mit einer verstärkten Teilnahme des Klerus am Kriegsdienst, besonders unter Otto III., der einen Feldzug nach dem andern persönlich leitet: 992 gegen die Heveller und, noch im selben Jahr, einen gegen die Elbslawen, 993 gegen die Liutizen, 995 gegen Abodriten und Wilzen, 997 gegen die Heveller. Doch läßt Otto weitere Züge gegen die Slawen auch ohne sich ausführen. Und schon seine Vorgänger waren im Osten nicht faul. Sogar Bischof Thietmar schreibt, das Erzbistum Magdeburg, ja offensichtlich (wie das gleichzeitig errichtete Bistum Meißen) an strategisch bedeutender Stelle gegründet, diene nicht nur der Hoffnung auf ewigen Lohn, sondern auch «zum Schutz des gemeinsamen Vaterlandes» (defensionemque communis patriae).

Im Osten kämpfte Gisilher von Merseburg, der als Günstling Ottos II. Erzbischof wurde, im Osten kämpften die Bischöfe Milo von Minden, Hildiward von Halberstadt, Eiko von Meißen, Gebhard von Regensburg, Gottschalk von Freising. Bischof Ramward von Minden riß, «machtvoll zum Kampfe» treibend (Thietmar), seine Westfalen mit einem Kreuz in der Hand zum Gemetzel hin. «Zweifellos trug der religiöse Charakter der Slawenkriege bedeutend zur Mitwirkung der geistlichen Fürsten bei» (Auer). Und im späteren 9. Jahrhundert wurde unter dem Druck der Zeit auch die Befreiung des niederen Klerus vom Wehrdienst generell aufgehoben. Nun waren, wie in den Ungarnkriegen, auch niedere Kleriker an den Waffengängen im Osten beteiligt, ja Geistliche dort häufig Fahnenträger; die Fahnenträger der Verdener und Bremer Vasallen, ein Diakon und ein Priester, fielen 992 gegen die Slawen.

Hat doch die Kirche selbst im Laufe des 10. Jahrhunderts ihre Einstellung zum Kriegsdienst der Christen, zum Soldatenstand, insofern noch geändert, als der Stand des Kriegers gleichsam «christanisiert», um nicht zu sagen «verkirchlicht» worden ist. Bekam dieser blutrünstige Beruf, dieses legitimierte Morden doch jetzt «eine unmittelbare kirchliche Zwecksetzung, indem der Krieg im Dienst der Kirche oder der Schwachen als heilig angesehen und nicht nur für den König, sondern für jeden einzelnen Ritter zur religiösen Pflicht erklärt wurde» (Erdmann).

Am häufigsten hat Heinrich II. die Oberhirten in den Krieg gerufen, war seine Regierung ja, einem Heiligen offenbar angemessen, «der eindeutige Höhepunkt in der Heranziehung des hohen Klerus zur Heerfolge im Westen und Osten» (Auer). Und wie schon vor den Ottonen weithin in Europa Seelenführer als Schlachtführer in Erscheinung traten, so kommandierten auch jetzt unter ihnen und ihren Nachfolgern Kirchenfürsten Heeresgruppen oder ganze Heere: die Erzbischöfe von Köln und Trier im Westen, wo u. a. auch die drei sächsischen Bischöfe Bernward von Hildesheim, Thiedrich von Münster und Meinwerk von Paderborn an Feindseligkeiten beteiligt sind; die Erzbischöfe von Magdeburg (die allein zwischen 983 und 1017 dreizehn Feldzüge unternehmen, wie immer wieder auch die Bischöfe von Halberstadt) in den Slawenkriegen; der Patriarch von Aquileja, der Erzbischof von Mailand, der Erzbischof Heribert von Köln, «ein Mann von großer Heiligkeit» (er wurde tatsächlich kanonisiert) und «durch viele Wunder berühmt» (Hermann von Reichenau), in Italien, wo insbesondere der Bischof Leo von Vercelli (998–1026), dort einer der führenden Anhänger Heinrichs II., auf dessen Politik er nicht unbeträchtlichen Einfluß nahm, jahrelang immer wieder in blutigen Gefechten als Feldherr fungierte. So schloß er das Kastell von Orba ein, ebenfalls Arduin auf der Burg Sparrone, bekriegte mit den Bischöfen von Pavia und Novara den Grafen Ubert, ja mußte nach zeitweiligem Verlust die eigene Bischofsstadt zurückerobern, schied aber dann als «ein sehr kluger Herr von der Welt in seligem Frieden» (Wipo).

Gewiß gab es Proteste hoher Kleriker gegen das Kriegstreiben des Klerus.

So geißelte tief im 11. Jahrhundert Kardinal und Kirchenlehrer Damiani mit der ihm eigenen Leidenschaft, daß den Prälaten nicht ihre Geistlichen folgten, sondern waffenstarrende Krieger. «Da reitet er voran», schreibt er von einem italienischen Bischof, «wie der Heerfürst einer heidnischen Kriegerschar, in voller Rüstung; ihm nach drängen die Haufen der Schild- und Lanzenträger.» Kirchenlehrer Damiani war ein erklärter Gegner nicht nur von heiligen, sondern von allen Kriegen.

Und vor ihm hatte auch Bischof Fulbert von Chartres (1006–1028) die Bischöfe als Tyrannen und Schlächter angeklagt. Sie verstünden sich besser als die weltlichen Großen auf den Krieg, ja, es sei geradezu ihr Hauptvergnügen, Truppen zu organisieren und Blutvergießen. Fulbert verwirft zwar nicht den Krieg der profanen Welt, aber jeden des Klerus, auch den sogenannten gerechten Krieg.

Doch zur nämlichen Zeit begeistert sich Bernard von Angers für einen Prior zu Conques, der regelmäßig an der Spitze seiner Leute ins «Feld» eilt und die Waffen gleich in seiner Zelle behält, natürlich «nur aus Eifer für Gott, zur Verteidigung des Guten und zum Schutz seines Klosters». Und im selben Jahrhundert wird Erzbischof Burchard von Vienne noch auf seinem Grabstein als kriegsruhmreicher Kirchenfeldherr glorifiziert, und dies sogar durch den Mund des Heiligen Geistes – gleich hinter den Märtyrern zieht der klerikale Militär samt Siegespalme in den Himmel ein.[33]

Das gute Beispiel der Päpste

Natürlich war das Kriegstreiben des hohen Klerus nicht zuletzt deshalb möglich, weil auch die Päpste, entgegen der eigenen Kirchenlehre, damit einverstanden, ja selbst daran, indirekt und direkt, Land- und Seeschlachten leitend, beteiligt waren.

Bereits Gregor I. (590–604), der einzige Heilige Vater mit dem Beinamen «der Große», befehligte in Krisenzeiten die römische Garnison. Er rekrutierte Männer aus Klöstern, kümmerte sich um militärische Einrichtungen, um Truppenstützpunkte, Befestigungen, ja empfahl bei kriegerischen Operationen Rückenangriffe, Geiselnahme und Plünderung (IV 190 ff.). Er wurde Heiliger und Kirchenlehrer. Sein Schüler Honorius I. (625–638) trieb als echter Gregor-Jünger nicht nur zu einer verschärften Bekämpfung der Juden, sondern ernannte auch einen magister militum für Neapel. Zwar wurde Papst Honorius von seiner eigenen Kirche offiziell verflucht (das Anathema von Papst Leo II., einem Heiligen, 682 ratifiziert: IV 336 ff.), aber gewiß nicht als Antisemit oder Soldatenfreund, sondern als «Ketzer».

Schon 778 hatte Hadrian I., dieser extrem landgierige Mensch (IV 432 ff.), mit einem eigenen Heer den ersten päpstlichen Angriffskrieg geführt. 849 begleitete Papst Leo IV. seine Haudegen. 877 schlägt Johann VIII. die sarazenische Flotte bei Capo Circeo (V 265), 915 Johann X. die Sarazenen am Garigliano (V 484) und rühmt sich in einem Brief an den Kölner Erzbischof Hermann, zweimal persönlich gegen sie gekämpft zu haben. Benedikt VIII. besiegt sie 1016 bei Luni an der ligurischen Küste – während christliche Potentaten, auch Bischöfe, wie Athanasius von Neapel, nicht selten auf Seite der Araber stehen (V 267 f.). Und Leo IX. (1049–1054), ein deutscher Graf von Egisheim, führt als erster Heiliger Vater selbst Krieg im Namen der Kirche (S. 197 ff.).[34]

Auch die Äbte töten

Die meisten Klöster, reichsunmittelbare, Königsklöster sowie andere Eigenklöster geistlicher und weltlicher Herren, besaßen eine gut ausgebildete «militia». Denn wie die Bistümer, so waren auch viele Mönchshäuser verpflichtet, den Machthunger des Herrschers, unter Anführung des Abtes, mit Schlachtfutter, mit Kirchenvasallen (milites oder homines ecclesiae), zu füttern, sobald der König dessen bedurfte. Und wie oft bedurfte er! Selbst Frauenklöster waren kriegsdienstpflichtig und hatten Truppen zu stellen. Klöster aber ohne Soldaten mußten mitunter fremde ausstatten. Und schon im 10. Jahrhundert wurden kleinere, dem

Reich keine Waffenhilfe leistende Monasterien in der Regel verschenkt oder verlehnt.

Äbte sind seit karolingischer Zeit häufig Vertraute des Regenten, einflußreiche Funktionäre, die innerhalb seiner Politik, je nach Rang und Bedeutung ihres Hauses, mehr oder weniger wichtige Aufträge ausführen. Nicht zuletzt eben ziehen sie, wie die Bischöfe, für den König in den Krieg.[35]

So verrichtet in der Karolingerzeit, um nur kurz zu exemplifizieren, Abt Achivus hostilicium, ebenfalls Abt Ermenland; er zwar widerstrebend, doch, laut Bericht, ganz vorzüglich. Fardulfus, Abt von St. Denis, streitet auf einer Heerfahrt Karls gegen die Sachsen, wobei er als Kampfhilfe auch Reliquien mitführt – töten und beten ...

Dem Abt Fulrad von Altaich befiehlt der Kaiser 806: «Am 20. Mai sollst du mit deinen Männern nach Staßfurt an der Bode kommen, bereit, in jedem von uns bestimmten Teil unseres Reichs zu kämpfen. Du sollst mit Waffen, Ausrüstung und aller für die Kriegsführung benötigten Bekleidung und Verpflegung erscheinen. Jeder Reiter soll Schild, Lanze, Schwert, Dolch, Bogen und Köcher haben. In deinem Wagen sollst du Spaten, Äxte, Picken und mit eisernen Spitzen versehene Stangen sowie alles für die Truppe benötigte Material mitführen. Die Rationen sollen für drei Monate reichen ...»[36]

Ja, eines nur ist not!

Helisachar, Abt von St. Aubin, kommandiert 827 Kriegsvolk zur Niederschlagung eines Aufruhrs in der spanischen Mark. In der Schlacht bei Angoulême anno 844 fallen Abt Hugo von St. Quentin, St. Bertin und Lobbes, ein Sohn Karls «des Großen», sowie Richboto von St. Riquier; gefangen wird, außer etlichen Bischöfen, Abt Lupus von Ferrières (V 136). Auch in der Schlacht bei Preßburg kommen drei Äbte um. Und zur Zeit der sächsischen Kaiser begleiten die deutschen Monarchen auf ihren Feldzügen allein in Italien, soweit bekannt, 15 Äbte.

Beim Ungarneinfall 954 eilten auch Klostermilizen wider die Invasoren. Manchmal rückten selbst Mönche bewaffnet aus, gegen Landesfeinde, Städte, Ritter; ja, Klöster lieferten sich gegenseitig Schlachten. Aus dem Mönch wurde allmählich der Mönchsritter. Und am Kriegsgurt des Mönchsritters – die merkwürdige Metamorphose des antiken «Ringkämpfers Christi» – hängen Bogen und Köcher, Zange, Hammer, Schwert und eine Eichenkeule. Wahrscheinlich produzierten die Klosterwerkstätten um die Wende zum 9. Jahrhundert bereits Schwerter und andere Waffen.[37]

Selbstverständlich dienten die Hochburgen der Asketen – wie noch im Spanischen Bürgerkrieg oder in Kroatien gegen Mitte des 20. Jahrhunderts - auch als militärische Stützpunkte. So etwa Kloster Elten, das zum Bistum Utrecht gehörte, dessen Bischof Ansfrid, ein mächtiger adliger Kriegsmann, unter dem Erzbischof und vielfachen Heerführer Brun (V 430 ff.) militärisch ausgebildet, wohl nicht zuletzt diesen Fähigkeiten seine geistliche Würde verdankte.

Doch wurden viele Klöster schon im frühen Mittelalter zu wehrhaften Gebäuden, regelrechten Burgen umgebaut; ähnlich viele Bischofsstädte. Voraussetzung dafür: die Erlaubnis des Königs, die Verleihung des Burgbanns, die bei neugegründeten Klöstern häufig erfolgte; das heißt das Recht des Burgherrn, das umwohnende (freie) Volk zu allen Arbeiten an der Burg heranzuziehen gegen dessen Recht, in Notzeiten darin Schutz zu finden.[38]

Prälaten- und Kirchenburgen entstehen

Der Burgenbau ist älter, als man lange annahm. Er reicht im fränkischen Imperium bis ins 8. Jahrhundert zurück, beginnt in Europa allgemein am Ende des 9. Jahrhunderts und dient besonders zur Sicherung geraubter Gebiete, zum Ausgangspunkt für weitere Raubzüge, für Fehden sowie zum Schutz von Nachschubwegen.

Die Burg (lat. burgus/burgum, got. baurgs, ahd. burg, frz. bourg, altslaw. grad), auch arx, castellum, castrum genannt, gehörte schließlich zum adligen Lebensstil und damit auch zur Kirche. Denn der hohe Klerus entstammte durchaus dem Adel und lebte wie der Adel. Die Wendung «castrum cum ecclesia» auf Herrscherdiplomen drückt das nahe Verhältnis zwischen Burg und Kirche aus. Wie ja im Slawischen bezeichnenderweise das «castellum» als Kirche des 5. Jahrhunderts zu «costel» wurde.[39]

Schon im 6. Jahrhundert erwähnt Bischof Venantius Fortunatus die Verdienste seines Kollegen Vilicus um die Festungsbauten von Metz. Ebenso rühmt er den Bischof Nicetius als Errichter einer Mosel-Burg. Im 7. Jahrhundert umgeben die Bischöfe Desiderius von Cahors und Leodegar von Autun ihre Stadt mit wehrhaften Mauern. Papst Gregor IV. (827–844) befestigt im Krieg gegen die vordringenden Araber Ostia durch ein mächtiges Kastell, das er bescheiden nach sich Gregoriopolis nennt. Sein Nachfolger, der hl. Leo IV. (847–855), baut Roms Verteidigungsanlagen aus und wird so Schöpfer der «Urbs Leonina» (V 176).

In Bayern sind alle fünf Bischofssitze im 8./9. Jahrhundert fortifiziert. Es waren schließlich richtige «Bischofsburgen», deren Verteidigung den Bischofsvasallen oblag. Schon in der ausgehenden Karolingerzeit besitzen Prälaten mitunter eine Stadt oder das Befestigungsrecht. Um die Jahrtausendwende ist in Deutschland die bischöfliche Stadt-Herrschaft anstelle der gräflichen die Regel.[40]

Auch manche Äbte erhielten bereits im späteren 8. Jahrhundert die Befestigungshoheit über ihre Abtei. Seit Karl dem Kahlen häufen sich die Nachrichten über militärische Sicherungen von Klöstern, die freilich durchweg Laienäbten unterstehen.

Die Abtei Pfäfers in Rätien, etwa 735/740 gegründet, wurde auf schwer zugänglichem Fels geradezu unangreifbar über dem Rheintal errichtet, nicht zuletzt aus politisch strategischen Gründen. Seit 806 karolingisches Reichskloster, hatte Pfäfers beachtliche Bedeutung für die großen Paßstraßen und konnte außerdem durch seine Liegenschaften im Rheintal den Weg vom Bodensee nach Chur und zu den Alpen kontrollieren. Die Abtei Peterlingen (Payerne), gegründet schon zur Zeit des Bischofs Marius von Avenches und 961/962 wiederhergestellt, mußte u. a. einen sicheren Zugang zum Großen St. Bernhard gewähren. «Die Klostergüter sind aufgereiht wie Straßenstationen an der Route nach dem wichtigen Alpenpaß» (Büttner).[41]

Auch in Italien hatten bereits die von den langobardischen und fränkischen Königen geförderten oder von ihnen selbst vorgenommenen Klostergründungen neben ihrer politischen und wirtschaftlichen Bedeutung meist auch eine strategische.

Zu wehrhaften Klöstern bzw. regulären Klosterburgen zählen im 9. Jahrhundert St. Philibert, St. Quentin, die großen Reichsabteien Corbie, St. Vaast in Arras, St. Bertin, St. Médard in Soissons; im 10. Jahrhundert St. Martin in Tours, St. Hilaire zu Poitiers, St. Martialis von Limoges. Nicht zufällig wurden Burgen häufig in Klöster verwandelt oder Klöster in Burgen verlegt. Manche Klöster besaßen auch Burgen, wie etwa die Abtei St. Maximin.

Bischof Dietrich von Metz (965–984) erbaute, zusammen mit einem Kloster, das Fort Epinal. Auch die Erzbischöfe Fulco von Reims (883–900) und Nachfolger Heriveus (900–922) liebten den Burgen-, den Festungsbau, das Fundament und eigentliche Statussymbol ritterlicher Welt und feudaler Macht. Sie schützten so ihre eigene Bischofsstadt, ließen aber auch Fortifikationen in Omont (bei Sedan), Epernay an der Marne und anderwärts aufmauern, freilich eine alte und sie lang überdauernde geistliche Tradition.[42]

Nicht anders Notker von Lüttich (972–1008), der sich übrigens seinen episkopalen Schlachthaufen sicherte, indem er ihm ein Drittel des gesamten Kirchenbesitzes überließ, die wohlüberlegte Kalkulation einer frühen Mitbeteiligung – beinah eine Pioniertat. Notker umgab nicht nur Lüttich als erster mit einer Mauer, sondern schuf neben den bereits bestehenden Befestigungen des Bistums in Dinant und Huy neue in Thouin, Fosses und Malines (Mecheln). Derart zertrümmerte er den lokalen Feudaladel, zumal den Machtkomplex der Reginare – die Basis für eine fürstliche Position.

Sogar der maßgebende Repräsentant der lothringischen Reformer, Bischof Waso von Lüttich, hat, ohne angeblich selbst die

Waffen zu führen, Ritter eidlich zum Kampf verpflichtet, Burgen gebrochen, die Verteidigung seiner Stadt geleitet, kurz, militärische Verbände kommandiert.

Auch Burchard I. von Worms (1000–1025), den Heinrich II. sehr begünstigte, stellte die Wormser Stadtmauer wieder her und befestigte den Bischofssitz. Und sofort ließ der Prälat die Salierburg Ottos «von Worms», des Herzogs von Kärnten, abreißen, des Thronkandidaten 1002, der als Enkel Ottos I. dem verstorbenen Kaiser näherstand als Heinrich II., ein Urenkel Heinrichs I. (S. 16).

Selbst der hl. Bischof Bernward von Hildesheim, der Erzieher Ottos III., der sein Oberhirtenamt 993 gleich mit Kriegszügen gegen die Normannen begann, führte 994 zwei Festungen an der Nordgrenze seiner Diözese auf, die Mundburg an der Ockermündung und Burg Wahrenholz an der Ise, die er dem hl. Lambert anvertraute. Und auch die eigene Bischofsstadt umzog er mit Mauern und Türmen, wie man seinerzeit auch Bremen mit einer Ringmauer umgab. Oder wie im 11. Jahrhundert die ja immer reicher und mächtiger werdenden Prälaten ihre Verteidigungssysteme schufen, Meinwerk von Paderborn etwa. Errichtete doch der Bauwütige keineswegs nur Sakrales oder für sich eine Bischofspfalz, sondern ließ auch die Domfreiheit ummauern und die Stadtbefestigung verbessern – «eine notwendige Maßnahme gegen die Bedrohungen, denen sich die Bischofskirchen infolge ihrer Herrschaftsentfaltung zunehmend ausgesetzt sahen» (Bannasch).

Erst kürzlich führte Stefan Weinfurter sehr erhellend aus, daß die Bischöfe der Salierzeit ein neuartiges Selbstverständnis entwickelten: «Sie gestalteten nicht nur ein kirchliches Zentrum, sondern den Sitz eines geistlichen Fürsten, der an Macht und Einfluß den Großteil des Adels im Reich übertraf. Sie begannen in ihren Urkunden, Münzen und Siegeln, sogar in Herrschaftszeichen und Hofhaltung, die bisher dem König vorbehaltenen Formen der Herrschaftsrepräsentation zu imitieren, und sie gingen schließlich daran, aus diesem neuen Herrschaftsverständnis heraus ihre Leute immer härteren Belastungen zu unterwerfen.

Gleichzeitig wurde die sich verdichtende Amtsherrschaft durch Burgen gesichert, indem man sie neu bauen ließ, wie beispielsweise in Hamburg-Bremen auf der Höhe des Süllbergs oder in Bamberg mit Gößweinstein, oder indem man sie einem weltlichen Fürsten entriß, wie in Köln die ezzonische Tomburg an der Aachen-Frankfurter Heerstraße, in allen Fällen nicht zur Abwehr nach außen, sondern zur Stabilisierung nach innen. Diese Burgen waren nicht mehr zum Schutz der Bevölkerung gedacht, etwa als Fliehburgen, sondern erhielten nun zur Interessenvertretung ihrer Herrn feste Besatzungen.»[43]

Schließlich wurden im Mittelalter Tausende von Kirchen als Burgen erstellt. K. Kafka nennt in seinen «Wehrkirchen Niederösterreichs» allein für den dortigen Bezirk 114 heute noch erkennbare Kirchen mit Wehreinrichtungen und weist weitere 129 inzwischen verschwundene für Niederösterreich nach. Doch gab es sogar Kirchen, die nicht nur, wie häufig, zu Befestigungen, sondern zu regelrechten Raubnestern ausgebaut worden waren, zum Beispiel im 11. Jahrhundert in der Reimser Kirchenprovinz.

Damals führte die Entwicklung des Reformgeistes zu Konflikten mit der Reichsgewalt, zu Verweigerungen des Reichskriegsdienstes, dieser ganzen Heerfolge des hohen Klerus, die eben unter Heinrich II. dem Heiligen, von dem wir ausgingen, kulminierte, und zu dem wir damit zurückkehren.[44]

Gleich nach Heinrichs Wahl Bürgerkriege in Schwaben und Franken

Heinrich II. der Heilige – 1002 deutscher König, 1004 König von Italien, 1014 römischer Kaiser –, der «große Friedensstifter», dem es, glaubt man dem Heer seiner meist kirchlichen Apologeten, zuerst um Frieden ging, um Friedenspolitik, Friedenseinung, Friedensbemühung, Gerechtigkeit, Versöhnung, dem man noch heute auf christlicher Seite besondere Friedensliebe nachrühmt, dieser seltsame, tatsächlich sogar häufig den Frieden gebietende und beschwörende Heilige kam zeitlebens aus Kriegen und Fehden, aus lauter blutigen Auseinandersetzungen mit Katholiken, kaum heraus: mit den katholischen Polen, mit dem katholischen Adel im Reich, im Elsaß, in Lothringen, Burgund (allein hier drei Feldzüge), mit dem katholischen Adel in Schwaben, Sachsen, mit der katholischen Aristokratie Oberitaliens, mit den katholischen Römern, mit katholischen Verwandten und katholischen Bischöfen. Und bei all dem, zumal bei seinem großen Krieg gegen die Polen, wurde Heinrich von einem «deutschen Nationalgefühl» so wenig geleitet wie sein Adel. Doch gehörte das Morden und Töten im gewissen Sinn zu den Hauptaufgaben eines christlichen Königs, waren der von ihm verbreitete «Schrecken» und die von ihm ausgehende «Angst» seine wichtigsten Regierungsmittel. Er besaß Banngewalt, er hatte das Recht zu strafen, Besitz zu nehmen und das Leben. Er praktizierte die Unterwerfung, Ausstoßung, Vernichtung. «Von allen soll er gefürchtet werden», steht im ottonischen Krönungsordo des «Pontificale Romano-Germanicum», «und wird geliebt ...»

Was Wunder, wimmelte das Reich von Störungen, Unruhen, Terrorakten aller Art. «Die Jahrbücher der Regierung Heinrichs II. sind voll von Thaten schnöder Gewalt und frechen Friedensbruches, gegen die der Kaiser unablässig, aber erst in seinen letzten Lebensjahren mit sichtlicherem Erfolg ankämpfte: wieder und wieder hören wir von Plünderungen und Räubereien der Mächtigen gegen die Machtlosen, der Laien gegen die Kirchen, deren Straflosigkeit die Schriftsteller der Zeit beklagen» (Breßlau).[45]

Gleich nach seiner Wahl verheerte Heinrich II., eine seiner ersten Regierungshandlungen, das Land des Herzogs Hermann II. von Schwaben, der sich selber Hoffnungen auf die Krone gemacht, zunächst auch der Kandidat vieler Großer war. Und Hermann erobert und plündert das mit seinem Bischof Wernher zu Heinrich abgefallene Straßburg; die Schwaben rauben den Dom aus, stecken ihn sogar in Brand (S. 19). Da der König für das Frühjahr bereits einen Kriegszug gegen den Thronrivalen plante, unterwarf sich dieser noch im Herbst und starb schon wenige Monate danach, im Mai 1003, worauf Heinrich die Regierung für dessen unmündigen Sohn Hermann III. selbst übernahm. Auch er starb, sicher zur Erleichterung des Herrschers, 1012, rechtzeitig bevor er großjährig geworden wäre, höchstens zwölf Jahre alt. Und drei Jahre später wurde Herzog Ernst I. von Schwaben, ebenfalls noch jung und dubios genug auf der Jagd durch einen Schuß getötet, der, wie es heißt, einer Hirschkuh galt.

Einen weiteren Bürgerkrieg, eine Fortsetzung gleichsam der blutigen Babenbergerfehde ein Jahrhundert früher (V 354 ff.) führte Heinrich II. im Nordgau gegen den Markgrafen Heinrich von Schweinfurt aus der Sippe der Babenberger.

Der Heilige, beim Ringen um die Krone zunächst noch in prekärer Position, hatte vor seiner Wahl dem mächtigen Markgrafen das frei gewordene Herzogtum Bayern versprochen, ihn dann aber geprellt. (Warum also, in Parenthese, sollte heute ein katholischer Politiker Wahlversprechen halten, wenn ein katholischer Kaiser schon tausend Jahre früher keine hielt – und dennoch heilig wurde?! Die Geschichte der Christiani strotzt von solchen Schulbeispielen.)

Als Heinrich König geworden, speiste er den anfragenden Markgrafen mit Ausreden ab, was der sich nicht bieten ließ. Schließlich hatte ihm Heinrich das Herzogtum «längst fest zugesagt» und er ihn deshalb auch «getreulich bei seinen Bemühungen zur Erlangung der Königswürde unterstützt». So überliefert Bischof Thietmar von Merseburg, ein Vetter des Schweinfurters, der seinerseits ein Sohn des Grafen Berthold war, den Otto I. im bayerischen Nordgau eingesetzt, nachdem er den Bayernherzog Eberhard für immer ausgeschaltet hatte (IV 421 f.). Die Schweinfurter Grafen geboten damit über eine Brückenstellung zwischen Nord- und Süddeutschland, sie hatten ihr Territorium ausgebaut und, außer dem Stammsitz, durch einen stattlichen Burgenkranz – Banz, Kronach, Creussen, Ammerthal, Hersbruck – gesichert.

Nach dem Wortbruch des Königs, der wohl die Macht des Bayern an der Südostflanke des Reiches fürchtete, zog sich der Markgraf, der Heinrich durch «die trefflichsten Männer» vergeblich an sein Versprechen erinnern ließ, von diesem zurück und näherte sich Boleslaw Chrobry, dem Gebieter über Polen und Böhmen, der Heinrich die Huldigung für Böhmen verweigerte. Beide Herren, verbündet mit dem Babenberger Ernst von Österreich, dem Vetter des Schweinfurters, und mit des Königs eigenem Bruder Brun, erhoben sich im Frühsommer 1003 gegen den noch keineswegs fest im Sattel sitzenden Regenten.

Thietmar berichtet von einem weit verzweigten Verschwörungsnetz, und zunächst erlitt Heinrich auch eine Schlappe bei Hersbruck, überzog dann aber – Feldgeschrei: Kirieleison! – das ganze Land des Grafen mit Krieg «und zerstörte die meisten seiner Burgen» (Hermann von Reichenau). Denn «Friede und Eintracht zu stiften, war zeitlebens das oberste Ziel des Herrschers» (Guth). Es ging Schlag auf Schlag. Er nahm dem Franken eine Burg nach der andern. Ammerthal, die Residenz des Markgrafen, unweit vom heutigen Amberg, wurde niedergebrannt, die Stadt ruiniert, die dort gefangene polnische Besatzung unter die Sieger verteilt. Creußen am Roten Main wird übergeben, Burg Crana (Kronach) auf Befehl des verzweifelten Markgrafen eingeäschert, bevor er vorübergehend zu Herzog Boleslaw flieht.

Den Schlußstrich unter das Drama ziehen zwei hohe Pfaffen. Schickte der Heilige doch Bischof Heinrich von Würzburg – den er gleichfalls noch reinlegen sollte – sowie den Abt Erchanbald von Fulda (in jedem Krieg und Konflikt eisern an der Seite des Monarchen, weshalb ihn dieser auch zum Mainzer Erzbischof ernennt), um die «Festung Schweinfurt» zu vernichten. Dies taten beide Seelenhirten «in schonendster Weise». Machten sie doch «bloß die Stadtmauern und Gebäude dem Erdboden gleich» und versprachen gar Graf Heinrichs Mutter Eila, Thietmars Tante, die lieber in der Burg verbrennen, als lebend daraus gehen wollte, alles wiederherstellen zu lassen, falls des Königs Gnade es gestatte ... Heinrichs Biograph, der als Hofkapellan 1010 zum Bischof gemachte Adalbold von Utrecht, verschweigt die ganze Tragödie.

Der König hatte alle befestigten Orte seines Gegners gebrochen, alle seine Eigengüter verheert, ihm auch sämtliche Ämter und Lehen, ein großes Territorium, weggenommen. Danach genoß er seinen Triumph auf Burg Bamberg, beging dort am 8. September «das Geburtsfest der Gottesmutter in festlicher Freude», erholte sich «von den Anstrengungen des Feldzuges» bei der Herbstjagd im Spessart und sagte für den nächsten Winter einen Einfall ins Milzenerland an.

Den vor ihm zu Kreuz kriechenden Grafen – in Büßerkleidung bekannte er «unter Tränen alle seine schwere Schuld» (Thietmar) – sperrte er in den zuweilen als Fürstengefängnis dienenden Giebichenstein. Dort, Tag und Nacht bewacht, sang er einmal, neben anderen «geistlichen Übungen», an einem Tag unter 150 Kniebeugen den Psalter ab – schließlich hielt ihn der Magdeburger Erzbischof Tagino, ein zwischen Wutausbrüchen und Askese hin- und herschwankender Jugendgefährte des Königs, in Verwahrung. Und nach seiner Freilassung blieb Heinrich von Schweinfurt politisch gänzlich entmachtet, wurde aber im September 1017 durchaus generös in Schweinfurt von drei Bischöfen (aus Würzburg, Bamberg und Triest) unter die Erde gebracht – «außerhalb der Kirche nahe dem Tore», wie er bemerkenswerterweise gewünscht. Und Heinrich der Heilige soll den Tod dieser «Zier Ostfrankens» jetzt «tief betrauert» haben (multum doluit).

Die Verwandten des Schweinfurters begünstigte er jedoch wie kaum eine andere Familie durch gewaltige Güterzuweisungen in der bayrischen Ostmark, durch das Herzogtum Schwaben, das Erzbistum Trier – keine Wiedergutmachung etwa, sondern die Stärkung des Adelshauses für den Kampf gegen Salier und Konradiner, seine verhaßtesten Feinde. Alles gemäß dem Prinzip, zu teilen und zu herrschen, alles zur Vernichtung der salisch-konradinischen Partei, die er mit glühender Rache verfolgte, ohne ihren Sieg verhindern zu können.[46]

Heinrichs des Heiligen Kriege im Westen

Im Mai/Juni 1005 griff der König durch einen – zu Thiel in der heiligen Fastenzeit vorbereiteten – Feldzug über die Zuidersee die Westfriesen an; angeblich ein Rachekrieg für den Schlachtentod des Grafen Arnulf. Dieser war freilich schon zehn, zwölf Jahre früher gefallen. So geschah die mäßig erfolgreiche Attacke auf die Westfriesen wohl eher zugunsten der wachsenden Macht der Utrechter Bischöfe und der Witwe Arnulfs, Liudgard, einer Schwester von Heinrichs Gattin Kunigunde. Das Bistum Utrecht gehörte seit Karl I. zur Kirchenprovinz Köln, umfaßte den größten Teil der heutigen Niederlande und trieb einen blühenden Handel bis nach Sachsen, England, Dänemark und Norwegen. Die in Utrecht geprägten Münzen (Münzrecht seit 936) wurden bis nach Skandinavien, bis ins Baltikum verbreitet. Und wie sehr sich das Bistum gegen seine friesischen Nachbarn engagierte, zeigt u. a. der Friesenfeldzug 1018, bei dem die bischöflichen Truppenkontingente größer waren als die der weltlichen Fürsten.

Schon ein Jahr nach seiner Friesenheerfahrt kämpfte Heinrich erneut im Westen.

Kaiser Otto II. hatte entlang der Schelde Marken errichtet, die offensichtlich den französischen Kronvasallen Balduin IV. den Bärtigen, Graf von Flandern (988–1035), bedrohten. Dieser suchte die Schelde, den Grenzfluß, zu beherrschen. So schloß Heinrich gegen Balduin im August 1006 ein Bündnis mit dem (wundertätigen) König Robert II. dem Frommen von Frankreich (987/996–1031), das kein anderer als Bischof Notker von Lüttich (S. 47 f.) vermittelt hatte. Und Dritter im Bunde Herzog Richard II. von der Normandie (996–1026); auch er in den Quellen gefeiert als «Muster an Tugend, Friedenshüter und Schirmherr der Kirche» (Renoux). Doch trotz solch dreifach gottgefälliger Vereinigung des Heiligen, des Frommen, des Kirchen-Schirmherrn kam es gerade durch letzteren im Spätsommer 1006 im Gebiet von Arras nicht nur zu den üblichen Plünderungen, sondern sogar zum Kampf um das Kloster Mont-Saint-Eloi, das die Mönche vergeblich verteidigten; das «Gotteshaus» wurde von den Angreifern vollständig ausgeraubt. Da der Vorstoß dennoch mißlang, nahm Heinrich den Krieg bereits im nächsten Jahr wieder auf. Dabei suchten seine Scharen – unter ihnen, an der Spitze eines großen Aufgebots, der hl. Bischof Bernward von Hildesheim – plündernd das Kloster Holthem heim und dessen Kirche. Man eroberte Gent und verwüstete Flandern, worauf Balduin Geiseln stellen und sich im Oktober in Aachen unterwerfen mußte. Den «ersten und sichersten Gewinn aus dem glücklichen Feldzug» (Hirsch) aber machte das Bistum Cambrai; es erhielt gleich noch zu Aachen die Grafschaft des Cammerichgaues.[47]

Sogar mit den Brüdern seiner hl. Gattin Kunigunde, Tochter des Grafen Siegfried I. von Luxemburg (Lützelburg), führte Heinrich II. in Oberlothringen, diesem von Fehden geschüttelten Land, langjährige Bürgerkriege (1008–1015). Freilich war auch das Verhältnis zu seinem eigenen Bruder, dem Bischof Brun von Augsburg, nicht gut – er jagte ihn zweimal, 1003/1004 und 1024, in die Verbannung.

Die Luxemburger hatten ihre Stellung unter dem königlichen Schwager ausgebaut. Sie beherrschten den größten Teil Oberlothringens, wollten aber auch nach Osten expandieren, an der mittleren Mosel Fuß fassen, was Heinrich zu weit ging. Zwei von Kunigundens Brüder waren Geistliche. Sie brannten vor Ehrgeiz und suchten die frei werdenden Bischofsstühle von Metz (1005) und Trier (1008) zu gewinnen, zwei Diözesen in ihrer Einflußsphäre.

Zunächst hatte sich 1006 Bruder Dietrich II. angeblich eigenmächtig zum Bischof von Metz gemacht. Wahrscheinlich jedoch erhielt er nach dem Tod Adalberos II. den vakanten Metzer Sprengel Anfang 1006 durch Zutun seines Schwagers Heinrich selbst. Und auch dem Schwager Adalbero, Propst von St. Paulin in Trier, scheint der König, nach Auskunft der Quellen, das dortige Erzstift versprochen zu haben. Jedenfalls wählte man nach dem Tod von Erzbischof Liudolf von Trier dort Adalbero, Kunigundes jüngsten Bruder, übrigens ein bewährter Kirchenräuber, kanonisch korrekt zum Nachfolger. Doch nun wurden die aufstrebenden Verwandten dem König zu stark und er übertrug, entgegen den «dringenden Bitten seiner geliebten Gemahlin und anderer Freunde» (Thietmar), Trier einem Gegenbischof, dem Mainzer Kämmerer Megingaud (1008–1015). Dieser kaufte sich zwar, längst nicht mehr ungewöhnlich, für Kirchengut Krieger ein, aber der bereits rechtmäßig Gewählte verweigerte ihm den Einzug in die Moselmetropole. Und nun brach jener Aufruhr aus, der einen großen Teil des lothringischen Adels erfaßte, zeitweise auf Seite der Luxemburger auch deren holländische Verwandte, ferner den Pfalzgrafen Ezzo, den Salier Konrad, den späteren Kaiser Konrad II. u. a., ein Krieg, der ein Jahrzehnt durch immer neue Brandschatzungen und Greuel in Atem hielt.

Heinrich, hier «Invasor regni», Usurpator, geschimpft, führte drei Feldzüge gegen seine Schwäger. Erzbischof Adalbero verteidigte sich 1008 in Trier sechzehn Wochen lang geradezu heldenmütig in der eigens mit Mauern, Türmen, Gräben befestigten Pfalz. Doch während der Heilige die Häuser der Stadt abbrechen ließ, um aus den Steinen Belagerungstürme zu bauen, steckten sie die Belagerten wieder in Brand, wobei Trier zu einer Schutthalde wurde. Und dann konnte es Heinrich im August 1008 zwar erobern, Adalbero vertreiben, exkommunizieren und den Mainzer Kämmerer Megingaud weihen lassen. Aber später vermochte Erzbischof Adalbero in Trier wieder einzuziehen, während Erzbischof Megingaud bis an sein Lebensende in Koblenz residieren mußte.

Im nächsten Sommer, mitten im zweiten Polenkrieg, setzte der König auf einem Regensburger Hoftag den Herzog Heinrich V.

von Bayern ab, behielt Bayern (bis 1017) in eigener Hand und rückte erneut gegen die Verwandtschaft vor, die ihn nun entschieden bekämpfte: Erzbischof Adalbero von Trier, Bischof Dietrich von Metz, Herzog Heinrich von Bayern sowie die Grafen Friedrich von Luxemburg und Gerhard von Elsaß. Der hl. König aber belagerte Metz mit einem Heer, in dem nicht nur die Bischöfe Berthold von Toul und Heimo von Verdun fochten, sondern kurioserweise auch Heiden, liutizische Truppenverbände, welche die vor den Toren liegende Abtei St. Martin gänzlich ausraubten.

Große Anstrengungen zugunsten des Königs machte auch der Abt von Moyenmoutier, wobei ihn sein Diözesanbischof Berthold von Toul beriet. Der Abt führte Heinrich ein größeres Truppenkontingent sowie beträchtliche Geldsummen zu und kam dadurch auch in den Besitz des von ihm heiß begehrten Gutes Bergheim, allerdings nur für ein Jahr. Dann entzog es ihm, durch einen Trick, sein Diözesanbischof, und der Betrogene soll vor Kummer gestorben sein.

Bischof Dietrich hatte sein Kriegsvolk mittels großzügig verteilten Kirchengutes verstärkt, konnte sich auch in Metz behaupten, doch wurde es gewaltig ramponiert, vor allem aber ganz Oberlothringen durch Heinrichs Soldateska restlos geplündert und verwüstet; Städte wurden geschleift, fast alle Dörfer verbrannt, Felder verheert, noch Weinstöcke und Bäume mit ihren Wurzeln vernichtet. Denn, berichtet die Vita des Bischofs Bernward von Hildesheim (seinerseits bekanntlich gleichfalls heilig und auf vielen Heerfahrten bewährt – 994/995 gegen die Elbslawen, 1000/1001 bei der Einnahme Tivolis und der Niederwerfung der Römer, 1006/1007 auf dem Feldzug nach Flandern): «Überall, wohin der weise Herrscher sein geheiligtes Antlitz wandte, stiftete er, wenn er etwa Zwietracht entdeckte, auf der Stelle Versöhnung» (Thietmar).

Was im Kampf gegen die Luxemburger an Einheimischen nicht durch Feuer und Schwert umkam, erlag dem Hunger oder der Pest. Ungezählte entflohen auch der Kriegsfurie oder suchten aus Hunger und anderer Not zu entkommen, allein vom Metzer Domstift St. Stephan 800 Hörige. Seit einem Vierteljahrhundert hatte Deutschland keinen solchen Bürgerkrieg mehr gesehen. Und im Herbst 1011 zog der König ein drittes Mal heran und verbot Dietrich, nachdem er, entschlossen, jeden Widerstand zu brechen, Metz abermals belagert und die Gegend gebrandschatzt hatte, am 11. November 1012 zu Koblenz die Ausübung des Bischofsamtes. Anfangs 1015 baten die Schwäger «nudis pedibus», barfuß, den hl. Kaiser um Gnade, doch dauerte der Streit fort und wurde endgültig erst auf einem Fürstentag in Aachen im Mai 1017 beendet, worauf Heinrich V. von Luxemburg das Herzogtum Bayern wieder bekam.[48]

Fraglos waren die Luxemburger auch deshalb so verbittert, weil Kunigunde auf ihre Morgengabe, Bamberg, zugunsten des neuen Bistums verzichtet hatte, wodurch ihre Brüder, die ein reiches Erbe erwartet, sich getäuscht sahen.

Das Bistum Bamberg entsteht durch einen königlichen Schurkenstreich

Das Netz, mit dem die deutschen Diözesen seit langem das Land überzogen, machte Heinrich der II. noch enger durch die Gründung des Bistums Bamberg, wo man ihn noch heute besonders verehrt.

Die Errichtung dieses Bistums gilt gern als seine bedeutendste kirchliche Leistung, eine seiner «schönsten Handlungen» (Wetzer/Welte). Und angeblich hatte der König, der Bamberg «von klein auf», sagt Thietmar, «besonders geliebt», hier «schon immer» ein Bistum errichten wollen, natürlich zum Heil seiner Seele. Seine Ehe war kinderlos, und da sollte Gott sein Erbe sein. Ein ganz persönliches Motiv, mit dem aber die Kirche früh eine «fromme Umdeutung» verband (ein tausend- und abertausendfach bewährter Pfaffen-Trug): Heinrichs Kinderlosigkeit, so hieß es durch die Zeiten, sei die Folge eines Keuschheitsgelübdes, der Josephsehe mit seiner dann gleichfalls sanktifizierten Gattin Kunigunde gewesen.

Davon kann freilich keine Rede sein, soviel man darüber auch gepredigt, geschrieben und so der Welt gleich zwei Heilige, zwei Asketen aufgebunden hat. Meint doch selbst der gelehrte, verhältnismäßig nüchterne (zum Beispiel auch den historischen Charakter der Heldensage bezweifelnde) Mönch Frutolf (gest. 1103) des Bamberger Klosters Michelsberg: «Wie viele bezeugen, erkannte er die Königin Kunigunde niemals, sondern liebte sie wie eine Schwester.» Und noch im 20. Jahrhundert verbreitet der Klerus: «Sie führten zusammen ein wahrhaft engelreines Leben» (van Aerssen). Noch im 20. Jahrhundert offeriert man mit Imprimatur das «Kirchengebet. O Gott, der du am heutigen Tage (15. Juli) deinen hl. Bekenner Heinrich von der höchsten Stufe der irdischen Herrschaft in das Himmelreich versetzt hast, wir bitten dich demütig: gleichwie du ihn mit überreicher Gnade unterstützt hast und ihm beigestanden bist, die Reize der Welt zu besiegen: so verleihe auch uns, daß wir durch dessen Nachahmung die eitlen Freuden dieser Welt überwinden und mit reinem Herzen zu dir gelangen. Amen.»

Die ältesten Nachrichten über diesen ganz keuschen, die Reize der Welt besiegenden Bund stammen aus dem frühen 12. Jahrhundert und gehen nur auf mündliche Tradition zurück, die schon Leibniz als unglaubwürdig erkannte. Vermutlich dürfte die hl. Gattin des hl. Kaisers, sinnig als Patronin der Schwangeren und der Kinder verehrt, im Bett nicht weniger aktiv gewesen sein als im politischen Leben, an dem sie regen Anteil nahm. So inthronisierte sie, als der Heilige Krieg in Burgund führte, ihren Bruder Heinrich als bayerischen Herzog. So organisierte sie während des Gatten Abwesenheit die Landesverteidigung.

Und die Kirche organisierte dann über sie ein Mirakelmärchen nach dem anderen. Ja, ungezählte Wunder geschahen am Grab der hl. Kunigunde: Taube, Stumme, Gelähmte, Blinde, die Kranken erlangten nach dem Zeugnis eines geistlichen Chronisten «in jeder Krankheit Heilung». Staub vom Grab der Heiligen wurde «oft in Getreidekörner verwandelt», wie Papst Innozenz III. in seiner Kanonisationsbulle vom 3. April 1200 dekretiert, wo auch bezeugt wird, daß durch sie «Blinde ihr Gesicht, Lahme ihre gesunden Glieder, Stumme ihre Sprache, Taube ihr Gehör und andere Kranke ihre Gesundheit wieder erhalten haben». Werden doch von der Kaisergattin sogar drei Totenerweckungen berichtet, «welche allen Glauben verdienen» (Donin).

Ein Chronist vermeldet auch: «Mit eigenen Augen haben wir gesehen, daß der vom Grabe der h. Jungfrau gewonnene Staub in wohlriechendes Kraut oder Weihrauch sich verwandelte. Die Hausthiere, welche gestohlen oder von Raubthieren fortgetragen waren, kamen nach einem Gelübde mit Anrufung der h. Kunigunda wieder in ihre Ställe. Wie oft das geschehen, kann man unmöglich aufzählen, da es zahllos war.» Ein aufgehängter Roßdieb gelangte nach Anrufung der Heiligen heil wieder vom Galgen. Auch ein geraubtes Kind wurde vom bösen Wolf wieder zurückgebracht, «unversehrt und freundlich lächelnd», versteht sich. Ein anderes Kind, schon tot, wurde auf dem Grab der Heiligen wieder lebendig. «Ganz Bamberg ist Zeuge» (Looshorn).

Und viele Jahrhunderte sind Zeuge, daß man mit diesem und ähnlichem, Bibliotheken füllenden, die Vernunft monströs strapazierenden Stuß Generationen um Generationen unglaublich verdummt, doch nicht zuletzt eben dadurch geistlich gegängelt hat.

Eine Josephsehe aber – zurück zu der gloriosen Pfaffenflunkerei – wird durch den König selbst widerlegt. Bekannte er – der «aus mancherlei Gründen» ungeeignet schien, der vielleicht schon früh kränkelte – ja mit eigenem Mund auf der großen, von 35 Bischöfen, Oberhirten auch aus Burgund, Ungarn, Italien sowie von der Königin besuchten Kirchenversammlung vom 1. November 1007 in Frankfurt am Main, er habe die Hoffnung auf Kinder aufgegeben! Wörtlich gestand er da, meldet Bischof Thietmar, möglicherweise persönlich anwesend: «Um der künftigen Wiedervergeltung willen habe ich Christus zu meinem Erben erwählt, denn auf Nachkommen kann ich nicht mehr hoffen.» Und auch das Sydonalprotokoll enthält den Hinweis auf den vergeblichen Kinderwunsch des Königs. Begegnet denn noch in zeitgenössischen, in mehreren von ihm selbst (z. B. für das von Kunigunde gegründete Kloster Kaufungen) ausgestellten Urkunden wiederholt das Wort «qui duo sumus in carne una» (die wir zwei sind in einem Fleisch), dessen Bedeutung auch im Mittelalter eindeutig war, von weiterem hier zu schweigen.[49]

Viel wichtiger aber als das herrscherliche Seelenheil war aller Wahrscheinlichkeit nach für die Schaffung des neuen Bischofstuhles ein anderer Grund, der freilich damit verbunden werden konnte: die Vernichtung der dort seit langem sitzenden slawischen Heiden. «Heinrich selbst war davon durchdrungen, daß das wendische Heidentum endlich beseitigt werden müsse. Als Mittel zu diesem Zweck betrachtete er die Stiftung des Bamberger Bistums» (Hauck). Und tatsächlich hat sie die Niederringung der Slawen am Obermain, im Fichtelgebirg und in den benachbarten böhmischen Gebieten besiegelt.

Noch auf der Frankfurter Synode investierte Heinrich mit dem neuen Sprengel seinen Kanzler Eberhard. Und der fränkische Graf, vermutlich mit dem König verwandt und auch gleich mit der gräflichen Gerichtsbarkeit ausgestattet, fand als Bamberger Oberhirte (1007–1040) immerhin noch Zeit, länger als ein Jahrzehnt, von 1013 bis 1024, auch Erzkanzler für Italien zu sein. Erst Konrad II. löste Eberhard in diesem Amt ab, worauf dessen Einfluß auf die Reichspolitik zurückging und er sich seiner Diözese widmete.

Das Land um Bamberg, Radenzgau oder Slawenland genannt, steckte voller Sachsen, Wenden und war noch halbslawisch, woran bis heute viele Ortsnamen mit der Silbe Wind (wind) erinnern. Die ganze Gegend um Bamberg, sagte seinerzeit Bischof Heinrich von Würzburg, sei von Slawen bewohnt (totam illam terram fere silvam esse, Sclavos ibi habitare). Zwar hatte schon Karl «der Große» mit der Christianisierung der Wenden um den Obermain, um Rednitz und Wiesent begonnen, zwar gab es dort schon seit karolingischer Zeit etwa drei Dutzend, allerdings weitgestreute Taufkirchen bis hinauf zum Fichtelgebirg und Frankenwald, zwar saßen gerade um Bamberg, um den Zusammenfluß von Main und Regnitz, besonders viele Pfaffen, weshalb man den Namen, unter allerlei mehr oder weniger gelehrten Kombinationen, gelegentlich auch von Papenberg, Pfaffenberg hergeleitet.

Die Slawen dort aber hatten durch zwei Jahrhunderte weder ihre Sprache noch ihr Brauchtum noch ihren alten Glauben aufgegeben. Sie lebten oft noch als Heiden oder halbe Heiden. Und auch wenn sie bereits Christen waren, nannte man sie weiter «Heiden», «Barbaren», «falsche Christen». Hatte sie doch, trotz aller Tauferei, das Christentum nicht überzeugt. Im Gegenteil, sie lehnten es ab, sie mieden die Priester. Sie begingen nicht den Sonntag, beachteten auch keine sonstigen Kirchenbräuche, ignorierten anscheinend sogar das kanonische Eherecht und begruben ihre Toten lieber auf irgendeinem Hügel, im freien Feld, als auf einem Kirchhof. «An Leistung der Zehnten war vollends nicht zu denken; auch vor die bischöfliche Sende wurden sie vergeblich gefordert. Ungescheut wurden den alten Göttern die herkömmlichen Opfer dargebracht» (Hauck). Noch im späteren 11. Jahrhundert klagt man über die Slawen, die Heiden der Gegend, und noch die Gründung des Zisterzienserklosters Ebrach (1127) verband man mit dem ringsum fortwuchernden «Götzendienst».[50]

So schien den Bekehrungsverfechtern eine intensivere Wendenmission angezeigt. Heißt es ja selbst im Protokoll der Frankfurter Synode, «daß das Heidentum der Slaven vernichtet werden und der Name Christi dort für immer in feierlichem Andenken stehen soll». Von Bamberg aus aber ging dies zweifellos leichter, wie denn auch das Volk ringsum nach und nach seinen slawischen und paganen Charakter verlor, wie es deutsch und christlich wurde.

Bei diesem Prozeß hatten die Slawen freilich keine Nachsicht zu erwarten. Man haßte, verachtete sie seit langem. Der hl. Bonifatius, der «Apostel der Deutschen», wollte sie nicht einmal missionieren. Für den Mönch Widukind waren sie nichts als «Barbaren», «Barbari»; für Bischof Thietmar Törichte, Gottesverächter, unzuverlässig, leicht bestechlich, falsch und grausam, «schlimmer als das unvernünftige Vieh»; Leute, die sogar die Ihren brutal regieren, die man bei bloßem Widerspruch in der Volksversammlung mit Stockschlägen traktiert, deren Hab und Gut man bei offener Widersetzlichkeit einäschert. Unter Christen ging es zwar grundsätzlich nicht anders zu. Doch Wenden, lehrt der Bischof, müßten wie ein Stier gehütet und wie ein Esel gepeitscht werden. «Wenden und Deutsche», schreibt Albert Hauck, «haben sich nur gehaßt», weshalb man auf deutscher Seite nach dem Grundsatz vorging, daß gegen sie «nur mit Gewalt und Härte etwas auszurichten sei». Mochten darum auch Klerus und Mönchtum die Missionierung der Heiden betrieben haben, wird dies doch, wie üblich, wenig effizient gewesen sein. Also dachte man bald gar nicht mehr daran, die Slawen mit «geistlichen Mitteln» herumzukriegen, durch Unterricht, Predigt, durch besondere Obhut und Fürsorge, durch neue Christentempel. Vielmehr, das machen die Beschlüsse der Bamberger Synode 1059 deutlich, appellierte man an den weltlichen Arm: «Widerspenstige sollten mit dem Kirchenbann belegt und von ihren Herren aus ihren Gütern vertrieben werden» (v. Guttenberg).[51]

Mit der Slawenbekehrung aber, dem kirchlichen Motiv, ist ein wohl nicht minder relevantes und davon kaum zu trennendes verknüpft: die geographisch sofort ins Auge springende reichspolitische wie strategische Bedeutung des Obermaingebietes, des bayerischen Nordgaus für das Reich. Denn da dieses im Südosten und Nordosten weit vorstieß, lag dazwischen die Mitte sehr zurückgezogen, drang Böhmen, die «terra Slavorum», wie ein Keil in die Gegend herein. Ausgerechnet die zentrale Ostflanke war einigermaßen ungeschützt und ohne festen Mittelpunkt. Die Reichsregenten hatten dort in eigensüchtigem Interesse die starke lokale Aristokratie bekämpft; hatten erst unter Ludwig dem Kind durch Erzbischof Hatto von Mainz, den niederträchtigsten Schurken seinerzeit, die Babenberger so brutal wie verräterisch liquidiert (V 354 ff.); dann, ein Jahrhundert später, Heinrich von Schweinfurt, den Markgrafen der bayerischen Nordmark, gestürzt und die jeweils Niedergerungenen all ihrer Besitzungen beraubt.

Nun freilich gedachte Heinrich II., das «Machtvakuum» zwischen Steigerwald und Frankenwald nach ottonischem Beispiel durch ein Reichsbistum zu beseitigen und so die eigene Königsmacht am Obermain zu stärken. Denn schließlich war Bamberg auch ein Verbindungsglied zwischen dem Norden und Süden, dem Elbe-Saale-Raum und dem bayerischen Stammland des Herrschers.[52]

Wie aber brachte Heinrich das Bistum zustande? Woher nahm er das nötige Land?

Bamberg samt Burg, dem alten castrum Babenberg, seit Auslöschung 906 der Babenberger königliches Eigentum, hatte Otto II. dem Bayernherzog Heinrich dem Zänker, Heinrichs Vater, 973 geschenkt. (Der 1012 geweihte erste Dom trat an die Stelle der einstigen Babenberger Burgkirche und eines dazugehörigen Friedhofs.) Nun vermachte der König am Gründungstag des Bistums diesem Güter und Dörfer aus eigenem Besitz in Bambergs Umgebung, doch auch Ausstattungsgüter bis nach Schwaben und ins heutige Oberösterreich hinein. Außerdem unterwarf er dem neuen Sprengel sechs Klöster, drei Männer- und drei Frauenhäuser, worüber man dort nicht sehr glücklich war. Noch gegen Ende des 12. Jahrhunderts will man im Kloster Kitzingen (Gau Gozfeld) von dem längst kanonisierten Kaiser nichts wissen. Auch in der Abtei Stein im Hegau sieht man sein Lieblingsbistum mit allerwärts zusammengebrachtem ungerechtem Gut bedacht. Mehr als zwei Dutzend Schenkungsurkunden stellte Heinrich bereits zum Gründungstag, 1. November 1007, aus; sie erhöhten sich allmählich um Dutzende.

Neuere Historiker sprechen von «launenhaftem Ehrgeiz», «maßloser Freigebigkeit»; sogar Benediktiner Romuald Bauerreiss kennt kaum eine Kirchenstiftung von «einer solchen Verschwendung». Doch da der Heilige das Religiöse mit dem Nützlichen stets schönstens vereinte, so dienten auch die Erträge der Bamberger Diözese «zeitweilig der königlichen Hofhaltung auf Reichstagen» (Prinz). Der vorausschauende Fürst hatte deshalb dem Bistum keines jener Immunitätsprivilegien gewährt, die sonst die Unantastbarkeit kirchlicher Institutionen garantierten.

Weiter gab Heinrich seiner Schöpfung einen beträchtlichen Teil der dem Schweinfurter Markgrafen entwendeten großen Liegenschaften, ja, vielleicht hatte sie der Räuber schon im Hinblick auf die Bistumsgründung an sich gerissen.

Interessanterweise stammen die ersten Zeugnisse für Bambergs Ernennung zum Bischofssitz aus der Zeit unmittelbar nach Beendigung des Krieges gegen Schweinfurt. Heinrich II. wollte das wendische Heidentum endlich mit Hilfe des neuen Bistums vernichten. Die Schweinfurter Grafen aber hatten eine besonders slawenfreundliche Politik getrieben. Vor allem gestanden sie, im Gegensatz zu den härteren Forderungen der Kirche, ihren grundherrlichen Bauern, Deutschen wie Slawen, sowie den neuen Kolonisten spürbare Zehnterleichterungen bei der Ansiedlung auf Rodungsland zu.[53]

Den Hauptteil freilich – Bamberg bekam allein am Tag der Stiftung soviel wie andere Bistümer in Jahrzehnten – nahm der hl. Heinrich der bis dahin ganz Ostfranken umfassenden Würzburger Diözese weg, einen Großteil des Radenzgaues sowie ein Stück des Volkfeldgaues, den Teil zwischen Aurach und Regnitz; Würzburg verlor damals ungefähr ein Viertel, gegen 5000 Quadratkilometer.

Der König hatte «immer wieder den ihm sehr nahestehenden Bischof» Heinrich, dessen Sprengel nach der Vernichtung der Babenberger anscheinend den größten Teil des so blutig erstrittenen Raubes bekommen, mit seinem «Herzenswunsch» bedrängt. Und schließlich war der Würzburger mit dem großen Gebietsverlust auch einverstanden, da ihm der «allergütigste und allergnädigste» Souverän, so die Reichsbischöfe seinerzeit, «Heinrich, der Große und Friedenstiftende», das Pallium, die Erhebung zum Erzbischof, in einer geheimen Abmachung versprochen sowie die Unterordnung des Bamberger Bischofs als Suffragan. Dieser »Geheimvertrag» lief indes auf reine Täuschung hinaus, bezweckte er doch lediglich, dem König die kirchenrechtlich unumgängliche Einwilligung des bisherigen Bistumsherrn über das künftige Bistumsgebiet zu beschaffen – eine umso schäbigere Haltung des Herrschers, als der Würzburger Bischof für Heinrichs Thronansprüche von vornherein, früher als die meisten, energisch eingetreten war. (Und dann bekam nicht der Würzburger, sondern der Bamberger Bischof das Pallium durch Leo IX. 1053.)

Doch ist von den Versprechungen des Monarchen später niemals mehr die Rede, der fürstliche Ganove bemühte sich nicht im geringsten darum. Warum auch? Hatte er sich etwas vorzuwerfen? Eine große Gaunerei? Handfesten Betrug? Hatte er gehandelt wie ein kleiner Allerweltsschwindler, er, der Kaiser? Ein Heiliger? Nie und nimmer. Denn was andre vielleicht hinter Gitter, an den Galgen brachte, war bei ihm einfach ein «taktischer Schachzug» (Wolter), ein Beweis seiner Regierungskunst. Der betrogene Würzburger aber, der in die größte Aufregung geriet und jeden Verkehr mit dem König, mit seinen Kollegen abbrach, nahm seine Zustimmung zurück und protestierte durch einen Sendling, den Kapellan Beringer, offiziell und heftig vor der Synode, die am 1. November zu Frankfurt zusammentrat. Er protestierte derart, daß selbst die Synodalen, acht Erzbischöfe und 27 Bischöfe, ernstlich schwankten und der König in einer dramatischen Sitzung vor ihnen mehrmals, immer wenn seine Sache schlecht stand, zu scheitern schien, aufs Knie ging oder vielleicht gar, selbst damals ungewöhnlich, auf den Bauch.[54]

Natürlich gehörten all diese Posen des Regenten zum mittelalterlichen Stil der Kommunikation, gehörten auch sie zu jenen formelhaft verwendeten Verhaltensmustern, die Gerd Althoff, ganz generell, einen Ersatz nennt für den weitgehenden Verzicht auf verbales Argumentieren in öffentlicher Diskussion. Man nahm damit Rücksicht auf den «honor» Hochstehender, vielleicht ja auch etwas auf ihren Geist. Man ging, zumal unter gewissen Umständen, eine Sache viel mehr emotional als rational an. Und überhaupt, wer weiß, ob nicht das ganze gestenreiche Szenario, ob nicht alles einfach von vornherein schon abgesprochen worden war.

Doch wie auch immer – hatten Willigis von Mainz und Tagino von Magdeburg, die beiden Metropoliten, die allerhöchste Schurkerei eingefädelt, so beendeten sie die Synodalen in Frankfurt. Der Heilige freilich hatte den Würzburger Bischof ebenso hintergangen wie den Markgrafen von Schweinfurt. Und einigte sich der Kaiser auch bald wieder mit jenem, Würzburg und Bamberg rivalisierten jahrhundertelang miteinander.

Auch später aber verging während Heinrichs Regierung kaum ein Jahr, wo er nicht vor den Augen staunender, neidvoller Prälaten für die Vergrößerung des Bamberger Sprengels sorgte. Noch in Kärnten mit den Hauptorten Villach und Wolfsberg bekam er Landzuwendungen, und zwar Besitz, der ganz offensichtlich auch strategischen Zielen diente, der Sicherung wichtiger Ostalpenpässe, der Übergänge über die Julischen Alpen. Von 510 erhaltenen Diplomen Heinrichs II. bekamen allein Bischof Eberhard von Bamberg und sein Bistum 83.[55]

Schließlich mußte 1016 aber auch Eichstätt noch Abtretungen machen.

Ortsbischof Megingaud hatte sich zeitlebens geweigert, zur Ausstattung der neureichen Nachbardiözese auch nur das geringste herauszurücken. Selbst ein Mann wie Heinrich II. biß da auf Granit. Megingaud, mit dem Kaiser verwandt, auch älter als er, stand gelegentlich, während sich alle Mitbischöfe erhoben, nicht einmal vor der Majestät auf, saß vielmehr als einziger und erklärte, ihr Verwandter zu sein, und «das Alter zu ehren gebieten heidnische wie biblische Schriften».

Mit dem Christentum scheint dieser Bischof, ein Feind des Fastens, ein Freund langer Tafeln und kurzer Messen, nicht so intim gewesen zu sein. Noch im feierlichsten Ostergottesdienst rief er, «ihr Gesinge bringt mich mit Hunger und Durst zu Tode». Er fluchte wie ein Rohrspatz, konnte Klerikern «im würzburger Walde» die geistlichen Weihen erteilen, einem königlichen Boten mit der Peitsche begegnen, des Königs leiblichen Bruder, Bischof Brun, den «Teufel von Augsburg» schimpfen, ja, er sagte vom König selbst, er habe «den Verstand verloren». Kurz, bei Megingaud kam der strenge Herrscher nicht zum Zug. Er mußte auf seinen Tod warten und ernannte dann einen ihm gefügigen Nachfolger, Gundekar I., der alsbald seine Erhebung mit der Preisgabe des Eichstätter Gebietes zwischen Pegnitz und Erlangen-Schwabach bezahlte.[56]

Arduin von Ivrea, der letzte Nationalkönig Italiens vor Viktor Emanuel (1861!), wird niedergerungen

Im Mittelpunkt der Ereignisse in Italien stand bei Heinrichs Regierungsantritt der Markgraf Arduin von Ivrea und König von Italien, das Haupt der antiottonischen Partei; ein «rechtloser Betrüger», wie man ihn nannte, der, befähigt bloß zu Ruchlosigkeit, Schandtaten, die Deutschen um ihr Regiment bringen wolle, kurz einer, dem man Machthunger vorwarf und vorwirft. Doch machthungrig? War das nicht auch Heinrich II.? War das nicht die ganze Fürsten-Korona? Auch jeder italienische Magnat? Wollten sie denn nicht alle mehr Macht, nicht alle ihren Besitz vergrößern, konsolidieren, abrunden? Nicht alle, wie Arduin, die Gunst der Stunde nutzen?

Da sich der Markgraf jedoch besonders auf die Nutznießer von Kirchengut stützte und stürzte, auf die meist weit ausgedehnten Ländereien des Klerus, überdies fast stets mit der Freiheit von Abgaben ausgestattet, mit Gerichtsbarkeit, zumindest einer niederen, geriet er mit den Priestern in Konflikt, wobei er hart zupacken konnte. So nahm er einmal bei einer Kontroverse den Bischof Adalbero von Brescia (996–1004), einst italienischer Kanzler Ottos II. und Ottos III., bei den Haaren und «schleuderte ihn wie einen Ochsenknecht zu Boden» (Thietmar).[57]

Sehr viel schwerwiegender noch war eine Auseinandersetzung mit seinem Hauptkontrahenten und wohl gefährlichsten Gegner, dem Bischof Petrus III. von Vercelli, einem streitbaren, die deutschen Interessen buchstäblich verfechtenden Herrn.

Nun hatte im 10. Jahrhundert unter einigen verheirateten Prälaten Vercellis eine besondere Mißwirtschaft grassiert, da sie sich anscheinend mehr um ihre Gattinnen, Günstlinge und die Vergeudung des Kirchengutes gekümmert als um ihre Gemeinde. Bischof Ingo etwa, den ein Diplom Ottos III. (für Leo von Vercelli vom 1. November 1000) den schlimmsten Schädiger des Bistums schimpft, weshalb es alle von ihm vereinbarten Verträge annulliert. Hatte doch schon ein Kapitular vom 20. September 998, so unglaublich es klingt, sämtliche für Kirchen geschlossenen nachteiligen Pachtabkommen sowie alle früheren, den Kirchen und ihrem Besitz abträglichen Gesetze und Gewohnheiten für null und nichtig erklärt. Auch Urkunden fälschte man in Vercelli, der eben genannte Oberhirte Leo zum Beispiel ebenso wie die Kanoniker.

Eine wahrhaft tragische Rolle spielte Ortsbischof Petrus. Er geriet in der großen Schlacht bei Capo di Colonne (V 536 ff.) in arabische Gefangenschaft; aber die «Ungläubigen» ließen ihn leben. Doch als er Jahre später wieder glücklich in sein Bistum zurückgekehrt war, brachten ihn die Christen um. Markgraf Arduin ging nämlich im Kampf für seine Grafschaftsrechte gegen Petrus vor, unterstützt durch den Archidiakon Vercellis und viele um ihre Freiheit ringenden kleinen Leute. Am 17. März 997 drangen sie in die Stadt ein, töteten Bischof Petrus und verbrannten seine Leiche gleich mit der Kirche. (Auch im Streit mit Bischof Warmud von Ivrea standen dem Markgrafen die geringen Vasallen sowie Hintersassen des Bischofs samt den Einwohnern bei. Wiederholt mußte der Bischof flüchten.)

Als sich Arduin im April 999 auf der römischen Synode in St. Peter verteidigte, bekannte er seine Teilnahme an der Liquidierung des Prälaten. Im Beisein von Kaiser und Papst wurde er als Bischofsmörder verurteilt, als öffentlicher Feind geächtet, sein Hab und Gut nebst dem seines Anhangs zugunsten der Kirche von Vercelli konfisziert. Sie war die Hauptnutznießerin dieser Verdammung. Sie bekam die eingezogenen Güter, die Grafschaftsrechte von Stadt und Grafschaft Vercelli, die Grafschaft Santhià obendrein. Und in ähnlicher Weise wurden damals die Bistümer von Ivrea und Novara privilegiert.

Auch halste die hauptsächlich von italienischen Bischöfen besuchte Synode dem Grafen persönlich eine schwere Buße auf: «er sollte seine Waffen niederlegen, kein Fleisch mehr essen, weder Mann noch Frau mehr küssen, kein linnenes Gewand tragen, solange er gesund sei nicht länger als zwei Nächte an einem Ort verweilen, bis an sein Lebensende den Leib des Herrn nicht mehr empfangen und sich zur Buße an einen Ort zurückziehen, wo er niemanden von denen, die gegen ihn ausgesagt hatten, verletzen könne oder in den Mönchsstand eintreten.»[58]

Doch obwohl Arduin schon wiederholt exkommuniziert worden war, wurde er bereits drei Wochen nach Ottos III. Tod am 15. Februar 1002 in der alten Krönungsstadt Pavia zum König von Italien erhoben (1002–1015).

Die Bischöfe von Asti, Como, Cremona und Lodi, zumeist reich von ihm begabt, hingen dem Bischofsmörder bedingungslos an, die von Mailand, Brescia, Piacenza, Pavia spielten zumindest mit. Bischof Petrus von Asti (992–1005), offenbar ein Sittenstrolch schlimmster Sorte, den Papst Silvester II. mehrfach vor ein Konzil forderte, war nach seiner Ordination 992 sofort nach Deutschland gereist, um sich von Otto III. Besitz und Privilegien seines Sprengels bestätigen zu lassen. Gleich nach Ottos Tod aber wechselte er zu König Arduin über. Bischof Petrus III. von Como (983–1002), unter Otto III. alsbald Erzkanzler für Italien, wurde nach Ottos Tod sofort Erzkanzler Arduins. Bischof Odelrich von Cremona (973–1004), von den sächsischen Kaisern mit Gunstbeweisen, mit Herrscherurkunden und Placita, mit städtischen Einkünften, Gütern, Mühlen, Häfen, Zöllen, Fischereirechten etc. etc. nur so überschüttet, scheint bei Arduins Machtübernahme sein Parteigänger gewesen zu sein. Und der Klerus von Ivrea stand anscheinend ebenso fest zu ihm wie die übrige Einwohnerschaft der Mark, zumal das einfachere Volk, das durch ihn wohl eine Verbesserung seiner Verhältnisse erhoffte, vor allem eine Lockerung der weltlichen Gewalt der Geistlichen.

Doch obgleich Arduin jetzt Kompromisse machte, Konzessionen «im Stil Ottos III.» (Fasola) an die Bischofskirchen, einzelne Kleriker auch durch Drangsal und Verfolgung zu ihm standen, eilte noch im selben Jahr Leo von Vercelli, das reichstreue Haupt einiger Prälaten – darunter der politisch wie militärisch engagierte Bischof Otbert von Verona (992–1008) – mit reichen Geschenken zu Heinrich II., um ihn gegen Arduin zu treiben.

«Heinrice, curre, propera, te expectant omnia, Numquam sinas te principe Harduinum vivere.» («Spute dich, Heinrich, eile! Alle erwarten dich. Laß Arduin nicht leben, solange du König bist!»)

So bedrängte am 11. November 1002 Leo in Regensburg als Sprecher der italienischen Opposition den König. Mit aller Inbrunst rief er ihn zu Ardiuns Vernichtung auf – die Sprache eines Seelenhirten, der auch die Verdammung des dann furchtbar verstümmelten, ohne Augen, Ohren, Nase, Lippen, Zunge blind, sprachunfähig und fast taub seinem Schicksal überlassenen Gegenpapstes Johann XVI. Philagathos maßgeblich mitbetrieb (V 556 ff!)

Leo von Vercelli (999–1026), seit 996 der kaiserlichen Hofkapelle angehörend, war der bedeutendste Reichsbischof Italiens unter Otto III. und Heinrich II., der typische, so die Quellen, «episcopus palacii», «episcopus de palacio», dem es viel weniger um sein geistliches Amt ging als um seine Stellung bei Hof. Er wünschte einen allmächtigen deutschen Führer, der besonders mit den Bischöfen regieren und diese natürlich so stark wie möglich machen sollte. Dem hl. König und Kaiser zuliebe konnte er sogar die hl. Kirche angreifen, die Abtei Breme etwa oder das Bistum Ivrea, die er zu usurpieren, um ihre Machtmittel zu bringen versuchte.

Doch so unskrupulös und bloß auf seinen Vorteil bedacht wie der Bischof war auch der Fürst. Ja, er brachte es fertig, auf Kosten des ihm ganz ergebenen Oberhirten Leo, seines treuesten Gefolgsmannes in Italien, vorzugehen. Entzog er ihm doch die Machtbasis, womit ihn Otto III. – wider den aufständischen Arduin – großzügig ausgestattet, um ausgerechnet das militärische Potential des Markgrafen von Ivrea zu mehren als Gegengewicht gegen den Markgrafen Odelrich-Manfred von Turin.[59]

Beim ersten Versuch, Arduin mit einem Expeditionskorps unter Otto von Worms, dem Herzog von Kärnten (978–983 und 995–1004), zu zähmen, holte man sich Anfang Januar 1003 im oberen Brentatal eine schwere Schlappe. Arduin, der als frommer Christ gerade das Weihnachtsfest begangen hatte, erwies sich als weit überlegen. Die Deutschen, klagt Thietmar, wurden «leider größtenteils aufgerieben, niedergemacht und der Ehre des Siegs beraubt». Und Arduin konnte bald darauf der Einweihung der Basilika des Klosters Fruttuaria durch den heiligmäßigen Abt Wilhelm beiwohnen.

Auf der anderen Seite befahl der fromme Heinrich, besonders vom hohen Klerus, u. a. von Bischof Otbert von Verona, abermals dringend gebeten und erwartet, jetzt einen neuen Krieg zur Fastenzeit 1004, den er dann hauptsächlich mit Bischöfen und ihren Kontingenten führte; wie ihn denn auch auf seinen weiteren Italienfahrten vor allem Prälaten begleiteten. Eigens ging er vorher nach Magdeburg, um dort die Hilfe des hl. Mauritius, des Helden der thebaischen Legion und noch immer berühmten Reichsheiligen, zu erflehen (vgl. S. 93), ließ sich darauf in Augsburg von Bischof Siegfried hofieren und bewirten und beging, fast ausschließlich mit bayerischem Klerus und bayerischem Adel unterwegs, nach einem strapaziösen Marsch über die Alpen am 9. April 1004 in Trient den Palmsonntag. Hier, wo sich offenbar wieder nur Bischöfe um ihn scharten, gewiß die weitaus meisten mehr ihren Vorteil als den der Krone im Sinn, schloß er zwecks guten Fortgangs der Sache noch eine Gebetsverbrüderung mit seinem Anhang.

Nun beseitigte man zuerst Arduins Besatzung in den Brenta-Klausen (bei Primolano), indem man sie teils in die Flucht, teils über die Steilhänge in den Abgrund stürzte, wo sie im reißenden Wasser der Brenta umkamen. Dann feierte Heinrich festlich «am Ufer des Flusses ... das Letzte Mahl des Herrn, die Weihe des hl. Öls, Leiden und hl. Auferstehung des Herrn» (Thietmar) und erwarb sich, weil er so in der Karwoche dem Blutvergießen Einhalt gebot, das besondere Lob seines Biographen Adalbold von Utrecht.

Viele Prälaten gingen jetzt gleich zu Heinrich über, selbst solche, die politisch kaum aktiv waren, wie Bischof Sigefred von Piacenza oder Bischof Landolf II. von Brescia, ein Bruder des Mailänder Erzbischofs Arnulf II. (998–1018). Auch dieser, erst Parteigänger Ottos III., dann anscheinend Arduins, den er zumindest heuchlerisch gefördert, wechselte nun schnell wieder die Front. Er kam Heinrich in Bergamo entgegen und krönte ihn am 14. Mai 1004 in Pavia zum «rex Langobardorum» – in derselben alten Krönungskirche San Michele, in der zwei Jahre zuvor Arduin gekrönt worden war.

Dem triumphalen Jubeltag folgte schon in der nächsten Nacht ein verheerendes Massaker. Hatten sich die Einheimischen doch «in knechtischer Frechheit» erhoben, zusammengerottet und die Pfalz belagert. Der König, der aus dem Fenster springen mußte, ließ die meist außerhalb lagernden Franken, Schwaben, Lothringer die Stadt stürmen, wobei es ein schauerliches Blutbad gab. «Die Größe des Gemetzels zu beschreiben ist unmöglich» (Looshorn). Auch der junge Giselbert, Bruder der Königin Kunigunde, fiel. Kurz, das grandiose Fest ging grauenhaft in Mord und Brand unter. Man schlachtete die Pavesen, plünderte die Leichen und äscherte den größten Teil der Stadt ein.

Nachdem Pavia aber «mit Feuer und Schwert» (Hermann von Reichenau) gebändigt, der Aufstand «in einem Meer von Blut» (Holtzmann) niedergeworfen worden war, wurde der Heilige ganz mild und gab strengen Befehl, «die noch Übrigen zu verschonen». Ja, Heinrich der Gute verzichtete sogar darauf, «sofort Rache zu nehmen . . ., denn der Polenkrieg hatte bereits begonnen» (Hlawitschka). Er suchte das feste Kloster S. Pietro in Cielo d'oro auf, ließ dort die noch vorhandenen Pavesen demütig um Gnade bitten und nahm auf einem Hoftag in Pontelungo die Huldigung der restlichen Lombarden entgegen. Dann zog er «aus Liebe zum hochheiligen Bischof Ambrosius» nach Mailand, hielt das hochheilige Pfingstfest bei Lugano und gedachte in Straßburg der Geburt «des hochwürdigsten Vorläufers Christi», wobei «der Herr durch ihn ein Wunder» wirkte. Darauf reiste er nach Mainz, »wo er die Schwelle des Hl. Bischofs Martin», des Schutzpatrons der Stadt, «bittflehend betrat und das Fest der Apostel in Ehrfurcht beging». Doch in Sachsen schien es dem Heiligen erneut hohe Zeit, daß er, wieder mit Thietmar zu sprechen, «alle seine ihm und Christus getreuen Vasallen auf Mitte August zum Kriegszuge entbot».

Nachdem Heinrich im Frühsommer 1004 für fast zehn Jahre in den Norden zurückgekehrt war, soll Arduin ganz durch Leo von Vercelli niedergekämpft worden sein und dieser den Besitz von mehr als hundertfünfzig Getreuen Arduins – Capitane, Valvassoren, Iudices – eingeheimst haben. Die deutsche Seite jedenfalls pries Bischof Leo als den, der Arduin um die Krone gebracht – den letzten Nationalkönig Italiens vor Viktor Emanuel (Re Galantuomo = König Ehrenmann 1861–1878)! Ruiniert und vom Anhang des Kaisers immer mehr in die Enge gedrängt, kroch der Gedemütigte, völlig entmachtet, kränkelnd bereits und mit rasiertem Bart, im Kloster Fruttuaria, das er gegründet, zuletzt in eine Mönchskutte und starb am 14. Dezember 1015.

Doch auch vom hl. Heinrich hatten die Italiener genug. (Nach seinem Tod brannten die Pavesen die Königspfalz nieder, jene traditionsreiche Stätte, wo einst die Langobarden, die Karolinger, die Ottonen ihre Feste, Siege, Triumphe genossen.) Und kein anderer als Bischof Leo von Vercelli schrieb bald dem Kaiser, daß es nach Arduins Tod schlechter um die deutsche Sache stehe als zu Lebzeiten des Gegenkönigs.[60]

Nicht gut um die deutsche Sache stand es auch im Osten, in Böhmen und zumal in Polen, wo Heinrich II. eine völlig neue Politik eingeleitet hat.

Heinrichs des Heiligen Kriege gegen das katholische Polen

Zwischen 1004 und 1018 unternahm der König, der seine Hauptaufgabe in der Unterjochung des Ostens sah, auch Feldzug auf Feldzug gegen Polen. Es waren drei lange Kriege, die den Heiligen, mit Unterbrechungen durch andere Aktivitäten, eineinhalb Jahrzehnte beschäftigten, fast seine ganze Regierungszeit. Und die einen Teil der christlichen Welt erstaunten, erzürnten, galten sie doch einem katholischen Land, einem Fürsten gar, Boleslaw I. Chrobry (992–1025), der die erfolgreiche deutschfreundliche Politik seines Vaters Mieszko I. (V 563 f.) fortgeführt und den Heinrichs Vorgänger Kaiser Otto III. noch vor kurzem zum «Freund und Bundesgenossen» (amicus et socius), zum «Bruder und Mitarbeiter am Reiche» (frater et cooperator imperii) erklärt, dem er die eigene Krone symbolisch aufs Haupt gesetzt hatte. Hand in Hand wollte Boleslaw mit ihm und dem Papst die «Ostmission» betreiben (V 568 ff., bes. 571). Und er bekriegte ja auch seit 995 persönlich, Seite an Seite mit Otto, die heidnischen Liutizen und Abodriten.

Aber nun wurde er plötzlich zum Hauptfeind des hl. Kaisers (gemacht). «Der Slawe empfing zur Schande wieder das gewohnte Joch, so daß er mit Tributen dient, wie er es früher tat», frohlockte Bischof Leo von Vercelli. Doch Boleslaw widersetzte sich bald immer erfolgreicher, und er handelte dabei, wie alle anderen Fürsten, wenn sie so handeln können: er nutzte die Chance zur Vergrößerung der eigenen Macht. Begehrten doch beide, der Pole wie der Deutsche, das gleiche: eine offensive Großmachtpolitik und, zu deren Festigung, die Verbreitung der Frohen Botschaft, was den Osten eben fünfzehn Jahre lang zum Kriegsschauplatz machte.

Boleslaw Chrobry hatte das Christentum bereits nach Pommern zu bringen versucht, nicht zuletzt wohl, um sich einen Zugang zum Meer zu erschließen. Und nachdem er den Pommern die Oberherrschaft aufgezwungen, wurde gleich mit der Mission begonnen, wurde das Bistum Kolberg gegründet und der deutsche Priester Reinbern zum Bischof ernannt. Der zerstörte nicht nur die paganen Heiligtümer, sondern entsündigte sogar die vom alten Glauben schwer verseuchte, die götzendienerische See, indem er mehrere mit Chrisam beschmierte Steine in sie versenkte. Doch bevor er den einen durch den andren Wahn beseitigt hatte, starb er im Gefängnis. Auch das Bistum Kolberg, von Otto III. dem polnischen Erzbistum Gnesen einverleibt, gab seinen Ungeist auf. Und Pommern schmückten noch lange prächtige, reiche Tempel, ja die Bewohner sollen das Christentum gehaßt und auf seine Bekenner herabgesehen haben.[61]

Weiter westwärts hatte Heinrichs Thronkonkurrent im Norden, der mächtige Markgraf Ekkehard von Meißen, die Slawen in Schach gehalten, die Milzener in der späteren Oberlausitz wieder unterworfen. Kaum aber war Ekkehard bei seinem Werbefeldzug 1002 tückisch getötet worden (S. 18 f.), nützte Polenherzog Boleslaw die Gelegenheit. Er stürmte sogleich, alles verwüstend, bis zur Elbe, wobei er Tausende von Gefangenen mitfortführte, die wichtigen Burgen Bautzen und Strehla an sich brachte, dann auch noch die Mark Meißen. Er mochte sich im Recht sehen, einmal infolge naher Verwandtschaften – seine Tochter Reglindis war mit Markgraf Ekkehards Sohn Hermann verheiratet, seine Schwester mit Ekkehards Bruder, dem Markgrafen Gunzelin von Meißen; mochte sich im Recht sehen aber auch als «Mitarbeiter am Imperium», an der geplanten Erneuerung des römischen Reiches, wozu ihn Otto III. anno 1000 in Gnesen gemacht (V 571 ff.).

Heinrich fand verständlicherweise keine Zeit einzugreifen. Doch als ihm am 25. Juli 1002 in Merseburg die sächsischen Fürsten huldigten, war auch Boleslaw dabei. Der Partner Ottos III. wurde jetzt sogar mit einem Teil dessen, was er gerade überfallen und besetzt hatte, belehnt, mit der Mark Lausitz und dem Milzener Land (bei Bautzen). Heinrich gab ihm aber nicht die Mark Meißen mit der strategisch wichtigen Burg und förderte auch nicht die polnische Kirche. Und fast wäre Boleslaw in Merseburg, wo auch die Erzbischöfe von Bremen und Magdeburg samt vielen Amtsbrüdern weilten, Opfer eines Attentats geworden. Suchte ihn doch noch vor seinem Abzug eine Schar Bewaffneter, «wahrscheinlich Baiern», zu erschlagen, «während der König tatenlos zusah» (Fried). Mehrere Polen wurden schwer verwundet, viele ausgeraubt. Was Wunder, daß Boleslaw den Herrscher selbst als Urheber des Streichs verdächtigte, daß er auf dem Rückweg beiläufig die Burg Strehla verbrannte, wieder eine Menge Gefangener mitschleppte und zum Abfall von Heinrich aufrief, der seinerseits «auf die geheimen Umtriebe des Slawen» zu achten befahl.[62]

Boleslaw Chrobry, einer der bedeutendsten Politiker Polens, wurde rasch immer mächtiger, ja, intendierte als erster ein von Deutschland ganz unabhängiges panslawistisches Reich. Wahrhaft skandalöse Verhältnisse in Prag, sogenannte Thronwirren, kamen ihm dabei zustatten.

Die böhmischen Herzöge Boleslav, Vater, Sohn und Enkel, waren alle drei gut katholisch und alle drei gute Mörder.

Boleslav I. der Grausame brachte seinen Bruder Wenzel um (V 403 ff.). Sein Sohn Boleslav II. der Fromme ließ angeblich zwanzig Kirchen bauen und auf Ottos III. Abodriten-Feldzug 995 die Burg Libice kurz vor dem St. Wenzels-Fest (28. September) überfallen und alle anwesenden Mitglieder des Slavnikiden-Hauses, seine Rivalen um die Dominanz in Böhmen, killen. Boleslavs II. des Frommen Sohn, Boleslav III., sorgte nicht nur für Liquidierung des Burggrafen Rikdag von Meißen «aus dem Hinterhalt» (V 545), sondern verfolgte auch seine katholischen Geschwister. Seinen Bruder Udalrich versuchte er im Bad zu ersticken und trieb ihn dann samt der Mutter außer Landes. Beide flohen im Sommer 1002 nach Bayern zu Herzog Heinrich, dem künftigen König. Seinen Bruder Jaromir (= «durch Kraft berühmt») ließ Boleslav III. entmannen; und später, 1034, wurde der Entmannte, von Konrad II. dem Udalrich als Mitregenten aufgezwungen, unter diesem auch noch geblendet und eingekerkert, 1035 ermordet.

Herzog Jaromir, der Verbündete Heinrichs II., um weiter kurz vorauszublicken, hatte dem deutschen König auf vier Feldzügen gegen Polen «mehrmals wertvolle militärische Hilfe» (Hilsch) geleistet. Als er aber, mitten im Krieg, 1012, von Udalrich gestürzt und vertrieben wurde, hielt ihn Heinrich als eventuelles Druckmittel gegen den neuen Herzog in Utrecht fest. Auch Udalrich, Boleslav des Frommen jüngster Sohn, war rabiat. So ließ er 1014 eine polnische Friedensdelegation unter dem ihm blutsverwandten Boleslaw-Sohn Mieszko in den Kerker werfen und die Vornehmsten töten. Ja, er selbst stieß angeblich seinem Verwandten das Schwert ins Hirn und stach mit seinen Spießgesellen die übrigen Wehrlosen ab.

Polenfürst Boleslaw war bei den Thronwirren im Nachbarland nicht tatenlos geblieben. Auch hier schien die Stunde wieder einmal günstig. Im Januar 1003 fiel er in Böhmen ein, verjagte Herzog Jaromir nebst Bruder und Mutter und zog dann auch Boleslav III. aus dem Verkehr. Er hatte ihn zunächst unterstützt. Doch als dieser «hinterlistige Blutmensch» im Frühjahr 1003 bei einem Massaker unter seinen Großen auch seinem Schwager eigenhändig den Kopf spaltete – «noch dazu in der heiligen Fastenzeit!» (Thietmar) –, da rief ihn der Piastenfürst an seinen Hof. Zwar empfing er den Böhmen freundlich, ließ ihn aber schon in der nächsten Nacht überfallen, blenden und sperrte dann den Blinden in christlicher Barmherzigkeit 34 Jahre, bis zu seinem Tod (1037), auf einer Burg in Polen ein. Er selber residierte 1003 auf dem Prager Hradschin, übernahm auch die Herzogswürde dort (oder, modern gesagt, die Regierungsverantwortung) und gebot nun, beinah plötzlich, über ein Großreich von der Ostsee bis zu den Karpaten, von Warthe und Weichsel bis fast zur Donau. Böhmen zwar wurde nur bis 1004, Mähren aber bis 1029 polnisch.[63]

Dieser Nachbar, unter dem das frühfeudale Land immer mehr erstarkte und sich ausbreitete, schien dem hl. Heinrich zu mächtig. Ein Vorgehen dagegen aber war schwierig. Selbst Heinrichs eigener Bruder, «der bischöfliche Teufel von Augsburg», stand auf der Seite des Polenherzogs. Auch Reichsfürsten sympathisierten mit dem vor kurzem noch verbündeten katholischen Partner Ottos III. Einige waren Bundesgenossen des Polen, die Ekkehardiner mit ihm sogar nah verwandt. Die Lust an einem Krieg aber hielt sich gerade bei den Ostsachsen, die ihn größtenteils auszutragen hatten, in Grenzen; zumal auch die Landschaft, unwegsam, wald- und sumpfreich, wenig geeignet zum Kampf für die deutschen Heere war und die Polen dann sehr geschickt taktierten, sich auf den Kleinkrieg verlegten, Troß und Fouragiertrupp überfielen, doch offene Feldschlachten mieden.[64]

So warb Heinrich, der «allerchristlichste» König, ehe er das in Gnesen geschlossene Bündnis und das große Konzept christlicher Ostpolitik gründlich umstieß und gegen das katholische Polen und dessen Fürsten, Ottos «cooperator mundi», losschlug, um Bundesgenossen. Und er bekam sie in den bisher so verbissen bekriegten heidnischen Wenden, die jetzt die Expansionspolitik des Herzogs von Polen und Böhmen bedrohte.

Durch «äußerst freundliche Geschenke und angenehme Versprechungen», so Thietmar, machte sich der König die Liutizen und Redarier willfährig. Just am hl. Osterfest 1003 empfing er ihre Abgesandten und schloß mit ihnen den gegen die christgläubigen Piasten gerichteten Pakt, der die bisherige Kooperation im

Osten zerriß, den Krieg vorbereitete und das Prestige der Heiden hob. Heinrich II. verbot die Mission bei ihnen: Liutizen und Redarier blieben mit seiner ausdrücklichen Gutheißung Heiden! Auf Rückeroberung der verlorenen Gebiete wurde vorläufig verzichtet, ebenso auf Wiederherstellung der Bistümer Brandenburg und Havelberg.

Der Bündniswechsel, vielleicht Heinrichs wichtigste Regierungsentscheidung, wurde keinesfalls allgemein gebilligt. Nicht wenige waren schockiert, zumal viele sächsische Große, die natürlich bei den Liutizen Tribute einzuheimsen und ihren Besitz auf Kosten der Nachbarn zu erweitern hofften; ganz beiseite, daß sie während Ottos polenfreundlichem Kurs verwandtschaftliche Bande mit polnischen Feudalherren geknüpft hatten.

Auch manche kirchliche Kreise waren viel weniger scharf auf Krieg als auf neue Zehnteinkünfte. Andere verwarfen den Polenfeldzug mehr oder minder radikal aus «religiösen» Gründen; sie wollten Mission, Heidenbekehrung.

Wigbert von Merseburg, von Heinrich unmittelbar vor Kampfausbruch in größter Eile zum Bischof gemacht (1004–1009) und wiederholt beschenkt, mehrmals mit der Abgabe der Kaufleute «und ungläubigen Juden», predigte unentwegt, um die Götzendiener «von ihrem nichtigen Irrglauben abzubringen». Dabei kannte der «trefflich gebildete Mann», wie Thietmar, sein Nachfolger, schreibt, kein Pardon – «den heiligen Hain Schkeitbar, der bei den Umwohnern immer in göttlichem Ansehen gestanden hatte und seit Urzeiten niemals verletzt worden war, ließ er völlig vernichten; an seiner Stelle errichtete er eine Kirche für den heiligen Märtyrer Romanus».

Indes, keiner begehrte die Ostmission ungestümer als Bischof Brun von Querfurt, der Sachse «aus edelstem Geschlecht» und ehemalige Hofkaplan Ottos III., ein nimmermüder «Bekehrer» bei Ungarn, Petschenegen, Preußen. Besonders den «unfruchtbaren Boden» der letzteren wollte er «mit göttlicher Saat befruchten». Doch die Undankbaren machten ihn 1009 zum Märtyrer, und Boleslaw kaufte ihnen die Leiche ab. Ein veritabler Heiliger also wie Heinrich selbst, durch dessen Polenkrieg er freilich gerade die eigenen ambitiösen, von den Petschenegen bis nach Schweden reichenden Pläne, zumal sein Lieblingsprojekt, die Liutizenmission, durchkreuzt sehen mußte.

So klagte er den Herrscher brieflich Ende 1008 der Härte, der Grausamkeit an. Auf drei Schauplätzen zugleich führe er Krieg, d. h. nicht nur gegen die Slawen, sondern auch in Lothringen und Bayern. Es klingt manchmal sehr pazifistisch, was der «Auserwählte unter den Kindern Gottes» (Thietmar) vorbringt. In Wirklichkeit aber will der Heilige den Heiligen nur gegen die Heiden hetzen. Er tadelt den König, daß er Boleslaw bekriege, der ihm, Brun, doch viele Güter schenkte, der auch seiner Preußen-Mission mit Geld und Gut und allen Kräften helfen wollte. «Dieser Boleslaw versichert Euch», schreibt er Heinrich II., «weil er sich in Ewigkeit nicht davon lossagen darf, daß er Euch *bei der Unterwerfung der Heiden* immer aufs eifrigste zu unterstützen und in allem gern zu dienen (servire) verpflichtet ist.»

Stets aufs neue rügt der Bischof des Königs Krieg gegen Christen, und dies auch noch an der Seite von Heiden. «Wie stimmt Christus mit Belial? Was hat das Licht für eine Gemeinschaft mit der Finsternis?» zetert er. «Ist es wohl edel, einen Christen zu verfolgen und ein heidnisches Volk zum Bundesgenossen zu haben?» Wehe über die elende Zeit rufend, in der kein König mehr die Heiden bekämpfe und die eigene Ehre höher stehe als der Vorteil Christi, begehrt er leidenschaftlich den Krieg gegen sie. Denn nur wenn Heinrich die Wenden mit den Waffen zum Glauben zwinge, handle er nach dem Wort des Evangeliums: Nötige sie herein zu kommen! (Sehen es doch, nach Augustinus, einem der versiertesten Haß- und Gewaltpropagandisten, «viele gerne, wenn man sie zwingt!» Ergo: cogite intrare ... I 480 ff!) Der hl. Heinrich sollte, nach dem hl. Brun, mit den christlichen Polen Frieden schließen, um gemeinsam mit ihnen die Liutizen zu besiegen, um diese in die Kirche zu zwingen, um sie gewaltsam zu Christen zu machen. Niemand vor den Kreuzzügen hat leidenschaftlicher den Krieg gegen das Heidentum verlangt.[65]

Was aber macht die katholische Legendengeschichtsschreibung aus diesem Kampf des hl. Heinrich und der heidnischen Liutizen gegen die katholischen Polen? Das Gegenteil!

Noch in der zweiten Hälfte des 19. Jahrhunderts steht so in P. M. Vogels «Lebensbeschreibungen der Heiligen Gottes» (mit «Approbation des hochw. bischöflichen Ordinariates Regensburg»): «Besonders merkwürdig ist sein Krieg gegen die damals noch heidnischen Völker in Polen, welche Merseburg verheerten und viele Kirchen niederbrannten. Er zog gen sie zu Felde, rief die heiligen Laurentius, Georg und Hadrian um Schutz an gegen die Ungläubigen, gelobte die Wiederherstellung des Bisthumes nach Besiegung der Feinde, ließ am Vorabende der Schlacht die ganze Armee die heiligen Sakramente empfangen, verrichtete auf gleiche Weise seine Andacht, und siehe! an der Spitze des kaiserlichen Heeres erschienen die drei Heiligen. Schrecken ergriff die Heiden; sie flohen und ergaben sich ohne Widerstand.» Heinrichs katholische Gegner, die Polen, werden zu «Heiden» umgefälscht, zu «Ungläubigen», und von seinen paganen Kampfgenossen, den Liutizen, ist keine Rede!

Noch 1986 aber schreibt der Bamberger Volkskundler Klaus Guth im «St. Otto-Verlag» von dem fast lebenslang Krieg führenden Kaiser, er habe «ein eigentümliches Ethos der Verantwortung und Friedenssorge» verwirklicht. Allerdings eigentümlich. Das Ethos eben eines Heiligen. Noch vor Karl «dem Großen» wurde Heinrich II. 1146 durch Papst Eugen III. kanonisiert, also durch jenen (1872) seliggesprochenen «Bluthund» (so Arnold von Brescia, Abaelards Nachfolger an der Pariser Universität), der nur ein paar Monate früher zum völlig scheiternden Zweiten Kreuzzug aufgerufen.[66]

Im Februar 1004 stieß König Heinrich ins Milzenerland vor. Doch schwere Schneefälle und plötzliches Tauwetter behinderten die deutschen Invasoren, sonst wäre wohl, meint Thietmar, «das ganze Land wüst und menschenleer geworden». Gott, klingt's nicht bedauernd?! Unwillig jedenfalls mußte der Heilige von seinem Vorhaben ablassen.

Noch im Sommer aber zog er mit seinen in Christo Getreuen aus Sachsen, Bayern und Ostfranken gegen Böhmen, wo nach den

Thronwirren jetzt Polenfürst Boleslaw regierte und Heinrichs Lehnshoheit über das Land bestritt. Begleitet wurde das königliche Heer von dem vertriebenen Böhmenherzog Jaromir sowie, scheint es, von jeder Menge Prälaten: Gottschalk von Freising, Walter von Speyer, Wibert von Merseburg, Hildiward von Zeitz, Wido von Brandenburg, Hilderich von Havelberg, Tagino von Magdeburg. Die Magdeburger Erzbischöfe trugen zeitweise sogar die Hauptlast von Heinrichs Polenattacken. War doch gerade «pugnax Saxonia», das kriegerische Sachsen (Leo von Vercelli), das damals mehr Erzbistümer aufwies als jede andere deutsche Gegend, nach Osten nur so gespickt mit Burgwarden.

Unterwegs wohnte der König Anfang August der festlichen Einweihung der neuen Nienburger Klosterkirche bei Calbe an der Saale bei und schenkte angesichts des bevorstehenden Polenspektakels dem Abt Ekkehard, einem seiner Verwandten, mehrere Besitzungen in der Lausitz «um des sicheren Sieges willen».

Es wurde fast ein Prinzip Heinrichs II., vor Offensiven an Kircheneinweihungen teilzunehmen. So vor den Heerfahrten nach Polen 1010 und 1017. So an der Weihe des Mainzer Domes vor dem Marsch gegen Burgund. Ja, noch die drei Kirchweihen anno 1021 in Quedlinburg, Merseburg und Bamberg begriff man «als Teil einer geistlichen Vorbereitung des Italienfeldzuges» (Guth). Man nennt das auch «politische Frömmigkeit». Und ist es Zufall, daß Heinrich am häufigsten Sachsen aufsucht, 39mal, soweit bekannt, daß von den 15 durch ihn beehrten Kirchweihen sieben in Sachsen stattfinden, an der Grenze nach Osten, in diesem «paradiesischen Blumengarten in Sicherheit und Überfluß» (Thietmar)? Überhaupt galt: kein organisiertes größeres Schlachten, auch von Christen, selbstverständlich, ohne hl. Messe! Und so war's ja noch im 20. Jahrhundert ...

Der erste Polenkrieg begann von Merseburg aus. Dabei tat der hl. Krieger, als zöge er gegen Polen, fiel aber, völlig unvermutet, in Böhmen ein, wo ihm die Bevölkerung von Saaz die Tore geöffnet und, meint Bischof Thietmar, «freundliche Unterstützung» geschenkt hat bei einer, so später Looshorn, «entsetzlichen Metzelei», bei der man die polnische Burgbesatzung erschlug. Anscheinend kam es auch zu brutalen Verstümmelungen, Entmannungen u. a.; jedenfalls erinnert Heinrichs Biograph, Bischof Adalbold von Utrecht, daran. Der König aber wurde durch die Grausamkeiten so gerührt, daß er wieder mal «voller Erbarmen» befahl (vgl. seinen Befehl bei dem Massaker in Pavia: S. 82), den noch lebenden Rest zu schonen.

Darauf maschierte man nach Prag, um dort, nach Heinrichs Anweisung, Boleslaw, «die giftige Schlange zu fangen oder zu töten». Die Schlange entwich jedoch vor dem unter Jaromir anrückenden Heer nach Polen, während Sobebor, der älteste Sohn des Fürsten Slavnik von Libice, ein Bruder des hl. Adalbert (V 551 f.), noch im Kampf auf der Brücke bei Prag umkam. Im September regierte wieder der Přemyslide Jaromir, Boleslavs III. Bruder, in der Stadt (seit 973 Mainz unterstellter Bischofssitz) und leistete Heinrich die Lehenshuldigung. Statt von den Polen wurden die Tschechen jetzt von den Deutschen beherrscht.[67]

Damals in Prag, am Geburtsfest der hl. Gottesmutter, 8. September (1004), gebot der König – «mit Genehmigung des dortigen Bischofs» – dem Bischof Gottschalk von Freising, dem Volk zu predigen. Und dieser – nicht nur, schon nominell, ein «Knecht Gottes», sondern natürlich auch einer des Königs – rief alsbald eindringlich alle «zum Festhalten an doppelten Liebesbanden» auf: «nämlich am Gehorsam gegen Gott und an der Ehrfurcht vor der Obrigkeit» – den seit zwei Jahrtausenden sich so segensreich erweisenden Säulen unserer Gesellschaft.

Darauf zog man «in unendlich schwierigem Marsche» in die Oberlausitz und verrichtete gegen die polnische Besatzung der Burg Bautzen noch mancherlei Heldisches. Auch geschah ein wahrhaft wunderbares Wunder am hl. Heinrich. Denn als der gerade all seine Getreuen zum Sturm wider die katholischen Verteidiger trieb, schützte ihn «die göttliche Vorsehung» vor dem Pfeil eines Bogenschützen und tötete einen dicht neben ihm stehenden Vasallen. «Der König erhob in Demut sein Herz und lobte Gott, der ihm ohne sein Verdienst wie stets seine Obhut und Liebe offenbart hatte.» Jeder eben ist sich selbst der Nächste. Oder, wie Nietzsche sagt: Ein religiöser Mensch denkt nur an sich. «Die

Burg aber», bedauert Bischof Thietmar unmittelbar darauf (vgl. sein Notat S. 90), «wäre durch Brandlegung in Flammen aufgegangen, hätte es nicht ein unglücklicher Befehl des Markgrafen Gunzelin verhindert.» Nein, wie schade wieder. Glück und Pech. Doch schimmert da wie dort viel christkatholische Gesinnung durch.[68]

Um die wenig kriegswilligen Sachsen 1005 zu einem weiteren Zug zu gewinnen, nahm der Heilige seine Zuflucht erneut zu Gott. Auch schloß er mit vielen, zumal mit Prälaten, einen Gebetsbund, der im Todesfall eine beträchtliche Memorialleistung garantierte, eine hohe geistliche Rendite sozusagen. Und dann setzte er im Sommer, in einem der schrecklichsten Hungerjahre – «Fames magna facta est», so lakonisch der lahme Mönch von Reichenau –, den Polenkrieg unter dem speziellen Schutz des hl. Thebäerhelden Mauritius fort.

Heinrich schätzte von früh an diesen Heroen besonders, eine zwar recht sagenhafte, doch auch für Otto I. keine geringe Rolle spielende Figur (V 459 f.), ja, schon im Gangsterregiment der Merowinger hochverehrt (später manchmal mit drei Mohrenköpfen dargestellt, Patron der Infanterie, hilfreich gegen Gicht auch, Ohrenweh, Pferdeleiden – alle sollten ihn brauchen: Schwarze, Weiße, Schlächter, Zivilisten, sogar Tiere; sie natürlich nur wegen ihres Nutzens für die Krone der Schöpfung).

Im 10. Jahrhundert wurde eine Mauritius-Messe fast Mode. Und unter Heinrich II. rückte der Thebäer, sein Patron und der Magdeburgs, an die Spitze der Soldaten-Heiligen. Man verwahrte das, was man für Reliquien hielt bzw. ausgab, in der königlichen Kapelle. Und nach alten Quellen hatte der hl. Herrscher sancti Mauricii oder wessen Reste immer im Februar 1004 eigenhändig und barfuß durch Schnee und Eis zum Magdeburger Dom getragen – übrigens von dem anrüchigen Kloster Berge aus, dessen Abt Rikdag bereits im folgenden Jahr wegen eines «Verbrechens» abgesetzt worden ist; das Haus selbst wurde zur Zeit der Reformation aufgelöst und zerstört.

Magdeburg, seit Ottos I. Gründung vielgeförderter Stützpunkt für Offensiven in slawisches Land, sollte offenbar ganz ähnlich unter Heinrich funktionieren, der wiederholt seine Sympathie für Sachsen und die Stadt bekundete und erklärtermaßen das Werk seines «großen» Vorgängers fortsetzen wollte.[69]

Man sammelte sich am 16. August in Leitzkau. Strategisch günstig gelegen (rechts der Elbe, östlich von Magdeburg) – mit einem Hof des Bischofs von Brandenburg –, diente es den Deutschen häufig als Treffpunkt und Ausfallbasis bei Ostattacken, unter Otto III. gegen die Heiden, unter Heinrich dem Heiligen gegen die katholischen Polen (die wahrscheinlich dann die Stätte mit dem Bischofshof zerstörten, worauf sie rasch wieder zur Waldwildnis wurde. 1030 nahmen die Polen den Brandenburger Oberhirten Liuzo gefangen).

Am Tag vor dem Treffen in Leitzkau hatte der hl. König in Magdeburg «die Himmelfahrt der hl. Gottesmutter» begangen, am nächsten Tag die hl. Messe gehört, dann nebst hl. Gattin zu Schiff die Elbe überquert. Mit Heerespflichtigen aus dem ganzen Reich, darunter auch das Kriegsvolk des Bischofs Arnulf von Halberstadt und des Erzbischofs Tagino von Magdeburg, der selber mitritt und -stritt, mordete man sich in verlustreichen Gefechten zur Oder vor. Dort stießen die Streiter Christi auf die Liutizen samt ihren Feldzeichen. Fahnen mit paganen und katholischen Götzen flatterten nun in schöner Eintracht nebeneinander. Und öffentlich trieben die Heiden ihren Satansdienst. Doch als Hilfstruppen ließ sie selbst Bischof Thietmar gelten; freilich: «Meide ihre Gemeinschaft und ihren Kult, lieber Leser!»

Unter rechtgläubigen Emblemen und denen des Teufels drang man tief in Polen ein, weiter als je zuvor ein deutsches Heer; nicht ohne Strapazen durch lange Märsche, schlechte Verpflegung, peinigenden Hunger und sonstiges Kriegselend. Dem fliehenden Feind auf den Fersen, wurden Heinrichs Männer doch häufig geschlagen, besonders bei ihren gefährlichen Verprofiantierungsabstechern. Der Kriegsherr selbst beehrte mal eine Abtei, feierte das Fest der Thebäischen Legion, machte mitunter einen reichen Raubzug, stimmte dann «mit Geistlichkeit und allen Truppen laut Christi Lob an» und verwüstete wie üblich «alles ringsum» (Thietmar). Vor Posen erlitt sein Heerbann aus dem Hinterhalt weitere beträchtliche Einbußen. Und so beendete er, ohne Boleslaw zur Huldigung zwingen zu können, in Posen das Unternehmen. Heinrich, verrät der Quedlinburger Annalist, habe die Leichen der Seinigen heimgebracht und einen «unguten Frieden», und vielleicht ist ebendeshalb nichts weiter darüber bekannt.

Posens Bischof Unger aber, ein Deutscher, schrieb Polens Rettung dem Beistand neuer Märtyrer, der «fünf heiligen Brüder» zu, die zumindest ihn selbst schon bald nicht mehr schützten. Denn 1007 internierte ihn Heinrich bis zu seinem Lebensende in Magdeburg, währenddessen Erzbischof Tagino, ein enger Vertrauter des Monarchen seit ihrer gemeinsamen Erziehung im Regensburger Fälscher-Kloster (S. 194) St. Emmeram, Posens Eingliederung in die eigene Kirchenprovinz mittels Fälschungen betrieb, und dies offenbar in Absprache mit dem hl. König.

Nach dem ersten Polenkrieg aber ließ Heinrich in Merseburg – mit 25 Aufenthalten seine Hauptpfalz – den Vasallen Brunkio und in Fallersleben auch einige seiner vorzüglichsten slawischen Gegner samt Anhang hängen. «Sein heiteres Antlitz», rühmt ein zeitgenössisches Klagelied auf seinen Tod, «verkündete die Güte seines Herzens.» War doch, wissen Vogels bischöflich approbierte «Heiligen Gottes» (»Mit zur Nachfolge ermunternden Lehrstücken» und geistlichem Deutsch), «sein ganzes Leben heilig und eine beständige Vorbereitung zum Tode» – vor allem «zum» Tod anderer.

Bereits zwei Jahre nach dem Friedensschluß, als Boleslaw versuchte, die Liutizen, so Thietmar, «mit Worten und Geld» auf seine Seite zu ziehen, begann Heinrich 1007 den zweiten, sechs Jahre dauernden Polenkrieg. Er kündigte den Friedensbund auf, und Boleslaw erklärte dem königlichen Gesandten, dem Markgrafen des Milzenerlandes, Hermann (Ehemann der Boleslaw-Tochter Reglindis): «Christus, der Allwissende, sei mein Zeuge, daß ich ungern tun werde, was ich tun muß!» Und verheerte die Magdeburger Gegend, schlug die Einwohner tot oder nahm sie gefangen, schleppte sie in Ketten fort.

Dabei hatte man ihn gerade erst ein, zwei Jahre zuvor in Magdeburg ins Domkapitel aufgenommen, mit ihm «fraternitas» geschlossen, Verbrüderung. Jetzt führte der dortige Erzbischof Tagino den militärischen Gegenstoß, ein Mann, der täglich die Messe las und den Psalter sang, überhaupt wie «ein echter Mönch» lebte (Thietmar), was nicht leicht nachvollziehbar ist. Denn Erzbischof Tagino erscheint eher hochfahrend, liebte Vornehme (deren Präbenden, Geldzahlungen, er erhöhte) und hielt geringe Männer von sich fern.

Als Günstling Heinrichs II. weilte er häufig am Hof, dort gern zu Beratungen hinzugezogen und mindestens acht Königsurkunden erhaltend, darunter, neben mehreren Burgen (Arneburg, Prettin), den Königshof und das Kastell Frose bei Calbe; wenn auch solche Schenkungen dem Erzstift mehr Pflichten aufhalsten, Pflichten vor allem stets gefechtsbereiter Art. Wurde ja gerade unter Tagino, den die Kriegführung im Osten stark, beinah ständig beanspruchte, Magdeburg «aus einem Missionszentrum zu einem Mittelpunkt des militärischen Widerstandes gegen Polen». «Andere Gebiete seiner Tätigkeit treten aus den Quellen weniger klar entgegen» (Claude).

Doch schätzte der Erzbischof, der des Königs volles Vertrauen besaß, die von Polen drohende Gefahr geringer ein, benahm sich auch entsprechend zweideutig, was den deutschen Widerstand zweifellos schwächte. Wie überhaupt der zweite Polenkrieg, in dem Boleslaw bis zur Mittelelbe vordrang, auch das hochwichtige Bautzen nahm, für Heinrich weit ungünstiger noch als der erste verlief. Dies schon deshalb, weil die Sachsen wenig Lust dazu zeigten und deutlich zögernder operierten, zumal sie glaubten, der König habe den Krieg mutwillig begonnen. Und sie waren ja selbst durch Fehden zwischen weltlichen und geistlichen Herren zerrissen.

Auch agierte man, ganz friedlich noch auf eigenem Boden sich bewegend, mitunter fast schon wie in Feindesland. So etwa 1010 beim Aufbruch gegen Polen in Belgern (bei Mühlberg rechts der Elbe), auf einem Gut des Markgrafen Gero II. von der sächsischen Ostmark. «Wir alle», notierte seinerzeit Thietmar, «ich darf keinen ausnehmen, benahmen uns wie seine Feinde, nicht wie Freunde, indem wir mit Ausnahme seiner Leute alles verdarben, manches sogar durch Brandstiftung. Selbst der König sorgte weder für eine Sühne, noch suchte er ihn zu schützen.»

Schließlich waren gerade die Regenten daran gewöhnt, das Land um sie her gewissermaßen aufzufressen. Das gehörte zu ihren Reisen, ihrem unentwegten Herumziehen, gehörte zu ganz normalen «Gastungspflichten», dem Anspruch des Herrschers auf Kost und Logis. Befreiungen von diesem durchweg als lästig empfundenen Beköstigungs- und Beherbergungszwang waren selten, sind vor dem 11. Jahrhundert nur schwer nachweisbar. Mit bis zu zweitausend Menschen wälzte sich der Hof dahin, Ritter, Pfaffen, Zofen, Ochsentreiber, ganze Herden von Rindern, Schafen, Schweinen verschlingend. Mitunter zog die Not ein, zog der Fürst ab. Und gelegentlich kam es zur Versagung, zum Widerstand. Bischof Megingaud von Eichstätt (S. 76) schrie auf, als Heinrich II. «ein volles Servitium» von ihm verlangte, «wie es selbst einen Erzbischof in Schrecken versetzt hätte». «Du übler Kerl», brüllte er den königlichen Sendling an, «dein Herr hat den Verstand verloren!» Man wußte, warum man den König zum Freund haben wollte – aber nicht zum Gast.[70]

Im Krieg freilich sah das alles noch etwas anders aus, henkte man gelegentlich, wie im zweiten Polenkrieg, «Verräter» und brandschatzte nur, um gewissermaßen in Übung zu bleiben. Bischöfe wie Arnulf von Halberstadt und Meinwerk von Paderborn, im Jahr zuvor schon gegen die Luxemburger dabei, fanden jetzt auch noch Zeit, Mittel- und Niederschlesien zu verwüsten. Trotz häufiger und gewaltiger Regengüsse fügten sie ihren katholischen Feinden «schweres Unheil» zu, führten sie einen ganz planlosen Beutekrieg, im Grunde eigentlich bloß eine Demonstration der eigenen Präsenz. «Erst nachdem alles ringsum verheert war, kehrten die Böhmen in ihr Land, die Unsrigen aber frohgemut durch den Milzenergau an die Elbe zurück» (Thietmar).

Ein fröhliches Christentum wieder. Meinwerk von Paderborn, erst seit 1009 Bischof, bekam bereits 1011 als erste Frucht seines schon zweimaligen Kriegsdienstes für den Herrscher eine Grafschaft – der Anfang «einer langen Reihe von königlichen Zuwendungen» (Bannasch).

Mitten im Polenkrieg 1012, in jenem Jahr, in dem der Heilige seine Widersacher im Osten und Westen durch zwei synchrone Feldzüge zu bezwingen suchte, war Erzbischof Tagino am 9. Juni, wie der Chronist es ausdrückt, «nicht in den Tod, sondern freudig hinüber zu Christus» gegangen.[71]

Sein Nachfolger wurde der Dompropst Walthard – nicht ohne ein bißchen Simonie, neben einer Pfründe «für den Lebensunterhalt 20 Pfund Silber als fromme Gabe». Wie denn auch Thietmar, der Berichterstatter, von sich bekennt, sein eigenes hohes Amt ähnlich erlangt zu haben, «zwar nicht durch Geld, sondern gegen eine Landschenkung an meinen Oheim». Zum Erzbischof aufgestiegen, erhielt Walthard von Magdeburg den Oberbefehl bei einem neuen Einfall; kamen doch überhaupt aus diesem Raum die bisher Polen attackierenden deutschen Heere.

Walthard, der anders als seine Vorgänger nie Hofdienst geleistet, nie der Hofkapelle angehört hatte, weshalb er bei seiner Einsetzung dem nur unwillig zustimmenden König als erster Magdeburger Oberhirte einen Treueid leisten mußte, führte den Feldzug lässig. Ja, er brach nach nur kurzem Vorstoß das Unternehmen ab, zwar im Einvernehmen mit dem wieder wenig kriegswilligen Adel, doch entgegen der Absicht Heinrichs, dessen offensive Politik ihm widerstrebte. Und bald warf man denn auch dem für den Angriff verantwortlichen Prälaten vor, «vieles» gegen den König geplant zu haben.

Leider erfahren wir nicht Näheres. Doch Thietmar, der immerhin erwähnt, daß der Erzbischof bei den Friedensverhandlungen mit Polen, obwohl sie scheiterten, sehr zuvorkommend behandelt und «reich beschenkt» wurde, tut alles, um ihn zu entlasten. Zeigte sich dem berühmten Chronisten, der ja häufig Tote traf (V 395 ff.), auch «der hochwürdigste Mann» selbst am 28. Oktober 1012 in Meißen. Und da er «den Toten gut» kannte, fragte er, wie naheliegend doch, «gleich, wie es ihm gehe». Und, natürlich, gut ging es dem Toten, gut; war er ja, was die speziellen Anwürfe betraf, seine angeblichen Vorhaben gegen den König, «nicht schuld»! Und später erfuhr unser Geschichtsschreiber gar – wie immer «von glaubwürdigen Leuten» –, Erzbischof Walthard sei noch «am Allerheiligentage gewürdigt worden, vor dem Antlitz Gottes zu erscheinen». – Sie lügen einem die Hucke voll! Aber schließlich schreckte der ehrwürdige Hirte auch sonst nicht vor etwas Betrug zurück; suchte er zum Beispiel über zwei zu Zeitz gehörende Burgwarde mittels einer gefälschten Königsurkunde die Bistumsrechte zu ergattern!

Noch im selben Jahr gewann der Polenfürst die Burg Lebusa am Fläming (nördlich Schlieben).

König Heinrich I. hatte sie 932 nach langer Belagerung erobert und niedergebrannt, worauf sie bis 1012 wüst lag. Dann ließ sie Heinrich II., unter Mitwirkung Bischof Thietmars, wieder aufbauen, verstärken und durch tausend Mann Besatzung schützen. Sofort nach Walthards Tod jedoch befahl Boleslaw, der in einem nahe gelegenen Hinterhalt lauerte, die Festung zu stürmen und sah, «noch beim Frühstück sitzend», selbst zu, wie sie seine Leute beim ersten Angriff nahmen, wobei man «viel Blut» vergoß, auch 500 eigene Männer verlor. «Dieses jammervolle Blutbad ereignete sich am 20. August», notiert Thietmar. «Man verteilte die gewaltige Beute und steckte die Burg in Brand»; womit der Pole 1012 dasselbe tat wie der deutsche König 932 – die blutigen Machtspielchen der Fürsten: «. . . dann zog das siegreiche Heer mit seinem Herrn frohgemut heim.» Schon wieder fröhlich.

Erst durch die Bemühungen des Polen, der seinen Sohn Mieszko im Winter 1012/1013 mit reichen Geschenken nach Magdeburg schickte, wo er Vasall des Königs wurde, kam es an Pfingsten 1013 zum Merseburger Frieden, zu keinem sehr erfolgreichen für das Reich. Das Bistum Meißen wurde gar in einen deutschen und einen polnischen Teil zerrissen. Boleslaw zwar unterwarf sich erneut formell, bekannte sich ebenfalls als Vasall, behielt aber faktisch die von ihm besetzten Teile der Ostmark und der Mark Meißen.[72]

Im Sommer 1015 eröffnete Heinrich den dritten, immer noch fast drei Jahre dauernden Polenkrieg von Magdeburg aus, zuvor dort «Christi Ritter Mauritius demütig um Beistand zur Überwindung seines hartnäckigen Feindes Boleslaw» bittend. Der Pole war Christ und Katholik wie er, und auch so unnachgiebig.

Selbstbewußt erklärte er auf Heinrichs Forderung nach Rückgabe der Reichslehen, «was sein sei, werde er behalten, was ihm bisher nicht gehöre, gedenke er als Beute davonzutragen».

Und so geschah es.

Mit drei Armeen, dem größten Aufgebot seit Beginn der Polenoffensive, rückte das kaiserliche Kriegsvolk getrennt, aber gleichzeitig von Norden, Süden und dem Zentrum her vor. Dabei wuchs der Haß zwischen den Kämpfenden, verteidigten zuweilen sogar Frauen, wie in Meißen, das Vaterland. Auch hier wurde die Stadt, nun weniger glücklich, ein Raub der Flammen, während man die Veste selbst, mit viel Glück, gerade noch hielt. (Immerhin war der Ort so unsicher, daß der im Dezember in Leipzig sterbende Bischof Eido bis in seine Todesstunde eine Beisetzung zu Meißen sich verbat.)

Viele Prälaten, Eido selbst, Erzbischof Gero von Magdeburg, Thietmar von Merseburg, zogen mit, dazu große heidnische Verbände. Und wieder verwüstet man nach altem Brauch auch den eigenen Boden, drangsaliert abermals Volk und Land des Markgrafen Gero in der sächsischen Ostmark (er selbst fällt noch im gleichen Jahr, am 1. Oktober 1015, gegen Boleslaw).

Am 3. August, «am Tage der Auffindung des ersten Märtyrers Christi», erzwingt der hl. Kaiser durch erhebliches Blutvergießen den Übergang über die Oder. Er schlägt die Polen «furchtbar zusammen» (Thietmar). Ein glücklicher Tag, kommentiert Historiker Siegfried Hirsch, und weiß gleich weiteres Glück zu berichten, diesmal von der Belagerung Bautzens: «Auch hier war das Resultat glänzend: die Stadt ging in Flammen auf ...»

Ja, man heftet Lorbeeren an die vereinigten christlich-paganen Standarten, bringt mal 600, dann 800 Feinde um, nimmt nicht weniger als 1000 Mann gefangen, dazu Frauen und Kinder. Doch werden auch auf deutscher Seite gelegentlich «200 der trefflichsten Ritter», darunter mehrere Grafen, abgestochen und ausgeplündert. Es ist die Nachhut des Erzbischofs Gero von Magdeburg (1012–1023), wobei der Kirchenfürst selbst entkommen und dem Kaiser die furchtbare Kunde übermitteln kann. Solch blutiger Ausfall aber bedarf stets besonders hehrer Verklärung. Deshalb erkennen die Quedlinburger Annalen hier gar den «Geist eines Glaubenskrieges» – gegen Katholiken! «Die Magdeburger Ritter fanden in der Nachfolge Christi den leiblichen Tod» (Claude). Und Bischof Thietmar wünscht pastoralbeflissen noch einen barmherzigen Gott.

So kommt die Welt wieder in Ordnung, das Schlachten geht weiter. Man verheert das Land, verbrennt Burgen, vergießt Tränen. Man hängt jede Menge «Straßenräuber» (multi latrones), «nachdem sie im Zweikampf von Fechtern überführt (!) worden waren» (Thietmar). Der Kaiser feiert fromm die Feste der Christenheit, das Geburtsfest des Herrn, die Erscheinung des Herrn, die Reinigung der hl. Gottesmutter. Kurz, man betet, tötet, schafft die Beute fort – und 1146 verkündet Papst Eugen III. bei Heinrichs Kanonisation, er habe «nicht kaiserlich, sondern geistlich gelebt».[73]

Anno 1016 kam es zu einem bemerkenswerten Todesfall. Wurde doch am 6. Oktober «ein für das Land äußerst wertvoller Mann» ermordet, der Billungergraf Wichmann III., und zwar, berichtet Thietmar, «auf Veranlassung einer zweiten Herodias». Diese Dame aber war niemand anderes als die Mutter des Paderborner Bischofs Meinwerk, der auch seinerseits, gleich ihr, eine virtuose, skrupellos um sich greifende Güterpolitik trieb, wobei er alle Bevölkerungsschichten, soweit sie eigenen Grund und Boden besaßen, schröpfte – und allgemein als bedeutendster Paderborner Bischof des Mittelalters gilt.

Edeldame Adela von Hamaland (gest. 1028), über ihre Mutter karolingischer Abkunft, ließ angeblich auch ihren älteren Sohn, Graf Dietrich von Hamaland, 1014 meucheln, was man heute allerdings bezweifelt. Gerüchte wollen weiter, daß auch ihre ältere Schwester, die Äbtissin Liutgard, mit der sie ein heftiger Erbstreit entzweite, auf ihr Anstiften hin vergiftet worden sei. Jedenfalls usurpierte Adela das väterliche Erbe. Und jedenfalls sorgte sie für die Tötung des Grafen Wichmann und zog einen Teil auch von dessen Erbe an sich. Unter Mißbrauch des Gastrechtes wurde der Billunger, seit langem in Fehden mit Adelas zweitem Gatten, Balderich Graf von Drenthe, verstrickt, erst in dessen

Haus vergiftet, dann hinterrücks erschlagen. Sicher ist sicher – man denke an den ersten Papstmord (V 271), der hier ganz offensichtlich Schule machte.

Bischof Dietrich von Münster, mit dem Beseitigten befreundet, rief zur Rache, heerte auch und brannte selbst im Land des geflüchteten Balderich, der den Schutz des Kölner Erzbischofs Heribert fand. Meinwerks mörderische Mutter aber wurde später vor dem Kölner Dom beigesetzt; doch soll man ihre Leiche vor einem drohenden Sturm ausgegraben und in den Rhein geworfen haben. Wie auch immer, zweifellos trug das einnehmende Wesen der Mutter beträchtlich zum Reichtum des bischöflichen Sohnes bei.[74]

Inzwischen suchte der Kaiser eine Revision des letzten Friedens zu erreichen, holte sich indes fast nur Schlappen und Verluste. Und auch als er, wieder mit einem stattlichen Prälatenhaufen im Heer, zusammen auch mit Großfürst Jaroslaw von Kiew, 1017 einen kombinierten Einfall unternahm – es ist das erste gemeinsame Vorgehen von Deutschen und Russen gegen Polen –, scheiterte man völlig. Immerhin bekämpfte sich das christliche Europa bereits vom Dnjepr bis zum Tiber, um nicht noch südlicher zu gehen. Nur mit sehr geschwächten Kräften konnte Heinrich retirieren, während die Polen eine Menge Gefangener machten, ja über die Elbe drangen und deutsches Land bis zur Mulde ödlegten.

Bischof Thietmar resümiert: «Wer vermöchte die Mühsal dieses Zuges und die Verluste aller zu schildern? War schon der Zugang ins Böhmerland kaum zu erzwingen, so war es noch viel schwieriger, wieder herauszukommen ... Und was die Feinde uns damals nicht hatten antun können, das traf uns später um unserer Missetaten willen. Klagen möchte ich auch über eine Schandtat, die Boleslaws Vasallen zwischen Elbe und Mulde verübten. Sie waren nämlich auf Befehl ihres Herrn eiligst ausgezogen, nahmen dort im Lande am 19. September mehr als 1000 Gefangene mit, brandschatzten weit und breit fürchterlich und kehrten glücklich wieder heim.» Auch sie glücklich somit ...[75]

Als schon verheerende Krankheiten im kaiserlichen Lager zu

wüten begannen, belagerte man die Burg Nimptsch (Niemcza) an der Lohe (südöstlich von Zoben), einen der ältesten Orte Schlesiens. Doch alle deutsch-heidnischen Sturmangriffe waren vergeblich. Schließlich hatten, kurios genug, die eingeschlossenen Polen einen hohen Kruzifixus genau an der Stelle des Walles postiert, wo die Liutizen angriffen. Nur einen Erfolg der kaiserlichen Seite verzeichnen die Annalen: ein Begleiter des Markgrafen Hermann durchlöcherte mit einem Steinwurf das Bild einer paganen Göttin auf einem Feldzeichen – und Heinrich zahlte, sozusagen als Schmerzensgeld, seinen empörten Mitstreitern 12 Pfund Silber.[76]

Obwohl der Kaiser auch die beiden letzten Kriege begonnen hatte und jedesmal zu kurz gekommen war, bot ihm, wie schon früher, auch jetzt der Pole den Frieden an, den man am 30. Januar 1018 in Bautzen schloß. Und wieder behielt Boleslaw, wie bereits 1013 beim Merseburger Frieden, als deutsches Lehen die Lausitz und das Milzenerland um Bautzen in der Hand und erlangte für Polen die volle Unabhängigkeit. Es war ein wenig rühmlicher Frieden, klagt Thietmar, «nicht wie es sich gehörte, sondern wie es damals möglich war».

Zwar ging Boleslaw Chrobrys frühpolnisches Imperium bald wieder unter. Aber das «großpolnisch-piastische» Konzept überdauerte, ja kulminierte triumphal in der frühen Neuzeit in der jagiellonischen Idee, als die Jagiellonen um 1500 Polen, Litauen, die litauische Rus', Böhmen und Ungarn beherrschten. Ja, diese Idee wirkt noch im politischen Bewußtsein der Polen des 20. Jahrhunderts fort, in der Vorstellung nämlich eines Polen von der Ostsee bis zum Schwarzen Meer, eines «Polen von Meer zu Meer».[77] –

Unmittelbar auf den Polenkrieg folgte im Osten noch ein doppeltes Gemetzel.

Zunächst vertrieben die Liutizen den christlichen Abodritenfürsten Mistizlaw, dem sie vorwarfen, im Krieg nicht mit ihnen gekämpft zu haben. Die meisten Abodriten waren wieder Heiden geworden. Sie hatten «ihren Nacken dem sanften Joch Christi entzogen» und sich erneut dem «lastenden Gewicht der Teufelsherrschaft» unterworfen (Thietmar). So wurden im ganzen Land der Abodriten, der Wagrier alle Kirchen verbrannt, die Kruzifixe zertrümmert, die Priester «wie das Vieh abgeschlachtet» (Adam von Bremen). Man schnitt ihnen ein Kreuz in die Kopfhaut, öffnete ihr Gehirn und schleppte sie durch die Slawenstädte, bis sie verendeten.

In Nimwegen alarmierte Bischof Bernhard von Oldenburg (in Wagrien) den Kaiser, der seinerseits zunächst Knud «den Großen», Gebieter über Dänemark und England (S. 153), unterrichtete. Knud, auf Vernichtung des wiederauflebenden Heidentums in seinen Nachbarstaaten aus, schlug denn auch anno 1019 Abodriten und Wagrier schwer. Und im folgenden Jahr wurden sie wieder endgültig überwältigt und zinspflichtig – das gemeinsame Werk des Billunger Herzogs Bernhard II. von Sachsen (1013–1059) und des Erzbischofs Unwan von Bremen (1013 bis 1029), eines Verwandten Meinwerks von Paderborn.

Die Billunger weiteten ihre Macht bei den diversen Slawenkriegen deutscher Kaiser und Könige sowie durch eigene Offensiven gegen die Abodriten aus. Und Erzbischof Unwan, der frühere Kaplan Heinrichs II., dem er seinen Bischofssitz verdankte, bekämpfte unentwegt die heidnischen Marschbauern, ließ ihre immer noch verehrten heiligen Haine zusammenhauen und aus dem Holz Kirchen bauen, um den anderen Glauben auszurotten, den «Irrwahn des Götzendienstes».

Freilich zerstritten sich auch der Billunger und der vom Kaiser gestützte Metropolit immer mehr, und zuletzt, schreibt der Bremer Domscholar Adam vom Sachsenherzog, «stand er auch gegen Christus auf und hatte keine Bedenken, die Kirchen dieses seines Vaterlandes anzugreifen, und zwar besonders die unsrige, welche damals sowohl reicher war als die übrigen, als auch der schützenden Hand des Kaisers ferner lag».[78]

Noch ferner lagen dem Monarchen, zumindest zunächst, Italien, Rom, das Papsttum.

Papst Sergius Schweinsmaul erlässt den ersten Kreuzzugsaufruf

Heinrich, der Pragmatiker, hatte sich, anders als Otto II. und zumal Otto III., auf das «Regnum Teutonikum» konzentriert und knüpfte, soweit möglich, an Otto I. an. Zwar Deutscher im nationalen Sinn war auch er nicht, wohl aber unter allen seinen Vorgängern «der ‹deutscheste›» (Fried).

Gewiß wollte Heinrich so wenig wie sie auf die Herrschaft im Süden verzichten oder diese auch nur einschränken lassen. Doch hatte er seine Macht erst im Reich ausgebaut und deshalb mit Italien weit weniger Verbindung als die Ottonen. Und da so jenseits der Alpen das deutsche Regiment weithin zusammenbrach, gelangten in Rom sofort wieder die Crescentier an die Macht, jenes Geschlecht, das sich gegen die Ottonen mehr oder weniger zu behaupten verstand (V 554 ff.), folgten also auf kaiserhörige jetzt wieder vom Adel beherrschte Christenhäupter, zunächst die Crescentier-, dann die Tuskulaner-Päpste, deren Ära erst mit dem großen Schisma der Synode von Sutri 1046 zu Ende ging.

Gerbert von Aurillac, Silvester II., der erste französische, noch von Otto III. berufene Papst, war am 12. Mai 1003 verschieden, vielleicht gewaltsam, vielleicht an Malaria. Und schon am 16. Mai bekam er in Johann XVII. einen Nachfolger. Doch auch dieser starb auf unbekannte Weise bereits sechs Monate später.

Der siebzehnte Johann hätte wohl gern mit dem neuen deutschen König kontaktiert, wurde daran aber von Johannes II. Crescentius (auch Crescentius III. genannt) gehindert. Dieser, der über große Gebiete Mittelitaliens gebot und Heinrich II. angeblich laufend Geschenke schickte, verständigte sich mit ihm und hielt ihn von Rom fern.

Der Crescentier war der Sohn jenes Rebellen Crescentius, den Otto III. vor wenigen Jahren, 998, unter Wortbruch und gelenkt von Papst Gregor V., mit zwölf Unterführern auf den Zinnen der Engelsburg hatte köpfen und hinunterstürzen lassen (V 555, bes. 559). Sein Sohn nahm 1003 als Patricius Romanorum die Zügel desto fester in die Hand. Er dominierte als absoluter Befehlshaber die Stadt, den Kirchenstaat, die Päpste. Sie waren völlig von ihm abhängig, und Johann XVII., vermutlich sein Verwandter, verschwand bereits am 6. November 1003 wieder von der Bildfläche.[79]

Gegen Jahresende folgte der Römer Johannes Fasanus als Johann XVIII. (1003–1009), vielleicht nochmals ein Verwandter des Crescentius, sicher sein Kandidat, seine Marionette. Jedenfalls festigte Roms starker Mann seine Stellung durch eine wohlkalkulierte Sippenpolitik. Die Söhne seiner Schwester Rogata, Oddo und Crescentius, machte er zu Grafen und Rectoren; den älteren Sohn seiner Schwester Theoderanda, Johann, erhob er zum Herzog von Spoleto und Markgrafen von Camerino, den Jüngeren, Crescentius, zum Grafen; offenbar einen weiteren Verwandten desselben Namens ernannte er zum Stadtpräfekten.

Wie sein Vorgänger wäre Johann XVIII. dem König gern in Rom begegnet, aber wieder verwehrte es der Crescentier, der in Erinnerung an den Tod seines Vaters wohl genug von deutschen Herrschern hatte. Der Papst gab seinen Segen zur Gründung des Bistums Bamberg (S. 67) und landete, so heißt es, als Mönch in S. Paolo fuori le Mura; ob freiwillig oder gezwungen, bleibt offen, genauere Umstände sind nicht bekannt.

Wie sein Nachfolger Sergius IV. (1009–1012) avancierte, ist gleichfalls ungeklärt, gewiß aber wieder als Geschöpf des Patriziers Johannes.

Sergius, Sohn des Schusters Petrus aus Rom, hieß selbst Petrus (mit dem Spitznamen Os oder Bucca Porci, Schweinsmaul, Schweineschnauze). Er war fünf Jahre Bischof von Albano, unterhielt auch Beziehungen zum deutschen König, ohne daß dieser freilich nach Rom hätte ziehen können.[80] Vielleicht ließ der Papst auch deshalb seine Gedanken noch weiter in die Ferne schweifen. Denn Sergius Schweinsmaul (so nennt ihn auch Bischof Thietmar) soll als erster Heiliger Vater einen Kreuzzugsaufruf erlassen haben.

Es geschah nach Zerstörung der Grabeskirche in Jerusalem 1009 oder 1010 durch den Fatimidenkalifen al-Hakim (996–1021), der den eigenen Anhang verfolgte, und dessen Sohn,

Kalif al-Tahir, die ruinierte Kirche wieder aufbauen ließ, was man jedoch im Abendland verschwieg. Nach dem Bericht zweier französischer Chronisten bezichtigte man damals die Juden Frankreichs, den Muslimen verleumderische Meldungen über einen drohenden Kreuzzug in den Orient zugespielt und dadurch den Kalifen provoziert zu haben.

Die Kopie des ersten papalen Kreuzzugsmanifestes aus dem 11. Jahrhundert wurde 1682 durch den königlichen Intendanten Nicolas-Joseph Foucault in der Benediktinerabtei Moissac (Provinz Languedoc) entdeckt. Und 1857 hat Jules Lair das erregende, für die Vorgeschichte des Ersten Kreuzzugs zweifellos bedeutsame, auch mit dem vollen Text erhaltene Dokument in der Pariser Bibliothèque Nationale bemerkt und publiziert.

Seitdem aber ist der Aufruf stark umstritten, haben ihn prominente Forscher für unecht erklärt (so Julius Pflugk-Harttung, Paul Comte de Riant, Johannes Haller, Harald Zimmermann u. a.), andere prominente Forscher für echt (so Jules Lair selbst, Paul Fridolin Kehr, Adolf Waas). Um 1930 suchte Carl Erdmann endgültig die Echtheit, um 1950 Alexander Gieysztor endgültig die Unechtheit des Textes zu erweisen. Und 1991 resümiert Hans Martin Schaller nach einer eingehenden Analyse des Schriftstücks: «Kein einziges formales oder inhaltliches Argument gegen die Echtheit der Enzyklika hat sich als stichhaltig erwiesen . . .»[81]

In dem Rundschreiben, logisch wie sprachlich gleich kläglich, ruft Sergius IV. die ganze Christenheit zu Opfern, zu Spenden für die Rüstung, zur Nachfolge Christi, zur Rache auf. Er ruft nach Waffen und Schiffen (die Italiener wollten tausend Schiffe noch «in isto anno» ausrüsten), ja, er selbst will mit nach Syrien, um die Muslime totzuschlagen. Nach der Schilderung des demolierten heiligen Grabes preist er stets erneut das Verdienstvolle des bevorstehenden Krieges, die «Schlacht des Herrn». Nicht um ein kümmerliches Königreich gehe es, sondern um Gott und den Kampf gegen die Feinde Gottes, um das Seelenheil, das Himmelreich. Und natürlich verspricht er allen Kämpfern Sieg und ewiges Leben. Es kann ihm kaum schnell genug gehen. «Venite, filii, defendite Deum et regnum acquirite aeternum! Spero, credo et certissime teneo, quia per virtutem domini nostri Ihesu Christi nostra erit victoria ...» Kommentar eines katholischen Papsthistorikers: «Ein friedlicher, karitativer Papst, der zum ersten Male – vergebens – zu einem Kreuzzug aufrief.»

Bemerkenswert, daß mit dem Schrei nach Krieg auch ein Ruf nach Frieden erscholl; nach einem allgemeinen Frieden unter den Christen, unter allen Kirchen, Ländern, Gläubigen, da Gott ja ein Gott des Friedens sei, und durch den Frieden natürlich der Krieg, das heilige Grab und das ewige Leben gewonnen werden sollen. Eine herrliche Moral! Doch wurde aus der ganzen schönen Sache nichts, vielleicht weil die «Ungläubigen» schneller waren. Wohl in Kenntnis all der frommen Vorbereitungen überfielen sie Pisa, das christliche Rüstungszentrum, und zerstörten die Stadt.[82]

Papst Benedikt VIII., den der hl. Heinrich «verstehen und achten» konnte

Der fast gleichzeitige Tod von Sergius IV. am 12. Mai und von Patricius Johannes II. Crescentius am 18. Mai 1012 sowie die sofortige Wahl eines neuen Papstes aus dem Kreis des rivalisierenden Geschlechts nährten den Verdacht, Sergius und der Crescentier seien Opfer eines Verbrechens geworden. Jedenfalls ging die Gewalt in Rom nun an die Grafen von Tusculum (bei Frascati) über, die Nachfahren der berüchtigten Sippe des Theophylakt, mit der einst das «Römische Hurenregiment» seinen Auftakt nahm (V 481 ff.). Von ihrem fast uneinnehmbaren Nest, älter als Rom, herab bestarrten die beutegierigen Herren de Tusculana seit Jahren die Stadt, bloß darauf lauernd, sie endlich in ihre Fänge zu bekommen. Diesen Augenblick sahen sie mit dem Tod, dem doppelten Todesfall, von Patrizius Johannes und Papst Sergius gekommen und drangen vor.[83]

Schon am 21. Mai kürten sie Theophylakt, den zweiten Sohn des Grafen Gregor von Tusculum, wobei sie ihn, so pressierte es, gleich im Schnellverfahren vom Laien zum Papst machten. Auch war er Simonist, erließ aber auf gemeinsamen Synoden (1014, 1020, 1022) mit Kaiser Heinrich Beschlüsse gegen die Simonie.

Indes nicht so ungewöhnlich. Und noch ein halbes Jahrtausend später wird Julius II. (1503–1513), Vater, beiläufig, dreier «natürlicher» Töchter, die er als Kardinal gezeugt, nur durch üppigste Simonie Papst. Und dies, nachdem er die Absetzung seines Vorgängers Alexander VI. wegen Simonie betrieben hatte. Wie er ja auch selbst, der Simonist, durch eine Bulle die Ungültigkeit simonistischer Wahlen dekretiert.

Theophylakt bedang sich für die Vergabe des Palliums enorme Beträge aus. Und als er, einer großen Familie zu Gefallen, wider jedes Kirchenrecht die Errichtung des Bistums Bisulduno genehmigte, verfügte er, bei jeder künftigen Besetzung desselben dem Heiligen Stuhl eine stattliche Geldsumme zu zahlen, wobei er ungeniert erklärte: niemand komme zum Papst mit leeren Händen.

Zudem war der neue Pontifex wieder ein bewährter Militär – «aber in dieser harten Zeit ganz der richtige Mann» (Cartellieri). So galt er denn auch bald als rechtmäßig. Er nannte sich Benedikt VIII. (1012–1024) und eröffnete die Reihe der berüchtigten Tuskulanerpäpste: sein Bruder Romanus folgte als Johann XIX., beider Neffe Theophylakt als Benedikt IX. Keiner von ihnen ist Priester gewesen!

Vorerst aber gab's ein kurzes Schisma.

Denn die Crescentier, die im letzten Jahrzehnt Rom regiert und dabei drei Heilige Väter gestellt hatten, wählten und inthronisierten jetzt einen gewissen Gregor (VI.). Betrachtete ja jede der beiden raffgierigen Familien das einträgliche Papsttum augenscheinlich als ihren Privatbesitz. So bekämpfte man einander, obwohl, wie gesagt, zum gleichen Clan gehörend, zunächst mit Waffengewalt, wobei Papst Benedikt, ein forscher Draufgänger, der gewaltsam den Lateran eingenommen, seinen Rivalen im Juni/Juli auch ihre Burgen in den Bergen entriß, indem er persönlich die Milizen führte.

In Rom, wo sein Bruder Alberich als «erlauchtester Consul und Herzog» die Macht errungen, festigte Benedikt mit Hilfe weiterer

Verwandter seine Position. So erhielt Bruder Romanus, der nachmalige Papst, alsbald bedeutenden Einfluß. Der Mann der Crescentier aber, Gregor (VI.), wurde verjagt. Er eilte nach Deutschland und erschien an Weihnachten 1012 am Hof Heinrichs II. in Pöhlde in vollem papalen Ornat. Möglicherweise war er ja rechtmäßig gewählt. Doch als er seine Anerkennung und Einsetzung forderte, untersagte ihm Heinrich das Tragen päpstlicher Insignien, hielt ihn freilich hin, die Entscheidung nach einer kanonischen Untersuchung in Rom versprechend – eines der vielen Versprechen des Heiligen, die nicht mehr waren als Schall und Rauch.

Denn da Benedikt VIII., was bald bis Deutschland drang, «vor allen seinen Vorgängern herrsche», da er auch die Gründung des Bamberger Bistums bestätigt und dem König die Kaiserkrönung angeboten hatte, erkannte dieser den ihm zudem genehmeren Tuskulaner, den Sieger, an und ließ den Konkurrenten definitiv fallen. Als er ein Jahr später nach Rom kam, war von der Rechtslage, einem Urteil selbstverständlich keine Rede mehr. Das Urteil hatte längst die Opportunität gesprochen, der Gegenpapst spurlos den Schauplatz der Geschichte geräumt.[84]

Heinrich aber, «der von Gottes Gnaden ruhmwürdige König» (Thietmar), beeilte sich jetzt, zumal er schon 1004 mit der Kaiserkrone gerechnet. Er machte sich im Osten den Rücken frei, beendete – vorläufig – den Polenkrieg und überschritt, während auch die Luxemburger Fehde (S. 64 ff.) abflaute, im Herbst 1013, trotz ungünstiger Jahreszeit und Überschwemmungen der Gebirgsflüsse, zum zweitenmal die Alpen. Die Gattin sowie eine Reihe von Prälaten begleiteten ihn, Eberhard von Bamberg darunter, Heinrich von Würzburg, Burchard von Worms, Erkenbald von Mainz, Meinwerk von Paderborn, Eido von Meißen, Egilbert von Freising, und in Pavia stießen weitere Bischöfe und Äbte dazu.

Frieden, den der ins Bergland von Ivrea ausweichende Arduin anbot, unter Anerkennung der deutschen Oberhoheit, wobei er sogar, würde ihm nur eine Grafschaft belassen, die Krone niederzulegen und seine Söhne als Geiseln zu stellen versprach, lehnte Heinrich ab. Jeden Ausgleich vermied er. Dagegen begünstigte er auffallend den hohen Klerus, und zwar überwiegend auf Kosten der weltlichen Magnaten, was ihm die einen ebenso zutrieb wie die anderen zu Gegnern machte.

In Rom wurde der König von Papst, Geistlichkeit und Volk festlich begrüßt. Und am 14. Februar 1014 krönte ihn Benedikt VIII. in St. Peter mit dem üblichen Pomp zum Kaiser und Kunigunde zur Kaiserin. Bei dieser Gelegenheit bekam der Monarch die von einem Kreuz gezierte goldene Kugel – der erste Beleg für die Verwendung eines «Reichsapfels», Bestandteil bekanntlich der in Jahrhunderten sich sammelnden Reichsinsignien, deren Besitz die Rechtmäßigkeit der Herrschaft auswies (vgl. S. 16 f.). Vor der Krönung mußte der Regent allerdings geloben, stets ein verläßlicher «Schirmherr und Schützer» (patronus et defensor) der römischen Kirche und dem Papst samt seinen Nachfolgern in allem getreu zu sein; wobei Heinrich sogar auf die traditionelle Oberhoheit verzichtet hat.[85]

Der prunkvollen Feier und einem glänzenden Bankett folgte nur wenige Tage danach das Blutvergießen – seit Otto I. fast schon übliches Schlußritual einer Kaiserkrönung. Denn als Heinrich in Auseinandersetzungen zwischen Farfa (40 km nördlich von Rom, im Mittelalter eine der reichsten Abteien Italiens) und einigen Crescentiern zugunsten des Klosters entschied, erhoben sich die Römer und wurden von den Deutschen zusammengeschlagen, wobei «auf beiden Seiten nicht wenige fielen; erst die Nacht trennte sie schließlich» (Thietmar).

Die Kaiserkrone hatte damit die ihr geziemende blutige Aura, und ihr Träger wagte nicht mehr, den Crescentiern ernsthaft entgegenzutreten. Kaum mit vollen Hosen, doch mit vollen Kassen verließ er schnell die Heilige Stadt, verschaffte in Ravenna seinem Halbbruder Arnald noch das Bischofsamt, stiftete ein Bistum in Bobbio, beging in Pavia «die Auferstehung des Herrn» und kehrte im Mai 1014, «beladen mit den Flüchen wie mit den Schätzen italischer Städte» (Gregorovius), über die Alpen zurück; bestätigten ja selbst die Quedlinburger Annalen offenherzig, daß Heinrich «an allen Orten ungeheuer viel Geld zusammengescharrt hatte». Der Heiligkeit tat das keinen Abbruch. «Aufs glücklichste und ruhmvollste» betrat der Fürst wieder «unser freundliches Land» und feierte dann in Pöhlde «das Geburtsfest des Herrn».

Selbstverständlich hatten auch andere deutsche Herrscher die Italiener stets ähnlich geschröpft, wenn die Chronisten dies auch selten erwähnen, dafür häufig Gefangene, Geiseln, Verbannte, die man – oft auf Nimmerwiedersehen – über die großen Berge schleppt, wie diesmal auch der hl. Kaiser eine lange Reihe angeketteter mittel- und norditalienischer Grafen.[86]

Diesen Menschen konnte es natürlich nicht passen, wenn man ihnen immer wieder einen König oder Kaiser von jenseits der Alpen vor die Nase setzte. Zumal die Deutschen – die sich interessanterweise überhaupt erstmals in Italien als Deutsche erlebten und begriffen – die Fremden offenbar heruntersetzen, demütigen mußten, um sich ganz oben zu fühlen, was so weit ging, daß man mitunter die Welschen in Bausch und Bogen dumm, die Bayern etwa alle schlau nannte: «Stulti sunt Romani Sapienti sunt Paioari». Auch für Bischof Thietmar, der «unser freundliches Land» lobt, sind «unserer Art» weder das Klima Italiens noch sein Menschenschlag gemäß, das heißt dessen moralisches Qualitätsgefälle: «Schlimme Hinterlist herrscht leider im Römerland und der Lombardei. Allen, die dorthin kommen, schlägt nur wenig Zuneigung entgegen. Jeder Bedarf der Gäste muß dort bezahlt werden, man wird noch dazu betrogen, und viele kommen durch Gift ums Leben.»[87]

Benedikt VIII. hatte seinerzeit auf Heinrichs Befehl einige dem gut kaiserlichen Farfa von den Crescentiern entrissene Besitzungen zu restituieren. Denn viele Abteien zogen, nicht nur damals, die Aufmerksamkeit der Mächtigen auf sich, der umwohnenden weltlichen wie geistlichen Herren. Sie waren zumal auf die mit Gütern und Rechten üppig bedachten reichsunmittelbaren Klöster scharf. Und hier ergriff der König, im Gegensatz zu seiner deutschen Politik, öfter die Partei der Mönche auch zuungunsten der Bischöfe.

Benedikt aber, manchmal mit dem kriegerischen Renaissance-Papst Julius II. verglichen, führte nun zwei Feldzüge gegen die

Crescentier; zuerst 1014 gegen die Burg Buckinianum, ein Jahr darauf gegen das Kastell Tribuccum, die er beide trotz großer Überlegenheit nur durch Aushungern bezwingen und dem Kloster zurückgeben konnte. Und Gewalt lag diesem Papst sehr. Unternahm er doch in den folgenden sechs Jahren zur Festigung des Kirchenstaates und seiner Macht viele Heerfahrten, «Kriegszüge in und um Rom», und zwar keineswegs zur Steigerung der Tuskulanergewalt, sondern zum «Ausbau der römischen Kirche» (K.-J. Herrmann). So operierte er in der römischen Campagna und im römischen Tuscien. So bekämpfte er, verbündet mit den Seestädten Pisa und Genua, die Sarazenen, die seit ihrer Eroberung Sardiniens 1015 unter ihrem Emir Mudjahid gern auf Oberitalien übergriffen, schon Jahre früher aber wiederholt Pisa eingenommen, sogar zerstört hatten. Bereits im nächsten Jahr gewannen sie die reiche Hafen- und Handelsstadt Luni am Golf von La Spezia «und mißbrauchten die Frauen der Einwohner», worauf denn der Heilige Vater «alle Lenker und Schützer der hl. Mutter Kirche» aufrief, «diese dreisten Feinde Christi ... mit Hilfe des Herrn zu vernichten.»

Der Triumph über sie geriet (nicht zuletzt dank eines wütenden Seesturms, der eines nach dem andern ihrer Schiffe an den Strand schleuderte, wo die Christen die Besatzungen abstachen) «so vollständig», daß angeblich «nicht ein einziger von ihnen übrigblieb und die Sieger die Menge der Erschlagenen und der Waffenbeute nicht zu zählen vermochten».

Auch fiel ihnen die Königin in die Hand, und nur aus purer Gerechtigkeit wurde sie gleich «wegen der Freveltaten ihres Gemahls (!) enthauptet». Der Heilige Vater hatte dies «kalten Bluts» befohlen und dann ihren goldenen, mit Edelsteinen übersäten Kopfputz genommen. «Der Schmuck der Ermordeten dünkte ihm eine passende Beute für einen Papst.» Theologe Albert Hauck bekannte aber auch nur wenige Seiten davor, daß der hl. Heinrich einen solchen Mann verstehen und achten konnte. Und er bekam doch auch den Kopfschmuck der Geköpften. (Nach Erwähnung der Papstbeute erinnert Hauck noch daran, daß derselbe Stellvertreter Christi auch Juden hinrichten ließ; hatten diese ja durch ihre Verspottung des Kreuzes einen gewaltigen, das römische Volk erschreckenden Orkan entfacht!)

Als der Vermögenszuwachs verteilt war – allein den Anteil des Kaisers schätzte man auf tausend Pfund –, kehrte man wieder mal «froh in die Heimat zurück und sang Loblieder zu Ehren des Siegers Christus» (Thietmar). – Prinzipiell wird die muslimische Expansion seit ihren Anfängen von den Christen in schwärzesten Farben gemalt. Doch verkörpern sie, die Christen, über lange Zeit hin die intolerante, die dialogfeindliche Seite. Und waren die Sarazenen nun auch von Sardinien verjagt, kehrten sie auch nicht mehr zurück, noch 1016 bekriegten sich dort die Katholiken selbst, kämpften Pisaner und Genuesen um das Handelsmonopol auf der Insel.

Der Papst aber, der an der Schlacht gegen die «Ungläubigen» persönlich teilgenommen, stritt gleich darauf auch gegen die Byzantiner im Süden. Ja, «einen solchen Mann konnte Heinrich verstehen und achten».[88]

Der hl. Kaiser, der Heilige Vater und ihr Feldzug gegen das christliche Byzanz

Im byzantinischen Langobardien – in dieser uralten Hinterlassenschaft aus dem gigantischen Krieg Belisars, Justinians und des Papsttums gegen die Goten (II 424 ff!, 438 ff!) – hatten sich mehrere Städte gegen die Fremdherrschaft unter Kaiser Basileios II. erhoben. Früher glaubte man hinter diesem lang vorbereiteten Aufstand allerdings mehr patriotische Gründe wirksam, während er wohl eher auf lokale Adelskämpfe zurückging und zumal auf die Erbitterung über die steigenden Steuerlasten infolge des byzantinischen Bulgarienkrieges (1004–1014).

Das Papsttum jedenfalls, das einst die Goten in jenem grauenvollen Genozid gemeinsam mit Byzanz ausgelöscht hatte, focht nun gegen Byzanz.

Benedikt VIII. begünstigte die Empörer offenbar wegen der

umfänglichen kurialen Besitzungen und Besitzansprüche im Süden. So segnete er normannische Ritter, die zu ihm geflohenen Mörder eines normannischen Grafen, die er dem gleichfalls nach Rom geflüchteten bedeutendsten Notablen der apulischen Rebellen vermittelte, dem getauften Juden Meles (Ismael) von Bari. Und er überließ dessen aufständischem Schwager Dattus einen befestigten Turm an der Mündung des Garigliano zu Überfällen auf die Byzantiner.

Indes, Meles unterlag nach anfänglichen Siegen und Schlappen im Oktober 1018 in der Entscheidungsschlacht bei dem alten Cannae (wo einst Hannibal die Römer schlug) dem oströmischen Katepan Basilios Boioannes, einem versierten Strategen und Organisator. Und während Meles nach Rom floh und, vom Papst beordert, an den deutschen Kaiserhof ging, überrumpelte der Oströmer, unterstützt durch den Abt Atenulf von Monte Cassino, den päpstlichen Turm am Garigliano und ließ Dattus als Hochverräter bei Bari in einen Sack genäht ins Meer schmeißen.[89]

Die Niederlage von Cannae, die zumal die Normannen dezimierte, vor allem aber die alten Besitzverhältnisse wiederherstellte, war vollständig und traf auch den Papst. Im Frühjahr 1020 eilte er nach Deutschland, angeblich vom Kaiser eingeladen, tatsächlich aber, um dessen militärische Hilfe zu gewinnen, wie einst schon Stephan II., was gleichfalls Krieg bedeutet hatte (IV 378 ff!).

Heinrich empfing den Römer mit vier Pfaffenchören, zwei lobsangen jenseits und diesseits der Regnitzbrücke, ein Chor frohlockte am Stadttor, einer am Dom. Ringsum Jubel und Gebete. Und als Benedikt an jedem Tag die Messe gelesen, an Ostern die Stephanskirche geweiht, als man alles Volk liturgisch stimuliert, berauscht hatte, begannen die Geschäfte, bekam der Heilige Vater die begehrte Hilfe. Das geistliche Spektakel war kaum mehr als der «Deckmantel» für den bevorstehenden Feldzug. Erst pompöse Kirchenweihe mit stupenden Reliquiengaben als Krönung der päpstlichen Bamberg-Visite – dann ein gewaltiges Expeditionskorps für den Krieg in Süditalien gegen das nach Norden expandierende Byzanz.

Nicht zu vergessen das sogenannte Heinricianum, keine bloße Formalität, «eine Prestigefrage des Papstes» (Wolter): eine wortgetreue Neuausfertigung des berühmt berüchtigten – bereits von Otto III. als Fälschung erkannten – privilegium Ottonianum von 962 (V 498 ff.). Der Heilige Vater ließ sich dies sogar in einer erweiterten Fassung (u. a. um das Gebiet von Narni, Terni, Spoleto vermehrt) vom Regenten überreichen. Ja, in dem Paktum wurde dem Römer auch noch das Kloster Fulda samt dem Recht der Abtsweihe tradiert sowie das Bistum Bamberg seinem Schutz unterstellt, wofür er «als Zins» jährlich einen Schimmel forderte.

Bezeichnenderweise weilte seinerzeit in Bamberg – ganz offensichtlich abgesprochen mit Benedikt – auch der Bareser Meles, dem Heinrich den Titel «Herzog von Apulien» verlieh, womit er Ansprüche auf Unteritalien erhob. Hier hatten ja schon die Ottonen angegriffen, hatte Otto II., ausdrücklich kirchliche Ansprüche verfechtend, bei Capo di Colonne fast das ganze deutsche Heer verloren (V 536 ff.).

Meles starb bereits am 23. April und wurde mit fürstlichen Ehren im Bamberger Dom beigesetzt. Der Kaiser aber bereitete den Krieg auch wieder typisch «geistlich» vor: am 22. September durch seine Teilnahme am Fest der Thebäischen Legion bei Bischof Arnulf von Halberstadt, am 24. September durch seine Präsenz bei der Einweihung des neuen Domes von Quedlinburg, am 1. Oktober anläßlich einer weiteren Kircheneinweihung in Merseburg und am 2. November mit einer dritten Kirchenweihe in Bamberg. Und zu allem kam noch eine Gebetsverbrüderung.

Das deutsche Heer, vorwiegend Bayern, Schwaben und Lothringer, brach im November 1021 von Augsburg auf und wurde nach Überquerung des Brenners Anfang Dezember in Verona durch Gewalthaufen vieler oberitalienischer Prälaten verstärkt, darunter die Bischöfe von Aquileja, Verona, Vercelli, Piacenza, Parma, von Treviso, Ceneta, Feltri, Belluno sowie weitere «weltliche» Herren. Man feierte noch das Fest des Friedens, Weihnachten, in Ravenna, dann rückten die Oberhäupter der westlichen Christenheit mit starken Kräften gegen die – ja gleichfalls ganz christlichen – Byzantiner in drei Heeressäulen vor: unter dem neuen Kölner Erzbischof Pilgrim, zuvor Kanzler für Italien, im Westen über Rom; unter dem Patriarchen Poppo von Aquileja in Mittelitalien; unter dem hl. Heinrich und dem Heiligen Vater selbst mit den weitaus größten Truppenverbänden längs der adriatischen Küste.

Der mit Byzanz paktierende Abt Atenulf von Monte Cassino floh beim Anmarsch des Kölner Metropoliten, einen Haufen von Urkunden und Klosterschätzen im Gepäck, und ertrank mit all seinen Begleitern bei einem Schiffbruch auf dem Weg nach Konstantinopel. Seine Stelle nahm der deutschfreundliche Theobald ein. (Und der Kaiser schrieb die Heilung von seinem Blasenleiden auf Monte Cassino einem ganz persönlichen Eingreifen des hl. Benedikt zu, was wieder den Mönchen des Mönchsvaters und besonders den Reformklöstern zugute kam.)

Auch sonst gab es kleinere Lichtblicke der Abendländer, wozu man, freilich nur sehr eingeschränkt, den Aufstieg der Neffen des Herzogs Meles zu Grafen und Vasallen rechnen kann. Doch noch die Einnahme der Grenzfestung Troja, im Norden Apuliens, zwischen Benevent und Foggia, gelang nach wochenlanger Belagerung durch den Imperator. Sie wurde nicht erobert, sondern ergab sich (und war zwei Jahre später schon wieder unter byzantinischer Botmäßigkeit). Überhaupt kam es zu keiner Schlacht, keinem wesentlichen Umschwung. Der kluge Bojoannes wartete die heiße Jahreszeit ab, die Auswirkung des Klimas, den Ausbruch verheerender Krankheiten im gegnerischen Lager. Mehrere Magnaten fielen der Seuche zum Opfer, auch Bischof Rudhard von Konstanz, der Abt Burchard von St. Gallen. Und noch jahrhundertelang pilgerten St. Gallener Mönche zur Begräbnisstätte des Abts und berichteten daheim die Wundermären.

Schon im Sommer 1022 hatte man den Rückmarsch angetreten und brachte u. a. den Bruder des ertrunkenen Abtes von Monte Cassino, den Fürsten Pandulf von Capua, um seines Landes beraubt, in Ketten über die Alpen. Und Heinrich hielt kaum ein Jahr nach seinem Weggang von Deutschland in Quedlinburg wieder einen Hoftag; hinter sich einen Feldzug mit schweren Verlusten an Menschenleben und Geld. Byzanz indes hatte seine Machtstellung in Unteritalien gegen das westliche Christentum behauptet.

Allerdings kämpften bereits die Ritter aus der Normandie seit 1017 an päpstlich-kaiserlicher Seite auf der Apenninenhalbinsel, jene neue Macht aus dem Hause Hauteville, die bald, unter Ausnutzung diverser regionaler und überregionaler Rivalitäten, Sizilien, Kalabrien, Apulien dominierte und ein bedeutendes Reich errichten sollte.[90]

Auf dem Rückweg aus dem Krieg kam es im August 1022 in Pavia noch zu einer folgenreichen Synode mit Kaiser und Papst.

Die Synode von Pavia 1022 – gnadenloser Kampf gegen den eigenen Klerus aus purer Macht- und Profitsucht

Es ging dabei um Priesterehe, Zölibat; genauer um die Sicherung des Kirchengutes durch Ehelosigkeit des Klerus und die Verknechtung der Söhne kirchenhöriger Priester.

Seit langem zwar spricht die Überlieferung vom Zölibat. Im Neuen Testament aber ist davon nirgends die Rede. Im Gegenteil. Bischof und Diakon müssen, *so lehrt die Bibel*, verehelicht sein (unius uxoris vir), und warnt ausdrücklich vor Falschlehrern, die zu heiraten verbieten. Die Urapostel führten ihre Frauen noch als Missionare mit, und die älteste Kirche hat nirgends zur Ehelosigkeit verpflichtet. Die Mehrzahl des frühchristlichen Klerus war verheiratet, jahrhundertelang sind die Geistlichen Familienväter.

Doch im 4. Jahrhundert treten die Synoden von Ankyra in Galatien, Gangra in Paphlagonien u. a. für die Priesterehe ein. Noch im 5. Jahrhundert zeugten viele Bischöfe Kinder. Selbst Kirchenlehrer Gregor von Nazianz war ein Bischofssprößling.

Im ganzen (theologisch führenden) Orient ließ man sich nicht das Zölibat aufschwatzen. In England ist noch im 8. und 9. Jahrhundert die Ehe von Bischöfen gewöhnlich. Und selbst in Rom gibt es im 10. Jahrhundert nicht wenige Priestersöhne, die Päpste werden, ja, einige Päpste waren die Söhne von Päpsten, wie Papst Silverius (536–537) oder Papst Johann XI. (931–935). Und noch Mitte des 11. Jahrhunderts ist die Ehelosigkeit eines Geistlichen etwa im großen Bistum Mailand «eine überaus seltene Ausnahme» (Hirsch).[91]

Auf der anderen Seite bestand jedoch längst eine auf Askese, Frauenfeindschaft, erhöhtes Ansehen, auf Macht und Profit bedachte Partei, die schonungslos die Priesterehe bekämpfte. Nicht die kultische Motivation freilich, der aus dem Paganismus stammende Reinheitswahn, gab den Ausschlag, sondern die vermögensrechtliche, finanzpolitische: Zölibatäre kamen die Kirche billiger als Familienväter; wobei noch wichtiger die ständige freie Verfügbarkeit der Hierarchen über einen unbeweibten Klerus war.

So bewachte und bespitzelte man die Diener Gottes bald Tag und Nacht. Man setzte die verschiedensten Zwangsmittel gegen sie ein: Fasten, Geldstrafen, Exkommunikation, Infamerklärung, Folter, jahre- oder lebenslange Kerkerhaft, Erbunfähigkeit, Verknechtung. Man beraubte verheiratete Geistliche ihrer ganzen Habe, ja, tötete sie immer wieder – bis in die Neuzeit hinein. Noch Melanchthon bezeugt, daß man «die ehrenhaften Priester ermordet wegen frommer Ehe».

Ihre Frauen aber, allmählich nur noch als «notorische Konkubinen» geltend, wurden gepeitscht, verkauft, versklavt; sie gingen mit ihrem gesamten Besitz auf die Bischöfe über und verloren gleichfalls das Erbrecht. Ebenso entrechtete man ihre Kinder seit der ausgehenden Antike immer mehr. Tausende und Abertausende von Priesterfamilien riß die sich «reformierende» Ecclesia einzig und allein um ihrer Herrschaft, ihres Reichtums willen rücksichtslos ins Elend und griff dabei selbst zu Feuer und Schwert.[92]

Bereits die neunte Synode von Toledo beschloß 655 nicht nur die Erbunfähigkeit aller Priesterkinder, sondern sie mußten auch «auf immer als Sklaven der Kirche gehören, bei der ihre Väter, die sie schandmäßig erzeugten, angestellt waren» (in servitutem eius ecclesiae decuius sacerdotis vel ministri ignominio nati sunt jure perenni manebunt). Somit hatten schon seinerzeit in den westgotischen Gebieten alle Nachkommen von Geistlichen, gleichgültig ob mit freien oder unfreien Frauen gezeugt, keinerlei Erbrecht mehr und wurden lebenslänglich der Kirche versklavt.[93]

Diese gemeine Entrechtung der Klerikerkinder zum materiellen Vorteil der Kirche beschließt unter Heinrich II. anno 1019 auch die Synode zu Goslar, wobei der hl. Kaiser den Mitvorsitz führte. Die Synodalen, die Erzbischöfe Gero von Magdeburg, Unwan von Bremen, die Bischöfe von Halberstadt, Oldenburg, Minden, Münster, Schleswig, Hildesheim u. a., diskutierten damals die Frage, ob ein Priester unfreien Standes, der mit einer Freien verheiratet sei, sein Amt «zu schändlichem Gewinnstreben» mißbrauchen dürfe, «indem er die Nachkommen aus seiner Ehe dem Dienst seines eigenen Herrn zu entfremden suche». Natürlich sollte das Gewinnstreben nur zugunsten der Bischöfe und der Kirche sein.

Immerhin berieten die Prälaten in Goslar lange, bis sie «unter dem Vorgang Heinrichs II. aufstanden und erklärten, daß die Kinder einer solchen Ehe dem gleichen Joch der Unfreiheit unterlägen wie der Priester selbst».Und fügten noch hinzu, der mit kaiserlicher Autorität gefällte Spruch dürfe durch kein Recht jemals aufgehoben werden.[94]

Dasselbe Thema griff nun am 1. August 1022 auch die vielerörterte Synode zu Pavia wieder auf, wobei von den sieben Kanones allein fünf die Söhne von kirchenhörigen Geistlichen betrafen – und selbstverständlich tagte man mit demselben Resultat. Denn der hohe Klerus konnte nie genug Geld und Macht und darum auch nie genug Sklaven, Hörige haben. Der niedere Klerus dagegen stammte zumeist von Unfreien ab, durfte also keinerlei freies Eigentum besitzen, vielmehr gehörte alles, was er erwarb oder ersparte, restlos dem Bischof, der schon deshalb das größte Interesse an der Erbunfähigkeit der Priesterkinder hatte. Die Nachkommen von Kirchensklavinnen aber waren erbunfähig; über sie konnten die Prälaten verfügen, wie sie wollten, weshalb sie es auch gar nicht ungern sahen, wenn sich ein Kleriker mit einer Kirchensklavin verband.

Heirateten jedoch unfreie Geistliche freie Frauen, so waren deren Kinder frei, sie waren besitz- und erbfähig und von den weltlichen Gesetzen geschützt. Ein arger Jammer für die Mutter Kirche. «Selbst die Kleriker», klagt Papst Benedikt, «*welche aus dem Gesinde der Kirche sind*, sofern man sie noch Kleriker nennen kann, erzeugen, da sie doch durch die Gesetze jedes Rechtes, irgend ein Weib zu haben, beraubt sind, von freien Weibern Kinder, und *meiden die Sklavinnen der Kirche* (!) nur allein aus der betrügerischen Absicht, damit die Söhne, von der freien Mutter erzeugt, auch gleichsam frei sein möchten. Diese sind es, o Himmel, o Erde» (Mi sunt, o caelum, o terra), lamentiert der Papst, «welche gegen die Kirche sich auflehnen. Keine schlimmeren Feinde der Kirche gibt es als diese (Nulli peiores hostes ecclesiae quam isti). Niemand ist mehr bereit zu Nachstellungen gegen die Kirche und Christus als sie. Während so die Söhne der Knechte, wie sie fälschlich vorgeben, in der Freiheit verbleiben, verliert die Kirche beides, die Knechte und die Güter. So ist die ehemals so reiche Kirche arm geworden.»[95]

Der Heilige Vater verglich darauf die unfolgsamen Prälatenknechte noch mit Springhengsten und den Schweinen Epikurs, ja, tadelte als Beweis höchsten Verderbens – so züchtet Rom die Heuchelei! –, daß sie nicht «vorsichtig» (caute), sondern «öffentlich» (publice) Unzucht trieben. (Wie denn die mittelalterlichen spanischen Synoden überhaupt nur von den öffentlichen Konkubinen des Klerus handeln, die geheimen gar nicht erwähnen – «was geheim geschieht, ist nicht geschehen, nur was schreit, ist eine Sünde»: Panizza.) Und schließlich befiehlt Papst Benedikt: «Alle Söhne und Töchter der Kleriker, sie mögen von einer Sklavin oder Freien, von einer Ehefrau oder Concubine – weil keines erlaubt ist, noch erlaubt war (!), noch erlaubt sein wird – erzeugt sein, sollen *Sclaven sein der Kirche in alle Ewigkeit*» (servi suae erunt ecclesiae in saecula saeculorum).

Der vierte Kanon der Synode von Pavia bedroht die Richter: «Wer Söhne von solchen Klerikern, die Sklaven der Kirche sind, für frei erklärt, weil von freien Frauen geboren, sei Anathema, weil er die Kirche beraubt.» Die Kapitel fünf bis sieben verbieten allen Kirchenhörigen den Gütererwerb von Freien unter Androhung von Auspeitschung und Kerkerstrafe: «Kein Knecht einer Kirche, sei er Kleriker oder Laie, darf auf dem Namen oder durch die Vermittlung eines Freien irgend etwas erwerben. Tut er es doch, so wird er gepeitscht und eingesperrt, bis die Kirche ihre Urkunden zurückerhält. Der Freie, der ihm geholfen, muß der Kirche vollständigen Ersatz leisten, oder er wird mit den Kirchendieben verflucht. Der Richter oder Notar, der jene Urkunden abgefaßt, wird anathematisiert.»

Kaiser Heinrich II. erhob die Beschlüsse von Pavia in abgeänderter Form zum Reichsgesetz, wozu die Initiative offenbar von Papst und Synodalen gemeinsam ausging. Doch der Herrscher hat die Erlasse nicht nur bestätigt und gutgeheißen, sondern sie, päpstlicher als der Papst, noch verschärft. So mußten Richter, die Priesterabkömmlinge für frei erklärten, ihres Vermögens beraubt und auf immer verbannt, die Mütter solcher Kinder auf dem Markt ausgepeitscht und gleichfalls exiliert werden, Notare, die Klerikern freie Geburt und Analoges attestierten, die rechte Hand verlieren. «Ich, H(einrich), von Gottes Gnaden Imperator Augustus, habe dieses ewige Gesetz auf den Rat des Herrn Papstes B(enedictus) und zahlreicher Bischöfe auf Gottes Geheiß (!) erlassen, bestätigt und seine ewige Dauer beschlossen und erfleht und erbeten, daß die Großen meines Reiches es bestätigen.»

Dagegen sprach ein sizilisches Gesetz Friedrichs II., des großen Freigeistes und Papstgegners, den Priesterkindern ausdrücklich die Erbberechtigung zu. Und als sich in Spanien, etwa vom 9. Jahrhundert an, während der blühenden maurischen Kultur (S. 479 f.), das Konkubinat, die Barragania, beim Klerus sehr verbreitete, waren die Söhne aus solch eheähnlichen Verbindungen vielfach bis zum 13. Jahrhundert frei.[96]

2. KAPITEL

KAISER KONRAD II. (1024–1039) AUFTAKT DES SALISCHEN JAHRHUNDERTS

«Du bist der Stellvertreter Christi (vicarius es Christi) in dieser Welt.» Erzbischof Aribo während der Krönungsmesse für Konrad im Mainzer Dom[1]

«In der äußeren Politik hatte er die größten Erfolge . . . Überall befand sich Deutschland im Vordringen.» Albert Hauck[2]

«Dieser König war energisch im Krieg . . ., dem christlichen Glauben ganz ergeben.» Bischof Otto von Freising[3]

«Wie sein Vorgänger stützte auch Konrad seine Herrschaft auf die Reichskirche.» Tilman Struve[4]

Die Salier

Mit dem Tod des kinderlosen Heinrichs II. am 13. Juli 1024 in der Pfalz Grone bei Göttingen war die ottonische Dynastie im Mannesstamm erloschen. Denn Heinrichs leiblicher Bruder Brun, der bischöfliche «Teufel von Augsburg», schied als Geistlicher für die Nachfolge aus. Aufgrund ihrer Abstammung empfahlen sich aber vor allen anderen Thronprätendenten die gleichnamigen Vettern Konrad der Ältere und der Jüngere; beide Verwandte der Ottonen, Abkömmlinge eines Geschlechts, das besonders um Worms und Speyer reich begütert war und das salische hieß.

Der Name «Salier» erscheint als Beiname (rex Salicus, reges Salici) erstmals Anfang des 12. Jahrhunderts. Vermutlich von dem Geschichtsschreiber Otto von Freising in Erinnerung an den Merowinger Chlodwig (IV 52 ff!) auf die vornehmsten Familien der deutschsprachigen Franken rechts des Rheins bezogen, wurde er später auf Konrad II. und seine Nachkommen beschränkt. Ihr historisch sicherer Ahnherr ist aber erst Konrads II. Urgroßvater, der 955 in der Lechfeldschlacht gefallene lotharingische Herzog Konrad der Rote (V 426 f., 438), der mit Liutgard, einer Tochter Kaiser Ottos «des Großen», verheiratet war.

Die in vier Generationen vier deutsche Könige und Kaiser stellende salische Dynastie (1024–1125) führt von Konrad II. in ununterbrochener Sohnesfolge über Heinrich III., Heinrich IV. zu Heinrich V. und, entsprechend der notorischen Härte und Zielstrebigkeit des Geschlechts, zu mancherlei machtpolitischen Höhepunkten. Doch beginnt auch in dieser fast alle Lebensverhältnisse verändernden Zeit der das ganze Abendland aufwühlende und noch die kommenden Jahrhunderte beeinflussende Kampf zwischen Kaisern und Päpsten.

Als Heinrich V. 1125 kinderlos stirbt, setzen das Jahrhundert der Salier – über Herzog Friedrich I. von Schwaben, den Schwiegersohn Heinrichs IV. – ihre Erben, die Staufer, fort.[5]

Königswahl und Bürgerkriege

Die Wahl des neuen Herrschers fand nach einer fast zwei Monate währenden Thronvakanz am 4. September 1024 auf der weiten Ebene zwischen Worms und Mainz statt. Man traf sich auf dem rechten Rheinufer in Kamba, einem inzwischen untergegangenen Ort gegenüber Oppenheim. Auffallend stark vertreten, zumal aus dem rheinischen Raum, waren die Bischöfe, angeführt von dem mächtigen Erzbischof Aribo von Mainz (1021–1031), einem Verwandten Heinrichs II. Der Kirchenfürst fungierte als Wahlleiter, nahm auch das Erststimmrecht in Anspruch und machte sich für den älteren Konrad stark.

Dagegen favorisierte der mit dem Mainzer um das Privileg des Coronators, der Königsweihe, streitende Neffe Aribos, Erzbischof Pilgrim von Köln, den etwa zwanzigjährigen Konrad den Jüngeren. Da dieser aber, vielleicht infolge interfamiliärer Vereinbarungen, verzichtete und als erster der weltlichen Großen für den Rivalen stimmte, zog sein Anhang ab. Der ältere Konrad, schon Vater eines Sohnes, wurde darauf einhellig zum «Herrn und König» gewählt und am 8. September von Aribo im Mainzer Dom gesalbt und gekrönt. «Du bist der Stellvertreter Christi (vicarius es Christi) in dieser Welt», rief der Erzbischof während der Krönungsmesse Konrad II. zu – und erhielt zu seinem Erzkapellanat sowie Erzkanzleramt für Deutschland schon im nächsten Jahr noch das für Italien. Allerdings verweigerte Aribo – aus bis heute nicht sicher bekannten Gründen – Konrads Gattin die Krönung, was er mit dem Verlust des Mainzer Krönungsrechts bezahlte.[6]

Konrad II. (1024–1039) war vor seiner Thronerhebung wenig einflußreich und kaum hervorgetreten. Wiewohl Enkel des 1004 gestorbenen Herzogs Otto von Kärnten, hatte er nur geringen Anteil an den ausgedehnten Ländereien der Familie, hatte er weder den Titel eines Herzogs noch auch nur den eines Grafen. Ja, außer seiner Herkunft brachte der Sohn eines wenig begüterten Adligen nicht das geringste mit, was man eine Hausmacht hätte nennen können, und vielleicht kam das den Prälaten gerade entgegen. Er war und blieb auch sein Leben lang ungelehrt, ungebildet; er verstand das Latein seiner eigenen Diplome nicht, wußte aber, was er wollte.

Man wurde auf Konrad erst aufmerksam, als er nach dem frühen Tod seines Vaters Heinrich 1016 Gisela, die bereits zweimal verwitwete Tochter Herzog Hermanns II. von Schwaben, eine Enkelin König Konrads I. von Burgund, angeblich entführte und heiratete. War die damals etwa 26jährige Konradinerin, deren Ehe mit dem Salier wegen naher Verwandtschaft, der gemeinsamen Abstammung von Heinrich I., allerdings als unkanonisch galt, doch nicht nur klug, schön, reich, sondern auch enorm ehrgeizig, eine für ihre Männer höchstes Prestige erstrebende Frau, die auch wiederholt bedeutsam in die Politik eingriff.[7]

Gegen Konrads Wahl hatte es zunächst Vorbehalte, ja Widerstand gegeben. Doch setzte er auf dem – im Frühmittelalter obligatorischen – die Erhebung gleichsam abschließenden Umritt, dem «Königsritt», iter regis per regna, mit der Huldigung der verschiedenen Fürsten seine Herrschaft definitiv durch. Dabei wurde auch Gisela am 21. September 1024 in Köln von Erzbischof Pilgrim gekrönt; es trug dazu bei, dem Kölner Metropoliten, nach zeitweiligem Vorrang des Mainzers, das Krönungsrecht jahrhundertelang zu erhalten. Und 1026 saß Konrad fest im Sattel, war die neue Dynastie gesichert.

Daran änderten auch weder die wiederholten Aufstände seines Stiefsohnes Herzog Ernst II. von Schwaben aus dem Haus der Babenberger im Elsaß und in Burgund etwas noch die gleichzeitige Revolte Konrads des Jüngeren, Herzog von Worms genannt, und des reichbegüterten schwäbischen Grafen Welf II. Dieser schlug sich plündernd und brandschatzend mit dem Freisinger, mehr noch dem Augsburger Bischof herum und starb 1030 wahrscheinlich in Gefangenschaft. Auch Konrad, des Königs Vetter, wurde in Gewahrsam gehalten, dann begnadigt, doch sein Hauptburgenbestand geschleift. Und Herzog Ernst, der das Elsaß und Burgund verheerte, zuletzt den großen Besitz der Klöster Reichenau und St. Gallen, verlor sein Herzogtum, kam auf den Giebichenstein in Haft und wurde, als er, nach einer Versöhnung mit dem König (1028), sich weigerte, seinen allein noch Widerstand leistenden Vasallen und Freund, den Grafen Werner («v. Kyburg»), zu bekriegen, erneut abgesetzt, geächtet, sein Hab und Gut und das seiner letzten Anhänger eingezogen. Die Prälaten exkommunizierten sie, und Ernsts Herzogsamt erhielt sein jüngerer Bruder Hermann, der freilich unter die Vormundschaft des Bischofs Warmann von Konstanz geriet. Und dessen Leute töten die zwei Freunde am 17. August 1030 auf der Baar, dem Hochland zwischen dem südlichen Schwarzwald und der Schwäbischen Alb; Sage und Dichtung verherrlichen sie bald. Der Salier selbst aber kommentiert giftig: «Bissige Hunde haben selten Junge.»[8]

Herr seiner Kirche und «Simonist»

Konrad II. war ein die Möglichkeiten seiner Macht gut abschätzender, Risiken vermeidender, am liebsten der Linie des geringsten Widerstands folgender «Realpolitiker». Besonders durch die Angliederung Burgunds baute er die Hegemonie des Reiches weiter aus und machte es endgültig zum Imperium Romanum. Er war großzügig, wo es ihm förderlich, jovial, wo es ihm nützlich, skrupellos, wo es ihm nötig erschien.

Ganz und gar kein bequemer Herr, gestattete er doch freie Meinungsäußerung in religiösen Fragen. Er hatte einen jüdischen Leibarzt, lebte in verbotener Ehe und war vielleicht auch persönlich wenig fromm, gar «im Glauben nicht fest», ein «souverain sans foi» (Fliche).

Heute beurteilt man das allerdings anders. Denn hatte Konrad II. auch kaum viel Sinn für monastische Erneuerung, stand er ihr doch nicht unzugänglich gegenüber, was freilich auch politisch begründet war. Er ließ sich samt Gattin Gisela, einer Förderin des Klerus, in die Gebetsverbrüderung des Eichstätter Domstiftes, in die Bruderschaften anderer Stifte und Klöster aufnehmen. Regelmäßig besuchte er die Messe und zog an hohen Kirchenfesten mit Bischöfen und Äbten in Christentempel ein, anscheinend häufiger noch als die meisten deutschen Monarchen. Er gründete das Kloster Limburg und legte auch den Grundstein für eine Kirche monumentaler als St. Peter in Rom, die größte aller Kathedralen damals, den Speyerer Dom, seine Grabstätte schließlich, sein Denkmal.

Doch ob Konrad nun der «vollsaftige Laie», «der ungeistlichste aller deutschen Kaiser» war, wie nationalliberale Historiker des 19. Jahrhunderts glaubten, oder nicht, wie viele jetzt ideologisch anders orientierte meinen, auf seiner Kirchenhoheit bestand er unvermindert, ja, benutzte den Klerus unbedenklicher für seine Zwecke als die Ottonen, selbst als Heinrich II.

Noch mehr als sie sah er in der Kirche einen administrativen, den Reichsinteressen dienenden Apparat, den er beherrschte, kommandierte geradezu. Er traf dabei Bestimmungen über das Fasten wie über kirchliche Feiertage. Er ließ den Erzbischof Burchard von Lyon 1036 in Ketten legen, und dieser kam zu Lebzeiten des Kaisers nicht mehr frei. Auch andere Prälaten lochte er ein oder verwies sie des Landes. Bischöfe waren für ihn, wie für seine Vorgänger, zuerst eben Staatsdiener, und er bestrafte sie wie weltliche Vasallen, widersetzten sie sich. So nahm er auch Aribert, den mächtigen Mailänder Erzbischof, als Hochverräter in Haft, ebenso – durch den Beschluß eines Fürstentags, nicht eines geistlichen Gerichts – drei weitere Prälaten, die dem Grafen Odo von der Champagne die Krone Italiens angeboten.

Diesseits wie jenseits der Alpen griff der Regent auch energisch in die Besetzung der Bistümer ein, worauf gelegentlich sogar Gattin Gisela Einfluß nahm. Ähnlich wie Heinrich II. setzte Konrad die Bischöfe, Männer des Hochadels, zum Teil aus seiner nächsten Umgebung, nach Gutdünken ein, wobei die kanonische Wahl durch die Beipflichtung von Klerus und Laien als erfüllt galt. So machte er eigenmächtig Azecho zum Bischof von Worms, so investierte er in Aquileja, Ravenna und Tuszien deutsche Kleriker. Dabei entschieden für ihn weltliche Kriterien, nicht kirchliche. Die «geistliche» Eignung der Herren kümmerte ihn kaum, um so mehr die politischen Belange, wobei er, das Haupt der Reichskirche, durchaus im legalen Rahmen blieb.

Konrad verfügte selbstverständlich über das Gut der Reichskirchen und Reichsklöster, kaum viel mehr für ihn als eine imperiale Vermögensreserve. Aber er begünstigte sie auch. Immerhin bestand, wie erst kürzlich exakt belegt, der weitaus größte Teil von Urkundenempfängern in seiner Ära aus kirchlichen Instanzen, aus 144 deutschen und (zahlenmäßig geringfügig bevorzugten) italienischen Bistümern, Klöstern, Stiften, die zusammen 260 überlieferte Diplome erhielten.

Ohne Umschweife verlangte Konrad bei der Besetzung reicher Bischofsstühle Geld, wie schon sein hl. Vorgänger, weshalb er auch bald in den Ruf eines Simonisten kam.

«Simonie», ein Kernproblem des Investiturstreites, war bereits seit der Antike bekannt und in der Kirche des frühen Mittelalters weithin üblich, wenn auch verboten. Bedeutete sie aber ursprünglich – nach einem Vorgang in der Apostelgeschichte – nur die Erkaufung der Ordination, so wurde diese Beschränkung dann aufgegeben. Im Norden wie im Süden handelte man mit sogenannten geistlichen Gütern, beglich man den Erwerb kirchlicher Ämter mit materiellen Leistungen. So verkaufte sie auch Konrad ganz selbstverständlich. Schließlich, fragt Aulo Engler (für den dieser König «ein reiner Weltmensch» war), «wovon sollte der Staat existieren, wenn der größte Landbesitzer, der Reichste nach dem Kaiser, steuerfrei sein sollte?»

Eine Reihe von Bischöfen spielte an seinem Hof eine große Rolle: Aribo von Mainz etwa, Bruno von Augsburg, der als vornehmster Ratgeber des Regenten galt, Werner von Straßburg, Egilbert von Freising, Meinwerk von Paderborn, Pilgrim und Hermann von Köln, Bruno von Toul u. a.[9]

Der Regierungswechsel geschah auch sonst ohne Bruch mit dem bisherigen Herrschaftssystem, wobei Konrad die unter seinem Vorgänger gewonnene Macht des Reiches festigen und ausbauen konnte. Zwar überließ er den Ungarn das Gebiet zwischen Fischa und Leitha, was ihm aber die langen, verlustreichen Ungarnfeldzüge seines Sohnes Heinrich III. ersparte. Zwar trat er Knud «dem Großen» die Schleswigsche Mark ab, was ihm jedoch die Freundschaft des mächtigen Nachbarn sicherte. Doch unterwarf er auch Italien, gewann Burgund, eroberte die Lausitz, er zerschlug Polen völlig.

An Kriegen fehlte es somit auch unter dem ersten Salier, dem «Stellvertreter Christi», nicht: 1026 zieht er nach Italien, 1029 gegen Polen, 1030 gegen die Ungarn, 1031 gegen Polen, 1033 in die Champagne, 1034 nach Burgund, 1035 gegen die Liutizen, 1036 gegen die Liutizen, noch Ende 1036 nach Italien, 1038 nach Burgund. 1039 stirbt er. Ein Leben voller Kriege und Fehden.

Konrad II. versäumte keine Gelegenheit, den Reichsbesitz zu mehren, häufig übrigens auch durch Konfiskationen aufgrund politischer Prozesse. «Unermüdlich wirkt er zum möglichst großen Nutzen des Reiches», rühmt der bald nach 1046 gestorbene Kaplan und Geschichtsschreiber Wipo, wahrscheinlich ein Burgunder, der in seiner «Gesta Chuonradi imperatoris» das Regiment des Herrschers schildert und selbst an mehreren seiner Heerfahrten, wie am Feldzug gegen die Liutizen, teilgenommen hat, von denen er meldet, der Kaiser habe sie nach dem Sieg wegen ihres verruchten Heidentums als «Rächer des Glaubens» (ultor fidei) niedermetzeln lassen.[10]

Massaker unter südlicher Sonne
Pomp und Komik einer Kaiserkrönung

Was Italien betrifft, hatten es einst die Ottonen recht unterschiedlich beachtet: Otto II. besonders den Süden (gegen Araber und Byzantiner), Otto III. hauptsächlich Rom, Heinrich II. nur wenig.

Der erste Salier engagierte sich vor allem in Oberitalien, jenseits der Alpen die eigentliche deutsche Machtbasis, und er bestand auf allen Rechten oder Rechtsansprüchen seiner Vorgänger. Von den insgesamt 5386 Tagen seiner Regierungszeit verbrachte er, wie man errechnete, mindestens 1035 Tage in Italien; ein reines «Nebenland» war es also für ihn kaum.

Generell wurde, ähnlich wie unter Otto III., der «römische» Charakter des Kaisertums wieder betont, bekam die Kaiserbulle die neue Legende: «Roma caput mundi regit orbis frena rotundi» (Rom, das Haupt der Welt, führt die Zügel des Erdkreises). Auch die Wendung «Imperium Romanum» wird jetzt für das abendländische Reich endgültig üblich.

Zunächst freilich war nach dem Tod Heinrichs II. das deutsche Regiment in Italien da und dort zusammengebrochen. Zog doch hier überhaupt eine härtere Zeit herauf, eine Epoche sozialer Wandlungen, wobei allmählich die Unter- und Mittelschichten der Gesellschaft mehr Beachtung verlangten. Und wie nach Ottos III. Tod ersehnte man auch jetzt wieder Autonomie, ein italienisches Königtum, wurde in Pavia, der alten Hauptstadt, einmal mehr die Königspfalz zerstört – angeblich, wie sich die Pavesen später rechtfertigten, weil der König tot war; worauf Konrad freilich ein neues transpersonales Staatsverständnis vertrat: «Ist der König tot, bleibt doch das Reich bestehen, ebenso wie ein Schiff bleibt, dessen Steuermann gefallen ist.»

Erst am 6. Juni 1025 hatte der Mailänder Erzbischof Aribert in Konstanz mit einer Delegation zumeist geistlicher Fürsten aus dem Reichsgebiet südlich der Alpen Konrad zu einer Heerfahrt nach Italien eingeladen und eidlich unter Geiselstellung gelobt, dort seinen Herrschaftsantritt zu unterstützen. Waren doch gleich nach dem Machtwechsel mehrere italienische Magnaten an die Spitze eines Aufstands getreten, hatten sich besonders weltliche Große gegen die reichstreuen Bischöfe gewandt, auf deren Stärke die deutsche Führung im Süden vor allem beruhte.

So zog Konrad, der für seinen Todesfall den achtjährigen Heinrich zum Nachfolger designiert und den Augsburger Bischof Brun mit der Vormundschaft sowie der Regentschaft über das Reich während seiner Abwesenheit betraut hatte, im Februar 1026 von Augsburg zum Brenner. Im Heer stark präsent die Geistlichkeit: u. a. die Erzbischöfe Aribo von Mainz, Pilgrim von Köln, Poppo von Trier, Thietmar von Salzburg, Hunfried von Magdeburg, die Bischöfe von Utrecht, Straßburg, Augsburg, Paderborn, Konstanz und, für den kranken Bischof Hermann von Toul, der junge Kleriker Bruno von Egisheim, der spätere Papst.

In Italien, wo sich zahlreiche weitere Prälaten anschlossen, brach Konrad allmählich den Widerstand des oppositionellen Adels und so mancher Städte, wie den der «elenden Ravennaten». Die Deutschen, schreibt Wipo, umringten sie schließlich «von vorn und hinten, schlugen sich mit fressendem Schwert freie Bahn und ließen eine Spur von Toten, Verwundteten und Fliehenden hinter sich». Und am nächsten Morgen kam es zu einer demütigenden Szene, die sich in «Reichsitalien» freilich noch oft wiederholen wird, erschienen Ravennas Bürger «in härenen Gewändern, barfuß und mit bloßen Schwertern vor dem König», der am vorherigen Tag den ganzen Kampf in der Pfalz verschlafen hatte, «und zahlten vollständig die von ihnen geforderte Buße».

Anfang 1027 nahm Konrad Pavia, die alte, 1004 unter Heinrich dem Heiligen fast ganz in Schutt und Asche gesunkene Hauptstadt der Lombarden (S. 82), hatte aber zuvor schon in der Umgebung «schweres Unheil» angerichtet durch die Vernichtung fester Plätze, zahlreicher Gotteshäuser und selbst wehrloser Menschen. «Viele Kirchen», meldet Wipo, «und viele Burgen ringsum wurden niedergebrannt, und das Volk, das sich in sie geflüchtet hatte, kam durch Feuer und Schwert ums Leben. Felder wurden verwüstet, Weinberge niedergehauen. Der König sperrte Ausfahrt und Zufahrt, kaperte die Schiffe und machte jeden Handelsverkehr unmöglich. Auf diese Weise quälte er die Tessiner zwei Jahre lang, bis sie alle Forderungen ohne Verzug erfüllten.»

Konrad empfing auf seinem ersten Italienzug (nach einer nicht völlig verbürgten Überlieferung) in Mailand aus der Hand des machtbewußten und ehrgeizigen dortigen Erzbischofs Aribert II. die Eiserne Krone der Langobarden. Und am 26. März 1027, «am heiligen Ostertage», setzte ihm und seiner Gattin Gisela, der einzige Zweck dieses Besuches, der Tuskulanerpapst Johann XIX. in St. Peter die Kaiserkrone auf. Sogar zwei Könige, beide sehr klerusfreundlich, Knud «der Große» und Rudolf III. von Burgund, glänzten in der Versammlung, dazu viele weltliche Fürsten, auch über fünfzig Erzbischöfe und Bischöfe aus Deutschland und Italien. Es war eine der prunkvollsten Krönungsakte mittelalterlicher Kaisergeschichte und in Rom wohl die prächtigste Kaiserkrönung, die es je gesehn, was allerdings nicht ohne Peinlichkeiten abging.

Ein Ärgernis war ja schon der Heilige Vater selbst. Johann XIX. hatte seine Erhebung zum Papst mit viel Geld erkauft, auch alle erforderlichen Weihen vom Laien bis zum Papst an einem einzigen Tag empfangen; zu schweigen von den großen Verdruß erregenden Summen, die er für die Verleihung des Palliums u. a. forderte. Und für zusätzlichen Ärger sorgten einige der führenden Prälaten, die hochwürdigsten Herrn von Mailand und Ravenna, zwischen denen ein blamabler Rangstreit darüber ausbrach, wer den künftigen Kaiser zum Krönungsakt geleiten dürfe, eine Ehre, die Erzbischof Aribert von Mailand beanspruchte. Aber sein ravennatischer Rivale, Erzbischof Heribert, umklammerte die Hand des künftigen Kaisers und zog so an seiner Seite in St. Peter ein. Dort freilich hagelte es solche Proteste, daß der König wieder umkehrte und vor die Kirche ging, um den Auftritt mit Aribert von Mailand zu wiederholen. Doch dieser, tief gekränkt, hatte sich bereits entfernt. So ergriff der König jetzt die Hand von Ariberts angesehenstem Suffragan, die des Bischofs Ardericus von Vercelli, und zog noch mal in St. Peter ein. Nun aber kam es zwischen dem Gefolge der beiden Rivalen zuerst zu einem Wortwechsel, dann zu einer wüsten Schlägerei, zuletzt zu einem förmlichen Angriff der Mailänder auf die Ravennaten, die sie bis in ihre Quartiere jagten, wo sie alles, was sie nicht plünderten, kurz und klein schlugen. «Erzbischof Heribert selbst war in Gefahr, mißhandelt zu werden und konnte nur mit Mühe vor der Wuth der Gegner gerettet werden» (Breßlau). Am 6. April entschied die große Krönungssynode den Streitfall zugunsten des Mailänders.

Um den Rang, um Etikettenfragen, rauft man in der Religion der Demut durch alle Jahrhunderte. So ergab sich, um nur diese Parallele zu streifen, auf einer von Klemens II. 1047 geleiteten Synode ein ganz ähnlicher Streit zwischen den Kirchenfürsten von Mailand, Ravenna und Aquileja, bei dem alle drei den Ehrenplatz zur Rechten des Papstes beanspruchten, der sonst dem Kaiser zukam. Da dieser aber fehlte, versuchte nach einem erregten Wortwechsel der Mailänder Erzbischof sich des kaiserlichen Sessels zu bemächtigen, doch trug nach einem genauen Urkundenerweis diesmal der Ravennate den Sieg davon.

Ostern, das Fest der Auferstehung des Herrn, war noch nicht vorbei, da geschah auch in Rom, was wir schon aus Ravenna und Pavia kennen. Das zufällige Gezänk um eine Kuhhaut führte zu schweren Krawallen zwischen Gästen und Gastgebern, wobei «Unzählige von ihnen ums Leben kamen» (Wipo). Doch blutige Gemetzel zwischen Deutschen und Einheimischen gab es in Italien immer wieder. Auf Konrads zweitem Italienzug kamen beim Aufstand in Parma (1038) nicht nur wieder viele um, sondern es wurde auch «die Stadt von Feuer verzehrt» (Hermann von Reichenau), sinnigerweise an «des Herrn Geburtsfest», am hochheiligen Weihnachtstag – worauf der Kaiser «nach der Feuersbrunst noch ein großes Stück der Mauern niederreißen ließ» (Wipo), so daß von Parma nichts als ein rauchender Schutthaufen blieb.

Doch ein bißchen Stadtmauernschleifen, Brandschatzen, Blutvergießen störte die frommen Regenten jener Jahrhunderte nicht im geringsten. Das gehörte zu ihrem Geschäft. Daraus bestand es vor allem. Hagen Keller bemerkt zur Geschichte der Salier: «Selbst auf den Mediävisten kann die nie (!) abreißende Serie territorialpolitischer Konflikte und Fehden ermüdend wirken.» Aber gerade das hieß ja «regieren» nicht zuletzt, nein zuerst! Im Ausüben (oder Austoben) der Macht bestand es – und besteht es darin nicht noch heute? Kümmerten denn irgendwelche Staatsbanditen des 20. Jahrhunderts die qualmenden Trümmerstätten bombardierter Wohngebiete, wenn es nur die des «Feindes» waren?!

Auch die technisch noch etwas gehandikapten Kaiser des Mittelalters warfen «kaum einen Blick des Erbarmens auf rauchende Städte, zertretene Felder, mit Leichen bedeckte Straßen, von Majestätsverbrechern gefüllte Kerker». Und es irritierte die Herren auch nicht, die Besiegten dann vor sich auf dem Bauch zu sehen, zitternd, nacktfüßig, die Freien ein bloßes Schwert um den Hals, die Unfreien mit Weidenruten darum, «als wollten sie sich hängen lassen» (Wipo) – «während die Flamme der noch brennenden Stadt ihre blassen Gesichter beleuchtete» (Gregorovius).[11]

Seinerzeit, als Konrad auch den «gewalttätigen Thasselgard», den Grafen von Fermo, hängen ließ, stieß er kurz nach Apulien vor, unterwarf diverse Städte und verlor auf dem Rückmarsch an der Adria durch das ungesunde Klima «sehr viele Soldaten und berühmte Fürsten» (Otto von Freising), u. a. zwei Herzöge, letzteres natürlich, wie stets, beißen Große ins Gras, ein besonders herber Verlust.

In Süditalien hatte Konrad die Normannen mit der Grenzsicherung gegenüber Byzanz betraut und damit ihre dortige Herrschaft legitimiert – ein nicht leicht voraussehbarer, doch folgenschwerer Fehler vom Standpunkt der Reichspolitik aus. Und wie Heinrich II. griff auch Konrad kaum in die römischen Verhältnisse ein, duldete er sowohl das Regiment der Grafen von Tuskulum wie den Tuskulanerpapst Johann XIX.

«Constitutio de feudis» und Erzbischof Aribert II. von Mailand

Dagegen war sein Interesse an Oberitalien, verwaltungsmäßig wie militärisch, beträchtlich größer als das seines Vorgängers, an den er indes auch hier durchaus wieder anknüpft. Dabei stützte er sich, zumal an strategisch wichtigen Punkten, strategisch bedeutsamen Plätzen, bevorzugt auf die von ihm auch sonst privilegierten Prälaten, die eigentlichen Nutznießer dieser Politik. So gab er zur Sicherung der Brennerstraße, des Hauptverkehrsweges zwischen den beiden regna diesseits und jenseits der Alpen, die

Grafschaft Bozen dem Tridentiner Bischof, die Grafschaft im Inntal dem Bischof von Brixen. Ähnlich ging er in der Kirchenprovinz Ravenna und in Tuszien vor. Führte ja auch der hohe Klerus in Italien dem König die meisten Schlachtopfer zu.

Allerdings war Konrad, anders als der hl. Heinrich, bestrebt, auch die weltlichen Großen sich dienstbar zu machen, ja gemäß den sich wandelnden Verhältnissen, neben den Feudalherren, den Valvasores majores, auch die jetzt mehr in Erscheinung tretenden Valvasores minores, die Untervasallen der Capitane, die geringeren Lehnsbesitzer zu gewinnen (hinter denen noch die Valvasini, die bäuerlichen Lehnsleute, rangierten). War ja geradezu der Anlaß seines zweiten Italienzuges (1036–1038) ein die Lombardei weithin erfassender Aufruhr der kleineren Valvassoren gegen die Tyrannei der Magnaten, «gegen ihre zumeist geistlichen Lehnsherren» (Struve). War doch ihre Freiheit, da es die Erblichkeit ihrer Lehen noch nicht gab, gerade «durch die Bischöfe fortdauernd bedroht» (Gregorovius).

Indes ist diese Erhebung keinesfalls die einzige ihrer Art gewesen. Schon im 10. Jahrhundert suchten sich zum Beispiel die Cremonesen dem ökonomischen Druck ihrer sehr reichen Oberhirten zu entziehen. Und ebenso lehnten sie sich in den frühen dreißiger Jahren wieder auf, ruinierten sie die befestigte Bischofsstadt, zerstörten auch die Altstadt, verjagten ihren Drangsalierer Landulf und gestanden ihm «keinerlei Amtsgewalt außerhalb seines Hauses mehr zu».

Auch die Rebellion von Mailand galt vor allem einem Kirchenfürsten, Erzbischof Aribert, sowie einigen weltlichen Großen. Doch während der Kaiser, sagt Hermann von Reichenau, «Burgen, Dörfer und alles ringsum verwüstete», auch gerade Kastelle und Güter der Kirche, vermochte er die von dreihundert Türmen geschützte Stadt nicht einzunehmen. So trug er dem gesellschaftlichen Umwandlungsprozeß, dem Innovationsschub oder, mit Kaplan Wipo zu sprechen, den «unerhörten Wirren durch die Verschwörung des Volkes gegen seine Fürsten», auf andere Weise Rechnung. Noch während der Belagerung Mailands erließ er am 28. Mai 1037 die berühmte «Constitutio de feudis» und verbürgte darin den kleineren Valvassoren den uneingeschränkten Besitz sowie die Erblichkeit ihrer Lehen.

Freilich war diese nur durch die Lehnsgenossen selbst entziehbare Statusgarantie von Konrad nicht ganz freiwillig gewährt, sie war ihm abgenötigt worden, als die oberitalienischen Valvassoren eben «gegen den stärkeren herrschaftlichen Zugriff der fürstlichen (vor allem reichskirchlichen) Lehnsherren» (Hagen Keller) revoltierten und in einem blutigen Treffen auf dem Campo Malo bei Mailand sogar siegen konnten, wobei auf beiden Seiten viele fielen, darunter der einst von Heinrich dem Heiligen zum Bischof ernannte Adelrich von Asti (1008–1034). Aber der Kaiser brauchte die Treue auch der unteren Schichten, nicht zuletzt deren militantes Potential.

Dadurch jedoch geriet er in Gegensatz zu Erzbischof Aribert II. von Mailand (1018–1045), der seine Karriere gleichfalls Heinrich II. verdankte und zunächst auch zu Konrad gute Beziehungen pflegte. Noch 1034 nahm er teil an der Eroberung Burgunds. Danach verfeindeten er und andere Feudalprälaten sich allerdings mit dem Herrscher, der mehrere Bischöfe belangte: Peter von Piacenza, Hubald von Cremona, Ardericus von Vercelli (an dessen Hand er einst zum Empfang der Kaiserkrone schritt: S. 134). Ohne Prozeß wurden sie von ihm verhaftet und verbannt. Seinen Hauptgegner, den die Capitane anführenden Mailänder Metropoliten, der sich «wider das Recht gegen den Kaiser, seinen Herrn, empört hatte» (Bischof Otto von Freising), ließ er im Frühjahr 1037 auf einem Gerichtstag in Pavia ebenfalls festnehmen und einsperren, ohne Synodalurteil absetzen und schließlich vom Papst exkommunizieren – ein Procedere, das in Italien riesiges Aufsehen und eine große Erbitterung gegen Konrad erregt hat. Aribert aber bot noch 1037 dem Grafen Odo II. von der Champagne die italienische Königskrone an – dem gleichen Odo, den er erst drei Jahre zuvor Seite an Seite mit Konrad bekriegt hatte! Und drei Jahre später, 1040, als er sich mit Konrads Sohn und Nachfolger Heinrich III. ausgesöhnt, führte er gegen den Grafen Odo, den er drei Jahre früher zum König von Italien machen wollte, wieder ein Heer an. Bei einer neuen Bürgererhebung wurde Aribert samt dem Adel aus Mailand vertrieben und starb bald nach seiner Rückkehr.

Auch gegenüber «Ketzern» kannte der Metropolit kein Pardon. So unterdrückte er in der Diözese Asti «Häretiker», die er (wahrscheinlich 1028) auf dem Kastell Monteforte aufgestöbert hatte, darunter die Gräfin. Der ganze Kreis, dessen Prominentere, nach Mailand zitiert, dort rasch eine größere Gefolgschaft gewannen, lehnte die immer gefährlichere Macht der Kirche, ihre Hierarchie, ihre Sakramente ab. Auch waren die «Ketzer» stark asketisch orientiert, betrieben selbst in der Ehe sexuelle Abstinenz und wurden, da sie nicht abschwören wollten, auf dem Scheiterhaufen verbrannt.[12]

Konrad II. aber errang seinen wohl größten Erfolg durch den Erwerb Burgunds, der freilich von langer Hand vorbereitet war.

Kaiser Konrads «mutiger Angriff» wirft die Franzosen aus Burgund

Die Bedeutung Burgunds für die künftige Geschichte wird manchmal unterschätzt. Zusammen mit dem Königreich Deutschland und Italien bildet diese Trias jedenfalls den eigentlichen Herrschaftsbereich des Kaisers im Hochmittelalter, das «Römische Reich». Zwar war Burgunds Krongut großenteils verschleudert worden, war überhaupt die Stellung des Königs durch die starke Position der Hocharistokratie sehr eingeschränkt, seine Hoheit über manche Gebiete nur nominell, auch nennenswerte militärische Hilfe von dort kaum zu erwarten. Immerhin aber gehörten zu Burgund, das die Rhoneländer mit der Provence samt einem engen Netz von Römerstädten umfaßte, das vom Fuß der Vogesen bis zum Mittelmeer reichte, nicht weniger als sieben Erzbistümer und rund 30 Bistümer. Der Besitz des Landes war somit relevant für den Vorrang des deutschen Kaisers, war wirtschaftlich und vor allem strategisch bedeutsam. Hier lagen die bevorzugt begangenen Pässe der Westalpen, der Große St. Bernhard, der Mont Genèvre und der Mont Cenis, der Paß der Könige. Wer Burgund beherrschte, gebot auch über die schon zur Römerzeit wichtige Handelsstraße durch das Rhonetal, das als kürzeste Verbindung die Handelsstädte an Rhein und Mosel mit dem Mittelmeer verband. Insbesondere jedoch sicherte der Besitz dieser Pässe die Beherrschung Italiens, verwehrte er ja Frankreich jahrhundertelang den Ausgriff nach der Apenninenhalbinsel.[13]

Burgund, durch den Zerfall des Karolingerreiches und die Liquidierung Lotharingiens entstanden, wurde von seinem König Rudolf III. (993–1032) im Straßburger Erbfolgevertrag 1016 Kaiser Heinrich II. dem Heiligen, seinem Neffen, zugesprochen. Allerdings kam es deshalb zum Konflikt mit Ott-Wilhelm, dem Grafen von Burgund und Sohn König Adalberts von Italien.

Ott-Wilhelm hatte zumal mit Kirchenkreisen mehrfach schlechte Erfahrungen gemacht. In seiner Jugend konnte er bloß durch Flucht einem Klostergewahrsam entkommen. Dann brachte ihn sein Onkel, Bischof Hugo von Chalon, um ein großes Erbe, das des Herzogs Heinrich I. von Burgund, des zweiten Gatten seiner Mutter, der ihn adoptiert hatte. Denn da der Prälat sich gegen Ott-Wilhelm erklärte, strich dieses Erbe Heinrichs Neffe, König Robert II. der Fromme von Frankreich ein, freilich erst 1016 nach langen Auseinandersetzungen und einem mehrjährigen Krieg. Der «Fromme», der Wunden nur durch Handauflegen und Kreuzschlagen verschwinden ließ, harmonierte gut mit Heinrich dem Heiligen, der aber auch durch einen Feldzug Ott-Wilhelms Burgen nicht nehmen konnte; vielmehr beherrschte dieser Burgund jenseits der Saône bis zu seinem Tod 1026.[14]

Dabei hatte Heinrich II. nichts unterlassen, um an sein «Erbe» zu kommen. Hatte er bereits 1006 Basel, das Einfallstor nach Burgund, als eine Art Faustpfand ans Reich gerissen, hatte er seine Erbfolge 1016 in Straßburg, 1018 nochmals in Mainz bestätigen lassen, seinerzeit auch eine vergebliche Kriegsfahrt ins Rhonereich gemacht, wo man die Erbregelung entschieden abwies, besonders natürlich Rudolfs Verwandtschaft.

Der Burgunderkönig oder, wie Mönch Hermann von Reichenau sagt, «das träge Königlein von Burgund», Träger des Titels bloß, der Krone, nicht der Macht, regierte tatsächlich weithin nur nominell und wurde von diversen fürstlichen Dynasten derart bedrängt, daß er sich eng an Heinrich anlehnen mußte. Doch als dieser, der so gern den innenpolitisch geplagten kinderlosen Onkel beerbt hätte, wofür der Heilige auch, laut Wipo, «immer und immer wieder gewaltige Summen (infinitam pecuniam) aufgewendet», überraschend vor Rudolf starb, sah der sich nicht mehr an die Absprachen mit dem Neffen gebunden. Vielmehr hielt er den Vertrag jetzt für nichtig und fühlte sich frei für neue Entscheidungen.

Heinrichs Nachfolger indes sah dies anders. Doch hatte er nur ein dürftiges persönliches Erbrecht über seine Gattin Gisela (S. 127), Tochter einer Schwester König Rudolfs, also dessen Nichte. Konrad konnte darum von sich aus kaum Ansprüche auf Burgund erheben, wollte dessen König auch nicht privat, sondern in der Nachfolge Heinrichs sozusagen staatsrechtlich beerben. Das Geblütsrecht, dem Konrad selbst seine Thronerhebung verdankte, interessierte ihn hier begreiflicherweise nicht. Dagegen verfolgte er den staatsrechtlichen Aspekt mit diplomatischen wie militärischen Mitteln. Und wie sein hl. Vorgänger ja schon 1006 Basel handstreichartig genommen, so fiel, nachdem es der Burgunder wieder zu Burgund geschlagen, 1025 auch Konrad dort ein und hielt einen Hoftag in der Stadt. Und wie Heinrich 1006 sich sofort mit der Kirche gut gestellt, dem Basler Bischof Adalbero II. allerlei Privilegien verliehen hatte, so investierte nun Konrad in Basel, wo Adalbero gerade gestorben war, gleich einen neuen Bischof nach seinem Gutdünken, den vornehmen Priester Ulrich, der dafür ihm und der Königin ungemein große Beträge zahlte (immensam pecuniam: Wipo). Und legte Konrad auch später ein Gelübde ab, kein Bistum, keine Abtei mehr um Geld zu vergeben, so hielt er sich doch nur einigermaßen, pene bene, daran.

Rudolf war überrascht. Nach Heinrichs II. Tod glaubte er alle eingegangenen Verpflichtungen erloschen. Er sympathisierte anscheinend mit Umtrieben gegen Konrad in Frankreich, ja, bemächtigte sich offenbar wieder Basels, das er an Heinrich II. verloren hatte. Doch schließlich kam er an Ostern 1027 zu Konrads Kaiserkrönung und übertrug durch die Vermittlung der Kaiserin, seiner Nichte Gisela, im August im Vertrag von Basel Konrad II. die Nachfolge in Burgund.

Viele burgundische Große, vermutlich die meisten, bestritten aber dem deutschen Herrscher diesen Besitz, allen voran der Neffe des Burgunderkönigs, Graf Odo II. von Blois-Champagne (996–1037), der Nächstberechtigte unter den Verwandten, Herr eines riesigen Territoriums, ein Mann, der ebenso atemberaubend aufstieg, wie er stürzte. Ein beachtlicher, auf Unabhängigkeit bedachter Anhang im weltlichen Adel des Landes stützte ihn, ebenso eine Gruppe lombardischer Prälaten, besonders Erzbischof Aribert von Mailand (S. 138). Dagegen fanden Konrad und vor allem Rudolf einen starken Rückhalt im burgundischen Episkopat.

Der Erbfall trat am 6. September 1032 ein. Graf Odo marschierte noch Ende des Jahres. Er setzte sich im Westen Burgunds fest und nahm durch Gewalt oder Tücke mehrere Burgen und Städte. Als er Vienne belagerte, trat Erzbischof Leodegar unter der Bedingung zu ihm über, daß er sich in der Stadt zum König machen lasse. Doch zögerte Odo zu lange. Er verbrannte Dörfer, Kirchen, Klöster und kehrte nach fürchterlichen Verheerungen beutebeladen zurück, während Konrad II. 1033 gleich zweimal im Westen einfiel, einmal auf einem Winterfeldzug, bei dem die Hufe der Pferde nachts am Boden festfroren. Und schon am 2. Februar 1033 ließ er sich im Kloster Payerne (Peterlingen) von seinem Anhang zum König wählen und krönen.

Eine weitere Schlappe erlitt Graf Odo im Frühsommer durch einen Freundschaftspakt Kaiser Konrads mit dem französischen König Heinrich I. Die Drahtzieher dieses Bündnisses, Bischof Bruno von Toul und Abt Poppo von Stablo-Malmedy, hatten um so leichteres Spiel, als Odo bei den großen Unruhen nach dem Tod König Roberts I. (1027) Partei gegen Heinrich I. ergriffen hatte. Im Sommer 1033 drang der Kaiser in Odos Land selbst ein, in die «gallische Champagne», und «verwüstete sie mit Brand und

Raub» (Hermann von Reichenau). Und stieß im Sommer darauf mit zwei starken Truppenkontingenten kriegsentscheidend von Deutschland und Italien zugleich gegen Odos burgundischen Anhang vor. Er unterwarf sich viele Burgen, unterwarf sich auch den Erzbischof Burkhard von Lyon – «ein tüchtiger Mann von edler Abkunft», aber auch, wie ihn Hermann von Reichenau ein anderes Mal nennt, «ein gottloser Kirchenräuber und blutschänderischer Ehebrecher», den Konrad 1036 absetzte und wie einen Galgenstrick schlimmster Sorte behandelte.

Als Befehlshaber eines italienischen Heeresteils fungierte bei diesen Operationen nun wieder Erzbischof Aribert von Mailand, der einst Odo die italienische Königskrone zugedacht hatte! So rotieren die geistlichen Ganoven immer mit dem Wind. In der Nähe von Genf vereinigten sich das deutsche und das italienische Aufgebot, und Odo ergriff vor der gewaltigen Übermacht kampflos die Flucht. 1037 aber, während der Kaiser Italien, besonders die Umgebung Mailands, mit Feuer und Schwert heimsuchte, fiel Odo, ein letzter Versuch, seine Erbansprüche durchzusetzen, in Lothringen ein und wandte sich Richtung Aachen, auch er natürlich alles verwüstend. Am 15. November jedoch schlug ihn Herzog Gozelo von Lothringen – sein jüngster Sohn Friedrich wird später Papst Stefan IX. – in der großen, auf beiden Seiten verlustreichen Schlacht bei der Grenzfeste Bar-le-Duc vernichtend. Odo selbst kam mit mehreren Grafen aus seinem Gefolge und angeblich sechstausend Soldaten um. Mitgefochten hatten auch die Mannschaften des Bischofs von Metz und des Bischofs Reginard von Lüttich, der seine Ernennung einst bedeutenden Geldzahlungen an die königliche Kammer verdankte. Und nach dem Gemetzel eilte sogleich Abt Richard von St. Vannes herbei und pflegte vornehme Verwundete, eine «Liebestätigkeit», die seinem Kloster «reiche Früchte» eintrug (Breßlau).[15]

Christliches Abstechen in und um Polen

Während der deutsche König sich Burgund sicherte, setzte er auch die Kriege mit den katholischen Polen fort, mit einem Volk, das, nach Bischof Thietmar, wie ein Ochs gehütet und wie ein Esel geprügelt werden mußte.

Polen umfaßte damals nicht nur Großpolen, Masowien, Schlesien, Kleinpolen, das östliche Pommern, sondern auch Grenzländer wie Mähren, die Lausitz oder das spätere Ruthenien am oberen Bug und San. Diese Macht, die schon Heinrich II. vernichten wollte, attackierte auch sein Nachfolger 1029, 1030, 1031 und 1032, nach Adam von Bremen sogar «in jedem Jahr».

Die Königskrönung Boleslaw I. Chrobrys im Frühjahr 1025 in Gnesen war zwar mit Zustimmung des Papstes erfolgt, im Reich aber bereits auf Widerspruch gestoßen, da man die Rechte König Konrads ignoriert glaubte. Als Boleslaw, von den polnischen Chronisten «der Große» genannt, am 17. Juni 1025 starb, folgte ihm – unter Übergehung seines Ältesten Bezprym – als Alleinerbe sein Sohn aus dritter Ehe (er hatte aus vier Verbindungen zahlreiche Nachkommen) Mieszko II. Lambert (1025–1034). Und auch er, ganz im Gegensatz zum deutschen Herrscher gebildet, sogar des Griechischen kundig, ließ sich krönen und nahm den Titel eines Königs an.

Konrad II. aber betrieb nun, in der Nachfolge heinricianischer Politik, eine Koalition gegen den Polen. Dazu gehörten selbstverständlich der von Mieszko vertriebene Stiefbruder Bezprym, ferner der kirchenpolitisch sehr aktive Großfürst von Kiew, Jaroslav I. der Weise (V 468 f.), und Herzog Udalrich von Böhmen. Doch konnte sich der Polenfürst auch durch die eben erst intensivierte Beziehung zwischen dem deutschen Kaiser und Knud von Dänemark und England bedroht fühlen. Jedenfalls suchte der fromme Mieszko (auch in die Gebetsbrüderschaft des von Heinrich dem Heiligen geförderten Bamberger Klosters Michelsberg aufgenommen) der Einkreisung durch eine militärische Offensive zuvorzukommen, durch einen überraschenden Präventivschlag 1028 gegen das östliche Sachsen. Plündernd und mordend drang er bis zur Saale vor, verheerte auch die Gebiete der Liutizen, der Heveller, und verschwand wieder mit einer Menge geraubter Weiblichkeit.[16]

Es war der Beginn beiderseitiger verlustreicher Attacken, die auch den Deutschen nicht unbeträchtliche Einbußen brachten, da der Pole, die wohl von seinem Vater erlernte Kriegführung praktizierend, unter strikter Vermeidung einer Feldschlacht gegen die schwerbewaffneten Reitertruppen der Invasoren die Wälder und Sümpfe seines Landes zu vorteilhaften Überrumpelungen wahrnahm.

Der Einfall 1028 löste im nächsten Jahr einen Rachezug Konrads aus, der sich freilich vor Bautzen festlief, während der mit ihm zugleich aus Böhmen vorstoßende junge Sohn Herzog Udalrichs, Bretislav I., Mähren zurückgewann. Wer von den Polen nicht entkam, wurde in die Sklaverei verschleppt; hundertweise verkaufte man die Opfer bis nach Ungarn.

1030 aber brach Mieszko II., durch deutsche Überläuferscharen verstärkt, schon im Januar wieder mit unerhörten Greueln in die Grenzmarken zwischen Elbe und Saale ein. Mehr als hundert Dörfer sollen dabei verbrannt, auch Kirchen nicht geschont, Greise und Kinder abgeschlachtet, die Frauen geschändet, erschlagen, dazu über neuntausend Männer und Weiber in die Knechtschaft geführt worden sein.

Das also sei der König Mieszko, ruft der Hildesheimer Annalist, das die nur allzu falsche Gläubigkeit seines Christentums! «Wenn Du denn ein König bist, warum bist Du ein Räuber? Wenn voll Einfalt und Glauben, warum ein Abtrünniger und ein Tyrann? Was soll Dir, blutdürstige Bestie, der königliche Schmuck mit Krone und goldener Lanze? Welche Gemeinschaft ist zwischen Christus und Belial? Welcher Wahnsinn sucht Dich heim, Du Rasender, daß Du gegen das Reich römischer Tapferkeit leichtsinnig die Waffen ergriffen hast? Wie verderblich Dein Beginnen, das wirst Du dann, zu spät, erkennen, wenn Deine feigen Leute, in wie großer Zahl sie sich auch bewaffnen mögen, von unseren kriegskundigen und kriegstüchtigen, wie sie es verdienen, werden zu Boden geschmettert werden!»

Tatsächlich geschah dies durch Feldzüge 1031 und 1032, wobei auch der Fuldaer Abt Richard und der Würzburger Bischof Meginhard in der Umgebung des Kaisers weilten. Und bei einem Angriff Jaroslaws von Kiew auf Polen mußte Mieszko sogar nach Böhmen fliehen. Bezprym konnte jetzt zurück, bot dem Kaiser Unterwerfung an, wurde aber, anscheinend als «Verzichtpolitiker» gegenüber den Deutschen und Kiew, 1032 ermordet, «hinterrücks von einem Manne aus seiner Umgebung» (Wipo). Mieszko kam jetzt noch einmal, mußte aber 1033 auf seine Königswürde verzichten und eine von Konrad diktierte Dreiteilung seines Landes in Kauf nehmen. Polens Großmachtstellung war damit beendet. Und schon im folgenden Jahr starb Mieszko II., erst 44 Jahre alt. Ebenfalls verschied 1034 in Böhmen Herzog Udalrich, während er dinierte, höchstwahrscheinlich vergiftet. Und ebenfalls ermordete man in jenem Jahr Markgraf Dietrich von der Ostmark.

Nun erschütterten innere Wirren Polens «christliche Kultur» (Bulst-Thiele). Fehden und Bauernaufstände brachen aus, ein großer Abfall vom Christentum begann, Kirchen und Altäre wurden zerstört, Geistliche mißhandelt. Zugleich machten Pommern und Russen Einfälle. Vor allem aber belebte von außen schließlich wieder der christliche Böhme Bretislav I. (1034–1055) die «christliche Kultur» des Landes, indem er dort 1039 einbrach.

Seit der mächtige Boleslaw Chrobry nicht mehr am Leben war, brauchten die Deutschen auch nicht mehr die Hilfe der heidnischen Liutizen. Somit begann bald wieder der Grenzkrieg an der Elbe, und eindeutig eröffneten ihn die Sachsen. Darauf häuften sich die Offensiven. Noch 1033 lagen nach einem verlorenen Treffen bei Werben der sächsische Graf Liudger und 42 Ritter auf dem Feld. Und als der Kaiser das blutige Ergebnis durch das Gottesurteil eines Zweikampfes gewissermaßen noch einmal ausfechten, entscheiden, richtigstellen ließ, siegte wieder der götzendienerische Heide, während der rechtgläubige Christ schwer verwundet zu Boden ging.

1035/1036 führte Konrad persönlich drei Feldzüge gegen die Liutizen. Dabei soll er im Kampf der erste gewesen sein, in einem

Krieg, der, wie im Osten üblich, in brutalen Verwüstungsakten bestand, im Niederbrennen der Dörfer, Veröden der Fluren, Ruinieren der Saaten, kurz in einer Heerfahrt, die, schreibt Harry Breßlau, mit der wildesten Grausamkeit eines Religions- und Rassenkrieges zugleich geführt worden ist. Und dies gegen ein Volk, dessen Hilfe einst Heinrich der Heilige so zu schätzen wußte, daß er, als einer seiner Ritter das Bild einer liutizischen Göttin durchlöcherte, den heidnischen Verbündeten ein Bußgeld zahlte (S. 103). Als aber nun den Liutizen ein hölzernes Bild des Gekreuzigten in die Hände fiel, da sollen sie es «schändlich verhöhnt, bespien und mit Fäusten geschlagen haben». Nicht genug, sie stachen diesem zuletzt die Augen aus, hieben ihm die Hände, die Füße ab. Was freilich die Heiden dem toten Holz angetan, das geschah «zur Rache dafür» jetzt vielen lebenden Liutizen. Ließ der Kaiser doch, der ja selbst geistliche wie weltliche Fürsten unerbittlich verfolgen konnte, «eine große Zahl gefangener Heiden für das eine Christusbild in ähnlicher Weise verstümmeln und auf verschiedene Arten töten». Ließ er ihnen doch die Augen ausstechen, die Füße, die Hände abhacken, und zurückgekehrt, beseitigte er auch «alle Wiederstände im Reiche mit kaiserlicher Macht ...» (Wipo)[17]

Noch ein anderer gut katholischer, viel besser katholischer Herrscher aber nutzte die Polenkriege Konrads, des «Stellvertreters Christi» (s. Motto), um in dessen Land einzufallen: – der «Stellvertreter Gottes».

Der hl. Stefan I., König von Ungarn und «Stellvertreter Gottes im Lande»

Der erste König Ungarns war der Schwager des hl. Heinrich und auch seinerseits heilig, wobei seine Heiligsprechung bezeichnenderweise nicht von den Ungarn ausging, sondern «auf Grund päpstlicher Aufforderung» (Deér). Auch war sein Taufpate kein anderer als Kaiser Otto III. Und schließlich unterstellte er sein eigenes Reich und sich selbst per Votum et oblationem dem Schutz der Jungfrau Maria und ließ ihr an seinem Königssitz eine Basilika weihen, seine spätere Grabstätte.[18]

Stefan I. (997–1038) war der Sohn des Großfürsten Géza von Ungarn (972–997) und seiner Frau Sarolt (Beleknegini, «schöne Fürstin»), ihrerseits Tochter des ungarischen Fürsten Gyula von Siebenbürgen. Stefans Vater hatte die Herrschaft des Sohnes bereits vorbereitet. Denn Géza betrieb seit Antritt seines Regiments die westlich orientierte Christianisierung Ungarns – ein bis heute nie wieder ernsthaft gefährdetes Christentum –, wobei ihn u. a. Missionare des Passauer Bischofs Pilgrim, des illustren Urkundenfälschers (V 441 ff!), unterstützten.

Der Großfürst, der seinen Sohn Vajk, wie Stefan zunächst hieß, schon jung hatte taufen und um 995 mit der bayerischen Prinzessin Gisela, einer vom hl. Wolfgang erzogenen Seligen und Schwester Heinrichs des Heiligen, hatte vermählen lassen, verzichtete zwar auf Kriege mit Nachbarn. Er betrieb aber die «Bekehrung» im Land desto gründlicher. Nicht zuletzt rottete er dabei den eignen Clan fast völlig aus. Als er starb, im Frühjahr 997, war Ungarn teilweise christianisiert, auf Mittel- und Westeuropa ausgerichtet und in ganz Westungarn nur noch ein einziger Stammesfürst an der Macht, der Karchan Koppány, Führer des nationalen Heidentums. Er war Stefans Onkel und beanspruchte kraft des Seniorats und Levirats die Herrschaft und die Hand der Fürstenwitwe. Doch Stefan vernichtete noch im Todesjahr seines Vaters Koppánys Heer bei Veszprém in Westungarn (nördlich vom Plattensee) und ließ die Leiche des gefallenen Fürsten vierteilen.

Nur durch Krieg konnte der Heilige die Ungarn zu Christen machen; nur durch Gewalt konnte er die Ureinwohner, die widerspenstige alte Aristokratie, die Nachbarn blutig niederringen und dann «die Worte des Lebens predigen» (verba vite predicaret), wie es zum Abschluß der «Gesta Hungarorum», der ältesten Darstellung ungarischer Geschichte, heißt.

Zieht man freilich über diese Einführung des Christentums ein renommiertes Sammelwerk zu Rat, das Handbuch der Europäischen Geschichte (3. Auflage 1992), so fließt, wie blutrünstig auch die Frohe Botschaft zu den Magyaren kam, kein Tropfen Blut, steht da lediglich: «Als Géza 997 starb, war nicht nur die Thronfolge gesichert, sondern das vor einem halben Jahrhundert noch als apokalyptisches Volk aus dem Abgrund verrufene Ungarntum mindestens in seiner Oberschicht christianisiert, sein Herrscher dem ottonischen Kaiserhause versippt. Auch Stephan mußte sich gegen Verwandte durchsetzen, die ihm aufgrund der bisherigen Erbgewohnheiten die Alleinherrschaft streitig machten, aber er konnte sich nicht nur behaupten, sondern die christliche Monarchie als politisch-gesellschaftliches Ordnungsprinzip voll verwirklichen.»

Nun, nicht gut, nicht alles sehr passabel? Kein Untergrundvolk mehr; die Oberschicht christlich, ihr König mit den Ottonen versippt; gegen Verwandte setzt man sich durch und hat schließlich eine christliche Monarchie als Ordnungsprinzip. Viel schöner kann's ja kaum sein. Stefan wurde vor der Schlacht bei Veszprém von bayerischen Herren zum Ritter geschlagen, sein Heer führte der Deutsche Wezelin von Wasserburg an. Vermutlich bestand auch ein erheblicher Teil der Truppen aus Deutschen, aus bayerischen «Edlen», strömten doch schon seit einigen Jahrzehnten westliche Priester und Soldaten in Gézas Reich.

Jedenfalls läßt sich die Bedeutung dieser Schlacht im «Zeichen des Kreuzes» und mit der «siegbringenden Lanze» kaum überschätzen, konnte Herzog Stefan die «Bekehrung» seines Volkes nun weitertreiben zu einem selbständigen christlichen Staat.[19]

Anno 1000 wurde der Fürst durch seinen Taufpaten Otto III. und dessen Lehrer und Freund Papst Silvester II. zum ersten König von Ungarn gemacht; betrieben beide Christenhäupter doch im engen Schulterschluß die «Mission», die Ausdehnung des römisch-katholischen Einflußbereiches im slawischen Osten. Stefan erhielt seinerzeit eine Königskrone, wie zumindest jene Bulle Silvesters vom 27. März 1000 bekundet, die zwar «als grobe Fälschung» entlarvt worden ist, «an deren Echtheit und Glaubwürdigkeit aber bis etwa 1740 noch niemand zweifelte»: Deér. (Auch von den bekannten zehn Urkunden der Hofverwaltung des

Heiligen sind fünf oder sechs gefälscht.) Echt dagegen dürfte die vom Kaiser übersandte Nachbildung der Heiligen Lanze gewesen sein, die er als ein Vorkämpfer des Christentums tragen sollte.

Schon um 1003 rang Stefans halbdeutsches Heer den «Gyula» von Siebenbürgen nieder, seinen Onkel Gy. III. (Procui), einen Gegner der romorientierten Christianisierung. Später emigrierte dieser nach Polen, wo man ihm an der ungarischen Grenze eine Burg gab, die Stefan erst 1018 nehmen konnte.

Auch sonst führte dieser Heilige einen Krieg nach dem andern. Er besiegte den aufständischen Fürsten Ajtony, er bekriegte die Petschenegen, bekriegte die Bulgaren und 1029/1030 auch die Bayern, dieses doch so gut katholische Volk, mit dem es aber «zu häufigen Streiterein» kam, wie Kaplan Wipo meldet, «und zwar durch bairische Schuld; deshalb unternahm König Stephan von Ungarn viele Angriffe und Beutezüge ins Land der Noriker, d. h. der Baiern»; natürlich wieder «der Anlaß zu einer machtvollen Heerfahrt gegen die Ungarn», die freilich von Stefan verordnete Bittgebete und Fasten schützten, Flüsse und Waldungen. Daher übte Konrad, berichtet Wipo weiter, «nur durch zahlreiche Raubzüge und Brandschatzungen an den Grenzen des Reiches hinreichend Vergeltung für das ihm angetane Unrecht». Die bewährte evangelische Haltung. Und als 1030 ein neuer Krieg ausbrach, holte sich der deutsche Herrscher nicht nur eine schwere Schlappe, obwohl er Ungarn bis zur Raab verwüstete, sondern König Stefan eroberte sogar Wien.

Auch innenpolitisch war Stefan der Heilige, der «Stellvertreter Gottes im Lande», sichtbar gesegnet. Als ihm zum Beispiel mehrere seiner Höflinge nach dem Leben trachteten, ließ er ihnen die Augen ausstechen, «die sündigen Hände» abschneiden und schickte noch ihre Kinder in die Verbannung. All die vielen Kriege, Fehden, Racheakte aber förderten offenbar seine Heiligsprechung 1083 durch Gregor VII., der auch gleich noch Stefans jung verstorbenen Sohn Emmerich zum Heiligen kürte, wie denn dieser Papst auch selbst einer der heiligsten Heiligen gewesen ist, was noch ausführlich belegt werden wird.

In einem Königsspiegel, einem staatsphilosophischen Traktat, dem ersten Denkmal lateinischer Literatur Ungarns (aus dieser oder etwas späterer Zeit), mahnt der König den jungen Prinzen, «die höchste Ehre» zu Zier und Sicherung der Krone den Bischöfen beizumessen. Vergehe sich ein hoher Kleriker, solle ihn der Fürst erst drei- bis viermal privatim ermahnen und ihn nur im Falle fortgesetzter Hartnäckigkeit der Kirche melden. Ja, nach dem Stefanschen Gesetzbuch, das freilich von geistlichen Fälschungen strotzt, kann ein Weltlicher wider einen Geistlichen überhaupt nicht klagen, wohl aber soll der Laie bereit sein, für den Priester sein Leben zu opfern!

Etwa um 1015 berief Stefan den ehemaligen Abt Gerhard zum Erzieher seines Sohnes Emmerich (Imre), der als einziger der Königssöhne das Mannesalter erreichte. Auch sich selbst ließ der König von Gerhard maßgeblich beraten und machte diesen innigen, das Land entsprechend aufklärenden Marienverehrer 1030 zum Bischof des Bistums Csanád (Szeged; heute Cenad, Rumänien). Er wurde bald ebenso heilig wie Emmerich. Und dieser, wie das einem Heiligen zusteht, befehligte die königliche Streitmacht und figuriert in den «Ermahnungen» des Vaters auch als «die Hoffnung künftiger Nachfolgerschaft». Da er aber eine kinderlose Ehe mit einer kroatischen Prinzessin führte, machte ihn die Legende des 12. Jahrhunderts zum «keuschen Ehegatten», was doch sehr an den keuschen hl. Heinrich erinnert (S. 67 ff.), dessen analoge Lügengeschichte möglicherweise die Emmerichs beeinflußt hat.

Wie auch immer, hier wie dort derselbe Schwindel. Und als der Sohn 1131 bei einem Jagdunfall umkam, handelte der hl. Vater wieder ganz heilig. Denn da auf die Thronfolge, nach altem Sippenrecht, die Brudersöhne Anspruch hatten, die Nachkommen von Gézas Bruder Michael, machte Stefan seinen Vetter, der noch zum Heidentum neigte, vielleicht aber auch nach Byzanz, gründlich regierungsunfähig. Der Heilige, der sich «viele Jahre vorher mit seinem ganzen Volk zum Glauben an Christus bekehrt, viele Kirchen und Bistümer errichtet ... hatte, ein Mann von großer Milde gegen die Guten» (Hermann von Reichenau), ließ dem Bösen die Augen ausreißen und Blei in die Ohren gießen; seine drei Söhne flüchteten nach Polen und Rußland. Zum eigenen Nachfolger aber bestimmte der apostolische König, dessen so milde rechte Hand man dann «unversehrt» im Grab auffand und dessen Kult wohl schon früh begann, Peter Orseolo, den Sohn seiner Schwester und des vertriebenen Dogen von Venedig. Doch räumt auch Stefans Biograph offen ein, daß dessen Körper vierzig Jahre kein Wunder wirkte. Er wurde nur wegen seiner «heroischen Tugenden» (Deér) heiliggesprochen, auf deutsch wegen seines Nutzens für den Katholizismus.[20]

Stefans erster Befehl war die allgemeine Taufe. Er gab seinem Reich, in dem die Zahl der Unfreien infolge fortgesetzter Kriege stieg und die feudalen Verhältnisse aufs üppigste florierten, eine Verfassung, die in vielen Teilen gedanklich oder wörtlich mit den jetzt in Ungarn immer mehr zur Geltung kommenden kirchlichen Vorschriften übereinstimmte. Stefans Gesetze galten vor allem der Festigung des Christentums, der Festigung des Königtums samt seiner Gerichtsbarkeit sowie der Festigung des Privateigentums – und «was sich mit dem christlichen Glauben und den Gesetzen der Kirche nicht vereinigen ließ, bestrafte er» (Homan).

Stefan I. gründete zwei Erzbistümer und acht Bistümer, errichtete Christentempel und Klöster, machte die hl. Maria zur Schutzpatronin und die katholischen Prälaten zum ersten Stand des Landes. Er befahl, Taxen an den Klerus abzuführen, zwang dem Volk Gottesdienst, Fasten, Beichte etc. auf und wurde dafür von der Geistlichkeit, die immer mehr Einfluß auf die Politik gewann und die ungarischen Großen vom Hof verdrängte, voll unterstützt.

In Ungarn mußten die Dörfer auf Anordnung Stefans für die Dorfpfarrer selber sorgen. Die Einwohner hatten die Kirche zu bauen, dem Pfarrer zwei Leibeigenenfamilien zu stellen mit Haus, einem Hengst, einer Stute, zwei Kühen, sechs Ochsen und dreißig Stück Kleinvieh. Außerdem verfügte Stefan die Zahlung des Zehnten, des Zehnten vom Viehzuwachs, vom Getreide und von anderen Produkten, des Zehnten von jeder Art Einkommen; sogar jedes zehnte Kind gehörte dem Kirchendienst. Vergehen gegen die Kirchengesetze wurden durch den Bischof per disciplinas canorum bestraft und die Strafe bei Widerspenstigen siebenmal wiederholt, dann übergab man sie dem Königsgericht. Der König, defensor christianitatis, saß der gemischten Synode vor, war von apostolischem Nimbus umweht, erhielt auch vom Papst den Titel eines apostolischen Königs, ja, er galt als «Stellvertreter Gottes im Lande und Vollstrecker der überirdischen Gerechtigkeit» (Bónis).[21]

Nicht nur im Osten aber, auch im Norden traten solche Stellvertreter und Vollstrecker der überirdischen Gerechtigkeit immer christlicher hervor.

Die Mörderkönige Knud «der Grosse» und Olaf der Heilige: Streiter für Christus und gegeneinander

Auch Knud «der Große» (gest. 1035), Mitglied der Brüderschaft der Christuskirche zu Canterbury und später der Brüderschaft von Bremen, war der Kirche «treu ergeben» (Handbuch der Kirchengeschichte) und in England, gelegentlich mit bloßen Füßen, sowie durch halb Europa von Gnadenort zu Gnadenort gezogen.

Und wie Knud, Sohn des 1013 zum englischen König gewählten Dänen-Königs Sven Gabelbart und einer Tochter des polnischen Fürsten Mieszko, von den christlichen Priestern dachte, liest man in seinen kirchlichen Gesetzen: «Es begreife jeder, der will oder kann, daß groß und wichtig ist, was der Priester zu tun hat zum Heile des Volks. Wichtig ist die Beschwörung und bedeutsam die Weihe, die Teufel austreibt und zur Flucht bringt, so oft man tauft oder die Hostie weiht. Und heilige Engel umschweben ihn und beschützen die Handlungen und stehen mit Gottes Macht den Priestern bei, so oft sie Christus nach Recht dienen.» Und von Rom aus schrieb er in den Norden, «er danke Gott, daß er ihm gewährt habe, die Kirchen Petri und Pauli und alle Heiligtümer, die man in der Stadt nur erkunden könne, zu besuchen; denn die Weisen hätten ihm gesagt, daß Petrus der Himmelspförtner sei und daß es den größten Gewinn bringe, ihn zum Patron zu haben».

Tatsächlich brachte es den größten Gewinn – aber für die «Weisen»; indem Knud sich zum Beispiel stark für die pünktliche Zahlung des Peterspfennigs machte (denarius S. Petri; engl. Rompeni, Romescot o. ä.), einer freiwilligen finanziellen Leistung angelsächsischer Könige seit dem 8. Jahrhundert. Und bis zu Alexander II. anno 1062 blieb die Spende auch rein freiwillig. Doch dann war man bestrebt, sie «in eine feste Taxe umzuwandeln und aus der Zahlung weitergehende Folgerungen zu ziehen» (Seegrün). Nun entwickelte sich die Sache von einer religiösen Motivation zu einem Rechtstitel, einer pflichtgemäßen Abgabe, «von der Zahlung durch den Fürsten zur Umlegung auf die Bevölkerung in Form einer Herd-, später Kopfsteuer» (Roberg). Gregor VII. suchte die Umlage auch Frankreich aufzuhalsen; vergeblich. Dafür gelang die Einführung des Peterspfennigs im 12. Jahrhundert in Dänemark, Schweden, Norwegen, Finnland und Island. Selbstverständlich spendeten ihn erst recht die frommen Polen und Ungarn. Zur Zeit der Reformation stellte man die Zahlung allerdings allgemein ein.[22]

Knud «der Große» beherrschte seit Ende 1016 ganz England, spätestens seit 1020 Dänemark und seit 1028 auch Norwegen, begreiflicherweise nicht ohne Grausamkeit und großes Blutvergießen. 1020 aber verkündete er in einer Art Regierungsprogramm, «daß ich holder Herr sein will und nicht weichen von Gottes Rechten und rechtem weltlichem Gesetz». Und befahl den Untertanen auch gegen sein Lebensende zu Beginn seiner Gesetze, vor allem den einen Gott zu lieben und zu bewahren das eine Christentum.

Dieses setzte sich denn auch kraft der Gewalt des Königs in ganz Dänemark durch. Das Heidentum dort «auszurotten» war für ihn «Ehrensache» (Wetzer/Welte). Zunächst bestimmte er dafür angelsächsische Priester, ließ für die neuen Bistümer auf den dänischen Inseln die Prälaten in England weihen und errichtete die ersten Bischofssitze in Dänemark. Aber dann wollten an diesem großartigen Geschäft, wobei Knud sein Füllhorn über Klöster und Geistlichkeit ausschüttete und auch über Papst Johann XIX., den berüchtigten Blitzkarrieristen (S. 134), doch lieber andere beteiligt sein. Unwan, der Erzbischof von Hamburg-Bremen, duldete keine von Deutschland unabhängige dänische Nationalkirche. Also ließ er kurzerhand den von Aethelroth von Canterbury zum Oberhirten von Roskilde, Seeland, geweihten Gerbrand aufgreifen und gefangensetzen. Und beraubte den Bruder in Christo so lang seiner Freiheit, bis er ihm den für Bremer Suffraganbischöfe üblichen Obedienzeid schwor. Hier fügte sich Knud schließlich im Interesse seiner deutschfreundlichen Politik und wurde ein enger Freund des Bremer Metropoliten.

In England selbst hatte er sich den Weg zum Thron «durch Blut und Leichen» gebahnt (Breßlau), das ist nun mal der Weg der «Großen»; hatte er Einflußreiche hinrichten lassen, auch Mitglieder der königlichen Familie getötet oder ins Exil geschickt. Für das katholische Handbuch der Kirchengeschichte indes – denn der Weg der «Großen» ist stets auch der Weg der katholischen Kirche – war dies noch viel zuwenig, hätten dort die «staatszersetzenden Kräfte» noch «energischer bekämpft werden müssen»! Den eigenen Schwager und Lebensretter ließ Knud wegen eines unbedachten Spottes über seine, des Königs, Flucht im Kampf meuchlerisch ermorden.

Als Knud Ende 1027 aus Rom zurückkehrte, nannte er sich nicht nur König aller Engländer, Dänen, Norweger, sondern auch teilweise der Schweden. Und sein weites Reich bot der Kirche «für die Missionierung des Nordens ganz eigene Möglichkeiten» (Handbuch der Kirchengeschichte).[23]

Nun, diese ganz eigenen Möglichkeiten bestanden, wie anderwärts auch, vor allem in der Praktizierung von Gewalt. Die Mission allein wäre «im hohen Norden in der Wut, mit der die skandinavischen Reiche das Christentum verfolgten, untergegangen». Nicht durch die Mission, durch Knud «den Großen» kam «das Christentum in dem nordischen Reiche zum Sieg» (Schöffel). Denn auch im Norden verlief die «Bekehrung» häufig brutal, wie die Quellen «in vollem Umfange» bestätigen (Kummer). Für den Christen begann der Mensch doch erst nach der Taufe in

‹Seinem Namen› (i hans nafni). Wer sich nicht taufen ließ, wurde auch hier verteufelt; wie ja überhaupt der Teufel, den es im Heidentum, sagt Andreas Heusler, nicht gab, im neuen Volksglauben die Hauptrolle spielte; allgegenwärtiger war als die Allgegenwart Gottes.

Fast alles bisher Heilige wurde in den Dreck gezerrt, die Mission von weltlichen und geistlichen Fürsten vorangepeitscht. «Stirb oder laß dich taufen!»: bald die allgemeine Devise. Der Urenkel Harald Schönhaars (vgl. V 470 ff.), der norwegische König Olaf I. Tryggvason (994/995–999/1000), trat 994 auf den Scillyinseln zum Christentum über. Es geschah nach militärischen Diensten bei König Waldemar von Hólmgard (Novgorod) und nach Wikingerfahrten in Nord- und Ostsee, die ihn angeblich die neue Religion schätzen lehrten. Und so führte er sie endgültig und landesweit ein, «zum Teil gewaltsam» (H. Ehrhardt), ja «alle Mittel» gebrauchend, «Belehrung, Geschenke . . . blutige Rache» (Wetzer/Welte). Er zerstörte heidnische Tempel und errichtete christliche, verzichtete aber nicht auf Vielweiberei (vgl. S. 414).

Vollendet wurde die Christianisierung Norwegens dann mit aller Härte durch König Olaf II. Haraldsson den Dicken (1016–1030), einen wilden, schlachterfahrenen Wikinger – und einen Heiligen wieder (Fest 29. Juli). Er habe Olafs I. «Missionswerk», schreibt selbst das Lexikon für Theologie und Kirche, «teilweise mit Gewalt» zum Abschluß gebracht und so Norwegen «der christlichen Völkerfamilie» eingereiht. In der Tat, Olaf II. vollendete die Unterjochung der kleineren Häuptlinge und ließ die Ungetauften scharenweise vernichten. Er ließ die noch heimlich zu ihren Festen Kommenden überfallen, berauben, niedermachen, oft so grausam wie möglich. Blenden, Verstümmeln, Töten, Frauenschänden, alles war unter dem Heiligen gegen Heiden erlaubt. Im ganzen Lande jagte er die «Magier» und «Zauberer», überall ruinierte er pagane Tempel und Götterbilder, unter anderem eine von Gold und Silber bedeckte Kolossalbüste des Thor, aus der dabei – jedenfalls nach dem Kirchen-Lexikon der katholischen Theologie – «Mäuse, Ratten und Kröten in Menge hervorkamen».

Olafs rabiates Regiment erleichterte seinem christlichen Bruderherzen Knud die Eroberung Norwegens. 1028 konnte dieser ihn mittels Bestechungsgelder ins Exil schicken und nach seiner Rückkehr am 29. Juli 1030 in der Schlacht gegen ein Bauernheer bei Stiklestad töten lassen. Zwar hatte Olaf nur Christen in sein Heer aufgenommen, ihre Schilde und Helme überdies mit dem Kreuz bezeichnet und die Parole ausgegeben: «Vorwärts, vorwärts ihr Streiter Christi ...» – was mich (semper idem) an die Parole des katholischen Feldbischofs unter Hitler erinnert: «Vorwärts, christliche Soldaten, auf dem Weg zum Sieg ...» Doch das eine half so wenig wie das andere.

Immerhin, der dicke Olaf, in der Kristuskirche, im Dom zu Drontheim beigesetzt, wurde wegen seines frommen Eifers heiliggesprochen, 1164 zum Landespatron Norwegens erklärt, dann zum Schutzpatron ganz Nordeuropas und fortan durch Sagen, Legenden, Lügen gefeiert. Noch Pilger aus Spanien wallfahrteten zu seinem «wundertätigen Schrein» (Bosl), und noch 1847 gründete man ihm zu Ehren den St. Olafsorden. Schließlich hatte der Heilige gegen Knud «fortwährend Krieg» geführt, «ihre ganze Lebenszeit hindurch» (Adam von Bremen).[24]

Kaiser Konrad II. war im Sommer 1038 von seinem zweiten Italienfeldzug nach Deutschland zurückgekehrt und im folgenden Jahr, am 4. Juni 1039, etwa fünfzig Jahre alt, in Utrecht gestorben. Seinem Sohn und Nachfolger hinterließ er ein Reich mit unbestrittener Führungsposition in der westlichen Welt.[25]

3. KAPITEL

KAISER HEINRICH III. (1039–1056), «DER FROMME FRIEDENSBRINGER»

«Heinrich III., der fromme Friedensbringer (pius, pacificus), das Richtmaß der Gerechtigkeit (Linea Iustitiae)». Kaplan Wipo[1]

«Unter ihm schien sich das Königtum dem biblischen Ideal offenbar am meisten angenähert zu haben.» J. Fleckenstein[2]

«Im Grunde stellten nur die Bischöfe eine Stütze für die Reichsgewalt dar.» «Aber auch die Privilegierungen der Bischöfe setzte sich fort, und zwar in solchem Maß, daß man von einer nochmaligen Intensivierung des ottonischen Systems sprechen darf.» Karl Rudolf Schnith[3]

«Weltliche Fürsten bekamen den Willen eines auf stetige Mehrung der Königsgewalt bedachten Herrschers zu spüren.» «Handbuch der Kirchengeschichte»[4]

Konrad II. hatte die Nachfolge seines am 28. Oktober 1017 geborenen Sohnes Heinrich in der Herrschaft rechtzeitig und unanfechtbar vorbereitet. Bereits der Zehnjährige war an Ostern 1028 in Aachen zum König gewählt und von Erzbischof Pilgrim gesalbt und gekrönt worden, worauf der junge Fürst «unter dem Schutz und der Leitung» des Augsburger Bischofs Brun, nur ein Jahr vor dessen Tod, durch das Reich zog und beide «alle Widersacher bezwingen konnten» (Wipo).

Zehn Jahre später, im Herbst 1038, empfing Heinrich auch die Krone für das seit 1033 zum Reich gehörende Burgund. Zudem hatte Konrad, nach dem Tod des bayerischen Herzogs Heinrich aus dem Hause Luxemburg, dem neunjährigen Thronfolger 1027 das Herzogtum Bayern zugeschanzt, ihn 1038 auch noch zum Herzog von Schwaben gemacht. Und im Jahr darauf, nach dem Tod des Kärntner Herzogs Konrad II. des Jüngeren, zog Heinrich III. auch Kärnten an sich, das Land des Saliers, der einst bei der Königswahl in Kamba als wichtigster Gegenkandidat durch seinen Verzicht die Wahl seines Vaters Konrad des Älteren ermöglicht hatte (S. 126).

Mit diesen drei Herzogtümern vereinte der König bald nach seinem Regierungsantritt ganz Süddeutschland unmittelbar in seiner Hand; eine in der Geschichte des mittelalterlichen Reiches geradezu singuläre Machtzusammenballung, allerdings von nicht langer Dauer.

Natürlich wurde Heinrich III. (1039–1056) sorgfältiger erzogen als der Vater, und selbstverständlich weitgehend geistlich. Zunächst schon durch seine Mutter, eine Förderin der Kirche, die besonders die Schriften des Mönchs Notker (III.) Labeo von

St. Gallen bewunderte; dann durch zwei von dem Prinzen sehr geschätzte Prälaten: Brun von Augsburg und Egilbert von Freising, einen dort als Seligen verehrten typischen Vertreter der ottonisch-salischen Reichskirche, der wiederholt den Thronfolger gegen seinen Vater ausgespielt hat. Und schließlich beeinflußte den «rex doctus» auch der Hofkaplan und Biograph Konrads II., Wipo.

Noch mehr Besitz und Macht für die Prälaten

Als caput ecclesiae kommandierte Heinrich die Kirche wie wenige zuvor. Er ernannte die Prälaten so selbstverständlich wie sein Vater, und keine Frage, daß auch hier ihre Tauglichkeit für den Reichsdienst den Ausschlag gab. Sogar das Absetzen eines Bischofs scheute er nicht, wenn er es auch durch eine Synode beschließen ließ. Ebenso bedenkenlos aber verfügte er über die Mönche. Immer wieder griff er bei Abtswahlen ein, wobei das Wahlrecht keine Rolle spielte. Dem Kloster Tegernsee wies er in einem einzigen Jahr, 1042, drei verschiedene Vorsteher zu. Und eigenmächtig setzte er die Äbte auch in Weißenburg ein, in Corvey, Lorsch, Limburg, Fulda, Ebersberg, Quedlinburg, Gandersheim, Essen sowie in italienischen Klöstern.[5]

Dennoch wundert es wohl nicht, daß dieser von kleinauf geistlich intensiv indoktrinierte, sehr religiöse, wie es heißt auch zur Askese neigende, ja, sich oft geißelnde Fürst eng mit der Kirche kontaktierte, auch mit den Repräsentanten klerikaler Reform, mit dem hl. Kirchenlehrer Petrus Damiani, dem hl. Abt Hugo von Cluny, den er 1051 sogar zum Taufpaten seines Sohnes Heinrich (IV.) bestimmte, wundert es nicht, daß dieser sich als Gesalbter des Herrn, als vicarius Christi begreifende zweite und mächtigste Salier seine Gunst besonders dem hohen Klerus, den Klöstern schenkte und über sie verschwenderisch die Fülle seiner Gaben ausgoß.

Heinrich III. verlieh und bestätigte Bischöfen und Äbten (gelegentlich, wie in Stablo, mitten im Hochamt) jede Menge Immunitäten, Pfründen, Schutzbriefe, Gütergeschäfte, Hörige, gut zu versilbernde Hoheitsrechte, Ländereien, Forste, Wildbann, Marktrechte – ein vom friesischen Raum bis nach Italien praktiziertes Verfahren.

Dabei waren die Kirchenfürsten mehr als reich. Patriarch Poppo von Aquileja etwa verfügte allein auf dem Markt dieser Stadt über dreißig Kaufstände und über zwanzig in der Hafenstadt Pilo. Dazu kamen Eigentumsrechte an den Flüssen, an beiden Ufern, mit dem Recht die Fischerei zu betreiben, Mühlen, Häfen anzulegen, Schiffslandeplätze, Übergangsstellen und dafür Abgaben zu kassieren, Wassergelder, Ufergelder, Pfahlbefestigungsgelder (aquatica, ripatica, palifictura). Fast alle größeren Wasserläufe Oberitaliens gehörten den Bischöfen.

Weiter nahmen die Prälaten ganze Grafschaften entgegen, in der Zeit von Otto III. bis Heinrich III., in rund 70 Jahren, mindestens 37. Und wie kompensierte der hochgepriesene, die Kirche mit Gütern und Privilegien überhäufende homo religiosus das (ja nicht nur dadurch) seinem Fiskus entstehende Defizit? Durch «brutale Konfiskationen bei Laien» (Fuhrmann). Er nahm also meist dem weltlichen Adel, was er dem geistlichen gab.

Dafür hatte man ihm natürlich, wie den früheren Herren, nach dem Do ut des-Prinzip entsprechend beizuspringen, das servitium regis zu leisten und, dem Friedlichen, beinah laufend Kriegsdienst. Pars pro toto wieder nur ein Beispiel: der adelsstolze Erzbischof Adalbert von Hamburg-Bremen (der sich gern als Nachkomme Ottos II. und der Kaiserin Theophano ausgab, aber der dritte Sohn des sächsisch-thüringischen Grafen Friedrich von Goseck war). «Der große Gottesmann», berichtet der redliche Domscholar Adam von Bremen, der Adalbert doch auch viel Edles, Gutes nachrühmt, nicht zuletzt Keuschheit, Mäßigkeit, nahm «an so vielen Heereszügen nach allen Ländern freiwillig mit den Seinigen im Schweiße seines Angesichts teil», an Kriegsfahrten, «welche der Erzbischof nach Ungarn, Slavanien», das heißt gegen die Liutizen, «Italien und Flandern mit dem Kaiser unternahm ... jede einzelne derselben mit großen Unkosten für das Bistum und mit schweren Belästigungen der Familie verknüpft»; weshalb ja auch Heinrich, der Friedliebende, Fromme, die «unermüdliche Ausdauer» des Erzbischofs «in Kriegszeiten ... bewundernd rühmte» (Meyer von Knonau).[6]

Wurden die Prälaten aber auch mit Herrschaftsrechten, Besitz überhäuft, verschlang die enorm aufwendige Machtpolitik doch Geld wie Heu. Obwohl beispielsweise dem Kloster St. Trond die Pilgerscharen Summen spendeten, daß die Mönche mit dem Zählen nicht nachkamen – von anderen Gaben zu schweigen, war der Abt angeblich derart in Geldnot, daß er einen Teil des Kirchenschatzes (den er immerhin noch hatte) einschmelzen ließ, um weitere Güter kaufen und Burgen bauen zu können. Denn Grund und Boden, die Liegenschaften wollte man in jedem Fall mehren. Verschlang deshalb etwa die Gastung, die Aufnahme des umherreisenden Monarchen, der Unterhalt des königlichen Gefolges auch viel, bemühten sich geradezu ehrgeizige, auf Steigerung von Renommee und Besitz bedachte Kirchenfürsten zumindest seit dem 11. Jahrhundert um solch kostspielige Königsvisiten in ihrer Residenz.[6]

Der friedliche Krieger

Daß die Kirche dem schon früh als spes imperii, als «Hoffnung des Reiches» geltenden Thronfolger, dem ringsum als gottesfürchtig, kraftvoll gerühmten, bald – jede Parallele ethisch vernichtend – König David, bald dem «großen» Karl, dem «großen» Otto an die Seite gestellten Heinrich III. gewogen war, kann kaum überraschen. Aber auch die Männer der Wissenschaft preisen ihn, alles in allem, bis heute, anerkennen generös die Heinrich von Lehrern und Wegbereitern vermittelte ideelle Basis seiner Herrschaft, seine christliche Fürstenethik, und dies, obwohl Selbstaussagen dazu fast völlig fehlen, auch entsprechende zeitgenössische Stimmen sehr dürftig sind. Doch sieht die Zunft ihn von einem «sensiblen Rechtsbewußtsein» (Boshof), von «hohem Pflichtgefühl», «einem besonderen Ethos ... der christlichen Königsherrschaft» geleitet (Handbuch der Europäischen Geschichte), sieht ihn «von den Idealen des Friedens (pax) und der Gerechtigkeit (iustitia)» (Struve), «ganz von religiösem Geiste» erfüllt (Fleckenstein), ja keinen König vorher «von tieferem religiösem Ernst beseelt» (Fuhrmann). Selbstverständlich hatte er «höchste Ehrfurcht ... gegenüber den Schöpfungen der Kirche», eine «geradezu priesterlich zu nennende Auffassung der Regierungsziele» (Meyer von Knonau), war sein «weltliches Herrschertum von priesterlichem Charakter» (Hlawitschka), nahezu das Schlimmste, was man einem Politiker nachsagen kann. Ja, er machte sich gar «die religiöse Friedensforderung in ihrer ganzen Konsequenz zu eigen» (Handbuch der Kirchengeschichte).

Was das heißt, läßt das katholische Werk schon wenige Zeilen darauf ahnen: «Weltliche Fürsten bekamen den Willen eines auf stetige Mehrung der Königsgewalt bedachten Herrschers zu spüren.» Denn mehrt ein Souverän stetig und spürbar seine Macht, geht es da sehr friedlich zu?[7]

In Wirklichkeit gleicht diese bis heute lobumstrickte Herrschaft *praktisch* doch verdammt der früherer Regierungen, und nur ihr Umgang mit der Macht, ihre Gewaltausübung interessieren hier.

Das wird indes gerade bei Heinrich III. meist kaschiert. «Als rex et sacerdos», meint etwa Heinz Wolter, «gründete er sein Königtum in weitaus stärkerem Maße als seine Vorgänger auf die christlich-sakrale Wurzel seiner Herrschaft, die ihm nicht nur Auftrag, sondern vor allem auch innere Verpflichtung war. Von daher nimmt es auch nicht wunder, daß die wirklich neuen Züge der Kirchenherrschaft des zweiten Saliers weniger in seinen äußeren Auftritten und Handlungen (!) – hier folgt er weitgehend (!) der von seinen Vorgängern begründeten Tradition – als vielmehr in seiner inneren Einstellung zu seinem Herrscheramt zu finden sind, die sich entsprechend der Eigenart unserer Quellen jedoch nur schwer erhellen läßt.»

Ist aber Heinrichs III. faktische Politik «weitgehend» wie die seiner Vorgänger, was uns, noch einmal, allein angeht, was soll dann seine angeblich neue innere Einstellung, zumal sie sich aufgrund der Quellen auch «nur schwer erhellen läßt»!?[8]

Zwar vollzog sich der Machtwechsel – erstmals seit 973! – problemlos. Doch so unbestritten und strahlend das Regiment des knapp Zweiundzwanzigjährigen (und mit 39 Jahren Sterbenden) begann und in vieler Hinsicht, zumindest nach den Kriterien der herkömmlichen, seine Regierung gern zu den Kulminationspunkten römisch-deutschen Kaisertums zählenden Historiographie blieb, seine Machtinteressen kollidierten mit den Stammesinteressen der Herzöge von Bayern, Kärnten, Sachsen, besonders von Lothringen, mit Fürsten, die sich zu sehr in den Hintergrund gedrängt, durch den autokratischen Führungsstil verletzt, von der Reichspolitik ausgeschlossen fühlten, wie weite Kreise der Herrenschicht überhaupt.

So spannen sich langwierige innenpolitische Auseinandersetzungen an, wobei es – trotz aller von verbeamteten Claqueuren beklatschten Frömmigkeit und Friedensliebe dieses Mannes – um nichts als die üblichen Machtquerelen ging, um den blutigen Konflikt zwischen sogenannter Zentral- und Partikulargewalt.

An Kampf und Krieg war Heinrich, wie die ganze Adelskaste, von kleinauf gewöhnt. Schließlich hatte er schon an Kriegen seines Vaters teilgenommen. Im Oktober 1032 fünfzehn und damit nach fränkischem Recht mündig, konnte er «jetzt der Leitung seines geistlichen Erziehers enthoben werden» und «seine ersten kriegerischen Lorbeeren ernten» (Breßlau). So unmittelbar, so selbstverständlich ging das ineinander über – Christentum und Krieg. Und sein geistlicher Mentor Wipo, der Heinrich in seinen «Proverbia», den Lehrsprüchen für ihn, eine Art christliches Regierungsprogramm gegeben, kam ja selbst zu Hoftagen wie Heerfahrten. Heinrich war wahrscheinlich bereits in Konrads Krieg gegen Polen im September 1031 dabei und beim Feldzug wider die Liutizen im Herbst 1035 (S. 146 f.), sicher aber an Konrads Einmarsch in Burgund im Winter 1032/1033. Dann erschien er mit Kriegsvolk auch in Böhmen sowie 1037/1038 zur Verstärkung der kaiserlichen Truppen an der Spitze einer Streitmacht in Italien.

Und mochte der dritte Heinrich den Krieg auch noch mehr und auffälliger mit kirchlichen Formen umkleiden, mochte er den

Vorstoß auf Böhmen 1041 mit einer Bußfeier des Heeres beginnen, den gegen die Ungarn noch auf dem Schlachtfeld an der Raab barfuß und im Büßergewand beenden, indem er sich samt seinen Haudegen dankend vor einer angeblichen Partikel des heiligen Kreuzes niederwarf – abgestochen, totgeschlagen, geschlachtet wurde unerbittlich weiter. Und dies ganze, das staatliche Töten doch nur rechtfertigende, gutheißende scheinreligiöse Brimborium darum herum – wie ernst immer der König, spottend auch der «Mönch» genannt, es genommen haben mag – machte alles ja noch schlimmer; sanktioniert derartiges den Massenmord mit Christus doch bis an die Schwelle des Jahres 2000.

Noch in seinem Todesjahr, 1056, erwog der so um Frieden bemühte Fürst anscheinend einen Feldzug nach Frankreich.[9]

Blutige Kämpfe um Lothringen

Durch eine überaus problematische, im Grunde rechtswidrige Nachfolgeregelung kam es in Lothringen, das freilich schon lang eine Sonderrolle gespielt (V 198 ff.), zum Aufstand, wenn auch der Quellenbefund für all die dortigen Verhältnisse prekär ist.

Herzog Gozelo I. (1023–1044), der kaisertreue Herr der beiden seit 1033 vereinten Herzogtümer Ober- und Niederlothringen, war 1044 gestorben. Doch als ihm sein Sohn Gottfried III. der Bärtige (Herzog von Oberlothringen 1044–1046, Markgraf von Tuszien 1054–1069, Herzog von Niederlothringen 1065–1069) als Alleinerbe folgen wollte und offenbar nach väterlichem Wunsch und Willen auch folgen sollte, suchte der König die ihm wenig genehme Herzogsgewalt, den ausgedehnten Machtkomplex zu zerschlagen. Er übertrug Gottfried nur Oberlothringen. Niederlothringen dagegen verlieh er dessen anscheinend regierungsunfähigem, schon bald sterbendem jüngeren Bruder Gozelo II., dann dem Luxemburger Friedrich II. (1046–1065).

Den aufbegehrenden Gottfried aber, der dem König für das Gesamtherzogtum jede Gegenleistung feierlich versprach, setzte

Heinrich 1044 auf dem Hoftag in Aachen, zu dem der Herzog im Vertrauen auf sein Recht und seine Argumente arglos erschien, wegen Hochverrat ab. Sollte er doch auch mit König Heinrich I. von Frankreich konspiriert haben, wie der Verfasser der Annales Altahenses, ein Mönch des Klosters Niederaltaich, wahrheitswidrig behauptet; übrigens einer der ersten Autoren, der (1038) von einem «deutschen Reich», regnum Teutonicum, spricht.

Heinrich III., der sich angeblich dem Friedensprogramm seines Instruktors Wipo zutiefst verpflichtet fühlte, nahm dem Herzog alle Lehen, offenbar auch seine Grafschaft Verdun, die der wiederholt begünstigte Bischof Richard bekam, und führte seit Ende 1044 einen Lothringen schwer heimsuchenden Winterfeldzug, wobei ihn neben Bischof Richard auch Bischof Wazo von Lüttich und Erzbischof Hermann von Köln unterstützten, mußte aber wegen einer Hungersnot die Aktion beenden. Gleichwohl unterwarf sich Gottfried der Bärtige im Juli 1045. Heinrich inhaftierte ihn auf dem Giebichenstein, begnadete ihn 1046 und gab ihm – gegen Geiselstellung seines Sohnes – das Herzogtum Oberlothringen.

Auch in Südholland kollidierten die Machtinteressen der Grafen mit denen der Prälaten, die wie fast überall ihre Einkünfte zu vergrößern, ihr Territorium zu erweitern suchten, was unter diesem Salier nicht schwerfiel. Dem Utrechter Bischof Bernold übertrug der Monarch neben mancherlei größeren Schenkungen auch zwei Grafschaften, darunter die vordem Herzog Gozelo gehörende Grafschaft Drenthe. Die Oberhirten Lüttichs (dessen Bürger erstmals um 960 anläßlich einer Revolte gegen ihren Bischof Everachus genannt werden) besaßen damals Privilegien in den wichtigsten Städten des Maaslandes, besaßen natürlich auch ländliche Grundherrschaften, Eigenklöster, große Abteien, ihre dritte Grafschaft kam 1040 dazu, selbstverständlich alles auf Kosten weltlicher Herren. Und ähnlich brachten die Seelenhirten von Metz die Herrschaftsrechte in ihre Hand, sie bestimmten Grafen, Vögte, prägten Münzen, betrieben Jahrmärkte und Export bis in den Mittelmeerraum. Der Metzer Bischof Dietrich II. von Luxemburg, ein Bruder des Erzbischofs Adalbero von Trier und der hl. Kunigunde, bekämpfte ja sogar deren Gemahl Heinrich den Heiligen (S. 65 ff.). Im allgemeinen aber standen die durch die kaiserliche Politik begünstigten Bischöfe natürlich zum Herrscher, und dieser setzte sie, wie anderwärts, etwa in Sachsen (S. 179), bewußt als Gegengewicht wider die weltlichen Magnaten ein.[10]

Als sich der Konflikt mit dem Grafen Dietrich IV. von Holland (1039–1049) und dem Reich samt Reichskirche ausweitete, rückte der König noch 1046 persönlich ins Feld. Er hatte das Osterfest in Utrecht begangen, entriß darauf dem Markgrafen einen Gau und feierte das Pfingstfest in Aachen. Dietrich aber koalierte im folgenden Jahr mit dem Grafen Balduin V. von Flandern (1035–1067), gegen dessen Vater Balduin IV. schon Heinrich der Heilige im Krieg gelegen. Und er machte gemeinsame Sache mit Gottfried dem Bärtigen, dem Herzog von Oberlothringen, der neben anderen Schlägen wider den König im Oktober 1047 Verdun plünderte und verbrannte, wobei auch der Kirchenschatz und das Archiv zugrunde gingen und das Elend groß war. Gottfried entschädigte indessen bald die Kirche, die seinen Anspruch auf die Grafschaft Verdun immerhin anerkennen mußte, durch Ländereien und andere bedeutende Geschenke. Auch leistete er Kirchenbuße; ja, er soll auf dem Boden bis zum Hochaltar des Doms gekrochen und dort gegeißelt worden sein.

Dietrich von Holland schlug gegen die benachbarten Bistümer, besonders gegen Utrecht, los, das sich, wie die anderen geistlichen Herrschaften, auf seine Kosten bereicherte. Heinrich III. griff das weithin überschwemmte Holland zum zweitenmal an, wurde jedoch mit schweren Verlusten zurückgetrieben. Die große, gebäudereiche Kaiserpfalz Nimwegen, 1036 Ort seiner Vermählung mit Gunhild von England, ging bis auf den Grund in Flammen auf, diverse Reichsburgen und das Bistum Lüttich kapitulierten. Dem Dietrich von Holland aber legten die Seelenhirten Bernulf von Utrecht, Dietwin von Lüttich und Adalbero III. von Metz mit einigen anderen edlen Rittern im eisigen Winter des Januar 1049 bei Dordrecht einen Hinterhalt und töteten ihn.[11]

Nur durch vielfältigen Beistand von außen, militärischen wie geistlichen, wurde Heinrich III. seiner gefährlichen Gegner Herr. Der Krieg nahm zuletzt europäische Dimensionen an. Die Könige Sven von Dänemark und Eduard von England leisteten gegen den Grafen von Flandern Flottenhilfe, und Papst Leo IX., der mehrere Wochen an Heinrichs Seite weilte, was kriegsentscheidend war, verhängte über Balduin und Gottfried den Bärtigen den Bann. Darauf streckten im Sommer 1049 erst Gottfried, dann Balduin die Waffen.

Gottfried saß bis 1051 bei Erzbischof Eberhard von Trier in Haft (der ein Jahrzehnt später selbst in Gefangenschaft geriet) – und leitete dann in Goslar am Heiligen Weihnachtsfest die Hinrichtung zum Tod Verurteilter «heretici», vielleicht aus Lothringen. Und 1054 überraschte er durch einen ungewöhnlichen Coup. Er heiratete, von Heinrich mißbilligt, seine Verwandte Beatrix, die Tochter Friedrichs II. von Oberlothringen und Witwe des 1052 ermordeten mächtigen Markgrafen Bonifatius von Tuszien, worauf Gottfried ein Jahrzehnt eine führende, vom König nicht zu erschütternde Rolle in Italien spielte, wo sein Bruder Friedrich als Stefan IX. sogar Papst geworden ist.

Balduin aber schlug bereits 1050 wieder los, gewann auch den Hennegau für sich, worauf jedoch Heinrich, nachdem er in Maastricht noch den Kopf des hl. Servatius erworben, mit großer Heeresmacht in Flandern einfiel und es fast bis Valenciennes verwüstete, auch jetzt allerdings Balduins Expansionsdrang nur vorübergehend dämpfend. Gegenseitige Kriegszüge folgten, wobei zunächst Thuin und Huy in Flammen aufgingen, der Kaiser im Sommer 1054 erneut nach Flandern vorstieß und nach Einnahme der wichtigen Grenzfeste L'Ecluse die Besatzung zum großen Teil niedermachen, dann die Orte des Landes ausrauben und einäschern ließ. Doch alle Erfolge des imperialen «Friedensbringers» (Wipo), des «von tieferem religiösem Ernst» (Fuhrmann) Beseelten als jeder König zuvor, saßen nicht so recht. Trotz großen Blutvergießens nahm der lange Kampf gegen den Grafen seinen Fortgang, bekam Heinrich die lothringische Opposition, deren historische Bedingtheit er offenbar falsch eingeschätzt, lebenslang nicht mehr ganz in den Griff, blieb zumal der Norden des Landes ein andauernder Krisenherd. Und nach seinem Tod ging der Krieg für Balduin zu Ende, wurde während der Regentschaft der Königin Agnes sein Sohn Balduin VI. mit Hennegau belehnt.[12]

Mehr noch als der Westen freilich und die dortigen Angrenzer beschäftigten Heinrich III., zumal in den Anfangsjahren seines Regiments, die Randländer im Osten.

Krieg gegen Polen und Böhmen und «das ehrwürdige Zeugnis des Alten Testaments»

In der Nachfolge Kaiser Ottos III. suchte Heinrich Polen, Böhmen und Ungarn in seine Herrschaft einzubeziehen, die Hegemonialstellung des Reiches zu wahren und natürlich neue militärische Aufmarschräume zu schaffen.

Die Erstarkung Polens mußte den deutschen Herren ein ständiges Ärgernis sein, die Königskrönung Boleslaws I. und Mieszkos II. anno 1025 eine kaum erträgliche Provokation. Schon Heinrich der Heilige führte ja drei große Kriege gegen das Land (S. 83 ff.), darunter sieben Feldzüge zwischen 1004 und 1017 unter seinem eigenen Kommando. Nachfolger Konrad II. war in vier Jahren immerhin dreimal persönlich Befehlshaber eines Vorstoßes gegen Polen, dem in dreißig Jahren, zwischen 1002 und 1032, nicht weniger als vierzehn deutsche Heerfahrten galten, im Durchschnitt also fast in jedem zweiten Jahr eine Invasion.

Das entspricht indes ganz und gar einer christlichen Tradition, die bis aufs Alte Testament zurückreicht – «denn das ehrwürdige Zeugnis des Alten Testaments», wie Kaplan Wipo weiß, «belehrt uns durch sein fruchtbares Bemühen um eine gründliche Darstellung der Urvätergeschichten vorbildhaft darüber, daß wir auch die Frucht neuer Ereignisse in die Scheuer des geistigen Besitzes einbringen müssen. Wir machen uns klar, daß Abraham seinen Brudersohn Loth im Kriege befreit hat, wir wissen, daß die Kinder Israel viele Feinde besiegt haben. Uns stehen vor Augen die

Schlachten König Davids, die Weisheit Salomos, die Klugheit Gideons und die Kämpfe der Makkabäer, denn viele haben darüber geschrieben.» Das gibt derselbe Autor von sich, der mit probater pfäffischer Doppelzüngigkeit in einer Art Königsethik den Frieden und die Friedenswahrung über alles, den Herrscher als Friedensfreund (amicus pacis) preist und den Friedensfreund als Freund Christi (amicus Christi), gleichsam als Stellvertreter Gottes auf Erden – ein Programm, dem sich Heinrich III. «tief verpflichtet gefühlt» (Boshof).[13]

Nicht verwunderlich somit, daß Polens raschem Aufstieg sein noch rascheres Ende folgte, das jähe Fiasko des Piastenstaates. Mieszko II., der fast alle Nachbarn, der auch die polnische Adelsopposition und nicht zuletzt die beim Thronwechsel übergangenen Verwandten gegen sich hatte, wurde von Westen und Osten her eingekreist und 1031 gestürzt. Mit Hilfe russischer Truppen und der des deutschen Kaisers kam nun Stiefbruder Bezpřym auf den Thron und erwies sich, während Mieszko und dessen jüngster Bruder Otto nach Böhmen flohen, sofort der deutschen Seite gefügig. Er lieferte Konrad II. Krone und Kroninsignien aus, wurde aber schon wenige Monate darauf ermordet. Zwar kehrte jetzt Mieszko zurück, doch nur als einer von drei Teilherrschern, von denen zwei sehr rasch, noch vor ihm, starben (vgl. S. 146).

Nach dem Tod Mieszkos II. folgte ihm sein Sohn Kasimir I. Restaurator (1034–1058) als Herzog von Polen, das jetzt Empörungen, Krisen, Kriege nur so schüttelten. So nützte Böhmenfürst Bretislav I., der 1029 schon Mähren erobert hatte, die Stunde und fiel 1039 auch in Polen ein, an seiner Seite der 1031 vom Mainzer Erzbischof Bardo ordinierte Bischof Severus von Prag, der noch besonders hervortrat. Die beiden Herren besetzten Schlesien und verwüsteten das Land bis Gnesen. Sie plünderten offene Dörfer, äscherten sie ein, brachen Burgen und machten auch größere Städte, wie Krakau, dem Erdboden gleich.

In Gnesen wurde aus der blutrünstigen Heerfahrt dann ein frommer Pilgerzug. Denn in Gnesen war das Grab des hl. Adalbert (V 551 ff.), hier geschah, kaum ohne Zutun des Bischofs Severus, ein Wunder, hier fastete man drei Tage, betete, tat Buße und raubte endlich – nicht ohne Zustimmung des bestochenen Papstes Benedikt IX. – Adalberts Reliquien und die weiterer Märtyrer des Jahres 1004. Man ließ sie ebenso nach Prag mitgehn wie mehr als hundert beutelbeladene Wagen und eine Menge Gefangene, alle die Hände gefesselt und den Hals in Eisen.

Kosmas von Prag (gest. 1125), der verheiratete Priester und Dekan des dortigen Domstifts, für den katholische Polen wie katholische Deutsche «Erbfeinde» sind, zählt diese grandiose Translation der Heiligen in der ersten Chronik seines Landes, der Grundlage und bleibenden Einstellung «der gesamten böhmischen mittelalterlichen Geschichtsschreibung» (F. Graus), zu den ruhmreichsten Ereignissen von Böhmens Geschichte. Andererseits rechnet die älteste Polenchronik dieselbe Translation den größten Unglücksfällen polnischer Geschichte zu. Und wir erkennen darin die christliche Moral so vieler Jahrhunderte, das pervertierte Denken des Abendlands: Wie wenig bedeutet es doch seinen Führern, Tausende von lebendigen Menschen gewaltsam zu Leichen zu machen, und wieviel seinen Verführten, ein paar wer weiß wie alte Leichen, Knochen, Knöchlein zu haben, galten sie nur als «heilig»!

Bischof Severus, der das groß gewordene Böhmen auch kirchlich aufzuwerten suchte, betrieb bei dem Tuskulanerpapst Benedikt IX. Prags Erhebung zum Metropolitansitz, die Schaffung einer eigenen Landeskirche, was der Lösung des Prager Bistums aus dem Mainzer Metropolitanverband gleichgekommen wäre. Doch was vor einigen Jahrzehnten den Polen und Ungarn glückte, mißlang den Böhmen. Und als Heinrich III. Bretislaws Überfall auf das unter deutscher Oberhoheit stehende Polen rächen wollte, gab Bretislaw zunächst klein bei und seinen Sohn Spitignew in Geiselhaft, rüstete aber gegen Heinrich, indem er sich zugleich mit Ungarn verband. Darauf stieß der deutsche König im August nächsten Jahres, als große Überschwemmungen im Reich viele Menschen das Leben kosteten, mit zwei Heeren gegen Böhmen vor. Das von ihm selbst geführte und von Bayern aus einfallende Kontingent erlitt jedoch eine Niederlage, den Verlust vieler Ritter und Großen, darunter eine Reihe königlicher Vasallen, Graf Reginhard, der Majordom und Fahnenträger von Fulda, sowie die meisten Krieger dieses Klosters. Dagegen hatten sich die von Norden kommenden Truppen unter Markgraf Eckehard von Meißen und dem hl. Erzbischof Bardo von Mainz (Fest 15. Juni) durch Bestechung des Grafen Prikos die Pässe des Landes geöffnet, worauf sie alles, was ihnen in den Weg kam, mit Feuer und Schwert vertilgten.[14]

Bretislaw zeigte sich im folgenden Jahr verhandlungsbereit, doch der deutsche König bestand auf bedingungsloser Unterwerfung und drang auch jetzt wieder mit zwei Heeressäulen, deren eine abermals Markgraf Eckehard und der hl. Bardo führten, auf Prag vor. Dabei «verwüstete er alles mit Raub und Brand», ließ auch Mähren angreifen und erzwang «durch die Not» (Hermann von Reichenau) die Kapitulation des Böhmen, vor der allerdings Bischof Severus schon zum Kaiser übergelaufen war.

Bretislaw erflehte, so steht in den Altaicher Annalen, die Erlaubnis, «sich mit seinem ganzen Reiche und den Seinen zu ergeben und die Gnade des Cäsars, wie es diesem und den Seinen gefiele, zu suchen». Zwar durfte er Schlesien behalten, nicht aber seinen polnischen Raub. Er mußte rückständige Tribute zahlen und die deutsche Oberhoheit anerkennen. Auch hatte er fünf Geiseln zu stellen, je einen Sohn von vier Großen des Landes sowie einen eigenen – und übergab sie mit der Erklärung, der König dürfe sie bei Nichterfüllung des Vertrags umbringen mit jeder ihm beliebigen Todesart.[15]

Wie gegen Böhmen suchte Heinrich III. seine Machtposition auch gegen Ungarn auszubauen.

Heinrich, «der fromme Friedensbringer», bekriegt das katholische Ungarn

Nach dem Tod seines Sohnes Emmerich hatte Stefan I. seinen Neffen, den Sohn des Dogen von Venedig, Peter Orseolo, 1031 zum Thronfolger designiert. Und nach Stefans Tod 1038 folgte ihm Peter als König (1038–1041, 1044–1046) und fuhr im Stile des Heiligen fort. Er bevorzugte die Ausländer, war ungerecht, gewaltsam, stand Böhmen gegen Heinrich III. bei, verheerte persönlich im Winter 1039/1040 die bayerische Ostmark «mit Raub, Brand und Wegschleppung von Gefangenen» (Hermann von Reichenau) und bekriegte 1040 noch das byzantinische Bulgarien.

Da Peter aber auch innenpolitisch für mancherlei Wirbel sorgte, machte man durch eine Palastrevolution Stefans I. Schwager oder Neffen Aba-Samuel zum König (1041–1044). Dieser freilich verärgerte durch seine Begünstigung der Gemeinfreien immer mehr Adel und Kirche, besonders den hl. Bischof Gerhard von Csanád, der ihm die Ermordung vieler Gegner vorwarf, was man natürlich ungezählten gekrönten Häuptern nicht nur jener Zeit hätte vorwerfen können. Und da der von der Kirche geförderte, 1041 aus Ungarn vertriebene Peter Orseolo den deutschen Herrscher um eine Intervention bat, brandschatzte Aba-Samuel, «der Ungarntyrann», mit einem zweigeteilten Heer Bayern beiderseits der Donau gewaltig und nahm Haufen von Gefangenen mit. Dabei wurde allerdings der Heeresteil im Norden der Donau durch Markgraf Adalbert «bis auf den letzten Mann niedergehauen», der gerade noch entkommene Führer der Ungarn deshalb von Aba-Samuel abgesetzt und geblendet.

König Heinrich, «der fromme Friedensbringer», nützte den ungarischen Einfall in die Ostmark und nach Kärnten, um in drei aufeinanderfolgenden Jahren, 1042, 1043 und 1044, trotz zweier Friedensangebote Abas, Ungarn zu bekriegen und dieses wieder vom Reich abhängig zu machen. Es gelang nur, wie die Niederaltaicher Klosterannalen wissen, weil Heinrich demütig nicht der eigenen Gewalt vertraute, sondern allein dem Herrn. Jeder Sieg sein Sieg, jede Schlacht, nach Meinung des Chronisten, ein Gottesurteil. Und dies, obwohl König Aba «die Aussöhnung mit dem Kaiser suchte» (Györffy).

Heinrich, tief religiös, friedlich und voller Ideale, der beinah perfekte Priesterkönig (S. 164 f.), begann seine Offensiven, von dem vertriebenen Peter begleitet, noch im Herbst 1042. Er zerstörte Hainburg und Preßburg, verwüstete ganze Gegenden des

Landes «und richtete große Blutbäder an» (Hermann von Reichenau). Dann kehrte er, Gott lobpreisend wegen des herrlichen Erfolgs, mit dem Heer zurück. Schon im nächsten Jahr stieß er, wiederholte und weitgehende Friedensangebote der Ungarn mißachtend, abermals nach Ungarn vor, empfing von dessen König, «der mit Mühe einen Vertrag erlangte, Genugtuung, Geiseln, Geschenke und den Teil des Reichs bis zum Fluß Leitha». Und griff schon im folgenden Jahr erneut an, da der Ungarnfürst, so jedenfalls wieder der Mönch von Reichenau, «Eid und Vertrag gebrochen hatte». Auch in diesem dritten Krieg zogen deutsche Prälaten mit, der besonders kriegerische Onkel des Königs, Bischof Gebhard von Regensburg, der Bischof Bruno von Würzburg, der Bischof Adelgar von Worms.

Von ungarischen Flüchtlingen durch die Grenzverhaue geführt, schlug der deutsche Herrscher am 5. Juni 1044 bei Ménfö «im Vertrauen auf die göttliche Hilfe» bereits beim ersten Zusammenstoß ein «unermeßliches Heer der Ungarn in die Flucht und streckte es nieder». König Aba selbst wurde «von König Peter gefangen und zur Sühne seiner Schandtaten mit dem Tode bestraft» (Hermann von Reichenau). Peter ließ den Rivalen köpfen. Der Sieger Heinrich III. aber, der vor einer angeblichen Reliquie des hl. Kreuzes mit allen Fürsten und sonstigen Schlächtern in die Knie sank, versäumte nicht, Krone und vergoldete Lanze des Liquidierten dem Heiligen Vater zu schicken.[16]

Eine besondere Rolle, nicht nur im Ungarnkrieg, spielte der bereits erwähnte Bischof Gebhard III. von Regensburg (1036–1060), ein Stiefbruder Kaiser Konrads II., ein naher Verwandter Heinrichs III., verwandt auch mit dem späteren Papst Viktor II. In der Jugend, entgegen seiner Neigung, in das Würzburger Domkloster gesteckt, war er daraus entflohen, dann aber gewaltsam zum Mönch gemacht worden. Als Oberhirte kämpfte er in den Reichskriegen in Böhmen wie in Ungarn, hier sogar 1050 auf eigene Faust, einen «Privatkrieg». Auch im nächsten Jahr kommandierte er ein nördlich der Donau vorrückendes Heer und schleppte, da die Ungarn sich nicht wehrten, eine beträchtliche Beute fort. Allerdings fielen sie danach sengend und brennend ins

Reichsgebiet ein, wo freilich Bischof Gebhard ebenfalls in Kämpfe, Komplotte, ständige Besitzstreitigkeiten verwickelt war, in harte Auseinandersetzungen u. a. mit dem Kloster St. Emmeram, dessen Abt Richolf (Richbold) er samt Mönchsanhang vertrieb.

War Gebhard III. von Regensburg bloß ein schwarzes Schaf? Nun, betrachten wir knapp, doch lückenlos seine Vorgänger und Nachfolger im jeweils zusammenfassenden Urteil des katholischen Theologen und Kirchenhistorikers Ferdinand Janner, der sein Hauptwerk, die dreibändige «Geschichte der Bischöfe von Regensburg», wie fast auf jeder Seite spürbar, am liebsten als Heiligengeschichte geschrieben hätte (und oft auch hat). Gebhard I. (995–1023): «Gierde nach Besitz und Herrschaft». Gebhard II. (1023–1036): «... bei weitem nicht über jeden Tadel erhaben.» Über Gebhards III. Nachfolger Otto (1061–1089): «... von Fürsorge für die Diöcese treffen wir keine Spur; dagegen begegnet uns der Bischof als Hofmann an einem liederlichen Hoflager, als Kriegsmann in verschiedenen Zügen ungerechter Gewaltthätigkeit» – dafür ließ ihn Gott fast dreißig Jahre das Bistum leiten! Über Gebhard IV. (1089–1105), von einem seiner Krieger erschlagen: «Er hat die Stelle eines Hirten in der Regensburger Diöcese 16 Jahre lang in erbärmlicher Weise innegehabt.»[17]

Als Herzog Vasul nach einer mißglückten Revolte gegen Stefan den Heiligen geblendet worden war und man seine drei Söhne, darunter Andreas I., seit 1046 König, verbannt hatte, riefen die Gegner von Heinrichs III. Vasallen König Peter Orseolo wieder Andreas ins Land. Er kam während einer heidnischen Erhebung, nutzte diese erst für seine Zwecke und schlug sie dann nieder, um wieder auf die durch Stefan geschaffenen Verhältnisse zurückzukommen sowie auf die Seite des deutschen Kaisers. Er hatte sich von der antichristlichen Umsturzpartei schroff distanziert und von christlichen Bischöfen zum König von Ungarn krönen, hatte einen Teil der Rebellen hinrichten lassen und das Heidentum bei Todesstrafe verboten, was ja ganz der deutschen Politik entsprach. Freilich ließ der christliche König auch seinen christlichen Vorgänger Peter Orseolo samt dessen Söhnen blenden, worauf König Peter wenig später seinen Verletzungen erlag.[18]

Dies alles geschah zur Zeit großer wirtschaftlicher Schwierigkeiten, einer Teuerung, eines ungewöhnlich harten Winters mit starken Schneefällen und großem Frost. Ein schreckliches Viehsterben grassierte nebst einer jahrelang anhaltenden Hungersnot, «schlimmer als die Pest». Sie erfaßte ganz West- und Mitteleuropa und kostete Tausende und Abertausende von Menschen das Leben. In Böhmen ging, nach einer annalistischen Notiz bei Kosmas, ein Drittel der gesamten Bevölkerung zugrunde.[19]

So sonderbar es ist, das «zentrale Motiv» Heinrichs III. «die Sorge» zu nennen «um die Friedenserlangung und die Friedenswahrung» (Boshof), falls man darunter nicht – wie mit der sehr ähnlich klingenden, sehr bekannten hinterfotzigen Floskel heutiger Politiker und ihresgleichen – den Krieg versteht, so seltsam ist eine Einrichtung, auf die man mittelbar Heinrichs «pazifistische» Bestrebungen bezieht, die sogenannte Gottesfriedensbewegung. Sie, die das Zeitalter der Gewalttaten ablösen sollte durch ein neues, der Predigt Christi entsprechendes Tun, wurde von der (katholischen) Kirchengeschichtsschreibung von Jahrhundert zu Jahrhundert verklärt, wurde überaus gepriesen, etwa als «eine der großartigsten und segensreichsten Institutionen des Mittelalters» (Wetzer/Welte), während die jüngste Forschung lakonisch resümiert: «Die Wirkung ... war eher gering» (Boockmann).[20]

Der «Gottesfrieden» – und wem er nützte

Zu dieser Bewegung kam es – auch seltsam genug innerhalb einer Frieden und Feindesliebe verkündenden Gemeinschaft –, weil man der immer entsetzlicher um sich greifenden Kriminalität und Waffenhandlungen, der Straftaten, Morde, zumal der Gift- und Meuchelmorde, der sich ausweitenden Fehden, der auf eigene Faust gebauten Burgen, Raubnester, eigenmächtig etablierten Baronien durch Raubgesindel, kurz weil man der feudalen Anarchie kaum noch Herr zu werden vermochte. Selbst Fürsten wurden seinerzeit umgebracht, weltliche Große, unter Heinrich III. beispielsweise Bonifatius von Tuszien (S. 193) oder, im Todesjahr des Kaisers, am 5. Mai, der sächsische Pfalzgraf Dedo durch einen Priester aus Bremen, worauf man den Mörder noch nicht einmal bestrafte, weil ihn sein Opfer, so sagte man, geschont wissen wollte.

Doch selbst der König und Kaiser war vor Anschlägen nicht sicher; auch und gerade in Sachsen, wo Heinrich III. das durch reiche Silbervorkommen – damals die besten Europas – florierende Goslar zu seiner Hauptpfalz, zur «salischen Residenz» erkor, auch das Dom- und Pfalzstift St. Simon und Juda gründete, um hier bevorzugt seine Hofkapläne heranziehen zu lassen; in Sachsen, wo er vor allem die Kirche, besonders die Bistümer Hildesheim und Halberstadt begünstigte, sie überschüttete fast mit Schenkungen, mit Zoll, Münze, Gericht, mit Fährgerechtigkeit, mit einer Reihe von Grafschaften; wo er gegen die oppositionellen billungischen Herzöge die Pläne des ambitiösen Erzbischofs Adalbert von Hamburg-Bremen (1043–1072) gefördert und schließlich, gewiß nicht zuletzt, auch die eigenen Herrschaftspositionen im Harzraum laufend verstärkt und gegen die Interessen der Magnaten das Reichsgut systematisch ausgebaut hat.

Hier in Sachsen also entging der Regent im Herbst 1047 auf dem Königshof Lesum gerade noch einem Anschlag anscheinend des Billungers Thietmar. Der Graf, ein Bruder Herzog Bernhards II., wurde im gerichtlichen Zweikampf durch den Ankläger, seinen Vasallen Arnold, so schwer verwundet, daß er drei Tage später starb. (Ein Sohn des Getöteten ließ darauf Arnold zwischen zwei Hunden an den Beinen aufhängen und so lange hin und her zerren, bis er tot war.)

Noch kurz vor seinem Hingang im unvollendeten 39. Lebensjahr trachtete dem Kaiser 1055 ein Fürstenkomplott erneut nach Krone und Leben, u. a. Herzog Konrad I. von Bayern, Herzog Gottfried der Bärtige (S. 167 f.) und Bischof Gebhard III. von Regensburg (S. 176 f.). Der Onkel des Monarchen, der vergeblich zu leugnen suchte, kam vor ein Fürstengericht und in Haft. Er war jedoch bald wieder frei, auch wieder Bischof von Regensburg, während man einen seiner Mitverschwörer, den in der Ostmark begüterten Laien (!) Richwin, zum Tode verurteilt und seine Güter konfisziert hat.[21]

In dieser von dauernden Ränken, Positionskämpfen, Fehden, Kriegen wild zerrissenen Welt, dieser christlichen Welt, führten also diverse «Herrschaftsträger», vor allem Bischöfe, im späten 10. Jahrhundert in Südfrankreich, wo in Aquitanien der Terror der waffentragenden Schichten besonders floriert haben soll, einen Sonderfrieden ein. Er bekam im Lauf der Zeit verschiedene Namen, pax, pactum pacis, restauratio pacis et iustitiae, pax et treva Domini, woraus dann um 1040 die Verkürzung pax Dei, Gottesfriede, hervorging. Aber auch die Formen und Zeiten differierten, die Räume, die Örtlichkeiten, die Personengruppen. Und, interessant, der Klerus stützte sich jetzt nicht nur auf den Staat als Ganzes, sondern trat auch in einen unmittelbaren Kontakt zum Rittertum, ja, ein Papst wie Gregor VII. spielte dieses gegen den Staat aus, schickte es geradezu in den Krieg gegen ihn.[22]

Im ersten Drittel des 11. Jahrhunderts, zu Beginn der Salierzeit, gelangte die Gottesfriedensbewegung – gefördert vom französischen König, der sich davon eine Stärkung seiner Stellung versprach – aus Aquitanien nach Nordfrankreich und Burgund, schließlich nach Spanien, Italien, dem Deutschen Reich. Und hier eben soll sie seit 1043 auf die «Friedensmaßnahmen» Kaiser Heinrichs III. eingewirkt haben, «und zwar im Sinne einer Steigerung zu einem umfassenden ‹Friedensprogramm›» (Reinhold Kaiser). Recht eigentlich aber griff sie erst nach 1080 auf das Reich über, als es gespalten und vom ständigen Krieg geschlagen war.

Die bekannte Cicero-Frage erhebt sich: cui bono?; doch stets die «Kernfrage der Kriminalistik nach dem Tatmotiv bei der Aufklärung eines Verbrechens» (Duden). Und vielleicht hilft die neue Frage weiter: Wer initiierte die (göttliche) Sache, den guten Himmelsvater selbst einmal beiseite?

Nun, kein Zweifel, vor allem der Episkopat, der in der »zerfallenden Ordnung» in erster Linie seine riesigen Kirchengüter schützen, seinen Reichtum retten wollte. Wobei er selbstverständlich nicht nur an sich dachte, keineswegs; sondern auch und gerade an seine lieben Nächsten, die «inermes pauperes» zumal, die waffenlosen Elendshaufen. Denn all die Ausgehungerten, Darbenden, Getretenen, die Witwen, Waisen, Wehrlosen standen den Kirchenfürsten doch stets am nächsten! Kurz, die pacta pacis waren ursprünglich ein Pro-domo-Akt des hohen Klerus, waren eine Art Sozialjustiz von Bischöfen und Äbten, die sich gut pastoral erklären ließ als fromme Schutz- und Sorgepflicht der Hirten für die Schafe.[23]

Mit den Hierarchen lancierte oder erzwang natürlich auch der hohe Adel, insbesondere das regierende Fürstentum, den Gottesfrieden bzw. den Abschluß von regionalen Friedensmaßnahmen, denn die sogenannten weltlichen Mächtigen profitierten gleichfalls daran. Mußten doch die fortwährenden «Unrechtstaten» der kleinen seigneurs, der untergeordneten Strauchritter, deren Privatquerelen sozusagen, die Großgauneraktionen, die eigenen Fehden und Feldzüge, die eigene Streitherrschaft der Potentes, der Divites gefährden. So hatte wahrscheinlich bereits Karl I. die Fehden 789 verboten, sicher aber mit einem Kapitular von 802 durch Aufbietung des Königsbannes eingedämmt. Jedenfalls nutzten die Großen, die ja nicht nur mit ihresgleichen rivalisierten, sondern ebenso mit dem fehdegeilen niederen Adel, den Gottesfrieden zugunsten der eigenen Machtgier.[24]

Die Fehde war seit alters in den germanischen Stämmen, wie etwa Hildebrandslied, Nibelungenlied, Isländersagas ausweisen, geradezu das beherrschende Element, war im öffentlichen Leben des mittelalterlichen Nord- und Mitteleuropa ein Hauptthema, ein politisches Grundprinzip. Ihre Beurteilung schwankte aber wiederholt. Noch in jüngerer Zeit galt sie oft als «subsidiäres Rechtsmittel» (O. Brunner), als legitime Form der Selbsthilfe, während man jüngst wieder mehr ihre kriminellen Komponenten betont und den sozioökonomischen Niedergang des Rittertums im Spätmittelalter.

Ohne Frage griff die Fehde mit ihrer Ruinierung des Gegners, seiner Güter, Burgen, Städte, Märkte, Bauern, allmählich immer mehr um sich. Zwar schritt der Klerus zuweilen mit Fluch und

Bann und Interdikt dagegen ein, scheiterte jedoch schon deshalb, weil er eben auch selbst ungezählte Fehden führte, obwohl dies ihm grundsätzlich ebenso verboten war wie, zunächst wenigstens, den Bauern, Bürgern, von den Juden zu schweigen.

Die Fehdeführung aber unter diesen Menschen, die ja sämtlich zum gleichen Gott beteten, und dies auch sämtlich in der gleichen Kirche taten, war weithin grausam; sie konnte über Raub, Brandstiftung, Unbewohnbarmachung (viele Wüsten entstanden derart) bis zur erbarmungslosen Ausrottung ganzer Familien gehen, einschließlich der Kinder. Auch begnügten sich fromme Ritter oft nicht mit dem Niederbrennen einer Burg; sie ließen die meist dabeistehende Kirche oder Kapelle gleich mit in den Flammen aufgehen. Ergo suchte man solchen Waffengebrauch, statt eines generellen Verbotes, wenigstens partiell einzuschränken, von Freitagabend, beispielsweise, bis Montagmorgen, wie anno 1041 einige französische Bischöfe forderten. Nach dem Wochenende konnte man dann gestärkt wieder aufeinander eindreschen.

Wie sehr die klerikale Selbstsucht dieses «Institut des Gottesfriedens», der «Treuga dei» schuf (treuga ist die latinisierte Form des fränkischen triuwa, Sicherheit), ist eklatant. Schon die zeitliche Begrenzung vom Freitagabend bis Montagmorgen kam selbstverständlich dem Sonntag zugut, dem kirchlichen Gottesdienstbesuch. Sprechenderweise wurde der Gottesfrieden dann über das Wochenende hinaus auf sämtliche kirchliche Festtage ausgedehnt, später auch auf die Advents- und Fastenzeit. Den Höhepunkt erklomm das Konzil von Narbonne 1054, das Krieg- und Fehdeführen rechtens nur noch an rund 80 Tagen ermöglichte. Auch bestimmte Räume wurden allmählich in den Gottesfrieden einbezogen, und selbstverständlich waren es besonders Kirchen und Klöster, in deren Umkreis keinerlei Kampfhandlungen stattfinden durften. Natürlich respektierte der Klerus selbst nicht immer die Sache. So ließ im ausgehenden 11. Jahrhundert der Bischof Fulco von Beauvais einen gewissen Hubert, den Bruder des Bischofs Ursio von Senlis, just während des sogenannten Gottesfriedens gefangennehmen und seinen Besitz ausrauben.

Im 11. Jahrhundert entstanden die «Pax-Milizen», Diözesanheere, die der Sicherung des Friedens dienen sollten, vor allem aber der Sicherung des geistlichen Hab und Gutes dienten, dem Machtstreben, wobei man oft für die eigensüchtigsten Zwecke focht, auch Priester die Truppen anführten.

So besorgte sich seinerzeit der Erzbischof von Bourges, Aimo von Bourbon (1030–1070) – im 15. Jahrhundert wurde ein Mitglied dieses Fürstenhauses, Charles de Bourbon, mit zehn Jahren zum Erzbischof von Lyon gewählt und vom Papst bestätigt –, gemeinsam mit seinen Suffraganen eine Privatarmee. Neben milites gehörte ihr auch ein Volksaufgebot an, fast so etwas wie eine Art «Volkssturm», in dem (auch dies erinnert an Hitlerzeit und Zweiten Weltkrieg) noch Kinder mitstreiten mußten, alle Knaben vom 15. Lebensjahr an; wobei die «Friedenskämpfer» nicht nur das Land verwüsteten, sondern auch die Burg Benecy samt 1400 Menschen verbrannten. Gegen das kleine Raubgesindel waren Erzbischofs Aimos «Pax-Milizen» unbesiegbar. Als er sich aber an einen der mächtigsten Herren des Berry, Odo von Déols, wagte – er lag mit ihm wegen der Burg Chateauneuf-sur-Cher in Fehde –, erlitt er am 19. Januar 1038 in der Schlacht am Cher eine fürchterliche Niederlage; mehr als 700 Kleriker sollen dabei umgekommen sein.

Ein ähnliches Schicksal ereilte ein Menschenalter später anscheinend das Diözesanheer des Bischofs Arnald von Le Mans, einer Stadt, deren Adel, Bürger und Pfaffen im 11. Jahrhundert einander ständig in der Wolle lagen. Im übrigen ist klar, daß dieser Friedenskampf des Erzbischofs von Bourges (und seiner Kollegen) «letztlich der erzbischöflichen Herrschaftssicherung diente», wobei man in der Erzdiözese Bourges die nichtritterliche Bevölkerung bis ins 13. Jahrhundert «für den erzbischöflichen Frieden» kämpfen ließ (R. Kaiser).

Natürlich rekrutierten die Prälaten nicht bloß bewaffnete Haufen aus Klerus und Volk. Sie erhoben auch sofort Gebühren, und selbstverständlich Gebühren: «pro pace»; seit dem 12. Jahrhundert das commune pacis (commun de paix), eine bis ins Spätmittelalter bestehende (und, anders benannt, auch in Spanien belegte) Friedenssteuer, womit sie dann kriegsbereite Mannschaften oder Befestigungen finanzierten.

Überhaupt, vielleicht das Wichtigste, diente der kirchlich organisierte Friede gleichzeitig auch dem kirchlich organisierten Krieg und dem Kriegermetier. Denn: «Die in den Gottesfriedenssatzungen häufig vorgesehenen Maßnahmen gegen die Friedensbrecher laufen auf nichts anderes als einen neuen, diesmal von der Kirche selbst angeordneten Krieg hinaus.» Und auf einen auch von der Kirche geleiteten Krieg, einen «Krieg dem Krieg», einen «Friedenskrieg», in den die Pfarrer mit ihren Fahnen und Kreuzen zogen. Schloß man ja da und dort Friedensbrecher gar aus der Kirche aus.

Das Papsttum allerdings, dem wir uns damit über einen längeren Zeitraum hinweg zusammenhängend zuwenden, hat den Gottesfrieden nur zögernd übernommen; als erster Urban II. 1095 – vor Beginn des Ersten Kreuzzuges![25]

4. KAPITEL

«EIN PAPST DRÄNGT SICH NEBEN DEN ANDEREN...» DIE HEILIGEN VÄTER UM DIE MITTE DES 11. JAHRHUNDERTS

Der Fisch stinkt vom Kopf her.
Mittelalterliches Sprichwort

Ein Papst geht mit Heiratsplänen um und verkauft das Papsttum

Nach dem Tod Johanns XIX., jenes Heiligen Vaters, der durch enorme Bestechungen an einem einzigen Tag vom Laien zum Papst aufstieg (S. 134), folgte Benedikt IX. (1032–1045, 1047 bis 1048), der Neffe seiner beiden Vorgänger, der Brüder Johann XIX. und Benedikt VIII. Somit saß wieder, zum drittenmal hintereinander, ein Graf von Tusculum auf der sogenannten Cathedra Petri, und wieder einer kraft der Waffen und des Goldes, diesmal seines Vaters Alberich III. Lebte doch der römische Klerus, dies bezeugt Papst Viktor III., «in grenzenloser Barbarei» – wie das ganze heilige Rom; was Ferdinand Gregorovius so charakterisiert: «alle Wege wurden von Räubern belagert, alle Pilger ausgeplündert; in der Stadt lagen die Kirchen in Verfall, während die Priester bei Bacchanalen schwelgten. Täglicher Meuchelmord machte die Straßen unsicher, und selbst in den St. Peter drangen römische Adlige, das Schwert in der Faust, die Gaben fortzuraffen, die noch fromme Hände auf den Altar legen mochten.»

Mit Benedikt IX. war wieder ein Laie Papst geworden, angeblich einer erst mit zehn oder zwölf Jahren, was nicht nur frühe Quellen, sondern noch Historiker des 19., ja des ausgehenden 20. Jahrhunderts, wie Hagen Keller, behaupten. Und mochte Benedikt IX., wer weiß, auch etwas älter sein, hielt er sich doch, einige erzwungene Pausen beiseite, ein Dutzend Jahre fast unangefochten auf dem Heiligen Stuhl, nahm er ihn sogar, jedenfalls faktisch, als einziger Papst dreimal hintereinander ein.

Das Leben des unreifen Jungen, dessen kriminelle Erhebung

Kaiser Konrad offenbar wohlwollend geduldet hatte, wie er mit ihm überhaupt gut harmonierte, glich bald weniger dem eines Zölibatärs als eines Sultans. Auch sollte er anhand von Zauberbüchern die Dämonen beschwören, in Wäldern mit dem Teufel umgehen, durch Magie die Weiber anziehen, Ehebruch, Raub und Totschlag begehen, sagen kirchliche Berichterstatter.

Vielleicht war er ja nicht ganz so schlimm, wie es dem Abt Desiderius von Monte Cassino erschien, den es schauderte, Einzelheiten preiszugeben. Die päpstliche Kanzlei sandte immerhin Erbauliches in die Welt, predigte die Verachtung irdischer Lust, die Sehnsucht nach der himmlischen Heimat. Heiligkeit selbst freilich ging mit Heiratsplänen um, warb offen um die Hand einer römischen Verwandten und wurde, nachdem er – während Pest und Hungersnot das Abendland marterten – alles verbraucht hatte, was zu verbrauchen war, noch zum Objekt eines Mordversuchs. Vornehme Roms verschworen sich, ihn am Altar zu erwürgen, sinnigerweise am Fest der Apostel; freilich vergebens. Erst im Herbst 1044 verjagte ihn eine Adelsrevolte, ohne daß er formell abgesetzt wurde. Und nach langen und blutigen Faktionskämpfen erhob man im Januar 1045 den Bischof Johann von Sabina, offenbar einen Mann der Crescentier, als Silvester III. zum Papst, und auch er hatte die Aufständischen wieder durch Gold bestochen. Doch schon nach wenigen Wochen, um den 10. März, mußte er fliehen, da Benedikt von seinen Burgen in den Albanerbergen wiederkehrte und abermals sein heiliges Amt wahrnahm, selbstverständlich auch den Rivalen sofort exkommunizierte. Dann aber schien ihm die Lage doch zu riskant, ein erneuter Sturz zu wahrscheinlich, schien ihm, anders als vielen seiner Vorgänger, ein Rücktritt von der Stellvertretung Gottes auf Erden durchaus möglich, auch erträglich, allerdings nur durch das Erstatten der erheblichen Unkosten, die eben seine Erhebung gekostet hatte.

Ernsthaft interessiert am Geschäft war ein gewisser Johannes Gratianus, der greise Erzpriester von S. Giovanni a Porta Latina, der Taufpate des Papstes (patrinus; möglicherweise Beichtvater) und wahrscheinlich ein Verwandter des reichen jüdischen Bankhauses der Pierleoni. Der getaufte Jude Baruch schoß Johannes viel Geld vor (zwischen 1000 und 2000 Pfund Silber); die Zahlenangaben schwanken, die finanzielle Transaktion bleibt wohl absichtlich unklar. Doch verhökerte der Papst nach den meisten Quellen in einer förmlichen Rücktrittsurkunde vom 1. Mai 1045 seinem Paten für eine riesige Summe, zumal, wie man annahm, für die Erträge des Peterspfennigs aus England (S. 154), den apostolischen Stuhl. Sogar Franz Xaver Seppelt, der katholische Papsthistoriker, sieht darin nicht etwa eine lebenslängliche Rente, eine Abfindung, sondern wahrscheinlich «einen regelrechten Verkauf der päpstlichen Würde»; zwar ein singulärer Fall in der Papstbranche, aber ringsum offensichtlich akzeptiert.

An den An- und Verkauf geistlicher Güter und Glorie war die christliche Gemeinde doch längst gewöhnt (S. 201 f.). Auch an das Verschenken zwecks Sicherung der lieben Verwandten, ein ja recht menschlicher, nahezu schöner Zug. Herzog Richard von der Normandie, Ahnherr des vom Papsttum so ermutigten Wilhelm des Eroberers (S. 249), vermachte das Erzbistum Rouen seinem Sohn, zwei Bistümer einem Neffen. König Heinrich I. von Frankreich, der Wundertäter, stattete seine Tochter mit der Abtei Corbie aus; ein Graf von Toulouse tröstete seine Witwe mit den Einnahmen der Diözese Albi und des Klosters St. Gilles; die Grafen von Barcelona bedachten ihre Erben mit ganzen Bistümern. Ein Graf der Bretagne erhob sich gleich selbst zum Oberhirten von Quimper, vererbte die Diözese seinem Sohn, der sich verehelichte und das bischöfliche Amt dann wieder seinem Sohn weitergab. Allenthalben ein rührender Versorgungsdrang christlichen Hochadels.

Natürlich war man bei fernerstehenden Nächsten nicht ganz so selbstlos und verkaufte kurzerhand. Das Bistum Albi zum Beispiel 1038 für 5000 Schillinge. Für 100 000 Schillinge beförderte 1016 Graf Wifred von Barcelona-Urgel seinen gleichnamigen zweijährigen Sohn auf den erzbischöflichen Stuhl von Narbonne, und der Sprößling erwies sich dankbar und schanzte für die gleiche Summe seinem Bruder die Diözese Urgel zu. «In einigen Ländern, besonders in Süd- und Westfrankreich, kamen regelrechte Handelsgeschäfte mit Bistümern vor» (Tellenbach). Für den Bischofssitz von Florenz beglich man um die Mitte des 11. Jahrhunderts angeblich 3000 Pfund. Doch sollen seinerzeit im Land des Papstes alle Bischöfe ihre sogenannte Würde gekauft haben und, falls die zeitgenössische Quelle übertreibt, sicher nicht arg.

Wie auch immer, infolge mehrfacher schwerer Verstöße gegen das Kirchenrecht hatte man im Mai 1045 wieder einen Heiligen Vater, den allgemein als sehr fromm geltenden und hoch angesehenen Gregor VI. (1. Mai 1045 – 20. Dezember 1046). Und auch er konnte offenbar nichts Schlimmes an dem Handel finden. Oder hätte er sonst, wie es heißt, geäußert, er habe seinen wertvollsten Besitz, das Geld, für die wertvollste Würde der Welt gegeben?[1]

Selbst Kirchenlehrer und Bekämpfer der Simonie wie Petrus Damiani und der unter Gregor VI. in der Kurie tätige Mönch Hildebrand, als Papst Gregor VII. ein fanatischer Gegner des geistlichen Ämterhandels, gesellten sich, zunächst vielleicht ohne genaue Kenntnisse des Vorgangs, begeistert dem Simonisten zu, dessen Pontifikat aber auch der Papstkatalog durchaus gutheißt.

Heilige Väter – «Idioten» oder Opfer?

Alle Welt schien einverstanden, auch Odilo von Cluny, auch Frankreichs König Heinrich I., nur nicht der inzwischen regierende deutsche König Heinrich III. Er überquerte im Herbst 1046 von Augsburg kommend mit starken Truppenverbänden den Brenner und ließ dann – obwohl oder vielmehr weil bereits drei Päpste die apostolische Bildfläche zierten: «Ein Papst drängt sich neben den anderen», wie es in einem Hilferuf an Heinrich hieß – den Bamberger Bischof, den sächsischen Grafen Swidger von Morsleben, als Clemens II. (1046–1047) am 25. Dezember zum summus pontifex erheben und sich selbst von ihm, noch am selben Weihnachtstag, zum Kaiser krönen. Auch unter Otto III. und

Gregor V. folgten Papstwahl und Kaiserkrönung dicht aufeinander.

Clemens war der erste von vier Päpsten aus deutschem Hochadel, die Heinrich einsetzte; allerdings erst, nachdem Adalbert von Hamburg-Bremen abgelehnt und an seiner Stelle den ihm befreundeten Bamberger Bischof vorgeschlagen hatte. Sich selbst übertrug Heinrich die patrizische Gewalt, was ihm das entscheidende Wort bei der Papsternennung gab und die Römer erneut verpflichtete, kein oberstes Kirchenhaupt ohne kaiserlichen Konsens zu wählen. «Wir bekennen», erklärten sie auf einer Synode in Rom am 24. Dezember, «daß wir unverständig genug gewesen sind, Idioten zu Päpsten einzusetzen.»

Silvester III. und Gregor VI. hatte Heinrich kurz zuvor, am 20. Dezember 1046, durch eine Synode in Sutri, der er präsidierte, das schönste Schmuckstück, Benedikt IX., auf der Synode in St. Peter drei Tage später stürzen lassen, doch war Benedikt weder in Sutri noch in Rom erschienen. Silvester wurde formell abgesetzt und zu Klosterhaft verurteilt, durfte aber bald in sein Bistum zurück. Ex-Papst Gregor dagegen, der Simonie für schuldig befunden und entthront, wurde, wohl wegen seines großen Anhangs in Italien, nach Deutschland verbannt, von seinem Kaplan Hildebrand, einem jungen Mönch, der hier erstmals persönlich begegnet und dann als Gregor VII. welthistorische Bedeutung gewinnt, begleitet und der Aufsicht des Kölner Metropoliten unterstellt. Doch verblich er schon wenige Monate später, kurz nachdem Bischof Wazo von Lüttich beim Kaiser Gregors Wiedereinsetzung gefordert hatte, «an einer Krankheit, die nicht näher bestimmt worden ist» (Kelly).[2]

Aber auch Clemens II. hätte sein Bamberger Bistum besser nie verlassen, das er nun in einer Bulle vom 24. September, heimwehkrank und wie von bösen Ahnungen geplagt, als «Taube» umschwärmte, «treueste Tochter», «süßeste Braut», von der getrennt zu sein er nicht ertrage. Denn auch er, Papst ja nur, weil des Kaisers erste Wahl, Adalbert von Hamburg-Bremen, abgelehnt und weil man, wie mehrere zeitgenössische Quellen übereinstimmend versichern, in Rom selbst kaum einen ehrbaren Kleriker fand, Clemens II. starb bald, war vierzehn Tage darauf tot. Anfang des Jahres hatte er den Herrscher noch nach Süditalien begleitet und das Heinrich den Zutritt verwehrende Benevent mit dem Kirchenbann belegt; im Spätsommer mußte er Rom wegen schwerer Unruhen verlassen und verschied am 9. Oktober 1047 in der Abtei des hl. Thomas bei Pesaro, wahrscheinlich «per poculum veneni». Benedikt IX. soll ihn vergiftet haben.

Die Leiche wurde nach Bamberg gebracht und im Dom beigesetzt – im einzigen Papstgrab nördlich der Alpen. Und neunhundert Jahre später, 1942, fand man bei seiner Öffnung nicht nur prächtige Pontifikalgewänder und immer noch, wie bereits bei der Graböffnung 1731, «viele licht-gelbe Haare», sondern bei einer toxikologischen Untersuchung auch einen merklichen Bleigehalt in den Knochen. Der alte, schon seit dem Hochmittelalter kursierende Verdacht, er sei vergiftet worden, vermutlich von Papst Benedikt, scheint dadurch bestätigt. Für die übrigen vier «deutschen Päpste» damals, für Damasus II., Leo IX., Viktor II. und Stephan IX., «gilt der Giftmord als unwahrscheinlich» (Fuhrmann).[3]

Benedikt IX. aber tauchte gleich nach Clemens' II. Tod aus seinem Zufluchtsort bei Tusculum noch einmal auf, drang in die Stadt ein und wurde am 8. November 1047 wieder Papst. Gestützt von dem Markgrafen Bonifatius, dem seinerzeit mächtigsten italienischen Fürsten, gab er bis Juli 1048 noch ein drittes und allerdings letztes, vom bestochenen Volk umjubeltes Gastspiel auf dem Stuhl der Stühle – diesmal freilich als Gegenpapst. (Man konnte also Papst und Gegenpapst in einer Person sein – nur nicht zur gleichen Zeit!) Der Kaiser designierte indes den bayerischen Grafen Bischof Poppo von Brixen in Tirol, den der als Begleiter befohlene Markgraf von Tuszien allerdings erst nach Heinrichs scharfer Drohung in den Lateran geleitete.

Der «steinreiche Markgraf, vielmehr Tyrann Italiens», der schließlich den Reformern nahestand, sich auch geißeln ließ, ja in Mantua mit Heinrich III. und Leo IX. bei der Auffindung des «Blutes Christi» beteiligt gewesen sein soll (direkt gefunden wurde der kostbare Lebenssaft des Herrn «von einem Blinden», natürlich «durch göttliche Enthüllung»: Hermann von Reichenau), Bonifaz von Tuszien wurde 1052 nach langer und harter Herrschaft durch vergiftete Pfeilschüsse aus dem Hinterhalt ermordet. Schon vier Jahre früher aber war Poppo von Brixen, der als Damasus II. am 17. Juli 1048 die Cathedra Petri bestiegen, bereits drei Wochen danach, am 9. August, in Palestrina verblichen, entweder an Malaria oder, wie andere Quellen meinen, durch Gift, vielleicht durch das Gift Benedikts IX. Dieser jedenfalls hatte ihm Rache angedroht; ebenso seinem Nachfolger Leo IX. Doch war auch die Macht der Tuskulaner Grafen jetzt einigermaßen gebrochen, hatten sie Rom immerhin wenigstens fünf Heilige Väter gegeben: Johann XI., Johann XII., Benedikt VIII., Johann XIX. und Benedikt IX., fünf, mit allenfalls einer Ausnahme, die Haare sträuben lassende Figuren, um nicht zu sagen mehr oder weniger vollendete Verbrechergestalten.

Freilich drückten seinerzeit, zwischen 1046 und 1058, auch fünf deutsche Päpste (von sieben deutschen der ganzen Papstgeschichte) den Stuhl, auf dem Petrus nie gesessen, den einige dieser Deutschen auch auffallend mieden. Und alle hatten sie verblüffend knappe, insgesamt nur zwölf Jahre umfassende, gerüchteumschwirrte Pontifikate – eine von Kardinal Damiani mit der Last des hohen heiligen Amtes erklärte Kurzlebigkeit.[4]

Dem nur dreiundzwanzig Tage als Papst regierenden Grafen Poppo folgte ein weiterer deutscher Graf, Bruno von Egisheim-Dagsburg, ein 1002 im Elsaß geborener Verwandter Kaiser Heinrichs III., als Leo IX.

Heiliger und Feldherr – Papst Leo IX. (1049–1054)

Das neue Kirchenhaupt war schön, reich, gebildet, fast fieberhaft tätig und nur selten in Rom, von seinen fünf Regierungsjahren bloß ein halbes Jahr. Der Papst, hinter dem bereits sehr Hildebrand stand, damals sein Subdiakon und Abt von St. Paul, genoß durch sein Auftreten, seinen Eifer, die weiten Reisen (dreimal nach Frankreich, dreimal nach Deutschland, sechsmal nach Süditalien) große Publizität; auch der Schriftverkehr stieg an, es gibt mehr als 170 überlieferte Urkunden Leos, aber «mit erheblichem Fälschungsanteil» (Lexikon für Theologie und Kirche) – eine beinah hektische Aktivität, die jedoch vor allem politischen Zwekken, den Angelegenheiten des Reichs diente, der loyalen Zusammenarbeit in häufigen und längeren Begegnungen mit dem mit ihm verwandten Kaiser.

Immerhin, Leo veranstaltete auch prunkvolle Kirchenweihen, Kanonisationen, zahlreiche Synoden, insgesamt zwölf, etwa doppelt soviel wie seine Vorgänger in 25 Jahren. Er kümmerte sich noch um die Resteverwertung der Heiligen, wobei er sich auch in den Reliquienstreit zwischen St. Emmeram und St. Denis mischte. Das Regensburger Kloster behauptete nämlich – ein ubiquitärer Mönchsbrauch – aus purer Ruhm- und Gewinnsucht, die Reliquien des Schutzpatrons von St. Denis, des hl. Dionys, zu besitzen, und setzte deshalb allerlei angebliche Authentiken in die Welt, wie man denn da auch sonst frei darauflos fälschte, päpstliche und kaiserliche Urkunden, etwa auf die Namen von Karl «dem Großen», Ludwig dem Frommen, Arnulf, Otto I. Und da der hl. Papst die Kontroverse zugunsten Regensburgs entschied, verwickelte er sich, vielleicht ja ohne es zu wissen, «in ein Gewebe von Lügen», wurde jedenfalls «mitschuldig eines frommen Betruges» (Steindorff), der die beiden Klöster jahrhundertelang in Atem hielt.

Weil aber Leo in jener, von allen Chronisten in düsteren Farben gemalten Zeit, einer Zeit, in der auch und gerade der Apostolische Stuhl, wie es damals hieß, Ausgangspunkt aller Übel war, weil Leo da für Keuschheit eintrat, Ordnung der Verwaltung, weil er gegen Ämterschacher und Priesterehe predigte, keinesfalls konsequent zwar, manchmal auffallend konziliant, rühmt man fort und fort noch heute seine «Güte, Heiligmäßigkeit und Liebenswürdigkeit», sieht man noch immer in ihm einen «von höchstem Rechtsethos durchdrungenen», «ganz von den Idealen seines Berufes erfüllten Papst», einen der «edelsten und ausgezeichnetsten», eine der «reinsten Gestalten der Papst- und Weltgeschichte». War er doch auch für Johannes Haller – ohne jede Ironie – «Staatsmann und Kriegsherr ebensosehr wie Priester und Seelenhirt und beides in bester Prägung».

Die Kirche verehrt Leo IX. seit seinem Tod als Heiligen, stets ein besonders bedenkliches Indiz. «Kaum hatte er den letzten Atemzug gethan, so läutete die Glocke der Peterskirche von selbst, um den Gläubigen seinen Tod anzuzeigen, und mehrere glaubwürdige (!) Personen versicherten, seine heilige Seele in der Mitte der Engel zum Himmel aufsteigen gesehen zu haben» (Donin). Und dies nicht zuletzt, wie die Biographen bemerken, wegen seiner «frommen Kriegstaten», die er, noch dazu als erster Papst, im Namen der Kirche verbrach.[5]

Doch schon seinerzeit gab es ganz andere Stimmen, sogar innerhalb der Kirche. Schrieb ja selbst Kirchenlehrer Petrus Damiani, Berater Leos IX., 1053: «Wenn für die Sache des Glaubens, durch welchen die allgemeine Kirche lebt, kein Privatmann das Schwert erheben darf, wie darf dann für weltliche und vorübergehende Besitzungen der Kirche ein geharnischtes Heer mit dem Schwert rasen? Wie darf um des Verlustes elender Güter willen der Christ den Christen morden? ... Hat sich je ein heiliger Papst in Waffen erhoben?»

Der heilige Leo erhob sich so, wußte freilich Rat, typisch christlichen. Denn als die Römer – von dem verjagten Benedikt samt Anhang aus Tusculum und anderen Burgen immer wieder blutig behelligt, beraubt – einen der unter Christen üblichen Rachekriege verlangten, da wollte der hl. Papst nicht Böses mit Bösem vergelten, sondern Frieden suchen, ganz evangelisch, wollte er ebendeshalb «eine Synode berufen; wer ihr gehorcht und den Irrtum ablegt, sei unser Freund; wer nicht gehorcht, werde als Ketzer bestraft». Und schon zwei Monate nach seiner Papstweihe, im April 1049 bannte er auf einer Synode im Lateran, einer «Reformsynode», wie sie jetzt aufkamen, Benedikt IX. sowie die übrigen «perfidi» und befahl die römische Miliz zum Kampf gegen sie. Darauf zerstörte, verbrannte man auch prompt mehrere Kastelle und verheerte die Umgebung von Tusculum, ohne allerdings dies selbst erobern zu können.[6]

Der hl. Papst, aus einer kampfgewohnten Grafensippe stammend – die eine Fehde nach der andern austrug, dann reiche Stiftungen für ihr Seelenheil machte und im Kloster verschied, der christliche Weg zum Ewigen Leben –, liebte von früh an den Krieg. Ja, er soll, berichtet Wibert, sein Biograph, so versiert auf militärischem Gebiet gewesen sein, als wäre dies seine einzige Beschäftigung! Der dreiundzwanzigjährige Domkanoniker von Toul befehligte 1025/1026 unter seinem Verwandten, König Konrad II., auf einem Feldzug in der Lombardei die Feldschar seines siechen Bischofs. Und als dieser von hinnen ging, machte Konrad den Domkanoniker und Truppenführer 1027 zum Nachfolger. Und Heinrich III. nominierte ihn Ende 1048 in Worms zum Papst.[7]

Doch hatte der hl. Leo nicht einst mit geringem Gefolge im Pilgergewand und barfuß Rom betreten? Wallfahrtete er nicht auch nach dem apulischen Monte Gargano? Ausgerechnet nach jenem gloriosen Gnadenort, der eng auf Soldatentum und Krieg bezogen und ironischerweise 1462, unter dem unentwegt das Schwert schwingenden Aragonesen Ferdinand I. selbst Kriegsschauplatz gegen die aufständischen Barone, von dessen regulären Truppen geplündert worden ist.

Zentrum des Gargano aber war die Grottenkirche zu Ehren des Erzengels Michael, dieses betont kriegerischen Himmelsboten, der soldatische Kleidung trägt, Speer, Schwert, Schild, der den Drachen tötet, mit Luzifer streitet, auch Feldherr (archistrategos) ist und die seligen Geister im endzeitlichen Kampf kommandiert. Ihm werden Siege über Griechen wie Slawen zugeschrieben, und auch auf dem Feldzeichen der Lechfeldschlacht (955), jener «großen Gabe der göttlichen Liebe» (V 435 ff., bes. 439), prangten sein Bild und Namen. Bis zu 800 Kirchen baute man ihm in Italien. So hatte Leo IX. den Wallfahrtsort, von dem aus auch der Bareser Meles (S. 115 f.) die Annexion Süditaliens propagiert haben soll, wohl richtig gewählt.

Doch bereitete der Papst den Krieg, der seine Amtszeit dann so ruinös beschloß, seiner Heiligsprechung indes keinen Abbruch tat, durch weitere «religiöse» Aktionen vor. So stimulierte er am Palmsonntag, dem 19. März, im Kloster Monte Cassino, damals eine Art Vorposten gegen die Normannen, die ihn begeistert feiernden Mönche. Und eine ähnliche Visite führte ihn in das Gebiet von Atina.

Noch deutlichere Akzente setzte Leo im Frühjahr 1050, als er die Beneventaner, die «Rebellen», von neuem exkommunizierte und in Melfi, der Hauptstadt des normannischen Apulien, Partei für das Volk gegenüber den Eroberern ergriff; auch für den Klerus eintrat und das Kirchengut, versteht sich. Und im nächsten Jahr agitierte Leo erneut im Süden, wobei er durch die Normannen jede Bewegungsfreiheit erhielt – und war seinerzeit schon fest entschlossen, sie zu bekriegen, sie gemeinsam mit den Kaisern des Westens und Ostens, mit dem König von Frankreich samt der eigenen Soldateska auszurotten. Ihm fehlte nur noch die nötige Streitmacht.

So reiste er im Sommer nach Worms zu Heinrich III., forderte die Abtei Fulda, andere Klöster und Orte zurück und gewann den Monarchen auch für seinen Kriegsplan. Und selbst als der Kaiser, gedrängt von seinem Kanzler Bischof Gebhard von Eichstätt, dem nächsten Papst, Viktor II., wieder Abstand nahm, die papale Eroberungspolitik verwarf, ließ sich Leo nicht irritieren. Er rief den heiligen Krieg aus – die pure Hirtenpflicht. Er tat alles, um den Angriff als Verteidigungskampf hinzustellen. Er rekrutierte mit eigenen Mitteln und der Hilfe seiner Verwandten Kriegsvolk in Deutschland: Söldner, Abenteurer, Landstreicher, teils von ihren Herren Abkommandierte, teils Beutelüsterne, die der hl. Truppenführer gar «gnädig und huldvoll» aufnahm, denen er Straffreiheit gab, Absolution von ihren Sünden avisierte, alles für die gute, allein seligmachende Sache – faktisch schon ein Kreuzzugsablaß.

Das Kontingent, zu einem nicht geringen Teil, wie auch der nicht unkritische Mönch Hermann von Reichenau verdeutlicht, ein Verbrecherhaufen, rückte im Februar 1053 nebst Papst und Friedrich, dem Kanzler der Kirche, über die Alpen, wo einerseits weiteres Militär, vor allem dann aus dem Kirchenstaat, dazustieß, andrerseits der kaiserliche Heerbann kraft Bischof Gebhards Intervention bald abberufen wurde. Auch Fürst Waimar IV. von Salerno, Herzog von Apulien und Kalabrien, opponierte der papalen Invasion, ja mischte sich zugunsten der Normannen ein, wurde aber meuchlings niedergestoßen und noch seine Leiche, aus Dutzenden von Wunden blutend, abscheulich malträtiert.

Der hl. Leo, auch von neuzeitlichen Geschichtsschreibern als «Zierde des Heiligen Stuhls» gefeiert, als «ganz von den Idealen seines Berufes erfüllt», zog indessen persönlich an der Spitze seiner Streiter gegen die Normannen. Zwar hatte es kriegerische Prälaten, selbst Päpste, schon vor ihm in großer Zahl gegeben. Doch er führte als erster Papst im Namen der Kirche Krieg. Er war der erste Papst, «der grundsätzlich seine Kriege aus der Religion herleitete, sie mit den Geboten der Kirche in Einklang brachte und den kriegerischen Geist des Heeres mit kirchlichem Sinn durchdrang» (Erdmann).

Die Normannen, notiert der gelähmte Mönch von Reichenau, «baten um Frieden, versprachen ihm Unterwerfung und Dienstbarkeit und versicherten, sie wollten alles, was sie bisher unrechtmäßig sich angemaßt und an sich gerissen hatten, durch seine Belehnung und Huld behalten; der Papst lehnte das ab». Schließlich erstrebte der Römische Stuhl Kampanien und Apulien schon seit den Tagen Karls des «Großen». Auch war Leos Heer zahlenmäßig überlegen. Also ignorierte der Heilige die cluniazensischen Friedensbestrebungen, ignorierte den vom Kaiser propagierten «Gottesfrieden», ignorierte dessen Truppenabzug, ignorierte auch sein eigenes, auf dem Konzil zu Reims 1049 erneuertes Verbot des Waffentragens, des Kriegsdienstes für Geistliche – alles wohl unter dem Einfluß seines Kardinaldiakons Hildebrand und dessen Lieblingsspruches: »Verflucht der Mann, der sein Schwert von Blut zurückhält.» Abt Petrus Damiani warnte zwar vor dem «päpstlichen Krieg». Doch der Heilige Vater war erpicht darauf, war versessen auf die «Rekuperation». Und noch ehe es zu einer Vereinigung mit den von Bari anrückenden Griechen kam, standen die Normannen am 16. Juni 1053 am Fortore bei Civitate, einem verschwundenen Ort nordwestlich von Foggia, schlachtbereit da.[8]

Die päpstliche Armee, unter der sich, außer Kanzler Friedrich, auch Kardinal Humbert und die Erzbischöfe Petrus von Amalfi sowie Udalricus von Benevent, ein Deutscher, befanden, erschien erstmals mit den von Leo verliehenen Fahnen des hl. Petrus. Und ging, vom Papst gesegnet, ihrer Sünden losgesprochen, ins Gefecht und «nach dem verborgenen Richtspruch Gottes» ihrem jähen Untergang entgegen. Denn obwohl bereits «beinah von den Deutschen besiegt», umfaßten die Normannen sie mit Reservekräften aus dem Hinterhalt. Die italienischen Truppen, darin stimmen die Berichte überein, stoben beim ersten Ansturm Richards von Aversa in wilder Flucht davon. Und die Deutschen, die vorher geprahlt, die normannischen «Räuber» auszulöschen, starben nun, umzingelt und schlecht bewaffnet, fast samt und sonders. Von Robert Guiskards Lanzenreitern, die nur notfalls hatten eingreifen sollen, in der Flanke gefaßt, fielen sie vermutlich bis auf den letzten Mann – indes der hl. Leo mit den Bischöfen zunächst noch auf der Stadtmauer stand und, nach alter Feldherrenart, zusah.

Es war die Katastrophe seines Lebens.

Zuletzt, als die Normannen schon das Kastell bestürmten, die Vorstadt bereits brannte, plünderten die Bürger von Civitate das päpstliche Gepäck, das des klerikalen Gefolges, ja, den mitgeführten Kirchenschatz und trieben Leo samt seinen Kardinälen vor die Stadt, wo ihm seine Gegner demutsvoll die apostolischen Füße küßten und ihn, auf den Knien liegend, an seine priesterliche Sendung erinnerten, während er ihnen jetzt die – vordem verweigerte – Kommunion gab. Freilich inhaftierten ihn die Sieger auch acht Monate in Benevent, bis zum Frühjahr 1054, bis kurz vor seinem Tode.[9]

Die Apologeten aber wußten natürlich sofort, warum Leos antinormannische Politik so fürchterlich gescheitert, warum die teuflischen (doch immerhin gleichfalls katholischen) Normannen über den Stellvertreter Christi einen so überaus blutigen Sieg erringen konnten. Und der Biograph des Papstes setzte noch ein neues Mirakel in die davon doch überreiche Welt: den für seine Toten betenden Pontifex habe es getröstet, «die Leichen seiner

Krieger unversehrt zu finden, während die Augen der toten Normannen von den Raben ausgehackt waren». Und dann vollbrachten auch die hl. Blutzeugen, diese so verheißungsvollen Vorbilder künftiger katholischer Schlächter und Schlachtopfer, noch vom Himmel herab jahrzehntelang Wunder.

Und was tat Leo IX.?

Nachdem er alle Gefallenen seines Heeres, wahrlich genug Räuber und Mörder darunter, zu Märtyrern und Heiligen erklärt hatte, schickte «dieser allersanfteste Mann» noch in Benevent die Kardinäle Friedrich von Lothringen und Humbert von Silva Candida, seine nächsten Vertrauten, nach Byzanz und forderte Konstantin IX. Monomachos (1042–1055) auf, zusammen mit Heinrich III. und ihm die Normannen zu bekämpfen. In mehr als heidnischer Gottlosigkeit hätten sie nichts Heiliges geachtet, gegen die Kirche gewütet und die Christen erschlagen. Denn: «nicht am Willen, nur an der Macht fehlte es ihm, um den Krieg fortzusetzen ... Gewissensbedenken waren dem Papst fremd» (Steindorff). Behauptete er doch gar, entgegen der Wahrheit, ein persönliches Eingreifen des deutschen Kaisers in Unteritalien, ein Kriegszug gegen die Normannen, stehe unmittelbar bevor.

Nur ein Jahr später, im Juli 1054, kam es zum endgültigen Bruch zwischen der griechischen und der lateinischen Kirche. (Dabei ging es weit über das Dogmatische hinaus um tiefgreifende gesellschaftliche und kulturelle Gegensätze, vordergründig auch um rituellen Firlefanz. Außerdem verlangte Leo – unter entschiedener Berufung auf das gefälschte Constitutum Constantini (IV 391 ff.) – große Teile Süditaliens oder vielmehr alles, was Konstantin und seine Nachfolger der Kirche geschenkt!

Am 3. April besiegt und krank nach Rom zurückgekehrt, rief der Papst die Kardinäle, Bischöfe und sonstige Klerisei zu sich, ermahnte sie, so steht in einer alten Quelle, «in aller Güte, keusch zu leben», erklärte noch einmal die gefallenen Recken seines apulischen Fiaskos als Märtyrer und starb, gerade fünfzig, am 19. April 1054, sofort als Heiliger verehrt und mit entsprechenden Mirakelmären umrankt.[10]

Seit Leo IX. vor allem nennt man die Päpste Reformpäpste und preist – keinesfalls nur in Kirchenkreisen – diese Entwicklung, die «kirchliche Reformbewegung» des 11. Jahrhunderts, über alles: «die gestaltende Kraft des Zeitalters» (Schieffer). Sind doch auch die modernen Historiker durchaus «reformfreundlich».

Reform. Aber was besagt das?

Reform? Revolution! Weltmachtgelüste auf der Basis von purem Lug und Trug

Der Begriff Reform ist alt, schon in der Antike geläufig. Und im klassischen Latein muß sich mit dem Verb «reformare» durchaus kein politisch-soziales Bedeutungsspektrum verbinden, bleibt es insgesamt mehr unentschieden. Auch in der Rechtssprache der spät- und nachklassischen Juristen kann reformacio einfach «Veränderung» ausdrücken, ohne jede Richtungs- oder Wertbetonung, kann eher einen pejorativen Nebensinn, sogar eine Wendung zum Schlimmeren signalisieren.

Im Christentum dagegen verknüpft man mit Reform etwas Fortschrittliches, Positives, strahlt das Wort eine bejahende Aura, gewissermaßen (wieder) aufbauende Assoziationen aus, kurz eine «reformatio in melius» – als kennte die Historie nicht auch reformationes in peius bis heute!

Leos «Reformen» betrafen die Simonie und das Zölibat – die bevorzugten Objekte der damaligen Reformer; ein fabelhafter Vorwand, die Einmischung der Laien in die Kirche zu geißeln, zurückzuweisen, obwohl die Laien viel weniger simonistisch verstrickt waren, während man andererseits geradezu schreiben konnte: «Ohne Kleriker gab es keine Simonie» (Tellenbach).

Und die «Simonie» war alt, wurde durch das ganze erste Jahrtausend praktiziert (S. 130), durch das ganze erste Jahrtausend auch getadelt, bekämpft, von Konzilien, Päpsten, sogar von weltlichen Fürsten. Doch je reicher die Kirche wurde, desto üppiger gedieh die Simonie, wie alles Korruptible gewöhnlich mit dem Reichtum wächst. Ganz beiseite, daß man schließlich unter Simonie mehr und mehr subsumiert zu haben scheint. Schon im 10. Jahrhundert fand Abbo, der Abt von Fleury, fast nichts in der Kirche, womit nicht gehandelt, was nicht bezahlt werde: Bistümer, Priester-, Diakonentum, die Dekanie, die Propstei, Thesaurarie, die Taufe, das Begräbnis etc. Zuletzt warfen Päpste und Gegenpäpste sich gegenseitig das Laster vor, Alexander II. und Honorius II., Gregor VII. und Clemens III. usw.[11]

Leo aber konnte nicht alle von simonistischen Bischöfen erteilten Weihen widerrufen, die Kirchen wären verwaist gewesen. So schärfte er nur die schon früher in solchen Fällen übliche vierzigtätige Buße ein.

Was das Zölibat betrifft, verfügte der Papst die Entlassung der Priesterfrauen. Ja, in Rom machte er alle, die mit Geistlichen zusammenlebten, zu Sklavinnen seines Palastes, um derart eine Vererbung zu unterbinden. Denn weit mehr als Keuschheit, sofern es überhaupt darum ging, oder innere Reform, interessierte auch und gerade hier das Geld und Gut, das durch Priesterheirat gar zu einfach und schnell «entfremdet», das den Priesterkindern vermacht werden konnte. «Es geht dabei doch im Wesentlichen immer nur darum, Verlusten von materiellen Einnahmen der Kirche zu begegnen» (Tellenbach). «Nicht um die innere Reform der Kirche ging es dabei, sondern um die Erhaltung des Kirchengutes» (Jesuit Kempf). Keusch mußte man nicht unbedingt sein: vorsichtig! «Aber man achte darauf, daß es heimlich geschehe . . .» – die geschriebene und ungeschriebene (un)moralische Maxime bis heute, die Heuchelei, wie sie im Buch steht (s. meine Sexualgeschichte).[12]

Im Grunde repetierte der «Reformpapst», der auch die papale Bürokratie ordnete und die Grundlagen für das Kardinalkollegium schuf, bloß ältere Vorschriften, wollte oder konnte er zumindest nicht streng durchgreifen, die Simonie nicht beseitigen, das Zölibat nicht erzwingen. Auch das Verhältnis zu den weltlichen Instanzen blieb unangetastet, ebenso die Einsetzung der Bischöfe durch den Landesherrn, falls wenigstens die Form der Wahl durch Klerus und Volk gewahrt worden ist.[12]

Gewiß sollte sich in dieser wie in anderer Hinsicht durch die

«Reformpäpste» vieles grundlegend ändern; nicht durch Reform aber, durch Umsturz, durch Revolution.

Dabei übersieht oder unterschlägt man oft, daß der Umstrukturierung des Papsttums wichtige kaiserliche Reformmaßnahmen – unter den fränkischen und mehr noch den salischen Herrschern – vorausgegangen waren, die der kurialen Regeneration weitgehend zustatten kamen. Schon Heinrich II. ist an Reform, natürlich zuerst zugunsten seiner Machtpolitik, viel mehr interessiert als etwa Papst Benedikt VIII. Überdies waren die von den Kaisern ins Papstamt gesetzten deutschen Reichsbischöfe die ersten Reformpäpste, waren gerade die deutschen Päpste «die Wegbereiter und Vorläufer der gregorianischen Kirchenreform» (Frech).

Bald aber artet die vielgepriesene Neuordnung in einen ungeheuren Machtkampf aus, wird das Kaisertum, das Kirche und Päpste doch aus einem Sumpf fast ohnegleichen gezogen – das ist die besondere Perfidie dieser Pfaffengeschichte –, zum Opfer der Kirche und Päpste.

Das «Reformpapsttum» bekämpfte nämlich nicht nur die Priesterehe, an deren Stelle schließlich eine Art Vielweiberei zahlreicher, ja wohl der meisten Priester trat. Das Reformpapsttum bekämpfte auch nicht nur die Simonie, die ein kolossaler geistlicher Handel des päpstlichen Hofes selbst ablöste. Nein, das Reformpapsttum bestritt auch das alte Recht der Laien an der Besetzung der Bistümer, der Kirchen überhaupt. Höchst massive materielle Implikationen waren also mit den diversen Reformaktivitäten verknüpft, Implikationen die «zwar keineswegs immer (!) den Ausschlag gaben, die jedoch niemals fehlten» (Miethke).

Vor allem aber verbindet sich mit dem Ringen um die Investitur auch bald der Kampf des Klerus gegen die Laien, der Päpste gegen die Kaiser, der Anspruch, auch die weltlichen Potentaten zu leiten «wie die Seele den Körper» – nicht mehr Reform somit, sondern Revolution, Abstoßung des bisherigen, auf der Idee des theokratischen Königtums beruhenden politisch-religiösen Systems. Denn dieses paßte nicht mehr in Roms hierarchisch universalistisches Konzept. Und so drängen jetzt die Päpste an die Stelle der

Cäsaren, noch weit über sie, betreiben sie, bei wachsender Unabhängigkeit, sich fast überschlagender Machtgier, eine ungeheure, keinesfalls bloß kirchenpolitische Expansion, erstreben sie gleichsam globale Geltung, die Führung der ganzen Welt, und zwar mit jeder, auch mit Waffengewalt – und alles unter dem Heiligenschein angeblich wiederhergestellter alter christlicher Ideale!

Nun wurde die Gloriole des Krieges im Dienst der Kirche gewoben, führte die «Reform» zu Serien von monströsen, ohne «Reform» nicht möglichen Verbrechen. Schon Leo IX., der gewissermaßen im Geist des Erneuerungswillens und Friedens begonnen, der noch eng mit dem Kaiser kooperiert hatte, diente nicht nur diesem mehrfach militärisch, sondern er beendete seine Regierung auch mit einem eigenen blutigen Krieg – typisch für die kommende Zeit. Und gleich nach seinem Tod wird er als Heiliger verehrt (Fest: 19. April), zumal die Leiche des so kriegstüchtigen Stellvertreters Christi Wunder bewirkt haben soll. Und dabei geht auch die große Kirchenspaltung, das Schisma zwischen Ost und West, auf seinen Pontifikat zurück.[13]

Nun rekurrierte man bei all den «Reformen» des 11. Jahrhunderts zwar auf altes kirchliches Recht. Aber man hatte dieses Recht tatsächlich nicht. Man berief sich auf Zustände, die es nie gegeben. Man berief sich auf gigantische Fälschungen, auf die Konstantinische Schenkung (IV 14. Kap.!) und Pseudoisidor (V 181 ff!), auf erdichtete Urkunden, erlogene Dekretalen.

Ein im 11. Jahrhundert durch den Kardinal Humbert von Silva Candida, den einflußreichen Berater von vier Päpsten, zusammengestelltes Handbuch des Kirchenrechts bezieht seinen Stoff zu fast fünf Sechsteln aus der großen Fälschung des 9. Jahrhunderts! Kraft dieses pseudoisidorischen Betrugs konnte man für das Papsttum eine beinahe unbegrenzte Machtvollkommenheit fordern, konnte man behaupten, die römische Kurie habe ihren Primat von Gott empfangen, alle Kirchen müßten sich deshalb nach ihr richten, sie selber aber dürfe von niemandem gerichtet werden. Und all dies und sehr viel mehr wurde in der Fälschung schon den alten und sozusagen besonders ehrwürdigen Zeugen der Christenheit, den römischen Bischöfen der Märtyrerzeit, in den Mund gelegt.

Viktor II. und Stephan IX., die letzten seit Clemens II. regierenden deutschen Päpste

Nach Leos Tod am 19. April 1054 erbat eine römische Delegation unter Führung des Subdiakons Hildebrand einen neuen Papst. Es gab langwierige Debatten, dann entschied sich der Monarch im November 1054 in Mainz für seinen Reichskanzler Gebhard von Eichstätt, den Grafen von Dollenstein-Hirschberg. Der Bischof, der fast ein halbes Jahr gezögert hatte, ehe er die Nominierung annahm, war wieder ein Verwandter des Königshauses und der letzte der vier von Heinrich ernannten deutschen Päpste, ein Mann von großem Einfluß auf den Regenten, von dem er beispielsweise die Verweigerung militärischer Hilfe für Leos Normannenkrieg 1053 erreichte. Obwohl vor allem ein ausgepichter Politiker, den Heinrich alsbald zum Herzog von Spoleto und Grafen von Fermo bestellte, führte Viktor II. (1055–1057) die Reformpolitik fort. Er schärfte das Verbot der Priesterehe, des Ämterkaufs ein und feuerte allein in der Provinz Lyon sechs Bischöfe wegen Simonie. Er bemühte sich indes mit kaiserlicher Hilfe auch um Vergrößerung des Kirchenstaates, setzte «Rekuperationen» aber auch aus eigener Machtvollkommenheit durch.

Gemeinsam mit dem Herrscher bekämpfte er dessen alten Widersacher Gottfried den Bärtigen von Lothringen, der inzwischen Beatrix, die Witwe des 1052 ermordeten (S. 193) Markgrafen Bonifaz von Toskana, geheiratet hatte. Man vertrieb Gottfried, nahm seine Frau gefangen. Doch kaum war der Kaiser im Herbst 1056, als große Volksteile eine Hungersnot heimsuchte, zu Bodfeld verstorben, versöhnte sich Viktor mit Gottfried, der Niederlothringen und die Toskana zurückbekam und nun, als Mächtigster des Reiches, den Papst schützen und stützen sollte. Viktor aber verschied bereits am 28. Juli 1057 zu Arezzo an einem Fieberanfall, nachdem er, seinerseits von dem sterbenden Kaiser mit der Sorge für den fünfjährigen Sohn Heinrich betraut, noch dessen Thronfolge in Aachen mit beträchtlichem Geschick gesichert hatte, ebenso die Berufung seiner Mutter Agnes als Reichsregentin.[14]

Die Kaiserinwitwe übernahm für Heinrich (IV.) die Vormundschaft, stand jedoch als Regentin ganz unter dem Einfluß klerikaler Berater, besonders des Augsburger Bischofs Heinrich. Und allmählich ging der deutsche Episkopat gegenüber der unpolitischen Frau in Opposition, und der römische Klerus nutzte die Situation für sich.

Nachfolger Viktors wurde Friedrich von Lothringen, der sich Stephan IX. nannte (1057–1058) und seinem Vorgänger viel verdankte; hatte dieser ihn ja erst kürzlich zum Kardinalpriester und zum Abt von Monte Cassino gemacht (nachdem man den amtierenden Abt zum Rücktritt gezwungen). Noch mehr freilich schuldete Friedrich, der jüngste Sohn Herzog Gozelos I. von Lothringen, sein Papsttum der außerordentlichen Machtstellung seines Bruders, Herzog Gottfrieds des Bärtigen von Lothringen, Markgraf von Toskana, nach Heinrichs III. Tod tatsächlich der Mächtigste im Reich (gleichwohl geistlich gegängelt auch er, wähnte er doch, eine schlimme Sündenschuld büßen zu müssen).

Stephan also, ohne Konsultation des deutschen Hofes, wenn auch mit nachgeholter Einwilligung der verstimmten Reichsregentin Papst geworden, fühlte sich seinem herzoglichen Bruder sehr verpflichtet und trat ihm sogleich die Verwaltung des Herzogtums Spoleto und der Mark Ancona ab. Ja, er ging anscheinend mit dem Gedanken um, die deutsche Zentralmacht in Italien auszuschalten, Gottfried zum Kaiser zu krönen und den Kirchenstaat zu vergrößern, wozu ihm, nach einem Gerücht, das Geld seines ehemaligen Klosters dienen sollte. Angeblich ließ er sich dessen gesamten Gold- und Silberschatz bringen, um ihn politisch-militärisch umzusetzen in einen Krieg im Frühjahr 1058 gegen die Normannen. Sie verabscheute er, der einst bei Civitate besiegt an Leos IX. Seite stand und nun echt apostolisch und mit brüderlicher Hilfe das «Patrimonium Sancti Petri» nach Süden erweitern wollte. Doch noch ehe er den bereits vorbereiteten

Feldzug führen konnte, ging Stephan IX., schon länger fiebernd, nach einem Pontifikat von kaum acht Monaten – als letzter von fünf seit Clemens II. regierenden deutschen Päpsten –, am 29. März in Florenz, im Hause seines Bruders, des Herzogs Gottfried, wie Lampert von Hersfeld hofft, «aus diesem Tal der Tränen hinüber zu den Wonnen der Engel»; man munkelte: durch Gift. Und schon bald mirakelte es auch an seinem Grab im Dom zu Florenz, wovon sich die Kunde bis über die Alpen verbreitete.[15]

Benedikt X., Nikolaus II. und das neue Papstwahldekret

In Rom griffen jetzt die Adelskreise nach der Macht, vor allem die Tuskulaner, diesmal sogar im Bund mit den Crescentiern: zwei Häuser, die wieder mal zum Zug kommen und ihre verlorenen Positionen in Stadt und Kirche zurückgewinnen wollten. Sie besetzten nachts Rom und machten, unterstützt von allen reformfeindlichen Kräften, auch vom simonistischen, auch vom verehelichten Klerus, am 5. April den Kardinalbischof Johann von Velletri, einen Neffen Benedikts IX., unter dem Namen Benedikt X. (1058–1059) zum Papst; natürlich wieder ganz ohne Wissen und Willen der deutschen Regierung, aber nicht ohne Bestechung des Volkes. Man plünderte Paläste, Kirchen, klaute noch die goldenen und silbernen Kelche St. Peters. In allen Winkeln und Gassen kam angeblich Geld unter die Leute, während die meisten reformerisch gesinnten Kardinäle Rom mit den furchtbarsten Verfluchungen verließen.

Benedikt X., irregulär und ungültig geweiht, begann alsbald zu amtieren, erließ (noch erhaltene) Bullen nach Deutschland, nach England und gilt auch als regulärer Papst. Doch stellten ihm die aus Rom geflohenen Reformer, unter dem maßgeblichen Einfluß Hildebrands, im Dezember in Siena dessen Kandidaten, den ebenfalls regulären Nikolaus II. (1058–1061), entgegen. Er hieß Gerhard, war bisher Bischof von Florenz, wo der letzte Papst verblich, und ein unbedingt gefügiger, leicht lenkbarer, kurz Hildebrands Mann. In Lothringen oder im französischen Burgund geboren, entstammte er einer unehelichen oder gar ehebrecherischen Verbindung und verdankte als ein Vertrauter des Herzogs Gottfried diesem offenbar nicht zuletzt seine Ernennung. Mit Heeresmacht rückten beide auf Rom vor und ließen noch in Sutri, auf einer Synode im Januar 1059, im Beisein des Reichskanzlers Wibert, Papst Benedikt X. exkommunizieren und verfluchen.[16]

Inzwischen hatte Hildebrand in Rom die Rebellion gegen Benedikt geschürt, der zunächst monatelang ganz unangefochten gewirkt. Doch machte ihm Hildebrand einen Teil seines Anhangs abspenstig, wobei er es nicht an Bestechung fehlen ließ. Leo, der Sohn des getauften Juden Baruch-Benedikt, verteilte für Hildebrand Geld. Und just dort, wo Leo wohnte, jenseits des Tiber, begann auch, noch ehe sich Gottfrieds Heer, fünfhundert Reiter, genähert, die Erhebung gegen Benedikt X. Mehrere Tage dauerten die Straßenkämpfe, und während Gottfrieds Truppen schließlich den Lateran erstürmten, floh Benedikt über Passarano, ein Kastell der Crescentier, auf eine Burg des Grafen von Galeria, wahrscheinlich wieder ein Tuskulaner oder doch mit ihnen verwandt, sein besonderer Schutzherr.

Hildebrand aber eilte nach Kampanien und verhandelte im Namen des Papstes mit den Normannen. Vertraglich erkannte er Richard als Fürst von Capua an, und dieser leistete einen Treueid auf die römische Kirche, auf Nikolaus II. und schickte ihm auch sofort mit Hildebrand drei Grafen nebst dreihundert Reitern gegen Roms Adel. Zusammen mit den päpstlichen Truppen stürmten sie die Burgen in der Umgebung, plünderten und verbrannten sie, wobei viele auf beiden Seiten umkamen.

Nach der Flucht des Rivalen war der ganz von Hildebrand abhängige Nikolaus II. bereits am 24. Januar 1059, umjubelt vom gekauften Volk, in Rom eingezogen. Da er aber irregulär, entgegen der Tradition, Papst geworden – außerhalb Roms, ohne Klerus und Volk der Stadt, durch einen noch nicht bevorrechtigten Personenkreis –, versammelte er, um seine Stellung zu festigen, auf seinem ersten Konzil, der Lateransynode vom 13. April,

113 fast lauter italienische Prälaten und erließ gleich ein neues Papstwahldekret. Benedikts Wahl war demnach unrechtmäßig, die eigene, ja gleichfalls unrechtmäßige, war rechtmäßig.

Der Bischof von Rom wurde ursprünglich, wie alle anderen Bischöfe, von Klerus und Laien gewählt, wobei das zunächst wirkliche Stimmrecht des Volkes allmählich durch bloße Akklamation praktisch beseitigt worden ist.

Bereits seit dem 4. Jahrhundert beeinflußten christliche Kaiser und germanische Fürsten die Besetzung der Prälatenstühle. Seit dem 5. Jahrhundert bestimmte zeitweise die römische Stadtaristokratie stark die lokale Bischofswahl. Anno 824 forderte Lothars I. Constitutio Romana (V 66) von jedem «electus», jedem zu weihenden Papst, in Gegenwart des kaiserlichen Gesandten erst einen Treueid auf den Kaiser; das heißt, es war wieder die Bestätigung der Papstwahl durch den Herrscher erforderlich, und Papst Johann IX. hat dies 898 ausdrücklich gebilligt.

Das berühmte Dekret des zweiten Nikolaus nun, offensichtlich von Hildebrand inspiriert, beschränkte das Wahlrecht, im bewußten Gegensatz zu den Designationen, faktisch Ernennungen Kaiser Heinrichs III. (1046), auf die Kardinalbischöfe, die jetzt den Ausschlag bei der Erhebung eines Papstes gaben und schließlich den Rang geborener Fürsten beanspruchten und bekommen sollten!

Damit war, wie so oft in der Kirchengeschichte, die ursprüngliche Situation genau verkehrt. Denn während in der alten Kirche Volk und Klerus die Bischöfe wählten, diese selbst aber nur die Zulässigkeit der Wahl bestätigen konnten, bekamen nun die Kardinäle, genauer Kardinalbischöfe, allein das Wahlrecht übertragen, das Volk und der übrige Klerus jedoch hatten keine Mitsprache mehr. Und wie die Gemeinde ins Abseits, besser ins Aus geriet, so auch der Kaiser, der nach einer offenbar absichtlich vagen, verschieden deutbaren, von jeder Partei in ihrem Sinne auslegbaren Klausel die Wahl durch die Kardinäle nur bestätigen, nur anerkennen durfte; der sozusagen bloß eine Art Konsens- oder Ehrenrecht bekam – «unbeschadet», wie es mehr schlecht als recht heißt, «der schuldigen und schon zugesagten Ehrfurcht gegen unseren geliebten Sohn Heinrich, den gegenwärtigen König, und so Gott will, künftigen Kaiser, wie gegen seine Nachfolger, die vom Päpstlichen Stuhl dieses Recht persönlich würden erhalten haben.» Das Dekret mündet aus in fürchterliche Strafandrohungen des Himmels und der Erde gegen seine Verletzer.

Die Erbitterung in Deutschland war groß. Kaiser Heinrich III. hatte auf dem Recht der Papsternennung bestanden; kein Wort war jetzt davon zu lesen. Und noch nie zuvor wurde ein römischer Bischof derart gewählt wie dieser, der auf der damaligen Kirchenversammlung – die zum erstenmal ein Verbot der Laieninvestitur erließ, das heißt Priestern untersagte, Kirchen von Laien zu erwerben – mit einer Doppelkrone erschien, auf deren unterem Reif «Königskrone von Gottes Gnaden» stand, auf deren oberem «Kaiserkrone von Peters Hand». Damit stellte sich der Papst dem Kaiser gleich, wenn auch die Herkunft dieser Kopfbedeckung unsicher ist, die Tiara, wie die papale Macht, eine lange Entwicklung durchlief und ihre Endgestalt erst im 14. Jahrhundert unter Clemens VI. erreichte: drei Kronen und alle drei in gleichem Abstand zueinander – schon fast faschingsprinzenhaft.

Das Wahldekret war eine Neuerung und sollte vor allem der gerade erfolgten Erhebung des Papstes augenblicklich den Schein der Legalität verleihen. Später wurde es nicht mehr beachtet, ja als widerrechtlich gebrandmarkt. «Keiner der folgenden ‹Reformpäpste› wurde nach dieser Bestimmung gewählt» (Schwaiger). Doch die illegale Wahl des Nikolaus bekam so den Anschein des Rechts.

Als nicht lang nach der Synode Kardinal Stephan, ein Vertrauter Hildebrands, an den deutschen Hof reiste, ließ man ihn dort fünf Tage warten und schickte ihn dann, ohne daß er Heinrich IV. auch nur gesehen, zurück. Versiegelt brachte er das päpstliche Schreiben wieder nach Rom. Eine schwere Brüskierung, die allerdings noch weit mehr mit einer radikalen Änderung der kurialen Strategie zusammenhing.[17]

Für Nikolaus II., der ja zunächst auch den vom Adel geschätzten Benedikt X. noch gegen sich hatte, war eine Hilfe von jenseits der Alpen immer unsicherer geworden und zumal durch den unmündigen Heinrich IV. kein Beistand zu erwarten. Somit sah sich der Heilige Stuhl nach neuen Mitstreitern im allgemeinen Fressen und Gefressenwerden um. Und da die Opportunität gewöhnlich das Verhalten des Menschen im allgemeinen, das der Pfaffen aber im besonderen bestimmt, da das Prinzip der Nützlichkeit (fructus, utilitas) gerade für sie faktisch über alles geht, begann jetzt ein bedeutsamer Wandel, ein völliger Umschwung der römischen Politik.

Nikolaus II. kollaboriert mit den Normannen

Seit 1016 waren die Normannen in Unteritalien eingeströmt, ohne Verbot der deutschen Regenten. Im Gegenteil, Konrad II. und Heinrich III. belehnten sie mit Aversa und Apulien. Die Kirche dagegen hat sie bald bekämpft, verflucht und mit allen Mitteln zu vernichten gesucht. Sie wurden Agareni genannt, den arabischen Räubern gleichgestellt, den Feinden Gottes, die Italien jahrhundertelang verheerten. Denn wie diese respektierten auch die Normannen weder Kirchen- noch Klosterbesitz noch den des Papstes. Sie beraubten Monte Cassino, sie okkupierten Benevent. Sie waren immer mächtiger, waren seit Leos IX. Debakel, der sie hatte vertreiben, hatte ausrotten wollen, zu Herren weiterer Städte und Gebiete geworden, hatten Capua, Troja erobert, Apulien und Kalabrien zum größten Teil besetzt. Vernichten konnte Nikolaus die Normannen nicht. Dazu waren sie zu stark, andererseits die bisherigen Verbündeten des Papsttums wider die Normannen, das deutsche, das griechische Herrscherhaus, gegenwärtig nicht stark genug.

Gewiß, Richard von Aversa und Robert Guiscard, die Sieger von Civitate, waren kaum viel mehr als heraufgekommene Viehdiebe, Buschklepper, Strauchritter, Bandenchefs. Aber entsprach das nicht der Genesis der ganzen Edelart? Klaute, raubte, tötete sich so nicht fast alles hoch, was schon aufgestiegen war oder noch aufsteigen sollte? Jedenfalls hatten die Normannen die besten Truppen. Und passend gesellte sich zu ihrer wilden Draufgängerei eine durchaus devote Kirchlichkeit samt der Pflicht zu jährlichem Tribut für allen Landbesitz des hl. Petrus auf Ostern an die Päpste oder deren Boten zahlbar. Also stellte sie die römische Kirche, in deren Bannstrahl sie noch standen, jetzt in ihren Dienst, sagte der Papst sich gleichsam vom deutschen Kaisertum los und ging – eine weltgeschichtliche Entscheidung – am Leitseil des Hildebrand, der die Zukunft im Visier hatte, die kommenden Dynasten witterte und Roms großen Sieg, einfach zu diesen anrüchigen Nachbarn über.

Nikolaus II. machte im August 1059 auf einer Synode zu Melfi, der Hauptstadt des normannischen Apulien, die vordem verfluchten Invasoren zu seinen Vasallen, seinen neuen Kriegern. Der Papst belehnte jetzt – die Rechte der Beraubten (der beraubten früheren Räuber!) souverän mißachtend – die neuen Räuber, die Nachkommen des Tankred Hauteville, der kleinen Adelsfamilie aus dem Cotentin in der Normandie u. a., mit ihren italienischen Eroberungen. Er belehnte Richard von Aversa mit dem Fürstentum Capua; und Robert Guiscard, den apulischen Grafen und Nachfolger seines Bruders Humfred (gest. 1057), dessen Söhne er brutal verdrängte, belehnte Nikolaus, der Guiscard zuvor auch noch als Räuber von Kirchengut gebannt, mit Gebieten, die nicht ihm, dem Papst, sondern dem griechischen, dem deutschen Herrscher unterstanden, mit den Herzogtümern Apulien, Kalabrien und dem schon seit wenigstens zwei Jahrhunderten in muslimischer Hand befindlichen Sizilien, das erst noch erobert werden mußte – mit Hilfe Gottes und des hl. Petrus, wie es hieß.

Nun war das Papsttum, so gierig es stets auf Land aus, so unersättlich es hinter Territorien her war, im Verschenken von Gebieten, die ihm nicht gehörten, zumal von solchen völlig außerhalb seiner Reichweite, stets generös. Das wohl berühmteste Beispiel: Alexander VI. Dieser so kinderreiche und -liebe, so vital zum Inzest inklinierende Zölibatär und Familienvater erkannte einst im Wonnemonat Mai, in seiner Bulle «Inter coetera» von 1493, die ganze Neue Welt («omnes insulas et terras firmas inventas et inveniendas, detectas et detegendas ...») kurzerhand den katholischen Hispaniern zu.

In Melfi freilich überließ Rom den Normannen, mit Ausnahme Benevents, sogar sämtliche von ihnen geraubten päpstlichen Besitzungen. Dabei waren diese Zuteilungen durch Nikolaus II. selbst nach den katholischen Kirchenhistorikern Seppelt/Schwaiger «gegen alles Reichsrecht». Denn nichts von all dem, was der Papst und Hildebrand hier mit vollen Händen verschenkten, weder Capua noch Apulien, Kalabrien, Sizilien, war römischer Besitz – kein Wunder, wenn man seinerzeit ihren Legaten am deutschen Hof abblitzen ließ (S. 210).

Die beiden Normannenfürsten aber hatten viel eingeheimst; sie waren überdies durch den Papst legitimiert, sie bekamen einen «Rechtstitel», der sie auswies vor Untertanen, Nebenbuhlern, Neidern. So schworen sie jetzt Nikolaus II.: «Ich werde der heiligen römischen Kirche und dir nach Kräften gegen alle Menschen Beistand leisten, die Regalia und Besitzungen des heiligen Petrus zu behalten und zu erwerben, und ich werde dich unterstützen, das Papsttum sicher und ehrenvoll zu behalten.»

Beide versprachen ihm und jedem rechtmäßig gewählten Papst somit Militärhilfe, Heeresdienst wie die Vasallen eines Fürsten; wobei man natürlich jeder größeren Totschlägerei einen gewissen «Kreuzzugscharakter» geben mußte, um sie nicht mit den gewöhnlichen Schlächtereien weltlicher Machthaber zu verwechseln. Für die Zukunft kam auch noch eine besondere Verpflichtung zur Hilfe bei der Papstwahl hinzu. Und der Normanneneid, zeigt er nicht eklatant, worum es da ging? Um Reform? Um Landgewinn doch. Militärische Macht. Um das «Fürstentum des heiligen Petrus».

Und soviel der Normanne auch gewann, der Papst, der sich bei diesem grandiosen Geschäft offenbar auf die «Konstantinische Schenkung» berief, gewann mehr. Hatte ihn Hildebrands Coup doch mit einem Schlag zum Herrn der größeren Hälfte Italiens gemacht; nicht nur zum Herrn neuer und überaus potenter normannischer Fürsten, sondern auch wieder zum Herrn der unteritalienischen und sizilianischen Bischöfe.[18]

Das gewaltige Manöver zahlt sich auch gleich aus. Denn noch in diesem Jahr, dem Jahr der folgenschweren Wende, im Sommer

1059, führen Nikolaus II. und Hildebrand abermals einen «Kreuzzug» gegen Benedikt X. Man «säubert» das Gebiet um Rom, stürmt die Kastelle des römischen Adels. Nikolaus selbst belagert seinen Gegner Benedikt in der Feste Galeria, man brennt nieder, plündert, und nach der Unterwerfung seines Beschützers, des von mehreren Päpsten mit fürchterlichen Flüchen gebannten Grafen Gerard, unterwarf sich der Gegenpapst ebenfalls und trat zurück. Von den Mauern der Burg herab, vor welcher Nikolaus mit seinen Kriegern lag, soll Benedikt die Römer gescholten, ihnen vorgeworfen haben, sie hätten ihn gegen seinen Willen zum Papst gemacht. Und da ihm sein Bistum Velletri verwehrt war, zog er sich nach Rom in ein Haus seiner Mutter bei S. Maria Maggiore zurück, doch erst nachdem ihm dreißig adlige Römer eidlich Sicherheit für seine Person und Habe und gegen üblen Trug geleistet.

Es nützte gleichwohl nichts. Der Trug folgte alsbald in Gestalt Hildebrands. Denn schon einen Monat später schickte der Kardinal Soldaten und brachte Benedikt hinter Schloß und Riegel. Hildebrand wurde seinerzeit zum Rang des Archidiakons der römischen Kirche befördert und erhielt zur Befriedigung seiner Bedürfnisse, zur «Ausstattung» seiner Stellung, die reiche Abtei des hl. Paulus vor Roms Mauern zugewiesen.

Dem entrechteten Gegenpapst aber machte man den Prozeß. Auf der Ostersynode 1060 mußte er alle erdenklichen Delikte gestehen und wurde mit beachtlichem Theater noch einmal in aller Form abgesetzt. Es half auch nichts, daß er beteuerte, man habe ihm das hohe Amt aufgezwungen. Vor dem siegreichen Konkurrenten riß man ihm Stück für Stück die päpstlichen Gewänder ab. Dann ließ man ihn zu Füßen des Nikolaus in entwürdigender Haltung ein schriftlich vorbereitetes Schuldbekenntnis verlesen, eine verlogene Liste, derart mit gräßlichen Sünden und Verbrechen gespickt, daß er sich erst nach Sträuben und unter Tränen dazu verstand, während seine Mutter, umringt von klagenden Verwandten, sich die Haare raufte, das Gesicht zerfleischte, und Hildebrand höhnte: «Höret, Ihr Bürger von Rom, die Thaten Eueres Papstes, den Ihr erkoren habt.» Die Synode verbannte ihn auf Lebenszeit in das Kloster St. Agnese bei Rom, wo man ihn grausam schikanierte, bis er starb. Nach 1072 aber ließ ihn Gregor VII., eben jener Hildebrand, der ihn gefangengesetzt, mit päpstlichen Ehren bestatten!

Freilich wurde schon bald auch Nikolaus II. entthront, exkommuniziert und alle seine Maßnahmen für nichtig erklärt. Doch bevor man ihn tatsächlich entfernen konnte, starb er plötzlich am 19. Juli 1061 in seiner Bischofsstadt Florenz. Man sagte ihm wenig Gutes nach, ja die Gegner warfen ihm Unwissenheit vor, Leichtsinn, ein wüstes Leben.[19]

Und dann ergab sich eine neue Kirchenspaltung.

Das Cadalus-Schisma beginnt

Hildebrand hatte als nächsten Papst Anselm von Lucca ausersehen, an dessen Bischofssitz er reiste. Und gleichzeitig zog er den Normannen Richard herzu, ob erneut bestochen, wie seine Gegner sagen, oder nicht, jedenfalls war der Drahtzieher schneller als die deutsche Seite, ritt der Normanne wieder nach Rom und wütete mit dem Schwert. Denn Hildebrand samt Anhang, fast alle römischen Kardinäle, beeilten sich, ihren Mann zu erheben. Zwar mißlang die Inthronisation zunächst, da die Römer den Weg verlegten. Doch in der Nacht auf den 1. Oktober nahmen die Eindringlinge im tumultuösen Handstreich die Kirche St. Peter ad Vincula, brachte der normannische Graf, noch «das blutige Schwert umgürtet» (Hauck), den Erwählten zum Ziel, wurde die feierliche Zeremonie begangen «mit vom Kampfe blutbefleckten Händen ...» (Meyer von Knonau). Und alsbald ermahnte der neue, gänzlich von Hildebrand beherrschte Papst Alexander II. (1061–1073) die Gläubigen, sich von den weltlichen Dingen ab und dem Himmel zuzuwenden; und bekundete gewissermaßen als geistliches Regierungsprogramm: «in der Zeit unseres Dienstes wird die heilige Keuschheit der Geistlichen erhöht und die Üppigkeit der Unenthaltsamen mit den übrigen Ketzereien zerschlagen werden».[20]

Ja, alles würde gut sein und wäre gut gewesen ohne das Treiben des bösen Feindes. Gedrängt nämlich von römischem Adel, lombardischen Reichsbischöfen und Kanzler Wibert, ließ der deutsche Hof (unter der Regentschaft der Kaiserin Agnes) am 28. Oktober in Basel Cadalus von Parma, den einstigen Kanzler Heinrichs III., als Honorius II. (1061–1064) zum Papst erheben, dabei ausdrücklich die vier Wochen frühere Wahl des Bischofs von Lucca verwerfend.

Honorius entstammte einem vermögenden Veroneser Geschlecht, hatte bereits 1046 an der Etsch, gleich gegenüber Verona, das Kloster San Giorgio in Braida gestiftet und reich mit Erbgütern ausgestattet. Die Reformpartei aber liebte es, den Gegenpapst «tödliches Gift» zu schimpfen, «Herold des Teufels», «Apostel des Antichrist», «Futter für die Hölle», «den stinkigen Mist der Menschen», «die Bestie von Parma» etc. Noch im 19. Jahrhundert ist er in Donins vielbändiger kirchlich imprimierter Lesezumutung – «segensreich», wie das Lexikon für Theologie und Kirche lobt, doch «auf wissenschaftliche Gründlichkeit keinen Anspruch» machend – der «Afterpapst Honorius». Man warf ihm simonistische Häresie vor sowie großes Blutvergießen, die bewaffnete Usurpation der Papstwürde. Und bezichtigte Alexander II. im Grunde desselben. War er doch nur mit Hilfe normannischer Soldaten durch Bestechung und blutigen Kampf überstürzt und ohne Fühlung mit dem deutschen Hof in der Nacht zum Papst gemacht worden.[21]

Honorius II. zog im Frühjahr 1062 nach Italien und erschien, vom lombardischen Episkopat mit Geld und Truppen gestützt, im März vor Rom. «Hinter Dir her», höhnte Petrus Damiani, «ziehst Du ein Lager, das eher mit Gold, als mit Eisen bewaffnet ist, und so werden eher die Münzen aus den Fächern hervorgerückt, als daß die Schwerter aus den Scheiden herausgeschwungen werden.» Die Schwerter gefielen dem hl. Kirchenlehrer offenbar doch besser. «Nach dem gemeiniglichen Sprichworte brichst Du mit goldener Faust durch die eiserne Mauer.»

Aber in Rom sah die Lage grundsätzlich nicht anders aus. Der getaufte Jude Leo agitierte hier wieder für Hildebrand, den Organisator des Ganzen. Man hatte gerüstet, hatte Krieger rekrutiert, und am 14. April, am zweiten Sonntag nach der Auferstehung des Herrn, machte Hildebrand mit angeblich tausend Mann einen Ausfall, wurde jedoch mit großen Verlusten an Verwundeten und Toten zurückgeschlagen; Papst Honorius drang mit seinem Heer in die Leostadt ein. Hunderte von Leichen bedeckten bereits das neronische Feld (zwischen Engelsburg und Vatikan), viele auch trieben im Tiber. Honorius eroberte die Peterskirche, trotz heftiger Straßenkämpfe aber nicht den Lateran, da Hildebrand mit neuen Geldern neue Krieger mobil gemacht hatte.[22]

Zudem wurde Cadalus' weiteres Vordringen durch ein folgenschweres Ereignis in Deutschland gestoppt.

Der hl. Anno und sein Staatsstreich von Kaiserswerth

Nach dem Tod Heinrichs III. regierte zunächst seine Witwe, die Kaiserin Agnes, für den noch unmündigen, doch schon gekrönten Heinrich IV. Einerseits setzte sie die zuletzt gegen die Hocharistokratie gerichteten Zentralisierungsmaßnahmen des verstorbenen Monarchen fort, andererseits wollte sie führende Fürsten durch die Vergabe von Herzogtümern an die Zentralmacht binden; beides mißlang. Denn wie gewöhnlich in Übergangsphasen und unter schwachen Regierungen schlugen weltliche wie geistliche Kreise Kapital daraus, versuchten es wenigstens, und Agnes geriet ins Schlepptau ihrer Ratgeber. Dazu gehörte, nach Lampert von Hersfeld, besonders der Bischof Heinrich von Augsburg, mit dem die Witwe sehr eng kooperierte. «Deshalb konnte sie», meldet der königsfeindliche Mönch, «dem Verdacht unzüchtiger Liebe nicht entgehen, denn allgemein ging das Gerücht, ein so vertrauliches Verhältnis sei nicht ohne unsittlichen Verkehr erwachsen.»

Es kam zu Erhebungen in Sachsen, Schwaben, am Niederrhein, zu Aufständen der Friesen, der Liutizen. Wichtige Positionen der

Krone gingen verloren. Nicht zuletzt, wie stets bei lockerer Führung, erstrebte der Klerus mehr Macht und Privilegien. Zwar hatte der deutsche Papst Viktor II., der frühere Bischof Gebhard von Eichstätt, den Heinrich III. noch sterbend vor versammeltem Hof um Unterstützung des Sohnes gebeten, der Regentin treu beigestanden und die Versöhnung mit Gottfried von Lothringen, Heinrichs entschiedenstem Widersacher, zum Abschluß gebracht (S. 205 f.). Doch dann verschlechterte sich die Beziehung zum Papsttum, wurden seine Nachfolger ohne Mitwirkung der Reichsregierung erhoben. Stephan IX., gedeckt durch die immense Macht seines herzoglichen Bruders, zeigte in Deutschland monatelang seine Einsetzung nicht an, Nikolaus II. suchte und fand die Waffenhilfe der Normannen und erließ 1059 sein reichsfeindliches Wahldekret. Schließlich beendete Agnes' Regentschaft der Staatsstreich des ambitiösen, besitz- und territorialhungrigen Kölner Metropoliten.

Dieser veritable Heilige, Erzbischof Anno II. (1056–1075), besaß, wie Lampert von Hersfeld rühmt, «jede Art von Tugend in reichstem Maße», «tiefe Frömmigkeit», «große Freigebigkeit», «große Milde» usw.; ist er doch noch für moderne Kirchenhistoriker der fromme, der «menschenfreundliche Kirchenfürst» (Schreiber, Fleckenstein).

Und in Wirklichkeit?

Wie ungezählte Päpste und Bischöfe trieb auch der hl. Anno zur Stärkung seines Einflusses die obligatorische Familienpolitik. Sein Neffe Burchard, ein Schwestersohn, war 1059 Bischof von Halberstadt geworden (und blieb es, bis er 1088 starb). In Magdeburg konnte Anno 1063 seinen Bruder Werner zum Erzbischof wählen lassen, wo er immerhin fünfzehn Jahre saß. Annos Versuch freilich, 1066 auch seinem Neffen Kuno nach der Kölner Dompropstei das Trierer Erzbistum zu verschaffen, scheiterte. Die Trierer Diözesanen stürzten Kuno auf seinem Inthronisationszug bei Bitburg unter Führung des Vogts der Trierer Kirche, eines Grafen Dietrich, von einem Felsen, raubten seine reichen Schätze – und bald geschahen Wunder am Grab des Märtyrers, der Patron des Klosters Tholey und, gleich dem Onkel, heilig wurde (Fest 1. Juni). Immerhin stellten die Steußlinger, denen die Herren entstammten, und die mit ihnen verwandten Linien in knapp achtzig Jahren nicht weniger als drei Bischöfe und drei Erzbischöfe.

Oberhirte Anno, der nicht zufällig schon seit seiner Bamberger Zeit den Patron der Ritter und Reiter, den Drachentöter Georg, besonders verehrte, auch zur Bruderschaft der Bamberger St. Georgenbrüder gehörte, war zwar heilig, aber streitbar. So rang er mit dem Abt von Stablo um den Besitz Malmedys. Er kämpfte mit dem Pfalzgrafen Heinrich, den er gefangennahm, als dieser zur Rückeroberung seiner früheren Stellung im Kölner Erzstift antrat, und machte ihn um 1059 im Kloster Gorze zum Mönch. Als der Pfalzgraf dort ausbrach und erneut gegen Anno vorging, schloß der ihn auf Burg Cochem ein und ließ ihn gefesselt ins Kloster Echternach stecken.[23]

Die Kölner haßten ihren Hirten und Heiligen so, daß sie sich 1074 gegen ihn erhoben – eine bemerkenswerte frühe Meuterei deutscher Stadtbürger. («Trotzdem», tröstet die neueste Ausgabe des Lexikons für Theologie und Kirche, «sicherten ihm Lebensbeschreibungen . . . ein heiligmäßiges Andenken». Und immerhin auch eine offizielle Kanonisation!)

Anno hatte Ostern mit Friedrich von Münster in Köln gefeiert und wollte dem Kollegen für die Rückreise irgendein geeignetes Kaufmannsschiff zur Verfügung stellen. Dies war wohl gegen jedes Recht, verletzte ein «uraltes Kaufmanns-Privileg» (Stehkämper). Hatte doch schon Kaiser Ludwig der Fromme befohlen, «ihre Schiffe nicht für Unseren Bedarf wegzunehmen». Die erzbischöflichen Knechte aber beschlagnahmten ein Fahrzeug, überdies ein bereits befrachtetes, und ließen es entladen. Doch nun wehrte sich der herbeigerufene Sohn des Schiffseigners, schlug Annos Leute sowie den herbeieilenden Stadtvogt zurück, zuletzt rebellierte die ganze Bürgerschaft, wobei viele, so Lampert von Hersfeld, «den Anstifter dieses Wütens, den Teufel selber, gesehen, wie er vor dem rasenden Volk daherlief, behelmt und gepanzert, mit einem feurigen Schwert . . .». Annos Diözesanen, «die Gefäße des Teufels», demolierten und plünderten seinen Palast, die Kapelle, zerschlugen «alle gottesdienstlichen Geräte mit eifernder, nein geifernder Gründlichkeit», ja griffen den Erzbischof selber mit einer «Wolke von Geschossen» an. Er verbarrikadierte sich im Dom, in der «Kirche des heiligen Petrus», und konnte dann verkleidet in der Nacht durch ein Mauerloch die Stadt verlassen, für sich und seine Begleiter ganze vier Pferde unterm Leib.

Während die Kölner den König um Hilfe rufen, rückt ihr Heiliger schon mit einem Heer heran, das ihn notfalls «über Haufen von Erschlagenen auf seinen Bischofsstuhl zurückführen» will. Doch die Bürger erbitten Frieden, und Anno verspricht auch, bei aufrichtiger Reue, Vergebung, läßt aber, nach feierlichem Hochamt, alles barfuß und in Bußgewändern vor sich kriechen und kündigt für den nächsten Tag eine Sühne «für das ungeheuerliche Verbrechen nach den kanonischen Vorschriften» an. In der Nacht fliehen mehr als sechshundert Kaufleute, die Soldateska des Bischofs plündert die Häuser der Übeltäter, macht Widerstrebende nieder oder legt sie in Ketten. Anno, der Mann «von bewundernswerter Heiligkeit» (Vita Bennonis), läßt einige scheren, geißeln, verstümmeln, blenden – «willkürliche Racheakte» (His) – und alle mit schweren Vermögensstrafen belegen. Außerdem muß das Volk schwören, ihn gegen jedermann zu verteidigen und die Flüchtlinge stets als schlimmste Feinde zu betrachten, bis sie dem Erzbischof Genugtuung geleistet. «So wurde die Stadt», schreibt Lampert, «plötzlich fast völlig verödet ...»[24]

Den Erzbischof Udo von Trier aber bat Anno «flehentlich», seinen Bannstrahl gegen die aufständischen Kölner, die «verunreinigte Herde», auch den Trierer Diözesanen bekannt zu machen, auf daß sie nicht «durch den in den Excommunicirten liegenden Aussatz besudelt werden, sondern daß Ihr diese Leute aus Euren Grenzen wegjagt und fortstoßet, damit nicht die Rede derjenigen, welche gleich wie der Krebs schleicht, die Eurigen bewege, so daß sie etwas von dieser Art gegen Euch zu thun sich erfrechen.»

Wie passend, daß ausgerechnet Gregor VII., doch abermals ein Heiliger, dem hl. Anno nur wenige Monate später versicherte, unter allen Kirchen des deutschen Reiches sei ihm, dem Papst, die Kölner Kirche mit Gewißheit «die liebste Tochter» (dulcissima filia).

Freilich gab der edle Anno dann angesichts seines Todes all den von ihm Vertriebenen «nicht nur die kirchliche Gemeinschaft, sondern auch», wenn es denn wahr ist, «ihre sämtlichen Güter, die er ihnen weggenommen hat, gütigst zurück» (benignissime restituit). War Anno doch, wie Lampert auch berichtet, «bei allen Guten vor allem deshalb geschätzt, weil er unbeugsam an Recht und Redlichkeit festhielt», ein Mann, der – die gloriose Doppelbegabung und -begnadung dieser geistlichen Spezies – tagsüber zwar erfolgreicher als alle Bischöfe Kölns seit Gründung der Stadt seinen Geschäften nachging, «die ganze Nacht aber dem Gottesdienst» widmete, ja, «das Wort Gottes so eindrucksvoll, so herrlich» predigte, «daß seine Predigt selbst Herzen von Stein Tränen entlocken zu können schien ...».

Stand der Brutalist doch schon seit Jahren den Reformern nahe. Er öffnete ihnen seine Klöster von Köln bis Saalfeld; besonders Siegburg, das bald Wundergeschichten über ihn verbreitet, strahlte weithin die «Reform» aus. Und vermutlich in Siegburg, wo man noch heute – niemand zaudere! – Annos Reliquien «im kostbaren Annoschrein» der Pfarrkirche verehren kann, zeichnete ein Geistlicher um 1080/1085 auch das mittelhochdeutsche «Annolied» auf, das zumindest sein Lebensende, wohl zur Förderung der Heiligsprechung, als «imitatio Christi» schildert: «Als ein Löwe saß er vor den Fürsten, als ein Lamm ging er unter Dürftigen.» Und etwa um dieselbe Zeit zeigt die Vita Annonis den sterbenden Hirten treu besorgt um seinen Bischofssitz bis zuletzt: «Heilige Maria! Hilf schnell den Elenden, hilf schnell Köln, hilf schnell der Stadt, die bald untergehen wird.»

Noch im 12. Jahrhundert aber wirft das Volk Anno Raub vor, Ungerechtigkeit, und erklärt seine angebliche Wunderkraft und Heiligkeit als «figmenta» und «falsa». Rom zögerte denn auch ein wenig mit der Kanonisation «wegen der verwickelten politischen Verhältnisse» (Beissel). Doch die Erinnerungen an den tatsächlichen Anno wurden allmählich verdrängt, alle störenden, belastenden, peinlichen Begebnisse unterdrückt, dafür die Legenden desto mehr gepflegt. Nach wiederholtem Insistieren des Abts Gerhard von Siegburg wird er 1183 durch Papst Lucius III., den Einführer der Inquisition (S. 541 f.), heiliggesprochen. War er ja, «wie keiner vor ihm, Mehrer der Gerechtsame und des Besitzes der Kölner Kirche gewesen» (Steinbach), wobei aber noch seine «bischöfliche Klosterpolitik» letztlich bloß dazu diente, «die eigene Gewalt zu stärken und die weltliche Herrschaft auszubauen» (Erkens). Denn wie ungezählte Prälaten frönte er nicht nur einem skrupellosen Nepotismus, sondern eben auch einer nicht minder skrupellosen Erwerbspolitik (allein 1065 gewann er drei Klöster) im Interesse seines Bistums wie seiner Familie, betrieb er eine generöse Vergeudung von Reichsrechten und -gütern an geistliche und weltliche Große.

Dies aber vermochte er nicht zuletzt dank seines Staatsstreiches von Kaiserswerth.

Der Kölner Metropolit, neben Adalbert von Bremen der führende Bischof des Reiches, hatte die Kaiserin zu Ostern, Anfang April 1062, auf die Rheininsel Kaiserswerth gebeten und dann heimtückisch den elfjährigen Heinrich IV. zur Besichtigung eines Schiffes überredet, um ihn zu entführen. Zwar stürzte sich der junge König, als er die Absicht des Erzbischofs erkannte, kopfüber in die heftige Strömung und wäre ertrunken, hätte ihn nicht einer der Spießgesellen, Graf Ekbert von Braunschweig, unter eigener Lebensgefahr mit knapper Not gerettet. Die Entführung nach Köln aber, einschließlich der Reichsinsignien, des Kreuzes, der hl. Lanze etc., gelang, und Kardinal Hildebrand gratulierte stürmisch dem bischöflichen Kidnapper; wie ja auch Kardinal und Kirchenlehrer Petrus Damiani nur Lob dafür hatte, während die Kaiserin, ohne jeden Versuch einer Bestrafung, sich die Macht rauben ließ, den Schleier nahm und später in ein italienisches Kloster ging.

Nach seiner Schwertleite, seinem Mündigwerden, hätte Heinrich IV. den schurkischen Seelenhirten am liebsten «mit Feuer und Schwert» gejagt; und nie verzieh er dessen hinterhältiges Verhalten, zeitlebens hinterließ es ein tiefes Mißtrauen in ihm. Vorerst freilich war Anno der eigentliche Herr im Reich; «gewiß kein unwürdiger Bischof», schreibt Albert Hauck, doch, so auf derselben Seite: stolz, herrisch, prachtliebend, Freunde, Verwandte in unbedenklichster Weise begünstigend, nicht ohne Rechtsverletzungen auch und unversöhnlichen Haß, ja: sein Leben «ist verfehlt gewesen» – dennoch: unwürdig nicht, einer unserer «großen Männer». (Vergessen selbst hervorragende Historiker so ihren Verstand, denn Hauck meint das ernst, kann die Geschichtsschreibung des Gros' der Zunft kaum noch befremden; wenngleich Historiographie – leider ein fast utopisches Postulat – noch mehr als Verstandes- Charaktersache sein sollte, Bekundung intellektueller Lauterkeit und nicht pseudoszientifische Arschkriecherei.)[25]

Der hl. Anno aber, der durch den Staatsstreich von Kaiserswerth faktisch die Leitung des Reiches übernommen hatte, arrangierte sich – eine weitere empfindliche Machteinbuße für die Salier – mit den Kardinälen in Rom.

Das Ende des Cadalus-Schismas

Dort kam es nach all den blutigen Zusammenstößen der Krieger zweier Heiliger Väter zu einem Waffenstillstand. Herzog Gottfried konnte die Päpste bewegen, die Stadt zu räumen. Alexander kehrte nach Lucca, Cadalus, dem das Geld ausgegangen zu sein scheint, nach Parma zurück, um die Entscheidung des deutschen Hofes abzuwarten, an dem beide weiter operierten. Petrus Damiani aber beschimpfte Cadalus erneut, apostrophierte ihn wieder als «Lügenbischof», als «gleichsam ein die Flammen der Hölle ausspeiender Vesuv» und häufte die gräßlichsten Verfluchungen recht christlich auf sein Haupt: «O daß Du nicht geboren wärest oder alsbald stürbest ...» (Hier, bei den hl. Kirchenvätern, bei den Christen vom Neuen Testament an (I 143 ff!), kann man lernen – und man studiere dies! –, was Haß ist. Nirgends gibt es schlimmeren. Nirgends ist er so gehäuft. Und nirgends so verheuchelt!) Doch erklärte sogar der Bischof, der Alexander II., angeblich der Gewalt folgend, inthronisiert hatte, dieser habe sich des apostolischen Stuhles durch Bestechung der Normannen wie ein eingestiegener Dieb und Räuber bemächtigt ...

Unter Annos Einfluß wandte sich der deutsche Episkopat nun Alexander zu, ein weiteres Schurkenstück des Heiligen. Denn obwohl man auf der Synode zu Augsburg Ende Oktober 1062 das Urteil vertagt hatte, anerkannte der nach Rom gesandte Bischof Burchard von Halberstadt, der Neffe Annos, noch im selben Jahr Alexander II. im Namen des von ihnen hintergangenen deutschen Königs, was das Cadalus-Schisma zugunsten Alexanders entschied. Burchard bekam dafür prompt das Pallium sowie weitere Vergünstigungen, Vortragekreuz, Reitornat, Mitra, und der hl. Anno die Ernennung zum Erzkanzler der römischen Kirche. Überdies waren auch die deutschen Bischöfe wahrscheinlich durch Gold bestochen worden.

Alexander belegte am 20. April 1063 seinen Rivalen Cadalus in der Lateranbasilika vor mehr als hundert Prälaten mit dem Bannfluch wegen Simonie, vielfacher Verstümmelungen und Morde. Cadalus tat darauf vor einer Versammlung von Bischöfen und Geistlichen in Parma Alexander in den Bann. Sei er, Honorius, doch der vom König zu Recht bestellte Hirte, während seinen Gegner ja nur die Normannen, die Feinde des Reiches, erwählten, mit wölfischem Trug und nach Diebes Weise. Und warf sich, vor allem von zahlreichen italienischen Bischöfen unterstützt, erneut auf Rom, überwand zunächst die ihm auf Bergen und in Wäldern gelegten Hindernisse, sammelte im Vorfeld der Hauptstadt weitere Truppen, kaufte die Grafen, und schon entbrannte ein zweiter Stadtkrieg. In der Nacht eroberte Honorius St. Peter und residierte in der Engelsburg, während Alexander mit seinen Normannen den Lateran behauptete. Und nachdem Hildebrand, wie es hieß, drei Tage lang gebetet, trieb er die Normannen zum Angriff gegen die «Parmenser», die Haufen des Cadalus.

Man war einander ebenbürtig, mordete und raubte, streute reichlich Geld und Geplündertes unter die Schlächter, Rosse, Panzer, Pelze, Pretiosen. Länger als ein Jahr tobten die Straßenkämpfe. Die in Trümmer liegende pagane Kunst, schon seit über einem Jahrhundert von den christlichen Kulturpionieren in Türme, Brückenwehre, kleine Festungen verwandelt, kam dem katholischen Dialog vorzüglich zugute, indes beide Päpste verschwenderisch bestachen, beteten, Messen sangen und einander vielmals und feierlich verfluchten, wobei auch die Geistlichkeit auf jeder Seite hilfreich eingriff.

Trotz aller mörderischer Bemühungen hier wie dort kam man nicht weiter. So war selbst Alexander damit einverstanden, ein Reichskonzil entscheiden zu lassen. Doch da verließ Honorius das lombardische Heer, weil ihn sein Geld verlassen, während Alexander über die anscheinend unerschöpflichen Ressourcen des jüdischen Neuchristen Leo verfügte. Geschröpft noch von seinen Beschützern, suchte Honorius, dessen Stellung in der Engelsburg allmählich eher einer Gefangenschaft glich, nach Erlegung von 300 Pfund Silber Anfang 1064, verkleidet als Pilger, das Weite. Sein Kontrahent mochte enttäuscht genug sein, hatte er doch, recht christlich wieder, «bei der Barmherzigkeit Gottes» gehofft, daß Cadalus «auf keine Weise von da entkommen könne, als bis er für alles, wessen er durch seine Nichtswürdigkeit gegen den heiligen Petrus sich vermessen hat, in gerechter Vergütung Genüge gethan ...»

Er selbst, Alexander, wurde im Mai 1064 auf einer Synode in Mantua, auf der er den Vorsitz führte und sich, das beliebte Verfahren, vom Vorwurf der Simonie und anderer Anklagen eidlich reinigte, als Papst anerkannt, Honorius II. noch einmal als «Ketzer» verflucht. Ein letzter Überfall, den dieser eben damals unerwartet auf Mantua machte, wobei man mit großem Getöse und dem Geschrei, daß Alexander ein «Ketzer» sei, in die Kirche einbrach, scheiterte knapp.

So zog sich Cadalus in seine Diözese zurück und diente als Bischof von Parma weiter Gott dem Herrn, las Messen, weihte Priester, schickte Sendschreiben aus, alles «nach der Gewohnheit des apostolischen Stuhles» (more sedis apostolicae: Lampert), während der siegreiche Alexander jetzt unbestritten als Papst regierte. Und vieles wechselt nun wieder more majorum die

Front, wie jener einst vom hl. Leo IX. von Lothringen nach Rom gebrachte Hugo, Kardinal der heiligen römischen Kirche, der erst von Alexander II. zu Cadalus, dann von Cadalus wieder zu Alexander überging, worauf er als dessen Legat in Spanien, in Frankreich wirkte, durch die Mönche von Cluny und diverse Bischöfe offen der Simonie überführt worden sein soll, doch anscheinend ohne alle Konsequenzen.[26]

Alexander II. aber wurde in Süditalien, Sizilien, Spanien und England aktiv.

Vorläufer der Kreuzzüge in Sizilien und Spanien

Anno 1064 nahm der Papst den Normannen Wilhelm von Montreuil, den Schwiegersohn des Richard von Capua, als Vasall in Dienst. Er hatte anscheinend den ganzen Süden des Kirchenstaates zu verteidigen, wobei er das vexillum sancti Petri führte, die seinerzeit auftauchende Petersfahne. Am Gebrauch dieses Symbols, dem die Päpste, je nach Bedarf, bald eine mehr religiöse, mehr rechtliche oder politische Bedeutung beimaßen, war vielsagender Weise Hildebrand von Anfang an maßgeblich beteiligt, wenn vielleicht auch nicht geradezu sein Schöpfer. Es gab jedenfalls den päpstlichen Kriegen fortan eine besondere Weihe, gleichsam einen Kreuzzugscharakter.[26]

Der Angriff auf Sizilien, 1060/1061 begonnen, entsprang der Expansionssucht der Normannen und des Papsttums, wurde aber religiös verbrämt. Es gehe, rief Robert Guiscard seinen Rittern zu, um Befreiung der Christen aus sarazenischer Knechtschaft. Er wolle sie aus ihrem Joch erlösen und die Gott zugefügte Beleidigung rächen.

Nach Amatus von Monte Cassino, den um 1010 in Salerno geborenen Geschichtsschreiber der Normannen (zeitweilig Bischof von Capaccio-Paestum), waren diese vor allem wegen des Sizilienkrieges nach Italien gekommen. Und die normannischen

Chronisten stellen den Krieg von vornherein als Kreuzzug dar, wurde er doch auch als eine Art Kreuzzug geführt, mehr als jeder frühere Heidenkrieg. «Wir hören zu wiederholten Malen, daß die Krieger vor der Schlacht beichteten und kommunizierten, daß die Ansprachen der Führer sich weitgehend in religiösen Gedankengängen hielten, daß die Beute nach dem Siege der Kirche dargebracht oder daß an den eroberten Orten sogleich Kirchen gebaut oder feierliche Messen abgehalten wurden» (Erdmann).

Bei der Schlacht von Cerami (1063) erschien erstmals St. Georg, der spätere Patron der Kreuzfahrer, auf einem weißen Pferd, eine weiße Fahne mit dem Kreuz in der Hand. Und nach der Schlacht schickte Roger I. von Sizilien, ein Sohn Tankreds von Hauteville, einen Teil der Beute, darunter vier Kamele, an Alexander II. Der Papst spendete seiner Soldateska darauf die Absolution, sandte ihr eine geweihte Fahne und ermunterte sie, im Vertrauen auf den hl. Petrus die Sarazenen desto sicherer niederzukämpfen.

Der Sizilienkrieg wurde fraglos für die Kurie geführt, ja geradezu nach deren Anweisung. Dabei haben die Normannen, die mitunter einander selber blutig befehdeten, durch Robert Guiscard sowie seinen Bruder und Vasallen Roger Sizilien fast vollständig erobert und so den Papst als ihren Lehnsherrn zum «Obereigentümer des Landes» gemacht (Haller). 1061 fiel Messina, worauf Robert erklärte, von hier aus alle Heiden zu vertreiben. 1072 nahm er auch Palermo. Die Zahl der getöteten Sarazenen und der in die Sklaverei Verkauften überstieg nach Amatus jede Fassungskraft. Und als man nach «gänzlicher Säuberung» der Kathedrale von allen islamischen Entfremdungen eine festliche Messe feierte, glaubte man überirdischen Glanz und Engelschöre wahrzunehmen. 1091 fiel Noto. Doch zuvor war Robert Guiscard bei der Realisierung seines letzten Zieles, eines Krieges gegen das doch ganz christliche Byzanz, 1085 selbst gefallen.

Roger, Großgraf von Sizilien und Graf von Kalabrien, der bei der Befreiung der Insel von den Muslimen sogar muslimische Hilfstruppen und einen muslimischen Heerführer hatte – wie neun Jahrhunderte später Faschist Franco seinen christlichen Kreuzzug u. a. mit mohammedanischen Mauren führte (die ihre Opfer kastrierten) –, Roger förderte Klerus und Klöster auf Sizilien, vergab Bistümer an ihm nahestehende Prälaten und errichtete «ein Netz kirchlicher Bollwerke an den Grenzen» (Tramontana).[27]

Krieg und Kirche, das hing unlöslich zusammen. Man profitierte dabei, man gewann Land, gewann Hörige, gewann Kamele, solche und solche. Bei den Kämpfen um Palermo schleppten die Pisaner ihre Beute auf sechs großen, im Hafen geraubten Schiffen davon und begannen damit den Bau ihres Domes zu Ehren der heiligen Jungfrau.[28]

Bemerkenswert ist in diesem Zusammenhang auch der Spanienkreuzzug von 1064, die Einnahme von Barbastro.

Auf der Pyrenäenhalbinsel hatte sich seit 714 ein muslimisches Spanien gebildet (IV 303 f.). Die nordafrikanischen Mauren, von Teilen der christlichen Westgoten bei Thronstreitigkeiten gerufen und in der Entscheidungsschlacht unterstützt, hatten seit ihrer Landung 710/711 in Kürze fast ganz Spanien erobert, zunächst ein von Damaskus abhängiges Emirat gegründet, seit 929 das politisch selbständige Kalifat von Cordoba, das nach seiner Zersplitterung im 11. Jahrhundert allmählich der christlichen Reconquista zum Opfer fiel (S. 482 ff.). Doch bleibt der hohe Stand der Verwaltung im maurischen Spanien festzuhalten, die kulturelle Blüte (der Wissenschaft, Literatur und Architektur), die große Toleranz gegenüber Christen (Mozaraber) und Juden, weiter das auf Abbau gesellschaftlicher Spannungen bedachte Sozialsystem, und nicht zuletzt eine wirtschaftliche Prosperität, wie sie das Land «bis in die Moderne nicht wieder erlebt hat» (Meyers Taschen-Lexikon Geschichte).

Mitte des 11. Jahrhunderts attackierten die spanischen Christen verstärkt den Islam, und Anfang 1064 planten Ramiro I. von Aragón und sein Schwiegersohn Graf Ermengol III. von Urgel die Eroberung Barbastros, einer wichtigen Festungsstadt in Aragón (Provinz Huesca). Der König fiel dabei, doch die Stadt wurde genommen, wenn sie auch bereits 1065 wieder verlorenging. Als sie am 18. Oktober 1100 König Peter von Aragón endgültig gewann, hatte sie zwei Moscheen, eine mozarabische Kirche und eine Synagoge.

Nun fochten beim Spanienkreuzzug 1064 aber auch Truppen anderer Länder, vor allem beträchtliche Ritterscharen aus Frankreich und Burgund, ja, der arabische Chronist Ibn-Chaijan nennt den Führer der fremden Kreuzfahrer beim Ringen um Barbastro sogar «Befehlshaber der Reiterei Roms». Was immer das heißt, der Papst hatte auch diesen Zug mit vorbereitet, hatte nicht nur den Kardinal Hugo Candidus über Südfrankreich, als man dort für den Einfall schon rüstete, nach Spanien geschickt, vielleicht als eine Art «Kreuzzugslegaten», sondern auch für die Teilnehmer an dem blutigen Unternehmen einen Ablaß verkündet, den ersten uns im Wortlaut bekannten päpstlichen Kreuzablaß. Ergo führte man den Krieg als einen heiligen Krieg gegen die Heiden, um diese «den Christen zu unterwerfen», wie Amatus von Monte Cassino schreibt. «Und sie riefen die Hilfe Gottes an, darum war Gott gegenwärtig zur Unterstützung derer, die ihn gebeten hatten. So siegten die Gläubigen in der Schlacht und ein großer Teil der Sarazenen wurde getötet; und sie dankten Gott für den Sieg, den er seinem Volk gab.» (Vgl. S. 485 f.) Bezeichnenderweise half dazu ein «Gottesfrieden», von den katalanischen Bischöfen und Fürsten 1064 verkündet, da sie, so die unumwundene Erklärung, einen Krieg führen wollten, weshalb alle, Teilnehmer wie Daheimbleibende, untereinander Frieden halten sollten![29]

Ein Jahr danach fand im März 1065 die Schwertleite König Heinrichs IV. statt, und im folgenden Jahr begann im Alter von 16 Jahren die selbständige Regierung eines Herrschers, dessen Leben wohl wechselvoller und bewegender verlief als das jedes anderen seiner Vorgänger. Und dies vor allem wegen des Konflikts mit einem der berühmtesten Päpste aller Zeiten.

5. KAPITEL

HEINRICH IV. (1065–1106) UND GREGOR VII. (1073–1085)

«Denn der Zügellosigkeit des Königs setzte weder die Vernunft ein Ziel, noch sein zunehmendes Alter, noch der Tadel irgendeines Freundes, er wurde vielmehr von Tag zu Tag schlechter, zerriß alle Bande menschlicher, um nicht zu sagen, christlicher Scheu und stürzte sich Hals über Kopf in jedes Verbrechen ...» Lampert von Hersfeld[1]

«Neu ist es aber und in allen zurückliegenden Jahrhunderten unerhört, daß Päpste die Reiche der Völker so leichtfertig teilen wollen, daß sie die Würde der Könige ... durch plötzliche Heimtücke zerschmettern, die Gesalbten des Herrn, sooft es beliebt, in den Plebejerstand versetzen wie Gutsverwalter, ihnen befehlen, die Herrschaft ihrer Väter aufzugeben, und sie mit dem Bann bestrafen, wenn sie nicht sofort zustimmen.»
Scholastikus Wenrich von Trier[2]

«Aber du sagst: Ich freilich kämpfe zur Verteidigung der Kirche Gottes, die verheert, angegriffen und überall verwirrt wird. Dir muß man wahrhaftig antworten, daß du selbst dieses Feuer entzündet hast; um es zu löschen, bringst du daher kein Wasser, sondern vielfaches Feuer, ununterbrochen hältst du die Fackel an das Feuer ... Was sitzest du also auf dem Stuhl des Apostelfürsten, der du statt der Verkündigung das blanke Schwert zum Schlagen in der Hand hältst?»
Der Ravennater Jurist Petrus Crassus[3]

«Neuheiten aber führte ohne Zweifel der ein, der gegen die Vorschriften der Väter die Erlaubnis erteilte, Meineide zu schwören, und der dadurch das Band der Einheit und Eintracht zerriß, Aufstände anstiftete, Spaltungen erregte, der Kirche und dem Reich überall Mord und Brand, Raub und Frevel und Übel ohne Zahl zufügte. Diese zwei häretischen und dem christlichen Heil ganz und gar feindlichen Übel also führte Hildebrand zweifellos ein.»
Bischof Wido von Osnabrück[4]

«Papst Hildebrand aber verwickelte sich in den Tod sehr vieler Christen, indem er fast im ganzen Römischen Reich überall den Kriegsbrand entzündete, damit König Heinrich das Reich nicht behaupte.» «Seitdem ist die Kirche geteilt, und geteilt sind auch die Bischofsämter der Kirche, und es entstanden alle möglichen Ärgernisse; seitdem breitete sich ein schwerer und lang andauernder Krieg aus . . .»

Liber de unitate ecclesiae conservanda[5]

Regierungsbeginn Heinrichs

Heinrich IV. kam am 11. November 1050 zur Welt, wahrscheinlich in Goslar. 1053, kaum dreijährig, wurde er, nach der Designation durch seinen Vater, zum König gewählt und im folgenden Jahr vom Kölner Erzbischof Hermann in Aachen geweiht und gekrönt. «Die Erziehung des Königs und die gesamte Regierung», schreibt Lampert von Hersfeld, «lag in den Händen der Bischöfe, und unter ihnen hatten die Erzbischöfe von Mainz und Köln überragenden Einfluß.» Der Umgang des jungen Königs soll gewinnend, sein Wandel leichtfertig und ungezügelt, von wilden Begierden geprägt gewesen sein, wenn wir den Quellen vertrauen dürfen, die ihn auch «von schönem Körper und hoch an Gestalt» nennen.

Als Heinrich sechs Jahre alt war, starb sein Vater. Im Alter von elf Jahren traf ihn der Staatsstreich von Kaiserswerth (S. 217 ff.). Mit fünfzehn, bei seiner Schwertumgürtung, wurde er nach altem Recht mündig. Mit sechzehn begann er selbständig zu regieren und heiratete am 13. Juli 1066 Bertha von Turin, ihm schon 1055 in Zürich verlobt; mit neunzehn verlangte er von den Bischöfen die Scheidung. Dabei war Heinrich, im Gegensatz zu vielen Fürsten, ehrlich genug zu gestehen, «er könne ihr nichts vorwerfen, was eine Scheidung rechtfertige», sei aber außerstande, «die eheliche Gemeinschaft mit ihr zu vollziehen» (Lampert). Erzbischof Siegfried von Mainz, durch verlockende Versprechungen bestochen, stimmte auch zu, doch Roms Legat Petrus Damiani stemmte sich auf einer Frankfurter Synode im Oktober 1069 dagegen.

Eine offenbar komplizierte Psyche sowie die Versehrungen seiner frühen Jugend erschwerten die ohnedies alles andere als leichte Regierung, während derer die unter seinem Vater und Vorgänger reformierte und erstarkte Kirche ihn, Heinrichs III. Sohn, auf Leben und Tod bekämpfte. Denn: «was den Deutschen bisher als das Erhabenste gegolten, daß ihr König zugleich König und Priester sei, wurde jetzt von Rom aus als das Verderblichste verworfen» (Hauck).[6]

Der junge rex suchte zunächst die in der Regentschaftszeit der Mutter durch den Hochadel forcierten Übergriffe auf Krongüter und Hoheitsrechte, eine «förmliche Ausplünderung des Reiches» (Epperlein), energisch zu stoppen. Dabei war es zuerst Erzbischof Adalbert von Bremen, der zum besonderen Vertrauten des jungen Monarchen wurde und sich, so Lampert, «in der gemeinsamen Regierung fast die Alleinherrschaft anzueignen schien». Auch er freilich hatte kolossale Gelder an Günstlinge vergeudet, hatte Bistümer, Abteien um ungeheure Summen verkauft und verübte zumal gegenüber Klöstern «Raubzüge mit völliger Hemmungslosigkeit». Heinrich, 1066 von den Fürsten vor die Alternative gestellt, den Bremer als Ratgeber und Mitregenten fallenzulassen oder abzudanken, gab Adalbert preis.

Vermutlich auf dessen eigensüchtige Einflüsterungen hin aber festigte Heinrich von den ausgehenden sechziger Jahren an im sächsisch-thüringischen Raum, mit dem Harz als Zentrum, seine Königsmacht. Durch Rekuperationen, Wiedergewinnung usurpierter Kronländereien, durch den Ausbau oder Neubau von Pfalzen, Reichsabteien, Burgen schuf er ihm direkt unterstellte Herrschaftskomplexe, was vor allem mittels – vorwiegend aus Schwaben stammenden – Ministerialen geschah.

Es war dies eine seit Konrad II. hervorgetretene, durch Heinrich IV. jedoch besonders geförderte, sich allmählich mehr und mehr formierende Gesellschaftsgruppe fest zu ihm stehender Funktionsträger mit wichtigen Dienstbereichen innerhalb der Politik, Wirtschaft, des Militärs, der Gerichtsbarkeit; war ein qualifizierter, gleichwohl abhängiger Kreis von Leuten, der indes keine persönlichen Abgaben leistete, auch einen eigenen Rechtsstatus, ein eigenes Standesbewußtsein bekam und später oft in den (niederen) Adel, das Rittertum, in bürgerliche Führungsschichten vorrückte; im übrigen eine Eigentümlichkeit des deutschen Reichs und seines westlichen Grenzraums, eine Aufsteigergruppe, die in der Gesellschaft des Hochmittelalters eine prägende und nicht ganz unblutige Rolle spielte, wobei sich die Königsministerialität von den Ministerialen weltlicher und geistlicher Fürsten stark abhob.

Die Magnaten fürchteten, durch die Ministerialen allmählich zurückgedrängt, um ihren Einfluß gebracht zu werden, sie schmähten sie «vilissimos homines», «Gesindel», «Dahergelaufene», «Ohrenbläser», «Habenichtse» und bildeten die Opposition. «Der König», notierte ein loyal zu Heinrich stehender Mönch des Klosters Niederaltaich, «hatte die Mächtigen alle in Verachtung genommen, aber niedere Leute hob er empor und besorgte, was zu tun war, nach ihrem Rat, während er von den Großen nur selten einen zu seinen geheimen Plänen heranzog; und weil da vieles gegen die Ordnung geschah, entzogen sich die Bischöfe, Herzöge und andere Reichsfürsten den königlichen Geschäften ...»

So kam es zu mehr oder weniger belangvollen Auseinandersetzungen des Königs mit dem Adel, und nicht zufällig natürlich besonders im Osten, wo Heinrich auch im Winter 1068/1069 die Wenden überfallen, ihre Heiligtümer ruiniert, ungezählte Dörfer verbrannt, die Heiden scharenweise umgebracht oder weggeschleppt hat – nichts als eine Fortsetzung der üblichen Raub- und Verwüstungskriege, wie sie seinerzeit vor allem Herzog Ordulf von Sachsen führte, hartnäckiger als erfolgreich, nicht anders sein Kampfgenosse Bischof Burchard II. von Halberstadt, der Anno-Neffe, der später selber bei einem Aufruhr fiel.[7]

Demutsbekundungen des hohen Klerus

Denn auch im Reich reißen die Spannungen, die Konflikte nicht ab, wobei es zu ebenso peinlichen wie blutigen Auftritten kommt.

Zum Beispiel zwischen der Gefolgschaft des Abtes Widerad von Fulda und den Dienstmannen des Hildesheimer Bischofs Hezilo. Der prominente Kleriker, zu dessen Verwandten die Bischöfe Poppo von Paderborn und Kuno von Brescia gehörten, war unter Heinrich III. Mitglied der Hofkapelle und 1053 Kanzler für Italien gewesen, ehe er im nächsten Jahr zum Bischof von Hildesheim aufstieg. Als solcher saß er inmitten der salischen «Königslandschaft» und nutzte, wie andere führende Geistliche, Anno von Köln, Adalbert von Bremen, die Übergangsphase unter dem unmündigen Heinrich IV. unverschämt zu seinem Vorteil. Er vermochte seine Macht kaum genug zu erweitern, und wie sich sein Ehrgeiz oder seine Demut gelegentlich entfalten, welche Formen sie annehmen konnten, mag der Rangstreit an Pfingsten 1063 in der Kirche von Goslar zeigen, vor dem Altar und in Anwesenheit des jungen Königs.

Schon an Weihnachten 1062 hatten die beiden Prälaten auf einer dortigen Provinzialsynode den Ehrenplatz neben dem Erzbischof Siegfried I. von Mainz beansprucht, war es beim Aufstellen der Sitze für den hl. Vespergottesdienst zu einem Handgemenge zwischen den Kämmerern des Bischofs und des Abtes gekommen, wobei man Fäuste und Kirchenbänke schwang. Der Abt scheint sich damals durchgesetzt und neben dem Erzbischof, seinem Vorgänger in Fulda, Platz genommen zu haben, während der abgeschlagene Hildesheimer rasch verschwand.

Zum nächsten Pfingstfest in der Königspfalz zu Goslar freilich erschienen beide Herren, Bischof Hezilo und Abt Widerad, für alle Fälle mit genügend Kriegsvolk. Und die Bischofsmannen bezogen alsbald unter dem Grafen Ekbert von Braunschweig (S. 222) an geweihter Stätte, hinter dem Altar der Stiftskirche zum hl. Simon und Judas, Stellung, um auf die Dinge zu lauern, die dann auch kamen. Denn sobald das Gezänk und Gezerre der Kämmerer wegen der Sitze vor dem Altar abermals begann, stürzten die dahinter verborgenen Bischöflichen auf die überraschten Diener des Abtes, prügelten sie erst zu Boden und dann hinaus. Von dort jedoch kehrten diese rasch mit ihren herbeigeholten Haudegen zurück. Und während schon Stiftsherren und Geistliche ihre Stimmen fromm zum Abendgottesdienst im Chor erhoben, erhoben die beiden Haufen die Waffen, wobei die Schreie der Kämpfenden, Verwundeten und Sterbenden sich eigentümlich in den Psalmengesang mischten, das Blut durch den Dom rann, die Altäre bespritzte, indes Bischof Hezilo seine Hildesheimer von einer erhöhten (und wohl etwas sichereren) Stelle, der Feldherrenposition aus, nicht ohne verdienten Erfolg zum Einsatz für die gute, die gottgewollte Sache aufpeitschte und später sogar den Seelen der gefallenen Gegner die Gemeinschaft der Kirche versagte, ja noch die Überlebenden aus ihr ausschloß. Der junge König, der hier einen erstklassigen Anschauungsunterricht zum Thema «Klerikale Demut» erhalten hatten, vor Ort, sozusagen, live, brachte sich mit knapper Not in Sicherheit. Doch sonst blieb allerlei auf der Strecke; auf seiten des Klosters u. a. Graf Reginbodo, Fuldas Bannerträger, und wahrscheinlich auch Graf Wignand. Jedenfalls, schreibt Lampert von Hersfeld, «wurden viele verwundet, viele getötet», wurden auf Gottes Altären «grausige Opfer abgeschlachtet», durchflossen «allenthalben Ströme von Blut» die Kirche, schaffte man Verletzte und Tote fort, und erst die Nacht trennte die Kämpfer. Der angeblich Hauptschuldige aber, Widerad, soll nur durch Bestechungen, durch Verschleuderung von Fuldas Klosterbesitz, seine Abtswürde behalten haben.

Und alles aus purer Demut (vgl. S. 134 f.).

Bloß einige Jahre später, 1070, stritt in Hildesheim das Gefolge des Königs mit den Leuten von Ortsbischof Hezilo, nur diesmal weder an Weihnachten noch Pfingsten, sondern am hl. Osterfest, wobei «viele» (Lampert) der Bischöflichen getötet, andere Aufrührer auf Befehl des Königs in Ketten gelegt worden sind. (Bischof Hezilo war offenbar zunächst ein Gegner Heinrichs, ging aber nach dessen militärischen Erfolgen zu ihm über.)[8]

BEGINNENDER BÜRGERKRIEG IN DEUTSCHLAND

Ein weit bedeutsamerer Zusammenstoß allerdings erfolgte noch im selben Jahr mit dem Herzog von Northeim, der, von Heinrich wiederholt verurteilt und begnadigt, von Mal zu Mal die Fronten wechselte.

Otto gebot über ein beträchtliches Territorium, teils Eigenbesitz, teils erheiratet durch seine Verbindung mit Richenza, Tochter vermutlich Herzog Ottos von Schwaben (ihr Sohn Graf Heinrich der Fette wurde der Vater der Kaiserin Richenza: S. 419). Und obwohl von Kaiserin Agnes 1061 mit dem Herzogtum Bayern belehnt, beteiligte sich Otto schon ein Jahr darauf am Staatsstreich von Kaiserswerth. Doch 1064, 1066 und 1068 wurde er in Heinrichs Auftrag in Italien tätig und war auch Kriegsteilnehmer 1063 gegen Ungarn, 1069 gegen die Liutizen.

1070 aber strengte der König gegen den Herzog ein Hochverratsverfahren an.

Heinrich IV. hat seine tiefe Abneigung gegen Otto wegen dessen Beihilfe an seiner Entführung wohl nie verwunden. Und möglichenfalls spielte bei dem Prozeß auch Neid eine Rolle, territorialpolitisch bedingte Rivalität, zumal Otto von Northeim seine Stellung am West- und Südrand des Harzes ständig zu stabilisieren, seine Macht noch zu mehren suchte – in unmittelbarer Nachbarschaft des salischen Königshauses.

Wie auch immer, ein gewisser Egino, eine sinistre, in besonders gewalttätigem Ruf stehende Figur, beschuldigte Otto 1070, zur Ermordung des Königs durch viele Bitten und Versprechungen wiederholt verleitet, somit Hochverrat begangen zu haben. Und da Otto sich dem Nachweis seiner Schuldlosigkeit (im Zweikampf) entzog, wurde am 2. August über den Sachsen in Sachsen von sächsischen Großen das Urteil gefällt, Otto für friedlos erklärt, ihm das Herzogtum Bayern genommen, sein Eigengut allerdings belassen.

Doch tat der König alles, den Herzog zu vernichten. Er ließ in Sachsen, wo er überlegen war, Ottos Burg Hanstein an der Werra bis auf den Grund zerstören, ließ seine Besitzungen verheeren, plündern, niederbrennen, wobei man auch seine Dienstleute und Bauern abstach, angeblich sogar Kirchen nicht schonte, die er auf eigene Kosten errichtet hatte. Auch in Westfalen, wohin der König weiterzog, wurden viele weitläufige Ländereien, kostbar ausgestattete Güter der Gattin Ottos, Richenza, gebrandschatzt und dabei, wie zumindest der notorische Königsfeind Lampert behauptet, auch Frauen und Kinder schwer mißhandelt, völlig unbelastete, unschuldige Menschen – «von ihrem eigenen König, da sie nichts Härteres, nichts Grausameres von Barbaren hätten erleiden können».

Im Gegenzug überfiel Otto, laut Lampert, «mit 3000 auserlesenen und in allen Künsten der Kriegführung geübten Männern» die reichen königlichen Höfe in Thüringen und teilte deren Schätze an ihm zulaufende verelendete Bauern aus, noch mehr freilich an seine Krieger, um sie an sich zu binden. Bei Eschwege gewann er am 2. September ein anscheinend besonders blutiges Treffen gegen eine thüringische Feldschar, worauf er den Rest des Jahres mit Überfällen auf königliche und bischöfliche Besitzungen in Sachsen verbrachte, unterstützt vom Sohn des Billungerherzogs Ordulf, des jungen Magnus (1072–1106). Doch mußten beide im folgenden Jahr kapitulieren.[9]

Im Sommer 1073 aber durchflammte der Aufruhr Sachsen erneut.

Heinrich IV. hielt sich, wie schon sein Vater, bevorzugt in diesem Land auf, sei es zur Jagd oder zu Kirchenfesten oder wozu immer, was gewisse Belastungen mitbrachte (vgl. S. 97). Auch hatte er in Sachsen und Thüringen mit dem Ausbau von Burgen begonnen, und es war kaum zu verkennen, daß diese nicht nur gegen die Heiden, die Landesfeinde, dienen konnten, sondern auch der Zähmung, Verknechtung, Ausbeutung der Sachsen und Thüringer. Zudem hielt der König immer noch den Billunger Magnus auf der Harzburg gefangen, dessen Vater, Herzog Ordulf, schon im Frühjahr 1072 gestorben war, ohne daß Heinrich das erledigte Herzogtum wieder besetzt hätte.[10]

Otto von Northeim hatte sich den Verschwörern zunächst noch nicht angeschlossen. Er wurde zu diesem Schritt aber von bischöflicher Seite gedrängt, und zwar durch keinen anderen als durch Hezilo von Hildesheim, der ihn ermahnte, «den Funken» zu pflegen und das «in glänzender Weise» zu tun, «was Du zu Hause weilend sehr deutlich gedroht hast ...». Hezilo erklärt Otto, wie er seine Drohung zu vollenden habe, warnt ihn davor, nicht mitzumachen, und lockt ihn auch durch «gütige Versprechungen» des Bischofs Burchard II. von Halberstadt. Der Neffe Annos von Köln war einer der Anführer des Sachsenaufstandes, rebellierte jedoch aus keinem anderen Grund, sagt Lampert, «als aus Eifer für Gott und bloßer Rücksicht auf das allgemein Beste». Dabei hatte er erst wenige Jahre zuvor einen Heereszug gegen die Liutizen kommandiert und wiederholt Gunsterweise Heinrichs IV. empfangen.

Herzog Otto stimmte indes bald in die Vorwürfe der Sachsen ein, bezichtigte den König, ihnen «das Joch härtester Knechtschaft» auferlegt, Zwingburgen gebaut, «auf jeden Berg» Besatzungen geworfen, die Frauen und Töchter der Sachsen öffentlich seinen Truppen zur Wollust preisgegeben zu haben, ja, ganz Sachsen «durch unerhörte Erfindungen und von keinem christlichen Mund auszusprechende Verbrechen geschändet». Alles laut Lampert von Hersfeld freilich, dem zufolge der König «nach der Ausrottung des ganzen sächsischen Stammes lechzte».

Die Empörer, unter denen auch die Prälaten einen feierlichen Eid gegen Heinrich geschworen, rüsteten fast vor den Augen des Ahnungslosen, der einen Feldzug gegen Polen befohlen hatte und die Umtriebe der Rebellen für Vorbereitungen darauf hielt. Offenbar peinlich überrascht, verlegte er die Hofhaltung von Goslar auf die weit sicherere Harzburg, wo ihn bald ein größeres Heer einschloß und er sich nur fliehend in Verkleidung und bei Nacht mit wenigen Getreuen samt den – bereits vorausgeschickten – Reichsinsignien retten konnte. Auch die Bischöfe von Minden, Münster, Paderborn fielen jetzt anscheinend offen von ihm ab, während ihn die von Zeitz und Osnabrück, Eppo und Benno, begleiteten und berieten. Doch fand er wenig Freunde. Auch die süddeutschen Fürsten verweigerten sich, und eine schwere Krankheit suchte ihn heim.

Da öffneten ihm die Bürger von Worms, die ihren Oberhirten Adalbert vertrieben, die Tore, eine immerhin reiche, stark befestigte Stadt, wo er Hilfe fand, Truppen sammelte, die Wormser belohnte, vom Zoll befreite und ihr Verhalten (und seines) den anderen Städten anpries. In Sachsen, in Thüringen belagerte man inzwischen weiter Heinrichs Burgen, hungerte aus, bestach, eroberte, verwüstete. Und schließlich zog der König mit einem Heer samt einer ganzen Anzahl von Bischöfen bei übergroßem Frost, der alle Flüsse in Eis verwandelte, nach Thüringen und schloß im Februar 1074 mit den Rebellen in Gerstungen einen Kompromißfrieden, der ihn zur Vernichtung seiner Burgen verpflichtete, derenthalben er nicht zuletzt den Krieg begonnen hatte.[11]

Am schwersten fiel ihm die Schleifung der Harzburg. So ließ er lediglich die Mauern niederreißen, was den Sachsen freilich mißfiel, ihren ganzen Argwohn weckte, ihre Wut. Ohne Absprache mit ihren Großen drangen sie in die Harzburg ein, ruinierten die noch stehenden Mauerreste, auch alle übrigen Gebäude einschließlich der Kirche, zerstörten sogar die dortigen Fürstengräber, in denen Mitglieder des Königshauses lagen, ein jüngerer Bruder Heinrichs, sein ältester Sohn, natürlich auch so manche Heiligenreste, die sie höhnisch durch die Gegend warfen. Alle Welt war entsetzt, selbst Sachsens Magnaten distanzierten sich.[12]

Den Gerstunger Kompromißfrieden nutzte der König schon wenige Monate später zu einem Einfall in Ungarn, auf den allerdings, scheint es, Geisa besser vorbereitet war, während Heinrichs Truppe, ungenügend verproviantiert, überhaupt mangelhaft versorgt, schnell Hunger und Seuchen dezimierten, auch fast alle Pferde elendiglich zugrunde gingen. Nur der traurige Rest noch kehrte im Herbst zurück.[13]

DIE SCHLACHT BEI HOMBURG – «ALLER CHRISTLICHEN EHRFURCHT VERGESSEND, MENSCHEN ABSCHLACHTETEN WIE VIEH»

Das Weihnachtsfest 1074 feierte der Hof prunkvoll und mit nicht wenigen Fürsten, zumal vermutlich aus Oberdeutschland, in Straßburg. Dabei war die Geburt des Herrn wohl weniger wichtig als die Vorbereitung des Feldzugs gegen die Sachsen, die der König intensiv betrieb, die Sachsen aber fürchteten. In zahlreichen und demütigen Bitten an Heinrich wie ihm Nahestehende suchten die sächsischen Großen den Krieg zu verhindern. Der König aber hatte nachdrücklich gerüstet, wehrte anscheinend alle Friedensbemühungen, Angebote, alles Entgegenkommen geschickt ab, feierte noch das hl. Pfingstfest und zog am 8. Juni mit einer Menge von Bischöfen und Priestern in seinem Heer los.[14]

Am 9. Juni 1075 kam es dann bei Homburg an der Unstrut zur Schlacht, wobei die Sachsen offenbar mit dem Mut der Verzweiflung fochten, weshalb auch für Heinrichs Truppen «die Blutarbeit äußerst verlustreich» wurde. Ja, schon schien es, Schwaben und Baiern würden fliehen, als nachstoßende Kräfte des Königs, darunter «das Kriegsvolk der Bamberger Kirche» (Meyer von Knonau), Luft schafften und die Sachsen schließlich, der großen Überlegenheit weichend, nach allen Seiten auseinanderstoben.

Am schlimmsten erging es dem wenig geübten «vulgus pedestre», das während der Reiterschlacht im Lager steckte. Wider dies Volk, berichtet Lampert, «wütete die feindliche Unmenschlichkeit so über alles Maß und alle Schranken hinaus, daß sie, aller christlichen Ehrfurcht vergessend, Menschen abschlachteten wie Vieh. Ein großer Teil von ihnen ertrank auch in der Unstrut, als sie sich aus Furcht vor dem dräuenden Schwert kopfüber hineinstürzten.» Die Beute an Gold, Silber, Kostbarkeiten, auch an Nahrungsmitteln war außerordentlich, weshalb man das gegnerische Lager noch plünderte, als die Nacht das Abstechen schon längst beendet hatte; auch das Abstechen übrigens «vieler ihrer eigenen Kameraden, die sie für Feinde hielten» (Lampert).

Gleichwohl, der König, meldet der Mönch weiter, «kehrte

nach Sonnenuntergang unter glückwünschenden Zurufen seiner Krieger, wie es üblich ist, ins Lager zurück, heiter gestimmt und in überschäumender Freude, hatte er doch seine schlimmsten Feinde siegreich niedergerungen, und seine Krieger brüsteten sich allenthalben höchlich damit, diese und jene von den ersten Fürsten Sachsens mit eigener Hand erlegt zu haben».

Freilich, die Helden wurden kleinlauter, ja «alle Freude» und «der Jubelgesang» – auf einem Blutacker, immerhin, mit ungezählten toten Katholiken, toten Deutschen, mit Schlachtopfern, die sie doch gerade umgebracht – schlugen ins Gegenteil um, als sie auch die eigenen Freunde und Verwandten fanden. «Von Jammern und Wehgeschrei hallte da das ganze Lager wider.» Am stärksten aber waren «Schmerz», «Trauer», «Reue», nach unserem Chronisten – der damit einen prächtigen Blick eröffnet in diese Christengemüter! – , als sich herausstellte, daß die Großen der Gegenseite, die sie angeblich niedergemetzelt, «allesamt bis auf den letzten Mann», alle noch lebten ...

Nein, welch ein Jammer! Man meint, schöner, schlimmer könne es nicht kommen – und doch, es kommt. Überliefert der Hersfelder ja nun die beträchtlicher Beachtung werte Einmischung des Mainzer Metropoliten. Besonders schwer, meldet Lampert zunächst, sei es für Heinrichs Leute zu ertragen gewesen, daß sie unter so großen eignen Opfern ohne den geringsten Nutzen für das Reich ihre Hände mit dem Blute schuldloser Leute befleckt hätten. «Der König selber befürchtete stark, seine Krieger würden aus Reue über die Ströme nutzlos vergossenen Blutes unter Berufung auf religiöse Bedenken weiteren Kriegsdienst verweigern, den sie nicht ohne Sünde und Kränkung Gottes leisten könnten. Für diese höchst üble Sachlage wendete der Erzbischof von Mainz ein höchst übles Abwehrmittel an. Nach Beratung mit einigen Vertrauten des Königs trat er plötzlich vor die Öffentlichkeit und verhängte über die thüringischen Fürsten ohne die kanonische Vorladung vor eine Synode, ohne Verhör vor dieser und ohne Untersuchung nach den Kirchengesetzen durch übereilten Urteilsspruch den Kirchenbann mit der Begründung, sie hätten ihn im vorigen Jahre in Erfurt bei der zur Eintreibung der

Zehnten abgehaltenen Synode in der Kirche mit gezückten Schwertern angegriffen. Und damit es ihm nicht etwa jemand zum Vorwurf machen könne, er habe wider die kanonischen Bestimmungen unglückliche, gegenwärtig in so unentwirrbare Schwierigkeiten verwickelte Menschen zu so ungünstiger Zeit angefallen . . ., behauptete er, er habe vom Papst die Erlaubnis erhalten, sie ohne die gesetzliche Frist, ohne gerichtliche Untersuchung an einem ihm günstig erscheinenden Tage durch rechtsgültigen Bannfluch aus der Kirche auszustoßen. Es konnte aber keinem Vernünftigen verborgen bleiben, worauf dieses Vorgehen in erster Linie abzielte, nämlich darauf, daß die Mannen des Königs künftig bereitwilliger und zuversichtlicher gegen die Feinde kämpften, wenn sie glaubten, sich durch deren Tötung nach ihrer Exkommunizierung keiner Sünde schuldig zu machen noch den Strafen zu verfallen, die nach den Kirchengesetzen Totschläger treffen.»[15]

Dieser Text verdient deshalb besondere Beachtung, weil er, wie heute gewöhnlich angenommen, unglaubwürdig ist. Ist er's nicht, schlimm genug, was keines Kommentars bedarf. Ist er's aber, eher schlimmer, zeigt er doch, wie hemmungslos geistliche Geschichtsschreiber drauflosgelogen haben, wenn es ihnen nützlich schien.

Nach der Schlacht stieß der Sieger nach Sachsen vor, alles weit und breit bis Halberstadt fürchterlich heimsuchend. Zumal die Habgierigen des Trosses sollen Reichtümer gehortet haben «bis zur Übersättigung». Ja, eine sächsische Quelle spricht von Frauen, die ihr Kostbarstes in Gotteshäusern retten wollten, dann aber dort geschändet und verstümmelt und samt den Kirchen verbrannt worden sind. Der Magdeburger Erzbischof Werner vermutet gar, daß, wären Laien allein in Heinrichs Heer gewesen, sie nicht gegen Kirchen und Kirchengut gewütet hätten; daß dies gerade geschah, weil «sehr viele Priester» beteiligt waren, die demnach, wie begreiflich, weniger Ehrfurcht gegenüber Kirchen hatten, haben als Laien!

Nach der Schlacht an der Unstrut mit angeblich Tausenden von Toten soll das ganze Gelände «im Umkreis von zwei oder drei

Meilen mit dem Blute der Erschlagenen» getränkt und «mit Haufen von Leichen» gefüllt gewesen sein (Lampert).

Ein schönes Erfolgserlebnis somit für den Sieger, das er, wie ihm Papst Gregor kundtat, «dem allmächtigen Gott und dem heiligen Petrus» verdankte, «vor allem ihnen»! Ergo sollte der König «aufgrund der gewährten Wohltaten» sich doch «ergebener» zeigen ...[16]

Zu Wohltaten verklärten sich dem Papst die Schlachtopfer, und so dachte der wirklich. So dachten viele Päpste. Und dieser ist nicht nur einer unter anderen, dieser ist einer ihrer größten.

Papst Gregor VII. – der «heilige Satan» tritt an

Alexander II. war am 21. April 1073 gestorben. Und er hatte, so überliefert Bischof Bonizo von Sutri, ein (dann von seinen drangsalierten Diözesanen in Piacenza geblendeter und verstümmelter) Parteigänger Gregors VII., seinen Tod mit den Worten angekündigt: «Ich werde jetzt geopfert, und die Zeit meiner Auflösung ist nahe.» Ein anderer Bischof, Benzo von Alba (Ligurien), klassisch gebildet, poetisch begabt, doch Gregors erbitterter Gegner, behauptete geradezu, Alexander wurde von Hildebrand gewaltsam aus dem Leben geräumt: «diejenigen, welche der Archidiakon gepflanzt habe, also auch diesen letzten seiner päpstlichen Vorgänger, habe er, wie dürres Gras, so lange bestehen lassen, wie er wollte, sie weggeschafft, wann es ihm paßte».

Dies gilt allgemein als vom Parteihaß diktiert. Doch lag die Zeit, in der Kuriale, darunter Päpste, beeindruckend viele Päpste getötet, noch nicht so lang zurück (V 475 ff!). Auch wurde der entschlafene Alexander auffallend rasch, schon am nächsten Tag, unter die Erde, sein Nachfolger nicht minder rasch, noch an ebendiesem Tag, auf den päpstlichen Thron gebracht. Hildebrand selbst stellt die Sache so dar: «plötzlich, als unser erwähnter Herr Papst in der Erlöserkirche dem Grab übergeben wurde, entstanden große Unruhe und Lärm beim Volk, und sie drangen wie wahnsinnig auf mich ein; ohne mir Gelegenheit oder Raum zu lassen, etwas zu sagen, etwas zu raten, zerrten sie mich gewaltsam auf den Platz der apostolischen Herrschaft . . .»

Denn zu diesem Platz drängte doch nie ein Papst; nie einer, der dort Platz nahm und dann darauf klebte. Nein, vorher, vorher fühlten und fühlen alle sich dafür zu schwach, zu unbrauchbar, schlicht unwürdig, so scheint es, und sind doch, in aller Regel, nur allzu würdig dafür! Das Zaudern, Zögern, Zieren aber durch die Zeiten, es gehört zu ihrem «guten» Ton, ihrer spießig-plumpen Konklave-Heuchelei. Auch Hildebrand, der sich so beflissen und ellenbogenstark bereits zum Archidiakon hochgedient, hochgedrängt hatte, ganz gewiß in der alleinigen Absicht, Papst zu werden, auch er wollte selbstverständlich die Last nicht tragen, die Last, die ihm, wie er (schon allein deshalb suspekt) so oft behauptet, «– Gott ist Zeuge – gegen meinen Willen», «gegen meinen Willen und unter Sträuben auferlegt wurde», «mit Gewalt» (violenter).

Immer wieder kommt der so Genötigte darauf, allen möglichen Leuten unterbreitet er, «wie ich durch heftiges Drängen der Brüder geradezu gezwungen worden bin, die Last der Leitung der universalen Kirche auf mich zu nehmen». Aber es führte nur «zu bitterem, innerem Schmerz und überaus gramvollen Ängsten», und er wünschte seiner Seele «eher die Ruhe der Auflösung in Christus als ein Leben unter solchen Gefahren». (Und möchte dann doch «Tag und Nacht unter vielerlei Gefahren, ja bis zum Tod, im Weinberg des Herrn arbeiten» – aus purer Verantwortung, purer Regierungsverantwortung!) Jedenfalls, alles ging so schnell wie möglich. «Gefällt es Euch?» «Es gefällt.» «Wollt Ihr ihn?» «Wir wollen.» «Spendet Ihr ihm Beifall?» «Wir spenden Beifall.» So lakonisch das Wahlprotokoll. Für Trauer dürfte da kaum Zeit geblieben sein, am wenigsten bei dem Electus.[17]

Hildebrand war fraglos seit langem sein bester Schrittmacher selbst, der unmittelbare Urheber seiner Erwählung aber kein anderer als Kardinal Hugo Candidus (der Weiße) von St. Clemente. Eine bemerkenswert sinistre, sehr wendige Persönlichkeit, die erst für die Päpste Leo IX. und Nikolaus II. tätig war, dann mit dem deutschen Hof zu Gegenpapst Honorius II. überging, darauf zu Alexander II. wechselte, zu Gregor VII., der ihn schließlich, als er für Gegenpapst Klemens III. (Wibert) in Aktion trat, dreimal exkommuniziert, «Einbläser und Genosse der Häresie» geschimpft hat, «Apostat und Häresiarch», auf der Fastensynode 1078 erklärend: «ihm nehmen wir jedes bischöfliche Amt, untersagen ihm so das Betreten und die Würde der genannten Kirche sowie aller anderen Kirchen aufgrund eines ewigen und unwiderrufbaren Urteils ...» Unter «Gegenpapst» Klemens III., zu dem immerhin dreizehn Kardinäle überliefen, wurde Hugo zum Kardinalbischof von Palestrina promoviert – nach 1099 verliert sich seine Spur.[18]

Hugo Candidus also empfahl noch während der Beisetzungsfeier für Alexander II. in der Lateran-Kirche Hildebrand als einen schon seit Leos IX. Tagen bewährten, einen «in allen Dingen erprobten Mann», worauf Kardinäle, Bischöfe, Priester schrien: «Der heilige Petrus hat den Papst Gregor gewählt!» und man diesen gleich in der Kirche St. Petrus ad Vincula inthronisierte. Und er, der Erhöhte, bezeigte seinem «geliebten Sohn», dem Mitbruder Hugo, dann seine Gunst – bis er ihn ausschloß. Im übrigen verstieß die ganze Prozedur, wie keiner besser wußte als Gregor, erheblich gegen alle Regeln, zumal auch gegen das Papstwahldekret Nikolaus' II. von 1059.[19]

Gregor VII. (1073–1085), bei seiner Berufung bereits über fünfzig, war ein Bauernsohn aus der Toskana, klein, unscheinbar, ja unschön und deshalb von seinen Feinden gehänselt, verspottet. Sein Geist aber war gewaltig und gewalttätig, seine Ausdruckskraft oft geballt, mitunter bestechend. Man braucht da nur ein wenig anzulesen und hat ihn bald ganz, seine Schärfe, Klarheit, Leidenschaft, seine Rachsucht, seinen Haß. Wiewohl voll sturmwindhaftem Ungestüm, zügelt, zähmt er sich doch, wenn auch nur seiner Zwecke, Ziele wegen, wenn auch nur, um letztlich zuzuschlagen, früher oder später unbändig zuzuschlagen, zu vernichten, falls man widersteht, ihm zu widerstehen wagt.

Geduld kennt dieser Mann nicht. Phantasie ist ihm fremd. Vielseitigkeit fremder als alles. Er hatte nur ein Ziel, fast ihrer aller Ziel: Macht, Macht, Macht. Doch will er mehr Macht, mehr als sie alle, will Weltmacht, und will, inmitten der Arena, ganz persönlich, seine Machtvisionen ausagieren, an vorderster Front, an den Brennpunkten gleichsam lauter Sandkastenspiele. Denn, Ironie seines Schicksals, er kam nie dazu. Weder zum Feldzug in den Orient an der Spitze von mehr als fünfzigtausend Haudegen noch nach Spanien als Admiral einer Kriegsflotte, um König Alfons die nötige Räson beizubringen.

Ja, alle sind abtrünnig, verkommen zumal, klagt er mit dem Psalmisten, «keiner tut Gutes, auch nicht ein Einziger». Gutes geschieht für diesen Heiligen Vater – doch das ist in seiner Kirche häufig so, fast üblich –, wenn das Feindblut spritzt, auch Blut der Christen, selbstverständlich, das spielt keine Rolle, Hauptsache, man stirbt für sie, krepiert zu ihren Gunsten. «Wo ist die Hilfe», apostrophiert er mit apostolischem Segen Herzog Gottfried von Lothringen am 7. April 1074, «die Du zusagtest, wo sind die Ritter, die Du uns dem heiligen Petrus zu Ehren und zur Unterstützung zuzuführen versprachst?» Ja, wie ein Blutsauger spricht er, wo ist das Kanonenfutter, sozusagen, das Schlachtvieh?! Und nur wenn der Herzog «dem heiligen Petrus» – denn um den geht es, nicht um den Papst! – sein Versprechen hält, dann «werden wir Dich wie einen innigst geliebten Sohn halten, und Du wirst in uns, wenn wir auch unwürdig sind, einen zärtlichen Vater haben».[20]

Dieser Papst war verliebt in den Krieg, und es ist kaum ein Zufall, daß eines der ältesten ausführlicheren Zeugnisse, wenn nicht das älteste derartige Dokument überhaupt für den Glauben an Gregors VII. Hilfe aus dem Himmel, sich gerade auf den Krieg bezieht: nämlich auf den Glauben der Christen, der Papst würde vom Himmel herab in der Schlacht seinen Anhang schützen und den Erzengel Michael samt allen elysischen Heeren zu Hilfe senden.

Hildebrand, der ja schon unter seinen Vorgängern eine immer bedeutendere Rolle spielte, hat auch deren militärische Allianzen mit zustande gebracht. So das folgenschwere Normannenbündnis. So den Kampf gegen Papst Cadalus, wobei er die Römer durch Reden und Geld aufstachelte und dann als Papst selber darüber jubelte, «welche Ehren und Triumphe» man bei der Auskämpfung jenes Streites erlangt habe. Als Archidiakon der römischen Kirche verwaltete er den Kirchenstaat und kommandierte, so die wohl zugespitzte Bemerkung Landulfs von Mailand, «im Lateranpalast residierend, die römische Miliz wie ein Feldherr».

Carl Erdmann stellte das kriegerische Engagement Hildebrands in seiner vorpäpstlichen Zeit, zumal das unter seinem unmittelbaren Vorgänger, zusammen – kaum eine schmutzige Sache, in der nicht die Finger des künftigen Heiligen steckten, ob dies nun die Gewinnung Erlembalds für die militärische Leitung der Pataria in Mailand betraf oder den Krieg des Grafen Ebolus von Roucy gegen die Muslime in Spanien «zu Ehren des heiligen Petrus» oder den englischen Eroberungszug 1066 unter Wilhelm von der Normandie, dem er später selbst schreibt: «Du weißt mit welchem Eifer ich dafür gearbeitet habe, daß Du die königliche Würde erlangtest. Dafür wurde ich von manchen Brüdern geschmäht, die es tadelten, daß ich mich so sehr für ein solches Blutvergießen bemühte.»

Wilhelms Raubzug, in dem er mit der Fahne des hl. Petrus an der englischen Küste erschien, wurde zum heiligen Krieg erklärt. Doch die gleiche, selbstverständlich kirchlich gesegnete Fahne hatte man auch zur Anheizung der Kämpfe in Mailand dem Erlembald übergeben. Und das gleiche päpstliche Zeichen hatte der normannische Graf Roger beim Beginn der Eroberung Siziliens von Alexander erhalten. Und Freund wie Feind wußten, daß hinter dem Papst Hildebrand stand, daß Hildebrand die Anregungen, die Direktiven gab.

Gregor bekundete von früh an großes Interesse an Waffen und Krieg. Seine päpstlichen Schreiben sind mit entsprechenden Wendungen gespickt. Mehr als jeder andere «Stellvertreter» bedient er sich des martialischen Jargons, beschwört er Schwert und Wurfgeschoß, Wunden und Tod, die militia Christi, militia s. Petri, christiana militia etc. Er spricht von «tüchtigen Soldaten Christi», den «königlichen Kriegern», womit er «die heiligen Bischöfe» meint; spricht vom «Schild des Glaubens», vom «Schwert Christi», «Schwert des göttlichen Wortes», «Schwert des allgemeinen Banns», von «dem Schwert apostolischer Rache», das unheilbar «von der Fußsohle bis zum Scheitel verwunde». Immer wiederkehrt sein schon zitierter Leitsatz aus der Bibel: «Verflucht der Mensch, der sein Schwert vom Blut zurückhält.»

Allerdings werden viele Termini aus der Militär- und Kriegssprache sowohl im wörtlichen wie spirituell übertragenen Sinn verwendet, und manchmal bleibt die Deutung unklar, schwankend, vielleicht auch bewußt schillernd. Natürlich erklärt Gregor den Waffengebrauch contra justitiam für Sünde, den zur Verteidigung des Rechts aber für erlaubt, zumal den zur Verteidigung der göttlichen Rechtsordnung.[21]

Wie der hl. Gregor die bisherige Rangordnung verkehrt

Was er freilich unter Recht, Gerechtigkeit, göttlicher Rechtsordnung versteht, ist nichts andres als das, was ihm nützt, als der Vorteil für Papsttum und Kirche. «Whatever was favourable to the Roman Church system, came within the definition of justitia» (Emerton). Oder wie McCabe von Gregor sagt: «Es kümmert ihn nicht im geringsten, ob der Anspruch eines Mannes auf ein Königreich gerecht oder ungerecht war, er nahm das geweihte Banner des Papstes an und wurde sein Vasall.» Nicht das gegenwärtige Recht interessierte deshalb Gregor, sondern das Gegenteil, nicht die Aufrechterhaltung der herrschenden Rechtsordnung, sondern deren Umsturz. Ergo war, was er Unrecht nannte, «Jahrhunderte hindurch anerkanntes Recht» (Hauck).[22]

Dieser schlaue Fuchs wußte selbstverständlich, daß er das Unterste zuoberst kehrte. Daß er im Grunde die Vergangenheit nicht brauchen konnte, nicht das bestehende Recht von Staaten und Völkern, daß er etwas ganz anderes wollte: das Papsttum nicht als gleichberechtigten Partner oder gar Diener der Kaiser und Könige, sondern als ihren Herrn. Deshalb polemisiert er so erpicht gegen das Herkommen. «Falls Du dagegen», belehrt er

Bischof Wimund von Aversa, «auf das Herkommen (consuetudinem) verweist, so ist dazu anzumerken, daß der Herr sagt: ‹Ich bin die Wahrheit und das Leben.› Er sagte nicht: ‹Ich bin das Herkommen›, sondern ‹die Wahrheit›. Und gewiß ist, um ein Wort des heiligen Cyprian zu verwenden, jedes Herkommen, sei es auch noch so alt, noch so verbreitet, der Wahrheit in jedem Fall hintanzustellen und eine Gewohnheit, die im Widerspruch zur Wahrheit steht, zu verabscheuen ...»

Hier läßt der Mann einmal die Katze aus dem Sack. Sonst steht da kaltschnäuzig das Gegenteil, erklärt er Heinrich IV., er griffe «auf die Verfügungen der heiligen Väter zurück, ohne etwas Neues, ohne etwas aufgrund eigener Erfindung zu bestimmen». «Deren Satzungen», schreibt er auch dem Bischof Heinrich von Lüttich, «bewahren und verteidigen wir, wenn wir in kirchlichen Angelegenheiten ein Urteil gefällt haben oder fällen; nicht Neuerungen oder Unsriges (nova aut nostra) tragen wir vor, vielmehr befolgen und führen wir aus, was von ihnen durch Einwirkung des Heiligen Geistes vorgetragen worden ist.»

Seine Gegner unter den Prälaten, die Andersdenkenden, beschimpft, verketzert, verteufelt er. Von ihnen sagt er, den Spieß umkehrend, sie geben, vom Satan verführt, nicht nur das Gesetz Gottes auf, sondern lassen nicht ab, es zu bekämpfen und mit aller Gewalt umzustoßen.

In Wirklichkeit stößt er um, jedenfalls, und darum allein geht es hier, die bisherige, die frühere Rangordnung. Denn er will anstelle der Fürsten, will über sie herrschen, weshalb er Herzöge und Könige schmäht, herunterputzt, sie, in einem Schreiben an Bischof Hermann von Metz, des Hochmuts, Raubes, der Treulosigkeit, des Mordes bezichtigt, »Verbrechen fast jeglicher Art, auf Betreiben des Teufels, des Fürsten der Welt»; und behauptet, sie wollten mit blinder Gier, mit unerträglicher Anmaßung die Menschen beherrschen – genau das, was doch (auch) er will![23]

Alle Primatansprüche der Päpste aber bildeten sich erst in langen Zeiträumen heraus und wurden dabei immer mehr gesteigert, kannten Ehrgeiz und Machtgier dieser demütigen Diener Christi, dieser «Knechte der Knechte Gottes», zuletzt ja kaum noch Grenzen. Zunächst aber hatten sie länger als zwei Jahrhunderte nie auf einer Einsetzung durch Jesus bestanden, hatten sie nie darauf gepocht, Nachfolger Petri zu sein. Vielmehr kannte die ganze frühe Kirche keinen durch Jesus gestifteten Ehren- und Rechtsprimat des römischen Bischofs. Vielmehr steht ein solcher Primat im strikten Widerspruch zur Lehre aller alten Kirchenväter, auch der berühmtesten (II 73 ff!). Doch gab man schließlich als schon längst bestehend aus, was krasse Neuerungen waren und was auf Fälschungen und Lügen beruhte (II 124 ff.).

Selbst Leo I. aber, der nicht zufällig den Beinamen «der Große» bekam und den raren Titel eines «Kirchenlehrers», wie nur noch ein einziger Papst, selbst Leo I., der in einer Zeit des politischen Zusammenbruchs den papalen Vorrang nicht hoch genug hinauftreiben, der auch, um beiläufig daran zu erinnern, die Juden nicht genug herabsetzen, verdammen, die «Ketzer» nicht genug verfolgen konnte und dem Kaiser die Religion der Liebe anpries, weil sie «die Macht der Waffen unüberwindlich» mache (!), selbst dieser «große» Leo buckelt vor dem Imperator, ja, spricht ihm Unfehlbarkeit im Glauben zu und sich die Pflicht, den kaiserlichen Glauben zu verkünden (II, 5. Kap.). Dennoch freilich tritt bereits unter Leo I. das Imperium des Papstes theoretisch gleichberechtigt neben das des Kaisers.

Nur wenige Jahrzehnte später, 495, formuliert Gelasius I. die sogenannte Zwei-Gewalten-Lehre, über ein Jahrtausend das wohl meistzitierte Papstwort, wonach «zwei Dinge» (quippe) die Welt regieren, die bischöfliche Autorität und die königliche Gewalt (II 329 ff.), und ordnet auch die bischöfliche Macht der kaiserlichen über: – es war aus den Fiktionen seiner Vorgänger zusammengeschwindelt. Und widersprach natürlich kraß den wirklichen Machtverhältnissen. Während der ganzen Antike sind die Päpste den Kaisern dienstbar, von ihnen abhängig. Und noch unter mittelalterlichen Monarchen, unter Karl «dem Großen», den Ottonen, unter so manchen noch des 11. Jahrhunderts, sind sie nicht mehr als die Befehlsempfänger ihrer Gebieter.

Jetzt aber, nachdem man allein dank der Kaiser im selbstverschuldeten Sumpf, in der eigenen Korruptheit nicht untergegangen, nachdem man allein mit imperialem Beistand mächtiger geworden war, jetzt möchte Gregor VII. sich auch die Kaiser gefügig machen, auch die Kaiser absolut unterordnen. Jetzt zögert er nicht, die Dinge, die Gesetze, die Geschichte, die hierarchischen Gegebenheiten auf den Kopf zu stellen, wofür er entweder gar keine Belege hat oder sie großen klerikalen Gaunerstücken entnimmt, insbesondere den berüchtigten Pseudoisidorischen Dekretalen, den «folgenreichsten Fälschungen» aller Zeiten (V 181 ff!).

Der Papst, der Untergeordnete des Kaisers, macht sich zu dessen Herrn und will die Welt beherrschen

Die weltlichen Potentaten werden von Gregor nach Kräften degradiert. Das Königtum, erklärt er, gestützt auf Augustin, als eine Erfindung menschlichen Hochmuts, auf Antrieb des Teufels geschaffen. Es werde aber gar wohltätig, ordne es sich dem Klerus unter. Die Könige müßten den Priestern gehorchen, besonders natürlich dem Papst, dem Nachfolger des Petrus, der Herr und Kaiser sei neben Gott. «Wer von Petrus geschieden ist», behauptet Gregor VII., «vermag keinen Sieg im Kampfe, kein Glück in der Welt zu finden. Denn mit stahlharter Strenge zerstört und zersprengt er, was sich ihm entgegenstellt. Niemand und nichts ist seiner Macht entzogen.»

Der Bauernabkömmling aus der Toskana kann kaum genug betonen, «wie sehr» königliche und bischöfliche Würde differieren, wie sehr, so belehrt er am 8. Mai 1080 König Wilhelm I. von England, «die königliche Gewalt nächst Gott durch die apostolische Fürsorge und Leitung gelenkt wird» – welch ein «Abstand des höheren Ranges vom niedrigeren»! Doch indes er dem englischen König noch zugesteht, «der allmächtige Gott» habe «die apostolische und die königliche Würde, die alle anderen übertreffen, dieser Welt zu ihrer Leitung zugeteilt», schreibt er – Pfaffen unter sich – dem Bischof Hermann von Metz, die königliche Würde habe die «menschliche Hoffart» erfunden! Einmal vom allmächtigen Gott herrührend, einmal von menschlicher Hoffart. Die bischöfliche Würde, erzählt er dem Bischof, «richtete die göttliche Barmherzigkeit ein. Jene jagt unablässig nach eitlem Ruhm, diese sucht beständig das himmlische Leben zu erlangen.»

In Wirklichkeit suchen Bischöfe und besonders Päpste, insbesondere einer wie Gregor, nichts mehr als Macht, Macht, Macht. Und berichtet er, was die Bischöfe betrifft, nicht an anderer Stelle wieder selbst (gewiß nur von jenen, die ihm nicht passen): «Die Bischöfe aber ... setzen das Gesetz Gottes beinahe völlig hintan ..., streben vermittels ihrer kirchlichen Würden nur nach weltlichem Ruhm ...» – wie die hoffärtigen Könige? Und seine eigene Eitelkeit, Ruhmsucht, sein Größenwahn sind schwer zu überbieten. «Behalte auch im Sinn», droht er dem «Kleriker» Tedald, von Heinrich IV. 1075 zum Erzbischof von Mailand ernannt, «daß die Macht der Könige und Kaiser und alle Anstrengungen der Sterblichen vor dem apostolischen Recht und der Allmacht des höchsten Gottes» – die erst nach dem apostolischen Recht rangiert – «wie Asche gelten und Spreu».[24]

Welch impertinenter Pfaffendünkel!

Doch Gregor VII. war von der fixen Idee beherrscht, die speziell seine Idee war: daß der Papst der Herr der Welt sei. Denn er, der ehemalige Mönch, der so oft die Herrschgier anderer brandmarkte, ist herrschsüchtiger als sie alle. Jedermann soll ihm gehorchen und dienen, Bischöfe und Könige. Der Papst allein soll den Vorrang vor allen haben, den Vorrang und die Vorrechte. Im Grunde verachtet er alle und will von allen geachtet sein.

Am konzentriertesten prangt sein exorbitanter Größenwahn in dem berüchtigten «Dictatus papae», in jenen undatierten, aber 1075 entstandenen 27 knappen, ungeordneten Pseudo-Rechtssätzen, die vermutlich Grundlage einer neuen Rechtssammlung sein sollten. Die bezeichnendsten davon:

«VII. Daß es allein ihm (dem Papst) erlaubt ist, entsprechend den Erfordernissen der Zeit, neue Gesetze aufzustellen, neue Gemeinden zu bilden ...

VIII. Daß er allein die kaiserlichen Herrschaftszeichen verwenden kann.
IX. Daß alle Fürsten allein des Papstes Füße küssen.
XII. Daß es ihm erlaubt ist, Kaiser abzusetzen.
XVIII. Daß sein Urteilsspruch von niemandem widerrufen werden darf und er selbst als einziger die Urteile aller widerrufen kann.
XIX. Daß er von niemandem gerichtet werden darf.
XXII. Daß die römische Kirche niemals in Irrtum verfallen ist und nach dem Zeugnis der Schrift auch in Ewigkeit nicht irren wird.»[25]

Sind diese Diktate auch großenteils aus früheren Texten abgeleitet, vor allem aus Fälschungen, so waren doch die meisten der (hier zitierten) Sätze völlig neu, revolutionär. Gregor, dessen Autorschaft heute unbestritten ist, hat sie aus sich herausgesponnen und dabei sogar die Behauptung von der Erbheiligkeit oder Amtsheiligkeit der Päpste vertreten (23): «Jeder rechtmäßig eingesetzte römische Bischof wird zweifellos kraft des Verdienstes Sankt Peters heilig.» (Die Kirche selber hat allerdings die meisten römischen Bischöfe nicht kanonisiert, wohl aber den nicht rechtmäßig, im Widerspruch sowohl zu alten Vorschriften als auch der neuesten Wahlordnung von 1059 gewählten Gregor VII.)

Der Papst also, der, ist er kanonisch gewählt, unzweifelhaft heilig wird, darf als einziger alle Urteile aufheben, während sein Urteil niemand widerrufen darf, wie ihn auch niemand richten darf. Er kann sogar Kaiser absetzen, er allein kann kaiserliche Herrscherzeichen verwenden, ihm allein müssen alle Fürsten die Füße küssen. Und solche Pharisäer predigen der Menschheit Demut!

Sapienti sat.

Selbstverständlich fehlen für einen derart eskalierenden Überheblichkeitswahn so gut wie alle historischen Belege. Die meisten dieser hypertrophen Dreistigkeiten sind aus weitgehend gefälschten Traditionen abgeleitet, besonders aus Pseudoisidor (V 181 ff!), und wohl eine reichlich überspannte Reaktion Gregors auf den Streit mit dem deutschen König und Episkopat. Nicht von ungefähr hatte er kurz vorher, am 7. Dezember 1074, Heinrich IV. geschrieben, «daß Du dann erst die königliche Gewalt richtig wahrnimmst, wenn Du die Erhabenheit Deiner Herrschaft dem König der Könige, Christus, zur Wiederherstellung und Verteidigung seiner Kirche dienstbar machst».[26]

Dem König der Könige? Gregor und seinesgleichen! Mit seinesgleichen jedoch kann man nicht immerfort Geschichte machen, nicht über die Jahrtausende. Mit elysischen Gespenstern schon. Das weiß das Gelichter. Ob es selber an Gespenster glaubt, ist dabei ganz unerheblich, solang es die andren daran glauben machen kann.

Sich unterwerfen wollte Gregor indes nicht nur den deutschen Herrscher, sondern auch andere, am liebsten alle.

Gregor wollte in der Tat nichts Geringeres, als die gesamte Welt seinem Kommando unterstellen. War ursprünglich der Papst dem Kaiser unter-, dann nebengeordnet, so wollte Gregor nun in rücksichtsloser Verfolgung der päpstlichen Primatgelüste alle Herrscher sich subordinieren, wobei er bevorzugt eben auf Fälschungen zurückgreift. Kaiser und Könige sollten nur noch Beschützer des Papstes, Handlanger des Klerus sein, nicht mehr wie bisher Besitzer von Kirchen mit dem Recht der Investitur, sondern hörige Schutzherrn des Bischofs von Rom, Funktionäre seines Willens. Noch der niedrigste Kleriker stand für Gregor über allen Fürsten, Herzögen und Königen, die doch nur unterjochen konnten «durch Herrschsucht, Raub, Mord, kurz durch fast alle Verbrechen». In der römischen Kirche aber sieht Gregor die Gerechtigkeit verkörpert und im Papst den allein legitimen Gesetzgeber innerhalb der christlichen Gesellschaft. Das sacerdotium kam vor dem regnum. Darin bestanden für Gregor recht eigentlich die «libertas ecclesiae» und «justitia».

Demgemäß schreibt er dem König Sven II. von Dänemark 1075: «Das Gesetz der Römischen Päpste erlangte über mehr Länder Geltung als das der Römischen Kaiser; in alle Welt ging ihre Stimme, und denen einst der Kaiser gebot, gebot nun Christus.» Nicht genug: dem irischen König Terdelvach log Gregor vor, Christus habe Petrus über alle Königreiche der Welt eingesetzt (super omnia mundi regna constituit), also wünsche er für Petrus und dessen Nachfolger alle Gewalt «in saeculo». «Das ganze Universum muß der römischen Kirche gehorchen und sie verehren.» Ähnlich klärt er 1079 König Alfons von Kastilien auf: «Dem heiligen Petrus hat der allmächtige Gott alle Fürstentümer und Gewalten des Erdkreises unterworfen.»

Einst hatte selbst der machtbewußte Mailänder Bischof und Kirchenlehrer Ambrosius auf den Vorrang des Klerus nur in religiöser Hinsicht bestanden: «In Glaubensfragen sind die Bischöfe die Richter der christlichen Kaiser, nicht die Kaiser die Richter der Bischöfe.» Jetzt beansprucht Gregor auch namentlich über zahlreiche Länder die Oberherrlichkeit, und dies mit den abenteuerlichsten Begründungen. Über Böhmen (wo Volk und Klerus schon 1073 gegen Gregors Gesandte rebellierten), weil Vorgänger Alexander II. dem Herzog Wratislaw den Gebrauch einer Mitra zugestanden! Über Rußland, weil ein verjagter Großfürst durch einen Sohn sein Land vom hl. Petrus zu Lehen nehmen ließ. Über Ungarn, weil es Eigentum der römischen Kirche, ein Geschenk König Stefans an St. Peter sei. Sachsen hat angeblich Karl «der Große» dem hl. Petrus geschenkt. Auch Korsika, das er tatsächlich seinem Machtbereich eingliedert, gehört zu den «karolingischen Schenkungen». Ferner beansprucht der Papst kraft des gefälschten Constitutum Constantini Spanien als altes päpstliches Eigentum. Er beansprucht die Lehnshoheit auch über Sardinien, Dalmatien, Kroatien, über Polen, Dänemark, England, die er sämtlich als alten Besitz Sankt Peters ausgibt. Wie er denn noch König Philipp I. von Frankreich erklärt, daß sein Reich wie seine Seele in der Gewalt des hl. Petrus seien und dem widerspenstigen Monarchen 1075 die Exkommunikation androht.

Macht Gregor aber Lehnsoberhoheit geltend, fordert er meist kirchliche Konzessionen oder Kriegsdienst, außerdem mehrfach noch Zins, einen Lehnszins.

So zahlten die Normannen eine pensio, Demetrius-Zwonimir von Dalmatien ein tributum von jährlich 200 Goldstücken, Graf Peter von Melgueil und andere Grafen einen census.

Längst nicht überall freilich verfing die päpstliche Beutelschneiderei. Sardinien konnte Gregor sich nicht unterjochen, obwohl er mit dem Wahrmachen seiner «Drohungen» und den angeblichen «Eroberungsabsichten» anderer Fürsten schreckte. Ebenfalls winkten der dänische König und König Salomo von Ungarn ab. Auch in Spanien konnte Gregor über Aragon hinaus seine Dominanz nicht erweitern. Kein Glück hatte der Heilige auch in Frankreich, wo er, gestützt auf gefälschte Zeugnisse, wonach Karl «der Große» jährlich 1200 Pfund für den Papst habe sammeln lassen, ohne jedes Gefühl für das Mögliche, eine Jahressteuer von jedem Haus forderte![26a]

Doch betrachten wir einmal die Wünsche, Behauptungen und Lügen des Heiligen Vaters etwas genauer.

Papst Gregor VII. erstrebt die Königsherrschaft über Frankreich, Ungarn, Spanien u. a.

Der französische König Philipp I. (1060–1108) kümmerte sich wenig um die päpstlichen Gelüste, Mahnungen und Drohungen. Er übte die Investitur seiner Prälaten selber aus. Er schützte den Bischof von Orléans, gegen den schon Alexander II. vorgegangen war. Den Bischof von Beauvais dagegen ließ er durch die Gläubigen verjagen. So schimpft Gregor den König einen Despoten, der dem Teufel sein Ohr leihe. Er ist für ihn «der reißende Wolf und ungerechte Tyrann, der Feind Gottes und der Religion», dem er «Zerstörung der Kirchen» anlastet, «Ehebruch, ruchloseste Raubzüge, Meineide und vielerlei Betrug». Anno 1074 will Gregor zwar Philipp noch einmal gnädig sein, falls er sich fügt, falls er als «verlorenes und wiedergefundenes Schaf» sich erweise. «Wenn er aber, was wir nicht wollen, dem zuwider handelt, dann versprechen wir ihm, daß Gott (!) ihm ohne Zweifel zum Feind wird und die heilige römische Kirche, an deren Spitze wir, wenn auch unwürdig, stehen, und wir selbst ihn nach Kräften und auf jede Weise bekämpfen werden.» Doch wegen mangelnder militärischer Macht mußte sich der Papst 1075 mit einer Banndrohung begnügen, zumal er auch gegen den mächtigeren deutschen König zu kämpfen begann.

In den Bischöfen Frankreichs, die königstreu waren, sah Gregor seinerzeit «Hunde, die nicht zu bellen wagen» und forderte, sie sollten, «durch apostolische Vollmacht ermahnt und verpflichtet», sich von der Gefolgschaft und Gemeinschaft mit dem König «völlig lossagen und in der ganzen Francia jeglichen öffentlichen Gottesdienst untersagen». Wolle er freilich auch durch einen solchen Bann nicht wieder zur Besinnung kommen, «soll es – so ist unser Wille – niemandem verborgen oder zweifelhaft sein, daß wir auf alle Weise versuchen werden, die Königsherrschaft über Frankreich mit Gottes Hilfe seinem Besitz zu entreißen». Gregor vergißt nicht, daran zu erinnern, daß der Mensch verflucht sei, der sein Schwert nicht blutig mache. Sollten die Prälaten jedoch zum König stehen, werde er sie «selbst als Genossen und Komplizen seiner Verbrechen des bischöflichen Amtes entsetzen und so mit der gleichen Strafe treffen».[27]

Typisch ist für Gregor – wie für seine Kirche überhaupt –, aller Welt einzureden, daß Kirchengegner kaum mehr als Sklaven seien, gänzlich unfrei und zugrunde gehen, indes – ausgerechnet – die Gläubigen durch das Bekenntnis zu Papst und Christus zeigen können, «daß Ihr freien Geist und freie Rede habt» und so «wie tüchtige Soldaten Christi zum Gipfel jetzigen und zukünftigen Ruhms erhoben werdet».[28]

Während Gregor die Reiche mancher Monarchen erst bei Widersetzlichkeit entreißen will, beansprucht er andere von vornherein. So unterrichtet er am 28. Oktober 1074 den durch erfolgreiche Kriege gegen Byzanz und die Petschenegen hervorgetretenen ungarischen König Salomon: «Denn wie Du von den Großen Deines Vaterlandes in Erfahrung bringen kannst, ist die Königsherrschaft über Ungarn Eigentum der heiligen römischen Kirche, das einst von König Stephan mit allem seinem Recht und aller seiner Gewalt dem heiligen Petrus angetragen und ehrerbietig übergeben worden ist.»

Erstunken und erlogen. Denn nie bestand ein solches Rechtsverhältnis zwischen Ungarn und der römischen Kirche, auch wenn der Papst dies stets von neuem behauptet, auch ein halbes Jahr später gegenüber Herzog Geisa von Ungarn freiweg, um nicht zu sagen frech erklärt, «in Wahrheit» sei das Königtum Ungarn Eigentum «des heiligen Petrus, des Apostelfürsten». Und macht, was das bedeutet, Geisa auch gleich klar. «‹Petrus› wird nämlich vom festen Fels abgeleitet, der die Pforten der Hölle zerbricht sowie mit diamantener Härte zerstört und zerstreut, was sich ihm entgegen stellt.» Wobei der Heilige Vater, der den Salomon immer mehr bedrängenden Geisa immer beflissener bevorzugt, ihn seiner «innigsten und väterlichsten Neigungen» versichert und, wenn auch etwas diplomatisch versteckt, zum Losschlagen gegen Salomon ermutigt. Denn Ungarn sollte ganz frei bleiben, keinem anderen Königreich unterworfen werden, nur, selbstverständlich, der Obergewalt seiner heiligen Mutter, der römischen Kirche. Freilich legte Geisa nach Besiegung seines Vetters keinen Wert mehr auf die päpstliche Lehnshoheit, ließ sich mit einer vom byzantinischen Kaiser Michael geschickten Krone krönen und durchkreuzte so den Hoheitsanspruch Gregors.[29]

Natürlich bringt es dieser auch nicht übers Herz, den Fürsten Spaniens zu verschweigen, daß sie dem hl. Petrus und den Päpsten unterstehen, daß Spanien der römischen Kirche gehöre.

Doch zuvor verdeutlicht Gregor in einer langen Epistel vom 28. Juni 1077 erst mal allen die Nichtigkeit irdischen Daseins, «die Bedingtheit des Menschen, die für Könige und Arme gleich ist». «Setzet Eure Hoffnung nicht auf die Ungewißheit irdischer Güter.» Nein, nur das nicht! Schafft Euch vielmehr, rät der Römer, «einen besseren und bleibenden Besitz, wo Ihr das ewige Leben zubringt. Hier haben wir nämlich keine bleibende Stätte ... Und in der Tat wißt Ihr selbst und seht täglich wie hinfällig und gebrechlich das Leben der Sterblichen ist.» Also: «ständig» an das Letzte denken, an «die zukünftigen Gefahren», das strenge «Gericht», ständig sich bewußt sein, mit welcher Bitternis man «aus der gegenwärtigen Welt, die nichts taugt (!), scheiden und zur Fäulnis der Erde und zum Schmutz des Staubes zurückkehren» müsse.

Nach solch eindringlichem Präliminare kommt Gregor zum eigentlichen: «Außerdem möchten wir Euch zur Kenntnis bringen, was fürwahr nicht in unserem Ermessen steht zu verschweigen . . ., daß nämlich die Königsherrschaft über Spanien aufgrund alter Satzungen dem heiligen Petrus und der heiligen römischen Kirche zu Recht und Eigentum übertragen worden ist.»

Nachweise für diese tolle Behauptung bringt der Papst freilich nicht. Das kirchliche Eigentumsrecht auf Spanien, meint er, habe «allerdings bisher die Ungunst vergangener Zeiten und eine gewisse Nachlässigkeit (neglegentia) unserer Vorgänger verhüllt». In seiner Megalomanie schreckt er nicht einmal davor zurück, die Päpste selbst zu beschuldigen. Doch da Gott jetzt den spanischen Fürsten den Sieg über ihre Feinde gewährte, müssen sie sich auch «um Wiederherstellung und Rückgabe des Rechtes und der Ehre des heiligen Petrus und seines heiligen und apostolischen Sitzes verdient machen»; müssen sie sich «gegenüber der Ehre des heiligen Petrus und Eurer heiligen Mutter, der römischen Kirche, willfährig und hochherzig» zeigen; müssen sie wissen, «wieviel Ihr dem heiligen Apostelfürsten Petrus schuldet». Und das heißt stets dasselbe: «Eure Waffen, Mittel, Macht verwendet nicht nur für weltliches Gepränge» (was ja ohnedies «nichts taugt»), «sondern für die Ehre und den Dienst des ewigen Königs.»[30]

Waffen waren diesem Papst immer das willkommenste, falls sie für ihn fochten. Deshalb sondierte er auch im Januar 1075 bei dem Dänenkönig Sven Estridsen: «Außerdem: für den Fall, daß die heilige römische Mutterkirche Deiner Hilfe an Streitern und an weltlichem Schwert gegen die Gottlosen und die Feinde Gottes bedürfen sollte, möchten wir ebenso durch zuverlässige Botschaft wissen, welche Hoffnung wir auf Dich setzen dürfen.» Dafür ließ er dann auch etwas springen, etwas, das ihm nicht gehörte. In diesem Fall offerierte er dem Dänen als Lehen Petri wahrscheinlich Dalmatien, indem er fortfuhr: «Auch liegt nicht weit von uns am Meer ein wahrhaft überreiches Land» (provincia quedam oppulentissima iuxta mare) im Besitz feiler und feiger Ketzer, in dem wir einen Deiner Söhne zum Herzog, Fürsten und Verteidiger des Christentums zu machen wünschen, wenn Du ihn, wie es ein Bischof Deines Landes als Deine Erwägung meldete, zusammen mit einer Abteilung ihm ergebener Streiter dem apostolischen Ruf zum Kriegsdienst zur Verfügung stellst.»

Da der Däne gar nicht reagierte, schrieb ihm der Papst Mitte April 1075 ohne jede Unmutsäußerung, mit der er doch sonst oft zur Hand war, noch einmal. Nur allgemein klagte er über gegenwärtige Könige und Vorsteher der Erde, die der Kirche nicht den nötigen Respekt zollten, ja, ihr einen bis an Götzendienst grenzenden Ungehorsam entgegenbrächten. Und kommt nach einigem Umwerben des Dänen zur Sache: auf das dem hl. Petrus zustehende Schutzrecht für das dänische Reich, das in die Lehnszugehörigkeit zum römischen Stuhl eintreten sollte.

Zur selben Zeit und in ähnlicher Absicht mischte sich Gregor VII. in Rußland ein. Und der aus Kiew vertriebene Großfürst scheint in seiner Not sogar den Papst um die Übertragung der Herrschaft über das russische Territorium ersucht zu haben, und Gregor zögerte natürlich nicht, dieses der Obhut des hl. Petrus anzuvertrauen.[31]

Auch England, bei dessen Eroberung 1066 der künftige Gregor VII. ja der eigentliche Drahtzieher war, wollte er als Papst unter seine Lehnshoheit bringen. Er versicherte König Wilhelm ein übers andere Mal seiner besonderen Zuneigung, nannte ihn «Perle unter den Fürsten», hofierte ihn als den einzigen Herrscher, der Gott und Kirche aufrichtig liebe, den einzigen Sohn der römischen Kirche überhaupt (!).

Aber als Wilhelm in England erreicht hatte, was er wollte, fand er die päpstliche Komplizenschaft entbehrlich, und es begann eine merkliche Abkühlung des anfangs so herzlichen Verhältnisses. Schon 1079 nennt Gregor den König aufgeblasen, unverschämt und frech. Am 24. April 1080 erinnert er ihn an die blutigen Verdienste, die er sich als Kardinal um Wilhelms Erhebung auf den englischen Thron erworben (S. 249), fordert von ihm «fromme Selbsterniedrigung» und verspricht dafür, er werde «in der Glorie des kommenden Gottesreiches Fürst über so viele Fürsten sein». Doch Wilhelm verlockten die jenseitigen Perspektiven nicht. Er blieb äußerlich devot, höflich, erinnerte den Papst, daß er dem Heiligen Stuhl nur ein jährliches Almosen, den seit langem üblichen Peterspfennig versprochen, nie aber den Lehnseid. Und als der Legat Hubertus tatsächlich diesen Eid verlangte, wies ihn Wilhelm kurz ab. Er habe keine Huldigung gelobt und werde sie so wenig leisten wie seine Vorgänger. Schließlich löste er sich ganz von Gregor, ging vielleicht gar zum Gegenpapst über. Jedenfalls endeten Gregors Bemühungen in England mit einem vollen Mißerfolg. Und bald ließ ihm das rasche Vorrücken seines großen Gegners in Deutschland nicht mehr genügend Zeit, sich um die englischen Verhältnisse zu kümmern.[32]

Ein Kriegsplan nach dem andern, Suche nach Schlachtopfern oder «die Verwirklichung des Gottesreiches auf Erden ...»

Gregor VII., der große Reformer, wollte das Papsttum bereits zur Militärmacht machen und hat den hierarchischen Militarismus, überhaupt die hierokratische Politik des Mittelalters mächtig forciert. Unentwegt ging er mit Kriegsplänen um, nur durch die Ungunst der Umstände meist am Losschlagen gehindert. Gemessen an seinen Absichten aber konnte man ihn den kriegerischsten Papst nennen, der je auf Petri Stuhl gesessen.

Gregor – 1584 selig-, 1606 durch Paul V. heiliggesprochen – forderte nicht nur von der weltlichen Macht Kriege für die Kirche, sondern Kriege von der Kirche selbst. Von seinem Amtsantritt an war er eifrig mit Aufrüstung, mit Kriegsvorbereitungen befaßt. Die Kollekte und Geschenke, die laufend von England bis Spanien in Rom eintrafen, wurden von ihm zur Schaffung einer Streitmacht benutzt. Ständig sammelte er für seine wirklichen oder projektierten Attacken Soldaten, und da er immer zuwenig hatte, erklärte er es geradezu zur Aufgabe des Gläubigen, sich der «militia sancti Petri» (ein von ihm geprägter Begriff) zu weihen. Er sanktionierte auch den Angriffskrieg. Ja, er unterhielt selbst ein Heer, vor dem er hoch zu Roß erschien. Was wunder, daß es in seinen Episteln und Synodalbeschlüssen kein Waffenverbot für Kleriker gibt! Und obwohl er keinen Anspruch auf die Truppen auswärtiger Bischöfe hatte, forderte er sie doch gelegentlich an, so 1076 vom Bischof von Trient, so 1078 vom Erzbischof Manasse von Reims. So ließ er Bischöfe, wie den Patriarchen von Aquileja, den altüblichen Amtseid noch mit dem Zusatz beschwören: «Die römische Kirche werde ich, wenn aufgefordert, mit weltlicher Kriegsmacht getreulich unterstützen.» Von den französischen Prälaten verlangte Gregor den Einsatz von «geistlichen und weltlichen Waffen». Und so sehr er – die allbekannte Doppelmoral – Blutvergießen beklagte, so sehr propagierte er den kirchlich-päpstlichen Krieg.

Carl Erdmann kommt diesbezüglich 1965 zu einer Feststellung, die, wie er betont, merkwürdigerweise in der bisherigen Forschung unterblieben sei, nämlich: «Soweit sich die Publizisten mit dem prinzipiellen Problem des Krieges beschäftigen – und das ist in erheblichem Maße der Fall –, sind alle Gregorianer für einen Krieg der Kirche, für die Anwendung von Waffengewalt um der Religion willen, während alle Kaiserlichen dagegen sind»; eine Beobachtung, die sich auch in jenen Schriften bestätigt, die den Krieg nur nebenbei thematisieren.

Da konnte es denn kaum genug Gefallene, kaum genug Schlachtopfer für seine Heiligkeit geben. «Bisher haben erst wenige von den unsern», klagt er den Getreuen des Heiligen Stuhls, «den Gottlosen bis aufs Blut widerstanden, ganz wenige für Christus den Tod erlitten.» Nein, wie schrecklich! Beißen doch nie genug für Christus recte für das Papsttum ins Gras; zumal «weltliche Krieger täglich für ihren irdischen Herrscher im Kampf stehen und den Tod zu erleiden kaum fürchten ...». Also: «Denket daran, wie viele Ritter täglich um feilen Lohnes willen für ihre Herren sterben; was aber dulden oder tun wir für den höchsten König?»

Und so bittet, mahnt, drängt der empörte, enttäuschte Pontifex immer wieder – und selbstverständlich nur «seitens des heiligen Petrus» (ex parte beati Petri), daß die Gläubigen «für den himmlischen König kämpfen», für den «himmlischen Adel» (celestem nobilitatem), was immer das heißt. «Gregor VII.», schreiben die katholischen Theologen Seppelt/Schwaiger, «will die Verwirklichung des Gottesreiches auf Erden unter der Leitung des Papstes.»[33]

Seinen Schlächtern und Opfern aber verheißt der Papst mehr. Denn da er bei all seinen Angriffsplänen besonders auf freiwilligen Zuzug von Truppen rechnete, verbürgt er großzügig himmlischen Lohn. So lockt er Wilhelm von Hochburgund, den er zum Normannen- und Orientkrieg ruft: «Die Apostelfürsten Petrus und Paulus werden, wie wir glauben, dich und alle, die sich an diesem Feldzug mühen, mit doppelter, ja vielfacher Belohnung beschenken.» Im Krieg Heinrichs IV. gegen Rudolf von Schwaben auf der Seite des Gegenkönigs stehend, erläßt der Römer schon eine Art Ablaß: «Damit aber Rudolf das deutsche Reich regiere und verteidige, gewähren wir allen seinen Anhängern Absolution von allen ihren Sünden»; weshalb Wenrich von Trier schrieb, Gregor spräche die von Sünden frei, die angeblich für Christus einen Christen totschlügen. In seinem zweiten Kreuzzugsaufruf verspricht er: «Für augenblickliche Mühe (momentaneum laborem) könnt ihr ewigen Lohn erlangen.» In seinem letzten Appell nach dem Verlust Roms: «Bringt Hilfe, wenn ihr Sündenvergebung, Segen und Gnade in diesem und jenem Leben erhalten wollt.» Und ähnlich bei anderen Unternehmungen.[34]

Zu den ersten militärischen Maßnahmen nach Antritt seines Pontifikats gehörte Gregors Forderung an seinen spanischen Legaten, Leute für einen Kreuzzug gegen die Mauren in Spanien zu werben, das er ganz der Kirche unterwerfen wolle, da es «alter Besitz Petri» sei und niemandem als allein dem «apostolischen» Stuhl unterstehe. Gleichzeitig sandte er den Kardinal Hugo Candidus aus, wobei er ebenfalls «Petri uraltes Besitzrecht» auf die Halbinsel betonte. Ganz offensichtlich bezog er sich damit auf die «Konstantinische Schenkung» (IV 14. Kap.). «Denn was einmal nach dem Willen Gottes in das Eigenthum der Kirchen in gerechter Weise gelangt ist, das wird, so lange die Sache überhaupt bestehen bleibt, durch den Umstand der vorüberziehenden Zeit, zwar aus deren Gebrauche, nicht aber aus ihrem Rechte, außer es habe eine gesetzmäßige Bewilligung stattgefunden, losgerissen werden können.» Ohne an die in Spanien bereits bestehenden christlichen Reiche auch nur zu erinnern, verfügte Gregor kraft bloßer Behauptungen einfach über das Land.

Der nordfranzösische Graf Ebulo von Roucy (aus der Champagne) – nach dem Urteil des Abtes Suger von Saint Denis einer der übelsten Raubritter, der sich schon mit Alexanders II. Segen zum frommen Werk gerüstet – sollte zu Ehren des hl. Petrus in Spanien einfallen und alles innehaben, dies war vertraglich vereinbart, was er den «Ungläubigen» entreiße. So rückte Ebulo denn auch mit großem Heerbann aus. Doch offenbar wurde die Expedition ein Fehlschlag; keine Chronik berichtet davon, ja, Kardinallegat Hugo Candidus, vordem ein enger Anhänger Gregors, sogar der eigentliche Papstmacher (S. 246 f.), erscheint bald danach als dessen leidenschaftlicher Widersacher.[35]

Schon in seinem ersten Papstjahr zerstritt sich Hildebrand auch mit Robert Guiscard; offenbar wollte jeder mehr Land, als ihm der andere zugestand. Der Heilige Vater bannte den Normannen auf der Fastensynode 1074 und rüstete zugleich zum Krieg wider ihn. Von allen Seiten rief er Hilfe herbei, und die meisten versprachen sie auch – der hl. Petrus werde sie belohnen, schrieb er.

EIN KREUZZUG MIT ZWEI DAMEN FÄLLT INS WASSER

Gregors Hunger nach Krieg – falls es, doch das ist die Regel auch bei andren Herren, nicht nach seinem Kopf ging – war so groß, daß er zur selben Zeit, als er militärische Attacken gegen Robert Guiscard (eventuell auch gegen den französischen König) plante, überdies eine Orientinvasion erwog.

Heiligkeit ventilierte durch das ganze Jahr 1074 nichts Geringeres als einen aufwendigen Kreuzzug zunächst wider die Türken zur angeblichen Befreiung des byzantinischen Reiches, dann zur Eroberung Jerusalems, wobei Gregor zugleich die Rückgewinnung der seit 1054 getrennten Ostkirche erhoffte. Monate, vielleicht Jahre ging er damit um. Denn, so verbreitete er am 1. März 1074, von vielen erfahren zu haben, «daß das Volk der Heiden kraftvoll gegen das christliche Imperium erstarkt ist und mit beklagenswerter Grausamkeit schon beinahe bis an die Mauern von Konstantinopel heran alles verwüstet, in tyrannischer Gewalt besetzt und viele tausend Christen wie Vieh getötet hat». Ähnlich schrieb er am 7. Dezember 1074 an Heinrich IV.: ein sehr großer Teil der Christen werde «durch ein unerhörtes Gemetzel von den Heiden vernichtet und wie Vieh in einem fort täglich hingeschlachtet und so das christliche Volk zunichte». Darum wollte er von Italien bis Dänemark 50 000 Glaubenskämpfer sammeln und dann selber als «Heerführer und Bischof» (dux et pontifex) an die Spitze der Truppe treten (me pro duce habere . . .), während König Heinrich unterdessen den Schutz der römischen Kirche übernehmen sollte – «damit Du sie nicht nur als Deine heilige Mutter bewachest, sondern auch ihre Ehre verteidigest». Kein Wunder, daß Gregor jetzt dem König eindringlich seine aufrichtige Liebe erklärt.

Um den Orientkrieg aber führen zu können, beteuert der Heilige nicht nur, die Christen müßten im Osten «wie Tiere» (quasi pecudes) leben, sondern auch, sie würden zu Tausenden umgebracht, «obwohl», so Katholik Kühner, «auch nicht ein Schimmer dieser grotesken Behauptung zutraf». Tatsächlich flohen dort zwar viele Armenier vor den Türken, ungezählte Christen aber traten zum Islam über (freilich ein Kreuzzugsgrund!), widerfuhr später ja selbst bei der wiederholten Einnahme Jerusalems durch die Türken keinem Christen ein Leid.

Gregor VII. jedoch wollte «mit bewaffneter Hand . . . bis zum Grab des Herrn unter dessen eigener Führung» ziehn. Und natürlich wollte auch er selbst «Führer» sein; praktisch dasselbe. Denn der «Herr» wird immer nur vorgeschoben, und die Herren stehen dahinter, wollen sie die Völker scheren oder schlachten, und eines von beiden wollen sie immer, immer – was sie «weiden» nennen. Aber können Schafe dies kapieren? Und doch: keine Erkenntnis ist hier wichtiger.

Sehr theo-logisch rechtfertigt der Papst seinen projektierten

Großkrieg mit Jesus, «denn wie er selbst sein Leben für uns einsetzte, müssen auch wir für unsere Brüder unser Leben einsetzen». (Bis in den Ersten und Zweiten Weltkrieg hinein verbindet man derart, immer gleich widerlich und bar jeder Scham, den evangelischen Pazifisten mit den ungeheuerlichsten Völkerschlachten.)

Gregor datierte seine Schreiben, wohl ein singulärer Fall in der Papstgeschichte, «aus dem Feldlager» (Data in expeditione). Aber als sich seine Streitmacht nach umfangreichen Vorbereitungen im Juni 1074 bei Rom sammelte, wollte er sie nicht in den Orient schicken – sondern gegen die Normannen, deren Herzog ihm opponierte. Im August 1073 hatte Landulf VI. von Benevent, im September der Fürst Richard von Capua Gregor gehuldigt. Nur Robert Guiscard versagte sich seinen Wünschen, weshalb ihn der zornbebende Pontifex zwar einkreiste, doch Robert sein Reich ausdehnte, Amalfi unterwarf, ins Fürstentum Capua, in den Kirchenstaat vordrang, so daß ihn Gregor 1074 bannte.

Der Papst hatte in einem Aufruf geprahlt, der Truppen nicht gegen die Normannen zu bedürfen, mit denen er selber fertig werden wollte. Doch scheiterte alles noch in den Anfängen an der Rivalität der Fürsten. Einer nach dem anderen der «Getreuen Sankt Peters» sprang ab. Von Salerno bis Frankreich blieben die Krieger aus, und dann lief auch der Rest seiner Soldateska auseinander.[36]

Aber Ende des Jahres 1074 kam Gregor noch mehrmals und sogar mit großer Emphase auf sein Kreuzzugsprojekt zurück, bei dem er als «Heerführer und Bischof» in den Orient ziehen und an seiner Seite, merkwürdig genug, zwei Damen haben wollte: die alte Kaiserin Agnes (vielleicht als Anstandsdame?) und die noch ziemlich junge Markgräfin Mathilde von Tuszien, die comitissa et ducatrix, damals gerade 28 Jahre alt und zeitlebens seiner Heiligkeit derart zugetan, daß man, darunter sehr viele Bischöfe, beide eindeutig zweideutiger Beziehungen bezichtigte. Dagegen machten spätere christliche Autoren die zweimal Verheiratete fast zu einer Nonne, einer Jungfrau jedenfalls.

Es ist wohl klar, daß der Papst auch große Stücke auf die, wie er sagt, «ruhmreiche Beatrix» von Tuszien hielt, die Mutter. Wiederholt bekundet er, «wie stark die Liebe ist, mit der wir Euch eng verbunden sind». Die beiden «innigstgeliebten Töchter des heiligen Petrus» besaßen schließlich nicht nur ein kolossales Territorium, sondern geboten auch über dementsprechende militärische Macht. Und Gregors Liebe – dem Himmel Dank – war alles andere als einseitig. Nein, die Damen, bezeugt er wieder selbst, mühten «Tag und Nacht sich (die noctuque) uns zu unterstützen». Ihre Anhänglichkeit erinnert ihn «häufig» an jene Bibelfrauen, die den totgeglaubten Herrn im Grabe suchten «vor allen Jüngern in wunderbarer Liebesglut ...».[37]

Mathilde von Tuszien (1046–1115), Tochter des 1052 liquidierten Markgrafen Bonifatius und der Gräfin Beatrix von Tuszien, war mit dem Herzog von Niederlothringen, Gottfried IV. dem Buckligen, dem treuesten Anhänger Heinrichs, verheiratet. Doch die Ehe erwies sich als Katastrophe. Seit 1071 lebte Mathilde ständig von ihm getrennt und kinderlos auf ihren umfangreichen italienischen Ländereien – um die sich dann das ganze 12. Jahrhundert Kaiser und Päpste raufen –, indes den Herzog die heimischen Geschäfte so beanspruchten, «daß er kaum alle drei oder vier Jahre einmal die italienische Mark besuchte» (Lampert). Der Papst aber vermittelte nicht zwischen den beiden, sondern vertiefte das Zerwürfnis. Und als Gottfried sein Gegner wurde, war er kurz darauf, im Februar 1076, eine Leiche, auf einem seiner Feldzüge grauenhaft gemeuchelt – und der Friesenfürst, der mutmaßliche Urheber des Mordes, blieb dem Papst der «in Christus geliebte Sohn»; wie die junge Mathilde die «in Christus geliebte Tochter» oder «getreue Magd des heiligen Petrus», auch «teuerste und getreueste Tochter des heiligen Petrus» genannt.

Mathilde hatte bereits mit ihrer Mutter ein straffes politisch-militantes, auch die päpstlichen Kriegsvorhaben wider Sarazenen und Normannen (1074) förderndes Regiment geführt, hatte überhaupt, wie Gregor selbst bekennt, die römische Kirche «ganz und gar» unterstützt (penitus – ein Adverb, das eng mit penis zusammenhängt, wörtlich tief hinein bedeutet, bis auf das Innerste).

Und als Mathildes Mutter 1076 starb, im selben Jahr, in dem auch Mathildes Mann so brutal verblich (S. 280), wurde sie eine der stärksten Stützen des Heiligen Vaters, politisch, militärisch, wie auch immer. Denn vielleicht sah die vaterlos Aufgewachsene in dem faszinierend gebieterischen Hierarchen ja nicht nur den Heiligen Vater.

Und vielleicht überhaupt nicht nur den Vater. (Erst nach Gregors Tod schloß sie auf Wunsch Papst Urbans II. eine politisch motivierte Scheinehe mit dem 25 Jahre jüngeren siebzehnjährigen Welf V.)

Zu Gregors Zeiten lebte Mathilde, so erzählt der Hersfelder Mönch, «in einer Art Witwenstand» und hielt sich «ständig an der Seite des Papstes als seine unzertrennliche Begleiterin und verehrte ihn mit außerordentlicher Zuneigung. Da nun ein großer Teil Italiens ihrer Herrschaft unterstand und sie an allen Gütern, die die Sterblichen als die höchsten schätzen, weit mehr besaß als die übrigen Fürsten des Landes, war sie stets rasch bei der Hand, wenn der Papst ihre Hilfe brauchte, und gewährte ihm wie einem Vater oder Herrn eifrig ihre Dienste. Daher konnte sie dem Verdacht unzüchtiger Liebe nicht entgehen, denn die Anhänger des Königs und besonders die Geistlichen, denen der Papst die unerlaubte, wider die kanonischen Gesetze verstoßende Ehe verbot, streuten überall aus, der Papst suhle sich Tag und Nacht schamlos in ihren Umarmungen, und sie sei durch die verstohlene Liebe zum Papst so gefesselt, daß sie nach dem Verlust ihres Gatten eine zweite Vermählung ablehne. Doch allen Vernünftigen war es sonnenklar, daß diese Beschuldigungen falsch waren.»[38]

Natürlich hat Lampert dafür handfeste Beweise.

Zunächst einmal den Papst selbst. Denn sein «so reines, so apostolisches Leben» – die Apostel waren bekanntlich verheiratet und führten ihre Frauen noch auf ihren Missionsreisen mit –, «die Erhabenheit seines Wandels», das war von vornherein über jeden Verdacht erhaben; zumal ja auch sonst die Heiligen Väter, dürfen wir ergänzen, durch die Jahrhunderte ganz so zölibatär lebten wie ihr Klerus. Weiter hätte ein Verhältnis am Hof und «in der volkreichen Stadt» überhaupt nicht verborgen bleiben können;

denn derartiges, zumal mit einem Papst, spielt sich doch allemal in aller Öffentlichkeit ab. Und endlich insistiert unser Mönch auf die häufig durch Gregor gewirkten Zeichen und Wunder, seinen glühenden Eifer für Gott und die Kirche; nein, all dies sicherte ihn «hinlänglich gegen die giftigen Zungen der Verleumder».[39]

Mathilde wurde von den Gregorianern als miles s. Petri, als eine Deborah und Jael gefeiert. Und schenkte sie sich dem Heiligen Vater, der sie seinerseits, immerhin, «auf jede uns mögliche Weise lieben» wollte und liebte, vielleicht auch nicht selbst – dies dürfte ein immerwährendes Geheimnis bleiben –, so schenkte sie doch ihm bzw. der römischen Kirche gegen 1080 ihr gesamtes gewaltiges Eigengut in Italien und Lothringen, wenn sie auch das volle Verfügungsrecht darüber behielt.

Nicht uninteressant ist Gregors Brief an Mathilde vom Dezember 1074. Hier schreibt er nämlich, wie er «vor Scham erröte», irgend jemandem zu sagen, wie sehr er trachte und wünsche, das Meer zu überqueren, um den durch die Heiden wie das Vieh abgeschlachteten Christen mit Christi Gunst zu Hilfe zu kommen. Warum aber errötet Gregor dabei? Niemandem wagt er es zu gestehen – nur Mathilde. «Doch zögere ich nicht, dergleichen Dir mitzuteilen, oh teuerste Tochter voll Liebe; wieviel ich von Deinem Eifer und Deiner Klugheit nach Möglichkeit erwarte, könntest Du selbst kaum in Worte fassen.» Und fleht, «lasse es Dir zutiefst angelegen sein, soweit Du nur kannst, Deinen Rat, ja Deinem Schöpfer Hilfe zu gewähren ...». Mathildes Mutter müsse zu Hause bleiben «zum Schutz der gemeinsamen Angelegenheiten»; aber «viele Krieger», glaubt er, kämen mit und auch die Kaiserin «um des Gebetes willen». Und er würde «sehr gerne im Schmuck solcher Schwestern das Meer überqueren, um für Christus notfalls mein Leben einzusetzen, zusammen mit Euch, die ich mir stets im ewigen Vaterland verbunden wünsche». Und drängt zum Schluß wieder: «Laß es Dir angelegen sein, möglichst schnell zu antworten, was Dich über diese Angelegenheit und Dein Kommen nach Rom dünkt ...»

Und während der Papst mit Mathilde und seinen Streitern im Orient Krieg macht, soll König Heinrich IV. zu Hause die päpstliche Kirche schützen! «Bisher habt ihr tapfer gekämpft für vergänglichen Lohn», ruft Gregor vor allem den «ultramontani» zu, «kämpfet jetzt tapferer für jenes Lob und jenen Ruhm, der alle Wünsche übersteigt».[40]

BEGINNENDER MACHTKAMPF UND ALTES METAPHYSISCHES SCHMIERENTHEATER

Papst und König waren zunächst durchaus an Frieden interessiert. Gregor bekundet deutlich sein Wohlwollen, und Heinrich erkannte Gregors Wahl an, obschon der Gewählte die Rechte des Königs mißachtet, diesem weder die Thronbesteigung angezeigt noch eine Wahlbestätigung durch ihn erbeten hatte. Und die Art, wie Gregor die Kirchenreform in Deutschland betrieb, konnte die Beziehungen nur verschlechtern, übrigens auch gegenüber dem Gros des hohen deutschen Klerus. Hetzte der Papst noch ganz offen die Geistlichen auf, ihren Bischöfen nicht zu gehorchen, widersetzten sich diese seinen eigenen Weisungen.

Hinzu kam der scharfe Konflikt zwischen König und Kurie wegen des Erzbistums Mailand. Seit 1070 standen sich hier der vom König ernannte Erzbischof Gottfried und der von den Patarenern erhobene Erzbischof Atto gegenüber, d. h. Gottfried lebte fast vergessen in der lombardischen Provinz, Atto unter päpstlichem Schutz in Rom. In Mailand selber ging es hoch her. Im Frühjahr 1075 hatte eine angeblich von den Patarenern gelegte Feuersbrunst die halbe Stadt und den Dom zerstört, in einer Straßenschlacht siegten die nun breitere Unterstützung findenden Gegner der Pataria und baten Heinrich IV. um sein Eingreifen. Er ließ über die Patarener die Reichsacht aussprechen und investierte 1075 den königlichen Kaplan Tedald zum neuen Erzbischof, während der Papst an Atto festhielt, ja die königliche Einsetzung der Bischöfe grundsätzlich verwarf.

Gleichwohl hatte Gregor vor geraumer Zeit noch «Worte voller Süße und Gehorsam» von Heinrich empfangen, wie sie «weder er selbst noch seine Vorgänger den römischen Bischöfen übermittelt haben». Nicht genug: Heinrich bekannte sich als Simonist und Entfremder von Kirchengut, wenn auch wohl nur wegen der Bürgerkriegssituation in Sachsen. Immerhin machte auch Gregor gewisse Zugeständnisse, schickte zwar nicht Worte voller Gehorsam über die Alpen, aber, am 7. Dezember 1074, «dem ruhmreichen König Heinrich Gruß und apostolischen Segen», «mit Sicherheit» von Gott erwartend, es werde noch zutage treten, daß er ihn «mit ehrlicher Zuneigung liebe». Allerdings gab der ebenso mißtrauische wie machtgierige Papst auch von Anfang an zu erkennen, «wie sehr wir ihm nützen und wie sehr wir ihm schaden können, falls wir die helfende Hand abziehen ...».

Klar, der deutsche König brauchte nur nach römischer Pfeife zu tanzen ... «Wenn er auf uns hört, freuen wir uns über sein Heil nicht anders als über unser eigenes ...» Wenn er «unsern Mahnungen und Ratschlägen beipflichtet ...». Ja, wenn! «Gegen ihn», schreibt Gregor 1073, «dürfen und möchten wir fürwahr keinen Haß üben, es sei denn – was ferne sei! –, er wollte sich als Gegner der göttlichen Religion erweisen.»[41]

Der Papst offenbarte immer mehr Züge seiner Herrschsucht. Er wollte nicht nur die Simonie beseitigen und das Zölibat einführen, er erstrebte auch die Investitur des Klerus, die er auf der Fastensynode 1075 allen Laien, auch dem König, ausdrücklich verbot. Da aber mit der Investitur die Verfügung über die Temporalia verbunden war, über den Gesamtbesitz einer Kirche, über alle Rechte und Güter, die keinen direkten geistlichen Charakter hatten, verlor der König beim Verlust der Investitur auch die Verfügung über das gesamte Kirchengut. Dieses Gut nämlich war nicht Besitz im strengen Sinn des Wortes, die Bischöfe hatten nur ein Nutzungsrecht, das Bischofsgut war in Wirklichkeit Reichsgut, von den Königen seit mehr als einem Jahrhundert den Prälaten übertragen. Entfiel somit die Investitur (und der damit verknüpfte Lehnseid) durch den König, waren die Bischöfe von ihm unabhängige Fürsten, sie schuldeten nicht mehr dem König Unterordnung, Gehorsam, sondern nur noch dem Papst.

Heinrich, der sich das nicht bieten lassen konnte, der die Investitur um so entschiedener fordern mußte, als sie seine Vorgänger unwidersprochen gehandhabt hatten, protestierte nicht gegen das päpstliche Verbot, er ignorierte es. Wie immer investierte er die Bischöfe Huzmann von Speier, Heinrich von Lüttich, Ruotpert von Bamberg. Ebenso ernannte er neue Äbte in Lorsch und Fulda, wo man sich bei der Abtswahl, meldet Lampert, «mit aller Kraft um die Wette» anpries: «der eine versprach goldene Berge, der andere ungeheure Lehen aus den Fuldaer Besitzungen, ein dritter außergewöhnliche Dienstleistungen für das Reich, und alle wahrten nicht Maß noch Ziel in ihren Angeboten» – bis Heinrich dem Ehrgeiz der Kandidaten kurz entschlossen ein Ende machte.[42]

Und dann mischte sich der deutsche König eben in Italien ein, und zwar in dem für Gregor empfindlichsten Punkt.

Der Papst hatte zunächst noch abgewartet und zögerte wohl um so mehr, als Heinrich erst Anfang Juni die Sachsen geschlagen (S. 242 ff.), als ihr Übermut, wie ihm Gregor im September schreibt, «nach Gottes Urteil von Dir zerschmettert worden ist». Zwar schmerzlich für den Heiligen Vater, «weil vieler Christen Blut vergossen» wurde; um Heinrichs willen aber erfüllt es ihn «mit Freude». Doch wie in Deutschland ernannte und investierte der Salier auch in Italien neue Prälaten, nicht nur im Norden, in Mailand, sondern auch in Mittelitalien, in Fermo und Spoleto, nur hundert Kilometer von Rom entfernt.

Gregor reagierte zusehends unfreundlich. Er drohte dem König, daß es schwer sei, «sich der heiligen römischen Kirche zu widersetzen, der Ihr stets wie einer Mutter gehorchen müßt». Er unterbrach die Krönungsverhandlungen, stellte eine Art Ultimatum und deutete bereits die Möglichkeit von Heinrichs Absetzung an. Damit gewann der fast ein halbes Jahrhundert dauernde Investiturstreit, der Machtkampf zwischen Königtum und Päpsten, allmählich deutlichere Formen.

Man ersieht das aus einem Brief Gregors vom 8. Dezember 1075 (die Datierung ist nicht ganz sicher), in dem er zwar dem «König Heinrich Gruß und apostolischen Segen» sendet, aber mit dem Zusatz, «wenn anders er dem apostolischen Stuhl gehorcht, wie es einem christlichen König ziemt» (ut christianum decet regem). Das tue er jedoch nicht, sondern halte «wissentlich Gemeinschaft mit Exkommunizierten» und habe deshalb auch «eine angemessene Buße für diese Schuld» zu leisten. Zwar schicke der König ihm «zahlreiche Briefe voll Ergebenheit», auch Gesandte, die ganz ähnlich tönten, erweise sich «in der Sache selbst aber und im Tun als spröde ..., als widerstrebend». Durch die Übertragung gar der Kirchen von Fermo und Spoleto füge er ihm «Wunde auf Wunde» zu und hätte ihm doch gut angestanden, «mit einiger Ehrerbietung auf den Leiter der Kirche, nämlich den heiligen Apostelfürsten Petrus zu schauen. Falls Du zu den Schafen des Herrn gehörst, bist Du ihm durch das Wort und die Macht des Herrn übergeben, daß er Dich weide ...»; müsse er sich vorsehen, daß er «nicht uns, sondern dem allmächtigen Gott nicht die schuldige Ehrerbietung» verweigere. Und wie wohl in jedem seiner Schreiben zitiert er die Bibel, wie er sie braucht: «Wer Euch hört, hört mich, und wer Euch verachtet, verachtet mich.»

Denn stets baut der Papst, wie alle seinesgleichen, Gott, Christus, den hl. Petrus effektvoll hinter sich auf, vervielfacht er so sein Gewicht, seine Geltung gleichsam unendlich. Jeder Ungehorsam des Königs, suggeriert er diesem, treffe nicht ihn, Gregor, sondern «den Apostelfürsten, den Meister der Kirche, den heiligen Petrus». Und ermahnt auch gegen Schluß noch einmal den König «in väterlicher Liebe, die Herrschaft Christi über Dich anzuerkennen und zu bedenken, wie gefährlich es ist, Deine Ehre seiner Ehre voranzustellen ...».

Immer bauen die römischen Hierarchen um sich das «Höhere» auf. Denn nicht um sie geht es doch, nein, um den hl. Petrus, Christus, um Gott selbst! Das alte metaphysische Schmierentheater, das man (ja nicht nur in Rom) den Völkern und ihren Führern vorspielt durch die Jahrhunderte – man lese die kläglich grandiose Beschwatzung Pippins durch Papst Stephan II. (IV 381 ff., bes. 386 ff!). Natürlich hatten sich nicht nur die Zeiten etwas geändert. Heinrich wies den päpstlichen Legaten «unter schweren Beschimpfungen ab» (Lampert) und kolportierte in öffentlichen Kundgebungen, der Papst habe ihm sagen lassen, daß entweder er, Gregor, sterben oder aber ihm, Heinrich IV., Leben und Reich entreißen wolle.

«Steige herab, steige herab, du ewig Verdammter!»

Die Reaktion des Königs erfolgte auf dem Reichstag in Worms am 24. Januar 1076 und auf der gleichzeitig dort tagenden Reichssynode. Neben vierundzwanzig deutschen Erzbischöfen und Bischöfen, der Mehrheit des deutschen, großenteils romfeindlichen Episkopats, und vielen Äbten war auch Gregors fanatischer Gegner, Kardinal Hugo Candidus, erschienen, der die Versammelten mit allen möglichen und unmöglichen, glaubhaften und unglaubhaften Geschichten über den Papst (und nicht zuletzt Mathilde) anheizte.

Die Prälaten, unter denen zunächst nur Adalbero von Würzburg und Hermann von Metz widerstrebten, erkannten schließlich samt und sonders unter der Regie des Erzbischofs Siegfried von Mainz ihren «Bruder Hildebrand» als Papst nicht mehr an und kündigten ihm den Gehorsam auf, was alle nicht nur mit eigenhändiger Unterschrift, sondern noch jeder einzelne mit einer zusätzlich urkundlich bezeugten Zustimmung beglaubigen mußte.

In einem längeren Brief häuften die Oberhirten Vorwürfe über Vorwürfe auf den Papst. Gegen Recht und Gesetz sei er angetreten, habe sein Amt mit einem Verstoß gegen das Wahldekret von 1059 und mit zwei schweren Meineiden begonnen, vor allem dem, niemals selbst die päpstliche Würde zu gewinnen, und habe die Folgen der Zwietracht «in rasender Torheit» durch die Länder verbreitet. Denn dem «Verbrechen am Beginn» seines Pontifikats sei «ein weit üblerer Fortgang» in Erlassen und Taten gefolgt. Die Synodalen kreiden ihm «profane Neuerungen» an, «hochmütige Grausamkeit und grausamen Hochmut», «rasenden Wahnsinn». Er habe die Bischöfe «Hurensöhne» genannt und ihnen, soweit es ihm möglich war, «alle Gewalt genommen», dafür «dem rasenden Pöbel die gesamte Verwaltung der Kirche preisgegeben».

«Endlich hast du die ganze Kirche mit dem Gestank eines sehr üblen Skandals erfüllt, weil du mit einer Frau zusammenwohnst und vertraulicher mit ihr umgehst, als es nötig wäre. Hierdurch leidet unser Schamgefühl mehr als unsere Sache, aber das ist die allgemeine Klage, die man überall hört: Jedes Urteil, jeder Erlaß am apostolischen Stuhl werde von Weibern verfaßt, und schließlich regiere dieser neue Weibersenat die ganze Kirche.»

«Unter den nichtigsten Vorwänden und albernsten Andichtungen», schreibt vor einem Jahrhundert der katholische Kirchenhistoriker Janner, «setzte diese Aftersynode (!) Gregor VII. ab.» Doch von der die Gräfin Mathilde – vielleicht zu Unrecht – betreffenden Beschuldigung abgesehen, waren die Vorwürfe der Bischöfe so wenig nichtig und albern wie die Heinrichs selber. Gregor war im Tumult erhoben, das Papstwahldekret von 1059 ebenso mißachtet worden wie das darin garantierte Recht des deutschen Königs. Am selben Tag wie die Prälaten sandte er dem Papst ein Absetzungsdekret, nannte ihn den verderblichsten Feind seines Lebens und seiner Herrschaft, pflichtete dem Spruch der Bischöfe bei, die Hildebrand Unterwerfung und Gehorsam kündigten, ihn nicht mehr für den Papst hielten, und sprach Gregor «jedes Recht, das du bisher am Papsttum zu haben schienst, ab». Und ebenfalls noch am selben Tag appellierte Heinrich an die Römer: «Erhebt euch also gegen ihn, Getreueste, und der erste in der Treue sei der erste, der ihn verdammt. Wir sagen aber nicht, daß ihr sein Blut vergießen sollt, da ja das Leben nach der Absetzung für ihn eine größere Strafe ist als der Tod.»

Weniger der damals 25jährige König war bei der Aktion gegen den Papst die treibende Kraft als der deutsche Episkopat, dem dann der lombardische auf einer Synode in Piacenza folgte, indem er sich ebenfalls einmütig von Gregor lossagte. Und der König, der Gregor vorwarf, ihm nach Herrschaft und Leben zu trachten, forderte ihn auf, seinen Stuhl zu räumen.[43]

Als Gesandte Heinrichs, die Bischöfe Huzmann von Speyer, Burchard von Basel und Graf Eberhard von Nellenburg, die Beschlüsse von Worms und Piacenza am 15. Februar vor der von über hundert Bischöfen, von zahlreichen Äbten und Laien einschließlich der Kaiserin Agnes besuchten Fastensynode im Lateran verlasen, wurden sie von den frommen Vätern nicht nur mißhandelt, sondern in der Kirche beinah gekillt. Der Papst, der die angeblich schon Halbtoten vor dem Schlimmsten bewahrt haben soll, exkommunizierte den Mainzer Metropoliten, den Vorsitzenden der Wormser Synode, samt den lombardischen Prälaten.

Über Heinrich selbst sprach er den Bannfluch aus – ein bisher unerhörtes, riesiges Aufsehen erregendes Vorgehen gegen den «Gesalbten des Herrn». Denn schon oft hatte zwar ein katholischer König einen Papst abgesetzt, noch nie aber ein Papst einen katholischen König exkommuniziert. Noch zwei Generationen später wundert sich in seiner Weltchronik Bischof Otto von Freising, ein Enkel Heinrichs IV.: «Wieder und wieder lese ich die Geschichte der römischen Könige und Kaiser, und nirgends finde ich, daß einer von ihnen vor diesem von einem römischen Bischof ausgeschlossen sei.»

Gregor gab dem Ganzen einen bombastischen Hintergrund, rückte sich und seine Sentenz in eine Wolke von Metaphysik, indem er das Verdikt höchst wirkungsvoll in ein Gebet an den Apostelfürsten Petrus einschloß, mit dem er sich fast in eins setzte. Als dessen Stellvertreter habe er von Gott die Macht, im Himmel und auf Erden zu binden und zu lösen, und so versage er, gestützt auf solche Macht und Autorität, «dem König Heinrich, dem Sohn des Kaisers Heinrich, die Regierung des ganzen Reichs von Deutschland und Italien, ich entbinde alle Christen von dem Treueid, den sie ihm geschworen haben oder schwören werden, und gebiete, daß niemand ihm als König diene. Und da er verschmäht hat, als ein Christ gehorsam zu sein, da er zu dem Herrn, den er durch den Verkehr mit Exkommunizierten, durch das Vollbringen vieler Bosheiten und die Verachtung meiner Mahnungen verlassen hat, nicht zurückgekehrt ist, da er sich von deiner Kirche, indem er versucht hat, sie zu spalten, selbst geschieden hat, so binde ich ihn an deiner Statt mit der Fessel des Fluchs. Ja, im Vertrauen auf dich binde ich ihn, damit alle Völker merken und bekennen, daß du bist Petrus und daß auf deinen Felsen der Sohn des lebendigen Gottes seine Kirche gegründet hat, und daß die Pforten der Hölle nicht mächtiger sein werden als sie ...»

Heinrichs Mutter, die Gregor gänzlich ergebene Kaiserin Agnes, hörte zu Füßen seiner Heiligkeit im Nonnenschleier die Verdammung an. Doch obwohl der Bannfluch, der sowohl den Ausschluß aus der Gemeinschaft der Gläubigen und von allen Sakramenten bedeutete als auch jeden Verkehr mit dem Exkommunizierten verbot, den König an den Rand des Ruins zu bringen suchte und dann auch brachte, war Heinrich noch guter Dinge. Zunächst belegte er am heiligen Osterfest 1076 in Utrecht den Mann, für den man bisher in jeder Messe gebetet, mit Fluch und Absetzung und ließ Ende Juni in Mainz den Bann erneuern. Auch erklärte er in einem weiteren offenen Schreiben an «Hildebrand, nicht mehr den Papst sondern den falschen Mönch», daß der König nur von Gott gerichtet, nur wegen Abfall vom Glauben vom Thron gestoßen werden könne. Und Hildebrand apostrophierte er, nun seinerseits nicht bloß Petrus, sondern auch Paulus, den allen Dissidenten fluchenden, auf seine Seite ziehend: «Du also durch diesen Fluch und durch das Urteil aller meiner Bischöfe verdammt, steige herab, verlasse den angemaßten apostolischen Sitz, ein anderer besteige den Thron des heiligen Petrus, der der Gewalt nicht die Maske der Frömmigkeit gibt, sondern die gesunde Lehre des heiligen Petrus lehrt. Ich Heinrich, König durch die Gnade Gottes, mit allen meinen Bischöfen sage dir: Steige herab, steige herab, du ewig Verdammter!»[44]

Heinrich hatte damit den Papst zwar abgesetzt, aber ohne den Beschluß auch durchführen zu können, ein in der deutschen Geschichte bisher ebenso einzigartiger Vorgang wie die Exkommunikation eines römisch-deutschen Königs, eines «Gesalbten des Herrn», wenn auch keine formelle Entsetzung des Herrschers vorlag, dessen theokratisches Selbstverständnis durchaus dem seiner Vorgänger, durchaus der Tradition entsprach, während die Anmaßungen Gregors eben revolutionären Charakter hatten.

Doch der König, der auf einem Höhepunkt seiner Macht stand, verlor rasch an Boden.

Einige Äußerlichkeiten, die aber seinerzeit nicht als solche empfunden wurden, halfen seinen Gegnern. Der jähe Tod etwa des äußerst qualvoll am 27. April 1076 sterbenden Bischofs Wilhelm von Utrecht, des Spruchverkünders, der als einziger der anwesenden Prälaten überhaupt gewagt hatte, das Anathema gegen den Papst zu verlesen. Denn auf gregorianischer Seite wurde der Tod des Bischofs natürlich als abschreckendes Beispiel einer himmlischen Bestrafung gedeutet. Und vielleicht war ja so etwas Ähnliches auch die nur einige Wochen vorher erfolgte Ermordung von Heinrichs getreuestem Anhänger, dem Herzog Gottfried von Niederlothringen, im Februar 1076 im Feldlager nahe der Küste am nördlichsten Arm der Maas. «Er war eines Nachts, als alle schliefen, zur Verrichtung eines natürlichen Bedürfnisses abseits gegangen, da stieß ihm ein draußen lauernder Meuchelmörder das Schwert ins Gesäß und ließ es in der Wunde stecken, dann machte er sich eiligst aus dem Staube. Der Herzog überlebte die Verwundung kaum sieben Tage.» (Es war in edlen Adelskreisen nicht so unbeliebt, den Gegner beim Fäkalieren abzustechen: vgl. etwa V 318.) Immerhin nannte selbst Königsfeind Lampert den so grauenhaft abgemurksten Königsfreund «eine kraftvolle, starke Stütze des deutschen Reichs, denn obgleich er wegen seiner kleinen Gestalt und seines Höckers wenig achtunggebietend erschien, überragte er doch, wie schon oft gesagt, die übrigen Reichsfürsten weit an glänzendem Reichtum, an Menge tapferster Krieger, an reifer Klugheit und endlich an Maßhalten in der ganzen Lebensführung».

Die Ermordung des Fürsten war ein unersetzlicher Verlust für den König. Und sie war ein Glücksfall für den Papst, nämlich die «Hinwegräumung eines ernsthaften Hindernisses für die von Gregor VII. in das Auge gefaßten Pläne». Und Mathilde, die damals etwa dreißigjährige Witwe des allenfalls wenige Jahre älteren Gottfried, war jetzt in der Lage, noch rücksichtsloser als bisher «alles, was sie vermochte, für den Sieg Gregor's VII. in Bewegung zu bringen» (Meyer von Knonau), der freilich häufig für das Seelenheil des Ermordeten betete, und das auch noch auf Bitte Mathildens. Es klingt wie aus einer Heiligenlegende.

Die Front des deutschen Episkopats aber weichte jetzt auf, womit Gregor gerechnet hatte. Die Majorität, von zwei päpstlichen Legaten überschüttet mit Belegen «aus verfälschter Geschichte und erfundenen Urkunden in Menge» (Haller), fiel vom König ab. Einer nach dem andern gab klein bei, zuerst Otto von Konstanz, dann der Mainzer Metropolit Siegfried, darauf die Oberhirten von Kamerijk, Lüttich, Münster und Speyer, dazu viele Äbte. Manche, wie Bischof Hermann von Metz, ließen Heinrichs hohe sächsische Gefangenen frei. Andere, wie Bischof Pibo von Toul und Huzmann von Speyer, krochen gar in Rom zu Kreuz. Auch die Opposition der Fürsten wuchs, zumal in Sachsen; doch auch die Herzöge von Schwaben, Bayern und Kärnten erklärten, Heinrich nicht mehr als König anzuerkennen, sei er nicht bald vom Bann gelöst. Fürsten und Kirchenfürsten suchten Kontakt zum Papst, der bereits die Wahl eines andren Königs erwog, der immer mehr obenauf kam, mit jedem Erfolg schroffer wurde, das Kesseltreiben dirigierte, im nächsten Jahr sogar selbst nach Deutschland reisen wollte, um ein schiedsrichterliches Urteil zu sprechen, das, wie die Dinge nun einmal lagen, nur auf Heinrichs Absetzung oder totale Unterwerfung hinauslaufen konnte. Dabei wollte der streitbare Gregor, wie er «hoch und niedrig im deutschen Reich» versichert, «auch Widriges und, wenn nötig, selbst den Tod für die Freiheit der heiligen Kirche und das Wohlergehen des Imperium» ohne Zögern auf sich nehmen.[45]

Canossa

In diesem äußerst bedrohlichen Augenblick entschloß sich der König zu einem überraschenden Coup, einem der berühmtesten Fürstenwege und -auswege der Weltgeschichte, zur Flucht nach vorn, zur Verhinderung des Papstbesuches in Deutschland durch seine Lösung vom Bann und seine Wiederaufnahme in die Kirche.

Mitte Dezember 1076 brach Heinrich von Speyer auf, reiste, da ihm die Fürsten Rudolf, Welf und Berchtold die Alpenpässe sperrten, durch Burgund, dessen Grafen ihm verwandtschaftlich verbunden waren, und überschritt dann, wofür ihm seine Schwiegermutter, die Markgräfin Adelheid von Turin, unverschämte Zugeständnisse abtrotzte, mitten im eisigen Winter an der Seite seiner Frau, seines noch nicht dreijährigen Söhnchens Konrad und verhältnismäßig weniger Getreuer den Mont Cenis, teilweise mehr kriechend als steigend, die Königin und ihre Frauen angeblich auf Ochsenhäuten gezogen. Die meisten Pferde gingen zugrunde.

Die deutschen Großen hatten Gregor mehrmals gebeten, zu ihnen zu kommen, zuletzt bis zum 2. Februar 1077 auf einem im August anberaumten Reichstag.

Der Papst hatte sich beeilt, so sehr er konnte, wobei ihm das Geleit seine junge Freundin, die toskanische Markgräfin gab. Doch als er bereits bis Mantua gekommen, wich er beim Nahen Heinrichs auf Mathildes Burg Canossa aus, eine uneinnehmbare Bergfeste am Nordabhang des Apennin (bei Reggio), von der heute nur noch Ruinen stehen. Der König bezog alsbald die in der Nähe liegende Burg Bianello, ebenfalls im Besitz Mathildens, seiner Cousine, und eröffnete die Verhandlungen mit dem Papst, die man dann auf dem benachbarten Kastell Montezane fortsetzte. Da die Sache, deren Verlauf im Dunkel liegt, nicht voranging, erschien Heinrich, ungeladen und unaufgefordert, am 25. Januar 1077 im Büßergewand vor dem inneren Burgtor von Canossa, kam so an den beiden darauffolgenden Tagen wieder und erhielt endlich, vermittelt vor allem wohl durch des Königs Verwandte, die Burgherrin Mathilde, und den Abt Hugo von Cluny, den Papstbegleiter und Taufpaten Heinrichs, nach Regelung der Lossprechungsbedingungen von dem durch seine Umgebung gedrängten Gregor die Rekonziliation. Doch nicht nur der König wurde so förmlich wieder in die Kirchengemeinschaft aufgenommen, sondern auch die anderen vom Bann Gelösten: der Erzbischof Liemar von Hamburg-Bremen (1072–1101) – zeitlebens einer der verläßlichsten und tatkräftigsten Getreuen Heinrichs IV. (der ihn wie sonst keinen deutschen Prälaten «nominis nostri precipuus amator» nennt) –, die Bischöfe Werner von Straßburg,

Burchard von Lausanne, Burchard von Basel, Eberhard von Naumburg. Der Papst erteilte ihnen in der Burgkapelle den Friedenskuß, dem König die Kommunion, was abermals dessen Wiederaufnahme in die Kirche beweist.[46]

Canossa – fraglos einer der berühmtesten Namen deutscher Geschichte, eines der bekanntesten Stich- und Reizworte darin, ein Weltanschauungsschlagwort beinah ohnegleichen, immerfort zitiert etwa Bismarcks «Nach Canossa gehn wir nicht», stets wieder thematisiert in Schauspielen, Romanen, Gedichten, bis hin zu den Strophen:

«Auf dem Schloßhof zu Canossa
Steht der deutsche Kaiser Heinrich,
Barfuß und im Büßerhemde,
Und die Nacht ist kalt und regnicht.

Droben aus dem Fenster lugen
Zwo Gestalten und der Mondschein
Überflimmert Gregors Kahlkopf
und die Brüste der Mathildis.»

Natürlich: Heine. Und schon in der dritten Zeile seines sechsstrophigen Namensvetters «Heinrich» kommt jenes Wort, um das herum neuerdings Aulo Engler gleichsam ein ganzes Buch schrieb: «Canossa. Die große Täuschung», worin er zeigen will, daß alles ganz, ganz anders war, als es die Welt, einschließlich der Geschichtswissenschaft, nun bald ein Jahrtausend lang glaubt. Und so ganz, ganz falsch scheint das gar nicht zu sein, was in Englers Buch steht, vielmehr im wesentlichen überzeugend, bei manchen Unrichtigkeiten, die es enthält – wie jedes Geschichtswerk.[47]

Canossa . . . Was sich seitdem beim Erklingen dieses Namens in den Köpfen Ungezählter aus so vielen Jahrhunderten spiegelt, ist das Bild des vor dem Papst zu Kreuze kriechenden deutschen Königs: drei Tage wie der letzte Hundsfott büßend in Eis und Schnee.

Kann das so gewesen sein?

Schauen wir uns den Vorgang bei dem wohl bekanntesten zeitgenössischen Annalisten an, der darüber berichtet, bei Lampert von Hersfeld. Er schreibt: «Da kam der König, wie ihm befohlen war, und da die Burg von drei Mauern umgeben war, wurde er in den zweiten Mauerring aufgenommen, während sein ganzes Gefolge draußen blieb, und hier stand er nach Ablegung der königlichen Gewänder ohne alle Abzeichen der königlichen Würde, ohne die geringste Pracht zur Schau zu stellen, barfuß und nüchtern vom Morgen bis zum Abend, das Urteil des Papstes erwartend. So verhielt er sich am zweiten, so am dritten Tage. Endlich am vierten Tag wurde er zu ihm vorgelassen, und nach vielen Reden und Gegenreden wurde er schließlich unter folgenden Bedingungen vom Bann losgesprochen . . .»

Beiseite, daß sich über Details nichts Genaues ermitteln läßt, daß wir sicher weder wissen, wo Heinrich noch wo sein Gefolge sich aufhielt, und beiseite auch, daß der König nicht auf Befehl des Papstes oder von sonst wem kam – «Heinrich kam», kommentiert Wolfgang Dietrich Fritz, «während oder nach den Verhandlungen, jedenfalls aber nicht befohlen, sondern aus eigenem Entschluß». Doch dies alles beiseite, behauptet der Hersfelder Mönch, Heinrich stand vor Canossa drei Tage lang «barfuß und nüchtern vom Morgen bis zum Abend (nudis pedibus ieiunus a mane usque ad vesperam), das Urteil des Papstes erwartend».[48]

Nun bezeichnen Lamperts Annalen zwar «einen Höhepunkt mittelalterlicher Geschichtsschreibung» (Struve), sind aber teilweise recht phantasievoll und vor allem ausgesprochen königsfeindlich. Gibt es doch kaum eine Schändlichkeit, die er Heinrich IV. nicht zutraut oder anhängt. «Denn der Zügellosigkeit des Königs setzte weder die Vernunft ein Ziel, noch sein zunehmendes Alter, noch der Tadel irgendeines Freundes, er wurde vielmehr von Tag zu Tag schlechter, zerriß alle Bande menschlicher, um nicht zu sagen, christlicher Scheu und stürzte sich Hals über Kopf in jedes Verbrechen . . .»[49]

Dementsprechend zeigt Lampert jetzt eben Heinrich möglichst würdelos, drei Tage lang barfuß von Morgen bis Abend in Schnee und Eis. War doch Januar, Wintermitte. Und welch ein Winter! Sozusagen ein Jahrhundertwinter. Lampert selbst berichtet, daß der Rhein von Mitte November bis fast Anfang April zugefroren und für Fußgänger passierbar war. Doch nicht nur Deutschland, ganz Europa erstarrte im Frost. Auch Italien. Auch der Po war zu. Canossa aber lag sechshundert Meter hoch. Und da soll Heinrich ...? Noch dazu nüchtern! Noch dazu drei Tage lang! Kaum ein, zwei Stunden hätte er das ohne schwere Schäden ausgehalten. Darauf insistiert Aulo Engler, obwohl es eigentlich auch so klar sein sollte.[50]

Nun streute freilich nicht nur Lampert seine Meldung aus, sondern auch unsere Hauptquelle, der noch königsfeindlichere Papst. Denn sobald Heinrich nicht mehr für ihn brauchbar schien, nicht mehr, wie noch im Juli 1075, sein «vortrefflichster Sohn» (excellentissime fili) war oder, wie noch wenige Monate zuvor, sein «innigstgeliebter Sohn» (fili karissime), als er ihm nicht mehr schrieb, «wie sehr ich Dich liebe», sondern als Heinrich plötzlich «Gutes mit Bösem» vergalt, «unerhörte Schlechtigkeiten» beging und Gregor selbst, soweit möglich, noch machtbesessener wurde, da malte er, in der ihm eigenen, durchaus gemessen wohlbedachten Form, der Welt und im besonderen allen seinen «Lieben» in Deutschland ein Bild von der erbärmlichen Demütigung des Königs vor, alles natürlich, wie er betont, «in ungeschminkter Wahrheit». Und diese kurze Schilderung prägte die Szene und Geschichte von Canossa bis heute.

Schon bevor er Italien betrat, sagt Gregor von Heinrich, sandte er «untertänig Boten zu uns voraus und bot an, Gott, dem heiligen Petrus und uns in allem Abbitte zu leisten, und versprach zur Besserung seines Lebens völligen Gehorsam zu wahren, sofern er nur Lossprechung und die Gnade des apostolischen Segens zu erlangen verdiene». Und in Canossa, behauptet der Papst im Januar 1077, also offenbar sofort nach dem Vorfall – «allen Erzbischöfen, Bischöfen, Herzögen, Grafen und sonstigen Fürsten des Königreichs der Deutschen» noch Gruß und apostolischem Segen zuvor –, in Canossa «harrte er während dreier Tage vor dem Tor der Burg ohne jedes königliche Gepränge auf Mitleid erregende

Weise aus, nämlich unbeschuht und in wollener Kleidung, und ließ nicht eher ab, unter zahlreichen Tränen Hilfe und Trost des apostolischen Erbarmens zu erflehen, als bis er alle, die dort anwesend waren und zu denen diese Kunde gelangte, zu solcher Barmherzigkeit und solchem barmherzigen Mitleid bewog, daß sich alle unter vielen Bitten und Tränen für ihn verwandten und sich fürwahr über die ungewohnte Härte unserer Gesinnung wunderten; einige aber klagten, in uns sei nicht die Festigkeit apostolischer Strenge, sondern gewissermaßen die Grausamkeit tyrannischer Wildheit.

Schließlich wurden wir durch seine ständige Zerknirschung und solches Bitten aller Anwesenden besiegt, lösten endlich die Fesseln des Anathems und nahmen ihn wieder in die Gnade der Gemeinschaft und den Schoß der heiligen Mutter Kirche auf, nachdem wir von ihm die Sicherheiten erhalten hatten, die unten aufgeführt sind.»[51]

Papst Gregor VII. mutet somit als erster seinem Gegenspieler in jenen extrem eisigen Januartagen die dreitägige unbeschuhte (discalciatus) Prozedur vor Canossa zu, wobei dieser «unter zahlreichen Tränen Hilfe und Trost des apostolischen Erbarmens» erflehte, bis schließlich auch alle anderen weinten, «alle, die dort anwesend waren», bis «alle unter vielen Bitten und Tränen für ihn» eintraten, bis die «ständige Zerknirschung» des bösen, aber so hart büßenden Königs den alles in der Hand habenden Papst weich kriegte.

Etwas dick aufgetragen, oder?

Jedenfalls entsprach es nicht der Situation, weder der klimatischen noch der politischen. Gewiß brauchte der König die päpstliche Absolution, wollte er nicht Thron und Reich riskieren und vielleicht noch mehr. Doch Gregor, dem Priester, blieb gar nichts anderes übrig, als dem büßenden Sünder die Lossprechung zu erteilen, um nicht jede Glaubwürdigkeit vor der christgläubigen Welt zu verlieren.

Außerdem hatte der Papst politisch in Italien gerade nicht viel zu sagen. Die paradoxe Situation war eingetreten, daß er zwar in Deutschland, wo Heinrich vor dem Ruin stand, fast alle Trümpfe in der Hand hielt, der deutsche König jetzt aber Italien weit mehr dominierte als sein Gegner. Alles zeigte sich hier königfreundlich, und bald verfügte er auch über eine ansehnliche Truppe. Sogar Lampert gibt zu, sobald sich die Kunde in Italien verbreitete, der König sei gekommen, «da strömten alle Bischöfe und Grafen Italiens um die Wette zu ihm, empfingen ihn, wie es sich für die königliche Würde geziemt, mit höchsten Ehren, und innerhalb weniger Tage scharte sich ein unermeßlich großes Heer um ihn. Sie hatten nämlich schon von Anbeginn seiner Regierung sein Erscheinen in Italien herbeigesehnt, weil das Land ständig durch Kriege, Aufstände, Raubzüge und mannigfaltige private Fehden beunruhigt wurde, und weil sie hofften, alles, was sich ruchlose Menschen wider Gesetze und Rechte der Vorfahren herausnahmen, werde durch das Einschreiten der königlichen Amtsgewalt abgestellt werden. Weil sich außerdem das Gerücht verbreitet hatte, er eile voll Zorn herbei, um den Papst abzusetzen, freuten sie sich außerordentlich, daß ihnen Gelegenheit geboten werde, sich an dem, der sie schon vor langer Zeit aus der Kirchengemeinschaft ausgeschlossen hatte, für ihre Entehrung gebührend zu rächen.»

Und am 1. Oktober bekennt Gregor selbst «allen Getreuen des heiligen Petrus im deutschen Reich»: «alle Lateiner, so viele ihrer sind, spenden bis auf sehr wenige der Sache Heinrichs Beifall und verteidigen sie, während sie mich übergroßer Härte und Unbarmherzigkeit ihm gegenüber zeihen.»[52]

Rudolf von Rheinfelden wird Gegenkönig

Der Bußakt von Canossa war zwar nach mittelalterlicher Anschauung, wie jede Kirchenbuße, keine Schande, doch die Schwäche des Königtums gegenüber dem Papsttum offenkundig, sein theokratischer Glanz gewaltig angeschlagen, Canossa ohne Zweifel ein epochales Ereignis, was die Übertreibungen des Papstes ja gerade signalisieren sollten.

Heinrich hatte die Arme-Sünder-Rolle gespielt, der abgebrühte Gregor sogar Tränen vergossen, worüber er beinah täglich nach Bedarf verfügte, besonders bei der Messe. Waren es Tränen der Rührung? Der Freude? Das Königtum hatte sich bis in den Staub vor ihm gedemütigt, und diese Niederlage war unauslöschlich und folgenreich, der Anspruch des Papstes, auch den König absetzen zu können, grundsätzlich anerkannt. Auf der andern Seite aber erwies sich dessen kläglicher Kotau, zumindest kurzfristig gesehn, als taktisch vorteilhaft; kein «Geniestreich», doch ein guter Schachzug, ein kühner Coup. Er hatte Heinrich Luft verschafft, ihn wieder aktionsfähig gemacht und den Augsburger Gerichtstag, die bedrohliche Zusammenkunft Gregors mit den Antiheinricianern in Deutschland, verhindert, ja, diese hatten nun überhaupt keine moralische Rechtfertigung mehr, zumal der Papst, zumindest faktisch, Heinrich als König anerkannt und mit seinem Segen entlassen hatte. Ein Teil der Fürsten schlug sich somit wieder auf seine Seite.

Nur eine radikale Gruppe widerstand weiter, darunter besonders viele Prälaten, die Oberhirten von Mainz, Salzburg, Magdeburg, Halberstadt, Worms, Würzburg, Passau. Sie, Otto von Northeim und die süddeutschen Herzöge erhoben am 15. März 1077 in Forchheim den Schwabenherzog Rudolf von Rheinfelden zum König. Die Wahl, in Anwesenheit zweier päpstlicher Legaten erfolgt, war vornehmlich eine Pfaffenwahl, der hohe Klerus bildete eindeutig die Mehrheit, er wählte auch zuerst, und Erzbischof Siegfried I. von Mainz, im Jahr zuvor von der königlichen zur päpstlichen Partei gewechselt, leitete die Sache. Am 26. März wurde Rudolf, wieder in Anwesenheit der römischen Legaten, von Erzbischof Siegfried in Mainz gekrönt, und wenige Jahre später krönte Siegfried in Goslar den Gegenkönig Hermann von Salm.

Wenn Gregor auch eine Verschiebung der Wahl bevorzugt hätte und die offizielle Anerkennung Rudolfs noch vermied: der neue König galt allgemein als Kandidat der Kirche, er stand ihren Reformbestrebungen sehr nahe, versprach dem Papst Gehorsam und sicherte die kanonische Wahl der Bischöfe zu.

Die Investitur als solche freilich gab auch er nicht preis. Von der bischöflichen Regentschaftsregierung (1063) durch Übertragung der Abtei Kempten auf Reichskosten begünstigt, hatte er wiederholt die Fronten vertauscht. Und obschon verwandtschaftlich den Saliern verbunden und von ihnen gefördert, wurde er mehrfacher Anschläge auf den König bezichtigt. Zwar söhnte er sich 1072 und 1074 mit ihm aus, schloß sich 1076 aber wieder der Fürsten-Fronde an, die Heinrich die Alpenpässe sperrte, und erstrebte dann ohne Zweifel selbst die Krone, obwohl er sich scheinbar nur gezwungen der offensichtlich gut vorbereiteten Wahl stellte. In Wirklichkeit war für ihn schon vorher im Kloster Ebersheimmünster, dem Abt Adelgaud, ein Verwandter Rudolfs, vorstand, insgeheim eine Krone gefertigt worden.[53]

Gemeinsam mit den rebellischen Großen hatte der Papst den Bürgerkrieg nach Deutschland gebracht und dabei den Vorteil, vor dem Eingreifen deutscher Waffen in Italien sicher zu sein, solange die päpstliche Partei König Heinrich in Schach hielt. Die Spaltung ging durch das ganze Reich, trennte Bistümer und Klöster; Bischöfe und Gegenbischöfe, Äbte und Gegenäbte standen einander gegenüber, die «Königlichen» und die «St. Peters Getreuen». Das deutsche Volk aber, jedenfalls die Unterschicht, vor allem Bauern und Städter im Süden und im Rheingebiet, doch auch der niedere Adel, wohl ein Teil sogar des niederen Klerus, hielt überwiegend zu Heinrich, von ihm offenbar Ruhe und Sicherheit erhoffend. Auch manche Prälaten ergriffen seine Partei, wie die Bamberger Bischöfe Hermann I. und Rupert.

Noch bei Rudolfs Krönungsfeier in Mainz, am 26. März 1077, kam es dort zu einem bewaffneten Aufstand der mit Heinrich sympathisierenden Bürgerschaft. Ihr Angriff konzentrierte sich auf die Pfalz und zumal den Dom, wobei nicht wenige Höflinge, vor allem aber über hundert Städter umgekommen sein sollen. Noch am nächsten Tag dauerte das Blutbad an. Erzbischof und Gegenkönig mußten fliehen. Worms verschloß Rudolf die Tore, Würzburg wehrte sich verzweifelt. Zuletzt zog er sich nach Sachsen zurück, seiner künftigen Machtbasis. Und Heinrich setzte ihn auf einem Hoftag in Ulm Ende Mai 1077 als Herzog von Schwaben ab. Ebenso verloren die Herzöge Welf und Berthold Ämter wie Lehen und verfielen der Todesstrafe. Beide bekamen vom König etablierte Kontrahenten. Doppelbesetzungen waren ja auch auf Bischofsstühlen nicht selten. Wie man bei einem gewissen Komiker, klagt ein zeitgenössischer Chronist, «‹Alle sind wir gedoppelt› liest, so sind die Päpste gedoppelt, die Bischöfe gedoppelt, die Könige gedoppelt, die Herzöge gedoppelt!»[54]

Bürgerkrieg in Deutschland

Am schlimmsten hatte zunächst Schwaben zu leiden, wo die Anhänger der beiden Könige am dichtesten aneinandersaßen.

Heinrichs Heerfahrt dort, so jedenfalls die gegnerischen Quellen, war von jeglicher Feindseligkeit begleitet, von Raub, Mord, Brand, öffentlichen Vergewaltigungen, besonders durch die Böhmen, die in Kirchen, in denen sie Ställe sahen, Frauen schändeten oder gefangen wegschleppten. Zu Wiesloch kamen beim Brand eines Christentempels mehr als hundert Menschen im Kampf gegen die Königlichen um. Viele Dörfer gingen samt ihren Kirchen in Flammen auf. Weithin Land voller Rauch und Feuersbrünste; Fehden, gebrochene Burgen, kein Ende des Plünderns und Brennens, Untaten auf beiden Seiten.

Besonders die Bischöfe Werner von Straßburg, Burchard von Basel und Burchard von Lausanne suchten die Besitzungen des Gegenkönigs verheerend heim, um Heinrich das ganze Land zu unterwerfen. Bischof Wernher von Straßburg, der mit einer Frau, die er einem seiner Ritter teuer abgekauft, nach dessen Tod ganz öffentlich zusammenlebte, starb plötzlich im Kriegslager des Königs, noch im Harnisch, als er, nach Hirsauer Überlieferung, gerade dieses Kloster angreifen wollte.

Doch auch außerhalb Schwabens verwüstete, belagerte, überfiel man und setzte den einen der päpstlichen Legaten, Abt Bernhard, nachdem man ihn ausgeraubt, ein halbes Jahr hinter Schloß und Riegel. Besonders das östliche Bayern traf Heinrichs

Zorn. Trotz des äußerst grimmigen Winters von 1077 auf 1078 brandschatzten hier die Königlichen, berannten und nahmen Burgen, angeblich acht, und verheerten vor allem das Gebiet des papsthörigen, von seinem eigenen Diözesanklerus lebensgefährlich bekämpften Passauer Bischofs Altmann, eines Seligen, der zwei Gegenbischöfe bekam, auf den Ostteil seines Bistums beschränkt blieb und noch heute, ohne Kanonisation, von Passau bis Wien als Heiliger verehrt wird (Fest 8. August).

Seinerzeit griff auch Abt Udalrich von St. Gallen gegen Abt Eggehard von Reichenau zum Schwert, was sich länger hinzog und noch nicht einmal beendet war, als Udalrich St. Gallen verzweifelt verließ und Abt Eggehard von Reichenau anno 1080 gleich dreimal das gegnerische Kloster erfolgreich stürmte, zuletzt sinnigerweise am heiligen Weihnachtsfest.

Inzwischen war der Krieg unter gräßlichen Verwüstungen nach Franken getragen worden, dem Hauptkampfplatz der nächsten Jahre, war Rudolf dort im Frühjahr 1078 mit Sachsen und Schwaben eingefallen, und am 7. August kam es bei Mellrichstadt, in der Nähe Schweinfurts, zu einer lang hin- und herwogenden Schlacht ohne eigentliche Entscheidung. «St. Peter ist unser Herr!» war das Feldgeschrei der Sachsen. Und zu den ersten, die sich auf ihrer Seite bereits zu Beginn in die Büsche stahlen, gehörten Erzbischof Werner von Magdeburg, der Bruder des hl. Anno, und Bischof Werner von Merseburg.

Am selben Tag vernichteten die abgesetzten Herzöge Welf und Berthold am Neckar ein königlich fränkisches Bauernheer, angeblich zwölftausend Mann, die teils getötet, teils mit unmenschlicher Härte entmannt worden sind, was ein Berichterstatter «eine mildere Züchtigung» nennt. Aus Rache jagten die oberdeutschen Bauern flüchtige gregorianische Prälaten, fingen den Mainzer Erzbischof Siegfried ein, der fast gehängt worden wäre, und den Wormser Bischof, plünderten Wernher von Merseburg gänzlich aus und brachten Wernher von Magdeburg samt den ihn begleitenden Geistlichen um. Die Sachsen aber, wohl zu schwach für eine strategische Offensive, kehrten, Thüringen brandschatzend und Gott einmal mehr für den Sieg mit Lobgesängen und vielen Tränen dankend, den heimatlichen Gefilden zu. Dabei verbrannte Rudolf den Ort Schmalkalden.

Heinrich IV. hielt sich im Spätherbst an Schwaben schadlos und praktizierte dort die Frohe Botschaft auf seine Weise, wenn man dem gegnerischen Hauptbericht glauben darf, den jedoch das königliche Lager teilweise bestätigt.

So erfuhren die Gotteshäuser wieder viel Aufmerksamkeit. Sie wurden von den «schlimmsten und unmenschlichsten Räubern» häufig um alles gebracht, niedergebrannt, die Altäre zertrümmert, die Reliquien entwendet; schließlich wußte man das Heiligste zu schätzen. Natürlich schleppte man auch jede Menge anderes Sakralgut weg. Beinah hundert Kirchen sollen profaniert, demoliert, auch zu Stallungen, zu Abtritten gemacht worden sein. (Es erinnert wieder an ähnliche, freilich – das ist der Fortschritt – weit umfangreichere, blutig-rabiatere Aktionen der katholischen Kroaten im Zweiten Weltkrieg gegen rund dreihundert serbisch-orthodoxe Kirchen.)

In Deutschland standen seinerzeit allerdings Katholiken gegen Katholiken. Die Priester seien geschlagen, mit Füßen getreten, ihrer Gewänder beraubt, die Frauen an heiliger Stätte, auch mit tödlichem Ausgang, geschändet (ad usque mortem constuprando) oder in Männerkleidern hinweggeführt worden. Und all dies hätten die Heinrich beistehenden Bischöfe erlaubt oder gar daran teilgenommen. Darunter Erzbischof Udo von Trier, als geborener Graf Nellenburg auch noch selber Schwabe. Und ereilte ihn gleich darauf bei Belagerung der Burg Tübingen auch die göttliche Rache, ein plötzlicher Tod – in der Bistumsgeschichte lebt er als «sehr verehrungswürdiger Mann» fort.[55]

Papst Gregor ergreift offen die Partei des Gegenkönigs

Während in Deutschland der Bürgerkrieg tobte, hielt der Papst sich scheinbar neutral. Sein deutscher Anhang, offensichtlich ein Teil der Bischöfe, sparte nicht mit Vorwürfen gegen ihn. Allmählich fühlte man sich «gleich zur Schlachtbank geführten Schafen», während er zusah. Wo seine «hochgerühmte Emsigkeit» bleibe, fragte man und vermutete ihn durch «die weichliche Überredung vertrauter Personen» besänftigt. Doch verlangte man Rache, forderte sein Vorgehen «im Namen des Herrn Jesu» gegen einen Mann, dessen Ruhm ja nur Kot und Würmer sei.

Nun schmerzte es Hildebrand zwar, wie er Anfang April 1079 «König Rudolf und allen, die mit ihm den christlichen Glauben verteidigen», schrieb, angeblich sehr, daß er «das Reich der Deutschen – bis heute unter allen Reichen der Welt das vornehmste – nun von Brand, Mord und Raub verwüstet, zutiefst erschüttert und gar zugrunde gehen sehe». Aber er ertrug es tapfer und gab sich unparteiisch. Denn eines Tages wollte er, natürlich «um aller Heiles willen», nach Deutschland ziehen, «mit oder ohne Zustimmung des Königs», und dort den Thronstreit entscheiden. Dabei interessierte ihn nur eine Frage: wer gehorcht, wer unterwirft sich Rom völlig, wer nur scheinbar. Die Zeit indes kam ihm nicht entgegen. In keinem Lager traf er auf große Sympathien, in jedem jedoch auf unverhohlenen Argwohn.[56]

Nach der Fastensynode 1078 schickte der Papst, laut einem Annalisten, die beiden teilnehmenden Bischöfe Heinrichs IV. ohne die Abgesandten Rudolfs, wenn auch höchst vorsichtig versteckt, mit seinem apostolischen Ablaß und Segen zurück. Im selben Jahr sandte er auch seine Legaten nach Deutschland und erklärte, wer ihnen widerstehe, werde «in allen seinen Dingen die Rache des allmächtigen Gottes fühlen, in allen Schlachten keine Kräfte und in seinem ganzen Leben keinen Triumph haben». Denn den Waffengebrauch erlaubte Gregor, der bereits den Gedanken des heiligen Krieges verbreitete, sehr vielsagend «zur Verteidigung der Gerechtigkeit nach dem Rate frommer

Bischöfe» (consilio religiosorum episcoporum pro defendenda iustitia).

Im Winter 1079/80 stieß Heinrich überraschend nach Sachsen vor, Rudolfs Hauptrückhalt. Doch behielt der Gegenkönig am 27. Januar 1080 in der Schlacht bei Flarchheim, südlich von Mühlhausen, die Oberhand. Und nun, nach Heinrichs Niederlage, sah Gregor die Zeit gekommen, auch den letzten Anschein von Neutralität aufzugeben. Sein deutscher Anhang lieferte ihm zur römischen Fastensynode 1080 eine Beschwerde, die an Heinrich IV. kein gutes Haar ließ. In das Reich, ja immerhin sein eigenes, sei dieser entgegen dem päpstlichen Gebot «in tyrannischer Weise eingedrungen», habe «alles rings herum mit Eisen, Plünderung, Brand verwüstet», «unzählige Gewalttaten» begangen, «sehr viele Kirchen» verbrannt, gänzlich zerstört, «viele Tausende von Menschen» töten und den Bischof Adalbert von Worms in der Gefangenschaft peinigen lassen. «Durch sein tyrannisches Treiben ist auch der Erzbischof Wernher von Magdeburg frommen Angedenkens umgebracht worden» u. a.

So anerkannte Gregor auf der Fastensynode vom 7. März 1080 den Gegenkönig feierlich und verfluchte zum zweitenmal Heinrich, erklärte ihn für abgesetzt, behauptend, daß die Apostel Petrus und Paulus die Macht besäßen, auch auf Erden Reiche, Fürstentümer und Besitzungen jeder Art zu geben und zu nehmen. Er entband Heinrichs Untertanen von ihrem Treueid und verhieß seinen Gegnern geistlichen Lohn. Und wieder schob er effektvoll den Himmel vor sich her, diesmal noch zusätzlich den hl. Paulus bemühend: «Heiliger Petrus, Fürst der Apostel, und Du heiliger Paulus, Lehrer der Heiden, wollet – so bitte ich – mir Euer Ohr leihen und mich gnädig erhören. Da Ihr Jünger der Wahrheit seid und sie liebt, steht mir bei, damit ich Euch die Wahrheit sage ohne Falschheit – von ihr sage ich mich völlig los ...»[57]

So und so ähnlich sprechen sie immer, die großen Selbstgerechten, großen Wortemacher, großen Lügner. Und nun erzählt er den hl. Peter und Paul und aller Welt, daß sein ganzer Dienst unter den Päpsten, sein ganzer Aufstieg unwillig und ungern geschehen sei: «wider Willen» bereits mit Papst Gregor übers

Gebirge; «noch weniger gern» mit Papst Leo zurück; und am wenigsten gern, klar, wurde er selber Papst, wurde er «sehr ungern unter großem Schmerz, Seufzen und Klagen als ein ganz Unwürdiger auf Euren Thron gesetzt».

Gewiß, furchtbar für einen Mann wie Gregor, der schrecklichste Augenblick wohl seines Lebens. Und schon standen auch die Horden des Teufels gegen ihn auf, standen auf der einen Seite – die ewige Schwarzweiß-Malerei der Catholica – «die Glieder des Teufels» (membra diaboli), auf der anderen «die Glieder Christi» (membra Christi). Und die Bösen «wagten» es, ihm «bis aufs Blut Gewalt anzutun». (Angeblich soll er am Altar überfallen, eine gefährliche Verletzung freilich wie durch ein Wunder verhütet worden sein.)

Wer aber waren die «Glieder des Teufels»? «Die Könige der Erde erhoben sich, und die weltlichen und geistlichen Fürsten, die Höflinge und das gemeine Volk . . .» Alle gegen den Herrn, gegen seine Gesalbten und nicht zuletzt natürlich gegen ihn – «um mich völlig durch Tod oder Verbannung zu vernichten». Und besonders hatte Heinrich, «den sie einen König nennen, ein Sohn des Kaisers Heinrich, die Ferse gegen Eure Kirche erhoben und mit zahlreichen Bischöfen jenseits der Alpen und aus Italien sich verschworen, um mich zu stürzen und sich zu unterwerfen». Dabei sei dieser doch einst «verwirrt und gedemütigt» zu ihm nach Canossa gekommen, wo er ihm aber «lediglich die Gemeinschaft» wiedergegeben, «dagegen habe ich ihn nicht wieder in sein Königtum, dessen ich ihn in Eurer Synode zu Rom entsetzt hatte, eingesetzt . . .». Eine dreiste Lüge. Denn tatsächlich spricht die Bannsentenz von 1076 (S. 278) nur von Exkommunikation, nicht von Absetzung. Und tatsächlich nennt und behandelt ihn Gregor danach auch wieder als König.

Jetzt aber ist Rudolf sein Mann, war der doch «bereit, mir in jeglicher Weise zu gehorchen (omnibus modis oboedire)». Und darum allein geht es. Und sicherheitshalber versäumt Heiligkeit nicht, von Rudolf für «die heilige römische Kirche» ein eidliches Versprechen zu fordern, dessen Text beginnt: «Von nun an und fürderhin werde ich dem heiligen Apostel Petrus und seinem Stellvertreter Gregor, dem derzeitigen Papst, treu sein in aufrichtiger Treue. Und alles was mir der Papst mit den Worten: ‹bei wahrem Gehorsam› vorschreibt werde ich getreulich beachten, wie es eines Christen Pflicht ist.»[58]

Interessant, beiläufig, die Formulierung «treu sein in aufrichtiger Treue» (fidelis ero per rectam fidem). Denn treu sein allein genügt nicht! Nicht denen, die selbst nie treu sind. Die gewöhnlich zur stärksten Seite übergehen. Ähnlich verhält es sich mit der Wendung «bei wahrem Gehorsam» (per veram obedientiam). Denn Gehorsam allein genügt nicht. (Und ähnlich, denn all dies ist typisch, stellt Gregor für den Gegenkönig die Eidesformel auf, worin dieser sich ihm, Gregor, «in rechter Treue ... getreu erweisen» muß, und natürlich wieder «durch den wahren Gehorsam»).

HERRSCH- UND BESITZGIER EINES HL. PAPSTES

Bezeichnender noch, wenn auch alles andere als überraschend: der längste Passus des Eides gilt dem Grundbesitz und Zins, den Gütern, den höchst irdischen, worum es den Jenseits-Predigern stets ganz besonders geht – bis heute. «In Betreff der Besetzung der Kirchen und der Länder und des Zinses, die der Kaiser Constantin oder Karl dem heiligen Petrus gegeben haben, und aller Kirchen und Güter, die von irgend welchen Männern oder Frauen zu irgend einer Zeit dem apostolischen Stuhle dargebracht oder gewährt worden sind und sich in meiner Gewalt befinden oder befunden haben, werde ich mich mit dem Papste so vereinbaren, daß ich nicht die Gefahr einer Gottlosigkeit oder der Verderbniß meiner Seele laufe.»

Er setzt den König ab, er setzt den König ein. Er nimmt dem einen Gewalt und Würde, er gewährt, gestattet, daß ein anderer regiert. Er macht das, er allein, der «Knecht der Knechte Gottes» (servus servorum Dei), wie er in jedem seiner Briefe firmiert, demütig an der Spitze (noch bevor er, der Oberknecht, irgendeinen Unterknecht, Kaiser, König oder Bischof, nennt).

Doch wie er sich über die ganze Welt setzt, so erhebt er auch die Bischöfe über sie. Handelt nun, ruft er in schwer zu überbietender Megalomanie den Teilnehmern der Fastensynode 1080 zu, «daß alle Welt sieht und erkennt, daß Ihr, wenn Ihr im Himmel binden und lösen könnt, auf Erden Reiche, König-, Fürsten- und Herzogtümer, Markgrafschaften, Grafschaften und aller Menschen Besitzungen einem jeden nach Verdienst nehmen und geben könnt. Denn Ihr habt Patriarchate, Primate, Erzbistümer und Bistümer oft den Schlechten und Unwürdigen genommen und sie kirchlich gesonnenen Männern gegeben. Wenn Ihr aber über Geistliches richtet, was ist dann über Euer Vermögen hinsichtlich Weltlichem zu glauben? Und wenn Ihr über die Engel (!) herrscht und über alle stolzen Fürsten Recht sprechen werdet, was ist Euch dann bei deren Dienern möglich? Alle Könige und alle Fürsten dieser Welt mögen nun lernen, wie groß Ihr seid, was Ihr vermögt, und sie mögen fürchten, den Befehl Eurer Kirche gering zu achten.»[59]

In ungezählten Schreiben spricht Gregor von den Gütern, den irdischen, wie gesagt, ohne verlockende Fingerzeige auf die himmlischen zu vergessen, das gehört zum Geschäft. Und so generös er bei diesen sein kann, so unerbittlich ist er bei jenen, bei den Kirchengütern, wie auch immer man sich die Jahrhundert um Jahrhundert erschlichen, unblutig und blutig ergaunert hat. «Wenn jemand Gut des heiligen Petrus, des Apostelfürsten, wo immer es liegt, sich als Besitz aneignet oder wissentlich Verheimlichtes nicht offenkundig macht oder nicht die von ihm geschuldete Dienstleistung dem heiligen Petrus erbringt, so nehme er zur Kenntnis, daß er wie ein Frevler dem Zorn Gottes und der heiligen Apostel verfällt. Wer aber bei diesem Vergehen ertappt wird, soll das Erbe des heiligen Petrus nach Gesetz zurückgeben und als Strafe das Vierfache von seinen eigenen Gütern zahlen.» – Das Vierfache, ja noch fast bescheiden, bedenkt man, welche Zu- und Aufschläge und Vervielfachungen die Kirche sich bei solchen Rückgaben gelegentlich gestattet hat.

Der hl. Papst kann bis auf Details gehen, betrifft es Geld und Gut. So erinnert er einmal den Abt Wilhelm vom Kloster Hirsau unmittelbar nach Erteilung seines apostolischen Segens daran, daß für das Schaffhausener Kloster Allerheiligen des heiligen Erlösers «jährlich 12 Goldstücke, von denen 20 eine Unze ausmachen, zu zahlen sind». Und auch wenn er (1074) den allmächtigen Gott anfleht, Heinrich IV. die irdischen Güter zu erhalten und weitere zu gewähren, so nicht ohne den Zusatz «zum Gedeih seiner Kirche ...».

Jetzt aber unterwarf er den, der sich nicht unterwerfen wollte, «den oft genannten Heinrich, den sie König heißen, und alle seine Begünstiger der Exkommunikation und binde sie mit den Fesseln des Anathems. Und abermals verbiete ich ihm das Königtum der Deutschen und Italiens im Namen des allmächtigen Gottes und Eurem und nehme ihm jede königliche Gewalt und Würde und verbiete, daß irgendein Christ ihm als König gehorcht; und alle, die ihm wegen der Herrschaft über das Reich geschworen haben oder noch schwören werden, löse ich vom Versprechen des Eides. Dieser Heinrich mitsamt seinen Begünstigern möge in keinem Kriegstreffen Kräfte und in seinem Leben keinen Sieg gewinnen. Dagegen gewähre und gestatte ich, daß Rudolf, den sich die Deutschen zum König in Treue gegenüber Euch erkoren, das Deutsche Reich regiere und verteidige ...»[60]

Doch nicht genug. Das Schönste kommt jetzt, das Blamabelste, denn es zeigt, wie überspannt der Größenwahnsinnige war, welcher prophetischen Kräfte er sich sicher schien. Verkündete er doch vor allem Volk an Ostern in St. Peter nach Wiederholung seiner Bannsentenz, Heinrich werde bis zum 1. August, zum Feste Petri Kettenfeier, seinen Untergang finden, werde tot oder niedergeschmettert sein. Wobei er so weit ging zu erklären, man solle ihm nicht mehr glauben, solle ihn als Papst verjagen, falls sich seine Prophezeiung nicht erfülle.

Der Abfall von Gregor hatte inzwischen bereits begonnen. Denn die Wiederholung des Bannes erhöhte nicht dessen Wirkung. Man erkannte immer mehr, wofür der Römer kämpfte. Und an seine Weltherrschaft wollten die wenigsten glauben. Wohl aber war man weithin überzeugt, daß seine Exkommunikation Heinrichs und seine Anerkennung Rudolfs den Bürgerkrieg verlängerten, daß er «die Ursache alles Unheils und Blutvergießens» sei (Hauck). Auch die sächsische Front weichte auf. Und sogar die meisten deutschen und lombardischen Bischöfe wechselten jetzt zu Heinrich über. Auf einer Synode an Ostern in Bamberg sagte man dem Papst den Gehorsam auf und verdammte ihn in einer Festpredigt aufs härteste. Auch eine weitere Synode in Mainz an Pfingsten, 31. Mai, erkannte Gregor nicht mehr als Papst an. Und im Juni 1080 trafen sich, als Reaktion auf Heinrichs neuerlichen Ausschluß, dreißig Vertreter des deutschen und lombardischen Episkopats mit dem König in Brixen und setzten Gregor VII. ab.[61]

Gregors Absetzung, unerfüllte Prophezeiungen und Kriegsträume

Die Brixener Synode vom Sommer 1080, die ein jahrzehntelanges Schisma der abendländischen Kirche eröffnete, schleuderte «wie aus einem Munde die entsetzliche Klage über den mörderischen Wahnwitz eines gewissen Hildebrand, des falschen Mönches, des sogenannten Papstes Gregor VII.» heraus, eines Mannes, der von Zauberei besessen sei, an Wahrsagung, an Träume glaube, schamlose Schauspiele liebe, der Eidbruch, Brand und Mord predige und sogar König Heinrich nach dem Leben trachte.

Kräftig geißelte die Synode Gregors offenkundige Geldgier. «Nachdem er sich auf solche Weise Unsummen verschafft hatte, versetzte er den Abt und bemächtigte sich der Abtei des heiligen Paulus. Dann bemächtigte er sich unter betrügerischer Verleitung eines gewissen Mancius und verleitete ihn dazu, ihm sein Amt zu verkaufen, das des Archidiakonats, und obwohl der Papst Nikolaus das nicht wollte, erregte er einen Volkstumult und erzwang seine Erhebung zur Würde des päpstlichen Ökonomen. Er ist auch nachweislich der Mörder von vier Päpsten, die er durch einen seiner Vertrauten, den Johannes Brachiuti, vergiften ließ. Schweigen auch sonst alle darüber, so hat es doch dieser Johannes selbst in der Todesangst, von allzu später Reue gefoltert, auf seinem Sterbebett mit gräßlichem Geschrei eingestanden.»

Und nach dem Hingang des Papstes Alexander, so heißt es weiter in der Brixener Erklärung, habe Gregor «den lateranensischen Palast in feindseliger Weise mit ausgerüsteter Kriegsmacht besetzt, die Geistlichkeit, damit sie nicht zu widersprechen wage, weil keiner ihn wählen wollte, durch die gezückten Schwerter der Gefolgsleute unter Androhung des Todes in Schrecken gebracht, und er ist früher auf den längst besetzten bischöflichen Stuhl gesprungen, als den Körper des Gestorbenen das Grab in Besitz nahm».

Wie viel oder wenig immer von all diesen Inkriminierungen zutrifft: Kardinal Hugo Candidus, der anstelle – dessen gab er sich den Anschein – aller römischen Kardinäle unterzeichnete, und fast dreißig katholische Bischöfe verbürgten mit ihrem Namen auch die evidenten Lügen! Jedenfalls, so dekretierte kraft all dem die Versammlung am 25. Juni, sei Gregor «nach den kirchlichen Satzungen abzusetzen, zu vertreiben und wenn er nicht selbst abdanke, zu exkommunizieren». Und außer dem Papst belegten die Synodalen auch seine führenden Anhänger, Rudolf von Rheinfelden und Welf IV. von Bayern, mit dem Bann. Gleichzeitig nominierten sie, wohl vor allem auf Druck der Lombarden, einen neuen Papst, den von Gregor mehrfach gebannten und verdammten einstigen italienischen Kanzler Wibert von Ravenna, der sich nach seiner Inthronisation 1084 Clemens III. nannte.[62]

Zwar hatte Gregor noch bei Antritt seines Regiments dem «Erzbischof Wibert von Ravenna Heil in Christus Jesus» gewünscht. Ja, noch fünf Jahre später, 1078, wollte er «keineswegs», wie er ihm schrieb, «sich an Eurem Untergang weiden», sondern seinem «Heil zu Hilfe kommen». Noch im selben Jahr aber ist er für ihn «jener, der jetzt Bischof der Kirche Ravenna heißt». Hat er diese doch, einst überreich und gottesfürchtig, verdorben «durch tyrannische Plünderung», «durch das Beispiel unfrommen Lebens», hat, verstrickt in «viele andere Missetaten», das Schlimmste, aus dem alles Sonstige herrührt, «geschwollen vom Stolz des Hochmuts, die Ferse gegen den Apostelfürsten erhoben und verharrt im Ungehorsam, der dem Verbrechen des Götzendienstes gleichkommt». Eine derart kriminelle Kreatur verfällt fraglos seinem Bannstrahl. Und auch alle, die sich ihm «zu widersetzen wagen, schneiden wir als faule Glieder aus dem ganzen Leib Christi – der die katholische Kirche ist – durch das Schwert des Anathems heraus ...». Den anderen dagegen, die Gott lieben und die «dem heiligen Petrus gehorsam» sind, gewährt er generös «den Nachlaß aller Sünden. Gegeben zu Rom ...»[63]

Gregor malt, nach der großen Tradition seiner Kirche von Anbeginn, vom Neuen Testament an (vgl. bes. I 143 ff.), durchgehend schwarzweiß. Er, der andere edel unterweist, «daß Ihr nämlich immer die Gerechtigkeit und keinesfalls die Parteien fördert, entsprechend unserem Vorbild» (!), er ging niemals den Weg der Gerechtigkeit, sondern immer nur den der Partei, seiner eigenen, selbstverständlich, die er allerdings mit der Gerechtigkeit gleichsetzt. Dagegen werden Christen, die gegen ihn sind, «versammelt durch den Umtrieb des Teufels». Sie treiben «das Verbrechen des Götzendienstes» und gehören zu den «Bösen», deren Rat «wie Gift» ist. Wer aber pariert, sich unterwirft, der liebt Gott und ist gut. Alles andere wird unentwegt verflucht, verketzert, verteufelt. Alle Gegner des Papstes geben «die Braut Christi dem Teufel preis», sind «Spießgesellen des Teufels», «Vorläufer des Antichristen», «denn je näher die Zeit des Antichristen rückt, desto mehr kämpft er auf Leben und Tod, die christliche Religion auszulöschen». Der «alte Feind» bewaffnet seine Glieder, «um alles ins Gegenteil zu verkehren».

Gregor malt auch gern, und gleichfalls nach schon uraltem christlichen Muster, ein dramatisches, nach Verfolgung riechendes Szenario. (Verfolgung ist fast immer gut für sie!) Ja, «bis heute das Toben tyrannischer Verfolgung erleidet» er, erleidet seine Kirche. Und da fliehen «die Hirten und die Hunde, die Verteidiger der Herde, und ohne daß jemand widerspricht dringen Wölfe und Räuber auf die Schafe Christi ein ...».

Verfolgung ist gut. Besser, selbstverständlich, die Verfolgung der andern, das Fertigmachen der Andersdenkenden, aller Andersgläubigen, aber auch der Opposition in den eigenen Reihen. Gregors Bannflüche flammten wie Blitze über die Länder, und er exkommunizierte selbst die Nachfahren noch bis in das siebente Glied! Er hat oft die Wahrheit und Gerechtigkeit im Mund geführt, doch selber insgeheim die Lüge nicht verworfen, sondern sich ihrer bedient. «Er log und fälschte die Dokumente, die er zitierte» (Mc Cabe). Und es ist bezeichnend, daß seine skrupellose Finanzpolitik, die in allen Tonarten gemachten Vorwürfe seiner Gegner über seine Bestechungen, seine Käuflichkeit, seine Entwendung von Kirchenschätzen (vor allem zu Kriegszwecken) von der gregorianischen Partei nur sehr selten bestritten worden ist.

Gewiß wurde viel über ihn gelogen – von Christen, von Katholiken, wohlgemerkt. Und nicht alle Geschichten über seine Greuel, über fast grundlose Hinrichtungen und Torturen, treffen zu. Doch mag es auch nicht oder nur halbwahr sein, daß Menschen, wie Wido von Ferrara, das Brixener Dekret, die gesta romanae ecclesiae u. a. berichten, auf seinen Befehl gefesselt in einen mit Nägeln gespickten Raum geworfen, mehrere seiner Vorgänger vergiftet wurden: Gregor war hart bis zur Brutalität. Als einst ein Abt ungehorsamen Mönchen Augen und Zunge herausreißen ließ und deshalb bestraft worden ist, tadelte diese Bestrafung als einziger der hl. Gregor und beförderte später die Abtsbestie zum Bischof![64]

Verfolgen ist gut. Doch genügte dem Papst das Foltern und das Schwert des Anathems noch nicht. Er glaubte, wie etwa auch jetzt, im Fall des Gegenpapstes, noch ein anderes Schwert in petto zu haben, um «die heilige Kirche von Ravenna», die früher «durch die Pflege der Religion glänzte», zurückzugewinnen, sie «den Händen der Gottlosen zu entreißen». Denn wer gegen ihn war, auch als Christ, Katholik, Bischof, war schlechthin gottlos, und insofern, als sich alles um ihn wie um einen Gott drehte, drehen sollte, sogar mit einem gewissen Recht.

Aus «knechtischer Bedrückung, ja tyrannischer Knechtschaft» wollte Gregor Ravenna erlösen zur «früheren Freiheit». Denn so wie Gott bei ihm war, mit ihm, in ihm, so auch, ausgerechnet, die Freiheit, und auch sie wieder nur bei ihm.

Gregor spricht, wie alle Verknechter, gern von Freiheit, der «Freiheit der Kirche», der «christlichen Freiheit». Und natürlich plante er wieder einmal einen Feldzug, einen Krieg im Herbst gegen Wibert von Ravenna – «wir werden mit einem Heer, wie wir vom Herrn erhoffen, in jene Gegend ziehen und vertrauen unzweifelhaft darauf, sie mit seiner Hilfe zu befreien».

Da paßte ein Ereignis zu gut in die Regie, als daß man darin ein Wunder erblicken könnte, was es freilich war – die plötzliche Auffindung des hl. Apostels Matthäus (!) in Salerno, die den angriffslustigen Stellvertreter Christi so hoffnungsfroh stimmte. Glaubte er doch, wie er am 18. September gegenüber Erzbischof Alfanus von Salerno schwärmt, nun würden alle Heiligen, der ganze Himmel samt der Gottesgebärerin Maria dem Menschengeschlecht (das hier wohl für Gregor steht) «viel geneigter» sein. Und konnte das Mirakel von Salerno nicht auch seine falsche Prophezeiung, König Heinrichs Fiasko bis zum 1. August, ein wenig in Vergessenheit geraten lassen, auch wenn er gleich eine neue Voraussage damit verband, das nahe Ende der «Bosheit des Gegners», seine «verdiente Vernichtung», was aber genausowenig geschah.

Im übrigen hatte Gregor keinen Augenblick mit der Verfluchung und Absetzung seines Gegners gezögert. Und obwohl Wibert bzw. Clemens III., der mit den Grafen von Canossa verwandte einstige Reichskanzler von Italien Freunde und Feinde gleichermaßen beeindruckte, obwohl er selbst von politischen und kirchlichen Gegnern als gelehrt und sittlich integer anerkannt worden ist, erging sich Gregor in Diffamierungsexzessen. Der Mann, der alle Bischöfe und Menschen überhaupt einzig und allein danach beurteilte, ob sie ihm zu Willen waren, ihm sich unterordneten oder nicht, nannte den Rivalen einen meineidigen, weltbekannten Gangster, einen Ketzerfürsten und Antichristen, «einen gottlosen Menschen», «im ganzen römischen Erdkreis durch seine ruchlosen Verbrechen bekannt», nannte das Brixener Konzil eine «zweifelsfreie Versammlung des Satans» und «in dem Wissen um alle Verbrechen völlig verdorben». Und da er erst erneut den Sturz seiner Gegner in Kürze prophezeit hatte, propagierte er, um einiges dazu zu tun, einen Feldzug gegen das Bistum seines Nebenbuhlers: Gräfin Mathilde, die eben damals ihr gewaltiges Allodialgut in Italien und Lothringen dem Papst geschenkt und es als Lehen auf Lebenszeit zurückerhalten hatte, sollte Ravenna von Norden her angreifen, er selber wollte an der Spitze eines Heeres von Süden aus vorgehen.[65]

Selbstverständlich sah sich der hl. Papst auch anderweitig nach Kriegern um. Und wieder einmal sollten vor allem die Normannen für ihn einspringen. Rasch löste er jetzt Robert Guiscard vom Bann, ließ sich persönlich am 29. Juni 1080 den Lehnseid leisten und duldete Robert sogar in den von ihm eroberten Gebieten. Er bekam Apulien, Kalabrien und Sizilien, wofür er jährlich Zins zu zahlen und die Kirche zu schützen hatte. Er wurde Gefolgsmann «von Gottes und S. Peter's Gnaden», und länger als 600 Jahre blieben seither die Könige beider Sizilien Vasallen des Papstes.

Im Herbst 1080 sollte Wibert militärisch erledigt werden. Doch wieder fehlten Gregor die Truppen, wieder konnte er sich nicht an die Spitze einer Streitmacht stellen, war Robert Guiscard doch vollauf befaßt mit der Vorbereitung einer Offensive gegen den Kaiser von Konstantinopel. Und im nächsten Jahr wollte Gregor, der Heinrich «niemals in unglücklicherer Lage» glaubte, weshalb er auch den Herzog Welf «für die Sache des Heiligen Petrus» einzuspannen, auch Welf «ganz in den Schoß des heiligen Petrus aufzunehmen» suchte, den Normannen erneut in einen Krieg treiben. Ja, es pressierte ihm so sehr, daß er nicht zögerte, Robert zu fragen, ob er bereits zur Fastenzeit, in der die Normannen sonst nicht kämpften, auch die Kirche selbst Kriege verpönte, «Gott seinen Waffendienst zum Geschenk darbringen wolle, indem er mit dem Papste oder seinem Legaten in Heeresrüstung ins Land des hl. Petrus zöge, um die Guten zu bestärken und die Rebellen durch Schrecken oder Gewalt zur römischen Kirche zurückzurufen»?

Aber der Kriegszug nach Ravenna scheiterte. Robert Guiscard sandte nicht die versprochene Hilfe, sondern stieß im Sommer 1081 ins byzantinische Reich vor, überquerte das adriatische Meer, besetzte Korfu und die griechische Westküste. Und kurz nachdem Gregor den unmittelbar bevorstehenden Zusammenbruch seiner Feinde prophezeit hatte, wurden Mathildens Truppen am 15. Oktober 1080 von den königstreuen Lombarden bei Volta (nahe Mantua) empfindlich geschlagen. Bald darauf erschütterten Aufstände ihre Herrschaft, ja, man hielt sie gar für verrückt.

Der Heilige Vater aber kam in Italien so wenig zum Zug wie im selben Jahr mit seinem Kriegsplan gegen König Alfons VI. von Kastilien, einen Monarchen, der zwar die römische Liturgie eingeführt, auch die große Pilgerstraße nach Santiago de Compostela wiederhergestellt und gesichert hatte (S. 485), jedoch die «Simonie» duldete und den päpstlichen Legaten ungebührlich behandeln ließ. So drohte Gregor nicht nur, alle Getreuen des hl. Petrus in Spanien wider den König aufzuwiegeln, sondern gegebenenfalls dort auch selbst gegen den Fürsten, den Feind der Christenheit, scharf vorzugehen (dura et aspera moliri).[66]

Ebenso blitzte der Papst bei König Wilhelm von England ab, den er nur zu gern in den Kampf gegen Heinrich IV. hineingerissen hätte. Doch mochte Gregor dem König noch so sehr und stets von neuem seine besondere Liebe beteuern, mochte er Gehorsam fordern, ihre frühere Freundschaft beschwören, seine Hilfeleistung bei der Eroberung Englands, mochte er Wilhelm als «Edelstein unter den Fürsten» feiern und ihm die schönsten Versprechungen machen: «Nicht nur die Herrlichkeit des ewigen Lebens, sondern auch diejenige in dieser Welt wird Dir und Deinen Erben, in Sieg, Ehre, Macht, Größe, reichlicher vom Himmel erteilt werden» – alles vergebliche Liebesmühe. Der König war zwar bereit zur Ablieferung des «Peterszinses», aber nicht zu Ablegung des Lehnseides, mochte er England auch unter der Fahne des hl. Petrus erobert haben.

Und gleichfalls erfolglos war Gregors Werben bei dem dänischen König Harald Hein, dem Nachfolger Svends. Denn Harald, den der Papst schon früher wegen Waffenhilfe angegangen und den er jetzt, seinerseits erneut Beistand erhoffend, vom Vergänglichen auf das Ewige hinwies, hatte sich schon dahin aus dem Staub gemacht.[67]

Die Schlacht an der Elster, ein neuer Gegenkönig und Heinrichs IV. Sturm auf Rom

Inzwischen waren in Deutschland die Dinge zur Entscheidung getrieben. Heinrich, so unermüdlich um Kriegsdienste bemüht wie der Papst, hatte gründlich gerüstet, dann, bei einem Vorstoß auf Sachsen, Erfurt, einen Besitz der Mainzer Kirche, geplündert und verbrannt und schließlich, unter fortgesetzter wilder Verheerung des Landes, die Elster erreicht. Und dort prallten am 15. Oktober 1080 bei Hohenmölsen unweit Zeitz die Truppen beider Könige aufeinander.

Heinrich hatte sich zuvor, wie guten Christen zusteht, kirchlicher und himmlischer Hilfe versichert, hatte sich unter den Schutz der hl. Gottesgebärerin gestellt und die Kirche von Speyer überaus reich beschenkt. Die Erzbischöfe von Köln, Hamburg, Trier sowie weitere hohe Kleriker – sechzehn Prälaten insgesamt steckten in seinem Heer, wohl fast alle mit ihrer Soldateska – lieferten ihm geistlichen Zuspruch. Ja, noch unmittelbar vor dem Gemetzel intonierten die Priester ein wieder sehr christlich klingendes Gebet: «Gott, dessen die Rache ist, o Herr! Gott, dessen die Rache ist, erscheine!»

Gleichwohl verlor Heinrich IV. auch diese Schlacht, ging ein Teil seines Heeres in der Elster unter, vor allem durch die Feldherrenkünste Ottos von Northeim, während der Salier selbst kein begabter Schlachtenlenker, auch schon früh in die Flucht und weit vom Mordplatz fortgerissen worden war. Dabei hatten die im königlichen Lager weilenden Bischöfe kraft eines falschen Gerüchts bereits begeistert gesungen: «Herr Gott, Dich loben wir!» Wenig später aber traf die Leiche eines bayerischen Grafen ein, erscholl der Schrei: «Flieht, flieht!», fiel das Lager mit all seinen Schätzen an Gold, Silber, Münzen, an kostbaren Kirchengefäßen, Gewändern, an Waffen und Pferden sowie dem aus Erfurt mitgeschleppten Raub dem sächsischen Sieger anheim.

Dennoch geriet Heinrich die Niederlage zum Vorteil. War Gegenkönig Rudolf von Rheinfelden doch nicht nur am Unterleib schwer verwundet worden, sondern hatte im Gemetzel auch die rechte Hand verloren, die Schwurhand, mit der er einst Heinrich die Treue gelobt; und er starb kurz darauf; «starb», wie seine Grabplatte im Merseburger Dom verkündete, «für das Gesetz der Väter ... als heiliges Opfer des Krieges. Der Tod war ihm Leben; denn er fiel für die Kirche.» Ja, der Krieg heilig, das Blut für die Kirche, und der Tod das Leben, jeder Wert, wie üblich, verkehrt.

Nicht der Gegner des Papstes aber, wie vom Papst prophezeit, war gefallen, nein, sein Partner. Und der Verlust der rechten Hand, womit er einst Heinrich die Treue geschworen, wirkte tief auf die Mentalität der mittelalterlichen Menschen.[68]

Rudolfs Tod war der schlimmste Schlag für die päpstliche Deutschlandpolitik. Denn Heinrich, sein Anhang und weithin das Volk sahen im Ende seines Widersachers ein Gottesurteil. Und was die Heinricianer beträchtlich stimulierte, entmutigte die deutschen Gregorianer. Erst am 6. August 1081 wählte eine kleine Gruppe schwäbischer und sächsischer Fürsten in Ochsenfurt am Main Hermann von Salm aus dem Hause Luxemburg zum Nachfolger des gefallenen Gegenkönigs. Und Ende des Jahres krönte ihn Erzbischof Siegfried von Mainz in Goslar, wo er gewöhnlich residierte.

Der neue Mann, dessen Erhebung der Papst emsig betrieben hatte, war eine bedeutungslose Figur. Als Voraussetzung für seine Anerkennung verlangte Gregor von ihm Gehorsam gegenüber all seinen Befehlen. Und Vasallenhuldigung bei der ersten Begegnung. Ein Friedensangebot Heinrichs dagegen wies der Römer ab und wiederholte seine Exkommunikation und die seiner Anhänger. «Die Hauptsache schien ihm, den Bürgerkrieg in Deutschland nicht erlöschen zu lassen» (Haller). Doch trotz einiger Schlachtenerfolge konnte sich der Lützelburger nur in Ostsachsen halten, mußte sogar vorübergehend zu den Dänen fliehen und zog sich zuletzt wieder nach Lothringen zurück.[69]

Inzwischen hatte Heinrich im Frühjahr 1081 die Alpen überschritten, um endlich Gregor aus Rom zu vertreiben, dort seinen in Brixen aufgestellten Papst einzuführen und selbst die Kaiserkrone zu gewinnen. Und während er über Verona und Ravenna ungehindert vorrückte, rüstete der Papst, befestigte er Burgen, verstärkte die Mauern der Städte, besonders natürlich die Roms. Auch versuchte er noch einmal, Robert Guiscard von seinem Unternehmen gegen Byzanz abzuhalten und ihn statt dessen in den Krieg gegen den deutschen König zu ziehen. Der Normanne aber dachte nicht daran und stach um den 20. Mai von Otranto aus in See. Zur selben Zeit, unmittelbar vor dem hochheiligen Pfingstfest, erschien Heinrich IV. vor Rom, in seinem Heer nicht nur der zu inthronisierende Papat Wibert, sondern auch die Erzbischöfe von Mailand, Hamburg-Bremen, Reims, der italienische Kanzler Bischof Burchard von Lausanne, Bischof Benzo von Alba und wohl weitere, vor allem lombardische Prälaten.[70]

Heinrich hatte schon vor seinem Eintreffen vergeblich versucht, die Römer für sich einzunehmen. Doch sie wollten ihren Papst, nicht Wibert von Ravenna, und so stand der König vor verschlossenen Toren, sah er, so ein gregorianischer Geschichtsschreiber, «Lanzen statt Wachslichter, Bewaffnete statt der Chöre der Geistlichen», hörte er «Schmähungen statt der Lobsprüche, wildes Geschrei statt der Beifallsbezeugungen». Und da er mit seiner kleinen Truppe Rom kaum erstürmen konnte, verbrachte er die nächsten Wochen mit der Verwüstung der Umgebung und rächte sich nach seinem Abzug vor allem an der Papstfreundin Mathilde. In einer Gerichtsverhandlung in Lucca wurde unter seinem Vorsitz die Gräfin des Hochverrats für schuldig, ihrer Lehen und Güter verlustig erklärt, geächtet und ihr Land, seit dem vergangenen Jahr bereits dem Papst vermacht, anderen zugesprochen.[71]

Schon früh im nächsten, 1082, zog der König abermals vor Rom. Wieder hatte er einen Haufen hoher Pfaffen in seinem Heer. Wieder hatte er die Römer, alle Kardinäle, Geistlichen und Laien, durch einen vorausgeschickten Aufruf beschworen, wieder an ihre Gerechtigkeit appelliert und geschrieben, wenn es recht sei, einen Priester beizubehalten, so sei es auch recht, einem König zu gehorchen. Da aber der von Gott eingesetzte König wieder nicht in die Stadt des von Gott eingesetzten Papstes kam, verheerte er wieder ringsum alles aufs äußerste, Häuser, Felder, Obstgärten, Weinberge. Und als er selbst bei Beginn der wärmeren Jahreszeit abzog, beauftragte er seinen Papst, den Erzbischof Wibert von Ravenna, gestützt auf feste Plätze und königliche Truppen, mit dem Terror rings um Rom fortzufahren durch dauerndes Plündern, Brandschatzen, Verwüsten, aber auch durch Verstümmeln und Töten.[72]

In Rom kam Gregor VII. inzwischen in größere Bedrängnis. Seine Hoffung auf Robert Guiscard hatte getrogen. Der Normanne drang einstweilen weiter gegen Konstantinopel vor. Und Gregor, das schlimmste, ging das Geld aus; denn der Goldstrom von außen war unterbrochen. Und welche Summen hatte er schon für Totschläger ausgegeben! So versuchte er offensichtlich, durch Verpfändung von Kirchengütern weitere Mittel zu beschaffen. Da aber taten sich siebzehn namentlich bekannte Kardinäle, Bischöfe, Erzpriester und ein Abt gegen den Papst zusammen und erklärten Anfang Mai, «daß die heiligen Besitzthümer der Kirchen in keiner Weise für weltlichen Kriegsdienst verwendet werden dürften», was sie durch Beispiele aus der Bibel belegten. Das freilich hat Gregor wohl weniger gestört als der Protest gegen seine begehrte Einnahmequelle. Doch half ihm die Freundin seines Lebens. Beraten von Bischof Anselm von Lucca, schmolz sie den gesamten Schatz ihrer Hauskapelle auf Canossa ein, und alsbald erhielt der Heilige Vater immerhin neun Pfund Gold und siebenhundert Pfund Silber für seinen Krieg wider König und Gegenpapst. Und auch Robert Guiscard schickte angeblich dreißigtausend Denare.[73]

Jahr für Jahr kriegte Heinrich IV. in Italien, stürmte er Rom, das seit Totila keine so lange Belagerung mehr gesehen hatte und dabei fast zugrunde ging. «Die Städte wurden verheert, die Kirchen verbrannt; der Fanatismus artete in die Wut eines Religionskrieges aus» (Gregorovius). Und während Clemens III. von Tivoli aus besonders die Campagna verwüstete und ringsum allmählich alles von Gregor abfiel, die Sabina, das Kloster Farfa, Fürst Jordan von Capua, sogar ein enger Vertrauter des Papstes, der Abt Desiderius von Monte Cassino, der größten Grundherrschaft Süditaliens, und Gregor den Fürsten und den Abt exkommunizierte, geriet er immer mehr in Isolation.

Zu Beginn des Jahres 1083 zog Heinrich IV. zum drittenmal zum Angriff heran. Mehrere Stürme scheiterten zunächst, ebenso freilich mißlang ein Ausfall der Römer. Doch am 3. Juni eroberte der König die Leostadt und brachte damit, nach einem überaus blutigen Gemetzel um und in St. Peter, auch dieses in seine Gewalt, was viel beachtet wurde. Über andere Stadtgebiete, den Lateran, die Engelsburg, gebot jedoch weiter der Papst, der selbst die Kämpfe leitete. Und als der Deutsche Roms gefährlicher Sommerhitze entfloh, raffte den weitaus größten Teil seiner zurückgelassenen Besatzung eine Seuche dahin, vielleicht unter Mitwirkung von Gift, wie eine Quelle vermutet.

Scheinbar stand Heinrichs Sache nicht gut. Doch ging in der Stadt, wo allmählich der Hunger grassierte, auch das Geld des Königs um. Der griechische Kaiser Alexios I., der Entlastung gegenüber den Normannen erhoffte, hatte dem Salier Geschenke, Waren und die gewaltige Summe von 144 000 Denaren geschickt, eine noch größere angekündigt. Der römische Adel wankte, und die meisten Kardinäle, dreizehn an der Zahl, fielen vom Papst ab, der in immer größere Schwierigkeiten geriet. Dabei ließ er sich, peinlich genug, von seinem eigenen Anhang in der römischen Aristokratie vierzig Geiseln stellen, ohne doch die wachsende Abtrünnigkeit stoppen zu können. Auch dem Klerus nötigte er bindende Eidschwüre ab, den Geistlichen niederer Grade ebenso wie den Kardinalbischöfen, die er durch bewaffnete Haufen unter Druck setzen ließ. Niemand sollte von seiner Seite weichen, niemand zu Heinrich und Wibert übergehen.

Am 21. März 1084 aber öffneten sich dem König, der nach dreijähriger Belagerung bereits verzagte, Rom einzunehmen, die Tore, die eigentliche, die linksseitige Stadt mit dem Lateran, was ihm selbst wie ein Wunder erschien. «Denn als wir, schon daran verzweifelnd, Rom zu gewinnen, in der Richtung nach Deutschland zurückgehen wollten, siehe, da baten die Römer durch Abordnung von Boten, daß wir nach Rom hineinkommen möchten, und versprachen, in allen Dingen uns gehorsam sein zu wollen, was sie auch gethan haben. Denn mit der größten Freude nahmen sie uns beim Einzuge auf; mit dem größten Eifer haben sie uns geholfen, indem sie bei uns aushielten, so daß wir im Herrn mit Zuversicht sagen können, daß ganz Rom in unserer Hand ist, mit Ausnahme jenes Castells, in dem Hildebrand eingeschlossen steckt, nämlich im Hause des Crescentius.»

Auf einer königlichen Synode wurde der zwar geladene, doch nicht erschienene Gregor, der sich nur noch in der Engelsburg halten konnte, als Hochverräter abgesetzt und exkommuniziert, bald darauf, am Palmsonntag dem 24. März, Wibert, Clemens III., inthronisiert, und schließlich an Ostern dem 31. März Heinrich IV. (samt Gattin Berta) feierlich zum Kaiser gekrönt.[74]

Aber nach wenigen Wochen schon standen in Rom die Dinge wieder ganz anders.

Robert Guiscard, inzwischen zurückgekehrt, folgte nun einem der päpstlichen Hilferufe, folgte um so lieber, als er selbst die Ausdehnung der deutschen Macht in Italien nicht wünschen konnte. Mit einem gewaltigen, auf dreißigtausend Fußsoldaten und sechstausend Reiter geschätzten Heer, Normannen, Kalabresen, Moslems, rückte der Herzog in Eilmärschen zum Entsatz heran. Der Abt von Monte Cassino übermittelte, echt pfäffisch, Gregor die Freudenbotschaft und warnte zugleich den Kaiser, der darauf Rom mit seinem Papst am 21. Mai räumte. Nur drei Tage später trafen die Normannen ein, beobachteten drei Tage die Stadt und nahmen sie am 28. Mai. Sie befreiten Gregor aus der Engelsburg und warfen sich ihm dann im Lateran ergebenst zu Füßen.

Freilich kam mit der Befreiung auch die Katastrophe. Und welche Katastrophe! Rom wurde viel schlimmer ausgeraubt und verheert als einst von den Wandalen; gar nicht zu reden von der vergleichsweise harmlosen Plünderung 410 durch die Westgoten unter Alarich, als Kirchenlehrer Hieronymus schon schrie: «Die Welt geht unter» (Orbis terrarum ruit: II 34 ff.).

Nein, nie zuvor wurde Rom ähnlich barbarisch heimgesucht. Gregors katholische Befreier behandelten die Bürger derart, daß sich diese am dritten Tag so verzweifelt auf sie stürzten, daß selbst tausend eilends von außen herangeführte Reiter die Situation nicht meistern konnten, bis der Herzog die Häuser in Flammen setzen ließ und zwei Stadtteile niederbrannten – das Marsfeld vielleicht bis zur Brücke Hadrians, das Viertel vom Lateran bis zum Colosseum –, ein einziger Sturm aus Blut und Feuer, und alles ad maiorem Dei gloriam. Viele Kirchen, Säulenhallen, Paläste hatten bereits Heinrichs Attacken beschädigt oder zerstört. Nun aber ging weit mehr an unersetzlichen Monumenten zugrunde. Das letzte Gold wurde aus den Kirchen geholt. Mord und Plünderung, Nonnen und junge Frauen ringsum vergewaltigt, wobei die Opfer, wie es heißt, vom Herzog selbst befohlen, mit auf dem Rücken gebundenen Händen in die Normannenzelte geschleppt worden sind.

Man darf nie, keinen Augenblick, hier und immer wieder, vergessen, daß all dies Teil der *Heilsgeschichte* ist!

Tausende von Römern, hoch und nieder, ja Kinder schon, wurden, an Stricken hängend, wie Vieh durch die Sarazenen des katholischen Herzogs in die Sklaverei verkauft – während Gregor (man kennt analoges Verhalten noch von Päpsten des 20. Jahrhunderts!) nicht im geringsten versuchte, irgend etwas zu retten, zu verhindern.[75]

Im Gegenteil. Papst und Herzog machten Jagd auf andere Objekte. Sie nahmen gemeinsam Burgen und Städte in der Umgebung Roms, ohne sich allerdings des festen Tivoli bemächtigen zu können, wohin Clemens III. ausgewichen war. Keine Schreckens- und Schandtat der Belagerer führte zum Erfolg. Und als der Normannenfürst schon lange Rom verlassen hatte, lag es noch lang in Sumpf, in Trümmern, in einem Zerfall fast ohnegleichen. «Kaum weiß ich», läßt ein französischer Erzbischof die ruinierte Stadt klagen, «was ich gewesen bin; kaum erinnere ich, Roma, mich der Roma; kaum läßt der Untergang es zu, auch nur meiner zu gedenken.»

Flucht und Ende

Gregor VII., um dessentwillen ein großer Teil der Stadt in einen Schutthaufen verwandelt, niedergebrannt und ausgemordet worden war, konnte nicht mehr in Rom bleiben; vermutlich hätte man ihn ob all des Elends zerrissen. Um vor der Volkswut sicher zu sein, zog er im Juni mit Robert Guiscard davon, befreit von Normannen und Moslems, die ungezählte Beutewagen und Scharen seiner römischen Schäfchen in Gefangenschaft und Sklaverei führten.

Gregor ging nach Salerno, dessen Einnahme durch Robert er doch bis zuletzt nicht anerkannt hatte, berief noch eine Synode ein, schleuderte noch einen Fluch gegen den deutschen König und dessen Papst, «den Häresiarchen Wibert», und schickte ein entsprechendes Schreiben nach Frankreich, seine «letzte große Kundgebung» (Meyer von Knonau), worin es hieß: «Ich rufe, ich rufe und ich rufe abermals und verkündige Euch, daß die christliche Religion und der wahre Glaube, den der Sohn Gottes vom Himmel kommend durch unsere Väter uns lehrte, in eine weltliche verderbte Gewohnheit verkehrt, weh! o Schmerz!, fast zu nichts herabgekommen und, unter Änderung der alten Farbe, nicht nur in des Teufels, sondern auch in der Juden und Sarazenen und Heiden Gespött gefallen ist.» Und noch einmal klingt die Klage über seine Ohnmacht durch, der Wunsch nach Märtyrern für seine Sache, nach Krieg und Sieg: «Welche und wie viele sind es, die aus Furcht und Liebe zum allmächtigen Gott, in dem wir leben, weben und sind, nur so weit sich abmühen oder bis zum Tode arbeiten, wie die weltlichen Krieger für ihre Herren oder auch für ihre Freunde und Untergebenen?»

Vergeblich strebte der Papst nach Rom zurück, wo sich sein Rivale Clemens III. durchgesetzt hatte.

Am 25. Mai 1085 starb Gregor VII., den viele christliche, vor allem katholische Theologen und Historiker in den Himmel heben, nicht selten den größten aller Päpste nennen, ein «homo religiosus» für sie, ein «Gottgebundener von lauterer Größe»

(Bernhart), dessen «edle Seele ... hoch erhaben über dem trüben Erdenschmutz» stand (Grupp); «kein Mann der Politik, sondern ein bis zu mystischer Glut von der Verantwortung seines Amtes als Leiter der Seelen erfüllter Papst», einer, der «so sehr dem entsprochen, was der Welt nottat, daß die Völker gern bereit waren, sich von den Päpsten leiten zu lassen. Zu deutlich stand es vor aller Augen, daß das Papsttum eine echte moralische Autorität, ein Schutz des Rechtes und eine Zuflucht der Bedrückten war» (Neuss).[76]

BESSER KÖNIGSTREUE TÖTEN ALS HEIDEN

Der große Krieg zwischen Heinrich IV. und Gregor VII. wurde auch literarisch vehement geführt und tobte weit über den Tod des Papstes hinaus. Verfaßte man doch überhaupt im 11. Jahrhundert (und den beiden folgenden Jahrzehnten) mindestens fünfmal so viele Geschichtswerke wie im Jahrhundert zuvor. Und die Autoren der Streitschriften-Literatur – nicht zufällig eine Gattung von mehr alter als ehrwürdiger christlicher Tradition – waren in beiden Lagern fast ausnahmslos Kleriker, die jeweils auf Bibel und Kirchenrecht insistierten.

Für Heinrich IV. stritten u. a. Bischof Wido von Osnabrück, der Scholasticus Wenrich von Trier, der 1090 vielleicht Bischof von Piacenza wurde, der Ravennater Jurist Petrus Crassus. Als Gregorianer traten in Italien Kardinal Deusdedit sowie die Bischöfe Anselm II. von Lucca und Bonizo von Sutri in den Ring; in Deutschland der Priestersohn Bernold von St. Blasien (oder Konstanz; gest. 1100) und Manegold von Lautenbach (gest. nach 1103).

Der hochgelehrte Propst des Augustinerchorherrenstifts zu Marbach im Elsaß engagierte sich in zwei Streitschriften leidenschaftlich für Gregor und wetterte besonders in seinem dem Salzburger Erzbischof gewidmeten Traktat «Liber ad Gebehardum» mit allem Gift und Geifer gegen den Scholastiker Wenrich.

Papststreiter Manegold erlaubt nicht nur, wie bisher, den «gerechten» Krieg fürs Vaterland, sondern auch den für die Heiligen Väter. «Wer nicht aus persönlicher Rache oder Habgier, sondern als Helfer katholischer Fürsten, in öffentlichem Kampf für das Vaterland, die Gerechtigkeit oder den apostolischen Stuhl oder in Ausübung gerichtlicher Funktionen einen Heinricianer tötet, begeht nichts Unrechtes.» Das Papsttum gilt jetzt soviel wie das Vaterland, wenn nicht mehr, während das Königtum nur in Gestalt der «Heinricianer» erscheint, von denen der Papstdefensor sagt, daß sie «verabscheuungswürdiger sind als offene Heiden». Somit ist auch «der, der einen von ihnen zur Verteidigung der Gerechtigkeit tötet, noch weniger schuldig, als wer einen Heiden tötet».[77]

Die publizistische Polemik gegen Gregor VII. kulminierte in Deutschland in dem (1519 von Ulrich von Hutten entdeckten) «Liber de unitate ecclesiae conservanda», den ein unbekannter Hersfelder Mönch 1092/1093 zur Rechtfertigung Heinrichs IV. schrieb. Weniger um Gregor, den der Verfasser keineswegs schont, geht es hier als um den deutschen Bürgerkrieg; um das Unrecht der Christenheit, die Kontroverse mit dem Schwert auszufechten. Zwar sage man, «es sei Sache des Glaubens und der Gläubigen in der Kirche, diejenigen zu töten und zu verfolgen, die mit dem gebannten König Heinrich verkehren oder ihm anhängen und davon nach den Bemühungen der päpstlichen Partei nicht abgehen». Doch der unbekannte Autor beruft sich auf die Bergpredigt, auf die Seligpreisung der Friedfertigen, und attakkiert die gregorianischen Bischöfe, die Prälaten von Magdeburg, Halberstadt, Salzburg, die keine Kirchenhirten, sondern Heerführer seien, Mörder des Leibes und der Seele.

Man sieht, auch damals war ein pazifistisches Ethos möglich, wie zu jeder Zeit – zum Beispiel auch zu neutestamentlicher.

Es ist bedauerlich, doch vielleicht kein Zufall, daß eine von Wibert um 1085 verfaßte, in das publizistische Gefecht eingreifende Diatribe nur aus Texten Anselms von Lucca und Widos von Ferrara partiell zu erschließen ist. Nach Wibert, der damit die Meinung vieler vertritt, hat der von früh an ins Waffenhandwerk vernarrte Gregor die Kriegsfurie nach Deutschland gebracht und die Ritter gegen ihre Herren aufgewiegelt, hat überhaupt kein Christ so viel Blutvergießen heraufbeschworen. Daß er derart die römische Kirche verteidigen, befreien wolle, läßt der Rivale nicht gelten, denn: «Christlich ist, zu lehren, nicht Krieg zu stiften, das Unrecht gleichmütig zu dulden, nicht es zu rächen. Nichts von jenem tat Christus, nichts irgendeiner der Heiligen.» Gestützt auf biblische und patristische Gedanken, geißelt Wibert die blutige Art der Evangelienverkündung Gregors und verteidigt sein eigenes pazifistisches Ethos. Freilich führt Anselm von Lucca in seiner Replik ganz gegenteilige Väterworte ins Feld, läßt sich doch mit frommen christlichen Sprüchen so gut wie alles und jedes beweisen. Immerhin fegt Wibert selbst die seit Augustin unbestrittene Idee des «gerechten Krieges» beiseite (vgl. I 514 ff.).[78]

Der Kampf gegen Heinrich wurde in Deutschland besonders durch das von den Grafen von Calw gegründete Reformkloster Hirsau im Schwarzwald geschürt. Seine Mönche zogen als Wanderprediger bis nach Kärnten und Sachsen, und agitierten überall, zumal an den Sitzen des Adels, unter dem Anschein religiöser Aufklärung gegen Heinrich und seinen Papst Clemens III., den sie in einer Schrift Lügner schimpften, Ketzer, Dieb, dem Teufel oder einem Götzenbild ähnlich.

Alle Schriftsteller aber dieser doch so tief christgläubigen Zeit, Heinricianer und Gregorianer, stimmen über die grauenhaften Zustände in Reich, Kirche und Gesellschaft überein. Der Krieg zwischen dem katholischen Königtum und dem römischen Papsttum erschütterte halb Europa. Fast jedes Bistum, jedes Kloster war der Schauplatz von Gewalt und Verwüstung, Kirchen wurden zerstört, Klerus und Gläubige gespalten, Bischöfe rüsteten und zogen in den Krieg, Blutvergießen, Meineid, Verrat grassierten, weite Gebiete waren beinah menschenleer.

Alles, nicht genug zu bedenken, zu wiederholen: zur höheren Ehre Gottes! Jede Lüge, jedes Verbrechen eben darum erlaubt. Jeder politische Gegner wurde, wenn irgend möglich, zu einem Feind des Herrn gestempelt, jeder theologische Gegner zu einem «Ketzer».[79]

Neben all den katholischen Großverbrechen aber geschahen fortgesetzt immens viele kleinere Gaunereien und Gangstereien. Und damit es nicht bei unbewiesenen Pauschal-Bezichtigungen bleibt, folgen einmal gebündelt typische Vorgänge aus der Welt des Klerus zumeist im 10. und 11. Jahrhundert, sind sie doch grundsätzlich in unserem Zeitraum nicht sehr viel anders als schon im vorausgehenden.

Klerikales Leben im Detail oder «gelebt wie reissende Wölfe»

Es ist bezeichnend, daß Papst Leo IX. auf der römischen Synode 1049 die ganze Welt im argen liegen, daß er die Ungerechtigkeit, Habgier, Hurerei bei Bischöfen wie Priestern, daß er die Lüge herrschen sieht. Scheint ja gerade «in der zweiten Hälfte des 11. Jahrhunderts die Lügenhaftigkeit aufs höchste gesteigert» (Ellinger). Und 1075 schreibt kein anderer als Gregor VII. dem Abt Hugo von Cluny: «Wenn ich hinwiederum mit geistigem Auge die Länder des Westens, des Südens oder des Nordens überschaue, finde ich kaum Bischöfe, die dem Gesetz gemäß ihr Amt angetreten haben und leben, die das christliche Volk mit der Liebe Christi und nicht mit weltlichem Ehrgeiz lenken. Auch unter allen weltlichen Fürsten erkenne ich keine, die Gottes Ehre der ihrigen und das Recht dem Vorteil voranstellen. Diejenigen aber, unter denen ich wohne, die Römer nämlich, Lombarden und Normannen, bezichtige ich, wie ich es ihnen oft sage, in gewisser Weise schlimmer zu sein als Juden und Heiden (Iudeis et paganis quodammodo peiores esse redarguo). Wenn ich nun zu mir selbst zurückkehre, finde ich mich dermaßen beschwert von der Last des eigenen Tuns, daß mir keine Hoffnung auf Heil bleibt außer aus dem Erbarmen Christi allein.»

Konnte doch, was die Päpste betrifft, ausgerechnet im Kloster Cluny (in einem dem Abt gewidmeten Buch) die Deutung entstehen, die im 11. Jahrhundert sich einbürgernde Sitte des päpstlichen Namenswechsels solle bloß durch einen ehrwürdigen Namen die persönliche Unwürdigkeit kaschieren.

Im 12. Jahrhundert sieht der im Alter immer pessimistischer urteilende Propst Gerhoch von Reichersberg den Antichristen überall im Vormarsch und erwägt in seinem 1162 beendeten Hauptwerk «De investigatione antichristi» sogar die Frage, ob nicht Rom jenes Babylon sei, aus dem der Antichrist komme.[80]

Die tiefe Nichtachtung und Mißachtung der Religion und Kirche, die schon das 10. Jahrhundert kennzeichnen, setzen sich im beginnenden Hochmittelalter fort. Die sogenannten Gotteshäuser werden vernachlässigt, kostbare Kelche ruiniert, Talare in Damenkleider umgewandelt und an Frauen verschenkt, die Priesterhäuser aber überhäuft mit Gold, Seide, Purpurstoffen, Teppichen. Prälaten leben zwischen Jagd und Tanz, schwelgen prächtig aufgeputzt an üppigen Tafeln, setzen «die kurzen Genüsse des Ruhms, des Gewinns, des Bauchs» (Domherr Adam von Bremen, gest. 1076) an die erste Stelle ihres Amtes und suchen an Pomp noch die Könige zu übertreffen.

In den Kirchen, besonders Italiens, wo der Klerus oft flüchtig, unter Gelächter, Flüchen, im Suff zelebriert, hält man reguläre Märkte, Gastereien ab, hurt und schläft und prügelt sich. Viele Kirchen sind auch ausgeraubt, halb oder ganz zerstört, dem Erdboden gleichgemacht, viele menschenleer, voller Brennesseln, wucherndem Unkraut und Getier. Man ackert und sät in den Christentempeln, benützt sie als Ställe, Lagerhäuser. Selbst in Rom geht in St. Paul, in St. Peter das Vieh ein und aus. Zur Zeit Johanns XII. rann der Regen durch die Dächer bis auf die Altäre. Man mußte Gottesdienste verbieten, bei denen «Hunde und Dirnen sich herumtreiben». Manche Geistliche lasen gar keine Messe oder nur im Handumdrehn, nahmen aber von Brot und Wein so viel, daß es gereicht hätte «für ein Königsmahl» (Dresdner).[81]

Der Erzbischof Hervé von Reims beklagt 909 auf einer Synode in Trosly bei Laon den schrecklichen Zustand von Land und Kirche: entvölkerte Städte, verfallene Klöster, verwüstete Felder, alltäglichen Ehebruch, Kirchenraub, Mord, Totschlag, unentwegte Ausbeutung. «Wie die Fische des Meeres zerfleischen die

Menschen sich gegenseitig.» Auch die Prälaten werden beschuldigt, die Mönche, die Nonnen. In den Klöstern beachte man keine Regel mehr, hausten «Laienäbte mit Weibern, Kindern, Vasallen und Jagdhunden. Wie soll einer von denen die Regel erklären, der, wenn ihm das Buch vorgehalten wird, antwortet: ‹Ich kann nicht lesen›.» Hervé seinerzeit vor der Synode: «Wir werden Bischöfe genannt, erfüllen aber die bischöflichen Pflichten nicht. Die, welche uns anvertraut sind, sehen wir Gott verlassen und schlechte Handlungen begehen. Wir schweigen und reichen ihnen nicht die Hand zur Besserung ...»

Der einige Jahrzehnte später sterbende Bischof Turpio von Limoges schreibt in sein Testament: «Wir, die wir hätten einen musterhaften Lebenswandel führen müssen, wir haben das Volk verderben helfen und haben gelebt wie reißende Wölfe.»[82]

Jahrhundert um Jahrhundert, bis in die Neuzeit hinein, streiten die Priester gegeneinander, dabei weniger um himmlische als irdische Seligkeit ringend, um Landbesitz, Güter, Burgen, Klöster. Man gewann und verlor. Doch gab es auch Verluste vergnüglicherer Art. In Fiesole hatte Bischof Winizo um die Mitte des 10. Jahrhunderts durch Vergeudung des Kirchenguts sein Bistum aufs angenehmste ruiniert. Sogar die Kleriker der Kathedralkirche stellten, da nicht mehr entlohnt, den Gottesdienst ein (was beiläufig dessen reale Grundlage zeigt).[83]

Auf dem Balkan nahm in den zwanziger Jahren dieses Jahrhunderts die Auseinandersetzung zwischen dem Erzbischof Johannes von Split und seinem Rivalen Gregor von Nin um die Metropolitanrechte solche Formen an, daß sich deshalb selbst König Tomislav von Kroatien an Rom wandte. 973 stritten die Bischöfe Albert von Bologna und Hubert von Parma miteinander. Die Interessenkonflikte zwischen dem expansiven Erzbistum Ravenna und den Bischöfen von Ferrara dauerten noch beträchtlich in das 11. Jahrhundert hinein. Die Bischöfe von Hamburg und Verden rangen um Stift Ramelsloh, bis es 1010 der Papst, obwohl es in der Diözese Verden lag, Hamburg zusprach. Die Bistümer Mainz und Hildesheim entzweiten sich seinerzeit jahrzehntelang unter beiderseitiger Anwendung von Waffen wegen Kloster Gandersheim.[84]

Auch mit ihren Kanonikern haderten die Seelenhirten häufig. Macht und Reichtum der Kapitel reizten sie. Sie raubten ihre Burgen, Höfe und sprangen nach Belieben mit den Pfründen um. So riefen die Geistlichen nicht selten die Hilfe von Laien oder Päpsten an, ja verbanden sich immer wieder zu Verschwörungen oder Eidgenossenschaften.

Erzbischof Adalbero von Reims vertrieb 971 die Kanoniker und ersetzte sie durch Mönche.

Unentwegt kämpften die Bamberger Domkanoniker gegen Bischof Hermann I. (1065–1075), dem sie «Kapitalverbrechen» vorwarfen, dunkle Geldgeschäfte, Korruptionsaffären, Bestechungen etc. Der Bischof seinerseits versicherte Alexander II. 1070 eidlich, ohne Simonie ins Amt gelangt zu sein. Das eigene Domkapitel aber behauptet das Gegenteil und appelliert dann an Gregor VII., er solle endlich «diesen Wolf, der die Schafe Gottes ruchlos raube und zerstreue, und diesen Zauberer Simon, der in der Kirche Gottes wieder seine Wechslertische voll Gold aufgestellt habe, samt seinem Geld zur Hölle schicken». Gregor VII. setzte ihn 1075 ab.[85]

Im selben Jahr stirbt der Vorsteher der von Bamberg abhängigen Abtei Gengenbach in der Ortenau, Abt Ruotbert, eines unnatürlichen Todes. Er hatte eine von Ministerialen gegen seinen Willen angelegte Mühle zerstören lassen und wurde darauf, zusammen mit einem Bamberger Kapellan, von den Ministerialen erschlagen.

Bischof Everachus von Lüttich (959–971) und Bischof Wiefrid von Verdun (959–984) sind in heftige Querelen mit Einheimischen verwickelt, mit Adeligen und anderen. Gegen Everachus erheben sich um 960 die jetzt erstmals genannten Lütticher Bürger, und in den folgenden Jahrzehnten gewinnen die Bischöfe der Stadt bis 1040 drei Grafschaften, natürlich nicht ohne kaiserlichen Beistand, auf Kosten diverser Adelskreise. Und die Bischöfe von Verdun streiten lange mit dem Haus Ardenne um die Verduner Grafenrechte – Kämpfe um Gebietsbefestigungen und -erweiterungen wie fast überall. Auch in Cambrai hat unter Otto III. der Bischof seine liebe Not mit Vasallen und Ministerialen; schließlich kommt es zu einer Reihe blutiger Zusammenstöße mit seinem eigenen Burggrafen. 1030 läßt der Patriarch von Grado den Dogen von Venedig, Pietro Centranico, absetzen und in ein Kloster stecken. 1079 entreißt Bischof Arnulf von Bergamo dem Ritter Gorzo durch Trug und Gewalt eine Burg und plündert einen Geistlichen desselben völlig aus.

Erzbischof Albero (Adalbero) von Trier, der als strammer Papsthöriger und resoluter Streiter für die «Freiheit der Kirche» Wahl und Krönung Konrads von Staufen durchsetzen und dessen Politik mitprägen wird, verklärt sich seinem Freund und Biographen Balderich zum Inbegriff des kriegerischen Kirchenfürsten, des unschlagbaren und «furchtlosen Helden», den er gleich neben Cäsar, Augustus, Karl «den Großen» stellt. Immerhin führt Albero zur Sicherung seiner Vormacht im westlichen Mosel- und Eifelraum einen brutalen Krieg gegen den Grafen von Namur-Luxemburg, den er von Mal zu Mal zu Boden ringt. «Die Burg Rudolfsberg schloß der Erzbischof zweimal ein und zerstörte sie bei der zweiten Belagerung, eine Burg, die in jeder Hinsicht als unbezwingbar galt. Eine neue Burg namens Merkursberg erbaute er aus Besorgnis, der von Namur könnte diesen Berg, der gleichsam im Herzen seines Landes lag, besetzen. Die Burg Manderscheid, eine durch die Natur des Ortes im höchsten Maße geschützte Burg, nahm er ein und behielt sie bis zu seinem Tod. Die Burgen Gerland und Zolver nahm er ein; ferner eroberte oder zerstörte er dreißig Befestigungen des Grafen von Namur. Auch Echternach nahm er ein, wo der Graf eine Kriegsmannschaft zu halten pflegte. Zwischen der ersten und der zweiten Belagerung des Rudolfsberges traten der Erzbischof und der Graf einander in offener Feldschlacht entgegen.» Und obwohl durch «die großen und vielfältigen Kriegskosten stark erschöpft», brachte der überaus prunk- und prachtliebende Prälat, so meldet der Trierer Domscholaster Balderich weiter, «von neuem bedeutende Mittel zusammen und füllte seinen Palast und alle seine Burgen mit Wein und Lebensmitteln aller Art in Fülle ...». Und dieser kampfwütige Pfaffe war päpstlicher Legat, Primas von Gallien und Germanien sowie ein Freund des hl. Bernhard von Clairvaux

(S. 468 ff.), des hl. Norbert von Xanten (S. 423 f.) und bekam auf seinem Grabstein, natürlich «in goldenen Lettern», ein enthusiastisches Enkomium, beginnend:

«Belgisches Rom, hier ruht deine Zier, deine nimmervergehende Ehre und hier dein Ruhm, der dir auf ewig nicht welkt.

Er, des Erdkreises Licht ...» etc.

Zu solchem Licht und Gelichter gehört auch der Straßburger Bischof Otto von Staufen. Er befehdet den Grafen Hugo von Egisheim und fällt, just als dieser gegen kaiserliche Parteigänger im Oberelsaß operiert, in dessen Besitzungen ein. Er belagert ein Jahr lang die schwer zugängliche Dagsburg, wird 1086 von Hugo überrascht, total geschlagen, seiner bischöflichen Abzeichen beraubt und davongejagt. Später versöhnt er sich zwar mit dem Grafen, tafelt festlich mit ihm auf einem bischöflichen Gut, teilt zum Zeichen seiner Freundschaft und friedlichen Gesinnung gar das Bett mit ihm in der Nacht: der letzten für Hugo; die eindringenden Spießgesellen des Bischofs (der immerhin die Kanonisation der Kaiserin Adelheid erreicht) ermorden ihn.[86]

Menschliches Leben galt Klerikern oder Mönchen keinen Deut mehr als den übrigen Christen, eher weniger. Es kam vor, daß ein Priester einen anderen Priester oder auch den eigenen Bischof erschlug. Aber natürlich stachen auch Laien Prälaten und Geistliche ab, als wären sie Heiden.

Erzbischof Fulco von Reims, der rücksichtslos seinen Sprengel vergrößert, wird wegen Besitzstreitigkeiten mit dem Grafen Balduin von Flandern anno 900 ermordet.

Bischof Otbert von Straßburg, in Schwierigkeiten mit seinen Diözesanen verstrickt, wird vertrieben und 913 auf der Ratburg in den Vogesen ermordet. Im selben Jahr blenden zwei Grafen Bischof Einhard von Speyer mit Todesfolge. Den Erzbischof Arnust von Narbonne verstümmeln seinerzeit Parteigänger des von ihm exkommunizierten Grafen Sunjer von Ampurias so, daß er kurz darauf stirbt. Den Bischof Benno von Metz blenden und verstümmeln seine Feinde 928. Im späten 10. Jahrhundert wird Bischof Dodilo von Brandenburg durch eigene Leute erdrosselt; wird unter Otto III. auch der prachtliebende Abt Manso von

Monte Cassino, der anscheinend gegen den Fürsten von Capua konspirierte, überfallen und geblendet; wird dort in jenen Jahren Erzbischof Aio getötet.[87]

Im Norden stirbt der Bruder des Metropoliten Adalbert von Hamburg-Bremen (1043–1072) durch einen Geistlichen der eigenen Diözese. Aber auch der Dekan Liudger desselben Kirchenfürsten ist ein Mörder und wird deshalb abgesetzt. Und unter Adalberts Vorgänger, Erzbischof Alebrand (1035–1043), läßt ein Kleriker sogar den Bremer Dom in Flammen aufgehen, weil er nicht Propst geworden ist.

Erzbischof Adalbert selbst, der, immer neuer Gelder bedürfend, sich auch an frommen Stiftungen, gewaltig am Kirchenschatz vergreift und seine Schäfchen (die er am liebsten täglich verprügelt hätte, auch blutig schlug) skrupellos aussaugt, muß verschiedentlich fliehen, ja einmal sich über ein halbes Jahr verborgen halten.

Die ganze mittelalterliche Welt durchzieht, neben einer fast abergläubischen Verehrung, doch auch ein latenter Haß auf die Pfaffen. Niemals konnte ein Prediger die Laien munterer machen, als wenn er gegen seinesgleichen loszog, wobei ein Presbyter, wie man ausdrücklich berichtet, in Italien besonders wenig angesehen war. Unter allen christlichen Völkern verachteten die Italiener das Kirchenregiment am meisten.[88]

Wie die Bischöfe aber, so bekämpften sich zeit- und gebietsweise auch die Pfarrer in Stadt und Land, erschlug ein Geistlicher einen Amtsbruder oder gar seinen Oberhirten. Selbst in der Kirche gerät der Klerus von Verona nach Auskunft seines Bischofs Rather (gest. 974) mit Fäusten und Knütteln aneinander, wie ja auch im Norden, etwa in Goslar (S. 236 u. s. auch V 577 ff.). Rather selbst lebt ständig in ernsten Zerwürfnissen mit dem König, der ihn einkerkert, verbannt und mit Adel und Klerus als Bischof von Verona wie von Lüttich und als Abt.

Nicht selten geschieht es, daß ein Pfarrer dem andern die «Pfarrkinder» abspenstig macht oder die Kirche entwendet. Schon im ausgehenden 10. Jahrhundert müssen dies zwei kanonische Sammlungen verbieten. Unentwegt auch prozessieren die

Geistlichen gegeneinander. Immerzu, konstatiert Bischof Rather, gehen ihnen ihre Prozesse im Kopf herum. Und Kardinal und Kirchenlehrer Damiani klagt: «Die Tribunale reichen für die Menge der Priester nicht aus, die Hallen der Königsburg sind für sie zu klein.»[89]

Zu all dem aber kamen ein ebenso stupendes Herumhuren wie eine gigantische Heuchelei. Die Keuschheit, die man predigte, hielt man meist selber nicht. Teils war der Klerus verheiratet, teils lebte er so mit Weibern zusammen.

Die Florentiner Prälaten bezahlten im späten 10. Jahrhundert «feile Dirnen» mit Kirchenland. Andererseits saß um 1020 am Arno Bischof Hildebrand mit seiner ihm regulär angetrauten Frau Alberga samt Söhnen im Bischofspalast, bei Audienzen und im öffentlichen Gericht von der Gattin flankiert, gelegentlich auch beraten (weshalb der Abt Guarinus von Settimo, ganz aus der höfischen Etikette kommend, eines Tages schrie: «O Du verfluchte Jesabel . . »). Hildebrands Amtsbruder Raimbald von Fiesole, der den Bischofsstuhl, wie üblich, gekauft hatte, hielt sich eine Schar von Konkubinen. Mit seiner Ehefrau Minuta aber zeugte er einen Sohn nach dem andern. Und diese Söhne trieben nach seinem Tod als Priester um 1060 in Florenz den Geschlechtsverkehr sogar in ihrer Familienkirche S. Martino. Wie denn überhaupt die florentinischen Kanoniker auch im 11. Jahrhundert Weiber und Kinder hatten, ja noch die Nonnen reichlich frei oft im eigenen Heim oder auf den Schlössern ihrer Familien lebten. Ein Bischof von Piacenza soll seinerzeit kompetenter für feminine Reize gewesen sein als für die Beurteilung eines Priesterkandidaten.

Man wird sich über all dies vielleicht weniger wundern, bedenkt man, daß selbst Romuald von Camaldoli, Sohn des Herzogs Sergius und Stifter der Kamaldulenser (gest. 1027), der berühmteste Eremit seiner Zeit und noch in unseren Tagen von dem Katholiken Franzen als «religiöser Feuergeist . . . altchristlichen Formates» gepriesen, als Greis der Päderastie verfiel. Er wurde gleichwohl Heiliger der römisch-katholischen Kirche.[90]

Wie in Italien war es natürlich auch anderwärts. Über die Fleischeslust des französischen Episkopats jammert Papst Johann XIX., just jenes Kirchenhaupt, nebenbei, das seine Wahl durch Geld erzwungen und es an einem Tag vom Laien zum Papst gebracht. Allein in Rouen hinterließen zwei Erzbischöfe mehrere Söhne. Hugo von Rouen (942–989), der sich fast ein halbes Jahrhundert hielt, eine hemmungslose Nepotenwirtschaft betrieb und Kirchengüter vergeudete, war ebenso verheiratet wie sein Nachfolger Erzbischof Robert. Und auch dessen Nachfolger, der eifrig an den Fehden und Aufständen der rebellischen Barone beteiligte Metropolit Malger, war dem Sexus sehr ergeben.

In Straßburg hatte Bischof Werner von Achalm (1065–1077) für viel Geld die Frau eines Diözesanen gekauft und offen zu seiner Mätresse gemacht. Trotz aller Abschwörungen hurte er mit ihr fort, ermunterte aber immerhin seine bisher ehelosen Geistlichen, sich gleichfalls gütlich zu tun. Ein schöner Zug von ihm. Und auch im hohen Norden, im Bistum Hamburg, florierte selbstverständlich der klerikale Geschlechtsverkehr. «Es wurde allgemein Sitte, daß die Priester mit Frauen zusammen lebten» (Schöffel).

In einem Kloster des Bistums Bamberg (vielleicht in Kitzingen) hatte um 1060 die Äbtissin einerseits den unerhört reichen Kirchenschatz «in sündhafter Weise verschleudert, so daß die Summe des abgeschätzten Schadens 150 Pfund ohne Zweifel übersteigt». Andererseits wurde von ihr, offenbar zwecks Einsparungen, die Zahl der Nonnen fast auf die Hälfte reduziert und diese dann angeblich derart in äußerste Not gebracht, daß sie, wie es in einer alten Quelle heißt, einem «schändlichen Erwerb mit ihren Leibern» nachgingen, «die meisten von ihnen sogar in den Winkeln des Klosters geboren haben», während andere «bereits schwangeren Leibes auswärts Nester gesucht».[91]

Überhaupt die Klöster, die Religiosen, die besonders frommen Christen! Auch wenn die nachfolgend erwähnten Zustände selbstverständlich nicht pars pro toto zu verstehen sind, wenn sie so nicht überall vorhanden, nicht überall gleich waren, ließe sich doch eine immense Fülle ähnlich gearteter Fälle mühelos hinzufügen.

In Italien ist im 10. und 11. Jahrhundert eine Reihe von Klöstern völlig ruiniert oder von den Mönchen ganz und gar verlassen, so S. Felicitas, S. Maria, S. Pietro, St. Lorenz, St. Felix und Fortunatus, St. Veit und Modestus usw. Im kleinen Kloster Maguzani am Gardasee haust der Abt ganz allein mit Gattin und Verwandtschaft.

Zahlreiche Männer- und Frauenklöster wurden von den eigenen Bischöfen zerstört, wie schon das Paveser Konzil von 850 klagt. Gewöhnlich aber kämpften Päpste und Bischöfe gegen die Klöster, um sie zu enteignen. So entstand ein starker Haß der Mönche (die freilich selbst nicht immer untereinander in Frieden lebten) gegen die raffgierigen räuberischen Hierarchen. Doch auch zwischen den Äbten gab es häufig Besitzstreitigkeiten, ein Kloster suchte oft das andere unter seine Botmäßigkeit zu bringen. Manche Äbte – Manso von Monte Cassino, Odilo von Breme, Otto von Farfa – waren deshalb von Ritterscharen umgeben.[92]

Zwei Jahrhunderte lang rang man um das von Karolingern gegründete, große und sehr reiche Farfa im Sabinergebirge, wo im 10. Jahrhundert zwei Äbte von ihren eigenen Mönchen ermordet worden sind. Andere Äbte nahmen sich Weiber, verteilten die Klostergüter an ihre Söhne und Töchter.

Die nicht weit von Rom gelegene, schon wenige Jahrzehnte nach ihrer Gründung zu den größten Grundbesitzern der Gegend gehörende Abtei, in der zeitweise alles verheiratet gewesen zu sein scheint, ist ein illustratives Beispiel für das Leben in nicht wenigen Klöstern jener Zeit – «ein Bild der Anarchie, das doch in manchen Beziehungen als typisch angesehen werden kann» (Hartmann). Farfa, das 775 Eigentum der fränkischen Könige, also Reichskloster wurde und außer Nonantula alle anderen Klöster an Wohlstand wie Pracht übertraf, stach den Päpsten natürlich in die Augen, und so suchten sie es seit dem 9. Jahrhundert zu gewinnen; wo es möglich war, nahmen sie ihm seinen Besitz.

936 stirbt Abt Roffred an Gift, verabreicht von seinen Mönchen Hildebrand und Campo, letzterer von Roffred selber in

Grammatik und Medizin unterrichtet. Mittels großer Schenkungen an König Hugo von der Provence und mit bewaffneter Hilfe aus der Mark Fermo bringt Campo die Abtei an sich, wird Abt und haust wie ein Feudalherr herrlich und in Freuden samt Frau Liuza, sieben Töchtern und drei Söhnen, die er alle fürstlich mit Klostergütern in der Sabina versorgt.

In Farfa hatten freilich nicht nur Hildebrand und Campo Frauen, denn nach ihrem Vorbild heirateten auch die Mönche ihre Konkubinen. Jedes Pärchen nahm einen Gutshof, und nur sonntags trafen sie sich im Kloster, um alles, was nicht niet- und nagelfest war, zu stehlen, sogar die goldenen Bullen, die Urkunden und die Zierate der Paramente. Schließlich verdrängte Campo den Hildebrand mit Gewalt. Mönche, die Alberich, der Fürst der Römer, nach Farfa schickte, um es zu reformieren, hätte man dort nachts fast erwürgt. Erst als Alberich 947 selbst mit Milizen kam, konnte er den Abt vertreiben. Der von ihm eingesetzte neue, Dagobert aus Cumae, wurde nach fünf Jahren von seinen Mönchen vergiftet, wahrscheinlich unter Mitwirkung des vertriebenen Campo. Der 953 durch Alberich bestellte Abt Adam aus Lucca wird von Papst Johann XII. unterstützt, wegen eines Sittlichkeitsverbrechens verhaftet und erst nach Zahlung einer hohen Summe wieder freigelassen. Sein Nachfolger Hubert, seit 963 im Amt, haust mit Weibern und Hunden. Der folgende Abt Leo, von Johann XIII. selbst investiert, wird von diesem auch wieder gefeuert. Ein Neffe des Papstes, sein Statthalter in dieser Provinz, greift Farfa mit Truppen an, wird abgeschlagen, sichert dann seinen Gegnern freies Geleit zu, kerkert sie aber so lange ein, bis die Abtei ihm das Kastell Tribuco nebst dazugehörigem Gebiet übereignet.[93]

Das Kloster zum heiligen Columban in Bobbio besaß Güter in ganz Italien und wurde im 10. Jahrhundert von den Bischöfen von Piacenza, Pavia und Tortona derart ausgeraubt und verödet, daß Abt Gerbert «im Kloster und außerhalb desselben nichts außer dem Hirtenstab und dem apostolischen Segen» blieb – was genau zeigt, worauf diese Bischöfe am allermeisten Wert legten!

Mit Gewalt suchte Bischof Kunibert von Turin seine Ansprüche auf das Kloster Chiusa, Bischof Kono von Perugia seine Ansprüche auf das Kloster S. Pietro durchzusetzen. Metropolit Guido von Mailand fiel 1047 über den Besitz des Turiner Klosters zu S. Constantius und des Klosters Tolla in der Diözese Piacenza her. Oberhirte Wido von Pavia und seine Kanoniker griffen Cielo d'Oro an. Papst Viktor II. (1055–1057) suchte sich Monte Cassino zu unterwerfen.[94]

Hoch ging es in den Vogesenklöstern des 10. Jahrhunderts her. In Moyenmoutier liebten die Mönche die Waffen mehr als die Kirche, und nachdem sie ihre Einkünfte verpraßt hatten, lebten sie von Diebstahl und Raub. In Senones Tag und Nacht Schmausereien, Suff und Sex. In St. Ghislain hausten die Kleriker mit Weib und Kind im Kloster und luchsten mit «Heiligtümern» den Gläubigen Geschenke ab, die sie verjubelten. In Laubach mißhandelten Mönche den Abt Erluin, verstümmelten seine Zunge und rissen ihm die Augen aus.

Dies kam freilich, ohne daß es geradezu üblich war, auch anderweitig vor. Mönche schlugen ihre Äbte blutig, schnitten ihnen die Zunge ab, blendeten, ermordeten sie selber oder ließen sie von bezahlten Banditen ermorden; vor dem Altar stachen sie die Oberen zusammen. In der Badia in Florenz gab man im 11. Jahrhundert Abt Maurilius wegen seiner Strenge Gift ins Getränk, doch entging er dem Anschlag. Noch im fortgeschrittenen Mittelalter liquidierten Mönche ihre Äbte. Meistens kam nichts Besseres nach. So sagte einer beim dritten Abt: «Ich bete für seine Erhaltung, sonst bekommen wir einen noch schlimmeren.»

Auch der christliche Adel beraubte, peinigte, tötete Geistliche wie Religiose. Katholische Grafen Italiens schnitten Mönchen die Ohren, Nase, Zunge ab und stachen ihnen die Augen aus. Der Gastalde Atenulf ließ Abt Aliger von Monte Cassino (949–985) in ein Bärenfell stecken und hetzte die Hunde auf ihn. Ein Cremonese Adam tötete den angeblich unschuldigen Kardinaldiakon Heinrich.[95]

Natürlich blieben die Klosteroberen insbesondere ihren Untergebenen nichts schuldig, deren Verhalten überdies meist die Reaktion auf das Verhalten ihrer Vorgesetzten war.

Abt Transmund, einst in Monte Cassino «in ehrenhafter Sitte» erzogen, ließ als Abt von S. Maria zu Tremiti einigen Mönchen die Augen ausreißen, einem die Zunge abschneiden. Denn die Jurisdiktion wurde von den Äbten bis zur Blendung und Verstümmelung «Schuldiger» mißbraucht, was selbst so wenig zimperliche Potentaten wie Karl «der Große» und Ludwig der Fromme den Kirchenoberen bereits verboten hatten. Diese Oberen selbst waren jedoch oft viel weniger skrupulös. Ein Abt, der einen Untergebenen zu Tod geschunden, wurde vom Konstanzer Bischof zwar abgesetzt, erhielt aber von Papst Alexander II. (1061–1073) nach sechsmonatiger Buße seine «Würde» wieder.[96]

Mit der körperlichen Züchtigung drangsalierte man den Klerus, natürlich nicht den hohen, von der Antike bis weit in die Neuzeit hinein; doch war die Prügelstrafe in den Klöstern besonders im Schwang (I 22 f.). Ständig lagen Ruten, Riemen, Geißeln bereit. Der Delinquent mußte sich über eine Bank strecken, in früherer Zeit nackt, dann wurde man schamhafter, ließ aber die Zahl der Streiche über das Maximum des mosaischen Gesetzes von 40 bzw. 39 Streichen ansteigen auf 72, 100, ja 200 Streiche, was der «Discretion des Abtes» überlassen blieb, dem man ausnahmsweise auch gestattete, «bis zum Totpeitschen vorzugehen» (usque ad necem caedantur virgis). Bei jedem Schlag mußte Mönch oder Nonne «mea culpa» sprechen, und aus erzieherischen Gründen dies alles in Gegenwart des ganzen Convents. Danach warf man sie so lange ins Gefängnis, wie es den Oberen paßte.

Schon in den ältesten Klöstern verrotten Mönche, von Vorgesetzten gebunden, in eiserne Ketten gelegt. Denn die Klosterhaft wurde – wegen Tötung, Unzucht, «Ketzerei» – bereits seit dem 4. Jahrhundert über Mönche wie Kleriker, dann auch über Laien verhängt, wobei «die Vollzugsbedingungen äußerst hart» (Schild) gewesen sind.[97]

Die Klosterkerker waren wahre Unterweltsstätten, wenn auch manche Äbte ein doppeltes Gefängnis unterhielten.

Wilhelm von Hirsau (1069–1091), beispielsweise, hatte in seinem Kloster, einer der bedeutendsten, fest im Lager der Gregorianer verwurzelten deutschen Reformstätten, ein Gefängnis für leichtere Fälle, gerade groß genug für einen Menschen und nur mit Binsen bestreut, die zugleich als Stuhl, Tisch und Bett dienten. Für schlimmer eingestufte Häftlinge hielt das dem Papst unterstellte, mit der «integra libertas coenobii» begabte Haus ein tür- und fensterloses Loch bereit, das nur mittels einer Leiter betreten werden konnte, buchstäblich ein Grab für jene, die es bis zu ihrem Tod nicht mehr verlassen durften.

Auch Cluny, das berühmteste Reformzentrum, kannte neben einer sozusagen leichteren Haftart eine schwere, ein unterirdisches Verließ wieder ohne Türen und Fenster, lediglich durch eine Leiter von oben zu erreichen, so recht ein Ort, damit sich der Bestrafte, der für die Welt Tote, «stets an seinen elenden Zustand erinnere». Bei anderen Orden kamen als Sonderausstattung Schließböcke, Handschellen, Ketten dazu.

Noch heute eignen sich viele frühere Klöster insgesamt als Zuchthäuser, in Deutschland etwa Ebrach, Untermaßfeld, Celle u. a. In Italien ist zum Beispiel das Gefängnis in Casale Monferrato (Piemont), aus dem man im Februar 1975 Renato Curcio, einen Führer der «Roten Brigaden», in einem bewaffneten Handstreich holte, ein ehemaliges Kloster.[98]

GEGENPÄPSTE, GEGENBISCHÖFE UND KRIEG VON DEUTSCHLAND BIS ROM

Heinrich IV. konnte nach der Rückkehr aus Italien 1085 seine meisten deutschen Widersacher unterwerfen. Gegenkönig Hermann und Erzbischof Hartwig von Magdeburg flohen vor ihm zu den Dänen, drangen aber dann, von dem vertriebenen Würzburger Bischof Adelber «durch anhaltendes Bitten» überredet (Fries), bis Würzburg vor. Bei Pleichfeld, unweit der Stadt, kam es am 11. August 1086 zur Schlacht, von Heinrichs Gegnern, Sachsen und Schwaben, geradezu als Glaubenskampf ausgetragen. Erzbischof Hartwig weihte die zur Erde gestreckten Krieger mit feierlichem Gebet, ehe sie mit einem hohen, mit roter Fahne geschmückten Kreuz aufs Schlachtfeld zogen. Heinrich unterlag, verlor angeblich 2000 Mann, behielt aber gleichwohl auf Dauer die Oberhand.[99]

In Italien war inzwischen Gegenpapst Clemens III. aus dem von Hildebrands Genossen verwüsteten Rom nach Ravenna gezogen. Doch wurde der Exkommunizierte, Verfluchte dort und in Deutschland weithin anerkannt, zeitweilig auch in England, Ungarn, Kroatien. Erst ein Jahr nach Gregors Tod erhob dessen Anhang am 24. Mai 1086 in Rom unter dem Einfluß des Normannenfürsten Jordan von Capua den reichen, mit dem langobardischen Herzogshaus von Benevent verwandten Abt Desiderius von Monte Cassino – den Gregor (dies ist nicht ganz sicher) länger als ein Jahr aus der Kirche ausgeschlossen – als Viktor III. (1086–1087) zum neuen Papst. Freilich war die Inthronisation in der Peterskirche nur durch normannische Truppen ermöglicht worden, die plötzlich den Stadtteil bis zum Tiber samt St. Peter besetzt hatten.

Bereits wenige Tage später aber verließ Viktor III. fluchtähnlich das noch immer durch Krawalle beunruhigte, in zwei Lager gespaltene Rom, worauf sich, vom kaiserlichen Präfekten gerufen, Clemens III. einfand und im Vatikan residierte. Im nächsten Jahr allerdings, 1087, nahm Viktor mit den Normannen die Leoninische Stadt nebst St. Peter im Sturm, und während Clemens sich in einer anderen Kirche, dem festen Pantheon, verschanzte, wurde Viktor III. am 9. Mai in St. Peter geweiht; die Kirchen Roms, besonders die Petersbasilika, dienten in jenen Zeiten bekanntlich als Festungen, um die man so verbissen kämpfte wie um irgendeine Burg. Doch Roms Boden, noch großenteils von Clementinern besetzt, war Viktor offenbar zu heiß. Er verschwand nach einer Woche erneut, erschien jedoch wieder, diesmal mit Truppen Mathildens, und die Gräfin, seit Gregors Tod eher noch fanatischer kämpfend, eroberte das ganze rechte Tiberufer. St. Peter wurde nun bald von dem einen, bald vom andern Papst genommen und verloren. Man legte Feuer an die Kirche, sang die Messe darin bzw. im Vorhof, ehrfurchtsvoller Weise am

Fest Peter und Paul. Schließlich verzog sich Viktor III. zum drittenmal nach Monte Cassino, wo er überhaupt die längste Zeit seines Pontifikats verbracht, auch einst einen Traktat über die Mirakel des hl. Benedikt verfaßt hatte und am 16. September 1087 starb. Seine einzige außenpolitische Aktion: ein Krieg; ein siegreicher Feldzug im Sommer dieses Jahres gegen die Sarazenen in Nordafrika (Osttunesien), wohin er die Italiener mit der Kriegsfahne St. Peters und voller Sündenvergebung geschickt und danach einen Teil der Beute kassiert hat – achthundert Jahre später, 1887, seliggesprochen. (Festtag: 16. September.)[100]

Viktors Nachfolger war ein adliger Franzose, Odo von Châtillon, einstiger Mönch und Prior in Cluny. Von Gregor VII. zum Kardinalbischof von Ostia gemacht, dann am 12. März 1088 in Terracina durch etwa 40 gregorianische Prälaten als Urban II. (1088–1099) zum Papst gewählt und – eine außerordentliche Neuerung – auch dort geweiht. Odo, von Gregor auf dessen Sterbelager als möglicher Nachfolger (u. a.) genannt, hatte erst hinterhältig gegen Viktor III. konspiriert, dann ihn gefördert. Obwohl eingefleischter Gregorianer, obwohl sofort den Seinen in Deutschland erklärend, in allem denken und handeln zu wollen wie Gregor VII., war er von diesem grundverschieden. Nie mit dem Kopf durch die Wand gehend, sondern anpasserisch, diplomatisch-verschlagen, ein schlauer rastloser Intrigenspinner, der nicht, wie der hl. Gregor, Truppen hielt und selber Kriege führte, sondern der andere für sich kämpfen ließ – seliggesprochen 1881.

Fast das ganze Jahr 1088 saß Urban II. in Süditalien.

Erst im Spätherbst wagte er mit den Normannen den Zug nach Rom, konnte aber den Tiber nicht überschreiten. Während Clemens den größten Teil der Stadt beherrschte, ließ sich Urban bis tief ins nächste Jahr auf einer Flußinsel nieder, worauf unter obligatorischen Verfluchungen beider Päpste unentwegt Straßenkämpfe tobten, einmal der eine, einmal der andere Papst, einmal beide die Stadt verlassen mußten.[101]

In Deutschland nahm inzwischen der von Gregor VII. so geförderte Bürgerkrieg seinen Fortgang mit all den diversen Begleiterscheinungen, vom Elend im Gefolge der Waffen bis hin zu den

Gegenkönigen, Gegenherzögen und Doppelbesetzungen nicht weniger Bistümer, den Gegenbischöfen in Paderborn, Halberstadt, Magdeburg, Passau, Salzburg, Würzburg, Metz, Konstanz.

Betrachten wir, beispielsweise, einmal die Diözese Augsburg im späten 11. Jahrhundert.

Nach dem Tod des Ortsbischofs Embriko Ende Juli 1077 kam es zu einer Doppelwahl. Domklerus, Volk sowie der angeblich größere und bessere Teil der «hochstiftischen» Ministerialität wählten den Domkanoniker und Propst Wigolt. König Heinrich erhob seinen Günstling und Kapellan Siegfried (II.), den die Augsburger Bischofskataloge auch als rechtmäßig führen, obwohl er bis zu seinem Tod Heinrichs eifriger Parteigänger blieb. Andererseits machte sich Welf IV. für Wigolt stark, der an Ostern 1078 durch den aus Mainz vertriebenen Erzbischof Siegfried und durch Gegenkönig Rudolf in Goslar die Investitur erhielt; dabei bedrohte er den von Heinrich unkanonisch für Augsburg bestellten Siegfried mit dem Kirchenausschluß.

Nun entbrannte ein jahrelanger Kampf im Bistum: «Schauplatz heftiger militärischer Auseinandersetzungen» (Horn); «Plünderungen, Zerstörungen, Metzeleien» (Zoepfl). Bischof Wigolts Bundesgenosse Welf IV. äscherte 1080 Augsburgs Vorstädte samt Peterskirche auf dem Perlach ein. 1081 belagerte der neue Gegenkönig Hermann von Lützelburg drei Wochen lang die Stadt, verbrannte die Vorstädte, verbrannte und verwüstete umliegende Dörfer, ohne den offenbar von Bischof Siegfried selbst verteidigten Ort nehmen zu können – Bischof Wigolt suchte wohl meist in Füssen Schutz.

1083 gingen erneut viele schwäbische Dörfer und Kirchen in Rauch auf, Mord und Raub herrschten. Bischof Siegfried erstürmte die welfische Burg Siebnach a. d. Wertach, setzte sie in Flammen; viele Verteidiger kamen um. Welf und Bischof Wigolt suchten anfangs 1084 Augsburg heim, trieben Schandtaten in den sogenannten Gotteshäusern, brannten drei Kapellen auf dem Bischofshof ab, ebenso die bischöfliche Pfalz und andere Gebäude. Oberhirte Wigolt leerte den Dom. Er vergriff sich am Kirchenschmuck, an dem von Bischof Embriko unter Bannandrohung hinterlassenen Schatz, den er verteilte. Auch vergab er Domherrenhäuser nebst anderen Besitzungen an Spießgesellen seines Überfalls. Doch im Sommer führte König Heinrich Bischof Siegfried mit Heeresmacht dem Jubel seiner Diözesanen zu.

1085 wurde Siegfried vom Mainzer Gegenbischof Wezilo in Mainz geweiht, in Rom aber nicht anerkannt. Vielmehr zeigte Urban II. am 13. März 1088 Bischof Wigolt seine Papstwahl an. Grund genug, sich um Augsburg erneut zu schlagen. Bischof Wigolts Bundesgenossen überfielen in einer mondhellen Nacht des 12. April 1088 die Stadt, raubten, mordeten, ruinierten, rissen die Ringmauer ein und schleppten Bischof Siegfried vom Altar weg auf die welfische Festung Ravensburg, wo er erst nach zweijähriger harter Haft gegen eine stattliche Summe wieder freikam, während Bischof Wigolt bereits am Tag nach der Erstürmung, die «Hände noch voll von Blut und Unrecht» (Liber de unitate ecclesiae conservanda), am heiligen Gründonnerstag das heilige Öl weihte ...

Allerdings geschahen nun gleich reihenweise «Gottesgerichte», wunderbare Todesfälle. Die (Gegen)-Bischöfe starben wie die Fliegen: Wigolt am 11. Mai 1088; sein Nachfolger, der von den Welfischen sofort aufgestellte Werinher, sehr plötzlich noch auf dem Weg nach Augsburg; der nächste (Gegen-)Bischof, Ekkehard Graf von Nellenburg, Abt der Reichenau, mußte, gleichfalls schon im Anmarsch, erkrankt zurück und verschied am 24. November 1088 auf der Reichenau. Und als, weitere Querelen beiseite, 1094 Abt Eberhard von Kempten nach besagtem Bischofsstuhl trachtete, wollte Gott, daß auch er «plötzlich» verblich, so daß alle Kandidaten «jeweils eines plötzlichen Todes» starben (Horn). Und bald darauf, 1096, versammelte sich der zwar päpstlich nicht ermächtigte, im übrigen aber rechtmäßige Augsburger Bischof Siegfried ebenfalls zu seinen verewigten Rivalen.[102]

Im gleichen Jahr brach das Abendland zum ersten Kreuzzug auf.

Heinrich IV. hatte sich in Deutschland inzwischen weiter durchsetzen können. Einige seiner glühendsten Gegner waren so oder so aus dem Weg geräumt; vor allem in Sachsen, wo der Neffe des Kölner Erzbischofs Anno (S. 217 ff.), Bischof Burchard II. von Halberstadt, einer der führenden Köpfe des sächsischen Widerstandes, im April 1088 bei einem Aufruhr in Goslar grauenvoll getötet worden war, die Motive jedoch undeutlich bleiben. Und da auch Erzbischof Hartwig von Magdeburg, erst 1086 noch Besieger des Kaisers (S. 330 f.), mit ihm jetzt Frieden schloß, zeigten sich auch die Sachsen versöhnlich. Gegenkönig Hermann von Salm konnte sich nicht mehr halten und ging, vielleicht unter Verzicht auf die königliche Würde, nach Lothringen zurück, wo er schon Ende September 1088 umkam.

Allerdings verlor Heinrich in diesem Jahr auch einen beständigen Anhänger, den Bischof Benno II. von Osnabrück – einen perfekten Beutelschneider, nebenbei, der mit seinen berüchtigten Betrügereien, umfangreichen Fälschungen von Königsurkunden (im Zehntstreit mit der Reichsabtei Corvey und dem Frauenstift Herford, die beide bisher die Zehnten «seit der Karolingerzeit unbestritten besessen»: Vogtherr), auch ein in Worms 1077 tagendes Fürstengericht und den König selbst hinters Licht zu führen vermochte, so daß er den Kirchenzehnt aller Bewohner seiner Diözese bekam. (Nach dem Lexikon für Theologie und Kirche «kämpfte» der hochwürdige Herr bzw. versierte Gauner allerdings nur «um die Ausstattung seiner Bischofskirche«; von Fälschung kein Wort. Und natürlich auch nicht davon, daß er seine Bauern gern prügelte.)[103]

Ein weiterer Verlust, beträchtlich schwerer noch, traf Heinrich durch den Tod des Bischofs Burchard von Lausanne, eines unverbrüchlich getreuen Gefolgsmannes (legal mit einer Frau verheiratet, die sogar Bauten für das Bistum schuf).

Bischof Burchard, seit fast einem Jahrzehnt italienischer Kanzler, ein strammer Krieger auch, war als Träger der heiligen Lanze in einer Schlacht am Vorabend des hl. Weihnachtsfestes gefallen: ein Überraschungsschlag Ekberts II. von Braunschweig, seit dem Tod Ottos von Northeim der bedeutendste deutsche Gegner Heinrichs. Vor Ekberts mächtiger Burg Gleichen (südwestlich von Erfurt) stachen die wackeren Katholiken einander bis tief in die Nacht des 24. Dezember ab, wobei das kaiserliche Heer große Verluste an Toten (darunter zahlreiche Kleriker), Verwundeten und Gefangenen (darunter Erzbischof Liemar) hatte und Heinrich selbst sein Heil nur in schneller Flucht fand. – Zwei Jahre später, 1090, flüchtete freilich auch Graf Ekbert; und er fiel dabei anscheinend durch Leute der Äbtissin Adelheid von Quedlinburg, Heinrichs IV. Schwester, die sich für einen Raub- und Mordzug Ekberts vor zwei Jahren rächte, wie das so Brauch war unter hohen Christen.[104]

KAISER HEINRICH IV. IN DEN NETZEN PAPST URBANS II.

Über dem deutschen Herrscher brauten sich bald neue Schicksalsschläge zusammen, wobei offenkundig der schlaue Urban die Fäden wob. Kein anderer als er hatte schließlich 1089 die Ehe zwischen dem 17jährigen Welf V., dem Sohn des abgesetzten, papsthörigen, länderhungrigen Bayernherzogs Welf IV., und der vierundvierzigjährigen Mathilde von Tuszien zustande gebracht, also die süddeutschen und italienischen Kaiserfeinde miteinander vereint.

Doch es kam schlimmer noch.

Heinrich war im Frühjahr 1090 mit Kriegsvolk über den Brenner gezogen, und wie in Deutschland hatte er auch in Italien zunächst sozusagen erfolgreich operiert, hatte Städte wie Burgen seiner Gegner ausgehungert, erobert, verbrannt, wobei ihm vor allem angesehene Geistliche von diesseits wie jenseits der Alpen halfen. Mathilde von Tuszien aber sah sich derart geschwächt, wichtiger Plätze beraubt, daß sie mit dem schon ziemlich siegessicheren Kaiser verhandelte. Nur der Abt von Canossa, Johannes, soll ihre Kapitulation verhindert haben. Führte er angeblich doch aus, «daß ein Friedensschluß dem heiligen Geiste, Gott Vater und dem Sohne zuwider ginge, daß dagegen vom Himmel großer Sieg bei Fortsetzung des Kampfes werde gespendet werden». In Rom freilich eroberte die kaiserliche Partei die Engelsburg samt ganzer Stadt. Gegenpapst Clemens III. zog wieder einmal ein, und Urban II. floh für Jahre zu den Normannen. Fast schien es, als sollte er enden wie Gregor VII.[105]

Aber dann wandte sich das Blatt, die päpstlichen Ränke begannen sich auszuzahlen.

Heinrich wurde in Oberitalien immer mehr eingeengt, bis hinter die Etsch zurückgedrängt, und da man ihm auch die Pässe der Alpen verschloß, konnte er keinen Nachschub, keine Verstärkung mehr bekommen. Indes ringsum der Abfall wuchs, war er der Verzweiflung nahe und soll nur durch seine Umgebung vom Selbstmord abgehalten worden sein.

Während man so ihn samt seinen Papst isolierte, konnte Urban II. nach jahrelanger Zuflucht in Süditalien Ende 1093 wieder nach Rom zurück. Im November betrat er die schmutzige, mörderische, gespaltene Stadt, eine Stadt, die immer noch nicht viel mehr bot als «Szenen täglichen Straßenkampfes, die Tyranney roher Magnaten und das Elend eines bettelhaften Volks» (Gregorovius). Bloß durch Bestechung vermochte Urban den Lateran in Besitz zu nehmen. Keiner der Kardinäle und Bischöfe seiner Umgebung hatte allerdings genug Geld, keiner konnte oder wollte dem in Tränen aufgelösten Pontifex, dem ein gewisser, von Clemens III. zur Verteidigung des Laterans bestellter Ferrucius die Übergabe gegen Bezahlung angeboten, pekuniär beispringen. Da tat dies ein fremder Abt, Gottfried von Vendome. Er opferte, auch seinerseits weinend, alles, was er von seinem Kloster mitgeführt, Gold, Silber, Münzgeld, Maultiere, Pferde, und erkaufte so um Ostern 1094 Urban den Einzug in die Papstresidenz.[106]

Mittlerweile aber war Heinrichs Sohn Konrad, 1087 in Aachen zum deutschen König gekrönt, von ihm abgefallen, und viele Städte mit ihm, ganz gewiß ein Werk des Klerus. Der junge Prinz, stets von Geistlichen umgeben, umgarnt, hatte seine Jugend großenteils in Italien verbracht und sich zur Rebellion gegen den eigenen Vater bereden lassen. Er floh zur Gräfin Mathilde, die ihn dankbar empfing, weiter dem Vater abspenstig, ihn aufsässiger noch machte und gleichsam an Papst Urban vermittelte, der den

Vaterverräter lossprach und 1093 im Dom zu Mailand von Erzbischof Anselm zum König von Italien krönen ließ. Zwei Jahre später hielt Konrad dem Papst in Cremona den Steigbügel und leistete ihm einen Sicherheitseid, während Urban dem jungen Salier das Kaisertum beschaffen wollte, ihn auch noch fester an sich band durch die Verlobung mit der kleinen Tochter Rogers von Sizilien, einem der engsten päpstlichen Bundesgenossen.

Anfang 1094 traf den Kaiser ein neuer Schlag. Seine zweite Frau, die attraktive Tochter des russischen Großfürsten Vsevolod von Kiew, die er nach dem Tod ihres ersten Mannes, des Grafen Heinrich von Stade, 1089 geheiratet, hatte vielleicht Ehebruch mit Stiefsohn Konrad getrieben. Sie floh Anfang 1094 aus Verona zu Mathilde von Tuszien. Vom Klerus aufgestachelt, enthüllte sie so scham- wie hemmungslos die Geheimnisse ihres Schlafzimmers, die bereits 1094 eine Konstanzer Klerusversammlung beschäftigten und 1095 von ihr selbst auf Urbans II. Konzil in Piacenza zum besten gegeben wurden, angeblich «das Allerekelhafteste». Dem Kaiser sagte sie perverse Unzucht nach und erklärte, zweifellos fälschlich, er habe sie zum Ehebruch nötigen wollen. Nach diesem spektakulären Auftritt, der das ihr Zugedachte wohl erfüllte, soll sie kaum noch in Erscheinung getreten und Ende 1106 in einem Kiewer Kloster verschwunden sein.

Der Papst hatte Heinrich immer mehr umstellt, eingekreist, und es war klar, daß er mit dem jetzt von ihm propagierten Kreuzzug weitere Truppen vom Kaiser abziehen und unter seiner Fahne vereinigen werde.[107]

6. KAPITEL

DER ERSTE KREUZZUG (1096–1099)

«Überall reichten sich die abendländischen Nationen die Hände, um gemeinsam zu streiten für das, was sie einte. Im Heiligen Lande, in Ägypten, in Konstantinopel kämpften zusammen Franzosen, Italiener, Deutsche, Ungarn, Engländer und auch Skandinavier. Auf der Pyrenäenhalbinsel treffen wir sie wieder, um den Spaniern und Portugiesen zu Hilfe zu kommen. Im Osten einten sich die Deutschen mit den Westslawen und Ungarn. Der Papst war das weithin leuchtende Oberhaupt des Völkerbundes. Seine Organe, die päpstlichen Legaten, finden wir überall, im Innern des Abendlandes zur Beilegung von Zwist und Streit, als Diplomaten und Feldherren, in Ägypten, in Spanien, Skandinavien und an der baltischen Küste.» Gustav Schnürer[1]

«... angesichts dieser Betonung des sogenannten gerechten und heiligen Missionskrieges, den die heutige Forschung so gern ins Feld führt, muß man sagen, daß das völlig falsch ist, daß die Kreuzfahrer im Morgenland überhaupt keine Mission getrieben haben, sondern die Muslime entweder scharenweise totgeschlagen oder aber sich sehr bald mit ihnen politisch arrangiert haben. Kein Kreuzfahrer hat im Orient als Missionar gewirkt, vielmehr ist die Mission erst eine Folge, ein Produkt der Kreuzzüge gewesen, ein Versuch geistiger Überwindung und Niederringung des Islams, nachdem der militärische Kreuzzug mit einer völligen Niederlage der Christenheit geendet hatte.» Peter Kawerau[2]

«... wenn sie das heilige Gut genießen, halten sie in der Linken den Schild, in der Rechten den Speer und sinnen auf Mord.» Anna Komnene[3]

«Der Kreuzzug war also der Krieg des Papstes ... Der Papst schürte die Bereitschaft, predigte, warb, organisierte, privilegierte, finanzierte. Er mußte die Menschen bewegen, das Kreuz wirklich zu nehmen und den *Kreuzfahrereid* zu leisten. Dieser Eid ... war das wichtigste Bindeglied zwischen Papst und Kreuzfahrer. Es gab ihm letzten Endes immer die Möglichkeit, die Kreuzzüge in der Hand zu behalten ... Mit dem Kreuzfahrereid, einem geistlichen Akt, der aus der Tradition der Pilgereide entwickelt worden war, wurde der bewaffnete wie schon der unbewaffnete Pilger aus der säkularen Welt herausgehoben und in den geistlichen Stand auf Zeit versetzt. Auf diese Weise war der Kreuzfahrer im positiven wie im negativen Sinne der kirchlichen Jurisdiktion unterworfen. Der Eid konstituierte den Rechtstyp des Kreuzfahrers und des Kreuzzuges offenbar so entscheidend, daß die Kirchenjuristen die ganze Kreuzzugsangelegenheit überhaupt und folgerichtig unter der Rubrik ‹de voto (crucis)› abhandelten.»

Rainer Christoph Schwinges[4]

Die Kreuzzüge des Christentums, der faktisch kriegerischsten Religion, durchdauern schon zwei Jahrtausende. Denn im Grunde begannen sie – so genannt nach den meist roten Kreuzen der Teilnehmer – bereits in der Antike, als der Klerus plötzlich auf die Seite der Kaiser, Kriegshetzer und Kriegsführer sprang (I 247 ff., 292 ff., II 385 ff. u. a.); als das Papsttum sich allmählich zu einer imperialen Macht mauserte, die jahrhundertelang, Generation um Generation, psychologisch auf Krieg und Kriegsdienst trimmte, den Prediger des Friedens und der Feindesliebe, als wär's das Selbstverständlichste der Welt, zum Himmelskaiser umkostümierte, zum Schlachtengott, wie denn auch die römischen Bischöfe immer mehr zu Konkurrenten der Könige und Kaiser, nicht selten zu ihren Herrn geworden sind.

Im 7. Jahrhundert, in dem man mit den byzantinisch-arabischen Kriegen die «Vorkreuzzüge» manchmal anheben läßt, führte Kaiser Heraklius (610–641) einen Kreuzzug auch gegen die Perser, die 614 Jerusalem erobert, tagelang geplündert, gemordet, den Patriarchen Zacharias gefangen, an das «Heilige Grab» Feuer gelegt und die «Reliquien» entführt hatten. Als Heraklius schon seine Flucht nach Afrika erwog, trieb ihn Patriarch Sergios zum «Heiligen Krieg» und übergab ihm hierzu den Kirchenschatz. Der Kaiser startete 622 die Gegenoffensive, gewann Kleinasien zurück und in den nächsten Jahren Armenien und Kilikien. Nach einem neuen persischen Angriff vernichtete Heraklius 627 bei Ninive das gesamte sassanidische Heer, erbeutete bei der Erstürmung der Königspaläste in Dastgard ungeheuere Schätze an Gold, Silber, Teppichen etc. und zog am 30. März 630 triumphal in Jerusalem ein. Der Kreuzzug – so sagt ausdrücklich

Erzbischof Wilhelm von Tyrus im 12. Jahrhundert – des Heraklius war beendet.[5]

Zu den eigentlichen Kreuzzügen zählt man allerdings herkömmlicherweise erst die «bewaffneten Wallfahrten» des Hochmittelalters, bis zum Sechsten und Siebenten Kreuzzug Ludwigs des Heiligen, der auf seinem zweiten und letzten frommen Unterfangen 1270 einer Seuche erlag. Doch kommt es parallel dazu oder später zu weiteren kriegerischen Schritten dieser Art, sogenannten Volkskreuzzügen des 13. und 14. Jahrhunderts, zum Beispiel dem «spontanen» Kinderkreuzzug (1212). Es kommt zu den spätmittelalterlichen, besonders maritim geprägten Aktionen, wobei man etwa in einer Flottenallianz die Seeräuberei der Türken durch die «höhere Seeräuberei» der Christen bekriegt. Spätestens seit dem 12. Jahrhundert folgen dann Kreuzzüge außerhalb des Orients. Man attackierte nun nicht nur Mongolen und Russen, sondern auch politische Gegner des Papsttums, die süditalienischen Normannen, den Staufer Friedrich II., seine Nachfolger, in Italien ständig die Ghibellinen. Und man bekämpfte in ebenso blutigen wie heilsnotwendigen Waffengängen weitere Christen, die «Ketzer».[6]

Alle Glaubensunterrichtung gilt im Hochmittelalter vor allem dem Krieg für Christus. Der «heilige» Krieg ist die «nova religio», die Garantie für alles Gute, Große, Ewige. Christus, schon in den frühmittelalterlichen Hymnen als Kämpfer besungen, als Heerführer, wird nun der König, der Sieger überhaupt. Als höchster Kaiser und Herr herrscht er in seiner Himmelsburg und versammelt die für ihn Fechtenden in seinem Reich, um seine Tafel, seine Freuden – «wie die alten Recken in Walhall» (Heer). Wer streitet für Christus, für Jerusalem, sein «altes Erbeland», das Heilige Land, mit dem streiten die Engel, die Heiligen, er erträgt jederlei Drangsal, Verzweiflung, Hunger, Not und Tod. Mit offenen Augen und «blind» zugleich stürzt er ins Verderben, wird belohnt durch Christus, kommt, wenn er fällt, ohne Umweg an sein Herz, vom Schlachtfeld gleich ins Paradies. Hoher, höchster Nutzen also winkt, von Priestern tausendfach verbürgt. So fühlen diese Verführten sich gefeit gegen alles, wähnen, wie's auch geht, geht's gut. Und stürzen entsprechend ins Gefecht. Diese sozusagen narrensichere Kriegstheologie ist zwar, wie ausnahmslos alles im Christentum, nicht ganz originell, aber innerhalb desselben spezifisch römisch-katholisch. Denn die mittelalterlichen Kreuzzüge sind rein römisch-katholische Kriege, sind Großverbrechen des Papsttums. Viele seiner Vertreter führten oder forderten sie zumindest: Sergius IV. (gest. 1012), Gregor VII. (gest. 1085), Urban II. (gest. 1099), Innozenz III. (gest. 1216), Honorius III. (gest. 1227), Innozenz IV. (gest. 1254), Gregor X. (gest. 1276), Johann XXI. (gest. 1277), Nikolaus V. (gest. 1455), Pius II. (gest. 1464). Viele schreckten dabei nicht vor massiven Lügen zurück, kolportierten zur Steigerung der Kriegsbegierde auch merkwürdige Wunder an Kreuzrittergräbern. Und es waren gerade Kirchenreformer, welche die Idee des «heiligen» Krieges propagierten, waren besonders Reformpäpste, die ihre Herrschaft immer weiter auszudehnen suchten.

Bald gab es gottwohlgefällige Kreuzzüge nach allen Himmelsrichtungen. Im Süden, in Spanien, Portugal, galten sie den Mauren, in Sizilien den Sarazenen, im Orient erstrebte man (angeblich) das Grab Christi, ohnedies eine Fiktion, im Ostseeraum die Heidenbekehrung, bekämpfte man die Wenden, Esten, Liven, Finnen, Karelier und Prutzen. Und bald nannten die Päpste auch den Krieg gegen ihre christlichen Widersacher einen löblichen Kreuzzug, ob es nun mehr religiös oder mehr politisch orientierte Gegner waren, ob Katharer, Albigenser, Stedinger, Hussiten, ob Markward von Annweiler, der Reichstruchseß in Sizilien, ob der Stauferkaiser Friedrich II. oder König Peter III. von Aragon. Grotesk? Aber nein! Gerade die Verbindung von Glaube und Krieg versteht man häufig «als den innigsten Ausdruck des Mittelalters» (Schwinges).[7]

Kreuzzüge gab es freilich weit über das Mittelalter hinaus, im 16. Jahrhundert wiederholt gegen die Türken, gegen die noch im späten 17. Jahrhundert der kreuzkriegbesessene Innozenz XI. den abendländischen Widerstand mobilisierte. Und im Grunde durchdauerten die Kreuzzüge oder das, was man so deklarieren kann, unter anderen Namen und Zielen das ganze zweite Jahrtausend.

Als sie, infolge der Rückschläge, zunächst nach außen verebbten, führte man sie nach innen, gegen Christen, «Ketzer», «Rebellen» und schließlich gegen alle möglichen Feinde von «Ordnung» und «Recht», bis hin zu einem der scheußlichsten Religionsgemetzel aller Zeiten, dem der katholischen Kroaten gegen die serbischen Orthodoxen (1941–1943), bis zum großen Rußlandkrieg Hitlers und zum Krieg in Vietnam, Kriege, die der deutsche Feldbischof der Wehrmacht, der amerikanische Kardinal Spellman, der Freund Pius XII., oder Erzbischof Lucey aus Texas u. a. als Kreuzzüge, gottgewollte Unternehmen, eine schwere Verpflichtung ausgerechnet durch das Liebesgebot erklärten. Forderten doch auf dem Zweiten Vatikanischen Konzil nordamerikanische Bischöfe sogar den Abwurf der Atombombe auf Vietnam zur Verteidigung der katholischen Schule! Und noch in den siebziger Jahren des 20. Jahrhunderts kann Katholik Kühner schreiben: «Die Kreuzzugspsychose ist noch immer nicht geheilt, sie wühlt weiter ...»[8]

Kreuzzugsmotive

Die Welt der Kreuzzüge wurde in jüngerer Zeit wissenschaftlich verstärkt beachtet, doch alle Arbeit «außerhalb der Kirchengeschichte geleistet», das Bekenntnis Hans Kühners. Katholische Theologen schweigen gern dazu. Oder sie verklären die Massaker. Oder wälzen die Schuld auf andere – lauter sehr beliebte Apologetenverfahren.

Der Name «Kreuzzug» für Angriffskriege bewaffneter «Wallfahrer» kam erst im 12., 13. Jahrhundert auf. Aber «heilige» Kriege führte die Christenheit schon früher und begründete, rechtfertigte sie mit den kuriosen Ausführungen des hl. Augustin über den «gerechten Krieg» (I 514 ff!). Und bereits im 9. Jahrhundert, unter den Päpsten Leo IV. und Johann VIII., sichert man allen, die im Kampf für die Kirche gegen Moslems oder Normannen, bekanntlich gleichfalls Christen, fallen, das ewige Leben zu

(V 177 f., 265). Im 10. Jahrhundert macht der Klerus analoge Heilsverheißungen im ostfränkischen Reich für die Massakrierung der Slawen.

Als erster Papst hat Sergius IV. (1009–1012) – noch in unserer Zeit selbst von einem kritischen Katholiken als «friedlicher, karitativer Papst» gerühmt – freilich vergebens zu einem Orientkreuzzug aufgerufen. Der Kampf, schrieb er, gelte «den Feinden Gottes», es gehe «nicht um ein armseliges Königreich, sondern um den ewigen Gott». Ihn solle man verteidigen, um dadurch in den Himmel zu kommen (S. 105 ff.).[9]

Was führte zu den Kreuzzügen des Hochmittelalters, zu jenen katholischen Gewaltausbrüchen, die man als letzte Barbaren-Invasion und verfehlten Ansturm riesenhaften Ausmaßes ebenso bezeichnet hat wie als großartige Militärschläge des Papsttums, als das romantischste aller christlichen Abenteuer?

Es gibt dafür eine Reihe von einleuchtenden Gründen, und nichts wäre falscher als eine monokausale Erklärung, etwa gar die, diese blutrünstigen Aktionen seien nichts weiter gewesen als Glaubenskriege, Schwertmissionen, eine Art meist tödlicher Bußübung um Gottes und der Seele willen.

Vergegenwärtigen wir uns kurz die allgemeine politische und gesellschaftliche Situation.

Das Papsttum war im ausgehenden Frühmittelalter in seinen ersten, noch schwer absehbaren Großkampf mit dem Reich verwickelt. Und dies hatte in Europa ein unbeschreibliches Elend bewirkt. Doch nicht nur Krone und Tiara, auch Päpste selber rangen miteinander, ebenso Bischöfe, Äbte, im weltlichen Adel grassierten Fehden, führte man doch viel häufiger Bruder- und Bürgerkriege als Kriege gegen die Heiden. Kurz, das Abendland glich weithin einem Schlachtfeld, auf dem sich vor allem die Christen selbst zerfleischten, ganz Europa war, wie vor vielen seiner großen Gemetzel, ein einziger Krisen- und Katastrophenherd: Blutvergießen, Bauernrebellionen, Epidemien, Hungersnöte – Hunger war fast eine Dauererscheinung. Ganz Europa drohte, von den Historikern der Kreuzzüge, betont Friedrich Heer, bis heute viel zuwenig beachtet, «in einer Fülle schwerster Konflikte in sich selbst zusammenzubrechen». Nicht zuletzt in Urbans II. engerer Heimat metzelte der christliche Adel – räuberisch, blutgierig, kriegswütig, wie ihn die Chronisten nennen – in unaufhörlichen Fehden sich und seine Untertanen seit der Merowingerzeit.[10]

Also war, wie meist in solchen Fällen, Krieg die ultima ratio der Politik. Jetzt sollten sich die christlichen Ritter nicht mehr gegenseitig massakrieren, sondern ihr Schwert in den Dienst der Kirche stellen. Gerechte Kriege, meint Guibert, der schon als Zwölfjähriger ins Kloster gesteckte spätere Abt von Nogent (gest. um 1125), Kriege für das Gemeinwohl, gegen die Heiden, zum Schutz der Kirche, habe es auch früher gegeben. Doch da diese fromme Absicht allenthalben nachlasse, die Habsucht die Herzen beherrsche, «hat Gott (!) in unserer Zeit die heiligen Kriege eingesetzt, damit der Ritterstand und das unbeständige Volk, die nach heidnischer Art gegenseitig ihr Blut vergossen, einen neuen Weg hätten, das Heil zu gewinnen. Sie brauchen nicht das Mönchsleben zu wählen . . ., sondern können in gewohnter Freiheit und Laienkleidung durch ihren eigenen Beruf Gottes Gnade erlangen.»

In diesem Sinn plädieren auch andere geistliche Zeitgenossen; rügt etwa Abt Robert von Saint-Remi de Reims, selbst Kreuzzugsteilnehmer, die Ritter: «Ihr beißt euch und streitet miteinander, führt Krieg und tötet euch durch gegenseitige Wunden. Lasset also den Haß aufhören unter euch, den Streit schweigen, die Waffen ruhen . . . Ziehet zum heiligen Grab!» Ähnlich meint Balderich, der Bischof von Dol-de-Bretagne (gest. 1130), der die adligen Bedrücker der Waisen und Witwen Mörder schimpft, Tempelschänder, Rechtsbrecher, Leute, die ihren Räuberlohn suchen für vergossenes Christenblut: «Wollt ihr eure Seelen retten, so legt entweder das Kriegshandwerk nieder oder geht als Christi milites kühn voran und eilet zur Verteidigung der orientalischen Kirche.»[11]

Der Hochadel, Könige, Herzöge, Grafen, begehrt mittels Annexionen im Orient natürlich eine Erweiterung seiner Macht, die Vergrößerung seines Besitzes und seiner Einnahmen – «êre unde guot». Darum ging es ihm vermutlich mehr als um das Grab Christi. Und höchstwahrscheinlich wußte man, daß es sich beim Papst nicht anders verhielt. Auch die kleinen Feudalherren, die Ritter, suchten im Osten Land und leibeigene Bauern, zumal zu Hause infolge der Einzelerbfolge, der Übergabe des Feudums an den ältesten Sohn, die zweiten, dritten, vierten Söhne kein Land bekamen und oft als Raubritter (ein irrer Pleonasmus freilich!) ihr Leben fristeten. Die Rodung noch freier Waldgebiete war langwierig und hart, ein Teil der Ritterschaft auch stark verschuldet und interessiert daran, den Gläubigern zu entkommen. Viele mußten, um sich ausrüsten zu können, ihren Besitz schnell verschachern, «wovon meistens die Kirche profitierte, denn Klöster und Bistümer streckten das Geld vor» (Oldenbourg).

Weiter gab es wichtige wirtschaftliche Motive, spielten handelspolitische Gründe für die Kreuzzüge eine nicht zu unterschätzende Rolle. Bereits 1087 nahmen die Pisaner, unterstützt von der Kirche und begleitet von dem Bischof von Modena (samt dem noch rechtzeitig zur Schlacht erscheinenden Erzengel Gabriel und dem hl. Petrus) das islamische Mehdia ein. Sie stachen die «Priester Mohammeds» ab, plünderten die Moschee, und nicht wenig von all dem geraubten Gold, Marmor, Purpur zierte die bald darauf erbaute Kathedrale von Pisa.

Heiliges und Handel harmonierten gut, wie noch heute; wobei es damals vor allem um die Erschließung alter, von Seldschuken und Fatimiden blockierter Kaufmannswege besonders durch Genua, Pisa, Venedig ging. Sie suchten auch die Vorherrschaft byzantinischer Händler im östlichen Mittelmeer zu brechen, suchten an seinen Küsten Faktoreien zu gründen, was gleichfalls nur gewaltsam möglich war, und witterten große Gewinne. Deshalb beteiligten sich italienische Städte an diesen «heiligen» Kriegen, beförderten sie Kreuzfahrerheere übers Meer, lieferten Nachschub an Waffen und Proviant. Truppen- und Versorgungstransporte wurden zu frommen Pilgerfahrten. Militärisches, Kommerzielles und Religiöses hing eben wie fast immer eng zusammen.[12]

Aber zum erstenmal seit Bestehen des christlichen Abendlands kämpfte jetzt nicht nur die feudale Welt, zum erstenmal zogen fast alle Bevölkerungsschichten in den Krieg, strömte auch die Masse der Bauern bewaffnet fort, worüber die Apologeten (beinah) bis heute frohlocken. Indes sind die Gründe für das Aktivieren der Armen und Ärmsten blamabel genug. Wurde doch die große Mehrheit der Landarbeiter mit wachsender christ-katholischer Macht im 11. Jahrhundert leibeigen und Objekt verstärkter Ausbeutung, wurde ihr Land doch immer mehr geraubt oder durch Fehden und Jagden verheert. Sie entflohen deshalb häufig weltlichen wie geistlichen Herren, zogen in die Städte oder eben den Orient, kam ja hinzu, daß in Europa seit langem Mißernten, Hungersnöte, Epidemien sich mehrten. Allein zwischen 970 und 1040 zählte man 48 Hungerjahre. Auch 1094 gab es eine Hungersnot und Unruhen. Und gerade die Zeit unmittelbar vor Beginn des Ersten Kreuzzuges war, besonders in Frankreich, dessen Bevölkerung, wie die einiger Nachbarländer, stark zugenommen, aber nur kärgliche Bodenerträge hatte, ununterbrochen vom Elend der Massen, der Verschuldeten, Enterbten, Ausgestoßenen gezeichnet. Und diese folgten um so leichter den Verlokkungen der geistlichen Verführer, als sie nun auch gegen den Willen ihrer Herren wegziehen konnten.[13]

Doch während es der Oberschicht vorwiegend oder ausschließlich um Expansion, Machtvermehrung, Fürstentümer, Hafenstädte, Marktstützpunkte, Geld geht, wobei selbstverständlich die alte Freude all dieser Christenmenschen am Erobern, Unterwerfen, Rauben, Töten mitspielt, hoffen die Massen zwar schon ihre ohnehin miserable materielle Situation zu verbessern, gehen aber, wenn es denn sein muß, und es mußte doch, auch für bloße Parolen, für Phrasen jeder Provenienz zugrunde, sozusagen frohgemut, mit Hingebung noch, mit einer primitiven Aberglauben-Frömmigkeit. Denn die kleinen Kreuzzügler im Mittelalter, die «milites Christi», können kaum Land, Gut, Ehre erwarten, da ja all dies schon ihren Führern und Verführern vorbehalten ist. Dafür freilich blüht ihnen – und natürlich auch den andren – der «ewigen saelde heil», «die liechte Himmelskrone», wie sie in Kreuzliedern singen; wobei sie selbst, bezeichnenderweise, nie von Kreuzzug sprechen oder gar Krieg, sondern nur von der «Reise», «Pilgerfahrt», «Jerusalemfahrt», dem Zug ins «erbelant» Christi, der «Überfahrt ins Himmelreich». (In weit fortgeschritteneren Zeiten und Kreuzzügen stirbt die Masse dann etwa für den «Kaiservater» oder für «Führer, Volk und Vaterland» – und auch dahinter stehen wieder eng die Kirchen.)

Ein Hauptmotiv aber für die Kreuzzüge, zumindest nach außen hin, war der von den Priestern geschürte, von ihrer Machtgier entfachte Glaubensfanatismus. Als Glaubenskriege wurden die Kreuzzüge begonnen. Die Moslems sollten zum Christentum bekehrt und im Osten neue, vom Papsttum beherrschte Besitztümer geschaffen werden. Dabei wirkte sich zweifellos auch das leuchtende Beispiel der Glaubenskriege in Spanien aus, die dort schon zum Alltag gehörten. Als Kaiser Alexios I. von Byzanz von Urban II. Hilfe gegen die Türken erbat, die weite Gebiete Kleinasiens eroberten, weitete Urban die Sache gleich zu einem Kreuzzug gegen die «Ungläubigen» aus, was immer man darunter verstanden haben mag; war man in Rom – in gewisser Hinsicht! – ja immer unionistisch, «ökumenisch» gesinnt, war seit der Kirchentrennung auch die byzanzfeindliche Stimmung stetig gewachsen. Und angesichts der Schwäche des christlichen Ostreiches suchte man es allmählich durch Kreuzzüge zu gewinnen und dem Papsttum zu unterjochen.[14]

In Konstantinopel vermuteten Kaiser und Priester von Anfang an, daß die Kreuzzüge nur das byzantinische Reich zerstören, die orthodoxe Kirche Rom unterwerfen sollten, weshalb man die «angeblichen Christen» des Westens für gefährlicher als die Muslime hielt, was insgesamt gesehen gar nicht falsch war. In Wirklichkeit jedoch rief Urban II. der Menge genau das Gegenteil zu: «... werdet Ritter Christi und eilt herbei zum Schutz der morgenländischen Kirche, welche die Milch des göttlichen Wortes in euern Mund träufelt.»

Auf dem Konzil von Piacenza im März 1095 hatte eine Delegation des byzantinischen Kaisers Alexios Komnenos I. Truppenunterstützung vom Abendland erbeten, angeblich zum Schutz der

Christen, tatsächlich zur Rückeroberung des von Seldschuken besetzten Anatolien. Wirklich gewann der Begründer der Dynastie der Komnenen – bevor sein Verhältnis zu den lateinischen Kreuzfahrern in Feindschaft umschlug – durch den Ersten Kreuzzug einige kleinasiatische Gebiete zurück. Der durchaus hilfsbereite Papst aber dachte dabei an die «Heimholung» der seit 1054 von Rom getrennten Ostkirche, stellte seinerseits freilich auf der Kirchenversammlung von Clermont-Ferrand die vermeintliche Christenverfolgung im Orient kräftig heraus. «Man kann sagen, daß von diesem Augenblick an der Kreuzzug zum Leitgedanken der päpstlichen Außenpolitik wurde und dies mindestens bis zum Ende des Mittelalters auch blieb» (Aziz S. Atiya).[15]

«Die Hunde sind ins Heiligtum gekommen ...» Papstagitation auf dem Konzil von Clermont

Auf dem großen Konzil von Clermont-Ferrand (18.–28. November 1095), in den Quellen gewöhnlich «generale concilium» genannt, beeilte sich der Papst, wie Wilhelm von Tyrus berichtet, «der sinkenden Kirche aufzuhelfen ... und den Frieden, der aus der Welt verschwunden war, wiederherzustellen» – natürlich durch einen Krieg; wobei er sogar die Räuber aufforderte, Soldaten Christi zu werden.

Der Heilige Vater hielt seine berühmte Predigt, «die folgenschwerste Rede der mittelalterlichen Geschichte» (Will Durant), von der es vier Berichte gibt, am 27. November, am Tag vor der Schlußsitzung, vor rund 180 offiziellen Konzilteilnehmern zuallermeist aus Frankreich sowie – weshalb man ausnahmsweise im Freien tagte – vor einer großen Menschenmenge. Die «Heilige Stadt», die «Wiege unseres Heils», so rief der «höchst beredte» Pontifex, sei wegen der Sünden ihrer Bewohner in die Hände der Ungläubigen gefallen. «Das gottlose Volk der Sarazenen drückt die heiligen Orte, die von den Füßen des Herrn betreten worden sind ... Die Hunde sind ins Heiligtum gekommen ... die Stadt

Gottes muß Tribut zahlen. Will einem nicht die Seele darüber zergehen, will einem nicht darüber das Herz zerfließen? Liebe Brüder, wer kann das mit trockenem Auge anhören? Der Tempel des Herrn ... ist nun Sitz des Teufels geworden ... Die ehrwürdigen Orte sind in Schafkrippen und Viehställe verwandelt. Dem preiswürdigen Volke werden die Söhne entrissen ... und wenn sie sich den gottlosen Befehlen widersetzen, so werden sie wie das Vieh hingeschlachtet, Genossen der heiligen Märtyrer. Den Tempelschändern gilt jeder Ort, jede Person gleichviel; sie morden die Priester im Heiligtum.» Und nachdem Heiligkeit wiederholt in Weheschreie ausgebrochen, kommt sie endlich zum frommen Tun, zur friedenstiftenden Maßnahme. «Bewaffnet euch mit dem Eifer Gottes, liebe Brüder, gürtet eure Schwerter an eure Seiten, rüstet euch und seid Söhne des Gewaltigen! Besser ist es, im Kampf zu sterben ...» etc. etc. Und dafür gibt es dann in diesem Leben Schuldenaufschub, reiche Beute, im folgenden Vergebung der Sünden und unaufhörliche Paradiesesfreude.

Nach solcher Rede, schreibt Wilhelm von Tyrus, «trennte sich der Mann von dem Weibe und das Weib von dem Manne, der Vater vom Sohne, der Sohn vom Vater», um nach dem Gebot des Herrn Papstes nun auf ihren Kleidern «das segensreiche Zeichen des lebendigmachenden Kreuzes» zu tragen.[16]

Ausgerechnet «lebendig» machen die Todesprediger! Die Gottesgeißeln! Die Massenmörder in aller Seelenruhe – stets generös im Verheißen von Himmelsgenüssen, in Versprechungen, die sie nie einzulösen brauchten.

Mit den irdischen Gütern verhielt sich das etwas anders. Gewiß, die Kreuzritter und wer immer da auszog, sie konnten in jenem fernen Land auch solche Glücksgüter gewinnen. Aber zunächst sollten sie auf ihrer «Pilgerfahrt» – passagium generale genannt (im Unterschied zur Wallfahrt des einzelnen, passagium parvum) – erst einmal büßen für ihr böses Leben, für Totschlag und Raub. Und dies taten sie, indem sie wieder totschlugen und wieder raubten, nur eben jetzt in der rechten Weise, mit päpstlicher Billigung, ja, mit Ewiger-Lebens-Versicherung, kamen sie selbst beim Totschlagen um. «Das garantiere ich allen, die sich aufmachen, durch die Macht Gottes, deren Vertreter ich bin», rief Urban in seiner Rede. Und ähnlich beteuerte er doch auch in seinem Aufruf für Tarragona katalonischen Grafen und Rittern: «Wer auf diesem Feldzug aus Liebe zu Gott und seinen Brüdern fällt, der zweifle nicht, daß er den Erlaß seiner Sünden und das ewige Leben nach Gottes gnädigem Erbarmen finden wird.»

Neu war auch das nicht. Derartiges kannte man längst; zum Beispiel im Islam, der dem Glaubenskämpfer nach dem Tod den sofortigen Eintritt ins Paradies, in ein sehr sinnlich geschildertes Paradies, verbriefte. So heißt es im Koran, der das irdische Leben als einen «trügerischen Nießbrauch» abtut: «Haltet diejenigen, die für die Sache Gottes getötet worden sind, nicht für tot; vielmehr sie leben bei ihrem Herrn, versorgt und voll Freude darüber, was Gott ihnen von seiner Gnade gewährt hat ...» Schon dem islamischen Blutzeugen wird so himmlischer Lohn verbürgt; beim ersten Blutstrom, der den Körper des «Märtyrers» verläßt, sind diesem seine Sünden vergeben, er ist sicher vor der Grabesstrafe und sieht seinen Platz im Jenseits vor sich.[17]

Die Kirche hat die Kreuzfahrer mit Vergünstigungen förmlich überschüttet, mit solchen, die ihr sehr billig zu stehen kamen, den Beschenkten aber häufig sehr teuer. Zu den wichtigsten dieser Danaergeschenke gehört der Sündenablaß, und zwar ein gänzlicher, «vollkommener», wie ihn bereits Urban II. in Clermont verkündete («pro omni poenitentia»); gehören weiter Befreiung von Steuern, von ordentlichen Gerichten, Schutz gegen Verfolgung wegen Schulden vor dem Kreuzzug, automatische Exkommunikation aller, die den Kreuzfahrer selbst oder sein Eigentum antasteten u. a. «Der Kreuzfahrer wurde sozusagen in die familia des Papstes aufgenommen» (Ullmann); in die familia der Todgeweihten. Ave, Caesar ...

Gelegentlich gaben die Päpste Kreuzzugsablässe auch den Frauen der Kreuzfahrer, den Kreuzpredigern, sogar den Zuhörern der Kreuzpredigten. Bezeichnenderweise ist der Ablaß (absolutio, condonatio, relexatio, remissio, venia) erst eine Erfindung des Hochmittelalters, «eine echte dogmengeschichtliche Neubildung», «eine schöpferische Antwort auf eine neuartige

Konstellation» (Lexikon für Theologie und Kirche). Wurden doch die Ablässe erstmals im 11. Jahrhundert von südfranzösischen und nordspanischen Bischöfen, die ersten vollkommenen Ablässe von den Päpsten Alexander II. (1063) und Urban II. (1095) gewährt, und diese bewilligten den vollkommenen Ablaß eben generös den Kreuzzugsteilnehmern. Wer, beiläufig, eine Definition des Ablasses begehrt, wer theologische Eingebungen, wahrhaft hirnrissige Kombinationen und Konfusionen nicht scheut, möge, will er ganz schlau werden (je länger die Erklärung, desto lichter wird es im Kopf), in einschlägige Lexika sehen.[18]

Ab und zu bekamen auch die Sammler der Kreuzzugsgelder Kreuzzugsablässe. Nicht mehr als recht und billig. Denn die Einnahmen der Kirche wuchsen, je mehr Blut floß. Ja, so nahezu unbegrenzt das militärische Fiasko der «Wallfahrer» allmählich war – für das Papsttum wurden die das nächste, das übernächste Jahrhundert erfüllenden Metzeleien ein riesiger finanzieller Erfolg: durch freiwillige, besonders von Mönchen gesammelte Spenden; durch sogenannte Kreuzablässe, einen der einträglichsten Titel im kurialen Finanzhaushalt, Geldzahlungen, die von der Teilnahme am Kreuzzug befreiten, aber gleichzeitig dem zu Hause Bleibenden dieselben elysischen Wonnen garantierten wie dem Kämpfer. Erfolgreicher noch rollte gleichsam der Rubel durch Zwangssteuern im gesamten Abendland, die man sehr oft betrügerisch für ganz andere Zwecke verpulverte und auch dann noch kassierte, als es gar keine eigentlichen Kreuzzüge mehr gab.

Doch was tat man nicht alles für sein Seelenheil! Und die Kirche kam dem entgegen. Es war ja so einfach: man zahlte – wenn man Geld hatte –, und das Geldzahlen oder, wie man schließlich spottete, das «Geld-Evangelium» sicherte einem die schönsten Plätze «drüben», die herrlichsten göttlichen Gnaden, wobei man die Ablaßvergünstigungen auch auf die Verstorbenen ausdehnen konnte, wenn man wieder zahlte, versteht sich. Ja, alles konnte man haben, konnte das Fegfeuer, die Hölle austrixen, den Teufel überlisten, schlechthin alles ließ sich kaufen: remissio peccatorum, vita aeterna, salus perpetua ..., die Sache wurde «zum einträglichsten aller Handelsgeschäfte», wurde «ein Rechtsanspruch auf das Himmelreich – das war das Ziel aller Kreuzfahrer, das ihnen die Kirche in Aussicht stellte» (Kawerau).[19]

Im Zentrum der gewaltigen Aufputschrede Urbans II. steht die Behauptung von der Unterdrückung der christlichen Kirche im Osten. Tatsächlich aber hatten sich die Christen im Orient nicht zu beklagen. Sie zahlten weit weniger Steuern als unter den Statthaltern von Byzanz. Sie genossen Kultfreiheit, wurden nicht verfolgt – und als später die Kreuzfahrer kamen, lebten die Christen unter den Türken meist lieber als unter den Franken. Bis zu Kaiser Alexios I. riefen sie auch nie den Westen um Hilfe, wie die Kreuzprediger seit 1095 ständig behaupteten. Zwar ließ der wahnsinnige Fatimidenkalif al-Hakim von Ägypten, der selbst seinen eigenen Glaubensgenossen nachstellte, übrigens Sohn einer Christin war, 1009 auch die Grabeskirche in Jerusalem zerstören. Aber sein Sohn, Kalif al-Tahir, was man freilich verschwieg, baute sie wieder auf! Und wenn Räuberbanden westliche Pilgerzüge behelligten, was selten vorkam, so geschah es doch auch, daß gerade islamisches Militär überfallenen Wallfahren zu Hilfe eilte!

Auch in anderer Hinsicht nahm es der Papst mit der Wahrheit nicht genau. Zum Beispiel antizipierte er das Nazi-Schlagwort vom Volk ohne Raum, hier allerdings auf die Franzosen bezogen: «Das Land, das ihr bewohnt, von allen Seiten durch Meere und Berge eingeschlossen, beengt die allzu zahlreiche Bevölkerung.» Gewiß, diese Bevölkerung hatte zugenommen, andererseits damals Frankreich aber kaum 15 Millionen Einwohner. Doch kannte der Papst, selber Franzose und auch französisch (nicht lateinisch) zu den Massen sprechend, das wirtschaftliche Elend des Volkes, die Beunruhigung der Reichen durch andauernde Diebstähle und Brandstiftungen, und pries Palästina als ein Land, wo Milch und Honig nur so strömten. Und zum Lockmittel irdischen Lohnes kam eben das des himmlischen, des köstlichsten stets und billigsten.[20]

War es Urban ja nur erwünscht, wenn die Aufmerksamkeit vom eigenen Hader, von der eigenen Misere abgelenkt, wenn das Blutvergießen unter den Christen zugunsten eines noch größeren, lukrativeren eingedämmt, möglichst ganz beendet wurde. Darum rief er seinerzeit auch den Rittern zu: «Ihr, die ihr Witwen und Waisen beraubt, die Unschuldigen unterdrückt, die Kirchen mit Waffengetümmel erfüllt und entehrt und des Rittertums Gürtel nur tragt als ein Zeichen, daß ihr gewohnt seid, nicht die Kirche und ihre Diener, wie ihr gelobt, zu schützen, sondern des Erlösers Schafstall zu verwüsten, euch einander selbst zu zerfleischen ...»

Wer Privatfehden gegen Gläubige führte, befahl der Papst, soll nun Ungläubige schlagen, wer Räuber war, Soldat werden. Dabei erließ er eine besondere Verfügung zum Schutz des Kreuzfahrer-Gutes, auch einen Kanon über den «Kreuzzugsablaß» und verkündete erneut die «Treuga Dei», den «Gottesfrieden», der von Mittwochabend bis Montagmorgen jeder Woche die Verletzung des Friedens unter Christen bei Strafe des Kirchenbannes verbot. Friede den Christen, Krieg den andern! So und nur so verstand die militante Kirche seit Konstantin im Grunde stets ihr Evangelium («... und Friede den Menschen auf Erden, die guten Willens sind» – wer guten Willens war, bestimmte sie: vgl. S. 301).

«Mögen diejenigen, die einst gegen Brüder und Verwandte Fehde geführt haben, jetzt den Kampf gegen die Ungläubigen aufnehmen, wie es sich gebührt», rief der Papst und drängte zum alsbaldigen Aufbruch, nicht versäumend, Gott «Führer» zu nennen, «nicht ich, *sondern der Herr bittet und ermahnt ..., es ist Christus, der befiehlt*» (vgl. S. 275). Am nächsten Himmelfahrtstag sollte die Sache beginnen – und ein Himmelfahrtsunternehmen für viele wurde es auch.

Urbans eigentliches Kriegsziel war die «Befreiung» der gesamten orientalischen Kirche. Dafür warb er Truppen. Er schützte aber mehr seine Sorge um die Pilger – die bisher nicht bewaffnet sein durften, was erstmals er völlig preisgab –, um das «heilige Grab», um Jerusalem vor.[21]

Jerusalem.

Vor fast viertausend Jahren schon erwähnt, von David erobert, von Nebukadnezar, von Titus zerstört, wurde die Stadt unter christlicher Herrschaft (330–638) zu einem wahren Wallfahrtsmagneten mit einem buchstäblich schwindelhaften Arsenal von

Reliquien, nicht zuletzt «Christus-Reliquien»: von der Geißelsäule mit zahlreichen jesuanischen Gesichts- und Körperabdrücken über Dornenkrone und Abendmahlskelch bis zu den am Ölberg bei der Himmelfahrt hinterlassenen göttlichen Fußspuren – alles authentisch (III 279 ff!, 289 ff!).

Doch leider fielen diese und tausend andere heilige Schätze dem Araber-Sturm zum Opfer, geriet Jerusalem 638 in die Hand des Kalifen Omar, Mohammeds zweitem Nachfolger und Schwager. Der «Befehlshaber der Gläubigen» übte indes ein mildes Regiment, ließ auch die Juden, während der Christenherrschaft aus Jerusalem verbannt, wieder zurückkehren. Und noch zu Beginn des 11. Jahrhunderts genossen Juden wie Christen den Schützlingsstatus (*d*imma), den das islamische Recht monotheistischen Religionsanhängern gewährt, ja, sie konnten zu hohen Hof- und Verwaltungsstellen aufsteigen. Nur unter dem Kalifen al-Hakim kam es seit 1008/09 zu Repressionen, zu Konfiskationen von Kirchengut, zur Enteignung und teilweisen Zerstörung mehrerer christlicher Gotteshäuser und Klöster, darunter die Grabeskirche; Maßnahmen, die allerdings bald wieder annulliert worden sind.

Der Papst aber propagierte die Rückeroberung Jerusalems.

CHRISTLICHE KRIEGSHETZE

Jerusalem hatte jedoch niemals der westlichen Christenheit gehört! Und seit in jenem winterlichen Februar 638 Kalif Omar auf einem weißen Kamel in die Stadt einritt, ist sie auch dem Islam heilig, die dortige Felsenmoschee eines seiner großen Heiligtümer. Gleichwohl sprechen auch spätere Päpste, Kreuzzugsprediger und Chronisten immer wieder vom Heiligen Land als dem «Erbgut» des Herrn, das es wiederzugewinnen oder auch zu verteidigen gelte.

Weiter behauptete der Papst, die abendländischen Pilger würden am Besuch der «heiligen» Stätten gehindert. In Wirklichkeit ist dies durch den islamischen Staat nie geschehen. Denn selbstverständlich konnten westliche Christen nach Jerusalem wallfahrten, sogar im 7. Jahrhundert. Drei Jahrzehnte nachdem die Araber 637 Jerusalem erobert hatten, fährt Bischof Arculf von Périgueux nach Palästina und verbringt fast ein Jahr und neun Monate in der Stadt. Dann läßt dort Karl «der Große» Pilgerherbergen errichten, studieren westeuropäische Wallfahrer die Bibliothek der Marienkirche. Auch ein Hospital für Pilger entstand in Jerusalem. Christliche Mönchsklöster konnten gebaut, enorme Schenkungen überwiesen werden.

Im Jahr 869 schreibt der Patriarch von Jerusalem, Theodosius, dem Patriarchen Ignatius von Konstantinopel, die Sarazenen seien gerecht und belästigten die Christen in keiner Weise. Im 10. Jahrhundert reist Bischof Konrad von Konstanz dreimal, Bischof Johannes von Parma sechsmal nach Jerusalem. Wie überhaupt der westliche Pilgerstrom dorthin nie vollständig abriß, gerade im 11. Jahrhundert in die Heilige Stadt wahre Massenpilgerungen begannen unter Führung von Bischöfen, Äbten, weltlichen Fürsten aus Deutschland, Frankreich, England. Noch 1064 wallfahrteten – damals vielbeachtet – Erzbischof Siegfried I. von Mainz und die Bischöfe Gunther von Bamberg und Adelber von Würzburg in den Orient.[22]

Zwar waren die Christen in Jerusalem nur Bürger zweiter Klasse, sozial und politisch degradiert, zu pünktlichem Tribut verpflichtet. Sie durften keine neuen Kirchen bauen, niemand am Übertritt hindern, nicht gleiche Tracht und Frisur wie die Muslime tragen. Aber sie genossen (eine gewisse) Kultusfreiheit. Und vor allem: sie lebten in Frieden. Die koptische Kirche in Ägypten regenerierte sich geradezu unter dem Islam, die Monophysiten in Armenien wurden durch ihn gegen die verhaßten Griechisch-Orthodoxen geschützt, die syrischen Jakobiten sollen nun zeitweise über hundert Bischofssitze verfügt, syrische Christen seit langem hohe Ehrenstellen bei muslimischen Fürsten eingenommen haben. Der Nestorianismus vollendete seine Blüte und missionierte höchst erfolgreich bis Ägypten, Indien und Ostchina.[23]

Die byzantinischen Kaiser dagegen hatten die christlichen Dissidenten, die nestorianische, jakobitische, koptische Kirche als «Ketzer» jahrhundertelang gedemütigt und heftig verfolgt. Unter den Arabern aber genossen diese Christen, ebenso die Juden, religiöse Duldung. Und sie mußten den Mohammedanern, die deshalb nicht um ihre Weltherrschaft bangten, auch geringere Steuern zahlen als den Byzantinern. Nur selten wurde die Koexistenz beeinträchtigt, kam es zu Belästigungen. Vielmehr blühte der Handel mit überseeischen christlichen Ländern, herrschte Wohlstand weiter in Jerusalem gerade durch den Besuch westlicher Pilger.[24]

Der Islam kannte zwar aus dem Koran den «Dschihad», den «heiligen Krieg», praktizierte ihn zunächst jedoch nicht. Sein Vorstoß gegen Byzanz – oft übrigens mit christlichen (monophysitischen) Hilfstruppen –, sein Siegeslauf bis nach Spanien waren «rein politische Expansionen» (Kühner), wobei man freilich auch grausam vorging, die Männer ausgerottet, Frauen und Kinder versklavt hat, ganz wie in den heiligen und unheiligen Kriegen der Juden und Christen. Im vollen Umfang wurde der «heilige Krieg» im Islam erst durch die Kreuzzüge proklamiert. Doch daneben gab es, wie in der Bibel, auch schöne tolerante Sprüche im Koran, etwa: «Es sei kein Zwang im Glauben.» So befahl schon Mohammed, stark unterscheidend zwischen Heiden und «Schriftbesitzern», Toleranz gegenüber Juden und Christen, die sich politisch dem weltlichen Arm des Islam unterwarfen. Man schloß mit Christen förmliche Verträge. Und man war duldsam auch gegenüber den Anhängern des Zarathustra.

Toleranz im Zeitalter des frühen Islam, so sagt einer der besten Kenner dieser Geschichte, Aziz S. Atiya, sei in ihrer Großartigkeit noch nirgends dargestellt worden; «sie ist sehr bemerkenswert und wird von den Historikern im allgemeinen geleugnet oder übersehen». Erst unmittelbar vor Beginn der Kreuzzüge änderte sich dies durch den Machtwechsel in Jerusalem.[25]

In den Predigten des Papstes, der nicht nur in Clermont, sondern auch sonst in Frankreich und Italien zum Kreuzzug aufrief, sah dies freilich alles anders aus. Und ebenso oder noch mehr in den Agitationen anderer frommer Propagandisten.

Vorbilder für die klerikale Kriegshetze waren die «Helden» des Alten Testaments, Josua (I 83 f.), David (I 85 ff!), Judas Makkabäus (I 107 ff.) u. a., die ja fast durch das ganze Jahrtausend schon entsprechend wirkten. Noch effizienter wurden nun die Kriegspatrone, gewisse Soldatenheilige, deren Leben dem Blut- und Schlachthandwerk galt, wie Mauritius oder Sebastian. Dazu kamen Länderpatrone, für Frankreich der hl. Dionys, für Deutschland der hl. Mauritius, für Spanien der hl. Jakobus, «Santiago». Und schließlich lieferte die byzantinische Kirche ihre viel älteren Kriegsheiligen zur Aufpulverung der Abendländer, besonders Demetrius, Sergius oder Theodor, den die Legende gleich verdoppelt hat, indem sie einen Heerführer und einen Rekruten präsentierte. Vielleicht die fulminanteste Rolle aber als Schlachtenhelfer spielt der von Heroentum nur so umstrahlte «Ritter St. Georg», der vor allem als Fahnenträger des Kreuzfahrerheeres figuriert.

Aufwieglerische Flugblätter liefen bald um, auch reine Fälschungen. Und verlogene Wanderprediger, Demagogen, die besonders Frauen und Jugendlichen die Köpfe verdrehten, traten in die Fußstapfen des Papstes und peitschten das Volk in eine regelrechte Kreuzzugshysterie.

Das berühmte Rolandslied, gegen 1100 vermutlich von einem Geistlichen im Norden Frankreichs verfaßt, spiegelt diesen seinerzeit in Europa fast vergleichslosen Glaubens- und Kriegsfanatismus. Karl «der Große» (vgl. IV 465 ff.) ist der erste Kreuzfahrer, die Franzosen sind das auserwählte Volk, das Gottes Schlachten schlägt, die Gegner nur auszulöschende Teufelsbrut, «heidnische Hunde». So wird die «Chanson de Roland», wohl unter dem Einfluß des ersten Kreuzzuges, von einem rabiaten antiislamischen Impetus durchflammt. «Die Christen sind stets im Recht, die Heiden (Muslime) im Unrecht» (I. Short), Leute, die Götzenbilder anbeten. Dagegen brilliert der bretonische Markgraf Roland als «christlicher Achill», Charlemagne rächt grausam seinen Tod und wird zu weiteren Befreiungsschlägen wider die «Ungläubigen» gedrängt.

Nicht zuletzt betreten die Mönche die Arena und treiben zum

Krieg. «Selbst wenn nur Waisen, kleine Kinder, Witwen und Verfolgte streiten, werden wir über die Teufelsmenschen den Sieg gewinnen.» «Wohlan, Streiter Christi, wohlan, Streiter des hl. Petrus, des hl. Antonius, fürchtet euch nicht und vertrauet auf den Herrn.»

Peter von Amiens, auch der Einsiedler genannt, ein kleiner ausgezehrter, bislang verborgen lebender Anachoret, dunkelfarbig, mager, verdreckt (damals oft ein Zeichen von besonderer Heiligkeit), der bald nur noch «von Wein und Fisch» lebt und schließlich zum legendären Helden des Ersten Kreuzzugs wird, sieht seine Zeit gekommen. Er schwingt sich auf ein Maultier, zeigt einen Brief, von Christus selbst mit dem Befehl zum Kreuzzug überreicht, hält furiose Hetzreden – und das Volk überschüttet ihn mit Gaben und reißt sich gläubig noch um die Haare seines Esels wie um Reliquien. Denn, berichtet Guibert von Nogent: «In allem, was er tat oder sagte, schien etwas Göttliches zu sein.»[26]

Der päpstliche Aufruf, von vielen anderen Kreuzpredigern unterstützt, fand starken Widerhall; am wenigsten allerdings – bezeichnend genug – im Land des Papstes. Gerade seine nächsten Untertanen dachten nicht daran, unter den «Fahnen des Erlösers» das gefeierte Vorhaben auszufechten. Sie stellten kein Kontingent. Und vermutlich hat Ferdinand Gregorovius recht: «Wahrscheinlich würden Senat und Volk spöttisch gelacht haben, wenn Urban sie dazu aufgefordert hätte.»

Als dann Fulcher von Chartres, der verhältnismäßig unparteiische, selbständige und hochgelobte klerikale Chronist des Ersten Kreuzzugs, mit den «Pilgern» Italien durchzog, meldete er: «Von Rom kehrten viele, die bis dorthin mit uns gekommen waren, feige nach Hause zurück, ohne weiter abzuwarten.» Doch waren sie wirklich feig? Könnte nicht der Augenschein des Katholizismus in Rom, im Herzen der abendländischen Christenheit, der Anblick der Peterskirche, in der man raubte, das Schwert schwang, mit Steinen warf, Motiv genug für ihre Rückkehr gewesen sein, eine Offenbarung für sie sui generis?[27]

Die Deutschen jedenfalls sind zunächst noch spärlich an der Sache beteiligt. Das Reich selbst hält sich ganz zurück; eine Folge des Krieges zwischen Kaiser und Papst, Staat und Klerus, eines Kampfes, so Ekkehard von Aura, Mönch, Geschichtsschreiber und Teilnehmer an der Kreuzfahrt Welfs I. von Bayern (1101/1102), der «ebensosehr uns den Römern als die Römer uns verhaßt gemacht». Die Ostfranken, Sachsen, Thüringer, die Bayern und Alemannen sollen anfangs den oft mit Weib und Kind ausziehenden Franzosen gar «unerhörte Torheit» vorgeworfen, sie als «Rasende» verhöhnt haben, weil sie «für Gewisses nach Ungewissem greifend das Land ihrer Geburt eitel verließen». Dann freilich stießen doch rheinische, schwäbische und andere Rotten dazu.

Vor allem aber war es, schreibt Guibert von Nogent, «der Abschaum Frankreichs» (faex residua Francorum), der nach Urbans großer Aufputschrede wie verrückt schrie: «Deus lo volt! Deus lo volt!» Den Franzosen, von der priesterlichen Propaganda gereizt, durch die religiösen Schätze des Orients verlockt, die materiellen auch, die exotische Schönheit selbst seiner Damen, konnte es kaum schnell genug gehen.

«Deus lo volt!»

«Gott will es!» wurde zum Feldgeschrei, mit dem man sich zum Massenmord anschickte. Und wie bei jedem Mammutwahn raste das Volk vor Begeisterung. «Gemeine» und «Edle», Männer, ja Frauen ergriffen das Kreuz, erkannten Gottes Stimme und Willen in den papalen Phrasen. Viele weinten, bebten, schäumten – «welch würdiger, lieblicher Anblick», jauchzt ein geistlicher Chronist – und ließen ein rotes Kreuz sich auf die Schulter heften, das recht anschaulich symbolisierte, was sie sich da aufgeladen. Ein großer Komet erschien, auch Schwerter wollte man am Firmament gesehen haben, blutige Wolken, ganze Heere. Und Karl «der Große» war auferstanden, hieß es . . .[28]

In den folgenden Jahren, zwischen Frühjahr 1096 und Frühjahr 1101, machten sich, neben allerlei kleineren Gruppen, besonders drei große Kreuzzugsunternehmen auf die «Reise», dezent gesprochen, auf die «Pilgerfahrt», den Zug ins «erbelant» Christi, auch «Überfahrt ins Himmelreich . . .» genannt. Und dies vor allem, nimmt man den Begriff nur locker genug, wurde es. Blieb doch fast alles irgendwo auf der Strecke, kam nur eine einzige der drei Hauptwellen, die mittlere, überhaupt an.

Noch ehe sich aber das Gros des Heeres im Herbst 1096 zusammenfand, zogen viele Tausende in mehreren Scharen mit Frauen und Kindern im Winter 1095 und zumal im nächsten Frühjahr los, die sogenannten Bauernkreuzfahrer, auf zweirädrigen Ochsenkarren oft die ganze Familie einschließlich der Kleinsten, etwas Mundvorrat dazu, ausgestattet nicht selten mit Prügeln bloß, Sicheln, hölzernen Schwertern, doch mit einem starken Glauben. Und angeführt von dem Eremiten Peter von Amiens und dem Ritter Walter Habenichts. Eine deutsche Bande, Franken, Schwaben, Lothringer, stand unter dem Priester Gottschalk.

Das militärische Engagement des «kleinen Mannes» war völlig neu, war einzigartig. Denn Krieg im Mittelalter führte bisher nur der Adel, nicht der Bauer, der Arme. Es war die Kirche, die zum Ersten Kreuzzug erstmals auch die Masse mobilisiert, in den Krieg geschickt hat, den Tod. Und in welchen oft![29]

In Deutschland beginnen die Judenmassaker – frühe Präludien der Nazizeit

Der «Bauernkrieg» begann bekanntlich mit der grauenhaften Abschlachtung und Ausraubung der meisten Judengemeinden in den rheinischen Bischofsstädten, aber auch noch derer in Rouen oder Prag, wodurch viele der bitterarmen Pilger erst zum nötigen Reisegeld kamen.

Erwägt man den rabiaten Antijudaismus des Christentums im ganzen ersten Jahrtausend, die ausgeprägte Judenfeindschaft bereits des Paulus, des Johannesevangelisten, weiterer Inspirierter des Neuen Testaments (I 124 ff.), erwägt man den fanatischen Antijudaismus schon so vieler alter Kirchenväter, auch der berühmtesten, der Kirchenlehrer Ephräm, Johannes Chrysostomos, Hieronymus (I 126 ff., 131 ff!), Ambrosius (I 438 ff!) und Augustinus (I 511 ff!), erwägt man endlich, daß die ersten Synagogenniederbrenner christliche Bischöfe und Heilige schon der Antike waren und daß schließlich diese wilde Judenfeindschaft konsequenterweise die ganze frühmittelalterliche Kirche Spaniens und Westfrankens erfaßte, grenzt es beinah an ein Wunder, daß davon das ostfränkische Reich im ersten Jahrtausend verschont worden ist.[30]

Juden waren hier bereits früh ansässig. 321 werden sie als römische Bürger in Köln ausdrücklich bezeugt. Und ähnliches darf man für andere Orte an Rhein, Maas, Donau annehmen. Im Karolingerreich ist eine Besiedlung Deutschlands und Frankreichs durch sie erwiesen. Die Karolinger begünstigten ihre Einwanderung. Juden brachten etwas Kultur mit und wurden durch ihre internationalen Beziehungen zu «nützlichen Werkzeugen» (Cecil Roth). So entstanden weithin ihre wohlfundierten Siedlungen. Im 10. und 11. Jahrhundert hatte fast jede größere Stadt in beiden Ländern eine alteingesessene jüdische Gemeinde.

Die Stellung der Juden im frühmittelalterlichen Deutschland war zunächst erträglich. Sie galten als Freie, konnten Grundbesitz erwerben, durften Waffen tragen. Auch gewährten manche geistliche und weltliche Fürsten Juden – als Fremde und «Ungläubige» rechtlos – bisweilen Schutz, auch Privilegien, gewöhnlich jüdischen Kaufleuten, meist freilich nur infolge wirtschaftlicher oder politischer Erwägungen; überdies verlangte man oft den Glaubenswechsel.[31]

Manche Herrscher, Ludwig der Fromme, beispielsweise, stellten einzelnen Juden zwar «Schutzbriefe» aus, wodurch sie unmittelbare Untertanen und Schützlinge der Krone wurden, doch mußten sie dafür «dem König treu dienen» und hohe Steuern zahlen. Ein Mann wie Erzbischof Agobard (S. 366) bezweifelte sogar die Echtheit der ihm von Juden aus Lyon vorgelegten Schutzbriefe, konnte er doch nicht glauben, des Kaisers Weisheit habe sich so weit vergessen.

Von der Karolingerzeit bis zum Ende des 11. Jahrhunderts genossen nur einzelne Juden oder bestimmte Gruppen von Juden einen Rechtsschutz durch den König in Deutschland. Unter Heinrich IV. aber wurde dieser Schutz, wenn auch mit mäßigem Erfolg, allgemein, traten alle deutschen Juden unter die Obhut des Herrschers, und zwar für etwa 120 bis 130 Jahre; mögen dafür mehr oder weniger edle Gründe maßgebend gewesen sein: der Schutz von Leib und Leben zur Kreuzzugszeit oder, wahrscheinlicher, die hohe Abgabeverpflichtung. Immerhin gestattete Heinrich IV. nach den Zwangstaufen Regensburger Juden 1097 die Rückkehr zum alten Glauben. Auch Friedrich I. Barbarossa (1152–1190) schützte die Juden, ebenso Richard I. Löwenherz (1189–1199), doch er ohne Erfolg. Kaum war er in den Orient gezogen, kam es zu Massenermordungen der Juden in England.[32]

Als die Juden im Frühmittelalter dem König, dem Kaiser unterstanden, waren sie einigermaßen sicher. Dies änderte sich mit der Schwächung, dem Verfall der Zentralgewalt, änderte sich, als die Lebenshoheit an die Barone, Bischöfe überging und Juden allen vom Klerus seit Jahrhunderten ausgestreuten Vorurteilen, Verleumdungen, Lügen schutzlos ausgeliefert waren.

Von Generation zu Generation hatte man sie abscheulich diskriminiert, in Hunderten von Traktätlein, auf Tausenden von Kanzeln. Sie wurden mit Schimpf und Schmutz überhäuft seit dem Urchristentum, keinesfalls nur in populären Schriften, auch in sogenannten wissenschaftlichen.

Abt Peter von Cluny (gest. 1156), ein Heiliger der Kirche und neben dem hl. Bernhard (S. 468 ff.) «sicher der bedeutendste Mann seines Jahrhunderts» (Lexikon für Theologie und Kirche), nannte die Juden «schamlose Hunde», «schmutzige Schweine». Und je mächtiger die Katholiken wurden, um so niederträchtiger schmähten sie die «Gottesmörder». Nur die wenigsten verunglimpften sie nicht. Schließlich mußten die verhetzten, verdummten Gläubigen sie einfach für wahre Teufel halten und entsprechend behandeln. Das nannte man dann: die Volkswut!

Direkt, von sich aus, begann die mittelalterliche Kirche nicht oft Pogrome, es gab ja genug andere, die das taten. Aber die führenden Köpfe des Klerus hatten den Grund dafür gelegt, hatten alle Voraussetzungen geschaffen. Und die Bischöfe begünstigten antijüdische Gewaltmaßregeln von Fürsten, von Städten; Schutz gewährten sie den elenden Opfern nur, ließen sie sich taufen, mochte man sie sonst auch vor ihren Augen erschlagen.

Es ist wichtig, sich zu vergegenwärtigen, daß der Judenhaß nicht vom christlichen Volk ausging, sondern von seinen Führern, von Verfassern des Neuen Testaments, berühmten Bischöfen, von ganz oben. Als es im frühmittelalterlichen Spanien zu einer gewissen Annäherung an die Juden kam, rügte Papst Hadrian I. alle, die mit ihnen auch nur Umgang pflegten, womit er freilich bloß alte Verbote aufgriff. Und als Erzbischof Friedrich von Mainz, unschlüssig über ihre Behandlung, Leo VII. (936–939) fragte, befahl dieser – noch in unseren Tagen als «einwandfrei» charakterisierte Papst –, alle Juden, die sich nicht taufen lassen, zu vertreiben, dürften Christen mit ihnen doch keine Gemeinschaft haben.[33]

Zum erstenmal wurden die Juden aus Mainz 1012 durch keinen Geringeren als König Heinrich II. den Heiligen verjagt. Dies nahm sich Papst Benedikt VIII. zum Vorbild und ging noch einen Schritt weiter. Als es 1020 in Rom wegen eines Erdbebens zu einem Judenpogrom kam, ließ der Heilige Vater einige Juden hinrichten.

Fromme Teilnehmer nun am Kreuzzug schlachteten schon in Frankreich, wo Papst Urban zuerst das Kreuz gepredigt, Juden in größerer Menge. Zunächst plünderten katholische Horden die Judengemeinde von Rouen; die Einwohner wurden massakriert, ihre Häuser niedergebrannt. Selbst getaufte Juden kamen oft nur knapp mit dem Leben davon. Im Westfrankenreich hatte der Klerus ja bereits eine lange heilsgeschichtliche Vorarbeit geleistet, hatte eine Synode nach der anderen antijüdische Erlasse verfügt: die Synode von Vannes 465, die Synode von Agde 506, die 2., 3., 4., 5. Synode von Orléans, die von Clermont 535 (can. 6), von Macon 581 (can. 14 ff.), von Paris 614 (can. 15), von Reims 624 (can. 11), von Chalons sur Saone 650 (can. 9). So kam es schon im merowingischen Franken Ende des 6. Jahrhunderts zu Zwangstaufen, Massenausweisungen, Zerstörungen von Synagogen und Judenhäusern.[34]

Auf solchem Boden konnte im frühen 9. Jahrhundert auch ein Erzbischof Agobard gedeihen, der damals allen Ernstes eine Verfolgung der Christen in Lyon durch Juden behauptete und mindestens fünf, sie scharf attackierende Schreiben (weitere gingen vielleicht verloren) an den Hof Ludwigs des Frommen schickte. Doch richtete Agobard, gemeinsam mit Erzbischof Barnard von Vienne, als Heiliger verehrt, und Bischof Faof von Chalon-sur-Saône, noch einen eigenen Traktat an den Kaiser, wobei die Oberhirten ihre Judenfeindschaft – völlig zu Recht – durch das Alte und Neue Testament stützten, durch die Kirchenväter Cyprian, Athanasius, Hilarius, Ambrosius sowie fränkische Synoden des 6. und 7. Jahrhunderts. Immer ist es demnach die Unverschämtheit der Juden, die den Frieden der christlichen Kirche gefährdet, sind Juden schlimmer selbst als «Ketzer».[35]

Doch während es so in Westfranken stand und im benachbarten Spanien noch weit schlimmer, waren vergleichbare Ausbrüche des Antijudaismus im ostfränkischen Reich bisher nicht erfolgt. Jahrhundert um Jahrhundert, länger als ein halbes Jahrtausend, hatten die Juden als solche im germanischen frühmittelalterlichen Europa Ruhe und Frieden.

Jetzt aber brachte die Volkspredigt mit dem steten Insistieren auf dem «gottesmörderischen Volk der Juden» die primitiven Gläubigengemüter zum Kochen, und so mancher Kreuzfahrer glaubte, schon zu Hause fromme Taten vollbringen zu können. «Sehet», schloß man ganz logisch und christlich, ganz christologisch, «sehet, wir ziehen hinab, unseren Heiland zu suchen und Rache zu üben für ihn an den Ismaeliten; hier aber sind die Juden, welche ihn umgebracht haben und gekreuzigt! Auf, lasset denn zuerst an ihnen uns Rache nehmen und sie austilgen unter den Völkern . . .»

Ja, «Bring einen Juden um und rette deine Seele», lautete die Parole. Und immer öfter glaubte man bald, nicht nur seine Seele, sondern auch seine verschuldete Haut retten zu können. Erschlug man nämlich einen Juden, befreite man sich von der Rückzahlung des Kapitals und der Zinsen. Gegen Mitte des Jahrhunderts verurteilte zwar Bernhard von Clairvaux in seinen Kreuzzugspredigten Gewalt gegen Juden, betonte aber, sie dürften sich nicht an den Christen bereichern, was zweifellos auf den ihnen zu zahlenden Zins zielte. Später hat die Kirche die Kreuzfahrer sogar ausdrücklich von jeder Zinszahlung für geliehenes Geld befreit – die Juden aber um so härter besteuert. Derart finanzierte man die «bewaffneten Wallfahrten» zum beträchtlichen Teil mit jüdischem Geld.[36]

In Speyer schützte Anfang Mai 1096 Bischof Johann die Juden, motiviert wohl mehr durch ihr Gold als durch sein gutes Herz, und er schützte sie erst, nachdem bereits elf ermordet worden waren. Bischof Albrand von Worms versprach den Juden nur Rettung, «wenn sie die Taufe nähmen» – die Juden baten um Bedenkzeit und zogen den Tod einem Christenleben vor; sie erschlugen sich gegenseitig, etwa 800 Menschen. Doch berichten jüdische und christliche Quellen übereinstimmend auch anderwärts vom «freiwilligen» Tod ganzer jüdischer Gemeinden. In Trier rettete Bischof Egilbert nur den Teil der Juden, der sich taufen ließ. Aber die meisten Abtrünnigen, meinte der Mönch (oder Prior) des Bamberger Klosters Michelsberg, Frutolf, seien wieder zu ihrer abgeschworenen Religion zurückgekehrt «wie die Hunde zum Unrat».[37]

Erzbischof Ruthard II. von Mainz (1089–1109) versprach, die Juden seiner Stadt erst zu schützen, nachdem sie ihm 300 Silberstücke gezahlt – und ließ sie doch im Stich, und zwar gleich zweimal, zunächst in Mainz, darauf (eine Gruppe von 63, mit Hilfe bischöflicher Bewaffneter entkommenen Juden) auch in Rüdesheim, wo sich der Prälat aufhielt.

Die christlichen Großen vollbrachten bei diesen Massakern besonders ehrenvolle Mannestaten. Denn nicht nur der Mainzer Metropolit ließ sich erst bezahlen, dann die Juden dennoch töten, worauf er, um sich einem drohenden Verfahren durch den König zu entziehen, nach Thüringen floh und dort gegen Heinrich agitierte, der schließlich den Juden auch die Rückkehr zu ihrem Glauben erlaubte. Auch der hier gleichfalls führend involvierte Graf Emicho von Leiningen, Sproß eines alten, im Wormsgau ansässigen Geschlechts und ein Verwandter des Mainzer Erzbischofs, kassierte erst sieben Pfund Gold als Lösepreis und wurde dann doch – denn Adel verpflichtet – «der schlimmste aller unserer Dränger», klagt eine jüdische Quelle, «der weder Greis noch Jungfrau schonte und nicht für Kind noch Säugling noch Kranke hatte Erbarmen, der das Volk Gottes zertrat wie Staub, der die Jünglinge schlug mit dem Schwerte und schlitzte die schwangeren Frauen auf». Aber dafür war der edle Graf auch durch einen Boten des Gekreuzigten persönlich zum frommen Tun beauftragt worden.

Wie schon kurz zuvor in Worms kam es auch in Mainz zu einem grauenhaften jüdischen Massensuizid. Prallten hier doch «zwei gleich starke Wahnformen aufeinander», so Hans Wollschläger, Autor der vielleicht bestverfaßten Kreuzzugsgeschichte, der in den hebräischen Chroniken dieses Jahres «eine einzige Todeslitanei» betrauert, «zusammengepreßt aus den finstersten Lauten der Unmenschlichkeit und durchgellt zugleich vom irren Geheul des Glaubenswahns; ... das christliche Kreuz ... womöglich überschattet noch vom Molochbild des Synagogengottes ...»: «Und die Frauen gürteten mit Kraft ihre Lenden und schlachteten ihre Söhne und Töchter und dann sich selbst; viele Männer stärkten sich und schlachteten ihre Frauen, ihre Kinder und ihr Gesinde; die zarte und weichliche Mutter schlachtete ihr Lieblingskind; alle erhoben sich, Mann wie Frau, und schlachteten einer den andern. Die biedern und frommen Frauen boten eine der andern den Hals dar zur Opferung für die Einheit des göttlichen Namens ... einer schlachtete, der andere wurde geschlachtet, bis Blut zu Blut zusammenfloß ... sie wurden getötet und geschlachtet um der Einheit des herrlichen und furchtbaren göttlichen Namens willen.»

So oder so starben auch die Juden in Metz, Trier, in Köln, Neuß, Altenahr, Eller, in Wevelinghoven, Kerpen, Xanten, Mehr, Moers, Geldern, Dortmund, Regensburg, Prag. Viele Juden töteten sich selbst. Sie sprangen, wie in Köln drei junge Mädchen, von der Brücke in den Strom, stürzten sich selbst ins Schwert, ins Feuer, schnitten ihre Pulsadern auf oder stachen ihre Kinder ab, wie in Mainz Mar Isac seinen Sohn und seine Tochter um Mitternacht in der Synagoge.[38]

Niemand weiß, wie viele Menschen seinerzeit den katholischen Heilsbringern zum Opfer fielen. Aber eine fünfstellige Ziffer dürfte sich ergeben, wenn auch gewiß nicht «50 000». Allein in Mainz starben mehr als 1000 Juden, und «die kirchlichen Würdenträger» haben «bei diesem Gemetzel eine schamlose Rolle gespielt» (Kupisch) – doch nicht nur bei diesem; in Prag wurden die Mörder durch den Priester Folkmar geradezu angeführt. Kein anderer aber als der von der Kirche so verfluchte und bekämpfte Heinrich IV. hat das Mainzer Massaker streng untersucht, nicht ohne sich selbstverständlich die Feindschaft des nach Flandern geflohenen Erzbischofs Ruthard zuzuziehen.[39]

Der Erste Kreuzzug verlief in drei großen Wellen, deren erste, der «Bauernkreuzzug» der Judenschlächter, aus vier gewaltigen Banden bestand, von denen drei gerade noch Ungarn erreichten, während der vierte Haufen in Kleinasien zugrunde ging.[40]

Der «Bauernkreuzzug» endet, der «Kreuzzug der Fürsten» beginnt

Im Kreuzzug der Bauern, der Armen, des Pöbels zogen indes keinesfalls nur verführte Landarbeiter und Städter mit, sondern auch Verführende, Geistliche, wie der Priester Gottschalk, Vertreter des Kleinadels, wie Walter Habenichts (Gautier Sansavoir) und Lambert der Arme (le Pauvre), ja nicht wenige Feudalherren, der Vicomte Wilhelm von Melun, der schwäbische Graf Hartmann von Kirchberg u. a., zumeist besonders hartgesottene, brutale Burschen, wie der Graf Emicho von Leiningen, der Großmörder von Mainz, der sogar religiöse Visionen bekam ...

Ganze Dörfer entleerten sich. Tausende durch geistliche und weltliche Fürsten restlos verelendete Leute brachen auf, für Christus zu kämpfen. Arbeitslose, Landstreicher, Hungernde entflohen ihrer Not im Vertrauen auf den Herrn und seine Heerscharen und auf das Land, in dem Milch und Honig fließen sollten. Wie Heuschreckenschwärme fielen sie im Osten ein und erlangten bereits im christlichen Ungarn den schönsten Ruf. Denn obwohl dort überall von ihren Glaubensbrüdern auf königliche Weisung herzlich empfangen, vergewaltigten, raubten, mordeten sie bald, wo immer sie Lust dazu hatten – und sie hatten fast immer Lust. Guibert von Nogent, der französische Abt, meldet darüber: «Nicht zufrieden damit, gütig aufgenommen worden zu sein, gingen die Fremdlinge, von einem unbegreiflichen Wahnsinn getrieben, bald dazu über, die Einwohner zu mißhandeln ..., sie setzten die öffentlichen Getreidespeicher in Brand, entführten die jungen Mädchen und taten ihnen Gewalt an, schändeten die Ehen ..., jeder lebte, wie er konnte, von Mord und Plünderung und alle brüsteten sich mit unbegreiflicher Frechheit, sie würden bei den Türken ebenso hausen.»[41]

So weit kamen freilich nur die wenigsten von ihnen.

Wird doch die Hälfte dieser Wallfahrerhorden schon in Ungarn aufgerieben, zum Teil in regelrechten Schlachten mit den einheimischen Christen, bei Neutra etwa, bei der Grenzstadt Semlin, wo die «Pilger» Ende Juni mehr als viertausend Ungarn erschlugen – jedenfalls nach Albert von Aachen, einem der wenigen zeitgenössischen deutschen Chronisten des Ersten Kreuzzugs, einem Geistlichen, der es trotz seiner Begeisterung vorzog, zu Hause zu bleiben. Die Kreuzfahrer raubten Semlin aus, plünderten auch Belgrad schwer und steckten es in Brand, wurden aber bei Wieselburg so schlimm besiegt, daß sich Donau und Leitha blutrot gefärbt und eine Zeitlang die schwimmenden Leichen das Wasser ganz bedeckt haben sollen.

Der stark reduzierte Rest gelangte im August nach Byzanz, auf das er unter Peter von Amiens («Kukupetros», kleiner Peter, wie ihn Anna Komnene nennt) immer noch «wie Gießbäche» hereinbrach und bald «mit äußerster Unverschämtheit» (Guibert von Nogent) raubte und brandschatzte, Villen und Paläste heimsuchte, noch das Blei von den Kirchendächern stahl, um es darauf sozusagen wieder den Besitzern zu verkaufen. Kein Wunder, daß das Antlitz der Pilger, wie es der byzantinischen Prinzessin schien, «den Ausdruck froher Stimmung trug und des Eifers, den Weg des Himmels zu gehen». Der reichlich irritierte Alexios I. Komnenos,

Begründer der Dynastie der Komnenen, ließ diesen Haufen allerdings schnell über den Bosporus nach Kleinasien setzen, wo er sogleich gegen ein griechisches Dorf vorging, weil man die christlichen Bauern für Sarazenen hielt.[42]

Dann freilich griffen die Bauernkreuzzügler, von Bischöfen und Priestern bestärkt, tatsächlich die Türken an, um ihnen die Residenzstadt Nikaia zu nehmen. Sie verheerten die Vororte unter den Stadtmauern, stahlen die Herden, massakrierten die christlichen Einwohner und brieten, so Anna Komnene, «kleine Kinder am Spieß». Am 21. Oktober 1096 aber wurden sie bei Civetot von seldschukischen Kavalleristen niedergemäht, auch die Frauen, Priester, Kinder abgestochen, nur hübsche junge Knaben und Mädchen verschont. Von dreißig- oder vierzigtausend überlebten kaum zwei-, dreitausend. Sie endeten meist als Gefangene im Osten. Nachrückende Kreuzfahrer fanden noch die Schädel, die Knochen der Getöteten – «bauten daraus Mauern wie die einer Stadt, und anstelle des Mörtels füllten sie die Zwischenräume mit den Gebeinen der Toten und machten aus dieser Stadt gewissermaßen ihr Grab» (Anna Komnene). Die wenigsten, wie der wohl besonders in Gottes Gunst stehende Eremit Peter von Amiens, dem einmal sogar die Kriegskasse verschwand, setzten sich nach Konstantinopel, nach Europa ab und warteten auf die speziellen Kämpfer des Herrn. Doch zuvor hatten angeblich schon dreihunderttausend Menschen den Tod gefunden.[43]

Inzwischen war das eigentliche Kreuzfahrerheer, ganz überwiegend Ritter aus Frankreich und Süditalien – die (im Mittelalter meist stark übertriebenen) Zahlenangaben schwanken zwischen hundert- und sechshunderttausend Mann, dazu ungezählte Frauen und Kinder –, in vier großen Expeditionskorps jeweils getrennt aufgebrochen und auch getrennt Richtung Ungarn, Dalmatien, Apulien nach Konstantinopel gezogen; der Rest hatte sich in den süditalienischen Häfen Bari und Brindisi eingeschifft. «Es war das ganze Abendland», schreibt Anna Komnene, «alles, was es an barbarischen Nationen gibt . . ., es war das alles, was in Masse auswanderte, in ganzen Familien daherzog und auf Asien zumarschierte . . .»

Bei seiner Kreuzzugsproklamation hatte Papst Urban zum obersten Führer des Feldzugs und zu seinem Legaten den Bischof von Le Puy, Adhémar von Monteil, ernannt, der, wie man vermutet, vorher eine Pilgerfahrt ins Heilige Land gemacht. Bei ihrer bewaffneten Wiederholung starb er während der Belagerung von Antiochia, was ihn zu einer legendären Figur werden ließ. Als militärischen Befehlshaber der Aktion hatte Urban den Grafen von Toulouse, Raimund IV. von St-Gilles, ausersehen, den letzten noch lebenden Haudegen des von Gregor VII. initiierten französisch-spanischen Maurenkrieges. Raimund pilgerte in Begleitung seiner Gattin Elvira, die vor Tripolis noch mit einem zweiten Sohn niederkam, indes die sonstigen Bemühungen des ehrgeizigen Grafen kaum Früchte trugen. Er und Bischof Adhémar brachen nach Beratungen mit dem Papst an der Spitze des größten Kreuzfahrerverbandes, meist Provencalen und Burgunder, im Oktober 1096 nach dem Orient auf.[44]

Eine wichtige Rolle spielte im «Kreuzzug der Fürsten» auch Gottfried von Bouillon, der an der Spitze lothringischer und deutscher Krieger stehende Herzog von Niederlothringen und Neffe des Bischofs von Paris. Als einziger der Kreuzzugskommandeure hatte er enge Kontakte zu Heinrich IV. und vielleicht keine dauernde Niederlassung im Osten geplant. Freilich verkaufte oder verpfändete er zuvor seinen Besitz zwecks Ausrüstung seiner Truppen – das Schloß Bouillon bekam der Bischof von Lüttich. Und während der Judenpogrome im Mittelrheingebiet erpreßte er raffiniert seine Juden, um auch mit ihrem Geld seine «Pilger» zu bewaffnen – und wollte dann nicht einen Juden am Leben lassen. Mit ihm, von der Kirche zum edlen Gotteskämpfer schlechthin stilisiert, brach sein Bruder Balduin auf. Eigentlich für den Pfaffenberuf bestimmt, wurde Balduin 1098 Graf von Edessa, dem ersten lateinischen Orientstaat, und bald auch der erste König von Jerusalem, als welcher er sich am 25. Dezember 1100 in der sogenannten Geburtskirche von Bethlehem krönen ließ.[45]

Sehr erfolgserpicht ein weiterer Kreuzzugsführer, Bohemund I. von Tarent, der spätere Fürst von Antiochia. Der militante, machthungrige älteste Sohn Robert Guiscards (aus einer geschiedenen Ehe mit Alberada) war bei der Erbteilung zu kurz gekommen, und als er einst auf durchziehende französische Orientfahrer stieß, wurde ihm sein schmales Erbe wohl besonders bewußt, und er ergriff, «vom Heiligen Geist bewogen», gleichfalls das Kreuz, selbst ja wie geschaffen zum Gottesstreiter. Beherrschte er doch alles, was dazu gehörte: Kampf, Aufstand, Landraub, Verrat, Vertragsbruch. Auch haßte er «Ketzer» und ließ einmal in einer Bogomilensiedlung alle «Gottesfeinde» liquidieren, obschon die Bogomilen gar nicht Gott bekämpften, wohl aber Klerus, Liturgie, Sakramente, Fleischgenuß. Der Normanne pilgerte auch zum sogenannten Heiligen Grab und zu den Reliquien des hl. Leonhard, der ihm sogar persönlich erschien. Und er bereitete wiederholt angebliche Kreuzzüge vor, die jedoch nur dem christlichen Kaiser von Byzanz galten bzw. gelten sollten, dessen Vasall er nicht sein wollte.

Anna Komnene, die andere Kreuzzugshäuptlinge kaum beschrieben hat, hinterließ uns von Bohemund ein ausführliches literarisches Porträt, das Bild eines Mannes, meinte sie, in dem sich Mut und Liebe stritten und beide auf den Krieg gerichtet waren. «Er hatte einen geschmeidigen Geist, war verschlagen und bei allen Gelegenheiten reich an Ausflüchten. Seine Worte waren wohlberechnet und seine Antworten immer zweideutig. Dieser in solchem Grade überlegene Mann stand allein meinem Vater an Glück, Beredsamkeit und anderen Gaben der Natur nicht nach.»

Als erster Fürst hatte sich Graf Hugo von Vermandois, der jüngste Sohn des französischen Königs Heinrich I., auf den Weg des Heils begeben, und wie so viele Heilsbeflissene erhoffte er im Osten auch etwas irdischen Besitz. Er besuchte als einziger Kreuzzugsführer den Papst in Rom, bekam von ihm das goldne Petrusbanner – und verlor schon bei der Überfahrt von Bari nach Durazzo seine meisten Schiffe.

Kein König war an diesem «Kreuzzug der Fürsten» beteiligt. Die einflußreichsten europäischen Monarchen, Heinrich IV., Wilhelm der Rote von England und Philipp I. von Frankreich, hatte die Exkommunikation getroffen. Das «Kriegsvolk Christi» aber rückte auch ohne sie fast untadelig über Konstantinopel vor, nur gelegentlich einige Raubzüge machend, kaiserliche Soldaten schlachtend oder ein paar Slawen die Augen ausstechend, die Füße, Hände, Nasen abhackend.

Bei der wochenlangen Belagerung des stark befestigten, strategisch bedeutsam an der wichtigsten Straße durch Kleinasien, der «Pilgerstraße», gelegenen Nikaia, der Residenz Sultan Sulaimāns, enthaupteten die katholischen Kämpen scharenweise ihre Gefangenen, warfen die Köpfe mit einer Schleuder in die Stadt zurück und schickten, laut geistlichem Zeugnis, tausend Köpfe, wohlverpackt in Säcken, seiner christlichen Majestät, dem byzantinischen Kaiser Alexios I. Noch herrschte, teilt ein Anonymus dieses Kreuzzugs mit, «in dem Heere Christi ein großes Wohlleben». Und focht man, so stand man offenbar immer ganz und gar im Kraft- und Segensstrom der allein wahren und allein guten Religion, war man sozusagen stets «allseitig umgeben vom Zeichen des Kreuzes». «Niemand, so denke ich, hat jemals gesehen oder wird jemals sehen eine ähnliche Zahl so vollkommener Ritter.» Nun gut, ein zeitgenössischer christlicher Chronist läßt kaum andres erwarten. Wie aber muß es im Kopf eines modernen Historikers zugehen, der allen Ernstes schreiben kann, in den Kreuzzügen fand der «ritterliche Geist seine schönste Entfaltung»?[47]

Nachdem Nikaia sich im Juni ergeben hatte, allerdings nicht den Kreuzrittern, sondern ihren byzantinischen Kombattanten, deren Schiffe erfolgreich im Askanischen See operierten, kam es bei Dorylaion am 1. Juli 1097 zur ersten offenen Feldschlacht mit den Hauptheer unter Sultan Kilidsch-Arslan. Es kam auch zur Bekanntschaft der Abendländer mit dem türkischen Pfeilregen – berittene Bogenschützen waren die besten muslimischen Soldaten –, der die Sonne verdunkelte und so trefflich wirkte, daß sich die Christen plötzlich bewußt wurden, mit Fulcher von Chartres zu sprechen, «alle Sünder und Verbrecher zu sein». «Unter den Pilgern befanden sich der Bischof von Puy, unser Herr, und vier andere Prälaten, ebenso viele Priester, alle in weißen Ornaten, die unterwürfig den Herrn baten, die Macht der Feinde zu brechen . . .» Und wirklich wandte sich das Blatt, «ein großes Wunder Gottes», denn die Feinde kehrten ihnen den Rücken, die Christen stießen, Heil und Sieg, bis ins reichbestückte Sultanlager vor; «dort lud ein Teil der Unseren das Gepäck und sogar die Zelte des Feindes auf eine Menge Pferde und Kamele ..., und bis zur Nacht stießen die anderen den Türken das Schwert in den Leib».

«In den Kreuzzügen fand dieser ritterliche Geist seine schönste Entfaltung» (Grupp).[48]

Der «Weg des Kreuzes ...»

Kämpfend, sterbend drang «das Heer Gottes» im sengenden Juli über Dorylaion weiter durch Anatolien nach Syrien «auf das Haus unseres Herrn Jesus vor», wie der Graf Stephan von Blois seiner Gattin Adele von der Normandie berichtet, einer Tochter Wilhelm des Eroberers, wobei er nicht die Mitteilung versäumt, «an Gold und anderen Reichtümern gegenwärtig zweimal soviel zu besitzen», als ihm die Dame seines Herzens mitgegeben. Man nahm türkische Festungen, Mensch und Tier hungerten, gingen an Entbehrungen zugrunde, doch siegte man fort und fort und machte, mit Graf Stephan zu sprechen, Eroberungen «für den Herrn».

Man muß sich dies vorstellen, diesen Wahnsinn «für den Herrn»: – den Wallfahrer-Wurm, der mit Weibern und Kindern sich dahinquält, kilometerlange Schlangen im ausgedörrten Land, glühende Wüsten, unwegsames Gebirg, Ritter, Bogenschützen, Gebärende, die ihre Leibesfrucht – (Rettet das keimende Leben!) – «auf der Erde liegen» lassen (Albert von Aachen), Maschinenbauer, Halbwüchsige und Nutten, alles unter schwarz schwirrenden Wolken von Fliegen, Dunstglocken von Gestank, von Schweiß, Weihrauch, stechende Sonne, verseuchte Nahrung, Kruzifixe und Fußangeln, Fiebergeschüttelte, Verdurstende, an Hitzschlag Sterbende, an Erschöpfung, Hunger, wer arm ist, krepiert zuerst. Man säuft, wie die auf Burg Xerigordon zernierten Bauernkreuzzügler, Pferde-, Eselsblut, Urin. Man stirbt zwischen

Marschmusik und Delirierenden, bei Viehgebrüll, Vergewaltigungen, Psalmen. Aufgeschlitzte Roßbäuche, erstickende Reiter, Prozessionen und Massaker, der «Weg des Kreuzes»: man betet und erschlägt, man predigt und ersticht, anstürmende Pferde, Lanzenhagel, wirbelnde Schwerter, zerklüftete Helme, Hirne, hervorquellende Augen, Kirchenfahnen an Kolonnenspitzen, Ikonen, Heiligenbilder, Reliquien, die nicht bloß schützen, die Waffen mörderischer machen sollen, und vor dem Schlachten Priester mit hochgerecktem Kreuz und Abendmahlskelch – in diesem Zeichen JEDES VERBRECHEN. Und bei alldem und immer: während die Masse des elenden Fußvolks teils auf den Blutfeldern untergeht, teils in der Sklaverei, teils einfach auf dem Weg, dem «Weg des Kreuzes», rettet die Elite auf schnellen Pferderücken ihr kostbares Leben.

Allmählich gelangte man in mehr rechtgläubige Gefilde, seit etwa 1020 von armenischen Auswanderern besiedelt. In Artah massakriert die ansässige Christenheit beim Heranziehen des Kreuzheers die türkische Besatzung, säbelt ihr die Köpfe ab und wirft sie über die Mauer. «Fromm und fröhlich begrüßten sie darauf die Pilger», meldet der zu Hause gebliebene Albert, «canonico et custode Aquensis ecclesie», Autor der reichhaltigsten Prosageschichte dieses Kreuzzugs. Und noch immer, registriert Erzbischof Wilhelm von Tyrus, überall «Luxus und eine beispiellose Verschwendung».[49]

Im Fürstentum Edessa wünschten die Christen einen westlichen Wallfahrer als Herrscher. Graf Balduin, der Bruder Gottfrieds von Bouillon, hier auf eigene Faust mit einer Art Sonderkommando erschienen, zögert nicht. Er wird vom Fürsten Thoros zum Erben eingesetzt und verkürzt sich mutmaßlich die Wartezeit, indem er den Regenten umbringen läßt, so oder so, was freilich nicht nachweisbar ist. Edessa, Kreuzungspunkt wichtiger Fernstraßen, wurde jedenfalls Grafschaft und jahrzehntelang eine hervorragende Bastion der Kreuzfahrer, zumal Balduin alles tat, um sein Territorium auszuweiten, wobei er auch eine armenische Prinzessin heiratet sowie einen Bürgeraufstand brutal niederschlägt.[50]

Im späten Oktober 1097 stand man noch mit 300 000 Mann – nach Albert von Aachen, dem man gern großes erzählerisches Talent attestiert – vor dem fast uneinnehmbaren Antiochia am Orontes, vor jener glänzenden «Stadt Gottes», in der man Jesu Anhänger zum erstenmal Christen genannt (Apg. 11, 26). Ebenso politisch wie militärisch und wirtschaftlich bedeutend, größer und luxuriöser als alle abendländischen Städte, mit vierhundert Türmen bewehrt und meist von Christen bewohnt, berannten die Wallfahrer die Festung mehr als sieben Monate «unter der Führung Christi» und hatten ungeheuere Verluste. Ja, die Seelen vieler unserer christlichen Mitbrüder, meldet Graf Stephan von Chartres voller Gottvertrauen in den fernen Westen, wurden «zu den Freuden des Paradieses geschickt». Die Überlebenden dagegen hatten es schwerer. Ein verheerender Winter folgte, den «kleinen Leuten» schimmelten die Kleider vom Leib, viele verhungerten, die Pferde starben. Nur die Kopfjagd auf Gefangene entschädigte die «Helden des Herrn» etwas für ihre Mißerfolge im Feld. Der apostolische Bevollmächtigte, der Bischof von Puy, «der so menschliche Adhemar de Monteil», wie ihn noch heute ein Katholik wohlmeinend zubenennt, ließ für jeden gebrachten Türkenkopf eine Belohnung von 12 Denaren zahlen und dann die Häupter auf langen Stangen vor der Stadtmauer aufpflanzen. Ein den Rechtgläubigen ja oft vergönnter, doch immer wieder erbaulicher Anblick ...

Erst durch Bestechung und Verrat – die Leistung Bohemunds – konnten die «Helden Christi» am 2./3. Juni 1098 mit dem Schlachtschrei «Gott will es!» im buchstäblich letzten Augenblick die Stadt erobern. Unterstützt von ihren ansässigen Glaubensgenossen, metzelten sie sämtliche Türken nieder; fraglos ein «gottgefälliges Werk». «Alle Plätze waren derart überhäuft mit Leichen, daß keiner wegen des Gestanks dort bleiben konnte», und griffen sich dann deren Frauen und Töchter, sogar viele wehrlose Christinnen, und die ärmsten boten sich für ein Stück Brot selber an. «Gott will es!»[51]

Schon wenige Tage später aber wurden die Belagerer Belagerte, schloß sie das herbeieilende Entlastungsheer des Sultans Kerboga von Mosul ein. Nun schwammen die «Pilger» zwar im geraubten Gold, hatten aber nichts zu essen. Die Ritter soffen Pferdeblut, die Armen lebten von Baumblättern und Aas, manche kochten ausgedörrte Kamel- und Ochsenhäute weich, auch Kannibalismus gab es stellenweise, kurz man litt alle möglichen Drangsale «um des Namen Christi willen». Vorsichtige, wie Graf Stephan von Blois, setzten sich unrühmlich ab. Peter der Einsiedler versuchte es gleichfalls, doch ihn holte man zurück.

In höchster Not aber putschte ein herrliches Mirakel die Mordlust der müden Krieger wieder auf: der provenzalische Priester Peter Barthélemy, dem nicht der beste Ruf vorauseilte, fand nach langem Suchen unter visionärer Assistenz des hl. Andreas – er erschien viermal – und im Beisein des Raimund von Toulouse eine der kostbarsten Reliquien, die hl. Lanze, mit der ein römischer Legionär einst Jesu Seite am Kreuz durchbohrte; wenn's denn wahr ist. Die Heilige Lanze lag just dort, so eine arabische Quelle, wo man sie «vergraben und alle Spuren beseitigt» hatte – und dabei lag doch, ein weiteres, eher größeres Wunder noch, das «Original» bereits in Konstantinopel, im byzantinischen Kronschatz! Nach dreitägigem Fasten und Beten, gestärkt durch Leib und Blut des Herrn, machten die Eingeschlossenen, angeführt vom Priester Raimund mit der Hl. Lanze und mit anderen Priestern und Mönchen, die alle Heiligen anriefen (welche dann auch, auf weißen Pferden, mitritten), einen glorreichen Ausfall am 28. Juni 1098 und löschten in großer Glaubensinbrunst das Leben von etwa 100 000 Moslems aus, auch das der Frauen, Kinder, Säuglinge in ihrem Lager – «die einen stachen sie ab, die andern zertraten sie mit den Hufen ihrer Pferde . . .» (Albert von Aachen).

Dem talentierten Peter, der offenbar zur Kreatur des raffinierten Bohemund geworden war, fliegen die Heiligenvisionen nun fast wie Bienenschwärme zu – und alle Heiligen «sprechen die militärischen und politischen Absichten Bohemunds aus» (Heer). Freilich fiel nicht jeder auf das Lanzen-Stückchen und die Hilfe des hl. Andreas herein. Kritik kam auf, und als sich der glückliche Finder endlich zur Feuerprobe bereitfand, starb er an den erlittenen Verbrennungen.

Auch der Beauftragte des Papstes starb. Am 1. August erlag Bischof Ademar von Le Puy, oberster Führer des Kreuzzuges, einer Seuche, die Zehntausenden weiterer christlicher Heilskämpfer allzufrüh das Paradies erschloß. Ein halbes Jahr fast stritten sich darauf die Fürsten um Antiochia, das schließlich Robert Guiscards Sohn, Bohemund von Tarent bekam. Für ihn war damit der «Weg des Herrn» beendet. Er blieb an Ort und Stelle und sorgte für die Ausbreitung seiner Macht, den zweiten Kreuzfahrerstaat. Sein Konkurrent Raymond von St.-Gilles erhielt als Trost die Grafschaft Tripolis. Balduin hatte bereits Edessa. Gottfried von Bouillon schlug sich einen Teil von Syrien zu. Der Papst, von den Fürsten gebeten, selbst nach Antiochia zu kommen und den Kreuzzug anzuführen, verspürte offenbar wenig Lust. Wie alle großen Strategen sah er sich die Sache lieber aus der Ferne an; das gewährleistet auch den Überblick.

Ein weiteres halbes Jahr wälzte, kämpfte man sich wieder vorwärts, einen Weg voller Leichen hinter sich und voller Leichen vor sich – «der Weg des Kreuzes». Man stürmte zahlreiche kleine Burgen und Städte, während die Priester gewöhnlich im Rücken der Schlächter «in ihren heiligen Gewändern» standen und zum Herrn flehten, er möge das Heidentum zerschmettern. Nach der Einnahme von Maarrat an-Numan, östlich von Antiochia, stachen die Streiter Gottes, laut einer arabischen Quelle, mehr als hunderttausend Menschen ab. Die Stadt quoll über von Toten, was den Kreuzzüglern jedoch auch insofern zustatten kam, «als die schon stinkenden Leichen der Feinde vom Christenvolk verzehrt worden sind» (Albert von Aachen). Neue Hungersnöte brachen gleichwohl herein, Kalamitäten, Seuchen, Zwiste. Bohemund und Raimund rauften um Maarrat-an-Numan, Balduin und Tankred stritten um Bethlehem. Man machte sich schon Gedanken um die noch ausstehende fetteste Beute. Und gläubig genoß man zwischen Entmutigungen und Massakern abwechselnd den lebendigen Leib des Herrn und die Leichen der «Ungläubigen».[52]

... und der Triumph

Nur etwa ein Zehntel derer, die ausgezogen waren, das Reich Gottes zu erweitern, stand Anfang Juni vor Jerusalem. Kein Wunder, daß die Kreuzfahrer, die sich das Zeichen des Heils sogar mit einem glühenden Eisen ins verwesliche Fleisch gebrannt, in Ekstase gerieten. Vom mystischen Taumel fast so überschwenglich gepackt wie zuvor von Blutgier, warfen sie betend die Arme zum Himmel, fielen tränenüberströmt nieder, küßten die Erde und sangen Frommes ... Vom Mons Gaudii, vom Berg der Freude, wie sie ihn nannten, sahen sie schimmernden Blickes, was ihnen der Herr offenbar von Anbeginn bereitet hatte zu einer Festschlacht, einem Schlachtfest sondergleichen, die Gottes-Stadt, die Heilige Stadt, die Stadt des Herrn, das irdische Jerusalem.

Vieles, was man einst schrieb, liest sich heute wie Satire. Etwa allerlei aus dem bald darauf auch noch versifizierten Reisetagebuch des anonymen Chronisten, eines kleinen Ritters im Gefolge Bohemunds. «Unsere edlen Herren sannen nun auf Mittel, die Stadt mit Hilfe von Maschinen anzugreifen, um in sie eindringen und das Grab unseres Erlösers verehren zu können.» Oder: «Aber nachdem die Unsrigen den Namen Christi angerufen hatten, ritten sie mit solcher Wucht einen Angriff auf die Ungläubigen, daß jeder Ritter seinen Feind niederschlug.»

Nach fünfwöchiger Belagerung unter glühender Junisonne, mit häufigen Angriffen mittels Sturmböcken, Leitern, Schleudern, wurde das nach manchen Historikern schlecht befestigte, schlecht verteidigte, nach andern von erprobten Kriegern heroisch gehaltene Jerusalem – erst kürzlich den Türken von den ägyptischen Khalifen entrissen – am 15. Juli 1099 von allen Seiten gestürmt und am nächsten Tag erobert. Die vorherige Ankunft genuesischer und englischer Galeeren in Jaffa mit neuen Pilgern und Waffen hatte die Operation zweifellos gefördert; nicht zu vergessen die wieder vorausgehenden Gebete und Fasten, die Predigten, wobei u. a. Peter Eremita sein Bestes gegeben haben soll, sowie eine feierliche, vom Hohn der Muslime begleitete Bittprozession «zu Ehren Gottes» um die Wälle der Stadt. Es war just «das Fest der Aussendung der Apostel», überdies ein Freitag, und als dann gar «die Stunde kam, in der Unser Herr Jesus Christus es zuließ, daß Er für uns den Kreuzestod erlitt», erreichte die katholische Schwertmission begreiflicherweise einen ihrer freilich häufigen Höhepunkte. Was nun kam, war ein einziges systematisches Gemetzel oder, wie Erzbischof Wilhelm etwas wortkarg schreibt, das «Ende der Pilgerfahrt».[53]

Päpste wie Gregor I. oder Johann VIII. hatten Rom durch Jahrestribute vor einer sarazenischen Besetzung retten können. Auf solch schnöden Loskauf ließ sich die christliche Mordbrut bei Jerusalem nicht ein. Im Blutrausch taumelte sie durch die Stadt, alles niederstechend, was ihr vor das Schwert kam, einen Nachmittag und eine ganze Nacht lang.

Im Tempel Salomons nahm das Heilsgeschehen ein solches Ausmaß an, «daß die Unsrigen bis zu den Knöcheln im Blut wateten». Ja, nach einem weiteren Augenzeugen stieg das Sarazenenblut «bis an die Knie der Pferde». Laut Kaplan Fulcher von Chartres köpfte man allein in der Al-Aksa-Moschee etwa zehntausend Menschen. Und die Juden wurden in ihre Hauptsynagoge gestopft, bis sie übervoll war, und lebendigen Leibes verbrannt – der «Weg des Kreuzes». Die ganze jüdische Gemeinde Jerusalems, von den Ägyptern wohlgelitten, kam so im Feuer um – «ein gerechtes Gottesurteil»: Erzbischof Wilhelm. Man schonte weder Frauen noch Greise noch Kranke, man trat Säuglinge mit dem Schuh kaputt, knallte sie gegen die Mauern, man zerbrach den Opfern das Genick, man säbelte nieder, stach ab, zerhackte, erschlug, stürzte zu Tod. Die «Ritter Christi» – «... fand dieser ritterliche Geist seine schönste Entfaltung» – troffen «vom Scheitel bis zur Sohle von Blut». Dazwischen plünderte man Bürgerhäuser, Moscheen, raffte Preziosen, Raritäten an sich, schnüffelte, wühlte, schlitzte noch die Bäuche Ermordeter auf, um aus deren Därmen vielleicht verschluckte Goldstücke zu ziehn ... «Dann, glücklich und vor Freude weinend, gingen die Unsrigen hin, um das Grab Unseres Erlösers zu verehren ...»[54]

«Jeder Plünderer», schreibt der Erzbischof von Tyrus, «erklärte das Haus, das er gerade betreten hatte, mit seinem ganzen Inhalt für sein eigen bis in alle Ewigkeit. Denn vor der Einnahme der Stadt hatten die Pilger ausgemacht, daß nach ihrer gewaltsamen Eroberung dasjenige, was jeder von ihnen in Besitz nehmen würde, auf Grund des Besitzrechtes unangefochten für immer sein bleiben sollte. Folgerichtigerweise (!) gingen die Pilger höchst sorgfältig (!) vor und töteten dreist jeden Einwohner.» Jerusalem wurde entleert von allen Moslems und Juden.

Kein zeitgenössischer christlicher Chronist indes äußert im geringsten Gewissensbisse. Wilhelm von Tyrus verweist auf den 118. Psalm: «Man singt mit Freuden vom Sieg in den Hütten der Gerechten.» Und schon zwei Wochen später, am 1. August, wählt die katholische Mordbande einen lateinischen Patriarchen, Arnulf von Chocques, der darauf – eine seiner ersten Maßnahmen im neuen Amt – das «Heilige Kreuz» des Herrn, die Starreliquie des Heiligen Landes, ausfindig macht: durch das Foltern griechischer Priester. Der arabische Dichter Mosaffer Allah Werdis aber klagt: «O daß so viel Blut geflossen, daß man so viel Frauen nichts hat gelassen, ihre Scham zu schützen als die Fläche ihrer Hände. Zwischen dem Stoß der Lanzen und der Schwerter ist der Schreck so furchtbar, daß das Antlitz der Kinder weiß wird vor Angst.»

Die Christen jedoch gingen hin, «um das Grab Unseres Erlösers zu verehren ...». Und 60–70 000 Sarazenen hatten sie unmittelbar zuvor liquidiert. «Leichenhaufen wie Häuser», meldet ein Berichterstatter. Und andere christliche Quellen versichern, daß noch ein halbes Jahr, ein Jahr später «die Luft vom Leichengestank verpestet war». Noch in der Mitte des 19. Jahrhunderts freilich fand das mit Imprimatur erschienene katholische «Kirchen-Lexikon» von Wetzer/Welte beim Vergleich der «einzelnen Kreuzzüge unter sich nach ihrer leitenden Idee, Anlage und Ausführung» (!) «die Reinheit der frommen Begeisterung hauptsächlich im ersten ...».

Die Reinheit frommer Begeisterung ... So voll nehmen Katholiken hundert Jahre später nicht mehr den Mund. Die Kirchengeschichte des Theologen Neuss, die «das Verlangen weiterer Kreise nach vertieftem Verständnisse» befriedigen will, teilt über dies ganze blutrünstige Massaker lediglich mit: «... am 15. Juli wurde die Stadt eingenommen». Und alles, was Jesuit Hertling darüber bietet, ist der Satz: «Das erste Ziel der Kreuzzüge war erreicht.»

Viele konfessionelle Historiker bagatellisieren oder verschweigen so noch im 20. Jahrhundert diese und andere Greuel der Vergangenheit – Täter auf ihre Art. Noch in der zweiten Hälfte des 20. Jahrhunderts schreibt der christliche Historiker Denys Hay (Professor für mittelalterliche Geschichte an der Universität Edinburgh) über die Ausmordung Jerusalems durch die Christen: «Wie der anonyme Chronist des ersten Kreuzzuges berichtet, zahlten sie so ihre Schuld an den Herrn zurück. Außerdem genossen sie, wenn auch nur für eine kurze Zeit, den geistigen wie den materiellen Lohn der Pilgerfahrt und des Kreuzzuges. Noch jahrhundertelang verbanden sich mit der Idee des irdischen und des himmlischen Jerusalem Bestrebungen, denen es gelang, wenigstens für einige Zeit den Begriff der ‹Christenheit› zur lebendigen Realität werden zu lassen.» Rühmt doch der sich selbst neckisch «Protestant, wenn auch ohne besonderen Bekenntnisdrang» nennende Horst Fuhrmann noch 1998 nicht nur Urbans «Meisterstück an Inszenierung» und die «Begeisterung» der Massen, sondern schreibt auch mit doch wohl offensichtlichem Bedauern: «Der Erfolg des ersten Kreuzzugs, der am 13. Juli 1099 die Eroberung Jerusalems brachte, ist in den folgenden Jahrhunderten nie mehr überboten worden. Die weitere Geschichte des christlichen Heiligen Landes ist nichts anderes als die deprimierende Chronik seines schrittweisen Untergangs ...»[56]

Wenn aber Mord Verbrechen, Massenmord ein noch viel größeres Verbrechen ist, dann ist der Initiator des Ersten Kreuzzugs, Papst Urban II., diese «tief religiöse Natur» (Alfons Becker), ein Massenmörder gewesen – und er bleibt es. Über eine Million Menschen kam durch seinen Aufruf sowie seine steten Bemühungen um «Nachschub» auf elendigliche Weise um: – erst die Juden von Rouen, Reims, Verdun, von Metz, Mainz, Trier, Speyer, Worms, Köln, Neuß, Xanten, Prag u. a., dann christliche Ungarn, christliche Serben, christliche Griechen, auch Christen Kleinasiens; der größte Teil der Kreuzfahrer selbst; und endlich ihre Gegner. Und dafür – oder wofür sonst?! – wurde der Verbrecher von Papst Leo XIII. 1881 seliggesprochen (Fest: 29. Juli). Doch dürfte dies noch nicht die letzte «Ehre», die letzte «Erhebung» des Ungeheuers sein. Steckt es ja so tief im Blut, daß es eines Tages auch heilig gesprochen werden wird – nein: werden muß! Wie alle seinesgleichen.[57]

Man erinnere sich doch immer wieder der Sentenz des Helvetius: Wenn man ihre Heiligenlegenden liest, findet man die Namen von tausend heiliggesprochenen Verbrechern. Denn es ist so. Und es nimmt kein Ende.[58]

Das Blutbad von Jerusalem hat die Autorität des Papsttums mächtig gestärkt. Urban II. starb zwar bereits zwei Wochen nach dem Fall der Stadt und wohl ohne Kenntnis seines Sieges. Seine Nachfolger aber setzten den Kampf gegen die «Ungläubigen» fort.

Und gegen das deutsche Kaisertum.

7. KAPITEL

DAS ENDE DER SALIERZEIT UND DES INVESTITURSTREITS

«... dann gingen die Auseinandersetzungen zwischen Kaisertum und Papsttum unter ... dem energischen Paschalis II. (1099–1118) mit unverminderter Härte weiter.»
Harald Zimmermann[1]

«Der Investiturstreit dauerte ein halbes Jahrhundert, und nicht minder wütend als der dreißigjährige Krieg hat er Deutschland (und auch Italien) verheert ...»
Ferdinand Gregorovius[2]

Heinrich IV., in der Zeit vor dem Ersten Kreuzzug jahrelang in Oberitalien abgeschnitten (S. 336 ff.), vermochte im ausgehenden Jahrhundert seine Macht in Deutschland wieder zu konsolidieren. Welf V. hatte sich, als die Hoffnung auf den italienischen Besitz seiner Gattin Mathilde immer mehr schwand, 1095 von ihr getrennt, sein Vater, Bayernherzog Welf IV., mit Heinrich wieder ausgesöhnt, worauf dieser Anfang 1097 nach Deutschland zurückkehren konnte. Auch mit den gegnerischen Schwabenherzögen kam es zu einer Einigung.

Allerdings hatte der Kaiser inzwischen seinen Sohn Konrad – mit zwei Jahren bereits anerkannter Nachfolger, kurz darauf sein Begleiter nach Canossa (S. 281 f.) – an den Papst verloren. Konrad, der sein Leben meist in Italien und oft unter pfäffischen Fittichen verbrachte, war zwar noch 1087 in Aachen zum König geweiht, dann aber durch Gräfin Mathilde ins päpstliche Lager gezogen worden. Von einer deutsch-italienischen Koalition als Rivale des Vaters aufgestellt, wurde er 1093 in Mailand zum italienischen König gekrönt, zwei Jahre später von Urban II., dem er Stratordienst und Sicherheitseid geleistet, mit der Kaiserkrone gelockt und durch die gleichfalls vom Papst vermittelte Vermählung mit der Tochter Rogers I. von Sizilien noch enger an den antikaiserlichen Kreis gebunden. Auf einem Mainzer Reichstag im Mai 1098 abgesetzt, wählte man an seiner Stelle Heinrichs jüngeren Sohn, den dreizehnjährigen Heinrich (V.), zum König und krönte nun ihn am 6. Januar 1099 in Aachen. Dabei mußte er schwören, nie ohne väterliches Einverständnis nach der Macht zu greifen – und wurde dann gleichfalls vom Papsttum auf den Vater gehetzt.

Der Kaiser aber, durch eines der unglücklichsten, doch nahezu beispiellos tapfer durchstandenen Herrscherschicksale aller Zeiten geschlagen, war abgekämpft, war alt und müde geworden und suchte Frieden. Seine 1103 auf dem Mainzer Reichstag angesagte Pilgerfahrt wurde nicht begonnen, der verkündete Reichslandfrieden aber sollte für das ganze Reich vier Jahre dauern, wobei den Friedensbrechern schwere Strafen drohten, und zwar – ein revolutionärer, die Standesunterschiede einebnender Vorstoß – die gleichen Strafen für Freie wie Unfreie! «Dieses Friedensdekret», urteilt die Vita Heinrici, «brachte den Armen und Gutgesinnten ebenso großen Nutzen, wie es den Böswilligen und Machthabern schadete.» Und schadete es dem Kaiser auch beim Adel, galt er auch einem Teil des Klerus immer noch als verfluchter «Ketzer», als zweiter Nero oder Attila, allmählich flaute im Reich selbst der kirchliche Widerstand gegen ihn ab. Nur die Gegnerschaft des Papsttums blieb ungebrochen.[3]

Heinrichs IV. letzte Jahre

In Italien mußte Urbans Nachfolger Paschalis II. (1099–1118) zunächst mehrere Gegenpäpste niederringen, an deren Aufstellung der Herrscher keinerlei Anteil hatte.

Zuerst ging Paschalis, ein rigoroser Reformverfechter, gegen Clemens III. vor, der immerhin drei Päpste überleben durfte. Doch konnte ihn Paschalis schon kurz nach seiner Papstwahl mit Hilfe normannischer Schwerter und normannischen Goldes aus seiner letzten Residenz in Albano vertreiben. Clemens setzte sich noch einmal in Civita Castellana fest, überfiel als eine Art Strauchritter Romreisende, fing auch einen heimkehrenden französischen Bischof und starb am 8. September 1100. Von seinen Freunden als Heiliger beweint, gelangen an seinem Grab bald ebenso große Wunder wie an der Gruft von Gregor VII. oder Leo IX. Um das mirakulöse Geschehen schnellstens zu beenden, ließ Paschalis den Toten ausbuddeln, verbrennen und die Asche in den

Tiber schmeißen. Gleichzeitig erklärte er alle päpstlichen Verfügungen des Verstorbenen für ungültig.[4]

Aber bald traten – wieder ohne jede Beteiligung des Kaisers – neue Gegenpäpste auf. Zuerst der Kardinal Theoderich, Bischof von Albano, dann der sabinische Bischof Albert. Doch durch Bestechung und mit Hilfe normannischer Krieger konnte sie Papst Paschalis einfangen und 1101 exilieren lassen. Beide Brüder in Christo verschwanden und endeten in süditalienischen Klosterkerkern; Gegenpapst Theoderich – nach einem Pontifikat von 105 Tagen – im Dreifaltigkeitskloster La Cava bei Salerno, wo er 1102 starb; Gegenpapst Albert im Kloster S. Lorenzo bei Aversa; von ihm ist nicht einmal sein Todestag bekannt.

Im November 1105 erhob eine römische Adelsgruppe den Erzpriester von S. Angelo, Maginulf, zum neuen Gegenpapst Silvester IV. (1105–1111). Auch alte Anhänger Gregors VII. und Urbans II. hatten ihn gewählt, weil Paschalis, so beteuerten sie, schon als Abt Simonie geübt und seinen Sessel buchstäblich gekauft habe. Mit Waffengewalt nahm Silvester den Lateran, den alsbald Paschalis' Haufen bestürmten. Weithin in der Stadt kam es zu Blutvergießen, selbst im Circus Maximus schlugen sich die papalen Parteien, mehrmals unterlag Paschalis' Truppe empfindlich. Doch ging Silvester das Geld aus, sein Anhang schwand, und der vierte Gegenpast floh im November aus Rom und kroch, als Heinrich ihn 1111 fallen ließ, spät, aber vollständig zu Kreuz.[5]

Bei alldem hatte Paschalis nicht nur rebellische Barone, ihre Türme und Burgen in und um Rom zu attackieren, sondern er setzte auch den Kampf gegen Heinrich IV. verbissen fort. Auf der Lateransynode vom März 1102 erneuerte er den Fluch wider ihn und seinen Anhang. Dabei nannte er, was sein Vorgänger nie getan, den Regenten ausdrücklich, warf ihm fortgesetzten Raub, Brand, Meineid, Mord vor. Er stachelte zu neuem Krieg in Deutschland auf, wovon dort niemand etwas wissen wollte. Ja, er erließ erstmalig einen Kreuzzugsaufruf gegen einen politischen Gegner und trieb den Grafen Robert von Flandern mit einem Heer gegen den kaisertreuen Bischof Walcher und den Kaiser, der jetzt zum «Haupt der Häretiker» avanciert. Kein wohlgefälligeres Opfer könne er Gott darbringen, erklärte der Papst am 21. Januar 1102, als wenn er den Kaiser, den Gottesfeind, bekriege, wofür er Sündenvergebung und den Eintritt in das himmlische Jerusalem verhieß.

Es nützte Heinrich auch nicht, daß er 1103 auf dem Reichstag zu Mainz erklärte, zur Tilgung seiner Sünden nach Jerusalem zu ziehen, werde er zuvor vom Bann gelöst. Vielmehr propagierte der Papst den Aufstand im Reich. Er befahl einigen süddeutschen Fürsten geradezu Rebellion und Bürgerkrieg «zur Vergebung ihrer Sünden» und forderte dazu auf, alle Untertanen Heinrichs IV. zu erschlagen.[6]

So nahm die Erhebung immer größere Ausmaße an, und Heinrich V., gedrängt von den Parteigängern Roms, darunter Legat Bischof Gebhard, trat um die Jahreswende 1104/1105 an ihre Spitze. In einer spektakulären Aktion sagte er sich vom Kaiser los, und während dieser erneut mit dem Papst eine Verständigung suchte, würdigte ihn Paschalis nicht einmal einer Antwort, löste aber sogleich den rebellierenden Sohn von seinem Eid.

Heinrich V., der freilich auf eine bereits lange Tradition von Wortbrüchen und Frontwechseln christlicher Großer zurückblikken konnte, rückte gegen das kaiserliche Nürnberg, belagerte es zwei Monate, plünderte und verwüstete es. Nicht genug, er beging ein zweites Mal Verrat am Vater. Gelang es ihm doch, diesen durch einen weiteren Wortbruch zu täuschen und ihn auf Burg Böckelheim an der Nahe gefangenzusetzen, ihm die Auslieferung der Reichsinsignien zu erpressen und zu Jahresbeginn 1106 vor versammelten Fürsten in Ingelheim seine Abdankung zu erreichen. Den Ausschlag gab dabei der Auftritt zweier päpstlicher Legaten und ihre Darlegung der angeblich rechtskräftigen Verfluchung des Kaisers durch die Päpste.

Vergeblich bat Heinrich IV., nachdem er alles verloren, um Lösung des Banns. Doch resignierte er auch jetzt nicht. Er entkam, fand in Niederlothringen starken Anhang, schlug am 22. März ein Heer seines Sohnes völlig bei Visé an der Maas und starb plötzlich am 7. August 1106 in Lüttich. «Viele wissen viel», hatte er einst von sich gesagt, «sich selbst hat niemand ausgelernt.»[7]

Der Haß der Pfaffen aber folgte ihm auch nach dem Tod. «Denn der Papst und seine anderen Gegner rächten sich mit solcher Strenge an ihm, daß sie nicht einmal erlaubten, den Toten zu begraben» (Helmold von Bosau). Der Leichnam wurde von fanatischen Priestern nach einer öden Insel in der Maas geschafft und stand dann jahrelang unbegraben, doch vom Volk verehrt, in einer ungeweihten Kapelle des Speyerer Doms, da Paschalis eine christliche Beerdigung strikt verweigerte. Aber 1111 ließ Heinrich V. den Vater an seinem Todestag mit allem kirchlichen Prunk in der Krypta des Doms an der Seite seiner Vorgänger bestatten. (Bei der Graböffnung 1900 waren die Skelette von Vater und Sohn gut erhalten, auch die Kronen, der Reichsapfel noch vorhanden, dazu einige Gewand- und Schuhreste – man hatte die Salier in voller «Amtskleidung» beigesetzt.)

Durch ein Jahrtausend jedoch wurde Heinrich IV. von den klerikalen Geschichtsschreibern diffamiert. Bereits Lampert, dessen Annalen Ranke «nie ohne eine gedrückte Stimmung aus der Hand» geben konnte – ein mildes Verdikt, war der Hersfelder Mönch doch in Wahrheit «voll Gift und Lüge» (Teuffel) –, bereits Lampert versäumte keine Gelegenheit, Heinrich mit allem rhetorischen Schwung Hinterlist und Falschheit nachzusagen, Rachgier, Grausamkeit, Blutdurst, während er etwa einen Anno von Köln (S. 217 ff.) als reinen Engel schildert, nur um den Kaiser desto scheußlicher dagegen abzuheben. Noch im späten 19. Jahrhundert urteilt der katholische Theologe Looshorn, Heinrich IV. habe gewiß alle Verbrecher seines großen Reiches an Nichtswürdigkeiten überboten. Und trifft Albert Haucks Behauptung zu, kein deutscher König sei von einem großen Teil der Deutschen so glühend gehaßt worden wie Heinrich IV., dann ist dies vor allem die Folge des jahrzehntelangen Kleruskampfes gegen einen Herrscher, der bis zu seinem Tod kein Recht des Königtums in der Kirche preisgegeben hat.[8]

In den Spuren des verratenen Vaters

Heinrich V. hatte seinen Sieg mit Hilfe der Kirche durch Untreue gegenüber dem Vater erkauft. So begegnete er zunächst Papst und Klerus voller Ergebenheit, Entgegenkommen, Demut. Sofort nach seiner Thronbesteigung sorgte er für die Entfernung schismatischer, d. h. wibertistischer Bischöfe von Sachsen bis Bayern, wobei der Haß des siegenden Klerus soweit ging, noch die Leichen gegenpäpstlicher Bischöfe aus den Kirchen zu reißen. Was freilich die Investitur betraf, machte auch Heinrich V. keine Zugeständnisse. Der Papst aber bestand bald und mit aller Entschiedenheit auf dem Investiturverbot.[9]

So setzte jetzt Heinrich V., der seinen Kampf gegen den Vater mit der Kirche begonnen hatte, als König den Kampf des Vaters gegen die Kirche fort. Wie dieser hielt auch er an der Investitur fest, legitimiert durch altes, von der Kirche vordem nicht angefochtenes Gewohnheitsrecht. Paschalis sah sich deshalb in seinen schönsten Hoffnungen getäuscht. Verhandlungen, die er mit Heinrichs Gesandten führte oder führen ließ, blieben ohne jeden Erfolg. Und in all diesen Jahren, besonders 1107, 1108, 1109, führte der Stellvertreter Christi auch einen unentwegten Kleinkrieg, belagerte und stürmte er widerspenstige Adelsnester, aufständische Kastelle in und um Rom, das nach dem Geständnis des päpstlichen Biographen die Höhle täglicher Empörung war. Und als er 1110 Kunde vom bevorstehenden Romzug Heinrichs bekam, rüstete er auch gegen ihn.

Er eilte selber nach Unteritalien, verpflichtete die apulischen Fürsten und Grafen eidlich zur Waffenhilfe, gleichfalls den römischen Adel, und rief beim Heranrücken des deutschen Heeres durch seine Boten im Norden und Süden zum Krieg für die Kirche auf.

Dann aber, angesichts der feindlichen Übermacht ringsum im Stich gelassen, wollte er doch weiterverhandeln. Und als Heinrich wieder einmal die Anerkennung des Investiturrechts forderte, reagierte der Papst mit einem spektakulären Vorschlag. Er war bereit, gegen den Investiturverzicht des Königs, gegen den Verzicht auf die Laieninvestitur, den deutschen Kirchenfürsten die Rückerstattung der Kronlehen, aller regalia, aller ihnen seit den Tagen Karls «des Großen» geschenkten Güter und Rechte, unter Androhung des Bannes zu gebieten. (Der Begriff «Regalien» umfaßte dabei Herzogs- und Grafenämter ebenso wie den gesamten Grundbesitz einschließlich von Städten, Burgen, Ritterschaften, auch solcher Rechte wie Münze, Markt und Zoll.) Ihre materiellen Bedürfnisse wollte die Kirche nur noch durch Zehnten und Oblationen, durch private Schenkungen bestreiten.

Die überraschende Offerte lief somit auf totale Trennung der seit Jahrhunderten fast unlösbar miteinander verquickten und versippten Institutionen Staat und Kirche hinaus. Der König, wiewohl anscheinend von der Irrealität des – theoretisch so plausiblen – Plans überzeugt, ging darauf ein. Am 12. Februar 1111 betrat er Rom, küßte dem vor St. Peter wartenden Paschalis II. den Fuß, worauf man während der Krönungsfeierlichkeiten die gemeinsamen Abmachungen, die königliche und die päpstliche Urkunde, verlesen ließ. Ein Proteststurm sondergleichen erfolgte. Von allen Seiten erscholl wütend Einspruch: der Hochadel, der hohe Klerus, die radikalen Gregorianer, alle waren aufs höchste erregt, alle befürchteten Einbußen an Macht, an Besitz, alle sahen ihre Positionen angetastet. Man schrie «Ketzerei» und «Kirchenraub», wollte den Salier «ohne Umschweif gekrönt» sehen «wie Ludwig und Karl». Prälaten drängten ihn, den Papst abzuführen. Und da Heinrich nach dem Scheitern des Projekts dennoch Krönung wie Investiturrecht forderte, Paschalis sich aber weigerte, verhaftete der junge König kurzerhand den Papst samt allen greifbaren Kardinälen.

Ein Staatsstreich von solcher Rabiatheit hatte sich in der Kirchengeschichte das letztemal vor beinah einem halben Jahrtausend abgespielt, als sich der byzantinische Statthalter Theodor Kalliopa Papst Martin I. am Altar der Lateranbasilika, wo sogar sein Bett stand, griff und ihn augenblicklich nach Konstantinopel verfrachtete (IV 342 ff.). Und weitere siebenhundert Jahre sollte es dauern, bis Napoleon Bonaparte, anscheinend in recht guter Kenntnis von Heinrichs V. Gewaltstreich, den kranken Pius VII.

im Frühsommer 1812 in eine seiner Lieblingsresidenzen bei Paris bringen ließ, wo der Papst am 25. Januar 1813 das sogenannte Konkordat von Fontainebleau unterzeichnete, das er freilich zwei Monate später prompt widerrief.[10]

Mutatis mutandis hatte der Salier das vorexerziert.

Ein kaum beschreiblicher Aufruhr erfaßte Rom, habgierig und raffgierig durchschwirrte man die Stadt, überall Plünderungen einschließlich der goldenen Kirchengefäße, der Ornate, überall Blutvergießen, Abstechung der Deutschen unter dem Sturmläuten der Glocken, den Agitationen des Klerus, der zum Widerstand rief. Beschwörend appellierte der Kardinal von Tusculum an die Römer, für ihre Freiheit, ihr Leben zu kämpfen – das sie dabei gerade verloren; und natürlich für die «Verteidigung der Kirche». «Der heilige Vater, die Kardinäle, eure Brüder und Söhne schmachten in den Ketten des treulosen Feindes; tausend edle Bürger liegen tot hingestreckt im Porticus; die Basilika des Apostels, der ehrwürdige Dom der Christenheit starrt von Leichen und Blut.»

Der Tumult artete in eine die ganze Nacht durchdauernde Straßenschlacht aus. Auch der verspätet, doch noch «gerade rechtzeitig» in die Ewige Stadt kommende Kölner Erzbischof Friedrich I. griff «wirksam» (Schieffer) ein (bevor der wiederholt die Front wechselnde, deshalb dreimal suspendierte Prälat Heinrich V. ebenso verriet, wie er schon Heinrich IV., der den 25jährigen erst 1100 zum Erzbischof gemacht, verraten hatte). Der König wurde verwundet vom Pferd geschlagen, sein Lebensretter, Vizegraf Otto von Mailand, dafür in Stücke gerissen. Wie ein geprügelter Hund zog der Salier ab, allerdings Papst und sechzehn Kardinäle im Schlepptau; «nackt», behauptet von den Kardinälen Helmold von Bosau, «mit Stricken um den Hals und auf den Rücken gebundenen Händen», auch römische Konsuln und Pfaffen an Stricken, auch «unzählbare Scharen von Bürgern in Ketten», eine Flucht und ein Triumphzug, vielleicht, wer weiß, eine Art Quittung auch für Canossa – wie sagt Goethe? Das beste an der Geschichte ist der Enthusiasmus, den sie erregt ...[11]

Nach zweimonatiger Haft auf benachbarten Burgen wurde Paschalis weich und gestand, im Vertrag am Ponte Mammolo vom 11. April 1111, entgegen seiner ganzen Überzeugung, dem König das Recht der Investitur zu. Er gelobte außerdem eidlich, Heinrich deshalb keine Schwierigkeiten mehr zu machen, ihn niemals zu bannen, was überdies sechzehn Kardinäle im Namen des Papstes beschworen, der Heinrich schon zwei Tage später in der Peterskirche zum Kaiser krönte. Dabei brach der Papst die Hostie, teilte sie mit dem Monarchen und erklärte, während beide sie schluckten: «So sei vom Reiche Gottes getrennt, wer diesen Vertrag zu brechen versucht.» Ein knappes Jahr darauf aber ließ Paschalis durch die Lateransynode vom März 1112, unter Bruch seines Wortes und Eides, den Vertrag, das «Pravileg», verdammen, für ungültig erklären und am 16. September, durch eine südfranzösische Synode, deren Beschlüsse er bestätigte, über den Kaiser den Bann verhängen – und nannte den Exkommunizierten seinen «in Christo hochgeliebten Sohn», ja bemerkte, der Bund mit ihm sei intakt.

Dabei trotzten viele Kirchliche fanatisch dem Regenten; besonders die radikalen Gregorianer, die in ihm den Vorkämpfer des Antichristen sahen, ihm jetzt auch die Revolte gegen seinen Vater vorhielten, die sie doch selbst betrieben hatten. Nun fielen sie über den Schrittmacher des Teufels her, wetterten überhaupt wider die «misera Germania» und die «gottlosen Deutschen», die Abt Suger von Saint-Denis 1124, anläßlich des Feldzuges von Heinrich V. gegen die Franzosen, «barbari», sogar «Sarraceni» schimpfte.[12]

Doch auch in Deutschland begannen einflußreiche Kirchenmänner den Ungehorsam gegen den nun von diversen Synoden gebannten Kaiser zu schüren.

Die geistliche Leitung hatte das Kloster St. Georgen im Schwarzwald unter dem Abt Theoger, obwohl auch wieder die Hirsauer hetzten. Adalbert von Saarbrücken, Heinrichs früherer Kanzler und von ihm für seine Verdienste erst 1111 als Erzbischof von Mainz investiert, erhob sich, von flammendem Ehrgeiz erfüllt, viele Jahre wider ihn, ja wurde sein schärfster Gegner und, neben dem Sachsenherzog Lothar von Süpplingenburg, der eigentliche Anführer der deutschen Opposition; ihr «Haupt und Urheber», wie Bischof Otto von Freising den «verschlagensten und begütertsten aller damaligen Fürsten des Reichs» nennt. Denn hier wie in anderen Konflikten gab weniger die Kirchen- als die Territorialpolitik, der Übergriff des Prälaten auf diverse Reichsburgen, den Ausschlag. Auch stärkte Adalbert I. von Mainz die 1112 neu ausbrechende Gegnerschaft thüringisch-sächsischer Adelskreise.

Ebenfalls rebellierte Erzbischof Friedrich I. von Köln. Erst zum Kaiser übergetreten, entfachte er – wieder aus territorialpolitischen Gründen – 1114 die erfolgreiche niederrheinische Erhebung, der sich die Kölner Bürgerschaft unter Führung ihres Oberhirten und der größte Teil des regionalen Hochadels anschloß. (Derselbe Kirchenfürst, beiläufig, verhaftete auch den «Ketzer» Tanchelm, den 1115 ein Priester erschlug.) Kurz, die Territorialpolitik, die Förderung der Reichsministerialen und Städte erregten immer mehr den Widerstand der Großen, so daß es Heinrich V. nun wie seinem Vater ging – «das halbe Reich in einem Aufstand, der sich seine Berechtigung von der Kirche bescheinigen ließ» (Haller).

Als gar ein (zahlenmäßig unterlegenes) Heer des Kaisers am 11. Februar 1115 am Welfesholz bei Eisleben von einem sächsischen, durch rheinische Kontingente verstärkten Aufgebot unter Lothar von Süpplingenburg, von Heinrich V. 1106 zum Herzog erhoben, schwer geschlagen, sein Feldherr Graf Hoyer von Mansfeld getötet wurde und ihm Sachsen, ganz Norddeutschland faktisch weitgehend verlorenging (vor allem der Zugang zu den großen Krongütern, aber auch der Einfluß auf Reichslehen und Bistümer), fiel die Kirche erst recht über Heinrich her. Der Episkopat sprang großenteils von ihm ab. Auch der kaiserliche Gesandte, Bischof Erlung von Würzburg, der freilich bereits mehrmals zwischen Heinrich IV., dessen Kanzler er war, und Heinrich V. gewechselt, ging in Köln zu den Gegnern über, als Erzbischof Adalbert, der Bundesgenosse Herzog Lothars, eine Fürstenversammlung ohne den Herrscher eröffnete. Zwei päpstliche Legaten – deren einer, Kardinalbischof Kuno von Praeneste

(Palestrina), ein Deutscher und rigoroser Bestreiter der imperialen Investiturpolitik, Heinrich schon von Palästina bis Frankreich öffentlich verflucht hatte – stachelten nun in Deutschland gegen ihn auf und verkündeten den Bann. Und Papst Paschalis, der durch sechzehn Kardinäle hatte beschwören lassen, Heinrich niemals zu bannen, bestätigte auf der Jahressynode im März 1116 alles, was die Legaten «in seinem Namen» getan – verleugnete aber noch nach der Synode gegenüber kaiserlichen Gesandten seine Legaten![13]

Im übrigen wurde Paschalis' eigene Position in Rom immer brüchiger.

Seine Macht verdankte er vor allem dem Geld Pierleones, des Enkels von Baruch-Benedikt. Dessen Haus, etwa gegen Mitte des 11. Jahrhunderts vom Judentum zum Katholizismus konvertiert, war um die Kirche hochverdient. Es hatte eine Reihe von Päpsten, seit Nikolaus II., gestützt, später auch mit Petrus Pierleone selbst einen Papst, Anaklet II. (S. 428 ff.), sowie mehrere Kardinäle gestellt und war dabei selbst immer reicher, somit auch politisch bedeutend geworden. Viktor III. und Urban II. fanden in den Festungen der Familie Schutz, Urban war in ihrem Palast gestorben. Paschalis übertrug ihnen die Regierung Roms, ging er auf Reisen. Ihr Geld, ihre Macht, ihre glanzvollen Verbindungen ließen ihre jüdische Herkunft schnell vergessen. Sie waren schließlich die einflußreichste Sippe der Stadt, auch die am meisten angefeindete, vor allem durch die Frangipani, die, wiewohl gewöhnlich Parteigänger der Reformpäpste, doch zeitweise dem ghibellinischen, dem kaiserlichen Lager nahe, stets aber im scharfen Interessengegensatz zu den Pierleoni standen.[14]

Im April 1116 brach anläßlich der Wahl des Präfekten in Rom ein Stadtkrieg aus. Der Papst hatte einen anderen Kandidaten als die Kaiserlichen und die Römer. Denn diese wüteten zwar oft gegen das Kaisertum, «aber ihr Widerwille gegen die Papstgewalt war ewig» (Gregorovius), ein Punkt, auf dem der Geschichtsschreiber häufig insistiert.

Die Römer überfielen an Ostern die päpstliche Prozession. Kirchen wurden beraubt, Türme, Häuser ruiniert, es kam zu Exzessen jeder Art. Paschalis II. mußte fliehen, verscherbelte Kirchengüter, eroberte dann Rom zurück. Doch ein neuer heftigerer Aufruhr brach aus, die Bürger riefen den Kaiser zu Hilfe, der um Ostern 1117 kam und seine Gattin Mathilde, die Tochter Heinrichs I. von England, durch den portugiesischen Erzbischof Mauritius von Braga, der gerade in Rom weilte, krönen ließ, ganz ungeachtet etlicher Bannflüche, die das kaiserliche Haupt bereits getroffen. Paschalis war erneut geflohen, suchte Monte Cassino auf, den Schutz der Normannen in Benevent, wo er den Erzbischof von Braga sofort aus der Kirche stieß, kehrte aber nach dem Abzug des Kaisers im Januar 1118 mit Heeresmacht nach Rom zurück und verschied noch im selben Monat, während seine Sturmmaschinen schon St. Peter bedrohten und er noch sterbend mahnte, die «Anmaßung der Deutschen» niederzukämpfen.[15]

Nach Paschalis' Tod in der Nacht zum 21. Januar wurde am 24. der altersschwache Johann Gaetanus, der jahrzehntelange Kanzler der Kurie, als Papst Gelasius II. (1118–1119) ausgerufen, unmittelbar darauf mit seinen Kardinälen durch die Frangipani mißhandelt, in einem Turm in Ketten gelegt, doch wieder befreit, ja nun auf einem weißen Maultier umjubelt in den Lateran geleitet. Im Frühjahr freilich floh er mit knapper Not vor dem anrückenden Kaiser samt Hof und Kardinälen auf abenteuerliche Weise wahrhaft hollywoodreif unter Donner, Blitz und deutschem Pfeilregen zu Schiff aus Rom in seine Vaterstadt Gaeta.

Heinrich ließ am 8. März 1118 Mauritius, den Erzbischof von Braga, als Gregor VIII. (1118–1121) zum Papst ausrufen, und Papst Gelasius belegte ihn schon am 9. April samt seinem kaiserlichen Schutzherrn mit dem Bannfluch. Viele Provinzen Italiens, Deutschlands und Englands aber anerkannten ihn. Doch kehrte Gelasius nach Abzug des Monarchen im Mai mit der Waffenhilfe des Herzogs von Gaeta wieder zurück. In Rom, wo nun einmal mehr zwei Päpste Seite an Seite residierten, sich gegenseitig verfluchten, «tönernes Götzenbild» und «apokalyptisches Tier» schimpften, beherrschte allerdings Gregor VIII. den größeren, von den Frangipani kontrollierten Teil der Stadt, auch St. Peter, die Residenz der Gegenpäpste, und die Engelsburg. Und als Gelasius am 21. Juli bei einem feierlichen Hochamt erneut von den Frangipani überfallen wurde, konnte er gerade noch zu Beginn eines vielstündigen Gefechts unbemerkt mit fliegenden Meßgewändern davongaloppieren und alsbald die Heilige Stadt, «Sodom» und «Babylon», die «Stadt des Bluts...», von ihm geschmäht, verlassen. Er floh nach Südfrankreich, wo er, bereits todkrank eingetroffen, am 29. Januar 1119 im Kloster Cluny auf blankem Boden liegend starb.

Ein viel elenderes Schicksal als Gelasius II. ereilte allerdings seinen Gegner Gregor VIII., dem man den Spitznamen Burdinus (Eselchen) attribuierte. Nötigte ihn doch Gelasius' Nachfolger, Erzbischof Guido von Vienne, ein Graf von Burgund, der sich, im Frühjahr 1119 in Vienne geweiht, als Papst Calixt II. (1119–1124) nannte, im Sommer 1120 mit Gold und Truppen zur Flucht aus Rom. Gegenpapst Gregor schloß sich in seinen Stützpunkt Sutri ein, das der Heilige Vater Calixt jedoch in Person im April 1121 mit seinen Haudegen berannte, worauf die Bürger Gregor VIII. auslieferten.

Nach einer bestialischen Behandlung durch die päpstlichen Söldner ließ ihn Calixt in ein Bocksfell stecken und als Spottfigur, verkehrt auf einem Kamel sitzend, seinen Triumphzug – nach wahrlich kümmerlichem Sieg – in Rom eröffnen, wo man den einstigen Erzbischof von Braga mit Prügeln und Steinwürfen wie ein Tier durch die Straßen trieb, dann einkerkerte, von Burg zu Burg schleppte, bis er schließlich in einem süditalienischen Kloster umkam, ohne seinen papalen Anspruch aufzugeben. (Kann man hier wirklich Johannes Haller folgen, wenn er diesen Unglücklichen «eine mehr komische als tragische Gestalt» nennt? Sein Namensvetter, der hl. Mauritius, der legendäre Häuptling der Thebaischen Legion, der auch unter den Saliern ein Reichspatron blieb und Ende des 3. Jahrhunderts angeblich mit all seinen 6600 Legionären in der Schweiz den Märtyrertod starb – obwohl es so viele christliche Märtyrer wahrscheinlich in der *gesamten Antike bei weitem nicht* gegeben hat: III 164 f!, könnte er nicht zutreffender eine komische Figur heißen?)[16]

Mit dem Kaiser erstrebte Calixt II., ein stolzer, herrischer, mit vielen europäischen Fürsten verwandter Papst, einen Ausgleich. Er war auch mit Heinrich entfernt verwandt, den er als Erzbischof erbittert bekämpft hatte. Er schrieb ihm sogleich nach seiner Thronbesteigung und sprach ihn als Vetter an. Da Heinrich sich aber seinen Wünschen nicht fügte, die für Oktober 1119 in Mouzon vereinbarte Aussöhnung unterblieb, verfluchte er ihn noch in diesem Monat in feierlichster Form auf dem Konzil von Reims. Rasch erneuerte er die Verbindung mit den kaiserfeindlichen Gruppen, und Erzbischof Adalbert, dessen eigene Diözesanen in Mainz rebellierten, durch zahlreiche Hinrichtungen aber wieder friedlich gestimmt wurden, schürte als päpstlicher Legat in Deutschland eifrig den Bürgerkrieg, in dem er selbst ein Heer anführte.

Münster vertrieb seinen Oberhirten und wurde von den Kaisergegnern erobert und verbrannt. Doch gelang Heinrich im Verein mit den Fürsten und zum argen Verdruß Erzbischof Adalberts im Herbst 1121 der Abschluß eines Waffenstillstands. Und ein Jahr später, am 23. September 1122, schloß man das berühmte, zuerst von G. W. Leibniz so genannte Wormser Konkordat – ein Kompromiß, wenn man so will, eine halbe Lösung, doch keinesfalls, wie auch behauptet wird, ein «unentschieden» (Bosl). Es war das Ende des Investiturstreites, des Kampfes um die Reichskirche, aber noch nicht das Ende des Kampfes um die Macht, der vielmehr zwischen Kaiser- und Papsttum um die Mitte des 12. Jahrhunderts scharf entbrannte.

Das Wormser Konkordat, in zwei Urkunden mit den jeweiligen Verpflichtungen ausgefertigt, dem vom Kaiser ausgestellten «Heinricianum» und dem vom Papst ausgestellten «Calixtinum», basierte vor allem auf der Unterscheidung von Spiritualia und Temporalia, dem geistlichen und weltlichen Bereich – in mittelalterlichen Quellen leicht ineinanderfließende Begriffe. Die Spiritualien betrafen besonders das Anstellungs- und Entlassungsrecht über die Geistlichen, neben anderen jurisdiktionellen Befugnissen; die Temporalien umfaßten Güter und Rechte nicht direkt geistlichen Charakters, worauf dem Klerus aber nur ein Nutzungsrecht zustand, das er begreiflicherweise nicht gern aus der Hand gab.

Das Wormser Konkordat entschied somit über eine neue Ordnung bei der Besetzung der Bischofsstühle. Die Wahl der Bischöfe vollzog nun der Klerus; sie war prinzipiell seine Sache geworden. Da die Prälaten aber ihr bisheriges weltliches Amt nicht verloren, da sie Reichsfürsten, sogar mit zunehmendem Gewicht, blieben, ist klar, daß ihr an sich schon immenser Einfluß noch stieg.

Der deutsche Kaiser dagegen, der das Recht auf Investitur mit Ring und Kreuzstab, den Symbolen geistlicher Macht, verlor, durfte bei der Wahl der Bischöfe und Reichsäbte bloß noch anwesend sein und sie vor ihrer Weihe mit den Temporalia belehnen; allerdings auch nur in Deutschland, nicht in Burgund und Italien, was (für den Papst) entscheidend, freilich auch ein zukünftiger Zankapfel war. Denn preisgegeben hatte man damit nicht bloß das bisherige Reichskirchensystem, altes staatliches Gewohnheitsrecht, sondern vor allem auch den italienischen Episkopat und die Besetzung des wichtigsten, des römischen Bischofsstuhles. Er war jetzt dem Einfluß des Kaisers entzogen, seine Herrschaft über den Papst beseitigt, wenn auch genug Verstrickungsmöglichkeiten blieben.

Alles in allem hatte Calixt II. die Sache schlau eingefädelt. (Er besaß jede Art Erfahrung im Umgang mit Dokumenten: als Erzbischof von Vienne hatte er für sich den Primat in Gallien durch gefälschte Urkunden erstrebt!) Und in Worms beurkundete der Kaiser seinen Verzicht für die Apostel Petrus und Paulus und die katholische Kirche, der Papst sein Zugeständnis jedoch nur Heinrich V. persönlich. «Ich Calixt, gewähre Dir, Heinrich ...», begann seine Gegenurkunde. Und tatsächlich betonten kuriale Kreise bald, daß die Konzessionen nur Heinrich gelten, nicht aber seinen Nachfolgern. Der fast fünfzigjährige Krieg, von dem man sagen konnte, er habe Deutschland (und Italien) nicht weniger verheert als der Dreißigjährige Krieg, war somit durch einen Sieg der Kirche beendet, und der Papst versäumte nicht, seinen Triumph durch ein Monumentalgemälde im Lateran verewigen zu lassen.[17]

Calixt II. starb am 13. oder 14. Dezember 1124. Doch vergessen wir nicht, wie er seinen Gegenpapst Gregor VIII. – mit dem

Lexikon für Theologie und Kirche zu sprechen – «besiegte»! Wie, das verschweigt das Lexikon allerdings ebenso vollständig wie die Tatsache, daß er als Erzbischof von Vienne den Primatialanspruch seines Sitzes gegen Arles mit gänzlich gefälschten Dokumenten betrieb. Und endlich verschweigt das kirchliche Lexikon, woran hier besonders erinnert sei, daß Calixt schon wenige Monate nach Beginn seines Pontifikats durch eine Synode von Toulouse am 8. Juli 1119 die Verurteilung der Petrobrusianer erreicht und damit «erstmalig» (Maleczek) die weltliche Gewalt zur Verfolgung der «Ketzerei» eingeschaltet hat: der «Häresie» des Petrus von Bruis, eines in absoluter Armut lebenden Priesters, der die theoretischen Reformansätze der Kirche mit aller Entschiedenheit praktisch verwirklichen wollte, dann aber auf dem Scheiterhaufen in St. Gilles verbrannt worden ist.

Seinen Sieg, blicken wir kurz zurück, hatte das Papsttum durch jahrzehntelange Kriege und Greuel erkauft, durch Lügen, Eidbrüche und Verrat.

Großgeworden im 11. Jahrhundert durch das deutsche Königtum, tat es alsbald alles, um sich dieses Königtum zu unterjochen. Im Verein mit den Fürsten inszenierte Gregor VII. den Bürgerkrieg in Deutschland und spaltete das Reich. In Italien operierte er mit den Truppen Mathildens, mit normannischen Heeren und eigenen Söldnern gegen den Kaiser. Dann verband Urban II., vor allem durch die von ihm betriebene perverse Ehe des siebzehnjährigen Welf V. und der 44jährigen Mathilde von Tuszien, die «Militärpaktehe» (Alfons Becker), die süddeutschen und italienischen Kaisergegner. Sein Klerus bewirkte die Rebellion Konrads gegen dessen Vater Heinrich IV. Durch den Ersten Kreuzzug mit mehr als einer Million Toten wurde die Macht des Papsttums, materiell und ideell, noch gestärkt, später auch Heinrich V. zum Papst herübergezogen und gegen den Vater geworfen. Der Sohn wurde vom Treueid entbunden, der Bürgerkrieg weiter entfacht, erst mit Heinrich V. gegen Heinrich IV., dann auch gegen Heinrich V. selbst. Verrat, Bestechung, Ausbeutung, Klassenhaß, Rebellion, Aufhetzung der Großen und sogar der Söhne gegen den Kaiser, alles wurde in diesem Kampf vom Papsttum praktiziert und konnte um so sicherer eingesetzt und ausgespielt werden, als es die Völker grenzenlos verdummt, sozusagen religiös, «metaphysisch» in der Hand hatte, besonders durch das alberne Petrusmärchen (IV 381 ff!). «Die Vorstellung von Petrus dem Türhüter des Paradieses im buchstäblichen Sinn war in der Wurzel alt, aber zu ihrer ganzen Größe erwachsen und aufgeblüht ist sie erst im Zeitalter der Kirchenreform, des Investiturstreits und der Kreuzzüge» (Haller).[18]

8. KAPITEL

LOTHAR VON SÜPPLINGENBURG KRIEG FÜR KIRCHE UND PAPST

«Das leere Land lud zur Einwanderung ein . . .»
Albert Hauck[1]

«Lothar konnte überhaupt die Waffen nicht ruhen lassen . . .» «Der König sollte empfinden lernen, daß er mit der Vertreibung Anaclets eine heilige Pflicht gegen seine Mutter, die Kirche, zu erfüllen habe, ohne dadurch zu irgend welchen Ansprüchen, außer auf die Kaiserkrone, berechtigt zu werden. Lothars Charakter und vor allem jener der ihn beherrschenden Geistlichen bot Innocenz Gewähr, daß er ihn auch dann ungestraft kränken durfte, als er auf seine Hilfe durchaus angewiesen war.» Wilhelm Bernhardi[2]

«Die Lage wurde durch die aggressive Politik der römischen Kurie kompliziert, die bestrebt war, die polnisch-russischen Konflikte zu dem Zwecke auszunutzen, die Rus zum Katholizismus zu bekehren, und die Polen im 12. und 13. Jahrhundert als eine Basis für die katholische Expansion im Osten betrachtete.»
Kosminski, J. A./Skaskin, S. D.[3]

«Auch in der seit Beginn des 12. Jahrhunderts einsetzenden neuen Phase der Ostexpansion bedienten sich die deutschen wie die dänischen und polnischen Feudalgewalten der christlichen Ideologie und der kirchlichen Organisation, um mit ihrer Hilfe die Eroberungen zu sanktionieren, vorzubereiten oder zu sichern.» Engel, E./Epperlein, S.[4]

Im Alter von neununddreißig Jahren war Heinrich V. am 23. Mai 1125 vermutlich einem Krebsleiden erlegen. Da er kinderlos starb, erlosch jetzt das salische Königs- und Kaiserhaus im Mannesstamm. (Andere deutsche Fürstendynastien gehen auf die Salier zurück, unmittelbar die Staufer, die Babenberger, mittelbar die Habsburger der neueren Zeit.)

Heinrich V. hatte als Privaterben, als Empfänger des salischen Hausgutes, seinen Neffen, den fünfunddreißigjährigen Staufer Friedrich II. (monoculus) von Schwaben, dessen Mutter Agnes Heinrichs IV. Tochter war, eingesetzt, allerdings nicht als Thronfolger designiert, wenngleich wohl gewünscht und dafür vielleicht «alles, was er vermochte, getan» (Stimming). Friedrich dem Einäugigen, seit seinem fünfzehnten Jahr schwäbischer Herzog, kam die Nachfolge, nach tradierter Auffassung, durch Geblütsrecht zu. Während der Regierung des Onkels fast stets zu diesem stehend, hatte ihn Heinrich V. vor seinem Italienzug 1116 sogar zum Reichsverweser gemacht, freilich nur eine Machtbefugnis auf Zeit, keine «designatio de futuro». Immerhin aber vertraute er ihm auch seine Frau Mathilde zur Obhut und dieser selbst die Reichsinsignien an, die den beiden indessen Adalbert von Mainz, «der trugvolle Erzbischof», bereits «durch heuchlerische Versprechungen» (Otto von Freising) entwunden hatte.[5]

Friedrich von Schwaben nämlich, der Anhänger und nahe Verwandte Heinrichs V., mußte den Verteidigern klerikaler Prävalenz als künftiger König fatal, besonders unerwünscht aber dem Erzbischof Adalbert sein, dessen Territorialpläne deutlich mit der Hausmachtpolitik des Staufers kollidierten. So ruft schon am 24. August das Einladungsschreiben zur Mainzer Wahlversammlung – an dessen Spitze die Namen der Metropoliten Adalbert von Mainz, nach allgemeiner Annahme der Verfasser, und Friedrich von Köln prangten – mit «nicht zu überbietender Taktlosigkeit» (Petke) dazu auf, einen Herrscher zu finden, unter dem Kirche und Reich frei von der bisher erlittenen Knechtschaft sein werden. Adalbert, einst von Heinrich V. zum Kanzler und Erzbischof ernannt, im Spätherbst 1112 jedoch gefangengenommen und drei Jahre eingesperrt, übertrug seinen tief eingefleischten Haß gegen den Kaiser auch auf die Neffen, zumal auf Friedrich, und tat von Anfang an alles, um dessen Thronfolge scheitern zu lassen oder, wie es in dem Einladungsschreiben heißt, die notwendigen Angelegenheiten «nach der Eingebung des heiligen Geistes» zu regeln. Der Heilige Geist aber hatte sich offenbar längst für den Sachsenherzog Lothar von Süpplingenburg entschieden, auf den er beziehungsweise Erzbischof Adalbert dann auch «stets maßgeblichen Einfluß ausübte» (Gerlich).

Der Sachsenherzog, dessen Vater Graf Gebhard von Süpplingenburg kurz nach Lothars Geburt in der Schlacht bei Homburg (S. 242) gegen Heinrich IV. gefallen war, empfahl sich der kirchlichen Partei wohl schon als Salierfeind. Des weiteren war er kein Welfe, mit deren Sippe Adalbert im Streit lag. Auch zählte er schon fünfzig und hatte keinen männlichen Erben. Außerdem konspirierte er mit dem Mainzer bereits anläßlich der Sachsenaufstände. Der bayerische Metropolit, Konrad von Salzburg, floh sogar zu Lothar, ja soll sein persönlicher Freund geworden sein. Und gab es auch, territorialpolitisch bedingt, Differenzen mit einigen Prälaten, mit den Oberhirten von Hildesheim, von Halberstadt, viele Bischöfe sahen in dem Sachsenherzog ihren Mann – «ein tapferer Führer im Krieg, vorzüglich in den Waffen» (Vita Norberti).[6]

Die neue Phase der Ostkolonisation – «wo der Teufel seinen Sitz hatte und alle unreinen Geister wohnten ...»

Nur wohlgefallen konnte es deutschen Kleruskreisen, daß Lothar, «ein Schrecken der Feinde Gottes», in vier Kriegszügen östlich der Elbe – 1110, 1114, als er bis zu den Rugianern vordrang, 1121 und, weniger erfolgreich, 1125 – slawisches Gebiet eroberte und die «unerschütterlichen Angriffslinien» für die Zukunft zog; dienten diese Aktionen ja ebenso dem Ausbau seiner Herzogsmacht wie der Christianisierung. «Seit den Zeiten des Markgrafen Gero» – das heißt etwas (vgl. V 450 ff!) – «hatte eine so anhaltende Einwirkung des deutschen Elements auf die noch heidnischen östlichen Nachbarn nicht stattgefunden» (Bernhardi).

Die neue Phase der Ostkolonisation, die auch im späteren Mittelalter noch virulent und mit dem Naziüberfall auf Rußland und Südosteuropa verglichen worden ist, setzte seit Beginn des 12. Jahrhunderts ein. Und welche Motive da auch mitspielten, Konquistadorensucht, Abenteuerdrang, Freiheitsträume – die deutschen wie die polnischen, die dänischen Fürsten bereiteten diese Großraubpolitik mit Hilfe des Christentums, seiner Ideologie und Organisation, vor und sanktionierten, sicherten sie auch damit; seit der zweiten Hälfte des 12. Jahrhunderts besonders durch Johanniter, Templer, Cisterzienser. Schon im Hochmittelalter aber wurde, wie noch in der Neuzeit unter Hitler, die Ostexpansion von den Päpsten unterstützt, die im 12. und 13. Jahrhundert die polnisch-russischen Konflikte nutzten, um von der Basis Polens aus weiter nach Osten zu expandieren und die Rus katholisch zu machen.

Auf der anderen Seite haben die östlichen Völker jahrhundertelang nicht nur die Dominanz der Deutschen, sondern auch deren Gott bekämpft. Denn immer auch haben deutsche und sonstige christliche Aggressoren religiöse Gründe, Heidenmission, Ausbreitung des Reiches Gottes etc., vorgeschoben. «Das ganze Volk der Slawen», schreibt Helmold von Bosau von Kaiser Lothar, «wollte er dem heiligen Glauben unterwerfen.» Schließlich hausten diese Leute dort, so wieder Helmold, «wo der Teufel seinen Sitz hatte und alle unreinen Geister wohnten». Oder nach einem livländischen Chronisten mit Worten aus der Vita schon des ersten Sachsenbischofs: «Ein ungezähmtes und heidnischen Riten überaus ergebenes Volk wird schrittweise zum Joch des Herrn geführt»; wachse der Glaube doch «durch Kämpfen wie durch Predigen» (tam preliando quam predicando).[7]

Moralisch waren diese slawischen Heiden den Christen offenbar nicht unterlegen. Zumindest preist auch der Bamberger Mönch Herbord (gest. 1168) in seiner Ottovita ihre ethischen Qualitäten. «Bei den Christen, so sagten sie ferner, gibt es Diebe und Räuber, denen werden die Füße abgehauen und die Augen ausgestochen, alle Arten von Verbrechen und Strafen übt der Christ gegen den Christen. Fern sei von uns eine solche Religion.» Und weiter lobt Herbord: «So groß aber ist die Treue und Gemeinschaft unter ihnen, daß sie Diebstahl und Betrug gar nicht kennen und Kisten und Behälter nicht verschlossen haben ... Ihre Kleider, ihr Geld und alle Kostbarkeiten verwahren sie in einfach zugedeckten Kufen und Fässern, keinen Betrug fürchtend, weil sie ihn eben nicht kennen.»

Selbst wer einen «unbestreitbaren zivilisatorischen Fortschritt» der Ostkolonisation betont, muß doch zugeben, daß sie «zugleich religiöse Intoleranz, verschärfte nationale Gegensätze, den kapitalistischen Konkurrenzkampf, die Ansätze eines bürgerlichen Klassenbewußtseins und anderes, das heißt die Ursachen für neue Unterdrückung und neue Not gebracht hat» (Sprandel). Und auch wer «hie und da religiöse Gründe» sieht, die ja, was immer das sein mag, gar nicht unterschlagen werden sollen, oder wer an Abenteuerlust, Eroberungsdrang erinnert, muß einräumen, «aber weitaus am meisten spielte doch wohl der Erwerbssinn eine Rolle, die Aussicht auf Land zu günstigen Bedingungen, auf persönliche Freiheit und Selbständigkeit» (Thieme).

Bezeichnend ein mitten in diese Zeit fallendes, 1108 entstandenes Hetzschreiben von Erzbischof Adelgoto und fünf Bischöfen seines Sprengels (Albwin von Merseburg, Walram von Naumburg, Herwig von Meißen, Hezil von Havelberg und Hartbert von Brandenburg). Die Ostsachsen wenden sich darin an ihre Freunde, den Klerus und Adel im Westen, den Erzbischof von Köln, die Bischöfe von Halberstadt, Paderborn, Minden, Lüttich, den Abt zu Korvey sowie an Laien und blasen zum Krieg gegen die Wenden, welche Götzendienst treiben, Christen berauben, Christen foltern, köpfen, deren Haut bei lebendigem Leib abziehen etc. «Es haben sich gegen uns die Heiden mit einer Grausamkeit ohnegleichen erhoben und bringen uns fast zu Boden; Männer ohne Mitleid, die sich noch darin gefallen, ihre Bosheit zu rühmen, die bar jeder Gesittung ist. Erhebe dich nun, Du Braut Christi, und komme! Deine Stimme soll in den Ohren der Christenheit klingen, daß alle zum Kriege für den Heiland eilen und den Streitern Christi Hilfe bringen.»

Krieg für den Heiland, immer das hehrste Ziel. Doch Krieg für den Heiland heißt Krieg gegen den Teufel. Und der Teufel, ganz klar, das sind stets die andern, die Nichtchristen, die Heiden. «Die Heiden sind die schlechtesten Menschen; ihr Land aber ist sehr gut an Fleisch, Honig, Mehl, Vögeln, und wenn es zweckmäßig bebaut wird, kann keines mit ihm verglichen werden.» Darum rufen die Bischöfe zu Gott, er «möge Euch Willen und Macht geben, diese benachbarten und unmenschlichen Heiden zu unterjochen, und lasse es Euch in allen Dingen wohlergehen».[8]

Wie fanatisch Kleriker zum Kampf gegen die Slawen, die «Barbaren», die «Mordbrenner» treiben konnten, zeigt das Beispiel eines gewissen Gerlach bei der Verteidigung der Feste Süsel 1147. Die angreifenden Slawen hatten den Friesen für die kampflose Übergabe «Leben und Gesundheit» versprochen, und man war geneigt, dem nachzukommen. Doch da trat der Priester dazwischen. «Was wollt ihr tun, Männer?» schrie er. «Was verliert ihr den Mut und lauft geradezu ins Verderben! Ich beschwöre euch beim Herrn, dem Schöpfer der Welt, dem es nicht schwer fällt, Rettung durch wenige zu bringen, daß ihr noch kurze Zeit eure Kräfte probt und den Feinden widersteht. Solange wir nämlich von diesem Wall umgeben sind, gehorchen uns Fäuste und Waffen und wir setzen unser Leben auf die Hoffnung; waffenlos aber, bleibt uns nichts als ein schimpflicher Tod! Stoßt eure Schwerter, die sie von euch fordern, zuvor in ihr eigenes Mark und seid die Rächer eures Blutes. Euren Todesmut sollen sie schmecken und nicht ohne Blutzoll siegreich heimkehren!»

Helmold von Bosau, der holsteinische Geschichtsschreiber und Geistliche, zeichnet fast berauscht das Bild dieses kriegerischen Pfaffen, wie er sich schlachtwütig vor das Tor wirft, wie er mit eigener Hand «zahllose Slawen» durchbohrt und noch weiterkämpft, noch absticht, als er schon am Körper Blessuren und zudem ein Auge verloren hat, wie er «seelisch wie körperlich eine geradezu übermenschliche Kraft» beweist. «Großartiger haben auch die berühmten Söhne des Zeruja und die Makkabäer einst nicht gekämpft ...» Ja: immer lohnend der Rekurs auf die Bibel, zumal im blutrünstigen Zusammenhang.[9]

Die Voraussetzung für den Neubeginn der kirchlichen Mission im rechtselbischen Gebiet schuf Lothar von Süpplingenburg durch Unterwerfung der Slawen. Einige der ersten Resultate seiner Expansionspolitik, der Fortführung ja bereits viel älterer Ausgriffe deutscher Invasoren, waren etwa die Burg Segeberg in Holstein; das von Lothar im erzgebirgischen Königsforst gestiftete Benediktinerkloster Chemnitz, das rasch über einen reichen Grundbesitz und schon seit 1143 über einen Fernhandelsmarkt gebot; endlich Lothars Förderung der Mission des Bamberger Bischofs Otto in Pommern.[10]

Bischof Otto, der Pommernapostel

Otto I. von Bamberg (1102–1139), durch die Mutter wahrscheinlich staufischer Herkunft, stand erst im Hofdienst Heinrichs IV., wurde von dem Gebannten, gegen das heftige Widerstreben der Bamberger, 1102 zu ihrem Bischof investiert und fiel 1105 von seinem kaiserlichen Gönner ab.

Der wegen seiner Missionserfolge berühmte und heiliggesprochene Prälat wird als großer Seelsorger und «Friedensfürst» gepriesen, war aber auch äußerst materiell orientiert, wobei ihm sein Organisationstalent zustatten kam. So gründete er nicht nur von Kärnten bis Sachsen mehrere Dutzend Klöster, Stifte, Zellen u. a., die er sämtlich finanziell zu sichern wußte, sondern er trieb auch als erster Bamberger Bischof eine zielstrebige, ebenso einwie ausnehmende, keine Kosten scheuende Güter- und Burgenpolitik im Steigerwald, Frankenwald, auf den Jurahöhen. Durch Burg Ebersberg bei Zeil beispielsweise schützte er seinen großen Streubesitz am Nordrand des Steigerwalds, er brachte die Burgen Pottenstein und Gößweinstein in der Fränkischen Schweiz an sich, erwarb Burg Albuinstein, baute zahlreiche, viel Geld kostende Kastelle, sechs, schreibt sein Biograph, und vierzehn Kirchen. Auch bekam er einige strategisch bedeutende Paßstraßen nach Thüringen in seine Gewalt und rang systematisch die aufstrebenden Laien in seinem Bistum nieder – stand jedoch «immer», wird uns versichert, «nüchtern und nahezu fastend vom Abend- oder Mittagstische auf, weil er das Aufgetragene gänzlich den Kranken, Armen und Bettlern zutheilte» (Looshorn).[11]

Als bis heute gefeierte Glanzleistung des Apostolus gilt seine teilweise «Bekehrung» der Pomoranen (zwischen Oder und Weichselmündung) und der Liutizen auf zwei Missionszügen 1124/1125 und 1128.

Otto reiste, wie es einem so bescheidenen, für seine Armen und Bettler hungernden Heiligen zusteht, mit rund zwanzig Klerikern – ihm angebotene polnische Priester hatte er abgelehnt –, reiste mit einem gewiß noch zahlreicheren Gesinde, einem erst recht viel größeren Troß. Kurz, der einstige Kanzler Heinrichs IV. kam mit «allem Glanze eines deutschen Reichsfürsten» und überdies «mit der Autorität eines päpstlichen Legaten» (Kist) in den noch immer heidendunklen Osten, wo er u. a. Kammin und Pyritz (mit einer Burg des Pommernherzogs) sowie Stettin und Wollin «bekehrte».

Da der vorsichtige Missionar überall in herzöglichen Höfen nächtigte, auch den Begleitschutz Bewaffneter genoß, war ihm der Opfertod schlechthin verwehrt – mochten gelegentlich, nach Ludwig Donin, einige «Götzendiener» auch ihre Bogen schon spannen, denn, oh Wunder, «plötzlich erstarrten ihre Arme ...». Dabei ersehnte der Mutige so heiß die Palme des Martyriums! Jammerte er nach einer Keilerei in Wollin: «Wir sind um eine schöne Hoffnung gebracht. Die Palme war in unserer Hand ...» Vom Fällen eines heiligen Nußbaums, dessen Besitzer Otto mit der Streitaxt bedrohte, schreckte er jedoch sofort zurück. Gleichwohl konnte er verhältnismäßig rasch 22 165 Heidenseelen taufen (falls man richtig zählte).

Ottos erster Fischzug war mit Polen und dem Papsttum abgesprochen, der zweite mit König Lothar (der ihm mehr Diplome zukommen ließ als irgendeinem anderen Bischof) und mit Herzog Wartislaw I. von Pommern.

Wartislaw, in seiner Jugend offenbar in sächsischer Gefangenschaft getauft, später in polnischer Haft zur Missionierung seines Landes nebst Tributzahlungen an Polen gezwungen, war Mitbegründer des pommerschen Bistums, schützte den Oberhirten Otto gleich nach der Grenze und soll sich, verheiratet mit einer Christin, außerdem 24 Konkubinen gehalten haben. Weniger ihnen freilich als ihm zum Gedächtnis gründete man nach seiner Ermordung in Stolpe an der Peene eine Kirche und ein Benediktinerkloster.[12]

Nach Polen wurde der Bamberger Bischof durch Herzog Boleslaw III. Krzywousty (Schiefmund; gest. 1138) gerufen. Aus Herrschsucht hatte der Christ seinen Stiefbruder vertrieben, ihm dann die Augen ausreißen lassen und die alte Aggressionspolitik der Piasten gegen Pommern fortgesetzt. Er führte, seine größte Heilstat, einen Missionskrieg mit jahrelangen Raub- und Zerstörungsüberfällen und hat, obwohl angeblich fromm, demütig, liebenswürdig, nach Ottos Biographen Herbord, dem Mönch vom Bamberger Kloster Michelsberg, auch 18 000 besiegte Pommern getötet und weitere 8000 mit Frauen und Kindern nach Polen deportiert.

Als der Fürst 1121/1122 mit einem Vorstoß gegen Stettin den dortigen Herzog Wartislaw unterworfen und Pommern erobert hatte, folgten wie üblich den Räubern die Missionare. Zwar scheiterte der Bekehrungsversuch des spanischen Eremiten Bernhard gleich nach Kriegsschluß (in Wollin schickte man ihn auf einem Kahn fort, damit er «den Fischen predige»). Doch schließlich rief Boleslaw mit Erfolg den Bamberger Prälaten, um sein eigenes frommes Werk zu vollenden oder ihm wenigstens wieder aufzuhelfen. Denn die «bekehrten» Pommern zahlten den Tribut nicht mehr, verehrten aber öffentlich ihre bewährten slawischen Götter, ja, fanden so wenig Geschmack am Christentum, daß sie einen zugezogenen Geistlichen gekreuzigt haben. Und dem Erzbischof Norbert von Magdeburg, dessen Kirche die Ostgebiete (Polen, Pommern) zunächst zugewiesen bekam, einem Eifersüchtigen, in Parenthese, auf die Erfolge Ottos, wollten sie schon gar nicht dienen, wollten lieber sterben als seine Härte und Knechtschaft erdulden.

So zog Otto im April 1128 in Übereinkunft mit König Lothar und dem Herzog Wartislaw zum zweitenmal nach Pommern, um dort die kostbare Saat der Frohen Botschaft wieder auszustreuen. Ob ihm der König dabei durch einen Krieg wider die Liutizen etwas den Weg geebnet, ist nicht zwingend zu erweisen, doch manches spricht dafür. Sicher aber hat der kluge Otto, der zeitweise mit Geschenken angeblich nur so um sich warf, den Pommern die Angst vor dem Christentum zu nehmen gesucht, ihnen zumal eingeredet, daß diese Religion, was sie wohl am meisten fürchteten, keine materielle Opfer aufnötige!

Der mit Truppen heraneilende Herzog Wartislaw stärkte dem Missionar den Rücken, machte auch gleich einen äußerst ergiebigen Raubritt in liutizisches Gebiet, während Otto bald in Gützkow einen besonders reich und schön ausgestatteten «Götzentempel» – ungeachtet großer Geldofferten der Altgläubigen, die ihn, und wäre es als Kirche, erhalten wissen wollten – rücksichtslos ruinierte. Und noch um die Wende zum 20. Jahrhundert jauchzt der katholische Bamberger Bistumshistoriker Looshorn wie hingerissen: «ein prächtiges Schauspiel für die Christen, als die wunderbar großen und mit unglaublicher Bildhauerkunst schön vollendeten Götzenbilder, die viele Paar Ochsen kaum fortschleppen konnten, mit abgehauenen Händen und Füßen, ausgestochenen Augen und abgeschlagenen Nasen über den Abhang einer

Brücke zum Verbrennen ins Feuer geschleppt wurden, während die Freunde der Götzen dastanden und lautjammernd schrien.»

Aber das alles gehört zum Geschäft der «Heidenmissionare». Um 1114 zerstört der Brandenburger Bischof Hartbert mit dem Beistand des Magdeburger Johannisklosters, wie er sich selbst (in barbarischem Latein) rühmt, zahlreiche «Götzenbilder». In Holstein, wo die Slawen wiederholten «Bekehrungs»versuchen getrotzt, vernichtete der hl. Vicelin, der spätere Bischof von Oldenburg, den alten, so anhänglich Haine und Quellen verehrenden Glauben, doch offenbar nur mit Hilfe des christlichen Obodritenfürsten Heinrich, der derart ja bloß «den Dienst am Hause des Herrn» (Helmold) auszubreiten gedachte.

Einst hatte Christenfürst Heinrich den Heidenfürsten Kruto umbringen lassen, dann mit dänischer und deutscher Unterstützung das Abodritenreich wieder gewonnen, beträchtlich vergrößert und schließlich seine Residenz Alt-Lübeck (nordöstlich der heutigen Stadt) zum Zentrum eines christlichen Slawenreiches gemacht. Nach Heinrichs Ermordung 1127 aber brach dies alles rasch zusammen, da auch seine Söhne und Enkel nacheinander gleichfalls durch Mordanschläge umkamen. 1134 aber gewann Vicelin die Gunst Kaiser Lothars, der damals bei Segeberg, östlich der Trave, ein Chorherrenstift bauen ließ, das er Vicelin übertrug, und eine Burg.

Bei Errichtung der Burg fragte ein zuschauender Slawe nach der «Zwingfeste», die man «hier in der Stille» erstelle. Da entstehe ein Joch für das ganze Land, erwidert ein Slawenfürst. Von hier aus werde man »erst Plön brechen, dann Oldenburg und Lübeck, endlich die Trave überschreiten und Ratzeburg mit ganz Polabien erobern. Doch auch das Land der Obotriten wird ihren Händen nicht entgehen!» Und als der andre nach der Ursache solchen Unglücks forscht, sagt der Fürst: «Siehst du den kleinen Kahlkopf dort beim König stehen? Der hat dieses ganze Unglück über uns gebracht!»

Der kleine Kahlkopf war der Missionar, der Slawenapostel Vicelin. Denn regelmäßig verband sich mit der Mission die weltliche Gewalt und umgekehrt.[13]

So empfing Bischof Otto in Gützkow eine Gesandtschaft von Albrecht dem Bären (gest. 1170), die auch die Slawenregion sorgfältig auszuspähen hatte. Denn die Christianisierung schien hier Albrecht, der im engen Kontakt zu Lothar, dem Erzbistum Magdeburg, den Prämonstratensern u. a. eine äußerst zielstrebig gegen die Slawen vorgetragene Territorialpolitik betrieb, sehr erfolgversprechend. Albrecht kolonisierte und christianisierte die Nordmark und die ostelbischen Gebiete, was ihn zum Herrn über das gesamte Liutizenland machte, von der Lausitz bis zur unteren Peene und Oder. Auch die ottonischen Bistümer Havelberg und Brandenburg hat man so wiederhergestellt, überhaupt eben die Mark Brandenburg, eine neue Landesherrschaft im Slawenraum, gegründet. Und 1158 fand der Wegbereiter der deutschen Ostexpansion, der erste Markgraf von Brandenburg, der so aktive Askanier, Vater von drei Töchtern und sieben Söhnen, darunter Erzbischof Siegfried von Bremen, sogar noch Zeit, nebst Gattin Sophie von Winzenburg ins Heilige Land zu pilgern.[14]

Der hl. Otto, vom Kaiser ohnedies mit Zuweisungen überschüttet wie kein Prälat sonst, hatte auch die Pommern nicht bloß um «Gotteslohn» bekehrt. Denn bevor Lothar 1136 zu seinem großen Kriegszug nach Italien aufbrach, garantierte er Otto dokumentarisch die Tribute von vier Slawenbezirken als Dank und Anerkennung dafür, daß er dort den «Samen des Christentums» ausgestreut; womit sich die dem Heiligen zahlpflichtigen Gebiete bis zur Peene erstreckten. Nicht genug: auch alle Kirchen, die er in jenen Gegenden gegründet, sollen «ohne Einspruch ihm und seinem Bistum gehören» (sine contradictione sibi et ecclesie sue obtineat).

Ein merkwürdiges Licht auf den Bischof von Bamberg wirft auch ein Aufstand im benachbarten Böhmen. Dort regierte der gut christliche Herzog Soběslav I. (1125–1140), der durch den König Lothar 1126 in der Schlacht bei Kulm eine fürchterliche Niederlage erlitten hatte, wonach man sich aber gegenseitig respektierte.

Im Sommer 1130 deckte man nun ein Komplott gegen Soběslav auf. Zwei edle Böhmen, die Brüder Miroslaw und Strezimir, kamen danach sofort in Ketten, Miroslaw gestand, zu der Ermordung des Herzogs angestiftet worden zu sein; erst von einem Dienstmann des Herzogsneffen Bretislaw, den der Onkel schon seit Jahren gefangenhielt, dann von einem Priester, und schließlich von dem Prager Oberhirten Meginhard. Der Bischof, berichtete Miroslaw, habe ihm große Versprechungen gemacht und deren Einhaltung durch einen Eid auf die Reliquien beschworen. Meginhard stritt dies später ab, nicht aber seine Absicht, den Herzogsneffen zu befreien, denn anscheinend wünschte er ihn als Herzog.

Als die Sache aufflog, hatte sich der Prälat, wie günstig, gerade auf eine Pilgerreise nach Jerusalem begeben. Die übrigen aber traf fast samt und sonders die Rache des frommen Fürsten. Nachdem er erst noch nacktfüßig eine Dankprozession in den Prager Dom hinter sich gebracht, ließ er den Brüdern Miroslaw und Strezimir auf dem Markt alle Glieder abschlagen, den von ihnen zum Mord gedungenen Männern die Augen ausreißen, Zunge und Hände abschneiden, ihre Schenkel brechen und die Verstümmelten aufs Rad flechten. «Seine Sorge galt der öffentlichen Ordnung» (Lexikon des Mittelalters). Eine Gruppe weiterer Verdächtiger, deren Schuld nicht feststand, wurde, ordnungshalber, geköpft, der Herzogsneffe, dem gar nichts nachgewiesen werden konnte, geblendet, anscheinend gleichfalls ein pures Prophylaktikum.

Der Priester freilich behielt Kopf, Glieder, Augenlicht; er kam nur in Haft. Und als im nächsten Jahr der Bischof selbst aus dem Heiligen Land heimkehrte, waren alle, die gegen ihn hätten zeugen können, wie günstig wieder, längst tot. Der hl. Otto aber, ein Freund des Meginhard, eilte persönlich nach Prag, gab für den Amtsbruder eine feierliche Ehrenerklärung ab, worauf auch andere Bischöfe und Äbte Meginhard nicht minder feierlich rein von jeder Schuld sprachen.[15]

Erneuter Bürgerkrieg in Deutschland Staufer, Welfen (und ein Heiliger verketzert den andern)

Lothar von Süpplingenburg (dessen Beinamen erst Forscher des 19. und 20. Jahrhunderts zu «Supplinburg» entstellten) war zwar der Sproß einer alten und hochadeligen Familie, doch weder besonders begütert noch einflußreich, möglicherweise der Grund, warum ihn Heinrich V. zum sächsischen Herzog erhob. Dann aber wurde er beziehungsweise seine Gattin Richenza, mit der er fast vierzig Jahre, erstaunlich lang nicht bloß für einen damaligen Fürsten, zusammenlebte, mit reichen Erbschaften nur so überhäuft, mit Besitzungen Heinrichs des Fetten von Northeim, seiner Großmutter Gertrud, seiner Schwiegermutter Gertrud von Braunschweig, Erbfälle, die Lothars eher beschränkte Macht erweiterten, ihn zum Mächtigsten in Sachsen machten, zumal er seine Stellung von Anfang an systematisch ausgebaut hat.

Der Machtzuwachs verlockte den Herzog indes zu Größerem. Dabei geriet er freilich mit sächsischen Herren, vor allem aber mit der sogenannten Zentralgewalt in Konflikt, brachte er es etwa fertig, 1112 einem sächsischen Komplott gegen den Kaiser beizutreten, so daß er sein Herzogsamt, das er von jenem ja bekommen, verlor, und brachte es, als er es wiederbekam, weiter fertig, noch im selben Jahr abermals abzufallen. Bald darauf, 1114, während der pompösen Hochzeitsfeier Heinrichs V. mit Mathilde, der erst elfjährigen Tochter König Heinrichs I. von England, warf sich der stolze Sachsenherzog in Mainz barfuß und im Büßergewand dem Kaiser zu Füßen, schloß sich jedoch noch im selben Jahr wieder einem oppositionellen Fürstenbund an, ja besiegte den Herrscher im nächsten Jahr in der Schlacht am Welfesholz (S. 396). Und seitdem führte er, zusammen mit den Erzbischöfen Adalbert von Mainz und Friedrich von Köln, die deutsche Opposition an, wobei er u. a., entgegen den Verfügungen des Kaisers, mit Waffengewalt 1123 Konrad von Wettin zum Markgrafen von Meißen und den Askanier Albrecht den Bären zum Markgrafen der Lausitz machte.

Auf der von Erzbischof Adalbert zum 24. August 1125 nach Mainz einberufenen Wahlversammlung schied zunächst durch eine ebenso simple wie wirksame Machenschaft der Kandidat mit den meisten Chancen, Friedrich von Schwaben, der salische Familienerbe, aus. Verärgert durch die Tricks und Intrigen des die Kommission lenkenden Mainzers, verließ er die Versammlung, und am 30. August wurde Lothar von Süpplingenburg König – in freier Wahl! Der erste, der ihn wählte, war offenbar der Mainzer Seelenfürst. Die erste Verhandlung, in die man nach der Wahl eintrat, galt dem Verhältnis des neuen Königs zur Kirche – der ein zeitgenössischer Schriftsteller endlich «die Freiheit» wünscht, «welche sie immer ersehnt hatte!» Die ersten, die König Lothar den Treueid schworen, waren die 24 anwesenden Bischöfe. Und am 13. September setzte ihm Erzbischof Friedrich von Köln in Aachen die Krone auf.[16]

Die älteren Geschichtswissenschaftler sahen in Lothar einen «Pfaffenkönig», die neueren möchten dies nicht mehr ganz wahr haben; aber so falsch ist es nicht. Lothar wurde durch die Kirche König und erwies sich ihr lange, wenn irgend möglich, gefällig, selbstverständlich stand sie deshalb auch zu ihm. Nicht zuletzt ihr verdankt er einen gewissen Ruf als «Friedensfürst», obwohl unter ihm Fehden und Kriege kaum abrissen.

Friedrich hatte in Mainz noch gute Miene zum bösen Spiel gemacht und dem siegreichen Lothar gehuldigt. Doch die Versöhnung war offensichtlich von beiden Seiten nicht aufrichtig gemeint, jeder wollte mehr Einfluß, mehr Besitz – das ewig gleiche Machtgerangel. Schöner gesagt: auch ihre Sorge «galt der öffentlichen Ordnung ...». Die Gegensätze saßen viel zu tief, und der Konflikt wurde vom Klerus gefördert. Er brach schon 1125 beim Streit um das salische Hausgut und das mit diesem vermengte Reichsgut aus, zwei Begriffe, die man bisher kaum recht unterschied, wobei Erzbischof Adalbert eine treibende Rolle spielte, da ihm kaum etwas lieber als die Vernichtung der Staufer war. «Nicht läßt der Egel die Haut, als bis er vom Blute geschwollen», zitiert Bischof Otto von Freising im Hinblick auf den Mainzer den Horaz. Darin traf sich Adalbert ganz mit dem jungen König, von dem der Freisinger Bischof wieder sagt: «Er unterdrückte auf jede Weise das Geschlecht Kaiser Heinrichs.» Die Schwestersöhne des Kaisers, Friedrich und Konrad, aber dachten nicht daran, das Reichsgut dem neuen Herrscher auszuliefern, sondern zogen noch weiteres, wie etwa Nürnberg, an sich, worauf der gegenseitigen Besitzgier ein zehnjähriger Krieg folgte.

Nachdem man den Staufer auf dem Straßburger Hoftag Ende 1125 geächtet, einen ersten Feldzug 1126, u. a. mit dem hl. Erzbischof Norbert (mit wahrscheinlich Magdeburger Truppen), eingestellt hatte, mißlang Lothar im Sommer 1127 auch die Eroberung Nürnbergs, und dies, obwohl ihn nicht nur zahlreiche, das Land bis zur Donau verheerende und sogar die Kirchen ausraubende böhmische Verbände unterstützten, sondern auch Krieger des jungen Bayernherzogs Heinrich des Stolzen. Er hatte erst am 29. Mai – die fast übliche frühmittelalterliche «Pubertätsehe» (Ennen) – Lothars gerade zwölfjährige (zwei Jahre später Heinrich den Löwen gebärende) Tochter Gertrud, sein einziges Kind, geheiratet, wodurch der König einen bedeutenden Kombattanten gegen die Staufer gewann und der unheilvolle Gegensatz zwischen den beiden mächtigsten süddeutschen Häusern, Staufern und Welfen, nun lange Zeit das Reich zerriß.[17]

Da nicht nur der Angriff auf Nürnberg zu einem Rückzug des Königs führte, sondern auch ein Einfall seines Schwiegersohnes in Schwaben, fühlten sich die Staufer zu Höherem ermutigt.

Am 18. Dezember 1127 riefen schwäbische und fränkische Adelige in Rothenburg ob d. T. Friedrichs Bruder Konrad, gerade erst von einer Pilgerfahrt ins Heilige Land zurückgekehrt, zum (Gegen-)König aus. Warum ihn und nicht Friedrich, bleibt unklar. Jedenfalls verhängten darauf die in Würzburg im Gefolge Lothars versammelten Prälaten unter Führung der Metropoliten Adalbert von Mainz, Konrad von Salzburg und Norbert von Magdeburg am 25. Dezember die Exkommunikation über den «Einbrecher in das Reich», den beinah alle Quellen verurteilen. Sein Bruder Friedrich, der als Anstifter der Erhebung galt, wurde in den Kirchenbann gleich eingeschlossen.

Gegen die weltliche Gewalt allein hätten die Staufer vielleicht bestehen können. Aber gegen Reich und Kirche zusammen mußten sie scheitern. Und die Mehrheit des deutschen Klerus stand eindeutig zu Lothar, der sich auch in seinen ersten Regierungsjahren als Mann der Kirche, als «nachgiebig bis zum äußersten» (Haller) erwies. Und da der Gegenkönig, rex naturalis, der durch sein Erbrecht Legitimierte, als Erbe des letzten Saliers wohl auch den gewaltigen Besitz der Mathilde von Tuszien beanspruchen konnte – zumal er schon bald, im Juni 1128, in Monza die lombardische Krone erwarb, ohne freilich in Italien mehr erreichen oder sich gar durchsetzen zu können –, hatte auch Papst Honorius im April 1128 den Bannfluch gegen Konrad samt Anhang geschleudert, wobei alle Priester ihre Fackeln gegen den Boden stießen und löschten.[18]

Mit Ausnahme des Nordens war der Krieg fast in ganz Deutschland entbrannt. Auch im Elsaß wurde gekämpft. Allein Speyer, gelegentlich Hauptstadt der Staufer genannt, wechselte viermal den Besitzer. Zunächst hatte man den Ortsbischof Siegfried, Lothars Parteigänger, verjagt. Nach drei Monate langer Belagerung aber bekam der König im November 1128 Speyer mit Hilfe böhmischer Haufen in die Hand, mit dem militärischen Beistand des Mainzer und des Bremer Erzbischofs, des Bischofs Otto von Halberstadt und (wahrscheinlich) des Bischofs Berthold von Hildesheim. Doch 1129 ging die Stadt, ungeachtet der erst beschworenen Verträge, wieder zu den Staufern über, die es erneut besetzten, fiel dann allerdings, nach fast halbjähriger Einschließung, 1130 endgültig dem Süpplingenburger zu, der sich dabei in mehrfacher Hinsicht ebenso großmütig wie klug erwies. Inzwischen freilich sollen am 7. August 1129 in einer Schlacht in der Gegend von Lüttich 824 Männer gefallen, dazu viele noch auf der Flucht umgekommen sein.

Neben größeren Kämpfen gab es Fehden und Greuel verschiedener Art.

Besonderes Aufsehen erregte die Ermordung des Grafen Karls I. von Flandern. Der dänische Königssohn und französische Kronvasall, betont konservativ und kirchlich eingestellt, wollte die aus der Unfreiheit aufgestiegene mächtige Sippe der Erlembalde wieder in eine unfreie Stellung drücken. Der Propst von St. Donatian zu Brügge ließ deshalb den Grafen durch seinen Neffen nebst Verschworenen nach einem umsichtig ausgeheckten Plan am Morgen des 2. März 1127 in der Kirche St. Donatian ermorden. Die Bluttat, die Flandern in eine schwere Krise stürzte, berührt auch deshalb merkwürdig, weil schon Karls Vater, König Knud IV. der Heilige, 1086 in Odense ermordet worden war, und zwar ebenfalls in einer Kirche; im übrigen nicht ungewöhnlich, wenn auch nicht alltäglich, obwohl, vielleicht am selben Tag desselben Jahres, auch die Ermordung des Grafen Wilhelm von Burgund erfolgte.[19]

Selbst in Sachsen war es 1129 und 1130 zu Unruhen, Fehden, Mordanschlägen gekommen.

In Magdeburg stand der schroffe, von Ehrgeiz brennende Erzbischof Norbert von Xanten (1126–1134), ein niederrheinischer Grafensohn, Gründer des Prämonstratenserordens, jahrelang im Konflikt mit seinen Kanonikern, nachdem er schon mit den Kanonikern von Xanten spektakulär gebrochen. Dagegen erfreute er sich bei den Päpsten – Honorius II. bestätigte bereits 1126 den Orden der Prämonstratenser – eines ebenso guten Rufes wie bei König Lothar, mit dessen Zustimmung er (gegen Lothars eigenen, zunächst von ihm auch protegierten Vetter Konrad von Querfurt) Metropolit in Magdeburg wurde, ohne Zweifel ein Vertrauter des Monarchen, an dessen Hof er, abgesehen von seiner Beteiligung am Romzug, nicht weniger als elfmal bezeugt ist.

Im Osten aber engagierte man sich gegen den einstigen Weltmann, den Bußprediger, Dämonenaustreiber, den Reiche-Leute-Fänger, der mit seiner Ordensstiftung angeblich das «Ideal der Urkirche» aufgriff (Lexikon für Theologie und Kirche) und «sein Lebensideal in der *vita apostolica*, einem Leben in bewußter Armut» sah (O. Engels), den seine Gegner jedoch einen Schwindler und Betrüger hießen und am liebsten hätten hängen lassen. Tatsächlich machte man auf den so unbeliebten, harten und heiliggesprochenen, noch 1982 von Johannes Paul II. zum Patron des Magdeburger Landes erhobenen Kirchenfürsten (Fest 6. Juni), zu dessen Widersachern auch Abaelard zählte, zwei Mordversuche aus seiner nächsten Umgebung, den zweiten sogar durch einen seiner Hausgeistlichen.

Da nicht nur der Magdeburger Klerus, sondern auch Adel und Bürger sich massiv dem Bischofsregiment widersetzten, mußte Norbert, ein Mann von weitgerühmter Frömmigkeit (Gesta Alberonis), ein großer Wundertäter auch, dem doch gerade so viele Bestreitungen des Bösen, so viele Teufelsaustreibungen glückten, auch mittels exorzierter Wasserbäder oder Zahnfleischbehandlungen mit geweihtem Salz (Vita Norberti) (eine Totenerweckung mißlang – durch den Unglauben der Menge!), in das Kloster Berge und das Augustinerstift Neuwerk fliehen. Er bannte seine Gegner und regierte weiter wie gewohnt. So ließ er nach Raub und Mord in der Klosterkirche Nienburg die in der Nähe liegende Analenburg zerstören, da ihre Besitzer zu den Bedrängern des Klosters gehörten. Der Heilige selbst gründete viele Klöster, auch viele Frauenhäuser, worin die Nonnen rasch ebenso überhandnahmen wie Hurerei und Greuel; gewiß in den Asketen- und Asketinnenkasernen alles andere als selten.

Mit welchem «Feuereifer» dieser Heilige das Wort und Reich Gottes verbreitete, erhellt u. a. auch aus seinem vehementen Kampf für die «Rechtgläubigkeit». Dabei attackierte er zum Beispiel nicht nur die Häresie Tanchelms, sondern bezichtigte sogar Abt Rupert von Deutz, «Bahnbrecher und Meister der betenden mystischen Gotteswissenschaft, mit heiligmäßigem Lebenswandel» (Lexikon für Theologie und Kirche), der «Ketzerei», einen Gregorianer, der als Seliger, Heiliger, da und dort als Kirchenlehrer geehrt wird (Ordensfest 4. März).[20]

Noch im Jahr 1130 wurde in Sachsen Heinrich Raspe I., der Bruder des Grafen Ludwig von Thüringen und Fahnenträger des Königs, gemeuchelt, ohne daß man die Täter entdeckte. Liquidiert wurde seinerzeit auch der mit Lothar befreundete friesische Graf Burchard von Loccum. Die Untat geschah auf dem Boden eines Kirchhofs, der als Asyl galt. Und der König selbst rächte sich für «Ausschreitungen» der Bürger von Halle, indem er durch ein Truppenkontingent – denn bloße Bürger traktierte man gewöhnlich anders als den Adel – manchen die Glieder abschneiden, andern die Augen ausstechen, wieder andere wenigstens erheblich schröpfen ließ.

Im Sommer 1132 fiel Friedrich «dux Suevie de Sthouf» über die welfischen Güter in Südschwaben her. Und nachdem er geraubt, verwüstet, niedergebrannt hatte, zahlte ihm Heinrich von Bayern mit gleicher Münze heim, indem er die staufischen Gebiete plünderte, verheerte, vernichtete, Aktionen mit Feuer und Schwert, doch ohne tiefere Bedeutung, außer daß sich eben der Herren edler und christlicher Charakter so edel wie christlich offenbaren konnte.

Noch während des Winters 1132/1133 rückte Herzog Heinrich in Verfolgung seiner territorialen Pläne gegen den Bischof von Regensburg vor, konnte aber nur dessen Vorstädte brandschatzen. Und noch Anfang Februar ruinierte er die gesamten Güter des Grafen Otto von Wolfratshausen, eines Bischofsneffen, und äscherte auch dessen Burg Ambras am Inn ein. Nur Wolfratshausen selbst schonte der fromme Heinrich, um die «heilige Fastenzeit» nicht zu verunehren. Doch holte er es bald nach, zernierte die Burg, raubte sie aus und brannte sie ab. Wie in Bayern wüteten in Schwaben und in Norddeutschland Fehden. Und 1134 besiegte Lothar den Schwabenherzog völlig.

Man rückte in diesem Jahr von zwei Seiten, der Kaiser von Norden, Schwiegersohn Heinrich von Osten her, gegen die Staufer vor. Ulm, ihre schwäbische Hauptstadt gegen Bayern, wurde von ihnen verlassen, schließlich der Ort von den Gegnern erstürmt und alles, mit Ausnahme der Kirchen, im Feuer vernichtet, anschließend der größte Teil Schwabens verheert, die Burgen geschleift; noch nie, hieß es, habe ein König das Land so furchtbar bestraft. Die Staufer verloren ihren Anhang, der zum Kaiser eilte, um Gnade flehte, bis Friedrich selbst in Fulda sich gebrochen in Lothars Hand gab. Und der päpstliche Legat, Kardinal Gerhard, der den Herrscher seinerzeit ständig begleitete, befreite Friedrich von einem gleich dreifachen Bann: dem des deutschen Klerus 1127 (Würzburg), dem des Honorius II. 1128 (Rom), dem des Innozenz II. 1131 (Lüttich).[21]

Kämpfe der Päpste und Gegenpäpste und Kardinalkanzler Haimerichs Regie

Papst Calixt II. war im Dezember 1124 gestorben, und die Kardinäle hatten einstimmig einen neuen Herrn gewählt, der sich Coelestin II. nannte. Man sang gerade das Tedeum, als ein Frangipane mit einer Horde Draufgänger und im Einverständnis mit dem Kardinalkanzler Haimerich, dem nun in zwei Pontifikaten politisch maßgeblichen Mann der Kurie, das fromme Gremium auseinanderjagte und den Kardinal Lambert von Ostia, Verhandlungsführer beim Abschluß des Wormser Konkordats, zum Papst Honorius II. (1124–1130) machen ließ. Durch enorme Bestechungen, die Leo Frangipane und der aus Burgund stammende, an der Kurie dominierende Kanzler Haimerich (1123–1141), der auch den nächsten Papst noch durchbrachte, einsetzten, gewannen sie die Führer der Partei Coelestins, den Stadtpräfekten Petrus und Pierleone, worauf Coelestin, gezwungen oder überredet, resignierte. Obwohl kanonisch gewählt, wenn auch weder geweiht noch inthronisiert, gilt er als Gegenpapst.

Lothar gab seine Wahl und Krönung gleich in Rom bekannt. Das war üblich. Ob er den Papst durch Bevollmächtigte, den nach Italien zurückkehrenden Legaten Kardinal Gerhard von S. Croce und die beiden Reichsbischöfe Burchard von Cambrai und Heinrich von Verdun, um eine Bestätigung der Wahl bat, ist nicht sicher. Doch steht fest, daß Honorius sie bestätigte und dagegen kein Einspruch des Königs, dessen Thronerhebung der Papst unterstützt hatte, überliefert ist.

Nun nützte der so anfechtbar aufgestiegene Honorius II. die kirchenpolitisch relativ ruhigere Zeit nach dem Wormser Konkordat nicht nur zum Ausbau theologischer Doktrinen. Anderes bewegte und bewegt die Stellvertreter gewöhnlich sehr viel mehr.

Da war zum Beispiel der Kirchenstaat, für den die päpstlichen Friedensfürsten stets die Waffen hoben, schien die Stunde günstig. Kleinere und größere Buschkämpfe mit den Herren von Latium etwa oder mit anderen gab es häufig. So führten die Heiligen Väter zwischen 1121 und 1129 fast Jahr für Jahr Krieg mit den

Grafen von Ceccano und deren Genossen. Halb Rom lag in Trümmern, die Kirchen, zu Festungen umgebaut, starrten oft von Waffen, besonders die Kathedrale von St. Peter, und Honorius II., der sein heiliges Amt erst Ende Dezember 1124 angetreten, schwang schon im März nächsten Jahres das Kriegsbeil gegen Gottfried, Landulf und Rainald von Ceccano. Er brannte mehrere Orte und Kastelle nieder, eroberte 1126 Segni und Vicolo und führte auch 1127 und 1128 Fehden.[22]

Ein weit größeres Feld freilich eröffnete sich ihm seinerzeit in Süditalien, wo er die Expansion Rogers II. von Sizilien zu stoppen suchte, um selbst das Land zu regieren.

Roger II. war ein Brudersohn Robert Guiscards, und sein Vater, Roger I., hatte einst Sizilien erobert (S. 226), das nun Roger II. mit Kalabrien und Apulien zu einem Königreich vereinen wollte. Er dominierte dort deutlich, und ein so starker Nachbar, der zudem sehr eigenmächtig Kirchenpolitik trieb, war dem Papst nicht genehm; so drängte er, wie schon Gregor VII., auf eine Spaltung Süditaliens. Dort war im Juli 1127 in Salerno Herzog Wilhelm von Apulien, ein Enkel Robert Guiscards, jung und ohne Nachkommen gestorben. Roger II., sein Vetter, hatte dem Wilhelm schon Kalabrien abgekauft und wollte jetzt auch den Rest des Herzogtums für sich. Dem Papst als Oberlehnsherr bot er dafür viel Geld und zwei apulische Grafschaften. Honorius II. aber, auf Spaltung sinnend, belehnte den Robert von Capua, erhob ihn zum Fürsten, schloß Roger II. aus der Kirche aus, verfluchte ihn wiederholt und führte, noch im Winter 1127/1128 und im darauffolgenden Sommer zwei Feldzüge gegen ihn. Dabei trabte er beim zweiten selbst an der Spitze von 200 oder 300 Rittern. Und weitere Verbündete stießen zu ihm. Überdies verhieß er jedem, der im Krieg für den heiligen Petrus den Tod fände, den ganzen, jedem Überlebenden aber bloß den halben Sündennachlaß. Ja, wer wollte da noch überleben!

Doch es kam gar nicht zu der vom Papst gewünschten Schlacht. Der kluge Roger, mit seinen Truppen in der Minderheit, wich den Gegnern aus, hielt sie hin, ließ sie wochenlang in der Juli-, der Augusthitze schmoren, bis Robert von Capua den Strapazen, wie er erklärte, nicht gewachsen, sich absetzte und andere ihm folgten. Auch der Heilige Vater trat darauf den glanzlosen Rückzug an, ja, lenkte rasch ein, indem er am 23. August 1128 vor Benevent, wo er einst Roger II. gebannt, nun mit dem Herzogtum Apulien belehnte, was diesen rechtlich ermächtigte, auch bisherige Verbündete des Papstes zu bekämpfen. Und kaum hatte Honorius Benevent im Rücken, erhob sich das Volk, stach den von ihm eingesetzten Rector, verkrochen unter den Gewändern eines Messe lesenden Priesters, kaltblütig am Altar zusammen, schleppte den noch Lebenden durch die Straßen und steinigte ihn zu Tode.[23]

Honorius II. war gebrochen und überlebte seine Niederlage nicht lang. Zu Beginn des Jahres 1130 erkrankte er schwer. Kanzler Haimerich, der eine Minderheit der Kardinäle anführte, brachte den Todkranken vom Lateran in das Kloster S. Gregorio, nahe den Festungen der Frangipani, seiner Freunde. Und kaum war Honorius in der Nacht auf den 14. Februar 1130 gestorben, ließ ihn der mächtige Kanzler, der natürlich sein einflußreiches Amt weiter behalten wollte, sogleich und ohne die geringste Feierlichkeit auf dem Klosterfriedhof provisorisch verscharren, um rasch, alles in aller Heimlichkeit, handstreichartig, den nächsten Heiligen Vater wählen zu können. Und noch in der Nacht rief man den Kardinaldiakon Gregorio Papareschi als neuen Papst, Innozenz II. (1130–1143), aus, riß den Toten wieder aus seiner Grube und führte beide Stellvertreter Gottes, den toten und den lebenden, in den Lateran, wo Honorius in einer Gruft verschwand und Innozenz die Insignien seiner «Würde» bekam.

Drei Stunden später wählte die Mehrheit des Kardinalkollegiums den Kardinal Petrus Pierleone, den auch der größte Teil des Adels und das Volk anerkannten, einen sittlich unbescholtenen, begabten und reichen Mann. Es war der in Paris erzogene, dann zunächst in Cluny als Mönch lebende Urenkel des zum Katholizismus konvertierten Juden Baruch-Benedikt (S. 188 f.), der sich Anaklet II. nannte (1130–1138). Bisher in der Kirche hochgeachtet, nun aber, gerade weil sich seine Gegner im Unrecht sahen, mit Vorwürfen überschüttet, die bis zur Blutschande reichten, doch auch andere Richtungen nahmen. «Judenbengel» (puer Judaicus) schimpfte ihn der hl. Bernhard von Clairvaux (obwohl die Pierleoni seit einem Dreivierteljahrhundert die Finanzhelfer der Reformpäpste gewesen). Ja, der berühmte Kirchenlehrer beklagte die Schande, daß «ein Judensproß» (soboles Judaica: MPL 182, 294 B) auf dem Stuhl Petri sitze, und scheute nicht die Lüge, die Mehrheit habe Innozenz gewählt. Vor allem aber brachte der Vorwurf des Judentums Anaklet um seinen Erfolg. Sogar das Lexikon für Theologie und Kirche beschließt seinen Anaklet-Artikel: «maßgeblich für den Sieg Innozenz' II. war u. a. die Betonung der jüdischen Herkunft seines Rivalen».

Gewiß, beide Wahlvorgänge waren unkanonisch, doch gibt auch Katholik Seppelt zu, daß die Minderheit der Kardinäle Innozenz II. «überstürzt und formlos» gewählt, die Mehrheit aber Anaklet II., den alsbald verketzerten «Gegenpapst», in «den hergebrachten Formen» erhoben habe; ja er befand sich, so das Lexikon des Mittelalters, «ohne Zweifel im besseren Recht».[24]

Doch das bessere Recht zählt da und sonst gewöhnlich wenig, mehr Macht meist alles – ein so banales wie fundamentales Geschichtsfaktum.

Wie so oft hatte man wieder zwei Heilige Väter – immerhin ja nicht, wie auch manches Mal, noch mehr. Doch ging es bei der Doppelwahl, die ein achtjähriges Schisma nach sich zog, wohl nicht so sehr um rivalisierende Kleruskreise mit verschiedenen Reformkonzepten, kirchenpolitischen Programmen. Sie sollen angeblich das Kardinalskollegium gespalten haben in eine Minorität eher jüngerer, «progressiver» norditalienischer und französischer Kardinäle um Innozenz II., zu dem auch die jüngeren Reformgruppen der Regularkanoniker, der Prämonstratenser und Zisterzienser standen, und in die Majorität meist älterer römischer und süditalienischer Kardinäle mehr altgregorianischer Tradition um Anaklet. Sondern es ging wohl einfach um die besseren persönlichen Kontakte. Daß daneben noch konkurrierende Adelssippen mitspielten, steht fest, gab aber keinesfalls den Ausschlag.

Wie gewöhnlich prallten die fanatischen Priester gleich aufeinander. Dabei verlor Innozenz II. rasch an Boden, jedenfalls in der Heiligen Stadt, wo man jetzt mit großem Schwung die Waffen für die heilige Sache führte. Und das Geld springen ließ, nicht zuletzt auch durch Versilberung der Kirchenschätze. Schon einen Tag nach der beiderseitigen Erhebung erstürmte am 15. Februar Anaklets Anhang St. Peter, am 16. den Lateran. Bald wurde Innozenz auch aus dem Kloster Palladium zwischen den Festungstürmen der Frangipani vertrieben; bei Nacht floh er nach Trastevere; schließlich konnte er sich auch dort nicht mehr halten.

Obwohl Innozenz II. nicht nur aus Rom weichen mußte, das er acht Jahre nicht in die Hand bekam, sondern sogar aus Italien, ging er als Sieger aus dem vor allem publizistisch und diplomatisch geführten Kampf hervor. Dies verdankte er den viel besseren internationalen Verbindungen, die er besonders durch Haimerich, durch dessen engen Freund Bernhard von Clairvaux und den Magdeburger Erzbischof Norbert von Xanten hatte. Der hl. Bernhard gewann für Innozenz die Könige Ludwig VI. von Frankreich und Heinrich I. von England, der zunächst mehr zu Anaklet neigte, schließlich auch Mailand. Der hl. Norbert zog Lothar III. und den Reichsepiskopat auf seine Seite. Dagegen gründete Anaklets Macht fast ausschließlich auf Roger II., auch wenn er noch Anklang in Südfrankreich und vor allem in Schottland fand.

Die Gegnerschaft der beiden Päpste, die einander nebst Anhänger, wie üblich, verfluchten, führte zu jahrelangen Kriegen in Italien, wobei halb Europa hineingezogen wurde.

Der weitaus größte Teil Roms, in dem Innozenz nur kurz Fuß fassen konnte, hielt zu Anaklet, der auch rechtmäßig gewählt und in St. Peter geweiht worden war. Die britischen Bischöfe standen zunächst ebenfalls zu ihm, fielen aber, umgestimmt durch Bernhard von Clairvaux und König Heinrich I., von ihm ab. Ähnlich ging es in Deutschland. Nach monatelangem Schwanken und einer heftigen Verleumdungskampagne gegen Anaklet anerkannte man schließlich, unter dem entscheidenden Einfluß des Magdeburger Erzbischofs Norbert, gleichfalls Innozenz im Oktober 1130 auf dem Reichstag und der Synode zu Würzburg unter Lothar III. Um seine Gunst hatten beide Päpste sich bemüht, Anaklet eher etwas zurückhaltender, Innozenz immer etwas eifriger, da er zweifellos mit mehr Unrecht Papst geworden, weshalb er auch – am 11. Mai 1130 – behauptete, Anaklet trachte ihm mit Dolch, Gift und jeglichem Verrat nach dem Leben.

Anaklets II. Hauptbundesgenosse blieb Roger II., der zielstrebige Eroberer. In der Bulle vom 27. September 1130 machte der Römer Apulien, Kalabrien, Sizilien zum erbberechtigten Königreich. Im strikten Gegensatz zum Vertrag von Benevent erkannte er Roger auch die Herrschaft über Capua und Neapel zu, sogar ein Aushebungsrecht im päpstlichen Benevent. Die Salbung des Königs erfolgte mit großem Pomp im Dom von Palermo noch an Weihnachten durch einen Erzbischof der Insel in Gegenwart von Anaklets Legaten.

Rogers Würde stammte gewissermaßen von Anaklet II., und dessen Macht wiederum stand und fiel mit Roger II., einem der bedeutendsten Regenten seiner Zeit. Gegen die Opposition des Papstes und der beiden Kaiserreiche schuf er das neue sizilianische Königtum mit einem gemeinsamen Recht und einer wohlorganisierten Bürokratie. Er erwarb die Achtung seiner Völker, die 1154 seinen Tod betrauerten. Und er gewann mäzenatischen Ruhm, indem er vorzügliche Köpfe, Gelehrte, Dichter, Künstler der arabischen wie lateinischen Kultur, an seinem Hof versammelte. Auch legte Roger II. 1131 den Grundstein zu der ungewöhnlich eindrucksvollen Kathedrale von Cefalù.[25]

Wie Innozenz II. mit König Lothar umging

Papst Innozenz II. hatte schon am 18. Februar 1130 von König Lothar noch im laufenden Jahr einen Romzug erbeten – das große Thema seines Pontifikats. Und mit einem solchen Zug verband sich natürlich Krieg, Krieg gegen seinen Widersacher Anaklet, Krieg gegen dessen Stütze Roger von Sizilien. Doch Lothar, umworben von beiden Päpsten, war unentschlossen, war zunächst keinesfalls für Innozenz gestimmt, duldete dessen Legaten nicht einmal in seiner Nähe. Dafür hatte freilich der hl. Norbert um so mehr sein Ohr, und der Magdeburger und die Legaten bearbeiteten die deutschen Bischöfe. So erkannte die Synode von Würzburg, die der König im Oktober zur Entscheidung der Sache einberufen hatte, Innozenz an und verwarf Anaklet. Lothar akzeptierte den Spruch, und Innozenz, glücklich über seinen Sieg, erbat alsbald durch eine Bischofsgesandtschaft von dem deutschen Monarchen eine Zusammenkunft.

Sie fand auf dem Reichstag in Lüttich 1131 statt.

Zuvor aber hatte er noch eine Begegnung mit Ludwig von Frankreich, danach mit Heinrich von England, der mehr Anaklet zuneigte, dann jedoch, um nicht aus der Reihe zu tanzen, der Entscheidung der beiden Fürsten folgte. Stolzgeschwellt und siegessicher ritt Innozenz im März auf einem Schimmel in Lüttich ein, und Lothar leistete im Beisein von beinah drei Dutzend Bischöfen, fast allen deutschen, mehr als fünfzig Äbten, darunter auch Bernhard von Clairvaux, und vielen weltlichen Großen dem Papst den Marschall- und Stratordienst, zu deutsch die Arbeit eines Stallknechts: er führte sein Pferd bis zu seiner Wohnung am Zügel und half ihm beim Absteigen. All dies war von beträchtlicher symbolischer Bedeutung und mehr, zumal die römische Kurie aus dem officium marscalci und officium stratoris, der Pflicht des Vasallen gegenüber dem Lehnsherrn – nach kurialistischer Fiktion erstmals von König Pippin 754 Papst Stephan II. geleistet (IV 380) –, die Lehnsabhängigkeit des Kaisers vom Papst abgeleitet hat.

Lothar bedachte den Herrn mit reichen Geschenken, mit Festmahlen, und erklärte sich vor allem zur Militärhilfe, zur Rückeroberung Roms für den Papst und zur Beseitigung seines Rivalen Anaklet bereit – wohl die größte Erwartung, mit der Innozenz nach Lüttich gekommen war. Der Kirche noch immer sehr willfährig gesinnt, versprach der König «ohne Zögern» (Otto von Freising) seinen Beistand, ließ auch gleich die Fürsten die Heerfahrt beschwören. Doch als er selbst vom Papst eine – gewiß nicht geringe – Gegenleistung forderte, ein Entgegenkommen in der

Frage der Investitur, verweigerte dies Innozenz, der vielleicht, in seiner bedrängten Situation, bei einem harten Auftreten des Königs anders reagiert hätte. Aber Innozenz lernte schnell, wie man mit Lothar umgehen mußte, mit einem Mann, der seine Macht der Kirche verdankte und sich dadurch wohl gebunden fühlte.[26]

So brüskierte er Lothar nicht nur in der Investiturfrage. Er mißachtete noch dessen diesbezügliche Rechte, indem er den zum Trierer Erzbischof gewählten Albero, einen Freund Bernhards von Clairvaux und Norberts von Xanten, schon konsekrierte, bevor ihn der König investiert hatte, was diesen arg verletzte. Dabei war es gerade Lothars Schwäche gegenüber dem Klerus und zumal dem Papst, was dessen Übergriffe und Anmaßungen provozieren mußte. «Der König sollte empfinden lernen, daß er mit der Vertreibung Anaclets eine heilige Pflicht gegen seine Mutter, die Kirche, zu erfüllen habe, ohne dadurch zu irgend welchen Ansprüchen, außer auf die Kaiserkrone, berechtigt zu werden. Lothars Charakter und vor allem jener der ihn beherrschenden Geistlichen bot Innocenz Gewähr, daß er ihn auch dann ungestraft kränken durfte, als er auf seine Hilfe durchaus angewiesen war» (Bernhardi).[27]

Kaum ohne geistliches Zutun begannen im Herbst 1131 Aufstände gegen Roger in Apulien, Capua, Neapel, Benevent, wogegen er rücksichtslos, doch nur kurzfristig erfolgreich einschritt. Am 24. Juli 1132 wurde er bei Nocera von einem Heer der Rebellen unter seinem Schwager, dem Grafen Reinulf von Alife, schwer geschlagen. Schließlich verlor er das ganze Festland und retirierte nach Palermo. Jede Unterstützung Anaklets durch den König war damit ausgeschlossen.

Inzwischen hatte Innozenz II. weiter den Krieg angeheizt. Er reiste in Frankreich von Stadt zu Stadt, fiel durch den aufwendigen Lebensstil seines Hofes zur Last, verfluchte gelegentlich Anaklet samt Anhang und hielt im Oktober 1131 auf einem Konzil in Reims Heerschau. Im Frühjahr folgenden Jahres überschritt er die Alpen und gewann, unterstützt wieder durch den hl. Bernhard, Genua und Pisa zum Seekrieg gegen Sizilien, indem er Genua zum Erzbistum über Korsika machte und Pisa die Bistümer Sardiniens unterstellte, Pisa endlich auch noch 3000 Pfund Silber versprach, die von den Kirchen Capuas und Neapels zu zahlen waren.[28]

Lothar löste seine Zusage auf dem Reichstag zu Lüttich 1131 schon im nächsten Jahr ein.

Mitte August brach er mit einem verhältnismäßig kleinen Heer von Würzburg auf. Doch bereits in Augsburg kamen seine Truppen nicht nur mit den sich erhebenden Bürgern, sondern auch mit den Soldaten des einst von Heinrich IV. ernannten Ortsbischofs Hermann in Konflikt, aus welchen Befürchtungen oder Mißverständnissen immer. Der König ließ Dom- und Bürgerstadt zerstören. Man schlachtete vor dem Dom und im Dom, besonders in der Vorstadt, die offenbar weitgehend, wenn nicht ganz abgebrannt ist, man raubte Kirchen, Mönchs- und Nonnenhäuser aus, mordete Frauen, Kinder. Und nachdem Lothar schon abgezogen war, kehrte er noch einmal um und ließ auch alle Augsburger Festungswerke teils schleifen, teils niederbrennen. In seinem Heer: der hl. Erzbischof Norbert von Magdeburg, der Erzbischof Adalbero von Bremen, die Bischöfe von Halberstadt, Havelberg, Osnabrück, Paderborn sowie mehrere Äbte.[29]

Im April nächsten Jahres rückten König und Papst gemeinsam auf Rom vor und nahmen es, allerdings ohne die Leostadt, die Engelsburg, St. Peter. Das Heiligtum lag im Machtbereich der Pierleoni und ihres Papstes, und Lothar hatte weder die nötigen Soldaten noch das nötige Geld, um dorthin vorzudringen. Leostadt und Peterskirche blieben ihm verschlossen. So wurde er am 4. Juni 1133 von seinem Papst, von Innozenz II., zweifellos ein Manko, nur in der Lateranbasilika zum Kaiser gekrönt, nachdem er dem Papst und seinen Nachfolgern «Sicherheit des Leibes und Lebens» geschworen, auch beeidet hatte, ihm die «Güter des heiligen Petrus», die er bereits besaß, zu bewahren und jene, die er noch entbehrte, möglichst zu beschaffen.

Lothar seinerseits versuchte vergebens die Wiederherstellung des Investiturrechts mit Ring und Stab. Doch wie ihm dabei schon in Lüttich Bernhard von Clairvaux erfolgreich in den Arm gefallen war, so verhinderte jetzt, zumindest nach der «Vita Sancti Norberti», vor allem die Intervention des hl. Norbert, der nicht umsonst im Heer mitzog, jedes wesentliche Entgegenkommen. Der Heilige Vater hatte besonders um seine Teilnahme am Romzug ersucht. Und «wie unentbehrlich, wie nützlich er bei diesem Unternehmen der Kirche war, hat sich schon bald gezeigt» (Vita Norberti).

Selbst der einzige Punkt, in dem der Papst dem deutschen Kaiser entgegenzukommen schien, war letztlich zugunsten des Papsttums selbst.

Die Sache betraf die riesigen Mathildischen Güter, künftiges Streitobjekt zwischen Kaisern und Päpsten. Die Gräfin hatte 1111 Kaiser Heinrich V. zum Erben ihrer ursprünglich für das Papsttum (S. 271) vorgesehenen, äußerst umfangreichen Besitzungen gemacht. Jetzt aber belehnte und belohnte sozusagen Innozenz, nachdem er den deutschen Herrscher wegen seiner religiösen Haltung, seiner Verteidigung der Kirche, all seiner Mühen und Geldgaben «für den heiligen Petrus» kräftig gelobt, mit dem Allodium der Mathilde, «unter der Bedingung, daß Du Uns und Unseren Nachfolgern jährlich hundert Pfund Silber entrichtest, und daß nach Deinem Tode die Gesamtmasse der Güter ohne Abzug und Lasten an das Recht und die Herrschaft der heiligen römischen Kirche zurückfalle» (et post tuum obitum proprietas ad ius et dominium sanctae Romanae ecclesiae cum integritate absque diminutione et molestia revertatur).

Damit hatte der schlaue Papst all das, was er scheinbar dem deutschen Reich zukommen ließ, dem es ja seit 1111 schon gehörte, sich und seinen Nachfolgern geschenkt, was Lothar durch seine Annahme nicht nur authentisierte, sondern wofür er auch noch eine jährliche Zinszahlung von hundert Pfund Silber versprach. Ob der zum Kaiser Gekrönte aber nun als Lehnsmann des Papstes, als dessen Untertan gleichsam, vor der Öffentlichkeit stand oder nicht, Papst und Kurie sahen es so. Und als Innozenz zum erstenmal Herr auch in Rom war, der Kaiser tot und Rivale Anaklet tot, ließ er, «der edle, vornehm gesinnte Papst» (Bischof Otto von Freising), seinen Triumph an eine Wand des Laterans malen: er thronend über dem gebeugten, mit gefalteten Händen die Kaiserkrone empfangenden Lothar, dazu die Beischrift:

«Vor dem Tore beschwört der König die Rechte der Römer, Wird dann des Papstes Vasall (post homo fit papae); von ihm empfängt er die Krone.»

Kaiser Friedrich I. Barbarossa bestand gegenüber Papst Hadrian IV. auf Vernichtung des Gemäldes und erlangte sie.[30]

Lothars Romzug hatte im Grunde nichts geändert. Und nach seinem Abmarsch aus der Stadt, die er nie wieder betrat, ging dort der Kampf der beiden Päpste weiter, wobei ein Frangipane umkam und Innozenz noch im Sommer bei Nacht zur See – angeblich, damit er seinen Brüdern näher, seinem gläubigen Anhang leichter erreichbar sei – nordwärts floh und dann nach Art so vieler seiner Vorgänger nicht aufhörte, vom Kaiser, der ja zurückmarschiert war, ohne gegen Roger vorgegangen zu sein, einen neuen Romzug zu fordern, der für Innozenz nicht rasch genug kommen konnte; «unablässig arbeiteten seine Sendlinge» (Bernhardi).

Im Sommer 1133 eroberte Roger in Kürze fast ganz Süditalien. Innozenz war über Siena nach Pisa entwichen. Und da der Sizilianer sogar in Konflikt mit Konstantinopel geriet, bemühten sich jetzt die Griechen und der Papst gemeinsam, Kaiser Lothar zu einer weiteren Invasion zu treiben. Der hl. Bernhard reiste deshalb eigens nach Deutschland, und der Heilige Vater befahl zur Stärkung des deutschen Heeres Bischöfen und Äbten die Teilnahme am Krieg.[31]

Ein zehnjähriger Landfriede, ein grosser Krieg und die Erbärmlichkeit des Menschengeschicks

Otto von Freising beschreibt die Zeit zwischen Lothars beiden Italienzügen 1133 und 1136 mit den vielsagenden Sätzen: «Von Rom kehrte der Kaiser nach Deutschland zurück. Bald darauf hielt er um die Mitte der Fastenzeit in Bamberg einen allgemeinen Reichstag ab; hier versöhnte er sich durch Vermittlung des Abtes Bernhard von Clairvaux mit den beiden Herzögen Friedrich und Konrad; nachdem so der Friede wiederhergestellt und in Frankreich und Deutschland überall Ordnung geschaffen war, sagte er erneut einen Zug nach Italien an.»

Die alte Erfahrung bestätigt sich: sorgten die christlichen Führer jener Jahrhunderte umfassend für Friede und Ordnung, begannen sie gewöhnlich einen neuen Krieg. Denn einmal beiseite die notorische Volksverblödung, Ausbeutung und systemimmanente Heuchelei, lebten diese christlichen Reiche und Reichen von nichts mehr als von Eroberung und Raub: der alles – vom kulturellen Klingklang bis zum klerikalen Singsang – tragende Grund, die scheinbar gottgewollte Daseinsbasis. So offenkundig, daß es nur Unwissende, obrigkeitlich besoldete Schönfärber, Lügner leugnen können. Oder, frage ich, wovon (und wofür) lebte man denn faktisch mehr?!

Wie bei der früheren Expedition sammelte man sich in Würzburg. Doch jetzt gebot Lothar über ein wesentlich größeres Kontingent. Schätzte man sein gesamtes Heer beim ersten Italienzug auf ungefähr 1500 Krieger, stellte beim zweiten, wie es heißt, allein Herzog Heinrich von Bayern 1500 Reiter. Ausdrücklich hatte der edle Fürst seinen Feinden verziehen; allerdings eben nur, um sie für einen Krieg gegen andere Feinde zu gewinnen! (Erzbischof Albero von Trier dagegen, der doch über einen «reichen Überfluß an Mitteln» gebot, «da sein Vermögen täglich wuchs», sparte und schickte statt der veranschlagten 100 Ritter nur 67 ins Feld. Und gestattete sich eine weitere Ersparnis, indem er auf demselben Feldzug in Parma Reliquien raubte, per vim abstulit: Gesta Alberonis.)

Unablässig hatte der Jahr um Jahr, von Herbst 1133 bis Frühjahr 1137 im Pisaner Asyl sitzende Papst den Kaiser zu einer weiteren Italienfahrt gedrängt, hatte er alles ihm mögliche dafür in Bewegung gesetzt, hatte auch Kirchenlehrer Bernhard von Clairvaux zum Krieg aufgerufen – und die Pisaner gepriesen, weil Innozenz kraft göttlicher Vorsehung unter ihnen wohne, der Herr

Großes an ihnen getan. «Wo ist die Stadt, die euer Glück nicht beneidet?» Nun, Abt Bernhard, der in Pisa Teufel austrieb, Kranke heilte, Wasser in Wein verwandelte, wollte dort nicht einmal Erzbischof sein. Dankend lehnte er ab.

Der im März 1135 in Bamberg von ungewöhnlich vielen weltlichen und geistlichen Fürsten einstimmig beschlossene zehnjährige Landfriede – der gerade ein Jahr hielt und dennoch die an dauerndes Blutvergießen gewöhnten Zeitgenossen ungewöhnlich beeindruckt hat – diente zweifellos nichts so sehr wie dem Krieg. «Denn die von Innocenz und seinen Anhängern mit Ungeduld ersehnte Niederwerfung Anaclets war das treibende Moment auf diesem Bamberger Reichstage. Die Legaten wichen dem Kaiser nicht von der Seite, um ihm immer von neuem seine Pflicht, die von jüdischer Wuth» – eine von Innozenz selbst gebrauchte Wendung – «bedrängte Kirche zu befreien, ins Gedächtnis zu rufen. Nicht um des Friedens willen unternahm Bernhard von Clairvaux die Reise nach Deutschland: durch Krieg wollte er Anaclet vernichtet wissen» (Bernhardi).

Der schon bejahrte Kaiser, der sich in der Einschätzung der Situation diesseits wie jenseits der Alpen erheblich täuschte, folgte schließlich den unentwegten Rufen des Papstes, seiner Legaten und anderer und brach im August 1136 zu seinem ebenso kostspieligen wie verlustreichen Waffengang in Würzburg auf.

Sein Heer, in dem auch ein Teil des hohen Klerus steckte, darunter die Erzbischöfe von Köln, Trier, Magdeburg, aber auch sein bisheriger Gegner Konrad von Staufen, war kaum nach Italien gelangt, als in Deutschland der einstimmig beschlossene zehnjährige Landfriede endete, Soest gegen Arnsberg kämpfte, Herzog Friedrich von Schwaben gegen Bischof Gebhard von Straßburg, auch Herzog Gottfried von Löwen und der Graf von Namur wegen der Wahl des Abtes von Gembloux so aneinandergerieten, daß der Ort in Flammen aufging.[32]

Überdies hatte der Kaiser selbst Männer zurückgelassen, die notfalls kräftig zuzupacken hatten: im Nordwesten Herzog Walram von Niederlothringen; im Osten Albrecht den Bär, Markgraf von Ballenstedt, der zwischen 1136 und 1138 auch gleich mehrmals die sich erhebenden heidnischen Slawen in der Prignitz zusammenschlug. Albrechts Rache- und Plünderungszüge verheerten kreuz und quer das Land, ließen verbrannte Behausungen, weithin leuchtende Dörfer zurück. Was zu rauben war, wurde geraubt, Geld, Vieh, Kleidung, Waffen, dann das stark dezimierte Slawenvolk in Siedlungsgebiete an die wagrischen Küsten und auf die Insel Fehmarn abgedrängt.[33]

In Italien, ohne zehnjährigen Landfrieden, ging es allerdings etwas blutiger zu.

Schon an der Veroneser Klause zerritt man die ersten Feinde unter Pferdehufen, Guastalla am rechten Po-Ufer wurde erobert und ausgelöscht, Turin gewaltsam unterworfen, Piacenza genommen, Burg um Burg ruiniert, das Gebiet von Pavia, von Cremona furchtbar verheert, Ortsbischof Obert in voller Rüstung gefangengenommen. «Der Kaiser», schreibt der Freisinger Bischof, «verwüstete ihr Land und zerstörte ihre Dörfer und Burgen.» Überall stieß er auf Widerstand, und überall haute er ihn zusammen.

Dabei war der klerusfreundliche Monarch nicht zimperlich. Als nahe Bologna bei Verteidigung einer Burg ein Priester drei Kaiserliche durch Pfeilschüsse tötete, ließ Lothar zur Vergeltung dreihundert Menschen abstechen, in den Abgrund stürzen, verbrennen, den Geistlichen aber unter den Hufen der Rosse krepieren. Dazwischen feierte man die Feste der Christenheit, das Fest Allerheiligen, das Geburtsfest des Herrn. So hielten es die christlichen Majestäten ja seit vielen Jahrhunderten.

Später teilte man die Truppe. Dreitausend Ritter unter Heinrich von Bayern zogen in die Toskana, wo sich ihm der Papst anschloß, während der Kaiser mit dem Gros längs des adriatischen Meeres vorrückte, um dann den Krieg gegen Roger zu führen, den Innozenz seit Jahren so dringend begehrte.

Zunächst kam es bei Ancona zu einer von Lothar selbst geleiteten Schlacht, in der angeblich über zweitausend Anconitaner umkamen. Nach der Einnahme der Stadt, die dem Kaiser hundert Lastschiffe stellen mußte, um sein Vorgehen vom Meer aus zu unterstützen, feierte er im April in Fermo das Osterfest und stürmte etwa vier Wochen danach die Burg auf dem Monte Gargano, die dort den berühmten Wunderort schützen sollte, das Wallfahrtszentrum mit der Grottenkirche des Erzengels Michael. Schon Otto III. hatte hier als Pilger seine Andacht verrichtet (V 553; VI). Nun versank auch Kaiser Lothar demütig ins Gebet – bevor er, nicht anders als einst die Sarazenen, die Kapelle ausraubte: Gold- und Silbergeräte, kostbare Steine, Gewänder; schließlich war Krieg. So zögerte der fromme Beter etwas später auch nicht, vielen seiner Gefangenen die Nasen und andere Glieder verkürzen zu lassen. Oder, mit Bischof Otto zu sprechen, der Kaiser «vollbrachte in Apulien und Kampanien so tapfere Taten, daß man unter den fränkischen Königen von Karl dem Großen bis zu seiner Zeit keinen findet, der dort so große Erfolge erzielt hat».[34]

Man traf sich in Bari, Heinrich der Stolze, der Papst, der Kaiser, und feierte pompös Pfingsten, wobei es ein Wunder gab. Während des Gottesdienstes senkte sich über der Kirche vom Himmel eine goldene Krone, darüber eine Taube, darunter – vero – hin und her schwingend ein dampfendes Weihrauchgefäß, davor zwei brennende Kerzen. «Wat dit bedudde», erklärt die sächsische Weltchronik, «dat ne wiste neman, it ne bedudde, dat de paves unde de kaiser wol vorên drogen.»

Die von oben gar originell beglaubigte Einheit also der beiden Christenhäupter, die auch dort ihres hohen Amtes weiter walteten. Der Papst u. a., indem er den von Anaklet geweihten Bischof von Bari, Angelus, feuerte und statt seiner einen gewissen Johannes berief. Der Kaiser, indem er vor allem wochenlang mit beträchtlichen eigenen Verlusten das von Rogers Recken verbissen und ebenfalls verlustreich verteidigte Kastell der Stadt «nach allen Regeln der Kunst» (Otto von Freising) stürmen und fast die ganze Besatzung niedermachen, zuvor aber, sicher auch nach allen Regeln der Kunst, viele noch verstümmeln und endlich mehr als fünfhundert Sarazenen, gleichfalls Verteidiger der Burg, rings um sie herum an Galgen hängen ließ. Diese Art christlicher Kunst rief «weit und breit einen bedeutenden Eindruck hervor» (Bernhardi).

Sogar der nicht leicht kleinzukriegende Roger wollte jetzt Frieden schließen. Er bot dem Kaiser viel Geld (infinitam pecuniam: Annalista Saxo; auri et argento multo: Otto von Freising), ja wollte selbst sein süditalienisches Reich einem seiner Söhne überlassen und zwei andere Söhne als Geiseln stellen. Doch der Kaiser lehnte, gedrängt vor allem vom Papst, brüsk ab; eine fatale Fehlentscheidung.[35]

So ging der Krieg weiter. Vor Melfi stach man bei einem Ausfall von Rogers Mannschaften mehr als dreihundert Menschen nieder und beging darauf in der Stadt feierlich das Fest Peter und Paul. Doch allmählich wirkten sich die lähmende Hochsommerhitze, die Länge des Feldzugs aus, wohl auch erfolgreiche Bestechungsmanöver Rogers, sowie Mißstimmungen zwischen Bayernherzog und Papst, dem man überdies die lange Dauer des Feldzugs und noch Sizilien-Pläne des Kaisers anlastete, die auch Erzbischof Albero von Trier unterstützen sollte. Es kam zu einem Aufruhr des Heeres, das Papst, Kardinäle, den Trierer Oberhirten töten wollte.

Der Kaiser konnte den Tumult dämpfen, hatte aber bald selbst einen immer längeren und heftigeren Streit mit dem Papst wegen Monte Cassino.

An der Spitze dieses Hauses stand ein Anhänger Anaklets, der Abt Rainald, der auch ins Lager beider Christenhäupter kam, wo man sich zunächst eine ganze Woche darüber erhitzte, ob das Kloster der römischen Kirche direkt oder dem Reich als Reichsabtei und reichsunmittelbares Fürstentum unterstehe. Denn der Papst gedachte den schismatischen Abt zu entfernen, der Kaiser nicht. Vorerst blieb er auch im Amt. Doch später ließ ihn Lothar auf Druck des Papstes fallen. Er hatte bei Problemen mit diesem ja fast immer den kürzeren gezogen. Als Innozenz aber die Neubesetzung vornehmen wollte, drückte der Herrscher, der wohl kaum sehr geschwellt auf eine lange Romhörigkeit zurückschauen mochte, seinen Kandidaten, den von Innozenz strikt abgelehnten Lothringer Wibald durch, wenn auch erst nach der Drohung mit dem Bruch zwischen Kirche und Reich.

Indes gab es eine noch gewichtigere Kontroverse.

Innozenz nämlich glaubte, der Kaiser habe alle Eroberungen in Unteritalien für ihn, den Papst, die römische Kirche gemacht. Deshalb wollte auch er allein über die Verleihung des Herzogtums Apulien entscheiden. Der Kaiser aber war ganz anderer Meinung. Sah er sich doch, durchaus in Übereinstimmung mit der Mehrheit seiner Großen und dem Heer, als Fortsetzer der von Heinrich dem Heiligen mit Meles von Bari (S. 114 ff.) begonnenen Süditalienpolitik. So verlieh er Apulien zuletzt gemeinsam mit dem Papst, indem beide zugleich die Fahne des Herzogtums erfaßten und den Grafen von Alife und Caiazzo, den Normannen Rainulf Drengot, als Herzog einsetzten. Er hatte Apulien für seinen Schwager Roger II. mit erkämpft, war dann freilich, verlassen von der nach Sizilien zurückkehrenden Gattin, Rogers erbitterter Feind und im April 1135 Bundesgenosse des Papstes geworden. Mit der gemeinsamen Belehnung hatte man das Problem natürlich nur vordergründig gelöst, in Wirklichkeit bloß ein neues geschaffen, den Herzog zum Diener zweier Herren gemacht.[36]

Doch die kaiserlichen Truppen, auch durch Seuchen gefährdet, hatten den Krieg für die Kirche bereits satt. Erst recht war Lothar selbst rundum abgekämpft, erschöpft. Seine Tage gezählt wissend, trachtete er nach Deutschland zurück. Er zog an Rom vorbei, wo Anaklet gebangt haben dürfte, leistete aber dem ihn noch begleitenden Innozenz einen letzten Dienst, indem er Anaklet das Kloster Farfa entriß und dabei einen reichen, befestigten, heftig widerstehenden Ort nach seiner Eroberung verbrennen, die Einwohner abstechen oder in Abgründe zu Tode stürzen ließ. Vor diesem Szenario verabschiedete sich der Heilige Vater, während der hinfällige Kaiser, durch häufigen Widerstand hindurch, weiter nach Norden strebte, da und dort kleine Gemetzel veranstaltete und gelegentlich ein paar «Übeltäter» ihrer Nasen beraubte.

Die Vergeblichkeit seines Italien blutig verheerenden Kriegszuges aber zeichnete sich schon ab. Denn Roger, bereits von Sizilien nach dem Festland übergesetzt, drang dort vor, nun seinerseits eine Blutspur ziehend, feindliche Städte zerstörend, sogar, wie in

Capua, Kirchen nicht schonend, plündernd, Nonnen schändend, auch das Gebiet Monte Cassinos heimsuchend und dem kaiserlichen Abt Wibald, der sich ihm zu nähern suchte, androhend, fiele er in seine Hände, würde er ihn unfehlbar hängen lassen; worauf der zur Nachtzeit heimlich mit vierzehn Mark Silber aus seiner Abtei Richtung Deutschland verschwand.

Lothar eilte immer rastloser, immer kränker nordwärts und Sachsen zu. Im späten November überquerte der Hochbetagte im Beisein der treuen Richenza, die ihn auf dem Zug begleitet und zunehmend häufiger vertreten hatte, bereits vom Tod gezeichnet, den Brenner. Er kam bis in die Nähe der bayerischen Grenze und starb am frühen Morgen des 4. Dezember 1137, schon auf dem Gebiet seines Schwiegersohnes Heinrich, in einer elenden Bauernhütte des Dorfes Breitenwang bei Reutte in Tirol – «ein Memento», so Otto von Freising, «an die Erbärmlichkeit des Menschengeschicks hinterlassend». Nur seine Leiche gelangte noch in die ersehnte Heimat und wurde am 31. Dezember in Königslutter beigesetzt.[37]

9. KAPITEL

DER ERSTE STAUFERKÖNIG, KREUZZÜGE WIE VOM FLIESSBAND UND EIN HEILIGER KIRCHENLEHRER

«Wibald . . ., der Abt von Corvey und später von Stablo und geschätzter kirchlicher Ratgeber Konrads III. und, so kann man sagen, der eigentliche Kanzler des Reiches. Wibald ist einer der Hauptverantwortlichen für Konrads Politik gegenüber der römischen Kirche, eine Politik, die genauso hörig-ergeben war wie jene Lothars von Supplinburg.» Franco Cardini[1]

«Für Christus den Tod erleiden oder geben ist nie Verbrechen, sondern Ruhm. Der Kämpfer Christi kann ruhigen Gewissens töten und im Frieden sterben. Stirbt er, so arbeitet er für sich; tötet er, so arbeitet er für Christus. Er trägt daher das Schwert mit gutem Grunde. Er ist der Beauftragte Gottes zur Bestrafung der Bösen und zur Erhöhung des Guten. Wenn er einen Übeltäter tötet, ist er kein Menschentöter, sondern ein Töter des Bösen, und man soll in ihm den Rächer im Dienste Christi, den Verteidiger des Christenvolkes sehen.» Bernhard von Clairvaux[2]

«Die Sachsen erhielten von Bernhard Erlaubnis und Segen zu einem Sonderunternehmen: einen Kreuzzug gegen die Wenden, dem sich auch dänische, polnische und mährische Haufen anschlossen. Unter der Losung Bernhards: Taufe oder Ausrottung! kam es zu einem grausigen Gemetzel. Bernhard war in bester Stimmung . . .» Karl Kupisch[3]

«Es möchte schwer sein, in der Geschichte einen zweiten so weltklugen geistlichen Schuft aufzutreiben, der zugleich in einem so trefflichen Elemente sich befände, um eine würdige Rolle zu spielen. Er war das Orakel seiner Zeit und beherrschte sie, ob er gleich und eben darum weil er bloß ein Privatmann blieb und andere auf den ersten Posten stehen ließ. Päpste waren seine Schüler und Könige seine Kreaturen. Er haßte und unterdrückte nach Vermögen alles Strebende und beförderte die dickste Mönchsdummheit, auch war er selbst nur ein Mönchskopf und besaß nichts als Klugheit und Heuchelei . . .» Friedrich Schiller über Bernhard von Clairvaux[4]

Der «Staatsstreich von Koblenz» und weitere «Regierungsgeschäfte»

Nach Lothars Tod war nichts selbstverständlicher, als daß der mit seiner Erbtochter vermählte Welfe Heinrich der Stolze, Herzog von Bayern, Herzog von Sachsen, Markgraf der Toskana, der größte Landesherr im Norden wie Süden Deutschlands und in Italien, ein Fürst mit Herrschaftskomplexen tatsächlich von «Meer zu Meer», auch König werden würde. Und Kaiser Lothar, der den Mann seines einzigen Kindes begreiflicherweise als Nachfolger wünschte, hatte ihm vor seinem Tod nicht nur das zweite Herzogtum Sachsen, sondern auch die Reichsinsignien übertragen.

Da Heinrich der Stolze (dem der Klerus dieses Attribut anhängte) der Kirche aber nicht genehm, da er bereits auf Lothars italienischem Feldzug sehr bestimmt, sehr selbständig, kaum zu gängeln war, da er mehr die Rechte des Reiches als die Roms im Auge hatte, hintertrieb Papst Innozenz II. seine Wahl. Wie schon bei Lothars Erhebung 1125 nahm auch jetzt wieder ein Kirchenfürst das Heft in die Hand; diesmal, infolge einer Mainzer Sedisvakanz, Erzbischof Albero von Trier, von dem sein geistlicher Biograph und enger Vertrauter Balderich sagt, daß er «mit ganzer Kraft dafür eintrat und gegen den Widerspruch fast aller Reichsfürsten (!) auch durchsetzte, daß Konrad zum König erhoben wurde». Oder, wie Bischof Otto von Freising sagt, daß ihn der Herr erhöhte «wegen seiner Frömmigkeit» (respectu pietatis). Der Herr? Der Herr Albero. Der «Staatsstreich von Koblenz» war völlig irregulär. Und er war ein Kleruswerk. «Da wir den

Willen der römischen Kirche kannten, stimmten wir der göttlichen Anordnung zu», erklärte Albero selbst, der auch aus regionalem Territorialkalkül den Stauferkönig durchgesetzt und dessen Politik dann mitbestimmt hat. «Auf Befehl des Papstes Innozenz», meldet lakonisch der Lütticher Annalist.

Ohne den ursprünglichen Wahltermin Pfingsten 1138 abzuwarten, ließ Albero, wie er offen gestand, auf Betreiben des Papstes, auch im Einvernehmen mit dem Kardinallegaten Dietwin, einem deutschstämmigen, sehr aktiven Kirchenpolitiker, von einer kleinen Minderheit, zumal von Bischöfen, am 7. März 1138 Konrad von Staufen, den einstigen Gegenkönig des Süpplingenburgers, zum deutschen König wählen. Und bereits wenige Tage darauf, nach «einem Eilmarsch» (Engels) nach Aachen, krönte und salbte ihn dort der päpstliche Legat, der Konrad auch auf dem Zweiten Kreuzzug begleiten wird.

Der neue König, damals etwa 45 Jahre alt, war zwar nicht unerfahren, verglichen mit dem Welfen aber weniger selbständig, ein frommer Herr, über den die Kirche herrschte, durch den sie regierte, ob er wollte oder nicht. Von einem der tonangebenden Höflinge, dem Abt Wibald von Stablo und Corvey, Hauptberater in allen politischen Fragen, zeitweilig Notar in der Kanzlei, erfuhr die römische Kurie alles Wichtige und gab an ihn die Weisungen für den König. Entglitt dieser doch einmal den geistlichen Direktiven, konnte Abt Wibald alsbald nach Rom berichten, er habe «dem Manne» wieder die Tugend der Demut und des Gehorsams eingeträufelt. Jahr für Jahr erschienen päpstliche Legaten, predigten Gehorsam gegenüber ihrem Herrn und kassierten – ihr Hauptinteresse.

Nachträglich akzeptierte der Adel Konrads illegale Thronerhebung, mit Ausnahme allerdings, wie zu erwarten war, der Welfen. Und die Rivalität zwischen ihnen und dem Staufer drückt fast dessen ganzer Regierungszeit den Stempel auf. Konrad duldete einfach nicht die nahezu königsähnliche Stellung Heinrichs neben sich. Obwohl dieser nach dem Abfall auch seiner bayerischen Bischöfe auf die Krone verzichtet und Konrad III. die Reichsinsignien ausgehändigt hatte, ohne ihm freilich zu huldigen, verhängten die Fürsten die Reichsacht über ihn. Er verlor beide Herzogtümer. Sein Bruder Welf VI. verlor die Markgrafschaft Toskana. Sachsen bekam, ein geschickter, die Gegenseite spaltender Zug, Heinrichs Vetter, Markgraf Albrecht von Ballenstedt der Bär, Bayern sein eigener Halbbruder Leopold IV., Markgraf von Österreich. Hatte der König ja auch schon 1138 seinen Halbbruder Otto, Abt des Cisterzienserklosters von Morimond, den berühmten Geschichtsschreiber, zum Bischof von Freising gemacht – wie später noch einen weiteren Halbbruder zum Herzog von Bayern.

Leopold IV. unterwarf zunächst einmal Regensburg, die Hauptstadt, zog dann, schreibt Bruder Otto, «mit einem starken Heer» durch das ganze Land, erledigte danach «drei Tage lang Regierungsgeschäfte» – als wäre sein Feldzug kein Regierungsgeschäft gewesen! – «und versah das Amt eines strengen Richters». Solch strengrichterliche Regierungsgeschäfte, «bürgerliche Rechtsstreitigkeiten» (civilia iura), wiederholten sich natürlich. Dabei steckte er einmal in Regensburg, infolge ausbrechender Differenzen, «einige Stadtviertel in Brand». So konnte er heil entkommen, die Umgebung verheeren und dann auch die Regensburger schröpfen. Nicht lang danach zerstörte er mit gesammelter Heeresmacht am Lech «die Burgen einiger seiner Gegner und verwüstete das ganze Land ringsum; dann zog er zum schweren Schaden unserer Kirche durch unser Gebiet heim» (Otto von Freising).

Bis zur Mitte des 13. Jahrhunderts beherrscht der offene Kampf zwischen Staufern und Welfen die deutsche Geschichte, beeinflußt sie aber noch lange darüber hinaus fundamental.[5]

In Nord- und Süddeutschland wütete wieder der Bürgerkrieg.

Heinrich der Stolze vertrieb zunächst Vetter Albrecht den Bären weitgehend aus Sachsen. Und da die dortigen Fürsten um höherer Einkünfte willen die Slawen zeitweise schonten, nutzten die Holsten die Fehde der großen Vettern und fielen, nun von niemandem zurückgehalten, im Winter 1138/1139 auf eigene Faust ins Slawenland ein. Sie nahmen u. a. die Burg Plön «unverhofft mit Gottes Hilfe», metzelten die slawischen Menschen nieder, verheerten weite Gegenden mit Raub und Brand – «Das ganze Land wurde wieder zur Einöde gemacht» (Helmold von Bosau).

Heinrich der Stolze war inzwischen nach Bayern zur Niederringung Leopolds geeilt, starb aber plötzlich im Oktober 1139; einige sprachen von Gift. Da sein Sohn, dereinst als Heinrich der Löwe berühmt, kaum zehnjährig war, setzten dessen Großmutter, die Lothar-Witwe Kaiserin Richenza, und Heinrich des Stolzen Bruder Welf VI. den Kampf fort. Im August 1140 schlug er den Babenberger Leopold bei Valley an der Mangfall (Oberbayern) «in einer für beide Teile verlustreichen hitzigen Schlacht» (Otto von Freising), worauf der König die schwäbischen Hausgüter der Welfen überfiel.

Erst nach zweijährigem Krieg, nach dem Tod von Richenza und Leopold IV., einigte man sich. Heinrich der Löwe bekam im Mai 1142 durch die Resignation des Askaniers, der Markgraf der Nordmark blieb, Sachsen, während etwas später König Konrads Halbbruder Heinrich II. (mit dem seine Frömmelei signalisierenden Beinamen) Jasomirgott Bayern erhielt, dazu, sozusagen, etwas vorher schon, Heinrichs des Stolzen Witwe, die Kaisertochter Gertrud, als wäre so der neue Herzog der Erbe Bayerns geworden. Durch Gertruds Tod bereits im Wochenbett 1143 erfüllte sich freilich die von Konrad erhoffte Ausschaltung der Welfen in Bayern nicht. Und Welf VI., der den Verzicht seines Neffen auf Bayern negierte, kämpfte in Süddeutschland ohnedies fort, dabei u. a. vom Regensburger Bischof unterstützt.[6]

Unruhen, Aufstände und Kriege in Italien

Am 4. Dezember 1137 war Lothar III. verschieden, am 15. Januar 1138 folgte ihm Papst Anaklet II. in den Tod. Damit war das Schisma zwar beendet, aber Anaklets Anhang erhob schon Mitte März den Kardinal Gregor von Ceccano – mit eingeholter Genehmigung Rogers II. – zum neuen (Gegen-)Papst Viktor IV., der jedoch seine Rolle nicht einmal ein Vierteljahr spielte.

Die Gefolgschaft schrumpfte schnell durch die Bestechungsgelder von Papst Innozenz. Die Kardinäle, die Familie Pierleoni fielen von Viktor ab. Er resignierte, trat zurück, und so war auch dieses Schisma, eine belanglose Episode, beseitigt. Innozenz begnadigte die sich Unterwerfenden und versprach, alle, Viktor wie die Kardinäle, in Amt und Würden zu belassen. Noch kein Jahr später setzte er alle ab.[7]

In Süditalien ging der Krieg indes fort.

Roger hatte sein Königreich nach Abzug der Deutschen weitgehend wiedererobert. Die Päpstlichen kämpften während des ganzen Jahres um Städte und Burgen. Innozenz selbst verdammte auf dem großen Laterankonzil im März 1139 vor angeblich Hunderten von Bischöfen und tausend Äbten in feierlicher Form den König, nachdem er schon längst alle exkommuniziert hatte, die mit Sizilien, mit Apulien Handel trieben oder den «Tyrannen» sonstwie stützten. Und obwohl bereits im April sein wichtigster und weitaus fähigster Bundesgenosse, Herzog Rainulf von Apulien, der Rogers Attacken fast allein widerstand, jäh verstarb, glaubte der Heilige Vater die Sache auch so schmeißen zu können. Er sammelte Truppen, übernahm den Oberbefehl und rückte im Juni mit großem geistlichem Gefolge, die Kardinäle an der Spitze, gegen Roger vor, dessen sogleich angebotene Friedensverhandlungen sich schnell zerschlugen. Doch nach schweren Verlusten seines Heeres geriet Innozenz am 22. Juli 1139 bei San Germano in Gefangenschaft. Zwar weigerte er sich, den siegreichen, von ihm verfluchten Gegner zu empfangen, gab aber bald klein bei.

Im Friedensvertrag zu Migniano (bei Caserta) vom 25. Juli 1139 sprach er «dem erlauchten und berühmten König» nebst seinen Erben das Königreich Sizilien zu, das Herzogtum Apulien, Kalabrien sowie das Fürstentum Capua. Ja, er mußte, nach jahrelangen Kämpfen, dem König sogar Gebiete überlassen, die seit langem als päpstlich galten, mußte die Vereinbarungen zwischen Anaklet und Roger anerkennen und dessen süditalienisches Reich, die sizilisch-normannische Großmacht weihevoll legitimieren. Alle Akte Anaklets hatte Innozenz annulliert. Ausgerechnet Anaklets Anerkennung des Königreichs Sizilien, Ironie der

Geschichte, mußte auch der Roger unterliegende Rivale billigen. Kaiser Lothars ganzer glorioser Kriegszug erwies sich damit als vertan.

König Roger aber, dem die einen bestialische Greuel unterstellten, die anderen eine größere Friedensliebe als allen sonstigen Fürsten, was nun wirklich nicht viel heißen muß, griff bald gegenüber der Kurie noch weiter aus. Und auch im Norden Italiens brannte es in den Jahren 1143 und 1144 an allen Ecken und Enden. Venedig und Ravenna bekämpften sich zu Wasser und zu Land. Mit Feuer und Schwert fielen Verona und Vicenza über Treviso her, ruinierten dessen Burgen, Dörfer, Felder. Der wilde Krieg zwischen Pisa und Lucca steckte die ganze Toskana in Flammen. Die Florentiner verbrannten die Vorstädte Sienas, griffen auch Lucca an, plünderten, verheerten, äscherten ringsum Kastelle, Städte, Ländereien ein. «In diesen Kämpfen», berichtet Bischof Otto, «kamen nicht nur sehr viele Pisaner und Luccaner durch das Schwert ums Leben und beendigten so ihr Elend elendiglich durch den Tod, sondern es bieten auch die unzähligen Gefangenen beider Parteien, durch langandauerndes Hungern und durch den Schmutz im Kerker ausgemergelt, wie ich es selbst gesehen habe, allen Durchreisenden ein bejammernswertes Bild menschlichen Unglücks.»[8]

Man vergißt ja viel zu oft über all dem Wirbel augenfälliger Geschehnisse das unnennbare Grauen jener ungezählten Ab- und Ausgeschiedenen, die irgendwo fernab hinter Gittern oder unter der Erde wie Motten verrotten, nicht selten Jahr um Jahr, ja ohne je die Freiheit oder auch nur das Tageslicht wieder zu sehn . . .

Auch in Rom, wohin Papst Innozenz im Herbst 1139 von Benevent zurückgekehrt war, brach alsbald ein Aufruhr und Krieg gegen das kleine Tivoli aus. Der Heilige Vater hatte die Einwohner, wie Otto von Freising meldet, schon lange exkommuniziert, auch sonst bedrückt und immer mehr in die Enge getrieben. Doch als die Römer, nach einem blamablen Auftakt, gewannen, wollten sich die Tivolesen nicht ihnen, sondern nur dem Papst ergeben; sämtliche Friedensvereinbarungen, eine nach der anderen, wurden zu seinen Gunsten getroffen. Die Römer aber forderten

Tivolis Vernichtung und die Vertreibung dieses so aufmüpfigen Völkchens, das auch mit diversen Nachbarn in Fehde lebte, zumal mit dem Abt von Subiaco, dessen Kloster schon im 10. Jahrhundert die Jurisdiktion über die Stadt erhielt.

Jetzt aber wollten die Römer herrschen, und nicht nur in Tivoli. Sie erhoben sich im Sommer 1143, stürmten – die Städtekriege in der Lombardei, der Toskana, die Attacken der Kommunen des Nordens gegen die Prälaten vor Augen – das Kapitol und setzten, überdrüssig, sich vom Papst regieren und drangsalieren zu lassen, den längst beseitigten «heiligen Senat der Stadt» wieder ein und den Krieg gegen Tivoli fort, indes der Papst, bittend, einschüchternd, mit Gold lockend, das tobende Volk zu besänftigen, seine Gewalt über Rom zu wahren suchte und über allem am 24. September 1143 verstarb.[9]

Auch unter den Nachfolgern des Innozenz dauerten die Tumulte in der Stadt an.

Der nur fünf Monate pontifizierende Coelestin II. (1143–1144), ein Schüler Abälards und seinerzeit selbst als Gelehrter gelobt, wurde der Wirren so wenig Herr wie Lucius II. (1144–1145). Rom revoltierte, es kam zur Erhebung der Kommune gegen den Papst, der sich mit dem Adel verband, während die ausgebeutete Bürgerschaft einen Patricius zum Leiter der jungen Republik berief, Jordan Pierleone, einen Bruder des Gegenpapstes Anaklet. Rom erstrebte Selbstregierung, begehrte alle Hoheitsrechte in Stadt und Land. Es wollte unabhängig von kurialer Kontrolle, frei von jeder Zivilgewalt des Papstes sein, wollte ihm nur noch den Zehnten überlassen oder eine Staatspension.

Der – im doppelten Wortsinn – entsetzte Lucius rief nicht nur Konrad III. zu Hilfe, der freilich selbst genug innenpolitische Querelen, auch wohl doch lieber ein schwaches als starkes Kirchenhaupt hatte, sondern suchte sich, gegen den Willen seiner Kardinäle, sogar mit König Roger zu arrangieren, mit dem er einst befreundet war. Lange glaubte man, behauptet es gelegentlich noch jetzt, Lucius II. sei Mitte Februar 1145 beim Sturm auf das Kapitol, den Sitz des Senats, tödlich verwundet worden. Der Bericht des Geschichtsschreibers, kaiserlichen Notars und Hofkapellans Gottfrieds von Viterbo über Lucius' Tod durch den Steinwurf eines Aufständischen ist jedoch unhistorisch. Gottfried schrieb häufig flüchtig, fehlerhaft, wurde aber gleichwohl ein Vorbild für die künftige Chronistik.

Als der inmitten aller Unruhen ganz heimlich und ohne Kardinal zu sein zum Papst gewählte Eugen III. (1145–1153), ein Schüler des hl. Bernhard, die römische Verfassung verwarf, empörte sich das Volk erneut. Die Adelskastelle wurden zerstört, die Kardinalsvillen geplündert, während Eugen von Viterbo aus die Straße nach Rom abriegelte und die Stadt verfluchte: nur die wenigste Zeit seines Pontifikats, etwa ein Achtel, konnte er in ihr verbringen. Das bedeutendste Ereignis seiner Regierung aber war ohne Zweifel ein großer Krieg, den nicht zuletzt er vom Zaun brach. Veranlaßte doch 1144 der Fall Edessas mit einem kaum erwarteten Widerhall in der muslimischen wie christlichen Welt Eugens III. drei Aufrufe – am 1. Dezember 1145, am 1. März und im Oktober 1146 – zu einem neuen Kreuzzug.[10]

Bevor es jedoch zu diesem Zweiten Kreuzzug kam, hatte es schon eine ganze Reihe anderer Kreuzzüge – selbst von Norwegen aus – mit zahlreichen Schlächtereien teilweise großen Ausmaßes gegeben. Denn der Enthusiasmus der Zurückgekehrten, ihre Berichte, Errungenschaften, «Reliquien» etc., erweckten neue Pilger. Die abendländischen Pfaffen predigten unentwegt weitere Heils-, Geld- und Machthungrige ins Heilige Land und ins Himmelreich. Man wollte nicht nur Jerusalem haben, man wollte den Islam insgesamt vernichten. Der Strom der Krieger riß nie ganz ab, italienische Flotten lieferten Waffen nach, Werkzeuge, Belagerungsmaschinen.

«Die blühenden Lande veröden» oder «wer dort arm war, wurde hier reich durch Gott»

Kaum einen Monat nach dem Fall Jerusalems besiegten die neuen Herren ein gewaltiges ägyptisches Hilfsheer unter dem Fatimiden-Wesir Al-Afdal. Sie überraschten es am Morgen des 12. August 1099 im Lager vor Askalon und schlugen es – während in Jerusalem Peter von Amiens eine festliche Prozession «zu Ehren Gottes» veranstalten, Messen singen, Gebete sprechen, Almosen sammeln ließ – «im Namen des Herrn Jesu» nahezu restlos zusammen; schließlich wußte man, was man verteidigte! Auch hatte der Patriarch selbst im ganzen Heer ausrufen lassen, «er würde jeden exkommunizieren, der daran dächte, Beute zu machen, bevor die Schlacht beendet wäre; wenn das aber geschehen sei, könnten sie sich wieder der Freude hingeben, alles dessen sich zu bemächtigen, was ihnen vom Herrn vorbestimmt sei ... So wurde alles geordnet und im Namen des Herrn Jesus Christus begannen sie den Kampf.»

Alles geordnet – und der Herr in der Tat auf ihrer Seite. «Die Feinde Gottes waren verblendet», meint der Anonymus, «denn die göttliche Macht erschreckte sie.» Die «Ritter Christi» schossen die «Ungläubigen» mit Pfeilen aus den Bäumen, holten sie mit Lanzen, mit Schwertern herunter, verbrannten sie lebendig in einem Hain, jagten sie ins Meer, wo angeblich gegen dreitausend umkamen, oder hieben den zu Boden Gestreckten noch die Köpfe ab, «wie man Tiere köpft auf dem Markt». Hunderttausend Reiter und vierzigtausend Fußsoldaten vermochte man dem Heiligen Vater als besiegt zu melden – «Gott sei Dank!»[11]

In Jerusalem, wo man ein Lateinisches Königreich zu schaffen begann, war zunächst Gottfried von Bouillon, Herzog von Niederlothringen, einer der Anführer des Ersten Kreuzzuges, zum Beschützer des Heiligen Grabes avanciert (Advocatus Sancti Sepulchri).

Das Haupt der Kreuzfahrerherrschaft führte ein kurzes, aber straffes Regiment, anscheinend jedoch mit großen Zugeständnissen an die Jerusalemer Kirche. Schon deshalb wohl und um von deren innerem Durcheinander abzulenken, wurde Gottfried bald idealisiert, legendenumrankt, ja seit dem 14. Jahrhundert zu einer «Vorbildfigur des europäischen Rittertums» (Despy) – ein Mann, so Hans Wollschläger, «von zwar schwächlichen Geistesgaben, doch starkem Arm und unverwüstlicher Frömmigkeit»; nicht nur der Herzog, nicht nur ein kleiner Teil der christlichen Ritterschaft Europas, wahrscheinlich ihr größter ist damit gut charakterisiert.

Patriarch von Jerusalem war Arnulf von Chocques geworden, über dessen Sexskandale die Soldaten Lieder sangen. Gierig beraubte er syrische wie griechische Geistliche und ließ sie so lange foltern, bis er auch das sogenannte Heilige Kreuz bekam. Überhaupt hat der fränkische Klerus den einheimischen um Land und Geld gebracht. Und natürlich tötete man die muslimischen Bauern oder vertrieb sie. «Die blühenden Lande veröden» (Heer).

Die Sache belebte sich noch, als mit einem Kreuzheer seiner Landsleute Herr Daimbert von Pisa erschien, ein von Urban II. zum Erzbischof, Metropolitan von Korsika und Legaten von Sardinien erhobener, schamlos geld- und machtsüchtiger Seelenfürst, der bösen Zungen zufolge den kastilischen Kirchenschatz entwendet hatte. Er ließ Arnulf, dessen Wahl er als ungültig bezeichnete, Ende 1099 absetzen und bestieg selbst den Patriarchenstuhl. Und schon bald lag er im Kampf mit den weltlichen Großen, die sich nach seiner Meinung unrechtmäßig der Stadt bemächtigten «zum Untergang der Kirche und zur Unterdrükkung der Christenheit». So gab es gerade in den ersten Jahren nach der Einnahme Jerusalems ständig Streit zwischen Kirche und Staat. Gottfried mußte immer mehr von seinem Machtbereich abtreten, zumal Jerusalem und Jaffa. Scheint Patriarch Daimbert doch eine Art Cäsaro-Papismus, eine große Theokratie intendiert zu haben, an deren Spitze er selber stehen wollte – was er ja nur den Heiligen Vätern abgeguckt haben konnte. Er ließ sich als Lehnsherr anerkennen, machte Gottfried und Bohemund zu seinen Vasallen und begabte sie mit eben den Ländern, die sie selbst geraubt.

Als «der ruhmreiche Herzog Gottfried» bald nach dem 18. Juli 1100 in Jerusalem stirbt (an Typhus oder einem Pfeilschuß) und, wie ihm gebührend, gleich «beim Grab des Herrn» bestattet wird, erheben die Ritter unter Zeichen und Wundern «am Himmel und auf der Erde» (Otto von Freising) seinen Bruder Balduin, den Grafen von Edessa, zum ersten König von Jerusalem. Da der Patriarch, «auf alle erdenkliche Weise bemüht, Mord und Zwietracht unter den Fürsten zu stiften» (Albert von Aachen), zu wenig Truppen hatte, rief er den normannischen Herren von Antiochia auf, Balduin den Zutritt zur Heiligen Stadt zu verwehren, ihn notfalls zu bekriegen. Doch dieser erkämpfte sich die Herrschaft, und der von päpstlichen Legaten ab- und ein- und abgesetzte Patriarch starb, von Papst Paschalis II. zuletzt noch einmal investiert, im Sommer 1107 in Messina auf der Reise nach Jerusalem.[12]

Gleichwohl: die eigentliche Macht blieb in den Händen der Kirche – «die Ratschläge des lateinischen Patriarchen von Jerusalem waren im allgemeinen ausschlaggebend» (Atiya). Oder wie der arabische Historiker Ibn al Aṯir (gest. 1233) sagt: ihm gehorchen sie alle, «wie die Muslime dem Kalifen». Einen weiteren Patriarchen gab es in Antiochia, außerdem acht Erzbistümer, sechzehn Bistümer und viele Klöster.[13]

Wie sehr sich aber auch alles immer mehr befehdete, die Fürsten untereinander, die Fürsten die Kirche, die Kirche die Fürsten, wie katholische Herren sich auch mit den Moslems gegen katholische Konkurrenz alliierten und stets das Kaufmannsvolk fest mitgemischt hat, kurz, wie sehr gewisse allgemeine Zustände im christlichen Osten den westlichen glichen, zurück wollten viele nicht mehr. «Wir, die wir Abendländer waren, sind Orientalen geworden ... Wir haben schon unsere Geburtsorte vergessen.» «Denn wer dort arm war, wurde hier reich durch Gott», liefert Kaplan Fulcher von Chartres prompt die Begründung, «und wer nicht einmal ein Dorf besessen, hat hier durch des Herren Gunst eine ganze Stadt.»[14]

Gottfried von Bouillons Nachfolger wurde sein Bruder, der zunächst für die kirchliche Laufbahn bestimmte Balduin I. (1100–1118), der sich am 25. Dezember in der sogenannten Geburtskirche zu Bethlehem in Gegenwart der Geistlichkeit durch den Patriarchen gleich zum König krönen ließ. Die Entwicklung zu einer typischen Feudalmonarchie, bestehend aus halb unabhängigen staatlichen Gebieten, dem Fürstentum Antiochia sowie den Grafschaften Edessa und Tripolis, setzte sich damit fort. Es waren dies unter dem Königreich Jerusalem locker miteinander liierte christliche Herrschaften, die in unentwegten Raubzügen, Gefechten, Belagerungen nicht nur die «Ungläubigen», sondern sich auch gegenseitig bekriegten, während gleichzeitig selbstverständlich auch die muslimischen Entsatzheere raubten, verwüsteten, töteten. Und permanent involviert waren natürlich die aus Siegen wie Niederlagen der Kreuzfahrer Gewinn ziehenden italienischen Handelsmetropolen Venedig, Genua, Pisa. Gierig auf das orientalische Großgeschäft, sicherten sie sich Schiffahrtslinien und Märkte und bestimmten weitgehend die Verwaltung syrischer Küstenstädte. Auch an bewaffneten Auseinandersetzungen nahmen sie teil, halfen diese Orte erobern, was die Ankunft des Nachschubs, der Verstärkung erleichterte und die Kreuzzügler den Weg übers Meer nehmen ließ, wozu die Kirche in der Heimat unermüdlich animierte, wo Papst Urban II. die allzu vorzeitigen Heimkehrer des Ersten Kreuzzuges exkommuniziert hatte und Nachfolger Paschalis II. sie exkommuniziert ließ, bis zu ihrem abermaligen Aufbruch ins Gelobte Land, um der morgenländischen Kirche, «unserer Mutter, mit vereinter Kraft wieder das ihr Gebührende zu verschaffen, so der Herr es gibt».

Der Herr gab es – jedenfalls einstweilen.

Noch 1100 hatten die christlichen Besatzer Sarūǧ gestürmt, geplündert, die Frauen gefangen und einen großen Teil der übrigen Einwohner umgebracht. Auch bei der Eroberung Caesareas im gleichen Jahr massakrierten sie die Menschen. 1002 vertrieben sie die Bevölkerung von Arsūf. Bei der Einnahme von Tortosa/Tartūs in der Provinz Tripolis töteten sie, «wer in ihr Muslim war». Verträge wurden oft nicht beachtet, wie bei der Übergabe von Gubail (1102), als die Christen nicht nur alles konfiszierten, sondern durch Tortur auch noch Geld erpreßten. Akkon nahm man 1104. Im selben Jahr freilich erlitt man am 7. Mai eine schwere, den Mythus von der Unbesiegbarkeit der Kreuzfahrer zerstörende Niederlage bei Harrān, wo Balduin (der die Muslime zu täuschen versuchte, von ihnen selbst getäuscht worden ist) in Gefangenschaft geriet.

Erst nach fünfjähriger Belagerung wurde Tripolis am 12. Juli 1109 erstürmt, die Bevölkerung gräßlich gefoltert, ihr Besitz beschlagnahmt, alles an Frauen und Kindern in die Sklaverei geschleppt, «unschätzbare Beute» gemacht, die riesige Bibliothek verbrannt. Um dieselbe Zeit verjagte Tankred den byzantinischen Statthalter von Tarsus, verheerte die Provinz Šaizar und zwang der Stadt einen Tribut auf. Am 4. Dezember 1110 ergab sich Sidon, nachdem Balduin Schonung der Einwohner und ihrer Habe zugesichert hatte. Doch dann, schreibt der arabische Chronist Ibn al-Qalānisī (gest. 1160), der erste arabische Historiker, der die Kreuzzüge behandelt, umständlich genau und meist objektiv, «stürzte er sie in Armut und nahm ihnen das Letzte; von denen, über die er wußte, daß sie behalten hatten, erpreßte er auch den Rest».

1110 ereignete sich auch eine der größten Katastrophen der katastrophenreichen Kreuzzugsgeschichte: das Blutbad von Armenien. Die Kreuzfahrer hatten die Zivilbevölkerung dieses Gebietes zu evakuieren beschlossen, um sie vor den Überfällen der Türken zu schützen. Sie taten dies aber, als ein großes Türkenheer unter dem Atabeg von Mosul, Scharaf ad-Daulah Maudud, bereits in der Nähe weilte. Und während die Franken selbst schon am jenseitigen Ufer des Euphrat waren, wurden die Armenier auf dem anderen von den Türken überfallen und zu Zehntausenden hingeschlachtet, nur Frauen und Kinder im allgemeinen geschont. Das Land Edessa hat man damals an einem Tag menschenleer gemacht und auch nicht mehr neu bevölkert.

Beirut, von den Kreuzfahrern seit 1099 wiederholt angegriffen, konnte König Balduin, mit Hilfe der Genuesen, erst nach einer schweren Schlacht 1110 erobern. Die Stadt wurde geplündert, alles Vermögen beschlagnahmt, die Einwohnerschaft in Sklaverei geschleppt.

Balduins tolldreistes, nur auf einige hundert Ritter gestütztes

Regiment war mitunter der Vernichtung nahe, doch profitierten seine beträchtlich ausgreifenden Raubunternehmen von ständig neu eintreffenden Kreuzfahrerhaufen, übrigens nicht nur militärisch. Das Königreich Jerusalem verstand das religiöse Bedürfnis auch direkt zu kapitalisieren , zum Beispiel das Wallfahren. Schröpfte die Regierung doch jeden Pilger durch diverse Zölle und Gebühren, durch Einziehung eines Drittels der gesamten Seereisekosten; ja auch ein Teil der Pilgergeschenke für Kirchen und Klöster fiel an den König.

Was anscheinend um der Religion willen begonnen worden, zeigte nun immer mehr seine tatsächliche politische und wirtschaftliche Fratze. Das spiegelt, nur beiläufig betrachtet, sogar noch die Ehe des einst für eine Klerikerkarriere vorgesehenen Balduin. Zunächst war er mit der Armenierin Arda, Tochter des armenischen Fürsten Thatul, verheiratet. Dann verstieß er sie, da er Geld brauchte, und heiratete Adelaide, die verwitwete Gräfin von Sizilien, eine schon ältere Dame, doch eine der reichsten Frauen Europas. Und als er in vier Jahren ihre gesamte Mitgift ausgegeben, jagte er auch sie wieder davon – mit dem Plazet des Patriarchen Arnulf, der ihm zu dieser Ehe geraten und sie eingesegnet hatte.

Immer übermütiger, mächtiger geworden, galt Balduins letzter Krieg Ägypten, wo er bis zum Nil vordrang, doch auf dem Rückmarsch am 2. April 1118 starb, worauf er in der sogenannten Grabeskirche von Jerusalem würdevoll, wie verdient, beigesetzt worden ist.[15]

DIE RITTERORDEN – DIE NEUE «HERRLICHKEIT CHRISTI AUF ERDEN»

Eine typische Schöpfung jener Zeit, die ohne die bewaffneten Wallfahrten vielleicht kaum entstanden wäre, sind die nach dem Ersten Kreuzzug sich bildenden, im Laufe des 12. Jahrhunderts und später in die Geschichte tretenden geistlichen Ritterorden:

die Templer, Johanniter, der Deutsche Orden, Jacobusorden, Schwertbrüderorden u. a. Die Mitglieder, seit Bernhard von Clairvaux oft Mönche genannt, sind in Wirklichkeit nicht einmal Zwitter oder, feiner gesagt, Semireligiose, sind sehr viel weniger Mönche als Soldaten, sehr viel weniger Vertreter des geistlichen als des militärischen Standes, und sicher nicht dessen beste Vertreter – falls es gute gibt.

Selbst der hl. Bernhard hat in seinem Traktat «De laude novae militiae», in dem er das wundersame schnelle Aufblühen dieser Ordensorte feiert, deren «besonders segensreiche soziale Wirkung» darin gesehen, daß so das Abendland, wie Hans Prutz in seinen «Geistlichen Ritterorden» mitteilt, «eine Menge sittlich bedenklicher und gefährlicher Elemente los wird, indem zahlreiche Räuber, Heiligtumschänder und Mörder, Meineidige und Ehebrecher nach dem Osten entfernt werden, wo man sich ihrer als Helfer gegen die Ungläubigen aufrichtig freut».

Zwar beweist nach dem Katholiken Neuss nichts «deutlicher die Kraft des religiösen Impulses im 12. Jahrhundert», ist der Ausgangspunkt dieser Ritterorden «die christliche Nächstenliebe»; zwar rühmt ihnen auch Jesuit Hertling «viel Gutes» nach «zu ihrer Zeit» (wann sonst?). «Sie haben im christlichen Volk den Sinn geweckt für Ausbreitung des Glaubens und organisierte karitative Tätigkeit». Tatsächlich aber sind diese geistlichen Ritter, und gerade die bekanntesten, wie Johanniter und Templer, gewöhnlich die scheußlichsten Schlächter, die im lateinischen Orient über die Hälfte aller christlichen Krieger stellten, sozusagen deren Eliteeinheit und Stoßtruppe. Nie durften sie die Feinde zählen, nie zurückweichen, unablässig sollten sie die «Ungläubigen» aufs Haupt schlagen, der totale Krieg für Christus war ihr Dogma, wozu auch ein ausgedehntes Spionagesystem gehörte.

Kurz, diese Orden bildeten «eine Art stehendes Heer der Kreuzfahrerstaaten und der iberischen Reiche ... mit gewaltigen Burgen als Stützpunkten und erlitten im Kampf oft existenzbedrohende Verluste fast ihres ganzen Aufgebots» (Hiestand), was der Sache wesentlich näher kommt als das blamable Apologetengesums, ja auch gar nicht ausschließt, daß die Ritterorden von ihrem ursprünglichen Konzept her vielleicht eine Art pietistisch-puritanische Reaktion sind auf die allzu weltlichen Pilgerbanden; ähnlich wie die christlichen Mönchsgemeinschaften der Spätantike Reaktionen waren auf die Verweltlichung des Christentums.

Die Ritterorden haben gewöhnlich die Grundregeln der Armut, Keuschheit, des Gehorsams, die eigentlichen Mönchsgelübde, doch auch des dauernden Kampfes gegen die Feinde des Kreuzes, die «Ungläubigen». Und so peinlich sie auch verklärt wurden und werden, in ihnen bündeln sich förmlich Arroganz, Neid, Intrigen und Verrat, herrschen fortgesetzt häßlichste Händel, kulminiert ein geradezu grenzenloser Gruppenegoismus; keiner von ihnen entspricht auch nur entfernt dem meist gezeichneten Bild. In Wirklichkeit fechten sie samt und sonders weit mehr für ihre eigenen (finanziellen) Interessen, ihre rasch wachsenden Besitzungen, umfangreichen Privilegierungen als für die Kirche, weshalb sie auch bereits im 12. Jahrhundert vom Episkopat beargwöhnt, kritisiert, ja bekämpft worden sind (S. 465). Immerhin gelangten zwei der Orden sogar zu eigener Staatlichkeit, der Deutsche Orden im Baltikum seit dem 13. Jahrhundert, die Johanniter auf Rhodos seit dem 14. Jahrhundert und auf Malta seit dem 16. Jahrhundert.[16]

Ritterorden waren Klassengesellschaften, streng nach sozialen Schichten gestuft: in adlige Ritter (milites), Kleriker (capellani) und dienende Brüder (servientes) aus dem «Volk»; dazu zahlreiche weitere Hilfskräfte aller Art, von versklavten Bauern bis zu Söldnern. Die Orden, zum Teil auch mit weiblichen Zweigen, unterstanden bald als dessen besondere, mit Vorrechten und Immunitäten überschüttete Lieblinge der Obergerichtsbarkeit des Heiligen Stuhles. Er suchte ausschließlich darüber zu verfügen, mit ihrer Hilfe seinen Einfluß zu mehren und die Ostkirchen zu gängeln.

Die ältesten, stolzesten, dreistesten, die «klassischen» Ritterorden waren die Johanniter (seit 1310 Hospitaliter, seit 1530 Malteser) und die nach einem spektakulären politischen Prozeß 1312 auf dem Konzil von Vienne aufgehobenen Templer, deren gewaltige Güter die Johanniter bekamen.

Die Anfänge des Johanniterordens (Ordo militiae Sancti Joannis Baptistae hospitalis Hierosolymitani) gehen auf ein karitativ geprägtes Hospital zuerst in Antiochia, dann in Jerusalem zurück, das am syrischen Handel besonders beteiligte Kaufleute aus Amalfi Mitte des 11. Jahrhunderts materiell fundiert hatten, im 12. Jahrhundert 2000 Kranke aufnehmen konnte und schon früh in führenden europäischen Wallfahrtsorten abhängige Filialen besaß. Der Orden bekam große Privilegien, reiche Landschenkungen von Europa bis in den Orient und sehr bald auch einen immer mehr dominierenden militärischen Zweig – im wesentlichen spiegelt diese Ordensgeschichte mutatis mutandis die Genesis des Christentums überhaupt.

Der erste Vorsteher der Johanniter (schwarzes Gewand mit weißem Kreuz), der Provenzale Gérard de Martigues der Reine, soll noch bei seinem Tod «im Stande der Unschuld» gewesen sein. Anfangs erfüllten die Mitglieder offenbar die «Caritas», widmeten sie sich den Pilgern, übten Nächstenliebe. Dann aber trat dazu, so das Handbuch der Kirchengeschichte, «die Pflicht des bewaffneten Grenzschutzes», griff man doch lieber zum Schwert, nahm der Glaubenskampf überhand, wurde aus einem geistlichen Orden, wohl unter dem Einfluß der Templer, ein militärischer, was die Templer von Anfang an waren.

Die Johanniter, die als «Diener der Armen Christi» den «hl. Armen« verehrten, empfingen 1136 und 1144 durch den König von Jerusalem und den Grafen von Tripolis die ersten strategisch wichtigen Burgen. Sie erhielten Ländereien, Grenzmarken; im Heiligen Land und in Europa kam es zu einer Fülle von Spenden, Schenkungen, päpstlichen Gunsterweisen, zu Raub und florierenden Geldgeschäften. Die Pauperes commilitones Christi, seit 1154 als «Orden» anerkannt, wurden eines der reichsten Bankunternehmen Europas, waren aber schon in der zweiten Hälfte des 12. Jahrhunderts, u. a. besonders durch Kosten für Rüstung, Festungen, Feldzüge, schwer verschuldet.[17]

Die Templer (Fratres militiae Templi oder, wie sie auch und viel schöner hießen, Pauperes commilitones Christi templique Salomonis) hatte 1120 der französische Ritter Hugo de Payens zum

Schutz der Pilger und zur Verteidigung des «Heiligen Landes» ins Leben gerufen (seit 1147: weißer Mantel mit einem roten Kreuz) und König Balduin II. gefördert. Der Großmeister residierte in unmittelbarer Nähe des Salomontempels, daher der Name. Nach 1187 verlegten sie ihr Hauptquartier nach Akkon, zuletzt nach Zypern, wo sie bis zu ihrer Vernichtung durch den französischen König und das Papsttum blieben.

Die Templer gelobten Armut, Keuschheit, Gehorsam und «reinen Gemüts zu kämpfen». Sie vereinigten die alte ehrwürdige christliche Tradition: Gebet und Krieg. Sie wurden täglichen religiösen Übungen unterworfen, mußten es aber in Ausnahmezeiten, oft eher die Regel, nicht allzu genau damit nehmen. Eröffnete ihnen doch der Kreuzzug selbst, wie dem westlichen Rittertum überhaupt, einen «eigenen Heilsweg», ja, der Kreuzzug ist für diese Ritter «das wichtigste Mittel, um zu Askese und Heiligung (und damit zur Integration ihrer Existenz in die christliche Gesellschaft) zu finden» (Demurger)! Auf Betreiben Bernhards wurden sie 1128 offiziell bestätigt und 1139 unmittelbar der päpstlichen Autorität unterstellt.

Wie die Johanniter werden auch «die armen Ritter Christi und des Tempels Salomonis» durch Sonderrechte, Schenkungen, Raub sehr rasch und ungeheuer reich. Ihre Niederlassungen im Westen verlegten sich aufs Profitmachen in vielen Formen, zumal auf expandierende Grundherrschaften und finanzielle Transaktionen, auf Nutzung von Mühlen etwa ebenso wie auf die der Handelsmessen. Sie waren die Geldexperten für Pilger, Kleriker, Aristokraten. Sie regelten den Zahlungsverkehr von Privatpersonen und verwalteten den Schatz von Fürsten, besonders den der Könige von Frankreich und England. Aber kein christlicher Herr im Heiligen Land, auch der König nicht, konnte sich auf sie verlassen. Schon im 12. Jahrhundert verfolgten sie ihre höchst eigensüchtigen Privatinteressen zum Schaden aller Kreuzfahrerstaaten.[18]

Der besondere Protektor der Templer, ja ihr eigentlicher Chefideologe wurde der hl. Bernhard von Clairvaux. Und er, der «geistliche Schuft» (Schiller), wußte, was not tat, eines nur – der

Krieg, der Kreuzzug für den Herrn. Dafür macht er die Templer scharf. Er untersagt ihnen den Besuch von Schauspielen, verbietet ihnen Jagd, Spiel, erst recht natürlich Frauen. Er sieht sie am liebsten verstaubt, struppig, dreckig, «niemals gekämmt, selten gewaschen», wie er selber schreibt, «sie sind schmutzig». Aber er macht ihnen starke schnelle Pferde zur Vorschrift und den Kampf gegen die «Ungläubigen» zur Pflicht. Als echter christlicher Heiliger und Kirchenlehrer predigt er, in Frieden die Feinde zu jagen! «Geht in Freude, geht in Frieden; jagt unerschrockenen Herzens den Feinden des Kreuzes Christi nach ...» Aus Lk. 3,14 – wo Jesus die «Kriegsleute» lehrt: «Tut niemand Gewalt noch Unrecht ...» – folgert er, Bernhard, es sei dem Christen durchaus nicht verboten, «mit dem Schwert zuzustoßen». Um so weniger natürlich, da ihm ja gar nichts passieren könne, auch wenn er stirbt, ja dann erst recht nicht. Denn falls schon die selig seien, die im Herrn sterben, so erst recht jene, «die für ihn sterben». Tatsächlich fallen von den 22 Großmeistern des Templerordens über die Hälfte im Kampf. «Freue Dich, starker Glaubenskämpfer ...», eifert Bernhard. «Greift also unbesorgt an, ihr Ritter ...»

Das taten die Templer denn auch, von Bernhard als neue «Herrlichkeit Christi auf Erden» gepriesen. Attackierten sie doch sogar die Johanniter. Nahezu ständig, bis zum Ende der Templer, sind beide Orden miteinander verfeindet, rivalisierten sie beim Einzug von Steuern, beim Feilschen um Vorrechte, ja im direkten Kampf, durch Belagerung, in der offenen Schlacht, wobei sie sich noch mit islamischen Fürsten alliierten.

Streit gab es aber auch mit dem Weltklerus. Die Templer klagten über Unterdrückungsmaßnahmen der Bischöfe, über Zänkereien wegen Begräbnissen und Begräbniskosten, über Behinderungen ihrer bettelnden Sammler, Verletzungen ihres Asylrechts, ungerechte Besteuerungen, rechtswidrige Jurisdiktion.[19]

Gleichwohl kontrollierten die Ritter Christi, eine exklusive aristokratische Militärkaste, das von ihnen besetzte Land durch eine Kette schwerbefestigter, teilweise in massiven Fels gehauener Zitadellen, deren Ruinen noch heute sichtbar sind: den Krak de Monréale, den Krak des Chevaliers, zeitweise wichtigstes Hauptquartier der Johanniter, den Krak östlich vom Toten Meer in der Wüste Moab und viele andere. Es bestand Sichtverbindung zwischen ihnen (bei der Belagerung Keraks durch Saladin 1183 verständigte sich die Burgbesatzung durch Feuerzeichen 80 Kilometer über das Tote Meer hinweg mit dem Davidsturm in Jerusalem), gelegentlich auch Brieftaubenverkehr. Von hier aus leiteten sie Angriff wie Verteidigung und beraubten nicht zuletzt ungezählte große Karawanen mohammedanischer Händler und Pilger nach Kairo, Damaskus, Mekka, Höms, Hama, Tripolis, Tortosa, vermieden aber, zahlenmäßig unterlegen, möglichst die offene Feldschlacht.[20]

Am Weihnachtsabend 1144 überrumpelte dann der Atabeg von Mōṣul, 'Imādaddīn Zangi, einer der bedeutendsten türkischen Militärs seiner Zeit, Edessa, den über Jahrhunderte wichtigen strategischen Straßenknotenpunkt im oberen Mesopotamien, und vernichtete damit den ältesten Kreuzfahrerstaat, Ausgangsort ständiger christlicher Plünderungszüge. Während aber 'Imādaddīn Zangi die Eroberung Edessas zum ruhmreichen Vorkämpfer des Islams machte und ihm den Ehrentitel «Herrscher mit Gottes Hilfe» eintrug, brachte der Fall der Festung für die Kreuzfahrer den ersten großen Territorialverlust mit sich – ein Schock für die Christen, besonders im Abendland, «ein greuliches, beklagenswertes Verbrechen» (Otto von Freising).

Wie nahezu berauscht aber hatte der berühmte Bischof bei der Einnahme Jerusalems gemeldet, man habe die Feinde dort «in solchen Massen abgeschlachtet, daß im Vorhof Salomos das Blut der Getöteten bis an die Knie der Pferde der Unseren reichte»! Und «wie schön» fand er es, «die von den Heiden mit Füßen getretene heilige Stadt von unseren Glaubensgenossen eingenommen» zu sehen. Ja, wie schön war das – und wie greulich dies.

Nach Zangis Ermordung durch einen Sklaven am 14. September 1146 im Zustand «unüblicher Trunkenheit» vernichtete sein Sohn Nūraddīn Zangi ein Edessa angreifendes Christenheer bis auf den letzten Mann. Dann ließ der Sieger alle Franken der Stadt töten, auch Erzbischof Hugo samt seinen Klerikern, schonte aber bezeichnenderweise die syrischen Christen, Armenier, Jakobiten, selbst Griechen. Nach einem gescheiterten Umsturzversuch rächte sich Nūraddīn jedoch, indem er einen Teil der einheimischen Christen liquidieren, den anderen verbannen, Frauen und Kinder versklaven ließ. Edessa, eine der ältesten Christengemeinden, wurde fast völlig entvölkert und «hat sich bis zum heutigen Tage von diesem Schlag nicht mehr erholt» (Ferluga).

«Gott hat den Tag bestimmt», sangen die Christen in einem während des Zweiten Kreuzzuges entstandenen Lied, «an dem du in Edessa sein wirst. Dort werden die Sünder Vergebung empfangen, die tapfer kämpfen und Ihm dienen ...»[21]

Natürlich gab es Gründe, die einen neuen Kreuzzug wünschenswert erscheinen ließen. Bischof Otto von Freising sieht seinerzeit «allenthalben in der Welt Kriegsstürme» toben und «fast das ganze Reich in Aufruhr»: zum Beispiel einen Krieg in Bayern zwischen Herzog Heinrich und dem Bischof von Regensburg; im belgischen Gallien eine Fehde zwischen dem Grafen Heinrich von Namur und dem Trierer Erzbischof Albero. Auch in Schwaben geht das Blutvergießen weiter. In Polen streiten drei Brüder mit dem vierten, mit Ladislaw II. Doch auf einmal erfolgt ein so jäher Umschwung, «daß alle diese Kriegsstürme gestillt wurden, in Kürze die ganze Welt zu Ruhe kam und unzählige Menschen in Frankreich und Deutschland das Kreuz nahmen und sich zum Kampf gegen die Feinde des Kreuzes meldeten».[22]

Die ganze Welt kam zu Ruhe – als ein großer Kreuzzug ausbrach ...

Kirchenlehrer Bernhard verheisst «einen grossen Markt»

Am 1. Dezember 1145 rief Papst Eugen III. in «Quantum praedecessores», der ersten erhaltenen Kreuzzugsbulle für den Orient, zu dem neuen Aggressionskrieg auf, wobei er allen Teilnehmern wieder volle Sündenvergebung garantierte, Aufschub für sämtliche Zahlungsverpflichtungen, Entfall von Zinsverbindlichkeiten und Schutz ihres Besitzes, im übrigen aber sich nur an die Franzosen wandte. Auch erinnerte er Ludwig, den erlauchten und ruhmreichen König, die Fürsten und alle Getreuen Gottes in Frankreich in einem eindringlichen Brief an «Papst Urban seligen Angedenkens», habe doch er schon «die himmlische Posaune ertönen lassen», um das ruhmreiche Grab des Heilands, um Jerusalem und noch viele andere Städte zu befreien «von dem Unflat der Heiden» (a paganorum spurcitia). Und tatsächlich nahm der König «in höchster Begeisterung aus der Hand des besagten Abtes (Bernhard) das Kreuz und gelobte den Kreuzzug, zusammen mit ... vielen anderen Grafen, Baronen und Edlen seines Reichs» (Otto von Freising).[23]

Hinter dem eher schwächlichen Papst stand sein Lehrer Bernhard von Clairvaux, der einmal Eugen eitel-unverfroren schreiben konnte, «es heißt, nicht Ihr wäret Papst, sondern ich» (Aiunt, non vos esse papam, sed me); der ja schon in einer Ritterfibel alle möglichen Verbrecher, auch Kirchenschänder und Gottlose, ins Heilige Land gewiesen, denn ihr Abzug erfreue im Abend-, ihr Zuzug im Morgenland. Den französischen König Ludwig VII. und den deutschen Kaiser Konrad III. trieb er durch seine blendende Zungenkunst zum Krieg – ein Fiasko für Europa.

Wer war dieser – schon oft genannte – Bernhard von Clairvaux?

Als Sohn eines Vasallen des Herzogs von Burgund anno 1090 geboren, gehörte Bernhard dem hohen Adel an. Der jähe Tod seiner Mutter um 1106/1107 bewog ihn 1112 oder 1113 zum Eintritt in das Kloster Citeaux. 1115, als er auch die Priesterweihe bekam, gründete er in der Champagne das Kloster Clairvaux, dessen Abt er wurde. Und bald zog Bernhard so viele Novizen an, daß man fast jährlich zwei neue Klöster baute. In seinem Todesjahr 1153 zählte der Orden bereits 350, um 1200 schon 530 Klöster, um 1500 gar 700 Männer- und 900 Frauenklöster. So schießt das Geistliche – das Gegenteil des Geistigen – auf dieser besten aller Welten gar höllisch ins Kraut.

Gleichwohl war der Berühmte, eine «jener großen zwingenden Persönlichkeiten ..., denen man nicht widerstehen kann», das «religiöse Genie seines Jahrhunderts», das, so Kirchenhistoriker Franzen, «in erster Linie ... stets Mönch, Heiliger und Mystiker gewesen», überall öfter anzutreffen als in den von ihm gegründeten Konventen, da er, von allen Seiten gerufen, auf allen Seiten sich eingemischt und die meisten Teile Europas bereist hat. So begleitete er Innozenz II. durch Frankreich, die Niederlande, Italien und verhalf ihm gegen Anaklet II. in Frankreich, England, Deutschland auch mittels Lügen und Verleumdungen zum Sieg. Er gewann sogar Mailand für «seinen» Papst. Er kontaktierte in Sizilien mit König Roger II. Er griff wegen zu naher Verwandtschaft König Ludwigs VII. Ehe mit Eleonore von Aquitanien an, die 1152 geschieden wurde. Er stellt sich resolut gegen die papstfeindlichen Römer und ruft «Kaiser Konrad zur Rache» (Wetzer/Welte). Er bekämpft Arnold von Brescia, der darauf exkommuniziert und nach mehrfacher Flucht und Gefangenschaft Ende Juni 1155 bei Rom hingerichtet wird. Bernhard erreicht die Verurteilung Abaelards – dessen intellektuelle «Konkurrenz» er fürchtet, haßt, den er durch das ganze Abendland denunziert, als Heuchler, Lügner verschreit, als Schrittmacher des Antichrist – durch das Konzil von Sens; erreicht auch das Verbot seiner Schriften sowie die Exkommunikation aller Anhänger und Verteidiger seiner «Irrlehre»; erreicht die Verurteilung Gilberts von Poitiers durch das Konzil von Reims; und er stachelt in Aquitanien und Languedoc gegen die Katharer auf. Angeborene Sanftmut bescheinigt ihm Otto von Freising – und Fanatismus «aus glühendem Eifer für den christlichen Glauben».

Alexander III., der die Verfolgung der «Ketzer», besonders der Katharer und Albigenser verfügte («der erste große Rechtsgelehrte (!) auf dem Papstthron»: Kelly), hat Bernhard 1174 zum Heiligen, der in einem Breve des Jahres 1830 die lockere Moral der Jugend geißelnde Pius VIII. hat im selben Jahr den Dauer-Prediger des Krieges, den eifrigsten und katastrophalsten Propagandisten des Zweiten Kreuzzugs, zum Kirchenlehrer erhoben, zur höchsten Ehre, die der Katholizismus vergibt.[24]

Auftragsgemäß warb Bernhard, wegen seiner honigsüßen Beredsamkeit als doctor mellifluus gefeiert, in Frankreich mit so viel

Furore für das große Blutvergießen, daß er verzückt melden konnte: «Die Städte und Schlösser werden leer und kaum noch finden sieben Weiber *einen* Mann»; Ausdruck, nebenbei, seines sadistischen Frauenhasses, der die Männer tausendmal lieber tot auf dem Schlachtfeld als lebendig in Weiberarmen liegen sieht. Der schreibt: «Es ist schwieriger, mit einer Frau zu leben, als einen Toten zum Leben zu erwecken.» Der überhaupt so sinnenfeindlich ist, daß er lehrt, der Mensch sinke durch die böse Lust noch unter die Schweine. Dagegen hebt der göttliche Krieg über alles! Jener Krieg, der Bernhard wieder triumphieren läßt: «bei Lebzeiten ihrer Männer werden die Weiber verwitwet».

Aus eigenen Stücken setzt der Meister der Mystik des Mordes seine Werbetour in Deutschland fort, Lohn auf Erden und im Himmel versprechend, eine Sache, bei der nichts schiefgehn kann, die Rechnung dessen aufgeht, der mittels ruchloser Rhetorik jahrelang europäische Politik macht, eines Mönchs, «dem Glühen mehr als Wissen gilt», eines Mordsmystikers, der «nicht aus Müdigkeit, sondern aus dem Überschuß der Kraft, die alle Welt mit dem heiligen Brande, von dem das eigene Leben sich wunderbar ergriffen fühlt, überziehen möchte» (J. Bernhart).

«Ihr Brüder höret», eifert er, «jetzt ist die rechte Zeit, jetzt ist der Tag des Heils, der Fülle des Heils. Denn erregt ist und erschüttert die Erde, weil der Gott des Himmels beginnt, sein Land zu verlieren.» «Was tut ihr, tapfere Männer? Was tut ihr, Diener des Kreuzes? So wollt ihr das Heiligtum den Hunden und die Perlen den Säuen geben? Wieviele Sünder haben dort ihre Sünden mit Tränen gebeichtet und Verzeihung erlangt, seit das Schwert der Väter den Heidenunrat hinausgeworfen hat?» «Du tapferer Ritter, du Mann des Krieges, jetzt hast du eine Fehde ohne Gefahr, wo der Sieg Ruhm bringt und der Tod Gewinn. Bist du ein kluger Kaufmann, ein Mann des Erwerbs in dieser Welt – einen großen Markt sage ich dir an; sieh zu, daß er dir nicht entgeht.»[25]

Doch Eloquenz allein tat es nicht. Man wollte die hehren Tiraden auch beglaubigt sehen, durch Bernhards Sehergabe etwa – «wie ein göttliches Orakel» wurde «der Prophet und Apostel» (Otto von Freising) befragt; und noch mehr durch seine Wundertaten, «durch so große Wunderzeichen ..., daß ihm eine Menge Volks aus der ganzen Welt zuströmte» (Helmold von Bosau). In Frankfurt am Main heilte er vor den Augen des Königs und der höchsten Würdenträger Kranke. Und selbst dem skeptischen Grafen Adolf II. nahm er den Unglauben an seine Mirakelkraft und heilte, von jenem fest fixiert, einen sowohl blinden als lahmen Jungen, so daß der, fast im Handumdrehen, wieder sehen und gehen konnte ...[26]

Gewonnen schon «durch den ihm vorauseilenden Ruf», nahmen auch in Deutschland die Sünder das Kreuz, vom Feinsten bis zum weniger Feinen, Herzöge, drei Bischöfe, darunter unser Geschichtsschreiber sowie, schreibt er, «unzählige aus dem Stande der Grafen, Edlen und Erlauchten. Und auch eine solche Menge Räuber und Landstreicher lief wunderbarerweise herzu, daß jeder Vernünftige ... im tiefsten Herzen erschüttert war».

Sicher hielt sich auch Fanatiker Bernhard für einen solchen Vernünftigen. Hatte er es doch überhaupt mit der Vernunft. Als der von ihm mit Engels- und Teufelszungen propagierte Kreuzzug in einer totalen Katastrophe endete, appellierte er natürlich durch nichts anderes als einen «zwingenden Vernunftschluß» an Konrad III. und forderte Hoheit «im Herrn auf, die Heimsuchungen, welche der allmächtige Gott dir und deinem Heer auferlegt hat, geduldig zu ertragen und deine Hoffnung auf den zu setzen, der heimsuchen läßt, wen er will ...».[27]

Der Kreuzzug der Könige

Erstmals nahmen an diesem Kreuzzug regierende Könige teil.

Vor allem hatte Ludwig VII. von Frankreich (1137–1180), nach Unterhandlungen mit der römischen Kurie und beeinflußt von dem manisch das Kreuz predigenden Bernhard, die Prälaten um sich geschart und im Frühjahr 1146 in Vézelay im französischen Burgund mit vielen Feudalherren das Kreuz genommen. Und noch im selben Jahr vermochte Bernhard an Weihnachten in Speyer auch den sich lange sträubenden Staufer Konrad III. und eine Menge anderer Großer zu überreden. Eine Massenpsychose brach aus. Weder in unseren Tagen, behauptet Helmold von Bosau, noch seit Anbeginn der Zeit sei je ein solcher Heerbann zusammengekommen, «ein Heer, sage ich, unermeßlich groß!» – Natürlich machten die christlichen Chronisten gern solche Sprüche.

Auch dieser Kreuzzug, zu dem der deutsche und französische König im Frühsommer 1147 jeweils etwa 70 000 Mann führten, begann mit vielen Judenabschlachtungen am Rhein, wo der Zisterzienser Radulf, ein beim Volk «in höchster Gunst» stehender Ordensbruder des Abtes, gegen sie lärmte und hetzte. Der Heilige seinerseits verbot zwar das Töten von Juden, forderte jedoch ihr Vertreiben mit der Bibel, mit dem 59. Psalm, wo Gott von den Feinden offenbare: «Tötet sie nicht!», aber: «Zerstreue sie mit deiner Macht.» Nein, nicht getötet, nur verjagt und immerfort geschunden wollte der große Kirchenlehrer sie sehen. «Sie sind uns ja ein lebendiges Zeugnis und führen uns die Passion des Herrn immerwährend vor Augen.» Otto von Freising konstatierte seinerzeit ein «bestialisches Gemetzel», und König Konrad schuf ein Asyl für Juden u. a. in Nürnberg.

Die Kreuzfahrer hatten von Kaiser Manuel I. Komnenos freies Geleit und freien Markt für die Dauer des Durchzugs durch sein Reich erbeten. «Der war zwar sehr erschrocken», berichtet der Pfarrer von Bosau. Doch die christlichen Brüder beruhigten ihn, hatten sie die freiwillige «Pilgerfahrt» ja nur auf sich genommen, «um das Reich des (Gottes)friedens weiter auszudehnen». Und zur Ausdehnung ebendieses Gottesfriedens stahlen, plünderten, verheerten und mordeten die Kreuzritter schon im christlichen Osten.

Der byzantinische Kaiser ließ somit die Versorgung der marodierenden Glaubensbrüder sabotieren, ihr Vorgehen an die Türken, die Rum-Seldschuken, verraten oder die Eindringlinge auch von eigenen Truppen in Hinterhalten, Engpässen und anderen geeigneten Plätzen abstechen. Auch setzte er Falschgeld gegen die Abendländer ein. Kurz, gesteht der byzantinische Geschichtsschreiber Niketas Choniates, «es gab nichts Schlimmes, das der

Kaiser nicht gegen sie ersonnen und die anderen hätte ausführen lassen, damit dies auch für die Nachkommen der Kreuzfahrer ewige Denkzettel und Anlässe zur Furcht seien, die sie von einem Zug gegen das Rhomäerreich abhalten sollten». Bei Philippopel kam es zu mörderischen Kämpfen zwischen deutschen und griechischen Christen. Ja, bei Adrianopel ließ Herzog Friedrich III. von Schwaben, der spätere Kaiser Barbarossa, um den Raubmord an einem adligen Nachzügler zu rächen, ein ganzes Kloster verbrennen und mit all seinen Bewohnern über die Klinge springen – «ein mittelalterliches Lidice übelster deutscher Tradition» (Wollschläger).

Natürlich kam es immer wieder zu Streitereien auch zwischen den Kreuzzüglern selbst, zum Beispiel mit den Franzosen. «Die Deutschen waren unerträglich, selbst für uns», schreibt der Mönch Odo von Deuil, Sekretär und Kapellan des französischen Königs auf dem Kreuzzug.[28]

Ende September überquerte das deutsche Heer – in dem es auch schon zu heftigen nationalen Animositäten mit Polen und Böhmen kam, die gleichfalls nebst ihren Herrschern Boleslaw IV. und Wladislaw mitzogen – den Bosporus und teilte sich dann, nachdem man mühsam Nikaia erreicht hatte. Die Masse des Fußvolkes und der Troß marschierten unter dem Halbbruder des Königs, Bischof Otto von Freising, die Küste entlang und endeten zum größten Teil in den Pässen des Kadmosgebirges durch türkische Säbel. Führer Otto floh, erreichte ein Schiff und erschien an Ostern 1148 in Jerusalem.

Der König selber wählte mit dem Kern der Ritterschaft den Weg durch das Landesinnere über Ikonium nach Syrien. Doch Ende Oktober vernichteten Seldschuken des Sultan Masud ibn Kilidsch Arslan von Rum Konrads III. Streitmacht bereits bei Dorylaion nahezu gänzlich. Alles wimmelte von Sterbenden, von Toten, viele waren durch Hunger und Durst derart geschwächt, «daß sie den heranjagenden Feinden freiwillig den Hals darboten». Der König, von zwei Pfeilen verwundet und einem Nervenkollaps ereilt, erholt sich später als Gast des griechischen Kaisers in Konstantinopel.

Das französische Kontingent unter Ludwig, inzwischen ebenfalls nach Kleinasien gelangt und «wieder mit einer Menge Weiber beschwert» (Menzel), erlitt Anfang Januar 1148 ein ähnliches, wenn auch kaum ganz so schlimmes Schicksal durch den Sultan nördlich von Konya (bei dem heutigen Akschir). Odo von Deuil, der beim Überqueren des Gebirgs dies «noch ganz getränkt vom Blut der Deutschen» gefunden, sah jetzt beim «abscheulichen Berg» den Abgrund sich «immer mehr mit den Trümmern unseres Heeres füllen»; und das alles durch ein «ungläubiges Volk». Doch vermag er «als Mönch ... den Herrn anzurufen oder die andern zum Kampf zu ermutigen ...» Vermag er «in Tränen zu zerfließen» und den Söhnen Frankreichs, die starben, «bevor sie zum Manne reifen konnten», immerhin «die Märtyrerkrone» zu verheißen ...

Die traurigen Reste der Heere, durch zahlreiche Neuzugänge mittlerweile übers Meer gelangter Pilger «aufgefrischt», verrichten erst noch schnell ihre Andacht am Heiligen Grab. Dann beginnen sie zur Lösung ihres Gelübdes und im Einvernehmen mit dem Patriarchen Fulcher, den Erzbischöfen von Cäsarea und Nazareth sowie den Großmeistern des Templer- und Johanniterordens weitere sinnlose Kämpfe an den Grenzen des jerusalemischen Königreiches.

Unter den Majestäten Konrad, Ludwig und dem jungen Balduin III. von Jerusalem, dessen Mutter Melisende noch für ihn regiert, eröffnen sie im Juli 1148 die Einschließung des benachbarten Damaskus – ausgerechnet des einzigen moslemischen Staates, dessen Emir, als Feind Nur ed-Dins, Frieden und Freundschaft mit den Christen sucht! Die fränkische Streitmacht ist die größte, die je im Heiligen Land ins Gefecht geführt worden ist. Doch das Ganze wird ein Debakel. Die Damaszener machen bald Jagd auf die Belagerer «und schleppten ihre Köpfe davon, um den Preis dafür zu bekommen ... eine große Zahl ihrer Köpfe», wie der arabische Augenzeuge Ibn al-Qalānisī festhält. Es gab «unzählige Leichen Gefallener, auch viele ihrer herrlichen Pferde, deren Kadaver so stanken, daß fast die Vögel aus der Luft herabfielen».

Da immer neue islamische Entsatztruppen angekündigt wurden oder auch eintrafen, Eifersucht und Argwohn unter den Christen grassierten, Schuldzuweisungen, Betrug, da überdies der König von Jerusalem, Patriarch Fulcher und die Tempelritter, möglicherweise durch Gold, 200 000 Denare, die nicht einmal echt gewesen sein sollen, bestochen worden waren, machten sich die Abendländer nach schweren Verlusten und stets mehr zerstritten aus dem Staub. König Konrad gelobte feierlich, im Heiligen Land «niemalen wieder, zu keinem künftigen Zeitpunkt, etwelche Hilfe» leisten zu wollen, «weder in eigner Person noch durch irgendeinen der Seinen». Und Ibn al-Qalānisī jubelte: «Jedermann freute sich über die von Gott geschenkte Gnade und dankte ihm, dem erhabenen, immer wieder.»[29]

Der Westen verlor mit diesem Kreuzzug sein Ansehen im Orient und war in zwei Lager gespalten. Die Deutschen verbündeten sich vertraglich mit den Griechen zur Vernichtung des sizilischen Reichs, die Franzosen verbündeten sich mit diesem Reich. Franzosen wie Deutsche begannen dazu, die alteingesessenen Lateiner Palästinas zu verachten. Offen erklärte man, die Türken seien besser. Und noch lange verwünschte man, besonders in Deutschland und Frankreich, die Initiatoren des ganzen mißglückten Unternehmens, Papst Eugen und den hl. Bernhard, den eigentlichen Verschulder der Katastrophe, der die Verantwortung jetzt allen möglichen Leuten zuschob, auch den «Sünden» der Kreuzfahrer natürlich, besonders aber Byzanz und dem Papst, und nicht anstand zu erklären, Kritik an ihm sei Kritik an Gott.

Und schon treibt er, der ja wußte, daß der Erste Kreuzzug als «Werk Gottes» unternommen ward, also auch ein neuer Kreuzzug als Gotteswerk beginnen konnte, treibt er mit aller Macht zu einem neuen, aber diesmal – zu einem Kreuzzug gegen das christliche Byzanz; und wird bereits zwanzig Jahre nach seinem Tod, am 18. Januar 1174, durch Papst Alexander III. kanonisiert.[30]

Verdient. Hochverdient.

Denn schließlich hatte er nicht nur den Zweiten Kreuzzug auf dem Gewissen.

«Tod oder Taufe» Der Wendenkreuzzug

Die Schwertmission gegen die «Heiden des Nordens» zwischen Elbe und Oder ging in besonderem Maße auf Bernhard von Clairvaux zurück. Er nämlich stachelte am 19. März 1147 zu Frankfurt König und Fürsten, wie Albert Hauck meint, zum törichtesten Unternehmen des 12. Jahrhunderts auf. Doch der Theologe übertreibt. In jenem Jahrhundert konnten noch genug andere Staatsaktionen und Aktionen der Kirche an Verrücktheit mit dem Wendenkreuzzug konkurrieren. Bernhards Eifer aber hing mit seiner Eschatologie, seinem Endzeitwahn zusammen, mit dem Glauben, die Zeit sei gekommen, da Gott das Regiment des Teufels stürzen, den Krieg der Gläubigen gegen die Ungäubigen beenden, die Nichtchristen im Reich der Christen auslöschen werde.

Sehr zustatten kam Bernhard dabei die Unlust der Sachsen, in den Orient zu ziehn. Sie hatten die Heiden ja gleich vor Augen, vor ihren Gütern, schändliche Götzendiener, deren Bekehrung sich doch bestens, den Sachsen vermutlich viel wichtiger, mit ihrem Landhunger, ihren Expansionsgelüsten gleich jenseits der Grenze, verbinden ließ. Nichts als konsequent, daß diese Sachsen dann fast sämtlich «das Kreuz» gegen die Slawen nahmen.

Die Begeisterung war gewaltig; zumal auch noch zahlreiche Mönche ins gleiche Horn stießen, vielleicht sogar Bischöfe und Pfarrer, von denen der große Heilige ebenfalls Kreuzzugspredigten gefordert hatte; zumal er auch Sündenvergebung garantierte wie beim Kampf ums Heilige Grab; und zumal nicht zuletzt die Alternative überaus klar und eindeutig war: Tod oder Taufe, «Vernichtung oder Bekehrung» (ad delendas penitus aut certe convertendas nationes illas). Natürlich versäumte der Heilige Vater nicht, Bernhards Forderungen in einer Bulle vom 11. April 1147, geringfügig modifiziert, zu wiederholen.

Die Ritter des Herrn, darunter der Päpstliche Legat, die Erzbischöfe von Bremen und Magdeburg sowie weitere hohe Kleriker, bildeten zwei Truppenteile, zusammen auf über 100 000

Mann geschätzt; wozu noch eine dänische Flotte mit angeblich fast ebenso starker Bemannung kam. Das nördliche Heer operierte unter Führung des Bremer Metropoliten und Heinrichs des Löwen, scheiterte jedoch bereits vor der Burg Dobin (auf der Landenge zwischen Schweriner See und Döpe) des heidnischen Abodriten-Fürsten Niklot (1131–1160), der den Herren auch noch durch einen schrecklichen Raubzug nach Wagrien zuvorgekommen war (erst 1160 auf einer Heerfahrt wieder Heinrichs des Löwen gegen die Abodriten wurde Niklot getötet).

Ihr Versagen vor Dobin machte die Kreuzzügler rasch mißmutig, ja nachdenklich, fiel ihnen jetzt doch ein, daß sie ein Volk vertilgen sollten, wollten, das ihnen untertan war und Tribute erbrachte. «Ist es nicht unser Land», überlegten sie, «das wir verheeren, und unser Volk, das wir bekämpfen? Warum benehmen wir uns denn wie unsere eigenen Feinde und vernichten unsere eigenen Einkünfte?» (Helmold). Rasch schloß man Frieden und verschwand.[31]

Die südliche Streitschar stieß von Magdeburg aus in das Gebiet der Liutizen vor, überall die Technik der «verbrannten Erde» praktizierend, Städte, Dörfer, Fluren in Schutt und Asche verwandelnd. Führer dieses Missionsausgriffes: Albrecht der Bär, den wohl kaum mehr trieb als die eigene Machtsucht, die von ihm seit einem Vierteljahrhundert zielstrebig verfolgte Slawenunterjochung; und der zum Päpstlichen Legaten ernannte Bischof Anselm von Havelberg. Der Prälat, ein Schüler des hl. Norbert, als Staatsmann drei deutschen Königen zu Diensten, wollte durch den Wendenkreuzzug natürlich ebenfalls territoriale Absichten im westslawischen «Missionsgebiet» fördern. Und ähnlich wurden die ihn begleitenden Bischöfe von Halberstadt, Magdeburg, Merseburg, Münster, Brandenburg kaum nur von seelsorgerischen Aspekten geleitet. Erfüllten sich seinerzeit, als die südliche Heeresabteilung so wenig erreichte wie die nördliche, die Hoffnungen auch nicht, so hat die Kirche trotz aller damaligen Erfolglosigkeit doch «aus der späteren Kolonisation des Landes unendlichen Gewinn geschöpft. Jedes neue Dorf, jede geordnete Hufe vermehrten ihre Einkünfte und stärkten ihre wirtschaftliche

Potenz. Den weltlichen Herrschern wiederum war der Vorwand der Mission willkommene Rechtfertigung» (Ahlheim).[32]

Immerhin erwähnenswert: Im elfbändigen Kirchen-Lexikon der katholischen Theologen Wetzer/Welte von 1854 kommt das Stichwort «Wendenkreuzzug» überhaupt nicht vor. Fehlanzeige ebenfalls in der Ausgabe des zehnbändigen katholischen Lexikons für Theologie und Kirche von 1938. Nur unter dem Begriff «Wenden» erscheint da zum Kreuzzug der einzige Satz, er habe «ein klägliches Ergebnis» gehabt. Das kaum minder umfangreiche katholische Handbuch der Kirchengeschichte von 1985 vermochte den fatalen Krieg nun doch nicht mehr ganz zu ignorieren und widmete ihm eine drittel Seite, seinen «Mißerfolg» wie die «Unklarheit in Zielgedanken und Planung» beklagend. «Teilweise erwiesen sich nämlich die Slawen, die man unterwerfen wollte, als gute Christen . . .»[33]

Die Reconquista beginnt

Das christliche Westgotenreich in Spanien war durch den rasanten Vorstoß des Islam (711–714) zusammengebrochen. Obgleich mit minimalen Kräften unternommen, verlief die Offensive überraschend schnell, blieb der Widerstand meist schwach – «die schwer bedrückte leibeigene Landbevölkerung wie die verfolgten Juden . . . hatten nichts zu verteidigen» (H.-R. Singer)! Der ganze Süden der Halbinsel und der größte Teil des Ostens wurden islamisch.

Die Araber drangen sogar über die Pyrenäen vor. Vierzig Jahre lang besetzten sie Septimanien, den städtereichen Küstenstreifen mit Narbonne und Carcassonne im südlichen Gallien (Gallia Narbonensis). Erst Pippin III. konnte nach Karl Martells ziemlich vergeblichen Raub- und Verwüstungsausgriffen zwischen 735 und 739 (IV 304 f.) die muslimisch regierte Region wieder dauernd dem Frankenreich einverleiben.

Allerdings wurde auch Spanien nicht im gleichen Maße durch

die Eroberer beherrscht, blieben schmale Randzonen im gebirgigen Nordwesten, in Asturien und Galizien, in christlicher Hand, ohne daß Karl «der Große» freilich Hilfe geleistet hätte. Vielmehr galt sein berühmter Angriff zuerst einer christlichen Stadt, und zuletzt fielen die christlichen Basken über ihn her (IV 466 ff. Vgl. auch V 18 ff!).

Die Wiedergewinnung der Halbinsel, die Reconquista, die Spaniens Geschichte im Mittelalter entscheidend prägt, ging von kleinen, von den islamischen Machtzentren weit entfernten Ländern im Norden aus, von Katalonien, Aragon, Navarra, Kastilien, besonders von dem Königreich Asturien (auch León genannt). Ihnen allen stand, teilweise durch ein Niemandsland getrennt, das gewaltige Emirat/Kalifat von Córdoba gegenüber, ein von Bagdad völlig unabhängiger, von Emiren regierter, nicht selten durch Aufstände erschütterter Staat, dessen Regenten im 9. Jahrhundert eine Palastwache von 2000 Fußsoldaten und 3000 Reitern schützte. Doch war es ein Staat *«mit zentralisierter Verwaltung, gesunder Wirtschaft und einer kulturellen Aufgeschlossenheit, wie sie der christliche Westen nirgends kannte»* (Lacarra/Engels).

Der Regierungssitz soll von einer halben Million Menschen bevölkert, also ungefähr so groß wie Konstantinopel oder Bagdad gewesen, seine angeblich 3000 Moscheen und 900 Bäder dürften aber eine Übertreibung sein. Der Verwaltungsbezirk Córdobas umfaßte im 9./10. Jahrhundert 1059 Orte (qarya), 294 Festungen (burǧ) und 148 Burgen (ḥiṣn). Als wichtiger Umschlagplatz exportierte man vor allem Textilien und Waffen, war jedoch bedeutender durch eine hohe Kultur. Es gab viele namhafte Dichter und Gelehrte bereits zur Zeit des Córdoba politisch zusammenschmiedenden, ein halbes Jahrhundert regierenden Kalifen Abdarrahmàn III. (912–961); und der «Fürst der Gläubigen» und «Protektor der Religion Gottes» schlichtete sogar Bürgerkriege der Christen – zum eigenen Vorteil, selbstverständlich.

Al-Hakam II. (961–976), unter dem Córdoba zum unbestrittenen kulturellen Zentrum der gesamten islamischen Welt wurde, soll eine Bibliothek von 400 000 Bänden besessen und für deren

Ausbau Agenten von Spanien bis Kairo, Bagdad und Damaskus beschäftigt haben. Natürlich kamen Militär und Krieg nicht zu kurz. Nach al-Hakams Tod führte der faktische Staatslenker al-Mansur mehr als fünfzig Feldzüge gegen die spanischen Christenreiche. Den Höhepunkt kultureller Blüte aber erreichte das Kalifat im Hochmittelalter, zur Zeit seines Verfalls. Und am 29. Juni 1236 geriet Córdoba in die Hände der Christen.[34]

Ihren beginnenden Widerstand in der ersten Hälfte des 8. Jahrhunderts erleichterten wesentlich grausame Kämpfe der Invasoren untereinander, fortschwelende alte Stammes- und Rassenkonflikte etwa zwischen Arabern und Berbern, Syrern und Medinesern.

Einen wesentlichen Anteil an der Wiedereroberung Spaniens hatte Asturien.

König Alfons I. (739–757), wohl der eigentliche Schöpfer dieses Reiches, setzte den Kampf seines Schwiegervaters Pelayo, des princeps von Asturien und ersten christlichen Widerstandskämpfers gegen das muslimische Spanien fort. Dabei nützte er u. a. einen Aufruhr der Berber gegen die Araber (741) zu mehreren Feldzügen, wobei er – eigentlicher Auftakt der Reconquista – die wichtigsten Kastelle und Städte Galiciens, des Duero- und oberen Ebrotals dem Erdboden gleichmachte. Und nach einigen eher friedlich gestimmten asturischen Großen griff König Alfons II. der Keusche (791–842) die scharfe antiislamische Politik Alfons' I. wieder auf. Er unterhielt enge Beziehungen zu den Karolingern, verweigerte dem Emir von Córdoba die Tribute und wies zwischen 792 und 805 fast Jahr für Jahr mehrere simultan geführte arabische Angriffe gegen seine Grenzen ab. Asturien wurde durch ihn ein selbständiger Staat.[35]

«Hie Sankt Jakob!»

Wie zu den Franken bestanden enge Kontakte zur Kirche. Auf Alfons II. gehen, bedingt gerade durch seine Kriege gegen den Islam, die Anfänge des weltberühmten Heiligtums von Santiago de Compostela zurück.

Unter König Alfons wird der Apostel Jakobus der Ältere zum Patron der Christen und die erste Jakobskirche von Compostela erbaut. Dabei besteht kein Zweifel, daß hier alles, was den Urapostel Jakobus den Älteren, den Gefährten Jesu, und Compostela betrifft, auf Schwindel beruht. Seine angebliche Predigttätigkeit in Spanien und die angebliche Translation seiner angeblichen Leiche in den Westen des Landes, diese freilich dann sehr lukrativen Lügen tauchten erstmals in lateinischen Texten des 7. Jahrhunderts auf, der konkretere Bezug auf das heutige Compostela erst seit dem 9. Jahrhundert. Und bedenkt man, was dieser ganze gloriose Legendenquatsch um Sankt Jakob einschließlich der «Entdeckung» des Apostelgrabes bewirkte, ist all dies – vero – schon ein ungeheures Mirakel für sich, schlechthin wunderbar und märchenhaft: angefangen vom Bau diverser Kathedralen, Festungsanlagen, der Verlegung eines Bischofssitzes bis zu dem pompösen Aufblühen des ganz Europa, zuweilen auch den Orient erfassenden, Jerusalem und Rom nahezu gleichkommenden gigantischen Pilgerkultes (als erster Compostela-Pilger gilt Karl «der Große»!); bis hin zu dem fernen Schlachtschrei «Sankt Jakob!» eines der größten historischen Bluthunde, Fernando Cortez, der bei der «Ausbreitung des katholischen Glaubens» mit seinen katholischen Raubmörderbanden in Mexiko stets unter, wie er selbst bekennt, «dem Schlachtrufe: Hie Sankt Jakob! unversehens über sie», seine harmlosen Opfer, herfällt, «und stach ihrer mehr denn 100 Mann nieder». «Unter dem Ruf Hie Sankt Jakob! ritten wir über den weiten Platz und stachen alles nieder, was uns vor die Lanzen kam ...», der einmal «500 Feinde», dann «800 Temixtitaner», dann «3000 Bürger», dann «6000 Männer, Weiber und Kinder», dann «12 000 Temixtitaner», dann «40 000» absticht, erschlägt, erwürgt, erhängt, ersäuft, verbrennt, zwischen Pferden zerreißen, von Hunden zerfleischen, vor Kanonenmündungen pulverisieren läßt – «Hie Sankt Jakob!» Ganz zu schweigen von dem kolossalen Goldstrom, der aus all diesen Lügen- und Leichenhaufen ungebrochen durch ein Jahrtausend quillt. «Am Anfang ein Grab – am Ende die Geldmacht», betitelt Friederike Hassauer ihre «Fallstudie zur Verflechtung von Geschäft, Gebet und Politik» über das spanische Wallfahrtszentrum.

Die Gleisnerei um das «Jakobusgrab» von Santiago de Compostela, das man seit dem frühen 9. Jahrhundert mit immer größerem gauklerischem Aufwand und Erfolg kolportierte, gab den Schwertern der asturischen Monarchen erst die erforderliche Durchschlagskraft.[36]

Offensivere Phasen und Roms Interesse

In der zweiten Hälfte des 9. Jahrhunderts ermöglichten innenpolitische Wirren im Land der Muslime, von den Christen begünstigte Erhebungen der Berber und Muladis (muslimische Neukonvertiten), eine weitere Expansionsphase.

Unter den asturischen Königen Ordoño I. (850–866) und seinem Sohn Alfons III. (866–910) mit dem Beinamen «der Große» vermochte man die Grenze über die weite Ödlandzone bis zur Duerolinie vorzuschieben, die Städte Zamora und Dueñas einzunehmen und das Reich zu verdoppeln. Die Nordspanier waren damit vom Gebirge auf die Hochebene vorgedrungen und setzten sich da fest; auch Hauptstadt und Hof rückten sozusagen unter Ordoño II. (914–924) – seit dem die asturischen Könige den Titel «Kaiser» führen – von Oviedo ein Stück in den Süden, nach León, vor: die «Wiederbesiedlung» (repoblación) und «Landnahme» (presura) durch Ritter, Klöster, Kirchen, auch durch genossenschaftlich organisierte Bauern, deren kleine Güter aber bereits im 10. Jahrhundert durch die großen von Adel und Klerus geschluckt worden sind. Selbst König Alfons wurde nach getaner

Arbeit von seinen christlichen Söhnen 910 entthront und in Verbannung geschickt, in der er noch im selben Jahr starb.[37]

Ordoños II. Sohn Ramiro II. (931–950/951) belagerte bereits Majerit (Madrid), schlug die Truppen des Kalifen in mehreren gefeierten Schlachten und organisierte die Repoblación des Tormestales.[38]

Bei der «Landnahme» und dem «Landesausbau» spielten nun, hier und überhaupt, vor allem aber im Verlauf der Reconquista, Burgen und befestigte Anlagen begreiflicherweise eine wichtige Rolle; und diese militärischen Potentiale befanden sich, besonders in den Grenzgebieten, häufig in den Händen des Klerus, waren sie doch die notwendige Voraussetzung für seine «Kolonisationsarbeit». So kauften, tauschten, bauten, raubten und eroberten die Bischöfe Burgen, zumal im Hochmittelalter der Burgenbesitz, der Festungsbau, ja von Anbeginn ein typisches Herrschaftsinstrument, immer mehr Demonstration von Reichtum, Macht, auch Zeichen für soziale Distanzierung wurde und einen gewaltigen Aufschwung nahm. In Katalonien, mit einer ungewöhnlich hohen Burgendichte schon im Frühmittelalter, und in Aragon war das Land förmlich übersät mit Kastellen (castella) – ein ganzes Land, Kastilien, erhielt davon seinen Namen. Und diese Befestigungen, die üblicherweise schwer zugängliche Höhen krönten und nur enorm teuer (und unter argen Drangsalen, viel zu selten bedacht, der Geknechteten) zu errichten und instand zu halten waren, gehörten sehr oft Bischöfen und Äbten. Sogar Pfarrkirchen, Kapläne besaßen Burgen, ebenfalls Frauenklöster, wenn auch meist als Lehen an den Adel ausgegeben, so daß selbst der König Lehensmann der Kirche war.[39]

Die großen Eroberungen des Christentums in Spanien beginnen im Hochmittelalter, begünstigt durch den Zerfall des Kalifats von Córdoba im frühen 11. Jahrhundert in viele kleine Fürstentümer – die «Zeit der Zaunkönige» (reyes de Taifas), anfangs mehr als vierzig regionale und lokale Machthaber. Daß die Christen zunächst auch jetzt nur mäßig expandierten, lag vor allem an ihren Streitereien untereinander. War doch der gegenseitige Krieg der katholischen Könige «geradezu die Regel» (Erdmann). Womit es freilich wie fast überall stand. Mal kämpfte man Schulter an Schulter mit Muslimen, noch öfter allerdings gegen sie. So focht König Sancho III. von Navarra (1004–1035) in zahlreichen Kriegszügen zwar an der Seite seiner Glaubensbrüder gegen al-Andalus, ging aber auch «auf Gewinn christlicher Gebiete aus» (Handbuch der Kirchengeschichte).

Und da der Apfel nicht weit vom Stamm fällt, hielt es Sohn Ferdinand I. «el Magno» (1035–1065) nicht anders. Er trat die Nachfolge im Königtum von León erst nach der Schlacht von Tamarón 1037 und dem Tod Vermudos' III. von León an; Königsweihe ein Jahr später in der leonesischen Kathedrale (– schließlich unterhielt «el Magno», wie schon der Vater, sehr enge persönliche Kontakte zu Cluny, dem er 1000 Goldstücke Jahreszins zahlte; freiwillig, versteht sich). Und dann nahm er auch «die Reconquista langsam wieder auf, zog es freilich oft vor», klagt das katholische Handbuch der Kirchengeschichte, «anstatt kriegerischer Eroberung von den maurischen Taifas Tributzahlungen anzunehmen». Ähnliche Übereinkünfte zwischen muslimischen und christlichen Fürsten gab es immer wieder. So versprach 1069 König Sancho IV. von Navarra dem Emir von Zaragoza für einen monatlichen Beitrag von 1000 Goldstücken seinen Beistand gegen Kastilien – und wollte auch keine französischen Kreuzfahrer gegen ihn schicken.[40]

Allmählich jedoch begann eine offensivere Phase schon mit dem Sohn Ferdinands I., Alfons VI. (1072–1109), König von León-Kastilien; wenngleich auch er erst einige Kriege mit seinem Bruder Sancho führen und, von ihm abgesetzt, nach Toledo an den Hof seines maurischen Vasallen gehen mußte.

Nach Sanchos Tod aber konnte Alfons VI. im Mai 1085 das berühmte Toledo erobern (seinerzeit so mächtig, daß nach dem Zerfall des Kalifats die toledanische «taifa» unter einer arabisierten Berberdynastie ihre größte Ausdehnung erreichte, ja kurzfristig Córdoba in die Hand bekam). Doch hatten die jahrelange Belagerung Toledos und seine Einnahme – das Ende der muslimischen Epoche (711–1085) mit einer, besonders im 11. Jahrhundert, kulturell glanzvollen Zeit – den Menschen ringsum grauenvolles Elend gebracht, gänzliche Ausplünderung, Gefangenschaft, Hungersnot und -tod.

Auch traf den katholischen Eroberer schon im nächsten Jahr durch die Berber des Almoraviden-Emir Jūsuf ibn Tāšufīn am 23. Oktober bei Sagrajas nahe Badajoz eine fürchterliche Niederlage. Noch tief in der Nacht floß das Blut, worauf die Sieger die Leichen fledderten bis zur Stunde des Morgengebets, denn fromm war man auf beiden Seiten, und der Kuriosität halber ihren Schlachtopfern auch noch die Köpfe abhieben, angeblich 24 000. Und bis zu seinem Tod 1109 ereilten den König im Kampf gegen die Almoraviden fast lauter Mißerfolge.

Im übrigen förderte der «Kaiser beider Religionen», wie sich Alfons VI. gegenüber den Muslimen nannte (und – als Reaktion, sagt man, auf Gregors VII. theokratische Aus- und Übergriffsversuche – seit 1077 «imperator totius Hispaniae»), das Einströmen fast ausschließlich französischer Kreuzritter und Mönche. Er begünstigte auch Heiratsverbindungen mit französischen Prinzessinnen, er ernannte Bischöfe französischer Herkunft und stellte die Pilgerstraße nach Santiago de Compostela wieder her.

Die Päpste, denen die spanische Kirche, die ihr eigenes Recht und ihren eigenen Gottesdienst hatte, niemals unterstellt gewesen, kümmerten sich im Laufe des 11. Jahrhunderts, zur Zeit der anstehenden Kreuzzüge, zunehmend um die iberische Halbinsel, und natürlich nicht nur auf friedliche Weise.

Wie Alexander II. etwa in England und in Süditalien mit Waffengewalt seinen Einflußbereich vergrößerte, so war bereits 1064 ein französisches Heer, meist gleichfalls Normannen, mit seinem Segen und seinen Absolutionen in Spanien eingefallen. Trotz der Reconquista hatten die Christen dort mit Juden und Mauren meist in tiefem Frieden gelebt. Nun wurde der spanische Krieg «das Feld, auf dem das französische Rittertum schon vorher seine Kreuzzugsgesinnung betätigte» (Erdmann). Nun dürsteten die Kreuzfahrer die reiche Festungsstadt Barbastro aus, versprachen den dort lebenden Christen wie Mauren für die Übergabe das Leben, und schlachteten nach Öffnung der Tore gleich sechstausend Menschen. Zehntausende wurden festgenommen, viele Muselmanen scheußlich gefoltert, ihre Frauen und Töchter vor den Augen der Ehemänner, der Väter vergewaltigt, alle Häuser samt ihren Reichtümern und Bewohnern von den christlichen Rittern kassiert.

1065 machte sich der römische Kardinalpriester Hugo Candidus nach Spanien auf den Weg. Als Anhänger Honorius' II. mit diesem verflucht, war er darauf zu Alexander übergegangen, als dessen Legat er nun wirkte. Und offenbar von ihm beeinflußt, unterwarf sich der König von Aragón, Sancho I. Ramirez (1064–1094), anläßlich einer Romreise 1068 Gott und St. Peter, was Sanchos Herrschaft wohl nicht zuletzt gegen die eigene Adelsopposition festigen sollte. 1071 führte er den römischen Gottesdienst ein, und 1088/1089 unterstellte er sein Königreich vollständig dem Papst.[42]

Wenig später streckte auch Gregor VII. seine gierigen Finger nach Spanien aus, nicht die Lüge scheuend, es habe seit alters der römischen Kirche gehört (S. 260 f.). Und erheblich drängender noch, denn die frommen Zeiten entwickelten sich immer kriegerischer, blutrünstiger, geistlicher, apostrophierte Urban II., der Erste-Kreuzzugspapst, gegen Ende des 11. Jahrhunderts einige katalonische Aristokraten: «Für Stadt und Kirche von Tarragona bitten wir euch dringend und befehlen euch zur Vergebung eurer Sünden, auf jede Weise ihre Wiederherstellung durchzusetzen ... Wer auf diesem Feldzug aus Liebe zu Gott und seinen Brüdern fällt, der zweifle nicht, daß er den Erlaß seiner Sünden und das ewige Leben nach Gottes gnädigem Erbarmen finden wird. Wenn also einer von euch den Zug nach Asien beschlossen hat, der soll vielmehr hier seinen frommen Drang betätigen. Denn es ist kein Verdienst, die Christen an einem Orte von den Sarazenen zu befreien, sie am andern der sarazenischen Tyrannei und Bedrükkung auszuliefern.»

Seinen frommen Drang agierte zur Zeit des seligen Urban in Spanien auch ein gewisser Rodrigo (Ruy) Diaz de Vivar aus, berühmt unter dem Beinamen El Cid (der Herr), der spanische Nationalheld (1043–1099).

Der kastilische Grande und Heerführer wurde früh verherrlicht, besonders in dem «Poema de Mio Cid», einem Meisterwerk in 3730 assonierenden Versen, rund die Hälfte der bekannten spanischen Heldenepik. In Frankreich hat ihn Corneilles fünfaktige Tragikomödie »Le Cid» verewigt, in Deutschland der gleichnamige Romanzenzyklus Johann Gottfried Herders. Von den Spaniern «el Campeador» (der Kämpfer) genannt, focht der Gefeierte freilich auf so manchem Feldzug auch für die Mauren, ja er hat viele seiner Kriegstaten für sie vollbracht, zum Beispiel für den Taifen von Zaragoza gegen den Grafen von Barcelona oder gegen den König von Aragón und Navarra, den er 1084 schlug.[43]

Seit 1090 erstrebte der Cid eine eigene Herrschaft in der Levante. Und da Alfons VI. zwar 1085 Toledo nehmen konnte, nicht aber 1092 Valencia, kämpfte seitdem der Cid darum, wobei er – seinerzeit fast Voraussetzung für die Übergabeerzwingung einer befestigten Stadt – im weiten Umkreis gnadenlos alles ausplündern, zerstören, die Dörfer verbrennen und in zwei Vororten Valencias, in denen er sich festgesetzt, Massaker anrichten ließ.

Inzwischen wütete in der umzingelten Stadt, die unter der vierzigjährigen Regierung ʿAbdal'-azīz', eines Enkels al Manṣūrs, wirtschaftlich geblüht hatte, immer schrecklicher der Hunger. Man aß Hunde, Katzen, unreine Tiere. Man «suchte im Kot der alten römischen Abflußrohre nach Nahrung, zahlte einen Golddinar für eine winzige Maus, für Getreide fast das 70fache des ohnehin schon zu Beginn der Belagerung gestiegenen Preises. Die Ärmsten der Bevölkerung gar machten das Fleisch der Leichen genießbar, denn nur an Leichen herrschte in Valencia kein Mangel. Von Tag zu Tag schwollen die Gräber um die Moschee an. Wer aus dem Elend der Stadt die Flucht wagte, wurde von den Belagerern ergriffen und verkauft, gegen ein Pfund Fleisch, ein Brot oder einen Krug Wein. Mehr war auf den Sklavenmärkten für die abgezehrten Gestalten nicht zu haben. Weniger Erschöpfte verschacherte man für den Export nach Europa, den geschäftstüchtige Muselmanen (Glaubensbrüder!) der Umgegend organisierten. Anderen Gefangenen drohte Schlimmeres als die Sklaverei, man schnitt ihnen die Zunge heraus, blendete sie und warf sie den Hunden zum Fraße vor. Zahlreiche Einwohner stürzten sich, vom unerträglichen Hunger gepeinigt, die Stadtmauern hinab. 17 solcher Leichen mußte der Cid an einem Tag verbrennen lassen» (Ahlheim).

Er verbrannte allerdings, als er nach fast zweijähriger Belagerung im Juni 1094 in das verödete Valencia einzog, nicht nur Leichen, sondern zum Beispiel auch Ibn Ǧaḥḥāf, den obersten Richter der Stadt. Auch machte er die Hauptmoschee zur Kathedrale und den Franzosen und Cluniazenser Hieronymus von Périgord zum Bischof, wo dieser bis 1102 seines Amtes waltete. Bis just zu jenem Jahr, in dem König Alfons angesichts der (zum viertenmal!) auf Spanien vordringenden Almoraviden im März nur noch seine Truppen aus Valencia abziehen und die Stadt niederbrennen ließ (unter den Flüchtenden die Witwe des Cid).[44]

Auch vom äußersten Nordosten Spaniens aus haben die Könige von Aragón, die Grafen von Barcelona und von Urgel den Krieg ins Land der «Ungläubigen», ins Taifenreich Lérida hinausgetragen. Hat man unter Sancho I. Ramirez von Aragón, dem Romhörigen, alles verheert, was man berührte, auch, nach arabischen Quellen, 40 000 Menschen massakriert, dazu Ungezählte in Gefangenschaft geschleppt. Und nach zweijähriger Belagerung Huescas eroberte König Peter I. von Aragón (1094–1104) im November 1096 die Stadt und übergab die Hauptmoschee Bischof Peter von Jaca, damit er einen Christentempel daraus mache, wobei diverse Prälaten und ein päpstlicher Legat dem Festakt die erwünschte Würde verliehen.

Sogar noch übers Meer griff man aus.

1114/1115 gelang Raimund Berengar III., dem Markgrafen von Barcelona, Grafen von der Provence und des Gévaudan, zuletzt noch Tempelritter, die vorübergehende Einnahme Mallorcas und seiner Hauptstadt. Das fromme Werk, von Papst Paschalis II. mächtig aus der Ferne, von mehreren Oberhirten durch persönliche Teilnahme gefördert, war sichtbar gesegnet. Blieben doch, wie man sich brüstete, 50 000 Sarazenen auf der Strecke. Haufenweise schleppte man die Lebenden in die Knechtschaft. Und Graf Raimund, der wackere Glaubenskrieger, wurde in verhüllter Form gegen einen Jahreszins päpstlicher Vasall.[45]

Dem Stauferkönig Konrad III. war in seinen letzten Lebensjahren fast alles mißlungen, wie schon in nicht wenigen zuvor. Den Wendenkreuzzug beurteilten bereits die Zeitgenossen ziemlich zwiespältig. Der Zweite Kreuzzug erwies sich als komplettes Desaster; er erforderte enorme Menschenopfer und scheiterte trotzdem in seiner machtpolitischen Zielsetzung. Konrads frühere Koalition mit Kaiser Manuel I. Komnenos (der 1146 Konrads Schwägerin Bertha von Sulzbach geehelicht) gegen Roger von Sizilien wurde zwar noch auf dem Rückweg des Königs vom Kreuzzug erneuert, auch durch die Heirat Herzog Heinrichs Jasomirgott mit der kaiserlichen Nichte Theodora Komnena gefestigt. Doch diese Verbindungen kamen vorerst nicht zum Tragen, das heißt, den Ehen folgten noch nicht die Kriege, derenthalben sie geschlossen wurden – mit Gott, versteht sich. «Glück und Heil in Christo! Amen», hatte Konrad nach Byzanz geschrieben und «ein ewiges Bündnis dauernder Freundschaft» gewünscht.

Als der Staufer 1149 bereits erkrankt in Deutschland eintraf, standen auch hier die Dinge nicht zum besten. Nicht nur hatte Papst Eugen III. Konrads Abwesenheit benutzt, um energisch in die innerdeutsche Politik einzugreifen, sondern auch Welf VI. 1148 ein gegen Konrad gerichtetes Bündnis mit Roger II. von Sizilien vereinbart. Kaum vom Kreuzzug zurück, erhob sich Welf einmal mehr gegen den Staufer, wurde jedoch 1150 durch den dreizehnjährigen, vor dem Kreuzzug zum Mitkönig erhobenen Heinrich bei Flochberg geschlagen. Und konnte man auch, vermittelt durch den Schwabenherzog Friedrich III. (Barbarossa), mit Welf Frieden» schließen, der Konflikt mit Heinrich dem Löwen, dem Sachsenherzog, der nicht auf Bayern verzichten wollte, dauerte an. Dazu trafen Konrad persönliche Schläge. Schon 1147 war seine zweite, ihm offenbar besonders verbundene Gattin Gertrud von Sulzbach verschieden, 1150 starb auch sein Sohn Heinrich. Und der noch minderjährige Sohn Friedrich, Graf von Rothenburg, erst sechs oder sieben Jahre alt, das erkannte der König klar, hatte keine Aussicht auf den Thron.

Im Februar 1152 eröffnete Konrad III. noch einen Hoftag in Bamberg und starb dort am 15. Februar so jäh und unerwartet, doch andrerseits auch wieder so «im rechten Augenblick», daß das von Bischof Otto überlieferte Gerücht aufkam, König Roger von Sizilien habe ihn vergiften lassen. Drei Tage später wurde Konrad an der Seite Heinrichs des Heiligen im Dom beigesetzt.[46]

10. KAPITEL

BARBAROSSAS MILDES ANTLITZ

«Der Kaiser entstammte einem sehr vornehmen Geschlecht; er war mittelgroß, von schöner Gestalt . . . sein Haar fast blond und gekräuselt; sein Antlitz war heiter, und immer schien er lächeln zu wollen . . .» Acerbus Morena[1]

«Der Eifer dieses Mannes war dem der Apostel würdig; seine religiöse Gesinnung stand in nichts der Heiligkeit derer nach, die sich, über die gemeinsame menschliche Situation gestellt, mit der ganzen Kraft ihres Geistes zur Höhe der evangelischen Botschaft erhoben und ihr ganzes Leben lang die menschliche Eitelkeit für Unrat hielten.» Der byzantinische Geschichtsschreiber Niketas Choniates[2]

«Wie verbringt er seinen Alltag? Am Morgen wohnt er entweder allein oder mit einem auf wenige beschränkten Gefolge dem Gottesdienst bei und läßt sich mit den Reliquien segnen . . . Seine Vorbilder findet er in der Heiligen Schrift und in den Taten der alten Kaiser.» Franco Cardini[3]

«Der Kaiser blieb bei dem Ort Tronto und dessen Umgebung und plünderte, verbrannte und zerstörte fast alle Orte und Dörfer und erpreßte auch viel Geld.» – «. . . und befahl, daß sie Sechsen von seinen Gefangenen die Augen ausreißen sollten. Dem Suzo de Mizano aber schnitt er die Nase ab und ließ ihm ein Auge, damit er die anderen nach Mailand führe.» – «Am nächsten Sonntag, am Fest der hl. Prosper und Jungfrau Severa, nahm der Kaiser die Felsenburg von Corno (Vecchio) mit mehr als hundert Menschen, die sich darin neben Landleuten und Bürgern von Mailand befanden; jedem von diesen (Mailändern?) ließ er eine Hand abschlagen und 17 von den übrigen; den Rest ließ er, nachdem die ganze Rocca angezündet und dem Erdboden gleichgemacht war, in den Kerker werfen.» – «Der Kaiser verfolgte sie heftig, nahm ungefähr tausend von ihnen gefangen und ließ mehr als 200 Veronesen die Nasen mitsamt den Lippen abschneiden, ebenso ließ er über 200 Veronesen an den Bäumen, die sich an dem Ort befanden, aufhängen; die sonstigen Gefangenen ins Lager führen und fest in Ketten legen.» – «. . . und sie wurden in einer Weise zu Tode gemartert, in der – wie wir lesen – niemals jemand zugrunde ging.» – «. . . denn er war milde und barmherzig und wollte nicht ihren Tod; darin ahmte er den Willen Gottes nach, der nicht den Tod des Sünders will, sodaß er sich bekehre und lebe.»

Die zeitgenössischen Chronisten Otto Morena, Acerbus Morena, Lodeser Anonymus, Mailänder Anonymus[4]

Zähne – weiss wie Schnee ...

Friedrich I. wurde als Sohn Herzog Friedrichs II. (des «Einäugigen») von Schwaben (S. 407 f.) um 1120, vielleicht nach 1122 geboren. Seine Mutter Judith entstammte dem Geschlecht der bayerischen Welfen. Sein Onkel mütterlicherseits war Heinrich der Stolze, sein Onkel väterlicherseits König Konrad III.

Über Friedrichs Kindheit und Jugend ist fast nichts bekannt. Und viele Nachrichten über sein Aussehen sind unsicher. Doch erwähnen alle Quellen seine wunderschönen Hände und sein bezauberndes Lächeln – ein Lächeln, von dem der italienische Mediävist Franco Cardini meint, man wisse nicht, ob es wohlwollend, belustigt oder ironisch sei, doch strahle es eine geradezu grimmige Tatkraft und Entschlossenheit, «ein Gefühl der Stärke und zugleich so etwas wie eine verwirrende, unergründliche Botschaft aus. Er hat Augen, die einen tiefen Blick in die *arcana imperii*, die Geheimnisse des Reiches, getan haben: und davon scheinen sie vielleicht eine souveräne Verachtung, vielleicht eine strenge Überlegenheit, vielleicht eine mit königlicher Ergebung getragene – und ertragene – heimliche Müdigkeit bewahrt zu haben.»

Ein freundliches, wie stets zum Lächeln bereites Gesicht betont auch der zeitgenössische, Friedrich begeisternd verehrende Chronist Acerbus Morena aus Lodi. «Doch auch in diesem heiteren Ausdruck, ja gerade in ihm», kommentiert Cardini, «gab es etwas Tierisches, Schreckliches: die blendend weißen Zähne, die in dem Lächeln, selbst wenn es entrüstet war, aufblitzten ...» Und auch Otto von Freising, Friedrichs Onkel, erwähnte diese Zähne – weiß wie Schnee ...

Am 5. März 1152 wurde Friedrich I. in Frankfurt nahezu einstimmig zum König gewählt und am 9. März in Aachen geweiht. Allerdings hatte sich der Mainzer Erzbischof Heinrich, der während Konrads III. Jerusalemfahrt als Reichsverweser amtierte, für Konrads unmündigen Sohn Friedrich stark gemacht, hätte er doch gerne wieder das Reich verwest. Statt dessen wurde er, der ehemalige enge Vertraute seines Mainzer Vorgängers Adalbert I. (S. 407 f.), im Juni 1153 abgesetzt und starb schon kurz darauf am 2. September.

König Friedrich, wegen seines rötlichblonden Vollbarts von den Italienern später «Barbarossa» genannt, war bei seiner Thronbesteigung erst etwa 27 Jahre alt, mittelgroß, ein Meister in der Waffen- und Truppenführung, in Kampf, Krieg und Gefahr verliebt, auf Eilmärschen meist im Sattel speisend, als Richter gerecht, als Feind brutal, mitunter grausam, ein Künstler oft im Umgang mit Menschen, diplomatisch, ausgleichend, auch im Unterliegen ungebrochen, durch kein Unglück zu erschüttern, beredt, scharfsinnig, schlau. Er verstand Französisch, Italienisch, Lateinisch, sprach dies aber nie vor Fremden. Trotz hervorragender Köpfe in seiner Umgebung bestimmte er immer unstreitiger den Ton, entschied er über alles Wesentliche selbst, hatte auch keinen in Deutschland, der ihm gewachsen war.

Als einziger altdeutscher König ließ er, durch seinen Freisinger Onkel, seine eigene Geschichte, die «Gesta Frederici seu rectius Cronica», die Taten Kaiser Friedrichs, schreiben. Otto verfaßte die Bücher I und II, und bevor er 1158 starb, bat er seinen Schüler und Vertrauten, den geistlichen Historiographen und Dichter Rahewin, um die Fortsetzung des Werkes. Mit ausdrücklicher Betrauung des Kaisers fügte Rahewin dann Ottos ersten beiden Büchern noch die Bücher III und IV hinzu, wobei er, prinzipiell mit Otto übereinstimmend, doch weniger geschichtstheologisch als dieser, sondern mehr historisch interessiert war.[5]

Ich kann mir nicht die Wiedergabe gleich des ersten Satzes des illustren Bischofs versagen. «Die Absicht aller», so nämlich eröffnet er sein Vorwort, «die vor uns Geschichte geschrieben haben, war es, so meine ich, die glänzenden Taten tapferer Männer zu preisen, um die Menschen zur Tatkraft anzuspornen, die verborgenen Handlungen der Feiglinge dagegen entweder zu verschweigen, oder, wenn sie ans Licht gezogen werden, nur zu erwähnen, um die gleichen Sterblichen abzuschrecken.»

Denn was Otto von Freising, mit dem die mittelalterliche Universalhistoriographie bekanntlich kulminiert, aller früheren Geschichtsschreibung nachrühmt, «die glänzenden Taten tapferer Männer zu preisen», das eben, meine ich, ist Vorsatz und Leitbild auch der späteren geblieben. Oder bejubelt die herkömmliche Historik nicht bis heute die strahlenden Sieger, die «Großen», und qualifiziert alles in deren Schatten mehr oder weniger ab? Da die «Sternstunden», die Triumphe? Dort das allübliche Versagen? Der graue Alltag der Geschichte? Untergang und Nacht? Als ginge nicht der Horror gerade von ihren Heroen aus! Der größte gerade von ihren Größten!

Auch von Friedrich Barbarossa wissen wir, daß ihm immer wieder aus den «Taten» seiner Vorgänger, auch der antiken Cäsaren, vorgelesen werden mußte. Daß er sich «auch in seinem Handeln und in seinen Auffassungen immer wieder von dem mitbestimmen» ließ, was die alten Kaiser in vergleichbaren Lagen getan (F.-J. Schmale). Daß er sich oft direkt, oft namentlich auf die «Großen» bezog, auf die «großen» Abendländer, die «großen» Deutschen, auf Karl «den Großen», auf Otto «den Großen» ...[6]

Freuden eines Königs

Friedrich folgte zunächst der Süditalienpolitik seines Vorgängers. Er koalierte weiter mit Byzanz, um das Normannenreich zu erobern. Das setzte auch eine gute Beziehung zum Papsttum voraus, die Fortdauer des bis fast zuletzt überaus freundlichen Verhältnisses seines Vorgängers zur Kirche. Friedrich sah und hatte in den deutschen Bischöfen wichtige Helfer, ja mehrere von ihnen wurden die hervorragendsten Stützen seines Staates. Er unterrichtete auch Papst Eugen III. von seiner Wahl, und dieser erteilte ihm, obwohl gar nicht darum gebeten, seine Zustimmung – benigno favore sedis apostolicae. Krone und Episkopat, Schwert und Bannstrahl sollten weiter zusammenwirken, vor allem natürlich auch König und Papst gemäß der tradierten Lehre von den zwei gemeinsam die Welt regierenden Gewalten.

So jedenfalls dachte sich das Friedrich I. Barbarossa. Im Vertrag zu Konstanz vom 23. März 1153, geschlossen zwischen dem König und den Legaten des Papstes, sieben Kardinälen (!), verpflichtete sich Friedrich zur Unterwerfung Roms, zur Sicherung des Kirchenstaates und der päpstlichen «Rechte». Er garantierte, Frieden weder mit Sizilien noch den Römern ohne Einverständnis des Papstes zu schließen und dem «König der Griechen», dem byzantinischen basileus, der in Italien wieder Fuß zu fassen suchte, «diesseits des Meeres» keine territorialen Konzessionen zu machen.

Dafür verlangte Friedrich allerdings handfeste Gegendienste. Der Papst mußte ihm die Kaiserkrönung versprechen und, auf Verlangen, die Exkommunikation seiner Gegner. Ferner durfte er keine Festsetzung der Griechen auf italienischem Boden dulden, sondern hatte solche Versuche von sich aus zurückzuschlagen. Auf Friedrichs Wunsch ließ der Papst auch die kinderlose Ehe des Königs mit seiner ersten Gattin Adela von Vohburg scheiden, offenbar wegen Ehebruch, sowie seinen Gegner, den Erzbischof von Mainz, der seine Königswahl hatte verhindern wollen, nebst anderen Friedrich nicht genehmen Bischöfen absetzen und neue, ihm genehme inthronisieren. Friedrich suchte allmählich den Episkopat seines Vorgängers, des «Pfaffenkönigs» Konrad, durch mehr der Krone ergebene Prälaten zu ersetzen. So wurde etwa sein Kanzler Arnold von Seelenhofen Metropolit von Mainz (und 1160 ermordet).[7]

Nachdem Friedrich sich auf dem Reichstag zu Goslar im Juni 1154 mit den Welfen, Heinrich dem Löwen wie seinem Onkel Welf, ausgesöhnt und sie überreich entschädigt hatte, trat er im Oktober 1154 seinen ersten Italienzug an, dem dann noch fünf Italienfahrten folgen sollten; sechzehn Jahre seiner 38jährigen

Herrschaft verbrachte Barbarossa im Süden. Vom Lechfeld bei Augsburg aus zog er im Herbst mit einem ziemlich kleinen Heer – 1800 Rittern, was knapp 5000 Bewaffneten entspricht – durch Tirol und über den Brenner, um, gemäß dem Vertrag mit dem Papst, Rom zu unterwerfen und, wozu auch die rebellischen Barone Apuliens drängten, Sizilien zu bekriegen.

Gewisse Schwierigkeiten, beschönigend gesagt, gab es aber zunächst mit den oberitalienischen Städten. Sie waren in einem brutalen Wettlauf um die Vorherrschaft begriffen (Pisa etwa gegen Genua, Venedig gegen Ancona, Padua gegen Verona) und zum Teil schon auf den letzten Reichstagen von Ulm, von Würzburg, besonders stark aber in Konstanz durch diverse Vertretungen beim «König der Römer» vorstellig geworden: lauter Handels- und Industriestädte bereits, die durch ihren starken wirtschaftlichen Aufschwung in der ersten Hälfte des Jahrhunderts ihre geistlichen Herren verdrängt und als kleine Stadtrepubliken (mit eigenen Konsulaten in Genua, Bologna, Verona, Parma) immer mehr Königsrechte, die sogenannten Regalien, usurpiert hatten – an erster Stelle das mächtige Mailand, das schon seit 1097 über eigene Konsuln verfügte. Alle Gewalt, alles Geld der königlichen Bischöfe und Grafen, alle sogenannten Hoheitsbefugnisse überhaupt seit Heinrichs IV. Zusammenbruch im ausgehenden letzten Jahrhundert, all das war immer mehr und ohne jede Entschädigung an die Stadtgemeinden gefallen. Doch nur ein Teil von ihnen unterwarf sich, darunter Pavia, die alte Langobardenhauptstadt. Viele andere feste Orte, in der Lombardei, der Toskana, der Romagna, mußten vom König unterworfen werden.

Barbarossas großer Gegner aber wurde Mailand.

So ließ er im Dezember 1154 gefangene Mailänder in Landriano an Pferdeschwänze binden und durch den Schmutz ziehen, auch die das Heer mit dem Notwendigsten versorgenden Händler berauben, danach das ziemlich stark bevölkerte Rosate ausplündern und einäschern. Galliate folgte am hl. Weihnachtstag, Brükken wurden zerstört, Felsennester, Burgen Mailands bis auf die Grundmauern verbrannt, und den König versetzte diese Vernichtung «in freudigste Stimmung» (Otto von Freising). Nachdem die Truppen die reichen Lebensmittelbestände von Chieri (östlich von Turin) vertilgt hatten, ließ der große Schwabe auch diese Stadt in Flammen aufgehn. Am 1. Februar 1155 wurde Asti, dessen Bischof Anselm beim Kaiser «über die Frechheit der Einwohner» schwere Klagen vorgebracht, eingenommen, ausgesäckelt und gleichfalls dem Feuer überlassen. Sicher jeweils Grund für weitere fröhliche Stimmungen der Majestät mit den schneeweißen Zähnen ... Schrieb doch gerade damals auch der bischöfliche Onkel Otto in seinen «Taten Friedrichs», daß sich «also jetzt die Zustände zum Besseren gewendet haben und auf die Zeit des Weinens die Zeit des Lachens, auf die Zeit des Krieges die Zeit des Friedens gefolgt» sei. Und wird nicht auch heute durch die Geschichtswissenschaft der «maßvolle Grundcharakter Barbarossas» (Appelt) betont, seine, trotz gelegentlicher Härte und Grausamkeit, doch alles überstrahlende «milte» und «maze»?[8]

Am 14. Februar 1155 kam Tortona an die Reihe; es war mit Mailand verbündet, mit Pavia verfeindet und wurde zwei Monate vom königlichen Heer eingeschlossen.

Die Tortonesen, die sich in die enge Burg geflüchtet, wo sie angesichts des Schicksals der bereits verbrannten Städte verzweifelt widerstanden, erlitten bei dieser «berühmten Belagerung» (Otto von Freising) alle mögliche Drangsal – vielleicht die schlimmste durch den Mangel an Trinkwasser, da der edle Barbarossa die Quelle zunächst durch »faulende und stinkende Leichen von Menschen und Tieren» verschmutzen, dann, da auch dies die Gier der Durstenden nicht abhielt, durch brennende Fakkeln mit Flammen aus Schwefel und Pech ungenießbar machen ließ.

Die mit den Bewohnern umzingelten Priester und Mönche machten am hochheiligen Karfreitag sogar eine Art Bittprozession samt Kreuzen, Weihrauchfässern und dem üblichen Brimborium durch die geöffneten Tore. Und nun wurde des Königs Herz fast von Mitleid erfaßt. Nach außen freilich blieb er hart und hieß die um Abzug Bittenden in ihre Hölle zurückkehren. «Er bemitleidete zwar das schlimme Los des Klerus (!), aber er freute sich über das Schicksal des hochmütigen Volkes, das, wie er aus diesen Anzeichen erkannte, fast ohne Hoffnung und der Verzweiflung nahe war.»

Nun, immer Grund für ein gutes christkatholisches Herz, sich herzlich zu freuen. Tortona wurde nach zweimonatiger Belagerung nicht durch Waffen, sondern, wie so häufig bei Zernierungen im Mittelalter, durch Hunger und Durst bezwungen und durch Vermittlung des Abtes Bruno von Chiaravalle in Bagnolo am 18. April 1155 übergeben, da Friedrich dem Abt versprochen hatte, die Stadt in ihrem Stand zu lassen. Tatsächlich aber wurde sie vollständig ausgeraubt, in Asche gelegt und dem Erdboden gleichgemacht. Nach einer alten Quelle sollen die Pavesen Barbarossa Geld gegeben haben, damit er Tortona zerstören lasse.

Nach all diesen soldatischen Triumphen konnte sich Friedrich I. Barbarossa am folgenden 24. April in einer pomphaften Krönungszeremonie in der Kirche San Michele von Pavia die eiserne Krone des Königs von Italien aufs stolze Haupt setzen. In der Tat war der geleistete Terror in diesen ersten sechs Monaten südlich der Alpen beachtlich, dagegen die Bilanz, auf das Wesentliche hin gesehn, «nicht sehr ermutigend» (Cardini).[9]

Barbarossa wird Kaiser – und einige Randerscheinungen

Anfang Juni erschien der König vor Rom.

Dort war inzwischen auf Eugen III. und den kurzen, kaum fünfmonatigen Pontifikat des hochbetagten Anastasius' IV. im Dezember 1154 Nikolaus Breakspear als Hadrian IV. (1154–1159) gefolgt, bis heute der einzige Engländer unter allen Päpsten. Hadrian IV., ein armer Schreiber- und Mönchssohn, war selbstbewußt und herrisch. Als römischer Legat hatte er zwischen 1150 und 1153 die norwegische Kirche organisiert, die schwedische reformiert, und als eine «Frucht» davon heimste Rom seitdem von beiden Ländern den «Peterspfennig» ein. Hadrian wollte den

Vorrang des Papsttums vor den Kaisern, während Barbarossa ein Reich wie unter Karl I. und Otto I., den beiden «Großen», erstrebte, was schlecht harmonierte.

Doch mit Römern und Normannen hatte der Pontifex eher größere Probleme. So verhängte er zunächst über seine aufsässigen Diözesanen kurz vor Ostern ein Interdikt, was nie zuvor ein Papst gegen Rom selbst hatte anzuwenden gewagt. Hadrian aber nahm die Verwundung eines von den zunehmend priesterfeindlichen Römern gedolchten Kardinals zum Anlaß dafür. Der Termin vor Ostern war gut kalkuliert. Es gab nun keine Gottesdienste mehr in Rom, kein Glockenläuten, keinen Sakramentenempfang, kein Bestatten der Toten in geweihter Erde. Die Römer bangten deshalb um die Pilgerbesuche, bangten um ihr Fremdengeschäft, sie übergaben zwar nicht die Stadt, aber wiesen Arnold von Brescia aus, was der Papst beabsichtigt hatte. Wenige Menschen mochten ihm verhaßter sein als dieser so lautere, leidenschaftliche, so wortgewaltig die kirchlichen und zumal kurialen Zustände geißelnde Geist, der die Überheblichkeit, Habsucht, Heuchelei, die mannigfache Verderbtheit gerade des Kardinalkonvents angeprangert, der diesen als Bank- und Schacherhaus, eine Spelunke von Räubern gebrandmarkt hat, welche die Geschäfte der Pharisäer und Schriftgelehrten betreiben im Christenvolk. «Selbst der Papst ist nicht, was er zu sein behauptet, ein apostolischer Mann und Hirte der Seelen, sondern ein Blutmensch ist er, der Mord und Sengen mit seinem Amte heiligt, ein Peiniger der Kirchen und Ängstiger der Unschuld; nichts anderes treibt er auf dieser Welt, dann daß er sein Fleisch pfleget; die eigenen Beutel füllt er an und fremde Beutel leert er aus ...»

Durch Barbarossa, der Arnold gefangennahm, bekam ihn der Papst in seine Gewalt, und der Präfekt von Rom, Petrus I. von Vico, ließ ihn in Monterotondo heimlich hängen. Mit großer Gefaßtheit starb er, seine Leiche wurde verbrannt, die Asche in den Tiber gestreut. (Im 20. Jahrhundert geht ein künftiger Papst, Paul VI., als Gymnasiast in ein Lyzeum «Arnaldo di Brescia».)

Es gab aber einen zweiten und noch gefürchteteren Gegner Hadrians, König Wilhelm I. von Sizilien, der im Frühjahr 1155 in

Salerno weilte, der Ceprano hatte in Flammen aufgehen, Benevent angreifen lassen und vom Papst gebannt worden war, der nun dringend Barbarossa um Hilfe bat.[10]

Am 8. Juni 1155 traf Hadrian, der immer noch nur in Roms Vorstadt, im Palast des Vatikans, residieren konnte, den defensor Ecclesiae bei Sutri, einen für analoge Begegnungen bereits berühmten Ort. Doch schon dies erste Zusammentreffen der höchsten Führer des Abendlands stand unter keinem günstigen Stern. Denn der einstige englische Bettelstudent Breakspear erwartete hier vom König den Marschall- und Stratordienst (S. 432). Friedrich sollte das Papstroß ein kurzes Stück am Zügel führen und dem Papst beim Absitzen den Steigbügel halten, er sollte für ein paar Minuten seinen Stallknecht spielen.

Dieser Zumutung folgte ein Entrüstungssturm, ein hitziges zweitägiges Verhandeln über Zügel- und Bügeldienste und mehr oder weniger symbolische Bürden zwischen den Häuptern der Christenheit, auch die Präsentation «alter Urkunden». Denn der Stratordienst wurde bereits durch Kaiser Konstantin dem Papst Silvester geleistet – selbstverständlich nur nach dem gefälschten Constitutum Constantini! Und in diese Fälschung wurde er, durch einen späteren Einschub, erst noch hineingefälscht! Und schließlich, als man ausdrücklich erklärte – unglaubhaft genug Jahrzehnte nach dem Dictatus Papae (S. 254), nach dem berüchtigten vatikanischen Fresko, der Dokumentation von Lothars III. Unterwürfigkeit (S. 435 f.) –, daß die gewünschte Zeremonie nur eine religiöse, keine lehnsrechtliche, keine vasallenhafte Bedeutung habe, wurde der Kaiser knieweich, wurde eine zweite Begegnung inszeniert, als habe die erste nie stattgefunden. Wie zufällig ritt man einander wieder entgegen, und nun erwies der Kaiser dem Papst den ursprünglich byzantinischen Brauch, das officium stratoris, die Pflicht des Pferdeknechts, er führte sein Roß einen Steinwurf weit, hielt ihm beim Absitzen den Steigbügel, und seine Heiligkeit war befriedigt.

Dieser Stratordienst wurde vor 1155 nachweislich nur viermal geleistet, später häufig; als letzter römisch-deutscher Kaiser tat 1530 Karl V. in Bologna Klemens VII. diesen etwas lächerlichen, doch so bedeutsamen und den so demütigen Päpsten so wohltuenden Dienst. – Gerade seit Hadrians IV. Pontifikat wurde auch der schlichte Titel «Stellvertreter Christi» für die Heiligen Väter geläufig.[11]

Nach der denkwürdigen Szene von Sutri bot eine Gesandtschaft römischer Bürger und Revolutionäre, eine Abordnung des Senats, der Kommune der jungen Republik, sozusagen aus Volkes Hand mit allem Pomp und Redeschwall Friedrich die Kaiserkrone an – gegen Anerkennung der städtischen Privilegien und Zahlung von 5000 Pfund Gold.

Der Feudalist aus Schwaben wies sie brüsk zurück; berief sich in beinah geschliffener, vermutlich von seiner Kanzlei verfaßten, jedenfalls nie mit seinem unpolierten Lorcher Mönchslatein möglichen Rede auf die Tradition, die Politik des Adels und der Stärke. «Nicht nackt ist das Kaisertum uns zugefallen», sagte er, «nicht durch irgendjemandes Verleihung», sondern «unsere göttlichen Fürsten Karl und Otto», die beiden «Großen» also, haben es «durch Tapferkeit erobert», haben Rom samt Italien «den Griechen und den Langobarden entrissen». Anders gesagt: geraubt. Von früheren Räubern, natürlich. Wie diese wieder von früheren. Woraus dann Recht resultiert. Staatsrecht. «Ich bin dein rechtmäßiger Eigentümer», apostrophierte er (oder für ihn Onkel Otto, der Bischof) die Roma. «Mag, wer es kann, der Faust des Herkules die Keule entreißen . . . Noch ist die Hand der Franken und der Deutschen nicht erlahmt.»

Ein paar markige Kaiser- oder Kirchenfürsten-Sätze machen hier das – im doppelten Wortsinn – praktische, sehr praktische Fundament der Geschichte deutlich: das Faustrecht! Wie schändlich immer das die Geschichtswissenschaft schönt. Denn gewiß ist militärische Macht, das heißt die Gewalt, der Krieg, nicht nur, wie man schrieb, ein Grundanliegen staufischer Reichsideologie, sondern des ganzen – doch so christlichen! – Mittelalters, ja, das beherrschende Geschichtsprinzip überhaupt. Das Verbrechen des Krieges, von den mehr oder weniger kaschierten Verbrechen des Friedens jeweils vorbereitet, das ist der kriminelle Kreislauf dessen, was wir Historie, politische Geschichte nennen, im wesentlichen jedenfalls, in Antrieb wie in Zielsetzung – die eklatantesten Exempla: jedes Weltreich für sich.

Da zu befürchten war, Rom werde dem König die Tore verschließen, riet ihm der Papst, heimlich St. Peter und die Leonina, auf die Hadrian beschränkt war, durch ausgewählte Truppen besetzen zu lassen, was in der Morgendämmerung des 18. Juni 1155 geschah. Bevor Friedrich dann die Basilika betrat, gelobte er feierlich in einem kleinen Gotteshaus, in Santa Maria in Turri, stets ein treuer Verteidiger der römischen Kirche zu bleiben – zwölf Jahre später brannten seine Soldaten Santa Maria in Turri nieder. In St. Peter aber zelebrierte seinerzeit der Pontifex den Gottesdienst und krönte Friedrich «mit Gottes gnädiger Barmherzigkeit» (Otto Morena), wobei Hadrian bezeichnenderweise das Ritual so änderte, «daß die Unterordnung des Kaisers unter den Papst deutlich wurde» (Kelly) – im Grunde das gleiche Spielchen also wie bei Barbarossas «Stalldienst». Das zeigt eine Fülle von Details. So salbte Hadrian den Staufer nicht vor dem Hauptaltar, sondern vor einem Seitenaltar; nicht mit Chrisma, sondern nur mit dem Öl der Katechumenen; ja, das für die Krönung besonders bedeutsame Ritual der Thronsetzung unterbleibt völlig. Kurz, die Zeremonie demonstrierte auf Schritt und Tritt «die Abhängigkeit des Kaisers vom Papst», was so weit ging, daß der Kaiser zu einem bloßen «Amtswalter» (Cardini) des Papstes gemacht wurde.

Die Römer aber, empört über die kaiserlich-päpstliche Kooperation, wütend über die Krönung ohne ihr Einwilligen, machten noch am selben Nachmittag, als Kaiser und Papst bei einem Festbankett saßen, einen Blitzangriff über die Tiberbrücken auf die Leostadt, um den Papst gefangenzunehmen. Denn wie gewöhnlich haßten sie die Päpste noch mehr als die Kaiser, haßten sie zumal den Briten Hadrian, der sie stets hochmütig und hart behandelte und noch nicht einmal ihre Sprache verstand. «Lange kämpfte man auf beiden Seiten unentschieden», berichtet Bischof Otto, «schließlich aber hielten die Römer den hitzigen Angriffen unserer Leute nicht mehr stand und mußten zurückweichen. Da konnte man sehen, wie unsere Krieger ebenso schrecklich wie kühn die

Römer töteten, indem sie sie niederstreckten, und niederstreckten, indem sie sie töteten, als ob sie sagen wollten: Empfange jetzt, Rom, statt arabischen Goldes deutsches Eisen! Das ist das Geld, das dir dein Kaiser für deine Krone zahlt. So wird von den Franken die Kaiserkrone gekauft ... Dieser Kampf zog sich fast von der zehnten Stunde des Tages bis zur Nacht hin. Es fielen dabei oder ertranken im Tiber fast tausend, gefangengenommen wurden an die zweihundert und unzählige verwundet ...»[12]

Bischof Otto, begeistert von der Abschlachtung, spricht von einem «großartigen Sieg», ja er behauptet, indes auf gegnerischer Seite fast tausend Menschen umkamen, wurden auf der eigenen «wunderbarerweise nur einer getötet und einer gefangengenommen». Die Wunsch-Wunder eines Bischofs! Und eines allseits bis heute hochgefeierten Historikers. Wir besitzen aber eine Aussage über die Schlachtopfer auch von dem Lodesen Otto Morena, einem Laien. Er war Richter seiner Stadt, 1143 Konsul und hinterließ eine Schrift über die Taten Kaiser Friedrichs I. in Italien, eine Quelle «von höchstem Wert» vor allem wegen der «Gewissenhaftigkeit und vorzüglichen Detailkenntnis» (Prelog) des Verfassers; «durchgehend von außerordentlicher Genauigkeit in den Einzelheiten», «von penibler Bemühung um äußerste Präzision der Wiedergabe von Situationen und Vorgängen» (Schmale). Während freilich Bischof Otto eiskalt lügt, von den Deutschen seien «wunderbarerweise nur einer getötet und einer gefangengenommen» worden, teilt der Laie Otto Morena kurz und bündig und nur allzu einleuchtend mit: «auf beiden Seiten wurden viele auf der Kampfstätte getötet, viele verwundet ...» (multis etiam ab utraque parte in campo interfectis multisque vulneratis).

Schon am 19. Juni 1155 brach Friedrich, der Rom nicht hatte betreten können, sein Lager ab, nahm alle Kardinäle und den Papst als Flüchtlinge mit sich und wurde von diesem nebst seinen Truppen kurz darauf am Fest Peter und Paul von jeder Schuld an dem römischen Blutbad absolviert. Denn wer als Soldat für den eigenen Fürsten im Kampf gegen die Reichsfeinde sein Blut vergieße, sei nach göttlichem wie irdischem Recht nicht «Mörder», sondern «Rächer» – ganz evangelisch gesprochen.[13]

«... UND NAHM IN FRIEDEN SEINEN WEG»

Nun sollte der Krieg gegen Sizilien beginnen. Die Gelegenheit war günstig, der mächtige Roger II. gestorben, sein Sohn Wilhelm I., mit dem Papst Hadrian sofort in Streit geriet, noch jung und kränklich, und in Apulien, vom Heiligen Vater mit traditionsreicher apostolischer Kunst geschürt, ein Aufstand ausgebrochen. Ja, seit Jahresbeginn drangen an der Ostküste Italiens gelandete griechische Truppen siegreich vor. Doch die deutschen Fürsten sahen den Sinn eines solchen Krieges nicht ein und verweigerten dem Kaiser die Gefolgschaft, so daß man noch im Spätsommer, geschwächt durch das Klima, durch Krankheiten, durch Kämpfe mit Burgen und Städten, ohne den vom Papst so ersehnten Krieg gegen den Normannenstaat die Rückkehr nach Deutschland antrat, was weitgehende politische Folgen hatte.[14]

Vorerst aber zog man in Frieden und nichts Böses planend auf der Via Flaminia, der alten Konsularstraße, dahin und lag eines späten Julitages, von Strapazen und Sommerhitze angeschlagen, unterhalb des schönen, reichen, wohlbefestigten Spoleto.

Die Stadt hatte dem immer sehr geldgierigen und auch geldbedürftigen Schwaben – Kriege sind nun einmal teuer! – durchaus das geforderte fodrum, eine Art «Gästesteuer», von 800 Pfund Silber gezahlt. Sie soll aber, zumindest nach deutschen Quellen, in «gefälschter» Münze gezahlt oder das Geld teilweise unterschlagen haben. Auch hielten die Spoletaner einen Gesandten, einen toskanischen Lehnsherrn Friedrichs und Genossen schon aus Kreuzzugstagen, in Geiselhaft, waren freilich wohl oder übel bereit, über alles und sogleich zu verhandeln. Ob sie nun aber dem heranrückenden Potentaten in Bußbereitschaft oder aus purem Entgegenkommen, aus Gastlichkeit die Tore öffneten oder ob sie einen Ausfallversuch machten, der sie ja ohne ihren Mauerschutz augenblicklich schwerstens benachteiligen mußte, die kaiserlichen Edelmänner drangen sofort in den offen vor ihnen liegenden Schatzkasten ein; wahrscheinlich doch wohl, um sich für die schon allzulange Heerfahrt schadlos zu halten oder für den Heimzug noch etwas zu sanieren, sozusagen wieder standesgemäß ein bißchen in Positur und Position zu bringen. Jedenfalls berichtet der friderizianische Hofkapellan und Geschichtsschreiber Gottfried von Viterbo: «Wer von den Rittern des Kaisers Spoleto arm betreten hatte, verließ es mit Schätzen überladen.» Zuvor aber ruinierte und mordete man nach bester teutonischer Gepflogenheit, wobei ein Großteil der Einwohner umkam, auch der Dom der Stadt brennend in sich zusammensank.[15]

In Frieden, berichtet Otto Morena, nahm der Kaiser seinen Weg – hinter sich, dürfen wir ergänzen, ausgeraubte Städte, die oft nur noch Steinbrüche waren, Schutthalden, die nicht einmal mehr rauchten. Doch dann ließen die Veronesen, von den Mailändern durch Geld bestochen, das heimkehrende Heer nicht in Frieden weiterziehen. Zum größten Verdruß des Schwaben behinderten sie seinen Rückmarsch, und nach beiderseitigem schneidigen Kampf flohen die Leute aus Verona. «Der Kaiser verfolgte sie heftig, nahm ungefähr tausend von ihnen gefangen und ließ mehr als 200 Veronesen die Nasen mitsamt den Lippen abschneiden, ebenso ließ er über 200 Veronesen an den Bäumen, die sich an dem Ort befanden, aufhängen; die sonstigen Gefangenen ließ er ins Lager führen und fest in Ketten legen.»

Immerhin: auch zuletzt noch, zum guten Beschluß gleichsam, wenigstens ein paar hundert Verstümmelte und Gehängte statt eines nicht eroberten Normannenreiches.

Doch was der deutsche Imperator versprochen, schien der griechische zu halten. Seine «neojustinianischen» Intentionen (vgl. II 424 ff!) nahmen nicht zu verkennende Gestalt an. Sein Heer kämpfte sich von Ancona aus rasch nach Süden bis Bari, bis Brindisi vor, viele wurden auch durch Gold bestochen, der Widerstand war gering, der Zulauf groß. Und so beeilte sich auch der Papst persönlich, ein stattliches Aufgebot in den siegreichen Kampf zu führen.[16]

Doch plötzlich änderte sich die Lage völlig.

Pakt mit dem Feind

Der sizilische König Wilhelm I. (1154–1166), nach schwerer Krankheit schon totgesagt, stieß im Frühjahr 1156 mit einer starken, größtenteils aus Moslems bestehenden Truppe in Kalabrien vor, schlug nicht nur die Griechen vernichtend, sondern setzte auch den Kirchenstaat immer mehr unter Druck. Und nun, angesichts des allgemeinen Zusammenbruchs, ging Papst Hadrian IV., «in voller Freiheit», wie er betont, mit wehenden Fahnen zu seinem bisherigen Gegner über, was viele Hoffnungen in Unteritalien zerschlug. Wilhelms Städte, ein Teil seines Adels revoltierten, ein Aufruhr, den der König mit gewohnter Härte niederwalzte, wobei viele Barone eingekerkert, verstümmelt, getötet, Bari «in einen Schutthaufen verwandelt» wurde (Hugo Falcandus). Nicht von ungefähr bekam Wilhelm den Beinamen «Il Malo».

Und mit diesem «Bösen» paktierte jetzt der Papst. Er ließ es sich viel kosten, wie der Vertrag von Benevent (Juni 1156) zeigt. Er sprach Wilhelm vom Kirchenbann los und legalisierte endgültig dessen normannisch-sizilisches Königreich, womit er sowohl dem deutschen wie byzantinischen Kaiser jedes Recht darauf aberkannte. Wilhelm I. erhielt die langerstrebte (erbliche) Belehnung mit Sizilien, Apulien und Capua, zahlte aber nur für die festländischen Provinzen Zins. Und für Sizilien bekam er außerordentliche kirchenpolitische Privilegien (Legatenrechte, entscheidenden Einfluß auf die Besetzung der Bistümer u. a.), denn der Papst machte weitgehende Konzessionen, machte endgültig Frieden mit dem sizilischen Großreich, dessen Gold ihm jetzt auch Roms Tore öffnete. Ja, zwei Jahre später, 1158, vermittelte Hadrian gleich einen dreißigjährigen Frieden auch zwischen dem bis dahin eng verfeindeten sizilischen und griechischen Regnum, zwischen Wilhelm I. und Manuel I. Der Dritte im Bund war natürlich er selbst. Und dieser vom Papst gestiftete Dreibund richtete sich nun gegen niemand andern als seinen bisherigen Verbündeten, den deutschen Kaiser, mit dem Rom jetzt in jahrzehntelange Kriege gerät. Nach wenigen Freundschaftsjahren bekämpfen sich die beiden höchsten christlichen Repräsentanten im Abendland, Kaiser und Papst, wie die Pest, streiten sie um die Herrschaft über Italien, das Ziel staufischer Hegemoniesucht sowohl als auch des imperialen Papsttums.[17]

Die Nachricht vom Beneventer Pakt des Papstes mit Sizilien hat den Kaiser hoch erregt. Er mußte darin eine glatte Preisgabe des deutsch-päpstlichen Abkommens von Konstanz erblicken, dessen Buchstaben es zwar nicht verletzte, aber dessen Geist; was offensichtlich einem maßgeblichen Teil des Kardinalskollegiums entsprach. Friedrich schmähte den Papst bundbrüchig, die Kardinäle, die ihm dabei geholfen, Rebellen und Verräter. Denn zumindest indirekt stand das Konkordat von Benevent zum Konstanzer Vertrag «in schroffstem Widerspruch» (Hampe).

Dazu vergifteten weitere Vorkommnisse die Atmosphäre.

Im Sommer 1157 wurde Erzbischof Eskil von Lund, der Primas von Schweden und Dänemark, ein Reichsfeind, dem der Papst sich besonders verbunden fühlte, auf seiner Rückkehr von Rom in Burgund gefangen und auf Wunsch dem Kaiser ausgeliefert. Hadrian verwandte sich für seine Befreiung. Auf dem Reichstag zu Besancon im Oktober 1157 überbrachten zwei – man beachte beiläufig die Reihenfolge – «durch Reichtum, Reife und Würde» ausgezeichnete Kardinäle aus Rom, einer davon Roland, der Kanzler der Kirche, ein provozierendes Protestschreiben. Der Papst behauptete darin u. a. auch, die römische Kirche habe Friedrich auf jede Art erhöht, ihm, dem ruhmreichsten Sohn, die ganze Fülle der Ehren verliehen, wobei er die ihm übertragene Kaiserkrone als «beneficium» bezeichnete, was sowohl, da doppelsinnig, «Wohltat» wie «Lehen» bedeuten konnte. Man habe Friedrich schon viele «beneficia» verliehen und hätte ihm, schrieb Hadrian, wäre das nur möglich, auch «noch größere Wohltaten» (maiora beneficia) erwiesen.

Rainald von Dassel, der spätere Erzbischof von Köln (1159–1167), Friedrichs leitender Staatsmann, der in Besancon sein großes Debüt hatte, benutzte die Verlesung des päpstlichen Briefes, um geschickt von Eskils Verhaftung abzulenken, indem er «beneficium» mit «Lehen» übersetzte: keinesfalls inkorrekt, sondern wohl so, wie es auch Rom verstanden wissen wollte, so, wie man dort auch den Stratordienst verstand und das demgemäße vatikanische Fresko. Der Eklat war da. Die Fürsten widersprachen stürmisch. Und als gar einer der Legaten, womöglich der Kardinalkanzler selbst, noch Öl ins Feuer goß und kühl fragte: «Von wem hat denn der Kaiser das Kaisertum, wenn nicht vom Herrn Papst?», steigerte sich die Entrüstung zum Tumult, und der bayrische Pfalzgraf Otto I. von Wittelsbach drang mit gezücktem Schwert auf den Kardinal ein, so daß der Kaiser dazwischentreten und ihn mit dem eigenen Körper schützen mußte.[18]

Nach einer Durchsuchung des Kardinalgepäcks, das belastende Schriftstücke enthielt und eine der üblichen pekuniären Schröpfreisen verriet, wurden die Legaten ausgewiesen und die Grenzen für deutsche Geistliche, die ohne bischöfliche Erlaubnis nach Rom reisten, gesperrt. Der Kaiser aber erklärte in einem brisanten Rundschreiben an den deutschen Klerus, wie er die päpstlichen Gesandten gehindert habe, mit Hilfe von vielen gleichlautenden Briefen und untersiegelten Blättern «ihr Gift in gewohnter Weise über die deutschen Kirchen zu verspritzen, die Altäre zu entblößen, die geweihten Gefäße fortzuführen, von den Kreuzen die Vergoldung abzuschaben». Auch den Papst prangerte er als Friedensstörer an, als Verbreiter «des Bösen», und wies vor allem die Auffassung vom Kaisertum als Lehen der Kirche als «Lüge» zurück.

Der Papst seinerseits protestierte gegen die unerhörte Behandlung seiner Legaten, «unserer fähigsten Brüder», und verlangte von den deutschen Bischöfen «eine Schutzmauer um das Haus des Herrn». Doch überraschenderweise ergriffen die Prälaten einhellig die Partei des Kaisers. Und da der bereits ein gewaltiges Heer sammelte, zuckte der Papst zurück und ließ durch zwei weitere, im Juni 1158 in Augsburg erscheinende Kardinäle in einer wortreichen Epistel voller freundlich fadenscheiniger Ausreden die ganze Sache als Mißverständnis hinstellen.[19]

Wie alles zum allgemeinen Besten ist und zügig und sinnvoll ineinandergreift

Im Juni 1158 erschien Barbarossa mit dem wohl stärksten Heer, das je die Alpen überquert hatte, zum zweiten Mal in Italien, um vor allem Mailand gefügig zu machen. Freilich stand bereits viel mehr dahinter, sein Streben nach sogenannter Weltherrschaft (dominium mundi). Mailand aber hatte mittlerweile kolossal und kostspielig gerüstet, angeblich für 50 000 Silbermark, eine astronomische Summe. Es hatte Türme, Mauern aufgebaut, Kriegsmaschinen des Meisters Guitelmo, des legendären «Genies». Und es hatte auch weithin Orte und Kastelle vor allem der Pavesen angezündet und zerstört, allein im Tal von Lugano ihnen etwa 20 Burgen genommen.

Schon nachdem der Kaiser an der Seite u. a. des böhmischen Königs mit dem üblichen Brandschatzen, dem Niederreißen von Burgen, Kaputtmachen von Dörfern, dem Kassieren von Beute, Geldern, Geiseln im Bistum Brescia begonnen, erließ er äußerst detaillierte Friedensgesetze für sein Heer. Denn Frieden braucht man, überzieht man andere mit Krieg, mit einem «gerechten» Krieg, versteht sich, wie Friedrichs Rede an das Heer deutlich macht. Mit einem «gerechten Krieg», das heißt nach einem «berechtigten Grund zum Krieg». Denn natürlich sind die Mailänder «Rebellen gegen die rechtmäßige Herrschaft». Und natürlich kämpft das deutsche Reich «nicht aus Kriegslust oder Grausamkeit, sondern aus Liebe zum Frieden, damit die Frechheit der Bösen in ihre Schranken gewiesen werde und die Guten den gebührenden Lohn für ihren Gehorsam ernten». «Wir tun nicht Unrecht, sondern wehren es ab. Und ... ihr alle, die ihr euch höchsten Kriegsruhm erringen und zu gegebener Zeit den Lohn für Verdienste und Mühen empfangen wollt, seid gehorsam zum Nutzen des Staates und erfüllt nach Kräften, was euch zum allgemeinen Besten befohlen wird. Mit Gottes gnädiger Hilfe soll uns die feindliche Stadt nicht träge, nicht entartet finden bei der Erhaltung dessen, was unsere Vorgänger Karl und Otto den Ruhmestiteln des Reiches hinzuerworben haben und als erste unter den jenseits der Alpen Wohnenden ... zur Erweiterung der Grenzen des Reiches beigetragen haben.»[20]

Man sieht: alles verläuft hier ganz gerecht und gut, einfach groß, ja großartig, alles zum Nutzen des Staates und das heißt zum allgemeinen Besten, keine Frage. Man braucht nur zu gehorchen. Bloß die Floskel von der «Erweiterung der Grenzen des Reiches» könnte nachdenklich stimmen. Und da die Mailänder nicht einlenken, rückt ihnen der Kaiser näher. Dabei hatte kaum einer seiner Berater so gegen sie gehetzt wie ein Geistlicher, der Prämonstratensermönch Anselm von Havelberg, der Erzbischof von Ravenna, der jetzt gleich vor Mailands Mauern sterben wird. Wie zuvor schon «ungefähr 200» Soldaten durch eine einstürzende Brücke über die reißende Adda starben, während jene, die sie bereits überquert hatten, schon «viele von den Landbewohnern töteten» (Otto Morena). Man sieht: eines greift hier – wie ja in allen Kriegen – zügig und sinnvoll ins andere. Und selbstverständlich ist auch der Kaiser, allein dessen Reiter ein Mailänder Chronist «auf wenigstens 15 000» schätzt, in effizientester Weise tätig, sind es ebenso alle Fürsten des Kaisers, deren Waffenknechte, dazu starke lombardische Verbände besonders Pavias und Cremonas, aber auch Krieger aus Pisa, Lucca, Siena, Florenz – sie alle helfen sozusagen dem Regenten beim Regieren, bei der Taktik der verbrannten Erde, machen um Mailand tabula rasa, hauen Saaten, Weinstöcke, Obstbäume nieder, brennen Häuser, Mühlen, Dörfer und Kastelle ab, Woche um Woche, ruinieren «fast das gesamte Gebiet», bis «die Mailänder nur noch wenige Plätze besaßen, die nicht völlig zerstört oder verwüstet waren» (Otto Morena), und sich unterwarfen, bedingungslos.[21]

Am 8. September zogen hinter einem riesigen Haufen hölzerner Bußkreuze der Erzbischof, der Klerus, die Konsuln und sonstige Stadtprominenz nacktfüßig, in Säcke gehüllt, die entblößten Schwerter um den Hals gehängt am Sieger vorbei. Und auf dem folgenden Reichstag in Roncaglia gaben die Mailänder alle «königlichen» Rechte Friedrich «in die Hand zurück und gewährten ihm aus diesen allen den Nutzen». Auch hatten sie dem Kaiser ein palatium in ihrer Stadt zu errichten, ein steinernes

Symbol seiner Zwangsherrschaft, hatten sie die hohe Entschädigungssumme von 9000 Silbermark zu zahlen. Und natürlich mußten sie alle, der Erzbischof Obertus, die Konsuln, die anwesenden lombardischen Prälaten und weltlichen Fürsten, dem Monarchen den Treueid schwören, mußten sie feierlich versprechen, «alle einmütig, doch jeder für sich ... in Zukunft wahren und beständigen Frieden untereinander und gegenüber allen Personen unverbrüchlich zu halten» (Otto Morena).

Aber schon im nächsten Jahr, noch keine sieben Monate später, brachen sie ihren Eid. Und als Reinald von Dassel im Januar als Bevollmächtigter des Kaisers nach Mailand kam, mußte er sich im Rathaus verbarrikadieren und die Stadt fluchtartig in der Nacht wieder verlassen und soll ihr damals den Untergang geschworen haben.[22]

Der Kaiser verhängte im Frühjahr 1159 über Mailand und das gleichfalls aufsässige Crema die Reichsacht. Das «Verbrechen des Hochverrats» hatte die «gottlose Stadt» begangen, das «Verbrechen der Majestätsbeleidigung», «ein nichtsnutziges Geschlecht» sei es, «ein verbrecherisches Volk», er konnte hetzen und schwarzweiß malen wie die Pfaffen.

Papst Hadrian war unterdessen nicht untätig geblieben. Er hatte das gegen Friedrich gerichtete Bündnis zwischen Sizilien und Byzanz vermittelt, sich auch in die lombardischen Unruhen gemischt und Mailand sowie andere Städte gegen den Herrscher getrieben, wie aufgefangene Briefe bewiesen. Überhaupt unterstützten die Päpste zur Schürung des Zwistes während des hundertjährigen Stauferregiments (1152–1254) die rebellierenden Städte, in denen überall eine eigene päpstliche Partei operierte. Es kam zu gegenseitigen Unfreundlichkeiten, Vorwürfen, Beschwerden, zu kaiserlichen (Steuer-)Übergriffen auf päpstliches Gebiet, weiteren Intrigen des Papstes, der allerdings Friedrichs Vorschlag, ein unparteiisches Schiedsgericht aus sechs Kardinälen und sechs Fürsten einzusetzen, zurückwies. Er hatte sich schon viel zu tief in seine antikaiserliche Politik verstrickt, erneut mit den Normannen konspiriert, ja auch Mailand, Brescia, Piacenza in einem – längst geplanten – Geheimvertrag im Juli oder August 1159 verpflichtet, nicht ohne seine Genehmigung mit dem Kaiser Frieden zu schließen, indes er selbst seinen doch, wie er Friedrich brieflich apostrophiert, «in Christus geliebten Sohn», dem er «Gruß und apostolischen Segen» schickt, innerhalb von vierzig Tagen, lenke er nicht ein, exkommunizieren wolle. Doch eh es zum Krieg kam, starb Hadrian nach kurzer Krankheit am 1. September 1159 in Anagni.[23]

Der Kaiser aber hatte inzwischen erkannt, «daß der Übermut der Mailänder nur mit harter und fester Hand gebrochen werden könne» (Rahewin). Er rüstete also, rief weltliche und geistliche Reichsfürsten herbei, Truppen und Hilfstruppen, setzte Kastelle und Fortifikationen instand, befestigte das nur zwanzig Meilen von Mailand entfernte Neu-Lodi sogar «während der ganzen Fastenzeit mit höchstem Eifer». Und just in den heiligen Ostertagen überfielen die Mailänder das ihnen früher gehörende Kastell Trezzo, erschlugen nach dreitägigem Kampf einen Teil der Verteidiger, vor allem ihre eigenen Landsleute, raubten die Stadt gänzlich aus und äscherten sie ein.[24]

DIE BELAGERUNG VON CREMA ODER «DIE MILDE SEINES ANTLITZES ...»

Barbarossa seinerseits verheerte vierzig Tage hintereinander «das feindliche Land» nach allen Regeln der Kunst. Brach Burgen, Türme, Befestigungen, schlug da und dort kleine Schlachten, schlug auch einen Schurken, der ihm ans Leben wollte, recht christlich, «wie er's verdiente, ans Kreuz» (Rahewin). Und begann darauf im Norden der Provinz Cremona im Juli die Belagerung von Crema, einem Mailänder Brückenkopf, für dessen Zerstörung ihm Cremona 15 000 Silbermark versprochen hatte – schon allein ein gewisser Anreiz für den ewigen Geldhunger dessen, der natürlich längst erkannt hatte, welch schier unerschöpfliche Summen aus diesen lombardischen Städten für relativ geringe Mühen herausgeholt werden konnten.

Damals lockte er auch die Mailänder, die alle in die Stadt geflüchtet waren, in einen Hinterhalt, wo dann die eingekesselten Feinde, wie Domkanoniker Rahewin meldet, «die weder kämpfen noch fliehen konnten, mitleidlos niedergehauen wurden. Schließlich war, soweit man sehen konnte, alles mit Geschossen, Waffen und Körpern (cadaveribus) von Toten oder auf den Tod Verwundeter bedeckt.» Der Kaiser selbst berichtet darüber dem Bischof Albert von Freising «zum Trost», der Herr habe «Großes an uns getan, er hat getan, wovon wir fröhlich geworden sind und Gott innigsten Dank sagen. Denn Gott gab viele Mailänder in unsere Hände, so daß wir am 15. Juli, an dem die Apostelteilung gefeiert zu werden pflegt, 600 der Tapfersten der Stadt in Fesseln als Gefangene abgeführt haben, während etwa 150 auf den Feldern und Straßen getötet wurden. Die Zahl der Ertrunkenen aber und Verwundeten war ohne Maß und Zahl. So kehrten wir als Sieger nach Neu-Lodi zurück.»[25]

Anlässe zum fröhlichen Gottvertrauen gab es vor Crema noch viele.

Bei einem Ausfall der Cremasken kam es zu einem so ergiebigen Gefecht, daß die Bäche der Gegend «von dem Blute der Getöteten und Verwundeten gefärbt und angeschwollen» waren. Gleichwohl blieb man guten Mutes auf beiden Seiten und gewährte einander wieder recht christliche Anblicke, «wenn diejenigen, die draußen waren, den Toten die Köpfe abschlugen und mit ihnen wie mit Bällen spielten und sie aus der rechten in die linke Hand warfen und damit grausam prahlten und ihren Spott trieben; die Leute in der Stadt aber hielten es für ehrenrührig, wenn sie weniger wagten, zerstückelten ohne Erbarmen die Gefangenen unseres Heeres auf den Mauern Glied für Glied und boten damit ein jammervolles Schauspiel» (Rahewin).[26]

Da auch des Kaisers «geduldige Sanftmut» die Cremasken «nicht auf den rechten Weg brachte», da zudem die lange Belagerungsdauer einer so kleinen Stadt den von Friedrich lancierten Ruf seiner Unbesiegbarkeit offenkundig gefährdete, befahl er, «Rache zu nehmen» und die Gefangenen vor ihren Toren an den Galgen zu hängen. Doch «das trotzige Volk» hängte darauf auch seine Gefangenen, Deutsche und Italiener aus Friedrichs Heer, ans Kreuz oder stach sie ab, weshalb Barbarossa, so all seine «Menschlichkeit», seine «Sanftmut» der Mißachtung preisgegeben sehend, empört darüber, daß diese Eingeschlossenen «sich auf gleichen Fuß mit den Siegern stellten», verfügte, einige Dutzend Geiseln aufzuknüpfen. Ebenso weitere reiche Kriegsgefangene, darunter den Neffen des Mailänder Bischofs, und zwar ungeachtet all ihrer hohen Geldversprechungen, was die Umzingelten aber nur zu verstärktem Widerstand anspornte, so daß Barbarossa natürlich glaubte, «den Unbändigen entgegentreten zu müssen, und befahl ihre Geiseln an die Maschinen zu binden und den Geschossen ihrer Geschütze ... deren es in der Stadt neun gab, auszusetzen». Sogar junge Knaben fesselten die Kaiserlichen an die Belagerungsapparate. Und da auf der anderen Seite nicht Menschen, sondern Barbaren, Bestien standen, «konnte man es erleben wie hier die Kinder an die Maschinen gebunden, ihre Eltern anflehten und ihnen mit Worten oder Gesten ihre Grausamkeit und Unmenschlichkeit vorwarfen, während drüben die unglücklichen Väter über ihre unseligen Kinder jammerten und sich selbst als die beklagenswertesten Menschen bezeichneten, dabei aber nicht mit dem Schießen aufhörten».[27]

Die «Narratio de Longobardie obpressione et subiectione», die Erzählung eines unbekannten Mailänder Bürgers über die Unterdrückung und Unterwerfung der Lombardei zwischen 1154 und 1177, führt eine ganze Reihe der so grauenvoll Getöteten namentlich auf und fügt hinzu, «und sie wurden in einer Weise zu Tode gemartert, in der – wie wir lesen – niemals jemand zugrunde ging».

Selbst solche Auseinandersetzungen aber können nicht alle hehren Regungen ersticken. Und so erhob sich denn eine echt katholische Stimme aus der Stadt: «O ihr Glückseligen, denen vergönnt ist, gut (!) zu sterben, statt schlecht zu leben! Fürchtet euch nicht zu sterben ... Denn der Tod bringt ja den Seelen die Freiheit, und aufs höchste glückselig sind die, die fürs Vaterland gestorben sind und dadurch schon Unsterblichkeit errungen haben. Wie viele unsere Vorfahren» – wohl wahr! – «sind in solcher

Lage und unter solchen Bedingungen gestorben, die einen gefoltert und mit Feuer oder Geißelhieben gemartert, während die anderen, von wilden Bestien halb aufgefressen, lebendig für deren zweites Mahl aufgespart wurden ...»[28]

Ja, immer gut, gut christlich sterben.

Doch zuletzt wollten die Cremasken lieber leben. Von Hunger, Wassermangel, Seuchen und vielerlei Nöten heimgesucht, gaben sie Ende Januar 1160 auf. Etwa 20 000 quälten sich mit dem, was sie auf ihren Schultern tragen konnten, aus der Stadt. Und eben dabei zeigte Barbarossa, «der gütige Kaiser», «der allergütigste Kaiser», wie er so gern, so beflissen genannt wird, wie «milde und barmherzig» er doch war, zeigte sich, «daß der allerchristlichste Kaiser, nachdem er zornigen Sinn und feindseligen Haß abgelegt hatte, den Cremasken durch eine Engstelle, durch die sie auszogen, hinausgehen half und mit seinen eigenen Händen zusammen mit anderen Kriegern einen ihrer Siechen hinausgeleitete. Ein derartiger Akt der Güte und kaiserlichen Milde muß allen Menschen ein außerordentliches Beispiel sein.» Ein außerordentliches Beispiel auch insofern, als die Sieger jetzt Crema plünderten und gnadenlos niederbrannten – und «zerstörten außerdem auch einige Kirchen der Feste» (Otto Morena). «Nach vollendeter Zerstörung zog der göttliche Kaiser unter dem Jubel des ganzen Heeres zur fröhlichen Siegesfeier nach Pavia.» Und auch die Pavesen priesen «seine Majestät und die Milde seines Antlitzes ...» (Rahewin).[29]

Wahrhaftig, ist's nicht ganz wie bei Kaiser Heinrich dem Heiligen? «Sein heitres Antlitz verkündete die Güte seines Herzens ...» Ja, haben sie nicht alle, die großen christlichen Blutschlucker, Heiterkeit und Güte, Milde ausgestrahlt und die Welt beglückt?

Mittlerweile war Papst Hadrian IV. gestorben. Und wie so oft, löste auch sein Tod eine tumultuarische Doppelwahl aus, der ein achtzehnjähriges Schisma (mit mehreren Gegenpäpsten) folgte.

Der Kampf zwischen Barbarossa und Alexander III. entbrennt

Das Kardinalskollegium bestand aus einer hadrianischen, von dem Papstneffen Bodo geführten und aus einer kleineren, kaiserlichen Faktion. Beide Gruppen fanden sich zur Wahl in St. Peter ein. Und schon am 7. September 1159 rief die hadrianische Partei den Kanzler Kardinal Orlando (Roland) Bandinelli, einen einst gefeierten Bologneser Rechtslehrer, als Alexander III. aus. Kaum aber hatte er sich in den roten Mantel gehüllt, da riß diesen Kardinal Ottaviano, aus dem kaiserfreundlichen Geschlecht der Monticelli, vermutlich mit dem europäischen Hochadel, vielleicht mit den Staufern verwandt, in einem Handgemenge, in «wahnwitziger Tollkühnheit», schreibt bald darauf Alexander III., «wie ein Besessener eigenhändig gewaltsam von unserer Schulter» und warf sich seinerseits nun einen andern Mantel um, allerdings in der Eile und Erregung verkehrt. Geschah es ja, «wie wir glauben, durch göttliche Schickung, daß der Teil des Mantels, der die Vorderseite hätte bedecken sollen, zum Gelächter der vielen, die zusahen, den Rücken bedeckte; er versuchte zwar eifrig, das zu ändern, konnte aber, außer sich vor Wut, die Kapuze des Mantels nicht finden und schlang sich die Troddeln um den Hals . . .». Doch ging das Lächerliche der Szene im Degengeklirr der in St. Peter einstürmenden «bewaffneten Mietlinge», wie Alexander sie nannte, und einem rasch angestimmten feierlichen Tedeum unter.

Kardinal Ottaviano di Monticelli, der Mantelkünstler, stützte sich auf eine Minderheit oder, so Otto Morena, den «gesünderen Teil der Kardinäle» (saniori parte cardinalium), auf die Masse der Römer und den kaiserlichen Gesandten Otto von Wittelsbach. Orlando aber, der zunächst resignieren wollte, verschanzte sich in der Burg bei St. Peter, dem «Kastell der Kirche», dort von bestochenen Senatoren neun Tage eingeschlossen. Schließlich verschwand er, wie sein Widersacher, aus der Stadt, wo der beiderseitige Anhang einander blutig schlug. Am 18. September wurde Orlando in Cisterna, im Süden des Kirchenstaates, nahe der Normannengrenze, zum Papst gewählt, zwei Tage darauf in Ninfa (südöstlich von Velletri) als Alexander III. (1159–1181) geweiht. Über zwei Jahrzehnte stand er im Mittelpunkt weltbewegender Kämpfe. Er trieb eine pronormannische Politik und war ein persönlicher Feind Kaiser Friedrichs, der am 4. Oktober in der Reichsabtei Farfa den Kardinal Ottaviano als Viktor IV. zum Papst weihen ließ – der Viktor IV. von anno 1138 (S. 450 f.) wurde bei der Zählung einfach ignoriert.[30]

Gefördert vom König Siziliens und seinem Geld, begann Alexander sofort von Spanien bis England für sich zu werben, wobei er seine – ja durchaus katholischen – Gegner «falsche Brüder» schimpfte, «Teufel», die seinen Konkurrenten Viktor «wie ein Idol und Götzenbild anbeten», zumal dieser «sich aufführt, als sei er Gott», und ist doch bloß ein «Schismatiker», «Apostat», eine «tödliche Pest», «ein Bild der künftigen Zeiten des Antichrist». Bald durchschwirrte auch die Propaganda seines Gegners die Welt, und indem beide Päpste einander Lügen zeihten, sagten sie wohl beide sogar die Wahrheit . . .[31]

Ein schlecht besuchtes Konzil in Pavia, der italienischen Hauptstadt des Kaisers, erkannte Viktor IV. am 11. Februar 1160 formell als rechtmäßigen Papst an und verfluchte am folgenden Tag feierlich Alexander III., dessen Reichsfeindschaft überdies wieder einmal abgefangene Briefe an Mailand erwiesen. Er war geladen, doch nicht erschienen, die Kirchenversammlung, unter Reinald von Köln, von lauter Reichsbischöfen besucht, etwa fünfzig, deren Zahl man aber, um die Beschlüsse aufzuwerten, durch allerlei Manipulationen auf das Dreifache hinaufgeschraubt hat. Alexander seinerseits bannte, zum wiederholten Mal, Viktor IV., exkommunizierte den Monarchen und löste alle seine Untertanen von Eid und Pflicht, worum sich freilich niemand kümmerte. Um so mehr diffamierte Alexanders Anhang das Konzil – «lauter Märchen, an denen kein wahres Wort gewesen sein kann, zu deren Verbreitung indes Alexander sich selbst hergab» (Haller).

Wie alle eigentlichen Erben Gregors VII. war Alexander III. der eingeschworene Feind eines selbständigen, autarken Kaisertums, eines Sacrum Imperium, «Heiligen Reichs», das er mit allen Mitteln zu entsakralisieren, zu profanieren, zu verteufeln suchte. Auf der anderen Seite gibt die staufische Propaganda das Reich als Heilsmacht aus, den Kaiser als Vogt der Christenheit, Vertreter des himmlischen Kaisers, seine Kriege als heilige Kriege (iustissima bella), seine Politik als vom Heiligen Geist inspiriert. Ein Reichstag wird auf Pfingsten verlegt, ein anderer als Curia Christi, als «Reichstag Christi» proklamiert, ein Erlaß gern an «die Gläubigen Gottes und des Reiches» gerichtet, jeder Rebell gegen den Kaiser zum Rebell gegen Gott erklärt, zum «öffentlichen Feind Gottes und des Reiches».[32]

Der Kampf zwischen Alexander III. und dem deutschen Kaiser entbrannte nun in aller Stärke. Zu Friedrich und seinem Papst hielten außer Deutschland (mit alleiniger Ausnahme Salzburgs) und Reichsitalien nur Dänemark, Böhmen und Polen. Hinter Alexander, der als eigentlicher Gegenspieler Barbarossas zunächst fast den ganzen Kirchenstaat verliert, so daß er im Frühjahr 1162 nach Frankreich geht, standen vor allem die englische und französische Kirche, die für seinen, auch durch Strafen erzwungenen Unterhalt aufkommen mußten, Ungarn, Kastilien, Norwegen, Irland, Venedig, die orientalischen Fürsten und nicht zuletzt Mailand, Brescia und Piacenza.[33]

«GEDENKE DEINER MILDE, O HERR!»

Barbarossa hatte Mailand während des ganzen Jahres 1160 mit steigendem Ingrimm, mit selbst damals ungewöhnlich grausamen Gemetzeln bekämpft, Gefangene verstümmelt, getötet und 1161 seine vorwiegend italienischen Truppen durch deutsche ergänzt. Mehrere Herzöge, Prälaten und sonstige Vornehme brachten Nachschub heran; allein Erzbischof Reinald aus Köln 500 Ritter, deren jeder natürlich wieder seine Knappen im Gefolge führte.

Bischof Heinrich II. von Würzburg (1159–1165) finanzierte sein vor Mailand fechtendes «Kriegsvolk» sogar mit dem Domschatz (gegen Verpfändung all seiner Einkünfte), verschuldete sich darüber hinaus aber noch beim Kloster Ebrach und bei den Juden. Für das «Geistliche», sein Bistum, blieb dem engagierten Reichspolitiker allenfalls in seinen beiden letzten Jahren etwas Zeit, als er drei Fälschungen von Königsurkunden auf die Namen Heinrichs des Heiligen, Konrads II. und Heinrichs III. fabrizieren ließ, die dem Würzburger Bischof die Herzogswürde in Ostfranken zuerkannten! Allerdings erfüllten sich die «herzoglichen» Träume des Nachfolgers Bischof Herold bei weitem nicht; denn offenbar hat Barbarossa die klerikale Gaunerei erkannt und ignoriert.[34]

Im übrigen setzte der «allerchristlichste Kaiser» den Kampf um Mailand fort. Er wandte dabei immer wieder die Taktik der verbrannten Erde an, verfeuerte, kassierte, focht. Als man einmal den vornehmen Adam de Palatino fing, ließ ihn der Kaiser «sofort unter den Augen der Mailänder aufhängen». Auch ihren armen Holzsammlern wurde die Hand abgeschlagen. Ebenfalls Händlern, die Marktgut in die Stadt bringen wollten. Und als Friedrich am Fest des hl. Prosper und der hl. Jungfrau Severa die Felsenburg von Corno (Vecchio) mit mehr als hundert Menschen nahm, ließ er auch ihnen allen «eine Hand abschlagen» (Otto bzw. Acerbus Morena), viele in den Kerker stecken, die Burg anzünden und dem Erdboden gleichmachen.[35]

Die Mailänder wehrten sich im Rahmen ihrer Möglichkeiten, natürlich auch mit Hilfe der Klerisei, die dann etwa vor dem Treffen bei Carcano durch Erzbischof Obert, den Erzpriester Millo, den Diakon Galdinus befiehlt, «im Namen des allmächtigen Gottes und des heiligen Ambrosius zuversichtlich zum Kampf zu schreiten in dem Bewußtsein, daß Gott mit ihnen sei . . .».

Liest man die «Narratio de Longobardie obpressione» des Mailänders Anonymus, hat es ganz den Anschein, der offenbar auch gar nicht trügt, Barbarossas eigentliches Regentengeschäft in all diesen Jahren habe im Niederwalzen, im Zermalmen bestanden, immer wieder auch in abstoßender Grausamkeit – die selbstverständlich zeitgemäß war. Zeitgemäß christlich war. Jedenfalls widersprach sie dem Christentum nicht, nicht dem praktizierten und nicht dem gepredigten Christentum – wie schon so viele Jahrhunderte vorher und so viele danach! Immer wieder verwüstet Barbarossa einen Ort nach dem andern, Verano, Briosco, Legnano, Nerviano, Pogliano, Morimondo, immer wieder zerstört er, brennt er nieder, ruiniert er vor allem die Felder, das Getreide, den Flachs, die fruchttragenden Bäume um Mailand – «auch noch im Abstand von 10 bis 15 Meilen vor der Stadt» (Otto bzw. Acerbus Morena). Immer wieder auch tötet, verstümmelt er – «und befahl, daß sie Sechsen von seinen Gefangenen die Augen ausreißen sollten ... Dem Suzo de Mizano aber schnitt er die Nase ab und ließ ihm ein Auge, damit er die anderen nach Mailand führe. Unterdessen wurde denen, die von Piacenza oder von sonstwo (Waren für) den Markt nach Mailand brachten, wenn sie gefangen wurden, die rechte Hand abgeschlagen; und an einem Tag wurden 25 amputiert.» Kaum je wird das elende Sterben der Tiere erwähnt. Einmal gehen 200 Pferde «verloren» (ducentis equis ibi amissis ...).[36]

Im Frühjahr 1162 war Mailand ausgehungert, übergabereif, sein Klerus freilich, zumindest die Oberpfaffen, Erzbischof Obert, Erzpriester Millo, Archidiakon Galdinus und einige andere, noch rechtzeitig nach Genua zu Papst Alexander entwichen. Mailands Ratsherrn und 300 Ritter aber unterwarfen sich Anfang März kniefällig mit Schwertern um den Hals, auch 36 Fahnenträger, die Friedrichs Füße küßten. Es war ein Sonntag, und man sang «passend», wie der kaiserliche Notar Burchard dem Abt von Siegburg schreibt, «Gedenke Deiner Milde, o Herr!»

Die Ratsherren, Ritter, Richter behielt man als Geiseln, und dann wurde Norditaliens größte, reichste Stadt mit allen Mauern, Türmen, Gräben dem Erdboden gleichgemacht – nur die Kirchen blieben erhalten (und der fünfzigste Teil etwa der Häuser). Der Campanile des Doms stand noch, angeblich schöner als jeder andere im Land. Barbarossa ließ ihn jedoch bald «umlegen, und er stürzte auf die Domkirche und zerstörte einen großen Teil der Kirche». Nach dem Mailänder Anonymus hatten Cremonesen, Lodesen, Pavesen, Novaresen, Comasken und andere Lombarden dem Kaiser «eine große, ja ungeheure Menge Geldes» gegeben, «und sie kamen drei Mal in diesem Jahr, die Stadt zu zerstören und die Gräben einzuebnen ...».[37]

Die Kommune wurde aufgelöst, die Bevölkerung in offene Dörfer der Umgebung unter Aufsicht eines kaiserlichen Podesta verpflanzt. Und vielleicht begann jetzt erst das Schlimmste für die Ausgesiedelten, die man unter jedem neuen Podesta mehr schröpfte. Denn selbst wenn unser unbekannter Mailänder, ein Augenzeuge, arg übertrieben hätte, was nicht wahrscheinlich ist, es wäre noch ungeheuerlich genug. Doch konstatiert man heute generell «die genaue, realistische, Einzelheiten berücksichtigende Erzählweise, wie sie italienischen Autoren dieser Zeit eigen ist» (Schmale).

Der erste Vorsteher der Vertriebenen, Bischof Heinrich von Lüttich, setzte einen gewissen Petrus de Cumino ein, der «unzählige Arten der Bedrückung» erfand. Einmal holte er aufgrund kaiserlicher Anordnung von den Bauern und Bürgern zwei Teile des Drittels des Zinses, ein Drittel der Kastanien, der Nüsse, des Heus, ein Viertel der Früchte. Er erpreßte aber auch für sich privat «Unmengen Geldes» und nahm Honig und Wein nach eigenem Ermessen. Zudem mußten die Ochsen der Mailänder Spanndienste leisten, mußten Steine und Sand aus ihrer Schutthaufen-Stadt zum Bau der Pfalz in Monza, der Pfalz zu Vigentino, des Kastells von Landriano fahren.

Wegen seiner Härte wurde Petrus abgelöst durch den Kleriker Friedrich, der indes «noch habgieriger und hartnäckiger» war. «Denn alles das, was Petrus von dem Viertel und Zinsdrittel jemandem übriggelassen hatte, forderte er zur Gänze.» Darauf kamen statt seiner fünf Vorsteher, an ihrer Spitze der Abt von San Pietro in Ciel d'oro. Und während die Herren in dem ungewöhnlich schneereichen Winter 1164/1165, der die Saaten «über jedes Maß» verdarb, im palatium des Kaisers wohnten «samt Pferden und vielen Dienern», kassierten sie die Hälfte des Zehnten aller Ländereien, den ganzen Zehnt von den Schafen, 500 Schweine, «Hühner und Eier ohne Maß», 1000 Fuhren Holz und Heu, «unbegrenzte Fahrdienste», immer wieder Geld, viel Geld. «Wer aus Armut den Tribut nicht zahlen konnte, mußte später das Doppelte zahlen, oder seine Besitzungen wurden eingezogen.»[38]

Der «gütige Kaiser» aber, der «allergütigste Kaiser», wie ihn auch Zeitgenosse Acerbus Morena, Sohn des Otto Morena, nennt, genoß sein Strafgericht, das die Welt erschreckte, erklärte in einem Manifest, «Gott selbst hat den Hochmut der Stadt gerichtet», datierte seine Urkunden «nach der Zerstörung Mailands» und feierte im benachbarten Pavia glanzvoll das Fest der Auferstehung des Herrn. Er beging «in größter Freude» die Messe, nahm in der Kurie des Ortsbischofs ein Festmahl ein, und auch unter den vielen dinierenden Kirchenfürsten und Grafen, wie Teilnehmer Acerbus Morena meldet, herrschte «größte Lust und größte Freude über das Glück, das Gott dem Kaiser soeben geschenkt hatte».

Und dieser schenkte im Siegerrausch die ungezählten Reliquien der vernichteten Stadt seinen Prälaten. Reinald von Dassel, der an Mailands Zerstörung und Beraubung maßgeblich beteiligte Kölner Metropolit, bekam die kostbarsten, die angeblichen Leiber der Heiligen drei Könige und «translozierte» sie nach Köln – dort noch heute der Stolz des Domes. Und auch die Porträtbüste des Räubers steht noch im Zwickelfeld der Rückfront.[39]

Nach dem Fall Mailands ergaben sich auch die Brescianer, die Piacentiner, Bologna unterwarf sich, Imola, Faenza, Befestigungen, Türme, Stadtmauern wurden vernichtet, Gräben zerstört, Burgen und gewaltige Geldbeträge ausgeliefert. Kurz, überall kam der Kaiser in diesem Sommer obenauf, die ganze Lombardei lag ihm zu Füßen. Er wollte nun gegen Sizilien ziehen, doch ein zwischen seinen Verbündeten, den Seemächten Pisa und Genua ausbrechender, von ihm auch mit aller diplomatischen Kunst nicht zu schlichtender Krieg ließ ihn das Projekt verwerfen. Er eilte nach Burgund, um dort Ludwig VII. und Frankreich für sich zu gewinnen, scheiterte aber ebenfalls. Papst Alexander III. bedankte sich überschwenglich bei Ludwig, weil er den Listen des Kaisers widerstanden, suchte indes durch eine eigene Gesandtschaft Kontakt auch zu diesem, ließ ihm durch den romhörigen Salzburger Erzbischof sogar Verzeihung anbieten – und mühte sich zugleich, Barbarossas Feinde noch zu mehren, indem er den byzantinischen basileus in die englisch-französisch-sizilische

Anti-Friedrich-Front einbeziehen wollte, freilich ohne Erfolg: das bekannte kuriale Ränkespiel; vielleicht der größte papale Virtuose: Johann VIII. (V 4. Kap., bes. S. 257 f!)[40]

Der eben erwähnte Metropolit Salzburgs, Eberhard I. (1147–1164) war der Führer der süddeutschen Papstpartei und ein entschiedener Barbarossa-Gegner. Er hatte seine Karriere wohlkalkuliert. Erst überredete er seine Brüder zur Umwandlung ihrer Burg Biburg in Niederbayern in ein Benediktinerkloster, dann wurde er dort 1133 der erste Abt. Danach ermöglichten ihm seine Kontakte zu König und Papst während seiner Betreibung von Heinrichs Kanonisation den Aufstieg zum Salzburger Kirchenhaupt. Eberhard konspirierte mit Byzanz, Frankreich, Ungarn und widersetzte sich allen Ladungen des Kaisers. Aus seiner angestrebten eigenen Sanktifizierung wurde allerdings nichts, obwohl er bereits zu Lebzeiten im berüchtigten Ruf der Heiligkeit stand.[41]

Dritter und vierter Italienzug Barbarossas

Im Herbst 1163 war Friedrich – es ist sein dritter Italienzug – wieder im Süden, um endlich Rom und Sizilien anzugreifen. Allein er bekam immer mehr Schwierigkeiten in Oberitalien. Die Veronesen, Paduaner, Vicentiner und andere Städte rebellierten. Die Venetianer, bisher den Deutschen freundnachbarlich verbunden, fürchteten Friedrichs neue Handels- und Finanzpolitik und wurden reichsfeindlich. Mit dem Geld Kaiser Manuels trieben sie im Frühjahr 1164 die mit den deutschen Herren unzufriedenen, von ihnen ausgebeuteten Nachbarstädte zum Aufstand und verbündeten sich mit Vicenza, Padua, kurz darauf auch mit dem bisher traditionell kaisertreuen Verona im Veroneser Bund. Am päpstlichen Hof, der mehrfach Kardinäle nach Venedig geschickt, frohlockte man.

Zehn Tage vor dem geplanten Sizilienfeldzug, am 20. April 1164, starb Gegenpapst Viktor IV. in Lucca.

Kanzler Rainald von Dassel erhob darauf, ohne seines Herrn Entscheidung abzuwarten, den hochadligen Kardinal Guido von Crema als Paschalis III. (1164–1168) zum neuen Gegenpapst. Er residierte zunächst in Mittelitalien, wurde bald von Friedrich anerkannt, fand aber weniger Anhänger als sein Vorgänger, gerade auch in Deutschland, wo der Wittelsbacher Konrad von Barbarossa abfiel, der ihn erst wenige Jahre zuvor zum Mainzer Erzbischof erhoben hatte. Jetzt ging er zu Alexander III. über und wurde Kardinal, während der Kaiser an seiner Stelle Reichskanzler Christian von Buch zum Mainzer Oberhirten machte (1165–1183), einen vorzüglichen Organisator, Diplomaten und Truppenführer, der ihm bedingungslos ergeben war.[42]

Wieder mußte der Staufer den Sizilienfeldzug fahrenlassen. Ja, er konnte im Sommer 1164 nicht einmal den Aufruhr in Oberitalien unterdrücken und ging im Herbst nach Deutschland zurück, um neue Truppen zu sammeln, während seine Verwalter die Lombarden um das Siebenfache und mehr erpreßten, als dem Reich rechtens zustand. Nach dem Lodeser Anonymus (dem Fortsetzer des Libellus von Acerbus Morena, einem Opfer der römischen Seuche anno 1167) muß die Bedrückung ungeheuer, ein Gipfel an Ausbeuterei gewesen sein. Barbarossa hörte sich 1166 zwar die Klagen der Italiener an seinem Hof in Lodi an und zeigte anfangs – die Taktik des perfekten Politikers – «großes Mitleid deswegen; am Ende schätzte er die Klagen der Lombarden dennoch gering, ja für nichts, und tat infolgedessen nichts».

Papst Alexander fuhr im nächsten Jahr übers Meer nach Messina, wo er fast drei Monate als Gast König Wilhelms I. weilte, dann mit sizilischen Kriegsschiffen nach Ostia und, am 23. November, nach Rom gelangte, freilich erst nachdem Alexanders dortiger Vikar, Kardinal Johann, die durch die deutsche Städtevernichtung und Steuerpolitik empörten Römer entsprechend bearbeitet und vor allem durch genügend Geld bestochen hatte.

Inzwischen hatte Reichskanzler Erzbischof Christian fast den ganzen Kirchenstaat erobert, Rom selber aber nicht nehmen können, weshalb er wenigstens die Umgebung nach bestem Vermögen verheerte. Aus Pisa wurde Erzbischof Villanus vertrieben und der Domkanoniker Benincasa von Gegenpapst Paschalis III. zum neuen Oberhirten gemacht – für Papst Alexander ein «Hund, der sich vom Auswurf nährt». Auch im Erzbistum Salzburg, wo Oberhirte Konrad II., von Barbarossa erst 1161 mit der Reichsabtei Niedernburg in Passau begabt, sich auf Alexanders Seite schlug, entbrannten wütende Kämpfe.[43]

Auf dem Würzburger Reichstag zu Pfingsten 1165 ließ der Kaiser die Anwesenden unter Androhung des Verlustes aller Lehen und Ämter schwören, Alexander nie als Papst anzuerkennen, dagegen an der Obedienz Paschalis' oder seines Nachfolgers stets festzuhalten. Sogar zwei Gesandte des englischen Königs sollen, freilich schon seinerzeit umstritten, mitgeschworen haben. Nicht geschworen hatte der Primas von Deutschland, Erzbischof Konrad von Mainz. Er entwich unbemerkt in Würzburg und eilte nach Frankreich zu Alexander, der sich weiter auf die Normannen stützte und auch wieder intensiver mit Manuel I. von Byzanz konspirierte.[44]

So überstieg Friedrich im November 1166 zum viertenmal die Alpen, um nun endlich Sizilien, aber auch die Stadt des Heiligen Vaters Alexander einzunehmen. Sein ansehnliches Heer bestand zumeist aus Truppen geistlicher Fürsten. Wenigstens elf Bischöfe zogen ihren Soldaten voran und drei Äbte. Doch befanden sich erstmals auch Brabanzonen darunter, aus Brabant stammende Söldnerhaufen, gewerbsmäßige, wegen ihrer Brutalität bald besonders gefürchtete Krieger, die Wilhelm von Cambrai, ein ehemaliger Kleriker, führte.

Auch der Kaiser kam auf seine Kosten. Er kassierte gern Geiseln, 60 Geiseln, 100 Geiseln, 200 Geiseln, vor allem aber immer wieder Geld, große Geldbeträge, mal 500 Pfund kaiserlich, mal 6000 Pfund lucchesisch, von Bologna Geld, von Imola, Faenza, von Forli und Forlimpopoli, von Ancona Geld. Und natürlich wurde nach bewährter Regierungsmethode möglichst viel verheert. Denn je mehr verheert, desto mehr Angst. Je mehr Angst, desto mehr Geld und Unterwerfung. Je mehr Geld und Unterwerfung, desto größer die Macht. Also verwüstete Majestät Kastelle und Dörfer um Brescia, um Bergamo, um Bologna. Und was man selbst nicht schaffte, dafür gab es die Verbündeten, die gefürchteten Pavesen zum Beispiel.

Im Frühjahr 1167 stießen die Deutschen in zwei getrennten Heeressäulen weiter vor. Mit dem einen Haufen zog der Kaiser, ohne Zimperlichkeit alle Widerstände mit Gewalt brechend, an der Küste des Adriatischen Meeres gegen das sizilische Reich, an dessen Spitze, nach dem Tod Wilhelms I. am 7. Mai 1166, nun der erst elfjährige Wilhelm II. stand. Die zweite Heeresgruppe, die längs des Tyrrhenischen Meeres gegen die Stadt des Heiligen Vaters Alexander vorging, wurde sinnigerweise von zwei Erzbischöfen, von Reinald von Dassel (Köln) und Christian von Buch (Mainz) geführt, letzterer übrigens nicht nur ein besonders kriegs-, sondern auch sexlüsterner Kirchenfürst, der sich einen Harem schöner Mädchen hielt.[45]

Da die Römer eben das ihnen benachbarte todfeindliche kleine Tuskulum anfielen, warf sich Reinald mit einer Art Vorhut sofort zur Verteidigung in die Stadt, worauf man sie umzingelte. Und als Erzbischof Christian von Buch mit einem Kontingent der Haupttruppe von Ancona zum Entsatz heraneilte, wurde er, arg ermüdet schon vom Ansturm in der Tageshitze, am 29. Mai 1167, Pfingstmontag, in den Mittagsstunden von dem zwar nur dürftig bewaffneten, zahlenmäßig aber enorm überlegenen römischen Heer – der Lodeser Anonymus nennt mehr als 30 000 Mann – schwer bedrängt, fast geschlagen. Doch da preschte Erzbischof Reinald, der aus Tuskulum den Schlachtverlauf verfolgt hatte, selbst das Banner schwingend mit seiner unter Streitäxten blitzenden Reiterschar von der Höhe herab, faßte die Päpstlichen mit dem – vielleicht ja jetzt etwas unpassenden – Feldgeschrei «Sankt Peter hilf» und dem Choral «Christ, der du erstanden bist» im Rücken, die flüchtende Truppe des Mainzer Seelenhirten ermannte sich wieder, und nun metzelte man in stundenlanger härtester Arbeit das dräuende Fiasko sozusagen in einen totalen Sieg um, den «glänzendsten», nach Hauck, «den das Mittelalter kennt».

Ein Kardinal Alexanders beklagt ein zweites Cannae, Erzbischof Reinald aber meldet den Kölner Diözesanen ergriffen 9000 Erschlagene seiner Heiligkeit und schreibt den «unbegreiflichen

Erfolg», ebenso tiefbescheiden wie fromm, «nicht unseren Kräften und Verdiensten, sondern einzig der göttlichen Güte und Huld zu». «Die unglückseligen Römer wurden auf allen Wegen und Feldern von Tusculum bis Rom wie Vieh hingemetzelt, die Zahl der Erschlagenen wird auf neuntausend geschätzt. Als die Ritter ermüdet von dem Blutbade umkehrten, nahmen sie noch eine solche Menge Römer gefangen, daß der Herr Erzbischof von Mainz, ich selbst und der Kanzler Philipp etwas über fünftausend Gefangene zählten . . .» – Nach dem Lodeser Anonymus wurden mehr als 2000 Römer getötet, mehr als 3000, Ritter und Fußvolk, gefangengenommen. «Diese alle führten sie gefesselt zur Stadt Viterbo und warfen sie dort insgesamt in den Kerker.»[46]

St. Peter in Flammen, Barbarossa im Zenit seines Ruhms und «eine wunderbare tödliche pestilentia»

Sogleich begannen die Platzbehaupter mit der Zernierung Roms. Ende Juli tauchte auch der Kaiser, benachrichtigt von den Vorgängen und von Gegenpapst Paschalis herbeigerufen zum «Schneiden der Saat, zur Ernte der Trauben», mit seiner Soldateska vor den Stadtmauern auf. Roms Eroberung, die Gefangennahme Alexanders gar, war ihm weit wichtiger als jeder Sieg über die Normannen. Schon in Apulien stehend, war er in Eilmärschen herangerückt und trieb sein Heer noch aus dem Marsch zum Sturm.

Eine Attacke auf die Engelsburg wies die päpstliche Leibgarde ab. Doch am 29. Juli 1167 eroberte der Kaiser die gleichfalls nur von Päpstlichen verteidigte Leostadt, tags darauf erstürmten er und seine erzbischöflichen Heerführer die Peters-Basilika, damals eine komplette, von Waffen starrende Festung mit Wurfmaschinen auf dem Dach. Man hatte zuvor Tage, eine ganze Woche lang stets von neuem vergeblich versucht, St. Peter zu erobern, bis die stets umsonst anstürmenden Deutschen in die danebenstehende

Kirche der «allerseligsten Jungfrau Maria» Feuer warfen, worauf deren Heiligtum völlig niederbrannte, dabei das Feuer aber auf St. Peter übersprang und auch ein kleiner Teil der Kathedrale in Flammen aufging.

Der Sohn König Konrads und Vetter des Kaisers, Friedrich IV. von Rothenburg, ließ die Domtüren mit Äxten zertrümmern. Im Innern St. Peters, dessen Vorbauten im Feuer standen, schlachtete man wie auf dem Schlachtfeld weiter. Überall lagen die Erschlagenen, Erstochenen, selbst die Altäre und das angebliche Apostelgrab waren blutüberströmt. Aber kaum gereinigt, erscholl ein jubelndes Tedeum in der Kathedrale, wie sich das für fromme Katholiken gehört, auch wenn sie (nur) andere fromme Katholiken massakriert haben.[47]

Von St. Peter aus trat Friedrich in Unterhandlungen, schlug Klerus und Senat eine Abdankung beider Päpste sowie eine Neuwahl durch beide Parteien vor. Römer und Kardinäle waren bereit, Papst Alexander fallenzulassen. Als Pilger verkleidet floh er auf einem Boot über den Tiber zum Meer, gerade ehe pisanische Kriegsschiffe die Stadt auch vom Fluß her abriegelten. Friedrich war enttäuscht, hatte aber immerhin Rom und darin nun seinen Papst, Paschalis III., der schon am 30. Juli, nur einen Tag nach der Dom-Schlacht, in den Lateran zog und am 1. August «den Herrn Kaiser Friedrich und die durchlauchteste Kaiserin Beatrix», Stammutter aller künftigen Staufer, in St. Peter krönte «mit Kronen aus reinstem Gold, die mit vielen kostbaren Steinen geschmückt waren» (Lodeser Anonymus).

Barbarossa stand im Zenit seines Ruhmes.

Nord- und Mittelitalien lagen wieder in Ketten, die Römer selbst waren bezwungen (auch 400 Geiseln in seiner Hand), und man hatte seinen Papst in St. Peter inthronisiert. Doch nur wenige Tage darauf stürzte der Staufer aus der Höhe seiner Macht, vernichtete eine im Lager vor Rom ausbrechende Seuche, die alte Heimsuchung des Sumpffiebers, Malaria wohl – alsbald als «Gottesgericht» ausgegeben, ein Strafgericht «allein durch Gottes Schwert» der Verfolgung Alexanders wegen –, alle Erfolge und Hoffnungen, das in Jahren Erkämpfte. Eine «wunderbare tödliche pestilentia», nennt sie der Lodeser Anonymus, «durch göttliches Wunder» (divino miraculo) hereinbrechend, «wunderbarerweise» (mirabiliter). Neben Tausenden von Römern starben auch des Kaisers Soldaten, die unerschrockensten Krieger, wie die Fliegen, selbst im Gehen und Reiten sanken sie nicht selten hin, und kaum während des ganzen Tages zu begraben, mehrere Herzöge darunter, zahlreiche Grafen und Barone, ein paar tausend Ritter, die Bischöfe von Regensburg, Speyer, Verden, Lüttich und Prag.[48]

Der schlimmste Verlust für den Regenten war zweifellos Rainald von Köln, Mitte August hinweggerafft. Seit seiner Berufung zum Reichskanzler im Frühjahr 1156 hatte der gedrungene blonde Niedersachse seinem Herrn nimmermüd gedient, ein sprachgewandter Diplomat, zupackender Organisator und oft tollkühner Haudegen, der einmal mit zehn Rittern dreihundert Ravennaten gefangennahm, gleichsam ein genialischer Gewaltpolitiker, belesen auch, literarisch interessiert, vom Archipoeta, bedeutendstem Vertreter mittelalterlicher Vagantendichtung, als Gönner gefeiert, starrsinnig, hochmütig, eifersüchtig oft, aber auch voller Schwung und rücksichtslosem Einsatz für die Interessen des «Reichs».

Während seiner achtjährigen Amtszeit als Erzbischof von Köln (seit Frühjahr 1159) weilte Rainald kaum eineinhalb Jahre in seinem Bistum! Dafür war er der härteste Gegner der Kurie, gegen die er als Erzkanzler von Italien, das er durch seine Bediensteten erbarmungslos aussaugen ließ, bald mit der römischen Kommune konspirierte. Der rheinische Oberhirte war ohne Gnade gegen Reichsfeinde, war, wie man einmal sagte, kaiserlicher als der Kaiser, und ein Wortführer des totalen Krieges. Hatte man in früheren Feldzügen üblicherweise nur die Jahresernte ruiniert, niedergetreten, verbrannt, zerstörte man unter ihm die Olivenhaine, die Weinberge gänzlich, machte auf Jahre hinaus jede Ernte unmöglich, traf den Feind in den Grundlagen seiner Existenz. Die Exzesse blutrünstiger Wut waren mitunter schier unbegrenzt, wie beispielsweise bei der Berennung des kleinen Crema (S. 513 ff.).[49]

Auch der Kaiser erkrankte. Unmöglich nun die Heerfahrt gegen Sizilien, gegen Alexander, unmöglich die Wiederherstellung des Kaisertums. Am 6. August, bereits drei Tage nach Ausbruch der Epidemie, brach Barbarossa auf. Er ließ viele Kranke zurück, dann übergaben sie «die Römer dem Orkus» (Lodeser Anonymus). Und noch auf dem Rückmarsch sollen mehr als 2000 Ritter gestorben sein. Auch Chronist Acerbus Morena wurde jetzt hinweggerafft. Mühselig führte der Kaiser die Trümmer seiner Armee nach Norden, wo die Lombarden schon wieder mächtig rebellierten, die Alpenpässe sperrten. Vergebens ächtete, bekämpfte Barbarossa die Aufständischen. Er «verwüstete und verbrannte Städte und Orte und gewann auch viel Beute dabei», erhängte auch mal – wofür hatte man sie! – eine Geisel, wie den Zilius de Prando aus Brescia. Doch immer mehr erhoben sich «und schlossen Frieden untereinander, und alle wurden sie zusammen ein Leib» (Lodeser Anonymus). Ende des Jahres 1167 umfaßte der straff organisierte lombardische Bund bereits 16 Städte, alle großen darunter, Mailand, Verona, Vicenza, Ferrara, Brescia, Bologna, Venedig. Man drang auf Beseitigung der zentralistischen Staufer-Tyrannei, auf Erneuerung der kommunalen Autonomie.

Auch der König von Sizilien und der diplomatisch gewiegte, durchtriebene Alexander III. unterstützten die Liga, die Societas Lombardiae. Immer stärker wurde sie, immer mehr geriet Friedrich ins Hintertreffen, holte sich Schlappen. Nur Mittelitalien und die Toskana schienen ihm noch halbwegs ergeben. Heroisch schrieb er in einem Aufruf nach Deutschland: «Lieber wollen wir eines ehrenvollen Todes vor dem Feinde sterben, als dulden, daß das Reich in unseren Tagen zerstört werde.» In letzter Stunde erlaubte ihm der Graf von Savoyen, Humbert III., den Durchzug durch sein Gebiet, unter Demütigungen, unter Lebensgefahr, in Knechtstracht flüchtete er, während einer seiner Kämmerer die Kaiserrolle spielte, gelangte über den Mont Cenis, den Paß der Könige, und im März 1168 nach Basel, nach Deutschland, kaum viel weiter nun als bei seinem Beginn.

Die tiefste Ursache für den Zusammenbruch der kaiserlichen

Macht war das Papsttum, war der unermüdlich die Fäden ziehende, die Rebellen stützende, mit Sizilien und Byzanz konspirierende Alexander III., hinter dem fast die gesamte außerdeutsche Kirche des Abendlandes stand – «die Kirche war es, die den Kaiser besiegte und aus Italien zu flüchten zwang» (Haller).[50]

Die Liga der Lombarden und der Friede von Venedig

Länger als je zuvor oder danach blieb Barbarossa nun in Deutschland, mehr als sechs Jahre, bis zum Herbst 1174; eine Zeit ohne glanzvolle Geschehnisse, aber voller systematischer Festigung seiner Macht und steten Beobachtens der lombardischen, römischen, sizilischen Gegner. Seine Stellung, sein Ansehen in Deutschland hatte das italienische Fiasko so wenig gefährdet wie die antikaiserliche Cisterzienseragitation. Friedrich konnte hier die Reichsgewalt noch erhöhen, auch die staufische Dynastie sichern, indem er bereits im Sommer 1169 seinen Zweitgeborenen, den knapp vierjährigen Heinrich, von den Fürsten einstimmig zum römischen König ernennen, dann in Aachen krönen ließ. Und obwohl er Bischöfe wie Äbte zwang, ihm Kirchenbesitz als Lehen zu überlassen, stand die Reichskirche eher noch geschlossener zu ihm, besonders weil der Klerus, genötigt, von Schismatikern die Weihe zu empfangen, erst recht an ihn gebunden war. So sammelte er Kräfte und dachte nicht daran, Italien aufzugeben.

Für Gegenpapst Paschalis III. allerdings war Oberitalien verloren. Wie man bisher die Anhänger von Alexander bekämpft, wie man seine sämtlichen Verwandten aus ihrer tuscischen Heimat, aus Siena und Volterra verjagt und ihrer Güter beraubt hatte, so verjagte man seit Herbst 1167 überall Bischöfe und Äbte, die Paschalis anhingen, und ersetzte sie durch Leute Alexanders.[51]

Aktiv und erfolgreich war auch die Liga der Lombarden, jetzt übrigens unter – wenn auch etwas angefochtener – Führung des aus seinem Ruinengrab wiedererstandenen Mailand. 35 Städte umfaßte schließlich der Bund. Ganz Oberitalien gehörte ihm schon; er nahm die Burgen, zerstörte sie zum Teil, verjagte Besatzungen und kaiserliche Verwalter. Und unweit der Mündung des Tanaro in den Po gründete man 1168 auf Königsboden einen neuen, strategisch vorzüglich gelegenen Ort und befestigte ihn. So die Tradition – denn nach Analyse der Quellen bestand die Stadt bereits, trat 1168 dem lombardischen Städtebund bei und nannte sich zu Ehren des Papstes, dem sie 1170 den Treueid leistete, Alesandria. Und eben in diesem Jahr erklärte Alexander in seiner Bulle «Non est dubium» im März: «Durch göttliche Eingebung habt ihr einen Bund des Friedens und der Eintracht geschlossen für die Kirche Gottes und zur Verteidigung eures Friedens und eurer Freiheit gegen Friedrich, den sogenannten Kaiser.»

Als Gegenpapst Paschalis III., zuletzt in der Festung neben St. Peter verbarrikadiert, am 20. September 1168 gestorben war, spielte der von seinen Kardinälen sogleich erhobene Calixt III. (1168–1178), der bisherige Abt Johannes von Struma, einem Kloster bei Arezzo, keine nennenswerte Rolle mehr. Während des Kampfes zwischen Alexander und Barbarossa war er der dritte kaisertreue Gegenpapst. Er residierte, völlig von Friedrich abhängig, in Viterbo, und sein Anhang beschränkte sich lediglich auf Rom, Teile des Kirchenstaates, der Toskana und des Rheinlands. Der Kaiser unterstützte ihn zwar finanziell, gebrauchte ihn aber bloß als Drohmittel gegen den immer geehrteren, mächtigeren Alexander, und ließ Calixt 1177 im Frieden von Venedig fallen.[52]

Auf der Seite Barbarossas war Erzbischof Christian von Mainz nach dem Tod Rainalds der wichtigste Staatsmann des Reiches. Unermüdlich wie dieser, gewandt, vielsprachig, erschien er Ende 1171 mit blutfarbigem Mantel über blinkendem Panzer und unter leuchtendem Goldhelm wie ein Kriegsgott in Italien, wo er sich im römischen wie kaiserlichen Gebiet zum eigentlichen Herrn aufschwang. Und obwohl er, prunksüchtig und genußfroh, für seine Weiber, sein Gefolge, für Pferde und Esel mehr Geld ausgab, so ein Ondit, als der Kaiser für seinen Hofstaat, obwohl er Dutzenden von Feinden eigenhändig den Kopf zertrümmert hatte, konnte ihn doch einer der Gegenpäpste als «den christlichen Christian» apostrophieren.

Dem Erzbischof gelang es, Venedig dem Lombardenbund abspenstig zu machen, ja, er ging mit Hilfe venetianischer Kriegsschiffe gegen Ancona vor. Die Lombardische Liga, durch interne Zwiste, konträre Interessen angeschlagen, zerbröckelte allmählich, der Geldzufluß aus Konstantinopel, vordem von Venedig vermittelt, unterblieb. Auch Florenz neigte, bei eher neutraler Grundhaltung, jetzt mehr dem Kaiser zu. Solange die Stadt übrigens auf Seite des Papstes gekämpft, kümmerte diesen ihr ausgeprägtes «Ketzertum» kaum; es gab jedenfalls keinerlei kirchliche Zensuren. Als Florenz aber kaiserfreundlich wurde, zuckte wieder einmal, am 15. April 1173, der päpstliche Bannstrahl herab. Ja, jeder noch wurde gebannt, der nur seinen Weg dorthin nahm, der da Rat und Hilfe gewährte, «Schismatikern und Häretikern», wie es nun hieß, die gegen die Kirche «ihre verfluchten Pläne mit teuflischer List» betrieben.

Dagegen begünstigte Alexander sofort jene Städte, die bisher zum Kaiser gestanden, jetzt aber sich gegen ihn ausspielen ließen, die Lucchesen etwa, die Genuesen, auf einmal seine «geliebten Söhne» wieder, seine «Getreuesten» und «Ergebensten». Wie der Heilige Vater ja auch die Lombardische Liga förderte, die doch ihre kommunale Autonomie betrieb, eine Bürgerfreiheit, die er, das Papsttum – bekanntlich nicht nur seinerzeit, nicht nur im Mittelalter – in der eigenen Bischofsstadt bekämpften. Zwei Jahre, von 1170 bis 1172, saß Alexander III. mit seinem Kriegsvolk in Tuskulum, dem Felsennest, und durfte nicht nach Rom.[53]

Im Herbst 1174 überschritt der Kaiser von Basel aus den Mont Cenis; die näher liegenden Alpenpässe hatten die Lombarden gesperrt. Vielleicht aber wählte er auch bewußt den Weg seiner Demütigung, auf dem er 1168 in Verkleidung flüchten mußte. Es war sein fünfter Italienzug, ein Rachezug. Im Heer an der Spitze ihrer Ritter: die Bischöfe von Bamberg, Augsburg, Regensburg, Verden, Halberstadt und Naumburg. Längst vorausgeeilt ins Gefecht: die Metropoliten von Mainz und Köln. Mit Hilfe seiner

Seelenhirten brannte Barbarossa zunächst Susa nieder, ein Vergeltungsschlag, und eroberte dann rasch die westliche Lombardei, während Erzbischof Christian bereits im Osten operierte. Die Alexander III. zu Ehren erbaute und nach ihm benannte Bundesfeste Alesandria, eine Trutzburg gegen das Staufer-Regiment, zwar nur von Wällen, Gräben statt von Mauern geschützt und darum als «Strohstadt» verspottet, vermochte man freilich auch nach sechsmonatiger Belagerung trotz vieler Stürme und Listen nicht zu nehmen.

Man führte schließlich Friedensverhandlungen mit dem Gegner, die aber, boykottiert von kirchlichen Kreisen, scheiterten. Von ihren Bischöfen aufgewühlt, kämpften die oberitalienischen Städte, im Vorfrieden von Montebello am 17. April 1175 dem Kaiser unterworfen, im Oktober weiter. Da Barbarossa mittlerweile seine meisten Truppen entlassen hatte, geriet er in Bedrängnis. So bat er im Januar 1176 Heinrich den Löwen, der ihm viel verdankte, in Chiavenna, nahe Como, eindringlich, wahrscheinlich sogar durch Fußfall, um militärische Hilfe, wofür Heinrich allerdings das territorialpolitisch bedeutende Goslar mit seinen reichen Silbergruben forderte, was der Kaiser abwies und zum nie mehr gekitteten Bruch zwischen beiden Vettern führte.

Im Mai 1176 brachte Erzbischof Philipp I. von Köln heimlich ein Hilfsheer über den wenig begangenen Lukmanierpaß. Der Prälat hatte vor allem rheinische, westfälische und niederländische Ritter geholt und dabei sein Bistum, zum wiederholten Mal, mit Schulden überhäuft. Erzbischof Wichmann von Magdeburg stieß mit Reichstruppen aus dem Nordosten dazu. Barbarossa selbst empfing die geistlichen Herren nebst Anhang in Como. Doch noch ehe dies Kontingent sich mit dem Hauptheer bei Pavia vereinigen konnte, schlugen es die unversehens von der Flanke her mit überlegenen Kräften angreifenden Mailänder am Morgen des 29. Mai bei Legnano total. Der Kaiser, mitten im Getümmel vom Pferd gestochen, indes sein Banner eine lombardische Elitetruppe, die «Schar des Todes», erbeutete, war tagelang verschollen und galt nicht mehr am Leben. Als er Pavia erreichte, empfing ihn die Kaiserin bereits im Trauerkleid.

Ferdinand Gregorovius feiert den Tag von Legnano als «unsterbliche Schlacht», als «einen der reinsten Triumphe der Geschichte», «das Marathon der lombardischen Republiken», die hier «sich und das Vaterland» befreiten. Jubelt er ja überhaupt: «Nach so finstern Zeiten ist das machtvolle Erblühen der bürgerlichen Freiheit das schönste Phänomen des Mittelalters.» Finstere Zeiten – nur allzu wahr. Doch was wurde aus der Welt, als sie das Bürgertum und seine Freiheit regierten? Weniger Elend? Weniger Kriege? Weniger schrecklichere gar? – Freilich, auch darin ist die Pfaffheit fatal verstrickt.[54]

Nun hatte inzwischen zwar Erzbischof Christian Mitte März bei Carsoli im Aniotal ein nach Norden vorstoßendes Heer König Wilhelms II. von Sizilien gänzlich aufgerieben, der Kaiser selber aber sah sich nach der schweren Schlappe von Legnano, seiner ersten Niederlage in offner Feldschlacht, nicht mehr zu siegen imstande. Denn war dies auch kein militärisches Fiasko, so doch ein ungeheuerer staatsmännischer Prestigeverlust. Friedrich, flexibel bis zum Opportunismus, legte sich also aufs Verhandeln. Und er wandte sich diesmal an den Papst, mit dem frühere Gespräche immer wieder scheiterten, weil er zuwenig geboten bekam.

Jetzt gab der Herrscher viel preis. Er brach die Würzburger Eide (S. 526), die elf Jahre früher geleisteten Unversöhnlichkeitsschwüre gegen Alexander. Er verzichtete auf die Präfektur über die Stadt Rom, auf die Mathildeschen Eigengüter zugunsten des Papsttums und auf die Regalien und Besitzungen der römischen Kirche. Es war der gänzliche Rückzug aus der «terra beati Petri». Auch ließ er seinen Gegenpapst fallen, indes Alexander III. lediglich die während des Schismas zum Kaiser haltenden Prälaten weiter amtieren ließ und dessen Bannung zurücknahm. Doch sollte es dem wendigen Schwaben noch gelingen, Papst und Liga gänzlich zu entzweien und die Hälfte der einander mißtrauenden Städte zu gewinnen, die bisher ja nur eines geeint: die gemeinsame Feindschaft gegen ihn.

Nach dem Vorvertrag von Anagni im November 1176 schloß man im Juli 1177 den Frieden von Venedig zwischen Kaiser, Papst, den Städten, Wilhelm von Sizilien und Byzanz. Der Friede bezeichnet die Wende der staufischen Italienpolitik, wobei sich, gegenüber dem ursprünglichen Präliminarfrieden, bereits beträchtliche Abschwächungen zugunsten des Kaisers fanden. Alexander, der seit dem Mai 1177 in Venedig weilte, wurde von Friedrich, strikt entgegen allen heiligen Würzburger Eiden, als rechtmäßiger Papst anerkannt und Calixt geopfert. Auch die von ihm tolerierte römische Republik gab er preis, worauf die Römer den Papst zur Rückkehr einluden, ihre Gesandten vor ihm zu Boden gingen und er bei seinem Einzug am 12. März sich unentwegt die Füße küssen lassen konnte von jenen, die ihn vordem ausgeschlossen und verabscheut hatten. Entzogener Besitz der Kirche sollte zurückgegeben, in Zweifelsfällen ein Richterspruch eingeholt werden, das Mathildische Land aber vorerst auf fünfzehn Jahre weiter beim Kaiser bleiben. Wilhelm II. wurde als König von Sizilien akzeptiert, mit dem Normannenreich ein fünfzehnjähriger Waffenstillstand vereinbart, mit den Lombarden aber, die sich – gegen hohe Jahrestaxen an den Kaiser – selbst regieren durften, der endgültige Frieden, wichtig für Friedrich, auf sechs Jahre vertagt und nur ein Waffenstillstand geschlossen, was sie sehr erbitterte und der Mailänder Chronist mit dem Satz kommentierte, der Papst habe seinen Verbündeten die Treue gebrochen. Dabei hätte sich Alexander, beteuert er brieflich, eher verstümmeln lassen als Frieden ohne die Mailänder schließen wollen. «Aber er ließ die Lombarden im Stich, setzte amtsenthobene Bischöfe wieder ein und solche ab, die er selbst geschaffen hatte» (Narratio de Longobardie obpressione).

Dem Kaiser freilich kam der Papst gewiß nicht aus reinem Friedenswillen entgegen. Die Kirchen waren nach dem achtzehnjährigen Schisma desorganisiert, der Gehorsam, der Glaube untergraben, im Süden Frankreichs, in der Poebene, der Toskana blühten die «Ketzereien». Die Finanzen blühten nicht. Der Pontifex mußte sich bei Florentiner Klöstern noch um 10 Pfund-Beträge bemühen. «In Rom waren selbst die Darbietungen der Gläubigen, die Opferspenden der Pilger am Grabe des Apostelfürsten von Alexander an Wucherer verpfändet worden.»

Der Papst löste also den «allerchristlichsten Kaiser» vom Bann, erkannte ihn als Kaiser, seinen Sohn Heinrich als römischen König an, er billigte auch Friedrichs Kirchenmaßnahmen im deutschen Reich. Die Investitur kaiserlich gesinnter Prälaten während des Schismas sollte weiterhin gelten, so daß Friedrichs Position in Deutschland voll gewahrt blieb, seine rigorose Rekuperationspolitik in Italien aber endgültig zusammenbrach und er dort zweifellos unterlag. Vor der Markuskirche mußte der Kaiser dem auf einem Thronsessel sitzenden Papst die Füße küssen und bekam danach von diesem den Friedenskuß. Beide Gegenspieler vergossen Tränen der Rührung und hörten ergriffen um sich wieder einmal ein feierliches Tedeum – ein Szenarium, das man zu Unrecht mit Canossa verglich.[56]

Im Krieg besiegt, blieb Friedrich beim Friedensschluß in wichtigen Punkten sogar Sieger und entschied maßgeblich die künftige Entwicklung. Das deutsche Kaisertum war wieder in Italien mehr befestigt, darüber hinaus auch die von Friedrich seit seiner Thronbesteigung vertretene Vorstellung von den paritätisch nebeneinander bestehenden zwei Gewalten, und der Papst, vor dem er kapitulierte, war wieder abhängig von ihm. Alexander hatte seine Bundesgenossen preisgegeben, jetzt blieb ihm nur noch der Kaiser, der das Mißtrauen zwischen Lombarden und Papst schürte und diesen durch Erzbischof Christian und dessen Truppen endlich Mitte März nach Rom führen, auch den sich sträubenden Gegenpapst Calixt III. bis zum August zur Unterwerfung zwingen ließ, Alexander das besetzte Kirchengut aber weiter vorenthielt.[57]

Das Dritte Lateranum (1179), Alexanders Tod und die Nachfolger

Alexander III. mischte sich massiv auch in die Verhältnisse anderer Reiche ein.

So in den Streit König Heinrichs II. von England (1154–1189) mit Thomas Becket, der als Kanzler und enger Vertrauter Heinrichs dessen Politik auch dann durchführte, wenn sie der Kirche opponierte. Als Erzbischof von Canterbury aber bekämpfte er den König an der Seite des Papstes, was er mit seinem Leben bezahlte; vier königliche Ritter brachten ihn am 29. Dezember 1170 in der Kathedrale um. Alexander, der sich zunächst aus Furcht vor einem Anschluß Heinrichs an den Gegenpapst Viktor IV. auffallend halbherzig, ja doppelzüngig verhielt, sprach den ermordeten Metropoliten bereits drei Jahre später heilig. Die Einmischung des schottischen Königs Wilhelm I. (1165–1214) in die kirchliche Investitur ahndete er mit dem Interdikt. Dagegen war Alfons I. von Portugal (1139–1185) mit dem Beinamen «der Eroberer», der Sieger über die Mauren, der Begründer des Ritterordens von Aviz, ein Mann nach seinem Herzen; ihm bestätigte er das Recht auf Portugals Krone, natürlich gegen einen Lehnseid und jährlichen Tribut.[58]

Einige seiner wichtigsten Verfügungen erließ Alexander III. auf dem von über 400 Bischöfen und Äbten aus vielen Ländern besuchten Dritten Laterankonzil von Januar bis März 1179. Gut zu wissen dabei, daß Alexander als «der erste große Rechtsgelehrte auf dem Papstthron» (Kelly) gilt und viele seiner Entscheidungen ins Kirchenrecht eingingen.

Auf päpstliche Empfehlung beschloß das Konzil die Anwendung von Gewalt gegen «Ketzer» mit Hilfe des weltlichen Arms, eine Verfügung, die sich besonders gegen Katharer und Albigenser richtet und auf der Gleichsetzung der Häresie mit dem «crimen lesae maiestatis», dem Verbrechen der Majestätsbeleidigung beruht. Export von Waffen und Kriegsmaterial in mohammedanische Länder wurde verboten. Canon 24 bestimmte: alle, die den Ungläubigen Eisen, Waffen und Holz zuführten oder auf sarazenischen Korsarenschiffen Dienste verrichteten, sollen exkommuniziert, ihrer Güter beraubt und von denen, die ihrer habhaft werden, verknechtet werden. Innozenz III. wiederholte das Gesetz 1215, und Gregor IX. nahm es in seine Dekretalen auf. Auch ein sehr alter antijüdischer Erlaß, der Christen den Dienst bei Juden verbot, wird vom Konzil wiederholt und jetzt auch auf Sarazenen ausgeweitet (c. 26). Ferner kündigt die Versammlung einen Kreuzzug gegen alle Kirchenfeinde an – der erste Versuch, mit einem Kreuzzug auch gegen Christen vorzugehen, wobei jeder Krieger einen zweijährigen Ablaß, jeder, der fiel, die ewige Seligkeit zugesichert bekam.

Bedeutsam wurde auch, daß das Dritte Lateranum den Päpsten die «plenitudo potestatis» zuerkannte, die Vorherrschaft über jede weltliche und irdische Macht. Hier gipfelt der hierokratische Größenwahn, der da in direkter Linie von Gregor VII. über Alexander III. zu Innozenz III. führt, dem mächtigsten Papst der Geschichte.

Grundlegend und noch im 20. Jahrhundert gültig wurde die Verfügung, daß jede künftige rechtmäßige Papstwahl eine Zweidrittelmehrheit der Kardinäle erfordere. Klerus und Volk waren damit endgültig ausgeschlossen – im strikten Widerspruch zu den ältesten Überlieferungen.[59]

Nur mit Hilfe deutscher Waffen war Papst Alexander in seine Bischofsstadt gelangt. Und bald nach dem Lateranum mußte er der republikanischen Kommune wieder weichen und konnte sich auch in der Umgebung Roms nur dank der Truppe des Erzbischofs Christian halten. Als dieser im September 1179 für ein Jahr in Gefangenschaft geriet, erhoben Alexanders Gegner sogleich den Kardinal Lando von Sezze, ein Jahr nach der Unterwerfung Calixts, zum neuen (vierten) Gegenpapst namens Innozenz' III. (1179–1180). Er amtierte aber nur wenige Monate in einem Kastell zwischen Palombara und Rom, einer kleinen Festung, die einem Bruder von Gegenpapst Viktor IV. gehörte. Alexander kaufte diesem Ritter für eine namhafte Summe kurzerhand seinen Gegner samt Burg und kleinem Gefolge ab und ließ den Bruder in Christo in lebenslänglicher Gefangenschaft im Kloster La Cava verschwinden.

Alexander III., für den, trotz seiner wachsenden Macht, Rom stets feindlicher Boden blieb, starb am 30. August 1181 auf der Burg von Civita Castellana bei Viterbo. Er hatte sich gerühmt, nie selber Krieg geführt zu haben – gewiß, weil er immer andre für sich bluten ließ. Doch mit all seinen Intrigen, Schwenkungen und Schwankungen, mit allen alten und neuen Bundesgenossen vermochte er auch in jahrzehntelangen Kämpfen nicht, den Kaiser zu besiegen. Zwar hatte dieser Unteritalien nicht gewonnen und über die Lombarden bloß die Oberhoheit behalten, sonst aber sein Regiment in Italien gefestigt, ja, er war immer noch, unbestritten, der erste Fürst des Abendlandes.

Alexanders Leiche gelangte mit den Steinwürfen und Flüchen derer, die ihm noch vor kurzem die Füße geküßt, zur Beisetzung in seine Bischofsstadt. Die Krönung seines Nachfolgers, des Lucchesen Bischof Hubert von Ostia, nun Lucius III. (1181–1185), war in Rom unmöglich. Nur einen Winter lang (1181/1182) konnte er sich dort überhaupt halten. Sonst residierte er meist in Velletri, in Anagni, und nach kaum zwei Jahren befand er sich mit der Stadt im offenen Krieg. Die Römer verheerten die Orte der Campagna, soweit sie noch dem Papst anhingen, verwüsteten die Gegend um Tuskulum, brandschatzten Latium, war ihr Haß gegen die Priester doch derart, daß sie einst einer ganzen Gruppe von ihnen die Augen ausgerissen, sie auf Esel gesetzt, ihnen Pergamentmitren mit Kardinalsnamen angehängt und so den Elendszug mit einem Ungeblendeten zum Papst geschickt haben.[60]

Lucius III., ein erfahrener, bereits betagter Diplomat, schon als Bischof von Ostia Anhänger und Vertrauter Friedrichs, mußte angesichts der italienischen Wirren, der ringsum aufkommenden «Ketzereien», der Bedrängnis der Christen durch Saladin im Heiligen Land, auch als Papst die Unterstützung des Kaisers suchen. Mit der ganzen Kurie aus Rom verjagt, traf er den Staufer auf dessen sechstem und letztem Italienzug im Oktober 1184 in Verona, nachdem er dort fast ein Vierteljahr auf ihn gewartet hatte. Auch der Patriarch des eingekesselten Jerusalem sowie die Großmeister der Templer und Johanniter waren zugegen, und alle suchten den Potentaten mit aufputschenden Berichten entsprechend zu stimulieren. Doch obwohl der Kaiser einen Kreuzzug ankündigte und beide «luminaria» der westlichen Welt eine verschärfte «Ketzer»-Bekämpfung forderten – aufsässige Häretiker sollten exkommuniziert, dann dem «weltlichen Arm» ausgeliefert werden, was in die Dekretale «Ad abolendam» vom 4. November einging, gelegentlich die Charta der Inquisition genannt –, gelang keine Verständigung mit der Kurie. Friedrichs Wünsche, die Thronfolge Heinrichs von Schwaben und die Mathildischen Güter betreffend, fanden wenig Wohlwollen. Und seine grundsätzlich neue Italienpolitik, die Versöhnung mit den Normannen, die staufisch-sizilische Eheverbindung seines neunzehnjährigen Sohnes, König Heinrichs VI., mit der dreißigjährigen Konstanze, einer spätgeborenen Tochter König Rogers II., deren Hochzeit man auch noch in dem nunmehr hochkaiserlich gesinnten, von Friedrich mit Gunst überschütteten Mailand zu feiern beschloß, in dieser «Ketzerhöhle» (fovea hereticorum), verdroß die Mehrheit des Kardinalkollegiums vielleicht kaum weniger, auch wenn dies Papst Lucius selbst in die Wege geleitet und gefördert hatte. Die Opposition setzte sich durch, die Verhandlungen in Verona scheiterten.

Das Klima zwischen Kurie und Kaiserhof verschlechterte sich zusehends, als nach dem Tod des Papstes am 25. November 1185 in Verona der Mailänder Erzbischof Hubert Crivelli, dessen Verwandten der Kaiser bei der Zerstörung Mailands hart mitgespielt hatte, einstimmig als Urban III. (1185–1187) folgte. Zwar heuchelte er Frieden und Versöhnung, ließ mit Friedrich weiter verhandeln und beteuerte sogar eidlich, dessen Trierer Gegner nicht anzuerkennen. Zugleich aber stachelte er die deutschen Bischöfe gegen den Monarchen auf, besonders gegen dessen Recht, die Einkünfte erledigter Bistümer und Klöster zu kassieren sowie den Nachlaß testamentslos verstorbener Prälaten. Ja, im Trierer Bistumsstreit weihte er, entgegen seinem Eid und den Rechten des Reichs, persönlich den Feind des Kaisers im Sommer 1186 zum Erzbischof und erwartete überdies eine Wiederaufnahme des Kampfes der Lombarden gegen Friedrich, wobei sich die früheren Verhältnisse umgekehrt hatten, Cremona zum Gegner, Mailand zum Verbündeten geworden war.

Als sich Cremona 1186 gegen den Kaiser erhob, agitierte Papst Urban in ganz Italien gegen ihn, verbot er Bischöfen und Gemeinden unter Strafandrohung den Kampf wider Cremona, den der Kaiser im Mai begann und in kaum drei Wochen, unterstützt von anderen lombardischen Verbündeten, siegreich beendete. Sein

Sohn Heinrich unterwarf darauf im Kirchenstaat Burgen und Städte, und als der in Verona eingeschlossene Urban nun den deutschen Episkopat gegen den Herrscher aufzuputschen suchte, versagte sich wiederum die überwältigende Mehrheit und trat auf dem Reichstag im November 1186 in der neuen Pfalz zu Gelnhausen hinter den Staufer.

Nur der Kölner Erzbischof Philipp von Heinsberg, der mächtigste geistliche Reichsfürst, einst ergebener Diener des Kaisers, widersetzte sich. Seit der großen Erweiterung seines Territoriums durch das westfälische Herzogtum verfolgte er mehr und mehr seine eigenen Pläne und konkurrierte mit machtpolitischen wie wirtschaftlichen Interessen König Heinrichs. Der Papst hatte sich besonders hinter den Bischof gesteckt, um die Opposition in Deutschland zu schüren, der Kölner Oberhirte verräterische Beziehungen auch mit Frankreich aufgenommen, mit England und Heinrich dem Löwen. Als ihm der Kaiser den Hochverratsprozeß machte, bat er im März 1188 auf dem «Hoftag Jesu Christi» um Gnade. Urban hatte schon zuvor, enttäuscht von der Haltung des deutschen Klerus, wenigstens äußerlich den Rückzug angetreten, insgeheim aber vielleicht – man traute ihm, jedenfalls in informierten Kreisen, das Ärgste zu – nur auf eine neue Möglichkeit zum Kampf gewartet. Doch da starb er am 20. Oktober in Ferrara.

Als der Nachfolger Gregor VIII. sein nur zwei Monate dauerndes Pontifikat begann (21. 10.–17. 12. 1187), erreichte Europa gerade die Hiobspost vom Fall Jerusalems am 2. Oktober 1187 und erregte die Gemüter ungemein, erfüllte sie mit Schuld-, Reue-, Rachegefühlen. Der Verlust der Stadt aber und der ihr vorangegangene Untergang des Christenheeres, des größten je im Feld stehenden Kreuzfahrerverbandes in der Schlacht von Ḥaṭṭīn (nahe Tiberias in Galiläa) am 3. u. 4. Juli 1187, das zur Eroberung Jerusalems und zum Ende der ersten Kreuzfahrerherrschaft führte, löste nun den größten aller Kreuzzüge aus.[62]

11. KAPITEL

DER DRITTE KREUZZUG (1189–1192)

«Das wahre Kreuz, die heiligste und ehrwürdigste Reliquie der Christenheit, befand sich in den Händen der Ungläubigen; und überall in Europa wurden – falsche – Nachrichten über Gewalttaten und Entweihungen verbreitet.» Franco Cardini[1]

«Ich sah die Köpfe fliegen und die Augen glasig werden; ich sah sie daliegen nackt oder in zerrissenen Kleidern, mit gespalteten Knochen und durchschnittener Kehle, mit gebrochenen Lenden und abgeschlagenen Gliedern, mit ausgestochenen Augen und aufgeschlitzten Leibern, mit zersprungenen Lippen und mit zertrümmerter Stirn. Wie Steine unter Steinen lagen sie da, wie man's noch niemals gesehen.»
Der arabische Chronist Imād ad-Dīn[2]

«Wenn Ihr Uns aber nach dem Gute des Friedens fragt, so wollen Wir Euch das Heilige Kreuz zurückgeben und wollen allen gefangenen Christen, so in Unserm ganzen Lande sind, die Freiheit schenken und wollen mit Euch Frieden halten und Euch einen Priester beim Grabe gestatten und Euch alle Abteien zurückgeben, welche zur Heidenzeit einmal Euer waren, und ihnen Gutes erweisen und erlauben, daß Pilger kommen in Unserm ganzen Leben, und wollen Frieden mit Euch halten.» Saladin an Friedrich Barbarossa[3]

Der sogenannte Dritte Kreuzzug erfolgte genau vier Jahrzehnte nach dem Zweiten. Doch hatten seit dem Zweiten die Waffen im Orient niemals geruht. Auch selten die Kreuzprediger im Abendland; angefangen von den Päpsten, ihren Bullen, Dekreten, Mahnschreiben, über die Bischöfe, spezielle Legaten, autorisierte Werber bis hinunter zu den Pfarrern und sonstigen Volksbelästigern- und belügern. Hervorstechend unter vielen etwa der Kardinal Heinrich von Albano, der Patriarch von Jerusalem, die Großmeister beider Ritterorden (oder, wie manche auch meinen, Raubritterorden; in jedem Fall dasselbe). Bereits gegen Ende des 12. Jahrhunderts war diese Art christlicher Kriegspredigt europaweit organisiert.

Schon 1150, kurz nach der Katastrophe des Zweiten Kreuzzugs, hatte Bernhard von Clairvaux die heilige Unverschämtheit, zu Chartres einen weiteren Kreuzkrieg zu predigen. Und selbst Alexander III., doch gleich mit vier Gegenpäpsten konfrontiert – Viktor IV., Paschalis III., Calixt III. und Innozenz III. seligen Angedenkens –, fand trotz oder wegen all der Zerrissenheit der Kirche noch Zeit, 1165 zu einem Kreuzzug aufzurufen. Und 1169 wieder. Ja, der im Spätherbst 1187 nur zwei Monate pontifizierende Gregor VIII. befeuerte selbst in dieser knappen Frist die Welt durch zwei Kreuzzugsbullen, schürte aber insgesamt das gottgewollte Unternehmen gleich durch sieben Enzykliken.

Dabei durfte es an Verheißungen gerade bei derlei nicht fehlen. So haben die seit Mitte des 11. Säkulums (für Spanien 1063) erscheinenden Kreuzzugsbullen mit «Gnadenerweisen» selten gegeizt. In zwei Bullen, 1169 und 1181, wird den Kreuzfahrern, die zwei Jahre kämpfen, ein vollkommener Ablaß gewährt, den andern, die bloß halb so lang streiten, bloß die Hälfte der Buße erlassen. Eine konsequente Rechnung. Allerdings konnte man schon gegen Ende des 12. Jahrhunderts den Kreuzablaß nicht nur für ganz persönliches Blutvergießen gewinnen, sondern auch für Geld! Die Sache kapitalisierte sich auf immer einfallsreichere, fruchtbarere und furchtbarere Weise.[4]

Feudale Galgenvögel im «Heiligen Land»

Die orientalischen Besatzungsmächte führten Kreuzzüge bereits auf eigene Faust.

Amalrich I., König von Jerusalem (1163–1174), unternahm, gestützt auf Byzanz, woher er seine zweite Frau bekam, nicht weniger als fünf Feldzüge gegen Ägypten: 1163, 1164, 1167, 1168 und 1169. Dabei metzelte er 1168 in Bilbais, östlich des Nildeltas, die Bevölkerung nieder. Zwar brachten seine Offensiven keine dauerhaften Resultate, doch Vorteile für den Moment, «reiche Beute, hohe Tribute und erhebliche Handelsvergünstigungen» (Zöllner), in Kairo sogar kurzfristig eine christliche Garnison, in Alexandria wenigstens eine christliche Fahne auf dem Leuchtturmdach. Als Amalrich, der Erzbischof Wilhelm von Tyrus zu seiner Geschichte des Königreichs angeregt hat, gleich nach dem Massaker in Bilbais vor Fustat erschien, einst über dreihundert Jahre arabische Hauptstadt Ägyptens, steckten sie die Einwohner mit zwanzigtausend Fässern Erdöl und zehntausend Fackeln gleich selber so in Flammen, daß das Feuer vierundfünfzig Tage brannte.[5]

Am unverhülltesten, hemmungslosesten führte sich auf der vorderasiatischen Religionsbühne wohl Rainald von Châttilon auf, durch Heirat seiner Herrin Konstanze von Antiochia seit 1153 der Fürst Transjordaniens. Einen «der mächtigsten und bösartigsten Franken» nennt ihn eine moslemische Quelle, einen «der schlimmsten Feinde der Muslime»; lapidarer Hans Wollschläger: «ein christlich getauftes Raubtier».

Der feudale Galgenvogel, mit dem sich Templer wie Johanniter verbünden, einer der katholischen Starbanditen der Epoche, ja der ganzen Kreuzzugszeit, kontrollierte wichtige Kaufmanns- und Wallfahrerwege der «Ungläubigen», besonders den syrisch-ägyptischen Handel. Plündernd, sengend, tötend zog er noch während des Waffenstillstands umher, überfiel moslemische Pilgerschiffe, Transporte, die nach Mekka gingen, große Karawanen, deren eine er einmal bis auf den letzten Mann abstach. Er quälte, folterte harmlose Reisende, warf sie in finstere Verliese und schrie: «Sagt eurem Mohammed, er soll euch retten!»

Auch zu Wasser betrieb er sein Geschäft. 1156 tätigte er sogar einen Raubzug gegen das Byzanz gehörende christliche Zypern. Drei Wochen lang vertilgte er dort in furchtbarster Weise die Christen und verheerte die Insel derart, daß sie sich, so Katholik Hans Kühner, «von diesen Wunden niemals mehr erholt». Auch im Roten Meer führte er mit schnellen Galeeren offenen Krieg. Selbst seine sechzehnjährige muslimische Gefangenschaft, die er zwischen 1160 und 1176 in Aleppo absaß, kühlte nicht sein christliches Blut. Er zog nun, vergeblich freilich, gegen Mekka, um es zu vernichten.

In Transjordanien kooperierte er bei seinen traditionellen Attacken auf Handelskarawanen auch mit Beduinenbanden. Ein Überfall 1187 auf eine solche Karawane – unter der sich angeblich die Schwester Saladins befand, worauf dieser den christlichen Strauchritter eigenhändig zu dekaptieren gelobte – zog den Untergang des Königreichs Jerusalem nach sich: Saladin requirierte ein riesiges Heer, und noch im selben Jahr, am 4. Juli 1187, erfocht er seinen größten Sieg bei dem – versunkenen – Ort Ḥaṭṭīn. Das fränkische Syrien brach endgültig zusammen.[6]

Manche Ortschaften des «Heiligen Landes» wurden im 12. Jahrhundert mehr als zehnmal erobert und wieder zurückerobert, die Ernten wurden verbrannt, Nutztiere gestohlen, Einwohner ermordet. Es gab unablässig Krieg, und die dortigen Christen litten natürlich seit den Kreuzzügen unendlich mehr als vor diesen, denn nun hat man sie versklavt oder getötet, nur weil sie Christen waren.

Allmählich kommt es zu immer stärkerem moslemischem Widerstand, wobei die türkischen, als kleine Truppenführer aufgestiegenen Militärs die arabischen Fürsten überspielen. Nachdem schon Nur ad-Din seit Mitte des 12. Jahrhunderts die christlichen Eindringlinge zurückgedrängt, 1149 Antiochia, 1154 kampflos Damaskus genommen hatte, trägt schließlich der Neffe eines seiner Unterführer, Al-Malik al-Nasir Salah ad-Din Yusuf, der Welt als Saladin bekannt, den «heiligen Krieg» siegreich weiter vor. «Das Verlangen nach dem heiligen Krieg», schreibt der Biograph, Beamte und Vertraute Saladins, Baha ad-Din, der wohl das beste Gesamtbild des bedeutenden Mannes entwirft, «hielt sein Herz und alle seine Sinne gefangen, so daß er von nichts anderem als davon sprach und sich um nichts anderes als um Rüstung und Soldaten für den heiligen Krieg kümmerte».[7]

Sultan Salah ad-Din (1138–1193), der Begründer der kurdischen Dynastie der Ayyubiden, war ein Truppenführer des 1174 gestorbenen Zangiden Nūraddīn von Damaskus, dessen Macht er usurpierte. Dabei soll Saladin die Liquidierung des alten Regimes nur durch den üblichen Terror, die Festigung seiner Macht durch Morde und Massaker gelungen sein, was er dadurch zu legitimieren suchte, daß er – ein Regierungsrezept übrigens schon Nūraddīns, ja schon dessen Vaters – den Gedanken des «Heiligen Krieges» gegen die Kreuzfahrer aufgriff und als Vorkämpfer des Islam agierte. Ging es ihm wohl auch mehr um die Führung eines intendierten islamischen Großreiches als um den Islam an sich, war Saladin doch ein gläubiger Mohammedaner, ein hochbefähigter Herrscher und, alles in allem, sämtlichen Kreuzfahrerfürsten an moralischer Integrität weit überlegen. Daß ihn die Christen aufs äußerste verteufelten, ihn «Hund aus Babylon» nannten, «Sohn des Verderbens», «bluttriefendes Untier» etc., versteht sich von selbst.

Zunächst suchte Saladin anscheinend eine gewisse Koexistenz auf Status quo-Basis mit den Invasoren. Jedenfalls schloß er 1180 und 1185 je einen Waffenstillstand mit den Lateinern, den er auch hielt, wie er immer, auch seinen Feinden, sein Wort gehalten hat, ganz im Unterschied zu den christlichen Häuptlingen, wie beispielsweise gleich zu Rainald von Châtillon, der sich um keinerlei Vereinbarungen kümmerte, Verträge rücksichtslos brach und noch kurz vor seiner Enthauptung durch Saladin diesem ins Gesicht höhnte: «So ist es eben Brauch unter den Königen, ich bin nur dem allgemein begangnen Pfad gefolgt.»[8] So war es in der Tat. Oder wurden nicht von katholischen Gewalthabern, weltlichen wie geistlichen, unentwegt Versprechen und Eide gebrochen, ganz wie sie es brauchten und offenbar doch völlig skrupellos?

«... WIE GAZELLEN SCHOSSEN WIR SIE AB» DIE SCHLACHT BEI DEN HÖRNERN VON ḤAṬṬĪN

In einer Gegenoffensive schlägt Saladin, der kleine einäugige Kurde, die Ritter Christi immer weiter zurück. Sein Ziel ohne Zweifel: Jerusalem. Schon 1170 hatte er einen ersten Vorstoß auf das Königreich unternommen. 1185 war dort Balduin IV. gestorben, ein gekrönter aussätziger Jüngling, der sein Reich selbst als Todkranker in einer Weise verteidigt, die noch dem muslimischen Gegner Achtung abnötigt. Unter seinem Nachfolger aber, dem ebenso attraktiven wie unfähigen Guy de Lusignan, und seiner korrupten Hofclique bricht das Königreich Jerusalem in zwei Jahren zusammen.

Saladin rückt vor.

Ende Juni 1187 überquert er den Jordan. Seine ägyptische Flotte bedroht den christlichen Nachschub. Am 2. Juli 1187 erobert er in einem Blitzangriff Tiberias. Das Christenheer zieht unter Guy de Lusignan, der den Oberbefehl übernommen und sogar die Burgen von ihren Besatzungen entblößt hat, heran. Entgegen dem Rat des Grafen von Tripolis, Raimunds III., der richtig eine Falle Saladins erkennt und zudem den Wassermangel in der heißen Jahreszeit fürchtet, wird Guy vom Großmeister der Templer, Gerhard von Ridfort, sowie von Rainald von Châtillon zum alsbaldigen Angriff überredet. Darauf kommt es zu einer der fürchterlichsten Schlächtereien des Mittelalters bei den Hörnern von Ḥaṭṭīn, westlich des Sees Genezareth, wo einst Jesus gerufen haben soll: «Liebet euere Feinde, tut Gutes denen, die euch hassen ...»

Die Christen, wohl knapp 20 000 Mann, denen etwa ebensoviele Sarazenen gegenüberstehen, hatten zwar unter der Obhut der Bischöfe von Akkon und Lydda das «Heilige Kreuz» aus Jerusalem mitgebracht, waren jedoch erschöpft vom Anmarsch in der öden Gebirgsgegend und in der Sandwüste dem Durst ausgeliefert. Sie drängten im Kampf, den Saladin erst bei Anbruch der Hitze begann, in Richtung Tiberias, um ans Wasser zu gelangen, «gleich Hunden mit durstig heraushängenden Zungen ...» Aber der Sultan, dessen Bogenschützen, von siebzig mit Pfeilen beladenen Kamelen versorgt, unaufhörlich die Gegner mit Geschossen überschütteten – «wie Gazellen schossen wir sie ab ...» –, verlegte ihnen den Weg und verdeckte die Brunnen. Zudem entzündeten die Sarazenen das trockene Gras des Bodens, auf dem das Kreuzheer kämpfte, und der Wind erstickte die Christen in Feuer und Rauch. Guy hielt das Kreuz hoch. Aber Ungezählte ergaben sich mit offenem Schlund. Die meisten wurden getötet, die andern gefangengenommen, nur etwa 200 entkamen. «Es gab so viele Tote und Gefangene unter ihnen», formuliert der große zeitgenössische Historiker Ibn al-Atīr, «daß wer die Gefallenen sah, nicht glaubte, sie hätten einen einzigen gefangen, und wer die Gefangenen sah, nicht glaubte, sie hätten einen einzigen getötet.» Die Sklavenmärkte erlebten eine Schwemme und Preisstürze sondergleichen: drei Denare ein Christ.

»Sie suchten Zuflucht auf dem Hügel von Ḥaṭṭīn», schreibt der Chronist Imād ad-Dīn, Saladins Sekretär, «damit er sie vor der Sintflut des Unterganges bewahre, und Ḥaṭṭīn wurde umgeben von den Bannern der Zerstörung. Die Klingen der Schwerter saugten ihnen das Leben aus und verstreuten sie über die Hügel, die Pfeile beschossen sie, wildes Todeslos schändete sie, das Unglück zerrieb sie, die Niederlage zermalmte sie ... Ich sah die Köpfe fliegen und die Augen glasig werden; ich sah sie daliegen nackt oder in zerrissenen Kleidern, mit gespaltenen Knochen und durchschnittener Kehle, mit gebrochenen Lenden und abgeschlagenen Gliedern, mit ausgestochenen Augen und aufgeschlitzten Leibern, mit zersprungenen Lippen und mit zertrümmerter Stirn. Wie Steine unter Steinen lagen sie da, wie man's noch niemals gesehen.»[9]

Unter den Gefangenen, «die in den Fesseln torkelten wie Betrunkene», sind auch der letzte König von Jerusalem, Guy de Lusignan, der Templermeister und Rainald von Châtillon, dem Saladin, in Erfüllung eines zweimaligen Schwurs, eigenhändig den Kopf abschlägt, allerdings erst, als er den Übertritt zum Islam verweigert. Geköpft werden auch noch mehr als zweihundert Hospitaliter und Tempelritter, Rainalds engste Komplizen. Nur der Großmeister bleibt, wie das Großgangstertum traditionell, am Leben.

Gelehrte und Fromme vollbrachten das blutige Werk, Asketen; «jeder bat, ob er nicht einen von ihnen umbringen dürfe, zog das Schwert und krempelte die Ärmel auf. Der Sultan saß mit frohem Gesicht dabei, während die Ungläubigen» – hier, zur Abwechslung, mal die Christen – «finster blickten ... Es gab solche, die schnitten und sauber hieben und Dank ernteten; solche, die sich weigerten und fehlten und entschuldigt wurden; solche, die Lachen erregten – andere traten an ihre Stelle. Ich sah solche, die laut lachten und mordeten, die sprachen und handelten: wie viele Versprechungen erfüllten sie, wieviel Lob erwarben sie, ewigen Lohn sicherten sie sich mit dem vergossenen Blut, wie viele fromme Werke vollbrachten sie mit den Hälsen, die sie durchhieben!» Religiöser Schwachsinn, Fanatismus der anderen Seite. Eine schlimme Schmach in Sultan Saladins Leben. Freilich: – «so schaffte er der Bevölkerung Erleichterung von ihnen». Und lag seinerseits in der Ebene von Tiberias «wie der Löwe in der Wüste, wie der Mond in der Fülle seines Glanzes».[10]

Erbeutet wurde auch das im Massengemetzel mit dem Bischof von Akkon gefallene «Wahre Kreuz». «Sie glauben tatsächlich, es bestehe aus dem Holz, an dem, wie sie meinen, der gekreuzigt wurde, den sie anbeten», schreibt Imād ad-Dīn. «Es scheint, nachdem sie vom Verlust des Kreuzes erfahren hatten, entrann keiner dem für sie unglückseligen Tage: sie gingen an Tod und Gefangenschaft zugrunde ...» Das «Wahre Kreuz» verscholl ... Aber Pfaffenpropaganda ließ es sozusagen wiederauferstehen durch die «fromme» Lüge, man habe bei Ḥaṭṭīn nur das halbe Kreuz in die Schlacht geführt, habe vorsorglich erst das Holz geteilt, um so der Welt, für alle Fälle, und der Fall trat ein, den davon ausströmenden Gnadenschatz zu erhalten. Denn auch geteilte Reliquien, ein uralter christlicher Lehr- und Glaubenssatz, vermitteln ungeteilte Gnadenwirkung ... Eine kommode Religion, wie sich immer wieder zeigt.

Zum Beispiel auch gleich bei Guy de Lusignan, Jerusalems letztem König. Auf sein Ehrenwort, das Land zu verlassen, hatte Saladin ihm die Freiheit geschenkt. Aber Guy ließ sich in der Beichte alsbald von seinem Ehrenwort entbinden und bekämpfte Saladin erneut. Doch dieser gewann nun rasch eine christliche Festung und Hafenstadt nach der andern, gewann Akkon, Nazareth, Cäsarea, Sidon, Askalon, Jubail und stand am 21. September 1187 vor dem von Flüchtlingen überquellenden Jerusalem, worin man noch Knaben bewaffnet hatte, insgesamt sechzigtausend Kämpfer, «Helden des Irrtums mit Lanzen», sagt Imād ad-Dīn. Täglich machten die Christen Ausfälle, attackierten und verteidigten sich auf jederlei Art und Weise. «Auf beiden Seiten brannte jedes Herz im Feuer der Sehnsucht», behauptet der arabische Chronist. Denn beide Seiten, wie auch Ibn al-Atīr betont, sahen den Krieg «als Angelegenheit der Religion», als «unumstößliche heilige Pflicht» an. «Es brauchte nicht des Befehls der Vorgesetzten, um die Soldaten anzufeuern, alle verteidigten ihren Posten furchtlos, alle griffen an, ohne zurückzublicken.»[11]

In der Auferstehungskirche wollten die christlichen Verteidiger sterben. «Hier sollen unsere Köpfe fallen», riefen sie, «unsere Seelen vergehen, hier soll unser Blut fließen, wollen wir unser Leben verlieren.» Sie hatten die Kirche, wie ungezählte andere Kirchen, zu einer Festung umfunktioniert und auf den Mauern ihre Katapulte errichtet. Aber am 2. Oktober kapituliert Jerusalem, bedeutsamerweise an dem Tag, «in dessen Nacht die Himmelsreise des Propheten stattgefunden».

Was allein zählt: Kein Mensch verliert sein Leben. Niemand wird auch nur verletzt, nirgends geplündert. Kein Tropfen Blut fließt mehr. Man erinnere sich des Monstermassakers bei der Einnahme Jerusalems 1099!

Saladin erlaubte nun den Unterlegenen, sich loszukaufen. Mehreren Tausenden von unbemittelten Christen erläßt er das Lösegeld, ja, er beschenkt manche. Er gewährt gefangenen Familienvätern, Ehemännern die Freiheit, sogar sicheres Geleit – «auf eigene Kosten bot er ihnen Schutz und Verpflegung und befahl seinen Hafenbeamten, sie unter anständigen Bedingungen einzuschiffen» (Oldenbourg). Viele andere «kauft» sein Bruder und Nachfolger al-Adil und entläßt sie dann mit Saladins Einverständnis.

Trotzdem wanderten noch Ungezählte in die Sklaverei. Denn die reichen Christen halfen ihren armen Brüdern nicht, verweigerten ihnen vielmehr, wie der hohe katholische Klerus, das Lösegeld. Nur die Templer und Johanniter zahlten aus Furcht vor einem Volksaufruhr; doch sie zahlten viel zuwenig. Saladin gab darauf noch 500 Menschen frei, und sein Bruder Malik-al-Adil ließ sich tausend Arme als Beute zusprechen und gab sie ebenfalls frei. Auch räumte er ihnen weitere Zahlungserleichterungen ein.

Dagegen zieht der katholische Patriarch von Jerusalem, Heraklios, nachdem er – er, nicht die Muslime – noch den Felsendom, die Auferstehungskirche und andere Kirchen geplündert, mit Goldplatten, mit Gold- und Silberarbeiten vom «Heiligen Grab», mit Schätzen übervoll beladen, «gebeugt unter der Last des Goldes, das er bei sich trug, und gefolgt von Wagenladungen mit Teppichen und silbernem Tafelgeschirr», an den empörten «Ungläubigen» vorbei in die Freiheit. Schon früher hatte er gelegentlich mit Lustweibern die Pilgergaben verpraßt. Seine juwelengeschmückte Mätresse, die «Patriarchin», war stadtbekannt. Jetzt schiffte er sich mit all seinem Reichtum nach Europa ein – und predigte dort, von Ort zu Ort, einen neuen Kreuzzug. Katholische Flüchtlinge werden von ihren eigenen Baronen beraubt, andere von italienischen Schiffskapitänen erpreßt, bis diese Saladin zu kostenlosem Transfer zwingt.[12]

Etwa fünfzehntausend Christen sollen dennoch, als Zahlungsunfähige, in die Sklaverei gewandert, überallhin verstreut worden sein, siebentausend Männer, achttausend Frauen und Kinder. «Wie viele gut behütete Frauen wurden entehrt, herrschende beherrscht, junge Mädchen geheiratet, Edle verschenkt, wie viele Geizende mußten sich hingeben, wie viele Verborgengehaltene verloren ihre Scham, wie viele Ernste wurden zum Gespött gemacht, Bewahrte hervorgezerrt, Freie in Besitz genommen, Begehrenswerte bis zur Erschöpfung gebraucht, anmutige Mädchen auf die Probe gestellt, Jungfrauen entjungfert, Anmaßende geschändet, Schöne mit roten Lippen ausgesaugt, Braune hingestreckt, Unbezähmbare gezähmt, Zufriedene zum Weinen gebracht!»

Saladin erwies sich nach seinen Siegen über die Christen als tolerant. Der neue ostchristliche Kaiser Isaak Angelos (später von seinem Bruder Alexios III. entthront und geblendet) beglückwünschte ihn zur Eroberung Jerusalems, ersuchte um Rückgabe der heiligen Stätten an die griechische Kirche und bekam sie. Saladin schützte das sogenannte Heilige Grab vor Brandstiftern und erlaubte allen unbewaffneten Christen dorthin weiter das Wallfahrten sowie freien Zugang. Er zerstörte die Grabeskirche nicht, wie seine Offiziere verlangten, sondern ließ in ihr und anderen Kirchen Gottesdienste abhalten, setzte den griechischen Klerus wieder ein, duldete aber auch römisch-katholische Priester und zeigte sich ebenso großherzig den Juden gegenüber.

Im fränkischen Königreich Jerusalem (1099–1185) und im Königreich Akkon (1189–1291) kommt es zwischen dem christlichen und dem islamischen Adel zu freundschaftlichem Verkehr. Wir erfahren weiter, daß Sultan al-Malik al-Kamil das geschlagene Heer der Franken wie ein barmherziger Samariter betreut. «Die Männer, deren Eltern, Söhne, Töchter, Brüder und Schwestern wir mit vieler Qual getötet haben, deren Besitz wir weggenommen haben und die wir nackend aus ihren Wohnungen getrieben haben», schreibt im frühen 13. Jahrhundert Oliverus Scholasticus (der selbst jahrelang am Niederrhein das Kreuz gepredigt, sogar eine Belagerungsmaschine konstruiert hat, später

Bischof und Kardinal geworden ist), «sie haben uns, als wir vor Hunger am Sterben waren, mit ihrer eigenen Speise erquickt und uns mit vielen Wohltaten gütig behandelt, während wir doch in ihre Herrschaft und Gewalt gegeben waren.» Ja, wir hören, daß auch in mehreren Moscheen Akkons christliche Altäre eingerichtet wurden für die Gottesdienste der Christen.

Nahezu einmütig rühmen die lateinischen Chronisten jetzt Saladins Ritterlichkeit, Großmut, Humanität. Selbst die einheimischen Christen fühlen sich befreit. Doch die abendländische Kirche hat Saladins Gegenoffensive nichts anderes entgegenzustellen als einen neuen Kreuzzug, den sogenannten Dritten (1189–1192). Und die Initiative ging wieder von den Stellvertretern Christi aus, wie sich die römischen Hierarchen mittlerweile nannten.[14]

Die Päpste blasen zum Angriff

Schon Alexander III. und Lucius III. hatten zum Kreuzzug aufgerufen, freilich ohne Erfolg, trotz Barbarossas Versprechen, mit der Kirche in Deutschland dafür zu werben. Auch Bischof Wilhelm von Tyrus, einer der bekanntesten Geschichtsschreiber der Kreuzzüge, der berüchtigte Patriarch von Jerusalem und die Meister beider Ritterorden machten ja eine Bitt- und Propagandareise durch Europa, beschworen die Herrscher, taten Fußfälle vor ihnen, rührten jedermann zu Tränen. Doch weder der Staufer ließ sich persönlich binden noch der englische König Heinrich II., dessen Reichstag ihm beflissen riet, lieber für sein eigenes Land zu sorgen. Und da er zu Hause blieb, wollte – vorsichtshalber – auch Philipp II., König von Frankreich, zu Hause bleiben. Denn wer wußte schon, ob, während der eine das Kreuz nahm, der andere nicht sein Land nahm.

Lucius-Nachfolger Urban III. (1185–1187), wegen der papstfeindlichen Römer in Verona residierend, war zwar einerseits ganz in seinen Kampf mit Friedrich verstrickt – in den Streit um die Krönung Heinrichs zum Mitkaiser, in den Streit mit dem Patriarchen von Aquileia, in den Trierer Bistumsstreit, wobei er, der Papst, seinen Eid brach und am 1. Juni 1186 den vom Kaiser abgelehnten Folmar zum Erzbischof weihte, um von weiteren Zwisten und Streitpunkten besonders finanzieller Art (Regalien- und Spolienforderungen) zu schweigen. Doch ungeachtet seines schroffen, von peinlichen Schwankungen nicht freien Konfrontationskurses gegenüber Friedrich und ungeachtet aller kleineren Querelen mit anderen gekrönten Christenhäuptern, hegte Urban III. ebenfalls Kreuzzugswünsche, starb aber nach der Eroberung Jerusalems an einem Schlaganfall. Und Urbans Nachfolger, der schon hochbejahrte einstige Bologneser Rechtsgelehrte Alberto de Morra, Gregor VIII. (21. 10.–17. 12. 1187), war noch nicht einmal geweiht, als er, gepeinigt und empört durch die Nachricht vom Fall der Heiligen Stadt, einen Kreuzzugsaufruf erließ, dem noch – indes seine Legaten deshalb schon nach Deutschland, Frankreich, Dänemark, bis Polen reisten – sechs weitere Kreuzzugsaufrufe folgten, geradezu seine «Hauptbeschäftigung» (Kelly).

Jedermann, besonders aber «Unser liebwerter Sohn in Christo Friedrich, der erlauchte Kaiser» (auch den leiblichen Sohn Friedrich, dessen Krönung Vorgänger Urban abgelehnt hatte, redete der Papst mit «künftiger Kaiser» an), sollte am Krieg teilnehmen, wenn nicht, wie Friedrich selbstverständlich, mit dem Schwert, so durch Fasten, das er Klerus und Laien für fünf Jahre an drei Tagen in der Woche vorschrieb. Allen Kreuzfahrern garantierte er Sündenvergebung und, ebenfalls längst obligatorisch, Ewiges Leben. Doch erteilte Gregor VIII., ein wichtiges Novum, auch allen, die sich beim Kreuzzug vertreten ließen oder Geldbeiträge spendeten, einen Ablaß. Noch unmittelbar vor seinem Tod in Pisa, am 17. Dezember 1187, warb der Papst für den Frieden zwischen Pisa und Genua, um beide für den neuen Krieg zu gewinnen.[15]

Mit Gregors Nachfolger Paolo Scolari, Clemens III. (1187–1191), einem wohlhabenden Römer mit einflußreicher Verwandtschaft, kehrte das seit sechs Jahren aus der Stadt verbannte Papsttum Mitte Februar 1188 wieder zurück. Clemens konnte sogar, wie keiner seiner Vorgänger, im Lateran residieren. Er erhielt die Souveränität und alle Hoheitsrechte, mußte freilich den seit 44 Jahren bestehenden Senat anerkennen, ihm weitgehend die Stadtverwaltung überlassen sowie gelegentlich und jährlich beträchtliche Gelder.

Im übrigen setzte Clemens III. die große Linie Gregors fort, heizte auch er, wiewohl politisch wenig erfahren und überdies kränkelnd, nah und fern den Krieg an, Roms Kampf gegen Tivoli zum Beispiel oder gegen Tuskulum, das er selbst bekämpfen, dessen Bürger er exkommunizieren wollte, sei er nicht in Kürze Herr der Stadt.

Vor allem aber überredeten dieser Heilige Vater und seine durch ganz Europa gejagten Legaten die abendländischen Fürsten zu einem neuen Kreuzzug, in dessen Interesse sie die Koordination der Kräfte betrieben, die in allen Kriegen so geforderte und geförderte, so gefeierte Einheit, die der Papst jetzt für den Fortbestand der «christlichen Republik» für absolut geboten hielt. Der Kaiser ließ sich denn auch, nach langem Zögern endlich durch den päpstlichen Legaten überredet, von diesem Ende März 1188 in Mainz das Kreuz anheften. Sein Thron stand dabei leer, Gott selber (oder zunächst sein Sohn) hatte ihn gleichsam eingenommen: – es war der «Hoftag Jesu Christi».

Einhellig stimmten die Versammelten für das gottgewollte Unterfangen. Für einen großen Krieg stellte man – ja wirklich nicht zum erstenmal – schon viele kleine Fehden und Feindseligkeiten ein; schlichtete endlich den Trierer Bistumsstreit und gab den vom Kaisersohn okkupierten Kirchenstaat zurück, wenn auch unter ausdrücklichem Vorbehalt der Eigentumsrechte des Reiches. Und selbstverständlich versprach jetzt der Papst Heinrichs Kaiserkrönung. Denn für einen neuen Kreuzzug brauchte Rom vor allem eine Verständigung mit den Staufern, suchte aber ringsum Bundesgenossen.

Bezeichnenderweise erreichte nun Clemens III., eine seiner ersten Regierungsmaßnahmen, den Frieden zwischen Pisa und Genua, deren Kooperation bei dem neuen Krieg unerläßlich war. Und auch die sich bekriegenden Könige Englands und Frankreichs, der alternde Heinrich II. (1154–1189) und der junge Philipp II. (1180–1223), beide nicht unintelligent und so energisch wie falsch, schlossen infolge papaler Bemühungen Frieden und nahmen, auf Drängen das Papstes, gleichfalls das Kreuz. Natürlich hatte jeder der beiden Herrscher auch seine speziellen Interessen im Osten, der eine mehr in Syrien, der andere im Königreich Jerusalem. Ringsum jedenfalls wirkte der Papst versöhnend, um seinen Krieg zu bekommen.

Zur Deckung der Unkosten verlangte der englische König Heinrich – er wirft sich in Wutanfällen zu Boden, beißt in den Teppich, identifiziert seinen Ingrimm fast mit dem Gottes: «Des allmächtigen Gottes Ungnade und Zorn sind auch mein Zorn, meine Ungnade» – von allen zu Hause bleibenden Untertanen eine allgemeine Vermögensabgabe, den zehnten Teil von Besitz und Einkommen: der vielberedte Saladinzehnt, die erste Kreuzzugssteuer, die auch Philipp II. sofort erhob, aber nur die englische Kirche eifrig förderte, weil sie der englische König am Geschäft beteiligte. Dabei wurden vor allem die Armen geschröpft, während die Wohlhabenderen es verstanden, die Steuer zu umgehen. (Wie die Zeiten sich doch gleichen!) Ansonsten verweigerte sie der Klerus, da er darin den Versuch vermutete, die «schmähliche Knechtschaft der Kirche» zu begründen. Der katholische Adel behielt die Abgabe seiner Untertanen selber, dispensierte ihn die Teilnahme am Kreuzzug doch von jeder Zahlung. Ab jetzt konnte man, wie bereits bemerkt, Kreuzzugsgelübde durch Geld einlösen, eine immer beliebtere Einnahmequelle, ein Vorspiel auch des künftigen Ablaßhandels.[16]

Aufbruch der gekrönten Häupter

Als erster brach Barbarossa auf, nachdem er ein Jahr hart gerüstet und auch politisch das Unternehmen sorgfältig vorbereitet hatte. Schließlich wollte man die Wiederholung früherer Katastrophen vermeiden. Am 11. Mai 1189 setzte er sich von Regensburg aus in Bewegung. Größtenteils von Cisterzienseräbten organisiert, wurde der Dritte Kreuzzug (1189–1192) auch von vielen Äbten und Mönchen begleitet, außerdem von einer Reihe von Bischöfen, wie den Oberhirten von Meißen, Münster, Osnabrück, Würzburg und Passau.

Die Ungarn blieben noch ziemlich ungeschoren. Barbarossa nahm ihrem König Bela III. lediglich «von Gütern und Mannschaften, was ihm beliebte». In Bulgarien kam es bereits zu Reibereien. Und im byzantinischen Reich, wo Kaiser Isaak I. Angelos sich aus lauter Angst vor seinen westlichen Glaubensbrüdern mit Sultan Saladin verbunden hatte, bekämpfte man schon offen einander. Der basileus setzte Barbarossas Gesandte gefangen, verunglimpfte ihn selbst, die Griechen attackierten die Abendländer, die eroberten Philippopel und Adrianopel, drohten auch Konstantinopel zu besetzen und das gesamte Reich zu liquidieren. Sie beraubten und verwüsteten während des ganzen überraschend heftigen Winters Thrazien so ausgiebig, daß Isaak Angelos schließlich seinen Widerstand aufgab, Friedrich vierzig Geiseln stellte, darunter seinen Sohn und seinen Bruder, und die kampfbegierigen Haufen Ende März 1190 über die Meerenge bei Gallipoli nach Kleinasien übersetzen ließ.[17]

Langsam wälzte sich der Heerwurm unter schweren Verlusten durch Kleinasien vor.

Die Griechen desertierten, die Türken verbanden sich mit Saladin, und bald war man von Hunger derart verzehrt, daß man Pferdehäute und Wurzeln fraß. Auch durch den harten Winter kamen viele um, durch umherschwärmende, versprengte türkische Kavallerie. Zwar schlug man am 18. Mai 1190 vor Ikonion noch ein Türkenkontingent, plünderte, zerstörte die Hauptstadt zum Teil und beseitigte, wie Aimo von Briançon, Erzbischof von Tarantaise, wenige Tage danach einem anderen Kirchenfürsten gesteht, «deren Einwohner mit der Schärfe des Schwertes». Gewiß kein kleines Geschäft. «Denn», schreibt der Prälat, «die Stadt Iconium kommt in der Größe Köln gleich.»

Man war jetzt seit dem Aufbruch aus Regensburg ungefähr ein Jahr unterwegs, und als man nach Übersteigung des unwegsamen

Taurusgebirges im Sommer ins Tal des Saleph gelangte und der Kaiser, ein guter Schwimmer, am heißen Nachmittag im Fluß baden oder ihn durchschreitend eine Furt suchen wollte, ertrank der Siebenundsechzigjährige am 10. Juni 1190 vor aller Augen, niemand weiß, ob durch die schwere Rüstung oder einen Herzschlag oder was immer. «So schützte Gott vor diesem Unheil», kommentiert lakonisch der arabische Chronist Ibn al-Atīr. Und für das Abendland verklärte er ihn so.

Die meisten Kreuzritter kehrten bald darauf in die Heimat zurück, einige sollen Selbstmord begangen haben, andere zum Islam übergetreten sein. Unglücklich zog die sich langsam auflösende Truppe, geführt von dem jungen Barbarossasohn Herzog Friedrich von Schwaben, weiter, den toten Herrscher in der Mitte. Seine Eingeweide wurden in Antiochia beerdigt, seine Gebeine, die in Jerusalem ruhen sollten, das man freilich nicht bekam, sind verschollen. Das Heer, von Seuchen und Tod heimgesucht, «ausgegrabenen Leichnamen» gleichend, geschwächt, entmutigt, bröckelte bald immer mehr auseinander, nur der hundertste Teil etwa gelangte im Oktober 1190 nach Akkon und ging dort mit Barbarossas Sohn zugrunde.[18]

Der Auszug der eben erst versöhnten Engländer und Franzosen hatte sich inzwischen verzögert, begannen sie doch, gleichsam zur Einübung auf den «Heiligen Krieg», erst noch einen profanen unter sich selbst. Heinrichs II. Sohn Richard, Herzog von Aquitanien und Graf von Poitou, genannt «Löwenherz», der als erster überhaupt, gleich nach der Einnahme Jerusalems durch Saladin (1187), das Kreuz genommen, war einer der kriegerischsten Christen und unentwegt in militante Konflikte verstrickt, wenn nicht mit seinen Vasallen, dann mit König Ludwig VII. von Frankreich (1137–1180), mit seinem eigenen Vater Heinrich II. von England, mit dem er sich bis zu dessen Tod 1189 nicht mehr versöhnte, mit seinem älteren Bruder u. a.

Wieder drängte der Papst, aus Sorge um seinen Krieg, auf Vermittlung. Kardinallegat Johannes von Anagni erreichte einen Waffenstillstand zwischen den kämpfenden Königen, wobei er anscheinend von England bestochen war, sagte ihm Philipp II.

doch ins Gesicht: «Du hast den Duft der Sterlinge gerochen.» Der raffinierte Philipp freilich, der nach allgemeiner Ansicht seinen Krieg mit dem Saladinzehnten bestritt, zog durch eine Intrige Heinrichs II. Sohn «Löwenherz» zu sich herüber, und schon im Sommer 1189 droschen die angehenden Kreuzfahrer erneut aufeinander ein, wobei nun der alte und bereits todkranke Heinrich hoffnungslos unterlag und im allgemeinen Zusammenbruch, zwei Tage nach seiner bedingungslosen Kapitulation, das Zeitliche segnete.[19]

Jetzt gedachten Philipp II. von Frankreich und der junge englische König Richard I. Löwenherz (1189–1199), auch für ihre Seelen zu sorgen. Anfang Juli 1190, als das deutsche Kreuzheer schon ziemlich am Ende war, brach ihre vereinigte Streitschar von Vézelay auf; dann fuhr Richard mit seiner Flotte von Marseille, Philipp von Genua mit teuren genuesischen Schiffen weiter. Als Richard im August 1190 nach Ostia kam und ihn ein Kardinal im Namen des Papstes einlud, die Hauptstadt der Christenheit zu beehren, verzichtete der Kreuzritter dankend darauf, da am päpstlichen Hof, womit er dem Kardinal freilich kaum Neues sagte, nichts zu finden sei als Habsucht und Korruption. Löwenherz stach wieder in See, bestahl seinerseits zunächst die Bauern Kalabriens und wäre dabei fast erschlagen worden. In Messina traf man sich im September wieder. Infolge eines Erbstreits mit dem Nachfolger des verstorbenen Königs Wilhelm II. von Sizilien, Tankred von Lecce, besetzte Richard am 3. Oktober 1190 die Stadt, raubte sie aus und ließ im Hafen die Flotte in Feuer aufgehen. Doch dauerte das Beutemachen der Kreuzfahrer auf Sizilien noch Monate fort.[20]

Auf seiner weiteren Heilsreise, im darauffolgenden Frühjahr 1191, verschlug Richard «ein durch Gottes nie fehlende Vorsehung gefügter Sturm» nach Cypern. Dankbar ergriff er das göttliche Angebot und entriß in dreiwöchigem Kampf unter Einbringung unermeßlicher Beute die Insel dem christlichen Prinzen Isaak Komnenos, verkaufte sie später den Templern, die sie ihrerseits wieder der Familie Lusignans verscheuerten. Und wie schnell kam die Zeit, als die lateinischen Kreuzzügler gar nicht mehr gegen den Islam zogen, sondern gegen das christliche Byzanz.

Kreuzzüge? Kreuzgeschäfte!

Am 8. Juni 1191 landete der englische König bei dem schon fast zwei Jahre eingeschlossenen Akkon, wo Philipp II. seit 20. April operierte. Freudenfeuer begrüßten die Ankömmlinge. Doch bald gab es unaufhörlich Hader, kam es zu Verleumdungen und Anschlägen unter den Belagerern, die sich vielen Schwierigkeiten gegenübersahen. Saladin hatte Akkons Schanzwerke durch den bekannten Ägypter Emir Behaeddin Karakûsch, der auch Kairos Mauern gebaut (und sich selbst noch in Akkon befand), ausbessern und die Stadt stark befestigen lassen. Die Mauern waren so breit, daß darauf, nach dem Bericht eines Reisenden aus dem 14. Jahrhundert, zwei Wagen aneinander vorbeifahren konnten.

Das christliche Heer kämpfte mit verschiedenen Belagerungsmaschinen und allen damals im Minen- und Sappenbau bekannten Verfahren. Man untergrub die Mauern, füllte Brennstoffe ein und setzte sie in Brand. Tag und Nacht behämmerten Ballisten die Festung; eine davon hieß «die Balliste Gottes» – (im 20. Jahrhundert heißt ein Atom-U-Boot der USA «Corpus Christi»!). Eine Balliste hatte vier Stockwerke und wurde vom «griechischen Feuer» der Belagerten vernichtet, samt Menschen und Waffen. («Allah wollte es so, damit die Christen im Feuer dieser Welt brannten, bevor sie brannten in der andern.») Unaufhörlich trugen beide Seiten ihre Angriffe vor. Da die Einschließung schon seit Sommer 1189 dauerte, lernte man sich kennen, verbrüderte sich schließlich, sprach miteinander, sang, tanzte – und schlug einander dann wieder die Fresse ein um der heiligen Sache willen, die Christen mit ihren Kreuzen voran, die Moslems brüllten: «Allah ist groß! Allah ist groß!», die Trommeln und Trompeten dröhnten. «Für den Islam!» schrie der umherspringende Saladin mit Tränen in den Augen, vergebens versuchend, den eisernen Ring der Belagerer von außen zu durchbrechen.[21]

Akkon, das Massaker des Richard Löwenherz und die liturgische Errungenschaft des Heiligen Vaters

Nachdem während der langen Belagerung etwa 30 000, nach anderen Quellen mehr als 60 000 Christen durch ungezählte Schlachten, durch Hunger, Krankheit, Pest umgekommen sein sollen, die Zernierten in äußerste Not geraten waren, die Breschen in den Mauern sich vervielfachten, verbreiterten, kaum mehr geschlossen werden konnten, ergab sich die Besatzung am 22. Juli 1191 gegen Zusicherung des Lebens und freien Abzugs aller Bewohner mit ihrem Besitz, die Summe von zweihunderttausend Goldstücken, die Freigabe von zweitausendfünfhundert christlichen Gefangenen sowie Rückgabe des angeblich echten Kreuzes, «des Kreuzes der Kreuzigung».

Die Zahlungen an die Christen sollten innerhalb von zwei Monaten erfolgen. Aber bereits nach einer Woche erregte sich Richard Löwenherz über unterbliebene Leistungen. Und obwohl er schon Geld des keinesfalls reichen, weil viel zu freigebigen Sultans sowie die gefangenen Christen erhalten hatte, ließ er am 20. August nachmittags einige tausend Gefangene nebst Frauen und Kindern abstechen – «es waren mehr als dreitausend Menschen in Fesseln. Sie warfen sich wie ein Mann auf sie und mordeten sie kaltblütig mit Schwert und Lanze.» (Lateinische Quellen nennen sogar 4000, ja 8000 Massakrierte.) Die Ritter Christi rissen ihnen die Gedärme heraus, um verschlucktes Gold zu finden, und verbrannten die Leichen, um noch die Asche zu sondieren. Doch kaum hatten die Moslems von dem entsetzlichen Blutbad gehört, stürzten sich ihre Truppen auf die Christen, schlugen sich mit ihnen immer härter bis in die Nacht, «und seitdem verschonten sie niemanden mehr (von gefangenen Franken), außer bekannten Persönlichkeiten und kräftigen, zur Arbeit tauglichen Männern».[22]

Der französische König mochte sich schwer einen noch glanzvolleren Abschluß des frommen Unterfangens denken können und reiste, in kaum verhüllter Feindschaft mit Richard, Anfang

August 1191 zur See nach Hause, dort die Abwesenheit des Rivalen gleich zu einem Einfall in die Normandie nutzend. Zurück reisten auch Herzog Leopold von Österreich sowie viele weitere, von dem dreisten Löwenherz auf die eine oder andere Art beleidigte Fürsten. Hatten doch überhaupt auf diesem Kreuzzug die katholischen Haudegen manchmal schon gegeneinander blankgezogen, Deutsche gegen Franzosen, Franzosen gegen Italiener, Briten, diese gegen Österreicher, und alle rauften gelegentlich und ganz offen mit den schon ansässigen, schon stark östlich geprägten fränkischen Rittern.

Richard führte nun Kreuzkrieg ganz auf eigene Faust, verjagte die Türken aus Jaffa, schlug Saladin in offener Feldschlacht bei Arsuf, vermochte aber Jerusalem nicht zu gewinnen, nicht einmal anzugreifen. Die Mohammedaner beantworteten das Massaker von Akkon mit immer grausameren Vergeltungsmaßnahmen. Doch als Richard von Philipps Vorstoß in die Normandie erfuhr, vereinbarte er mit Saladin einen Modus vivendi, schloß er am 2. September 1192 einen dreijährigen Waffenstillstandsvertrag, der im wesentlichen den Status quo, jenen knappen, von Richard eroberten Küstenstreifen von Jaffa bis Tyros, garantierte sowie freien Pilgerzugang nach Jerusalem. Dann trat er etwas kleinlaut am 9. Oktober 1192 die für ihn noch abenteuerliche, verhängnisvolle Heimreise an. Saladin, fiebernd, erschöpft, fünfundfünfzigjährig, starb wenige Monate später, am 4. März 1193 in Damaskus im Besitz fast von ganz Palästina, als größter, edelster Held des Islam, einer der wenigen, alles in allem, humanen Herrscher der Weltgeschichte.

Zwei Jahre früher, im März 1191, war schon Papst Clemens III. für immer von der Weltbühne abgetreten. Und auf ihn vor allem geht ja der Dritte, der größte aller Kreuzzüge, zurück; gewiß auch, wer es bemerkenswert findet, bitte: der Gebrauch des Meßglöckchens (tintinnabulum, campanula) – es sei nicht unterschlagen, zumal dem Glockenläuten generell apotropäische Bedeutung zukommt, dämonenverscheuchende Macht, die Abwehr von Unheilkräften. Kein Wunder, daß es, so jedenfalls das Lexikon für Theologie und Kirche, «unter islamischer Herrschaft später behindert war . . .».[23]

ANHANG

ANMERKUNGEN ZUM SECHSTEN BAND

Die vollständigen Titel der angeführten Sekundärliteratur stehen auf S. 605 ff., die vollständigen Titel der wichtigsten Quellenschriften und Abkürzungen im Abkürzungsverzeichnis auf S. 627 ff. Autoren, von denen nur ein Werk benutzt wurde, werden in den Anmerkungen meist nur mit ihrem Namen zitiert, die übrigen Werke mit Stichworten.

1. KAPITEL
Kaiser Heinrich II. der Heilige (1002–1024)

1 Ann. Hildesh. 1002
2 Thietm. 4,54
3 Fried, Der Weg 607, 623
4 HKG III/1, 283
5 Thietm. 5,27 f. 7,2; 7,8. Taddey 503. LMA II 295 f. IV 2037 f. VII 432 f. Hirsch I 247 ff. III 247. Hauck III 391 Anm. 1, 395 f. Holtzmann II 375 f. Fischer, Studien um Bamberg 46. Kist 16. Neumüllers-Klauser 28. Trillmich, Thietmar von Merseburg 495. Prinz, Grundlagen und Anfänge 178, 184. Fleckenstein, Rex canonicus 64 ff. Fleckenstein/Bulst 122. Claude I 234. Schulze, Hegemoniales Kaisertum 296. Brühl, Deutschland – Frankreich 627. Guth, 11 f. 36, 40, 43, 54. Hlawitschka, Kaiser Heinrich II. 167. Wolter 267. Fried, Die Formierung 10, 13. Ders. Der Weg 610, 612, 618, 620 ff. 629 f. 632, 765 f. Zur ökologischen Krise im Harz vgl. Hillebrecht 275 ff. u. E. Schubert, Der Wald 257 ff.
6 Thietm. 4,50; 4,54; 5,2 ff. 5,11 ff. Vita Mathild. post. 20. Herm. v. Reichen. 995; 1002. Zu H.: Borst, Mönche 102 ff. LMA III 1764 f. IV 2038, 2087, 2155 f. 2161. LThK IV³ 1375. 1438 f. Taddey 304, 503. HEG I 708 f. HKG III/1, 283. Hirsch I 194 ff. 200 ff. 213 ff. 217 ff. 228 f. 438 ff. 441 ff. R. Usinger in: Excurs III bei Hirsch I 445. Hauck III 391, 399 f. Looshorn I 53 ff. Holtzmann II 366 ff. 374. Bauerreiss 134. Mitteis 77 ff. Lange 3 f. Bannasch 126 ff. 130 ff. Fleckenstein, Grundlagen 203. Fleckenstein/Bulst 121. Brühl, Deutschland – Frankreich 626 ff. 631 ff. 634 ff. R. Usinger, Die Erhebung Heinrichs II. zum deutschen König 445: nach Brühl, Deutschland – Frankreich 637. Schulze, Hegemoniales Kaisertum 298. Hlawitschka, Kaiser Heinrich II. 168. R. Schneider, Die Königserhebung Heinrichs II. 74 ff. Prinz, Grundlagen und Anfänge 178 f. Guth 12, 19 f. Fried, Der Weg 602 ff. 608, 610, 630, 732 f. 806. Boshof, Die Salier 22 ff. Wolter 214. R. Schmidt, Königsumritt und Huldigung in ottonisch-salischer Zeit 1961, 2. A. 1981 114, zit. nach Brühl, Deutschland – Frankreich 635. – Vgl. zu den Tränen Heinrichs bei der Überrumpelung des Trauerkondukts auf dem Hof Polling grundsätzlich: Althoff, Empörung, Tränen 60 ff., der aber auf Heinrich II. hierbei nicht eingeht
7 Annal. Hildesh. 1002. LThK IV³ 1375. LMA IV 2038. HEG I 715.

HKG III/1, 282 ff. Hirsch III 301 ff. Hauck III 433 ff. Zu den fortgesetzten riesigen Schenkungen Heinrichs an die Kirche vgl. etwa Looshorn I 62, 66, 69 f. 84, 95 f. 100 ff. 107, 113 f. 117, 134 ff. 140 ff. 151 ff. 163 f. 173, 196. – Vgl. ferner ebd. 273. Donin IV 132. Siegwart 100 ff. 149 ff. Bannasch 137 ff. Fleckenstein/Bulst 112, 131 ff. 144. Guth 18 f. Fried, Der Weg 606, 630. Störmer, Bayern und der bayerische Herzog 521

8 Annal. Quedl. 1024. LThK IV[3] 1375. HEG I 715. HKG III/1, 284. Hirsch I 216, 264, 364, 366. III 274 f. Hauck III 444 f. Anm. 4, 447. Looshorn I 282. Bauerreiss II 37. Holtzmann II 377. Stern/Bartmuß 202 f. Hlawitschka, Vom Frankenreich 154 f. Guth 18 f. Fried, Der Weg 693, 704. Seibert, Libertas 507 ff. Vogtherr, Die Reichsklöster 430 f. Vgl. auch Moraw 360 und Zotz, Präsenz 172 mit Bezug auf die Ottonen

9 Thietm. 7,31. Annal. Quedl. 1013, 1014, 1015. LMA IV 2124 (Fahlbusch), V 154 f. VI 475 (Struve), 508. HKG III/1, 284. Hirsch I 362 ff. II 409 ff. III 3 ff. 182 f. 272 ff. Hauck III 449 f. 456 ff. Köhler 49 ff. 59. Bauerreiss 37. Holtzmann II 411 ff. 459. Bannasch 81 ff. 86 f. 171 f. 211 ff. 218 ff. Vgl. auch 245 ff. 250 ff. Fleckenstein, Grundlagen 210 f. Schulze, Hegemoniales Kaisertum 318 ff. Fried, Der Weg 787 f. Seibert, Libertas 508 f.

10 Thietm. 6,28; 6,40. LMA IV 2038. Hauck III 397, 400 ff. 405 ff. 410, 428 ff. 433 ff. Holtzmann II 377. Stern/Bartmuß 202. Fleckenstein/Bulst 132 f. Fleckenstein, Die Hofkapelle II 182. Brühl, Deutschland – Frankreich 643 mit Verweis auf Fleckenstein, Die Hofkapelle II 167 ff. 184, 211 f. 214 ff. Claude I 299. Prinz, Grundlagen und Anfänge 184 ff. Schulze, Hegemoniales Kaisertum 307, 312 ff. Guth 43. Bannasch 150 ff. Wolter 224, 312. Fried, Der Weg 606 f. 630 f. 643, 668, 685, 693, 774 f. 777, 783, 822, 858

11 LMA IV 2038 (Wendehorst). Looshorn I 75, 282. Brackmann 206. Daniel-Rops 573. Stern/Bartmuß 202 f. Fleckenstein/Bulst 134. Brühl, Deutschland – Frankreich 640 ff. Prinz, Grundlagen und Anfänge 184 f. Wolter 218. Fried, Der Weg 631. Vgl. auch Guth 11, 25

12 R. Schneider, Das Frankenreich 85

13 Fichtenau 191

14 Briefsammlung Gerberts ed. Weigle 236, Nr. 194. Zit. nach Fichtenau ebd. 552, der in Anm. 33 dazu schreibt: «Der Brief . . . enthält gewiß Gerberts wahre Meinung.»

15 Fulb. v. Chartr. de pecc. capit. PL 141 S. 339. Hrab. de proc. Rom. mil. c. 14. Vgl. c. 4. LMA III 1513. Der Kleine Pauly 5, 1151 f. Erdmann 3 ff. 14. Erben 58 ff. Weitere Literatur zu Vegez und seiner Verbreitung S. 64 f. Noch im späteren 20. Jahrhundert berichtet Horst Herrmann, Ketzer in Deutschland 67, von einer Schätzung, wonach sich «innerhalb der etwa 980 Millionen Christen auf der Welt nur 600 000 Pazifisten finden».

16 LMA V 1526 f. Hoffmann, Gottesfriede 71 f. Hornus 168. Cram 112. Fichtenau 544 f.

17 Leo IV. ep. 28. Joh. VIII. ep. 150. Koeniger 223, 237. Voigt 56. Dörries II 8. Finke 1429. Auer, Der Kriegsdienst I 318, II 59. Ders. in: MIÖG 344. Schieffer, Winfried-Bonifatius 59. Fichtenau 545, 552, 555

18 Basil. ep. ad Amphil. c. 55 u. 13. Böckle 18. Auer, Der Kriegsdienst 156. Vgl. Deschner, Abermals 506 ff.

19 Neuss 144 f. Erdmann 24 ff. 30 ff. 50. Vgl. auch 326 ff. Lautemann 233 f.

20 LMA II 1800 ff. IV 1987 ff. (Contamine), VI 412. Grupp I 143. Neuss 144 f. Erdmann 72 ff. 77 ff. 329 ff.

21 Davidsohn II 1. T. 415 f. Grupp IV 143. Erben 16. Erdmann 38 ff. 83 f. Becker, Sag Nein 106.

22 Can. Apost. c. 83. Syn. Arel. (314) c. 3. Conc. Chalced. (451) c. 7. Syn. Turon. (461) c. 5. Syn. Matisc. (583) c. 5. Syn. Tarracon. (516) c. 4. Syn. Tol. (633) c. 31. Syn. Burdig. (633/675) c. 1. Syn. Tol. (675) c. 6. Kober, Die Deposition 693 f. Erdmann 12 f. Prinz, Klerus und Krieg 4 ff.

23 Voigt 56. Erben 55 f. Koeniger 237. Erdmann 12. Prinz, Klerus und Krieg 4 ff. 79 f.

24 Hellinger 118. Schubert, Geschichte der christlichen Kirche I 361. Montgomery I 189. Voigt 56. Erdmann 21. Prinz, Klerus und Krieg 12, 76, 79 f.

25 Schubert, Geschichte der christlichen Kirche I 160. Erben 55 ff. Königer 237. Auer, Kriegsdienst I 318, II 69

26 Greg. v. T. 4,42. 5,21 ff. LMA VII 1805 f. Pöschl 115, 146. v. Schubert, Geschichte der christlichen Kirche I 160. Montgomery I 160 f. Kaphan, Zwischen Antike 140 ff. Maier, Die Verwandlung 127, 134 f. 148, 162. Auer, Der Reichskriegsdienst 5 ff.

27 Donin I 301 f. Grupp II 184. Königer 221. Voigt 30. Ganahl 44. v. Schubert, Geschichte der christlichen Kirche I 160, II 572. Prinz, Klerus und Krieg 58 f. 69

28 Notk. Gesta Kar. 2,17. Ann. Lob. 870. LMA IV 1991. Dümmler II 249. Hauck II 652 f. Koeniger 232. Prinz, Klerus und Krieg 60, 76, 78 f. 104, 110, 115 ff. Anton, Fürstenspiegel 299. Störmer, Früher Adel II 314. Fischer, Königtum, Adel 107 f. 113

29 Thietm. 1,4. LThK I³ 1015. LMA V 2039. Hauck II 653. Schnürer II 13. Weller 47 f. Fries 64 ff. Prinz, Klerus und Krieg 139 ff. Lindner 231 ff.

30 Thietm. 1,4. Hirsch II 48 f. Hauck II 653. Montgomery I 166. Prinz, Klerus und Krieg 124 ff. 128 ff. Steinbach, Das Frankenreich 79

31 HBG (Prinz) I 453. Hauck II 653. Sommerlad II 212. Holtzmann I 131 f. Aufhauser 2 f. Erben 56. Auer, Kriegsdienst des Klerus I 321. Prinz, Klerus und Krieg 139, 143. Störmer, Früher Adel II 314

32 LMA VI 1288 f. Hirsch I 403 ff. II 50 f. 68. Sommerlad II 254. Grupp IV 199. Auer, Kriegsdienst des Klerus I 323. Fried, Der Weg 701

33 Thietm. 4,29; 6,33. Wipo c. 12. Adalb. v. Br. 2,1 f. 2,9. Herm. v. Reichenau 1021. Vita Bernw. c. 24. Fulb. ep. 112. LThK II³ 286 f. IV³ 1438. LMA IV 1468, V 1881 f. VI 476. Dresdner 88. Kretschmann, Die stammesmäßige Zusammensetzung 9. Grupp III 146 f. Erdmann 51, 69 f. 131 f. Bannasch, 160 f. Heer, Kreuzzüge 18. Auer, Der Reichskriegsdienst I 8, 37 f. 122 f. 127 f. 131 f. 162 f. 325, 359, 362 f. II 8, 15 ff. 50, 55 ff. 69. Fried. Die Formierung 56. Köhler, Die Ottonische Reichskirche. Hoffmann, Gottesfriede 50. Zum Weltbild Damianis vgl. auch: Lohmer, Ordo u. Heilserwartung 175 ff.

34 Joh. VIII. ep. 150. Kelly 85, 93 f. Seppelt II 170. Erdmann 21 ff. Maier, Die Verwandlung 340 f. Heer, Kreuzzüge 19. Kühner, Gezeiten I 162. Prinz, Klerus und Krieg 80, 143

35 LMA I 60 f. Sprotte 54 ff. Dort auch das Kapitel «Die Teilnahme

des Servatus Lupus an Feldzügen». Auer, Der Kriegsdienst des Klerus, in: MIÖG II 63 f.

36 Montgomery I 163. Graus 368. Prinz, Klerus und Krieg 104

37 Grupp III 137; IV 443. Preidel I 93 mit Bezug auf Kapit. von 811 MGH, Capit. I 167 c. 10. Auer, Kriegsdienst in: MIÖG 62. Ders. Der Reichskriegsdienst, 1968, 37 f. Prinz, Klerus und Krieg 106, 120. Zu «Ringkämpfer Christi» vgl. Deschner, Abermals 329 f.

38 LMA II 965. Mitterauer, Herrenburg und Burgstadt 486 ff. Auer, Der Reichskriegsdienst 1968, 41, 57 f. Vgl. auch Schulze, Grundstrukturen II 86 ff. bes. 91

39 LMA II 957 ff. bes. 966. Schwind, Zur Verfassung und Bedeutung der Reichsburgen 85. Ebner, Die Burg als Forschungsproblem I 68. Fried, Die Formierung 128. Metz 350. Zur Herrschaftsausstrahlung der Burg im späteren Mittelalter vgl. Schaab, Geographische und topographische Elemente II 40 ff.

40 Ven. Fort. carm. 3,12 ff. Kelly 118. Mitterauer, Herrenburg und Burgstadt 484 ff. Prinz, Klerus und Krieg 54. Störmer, Früher Adel I 178 f.

41 Büttner, Schwaben und Schweiz 225 ff. 243 f. 395 ff.

42 Schmid, Zur Ablösung 25. Ebner 69. Mitterauer, Herrenburg und Burgstadt 486 ff. Montgomery I 182. Prinz, Klerus und Krieg 152 ff.

43 Adam v. Br. 2,67 f. Vgl. 3,25; 3,36. LMA I 2012, VI 1577. HEG II 553. Bertram, 64. Holtzmann II 307, 312. Erdmann 65 f. Auer, Der Reichskriegsdienst 54 f. 136. Boshof, Die Salier 23 ff. Bannasch 245. Vgl. auch den Burgenbau Bischof Bennos II. von Osnabrück: Rösener, Bauern in der Salierzeit 51. Weinfurter, Herrschaftslegitimation und Königsautorität 79

44 LMA VII 627 f. Kafka, Wehrkirchen Niederösterreichs, passim. Hoffmann, Gottesfrieden 187. Auer, Der Reichskriegsdienst 170 f. Viele Beispiele für Wehrkirchen auch bei v. Erffa 52 ff.

45 Breßlau II 376. Vgl. auch die folg. Anm.

46 Thietm. 4,21; 5,14; 5,32; 5,34 f. 5,38; 6,2; 7,63. Herm. v. Reich. 1003, 1015, 1024. Annal. Hildesh. 1015. HBG I 308 f. LThK I³ 131. LMA I 103 f. II 753. III 2122, 2179. IV 2161. VIII 432 f. Hirsch I 214, 221, 263 ff. 269 ff. 299 f. III 23 f. 109. Looshorn I 84 ff. Holtzmann II 371, 382 ff. Bosl, Geschichte Bayerns I 60 f. Meyer, In der Harmonie 213, 221 ff. Claude I 222 f. 332. Prinz, Grundlagen und Anfänge 182 f. 187. Schulze, Hegemoniales Kaisertum 297 f. Guth 20, 29, 48 f. Fried, Der Weg 606, 614 ff. 620 f. 699 f. Krah 321 ff. Wolter 215 f. Mertens 231 betont auch, wie Thietmar die «dubiosen Umstände» beim Tod des Herzogs «mit auffälliger Penetranz zum bloßen Jagdunfall herunterstilisiert».

47 Vita Bernw. 41. Thietm. 6,19. Annal. Hildesh. 1005. LThK II³ 286. LMA I 1370, IV 515, VII 815 f. 884 f. VIII 1349 ff. Hirsch I 352 ff. 401 ff. II 9 ff. Holtzmann II 396. Fleckenstein/Bulst 126. Hlawitschka, Kaiser Heinrich II. 172. Voss 65 ff.

48 Thietm. 6,3; 6,35; 6,41; 6,51; 7,9. Vita Bernw. 41; 43. Herm. v. Reich. 1008. LThK II³ 286. LMA I 2012, III 1030 f. IV 2064, V 1570 f. VI 29. Hirsch I 359 ff. II 200 ff. 208, 280 ff. HBG I 309. Looshorn I 169. Holtzmann II 401 ff. Stern/Bartmuss 203 f. Fleckenstein, Grundlagen 203. Fleckenstein/Bulst 127. Guth 30 f. Wolter 242 ff. 249, 251 f. Fried, Der Weg 618 ff. Boshof, Kö-

nigtum 25. Hlawitschka, Kaiser Heinrich II. 176. Twellenkamp 475 ff. bes. 479 ff. Beyreuther 89. Zu Metz und Trier als Städte vgl. Haverkamp, Die Städte Trier, Metz, Toul und Verdun 165 ff. bes. zu Trier und Metz auch Haverkamp, Einführung 124 f. H.-J. Schmidt, Religiöse Mittelpunkte 181 ff.

49 Thietm. 6,30 f. Herm. v. Reich. 1007. Protok: DH II Nr. 143 (1.11.1007). Wetzer/Welte V, 3. LThK IV³ 213. Fichtinger 164. LMA IV 1002. HEG I 716. Hirsch II 17 ff. 66 ff. III Excurs XI 359 ff. Donin II 22 f. Hauck III 418 ff. Looshorn I 317 ff. 326. Aerssen, Kirchengeschichte 148. Auer, Heiligen-Legende 393. Holtzmann II 410. Bauerreiss 129 ff. Schulze, Hegemoniales Kaisertum 296, 321. Guth 26. Endres 37, Wolter 231 ff. Fried, Der Weg 603 f. 654. Beyreuther 93

50 LThK III³ 425. LMA I 1396 f. III 1519. Hirsch II 17, 28 ff. Hauck III 418 ff. 425. Fries 50 f. Holtzmann II 410 f. Guttenberg II 34. Bünding-Naujoks 81 f. Wolter 231 f. Guth 26

51 Widuk. 1,35 f. 2,20; 3,45. Thietm. 3,19; 6,11; 6,25; 8,2. Zur «Heidenmission» im Reich vgl. auch Adam v. Br. 2,46. Hirsch II 32. Hauck III 86 ff. 419 ff. 427 f. Guttenberg II 34. Endres 37. Neumüllers-Klauser 34

52 LMA I 1396 f. Hirsch II 20, 42 ff. 50. Prinz, Grundlagen und Anfänge 187. Wolter 231 ff. Guth 26. Schulz, Hegemoniales Kaisertum 321

53 Hirsch II 42 ff. 116 ff. Bauerreiss 131 ff. Guttenberg I 52. Endres 41. Schütz 317. Neumüllers-Klauser 34. Guth 26. Wolter 231. Prinz, Grundlagen und Anfänge 187. Sage 21. Vgl. auch Schmid, H. F., Der Gegenstand des Zehntstreites 167 ff.

54 Thietm. 6,30 ff. Vita Bernw. 41. LMA I 1396 ff. IV 2038. Hirsch I 214 f. II 50 ff. 55 ff. 61 ff. 65 ff. Hauck III 422 ff. 426. Looshorn I 84 ff. Holtzmann II 409 ff. Bauerreiss 140 f. Bosl, Geschichte Bayerns I 44, 60 f. Althoff, Empörung, Tränen 76 ff. Guth 26. Wolter 235 ff. Schulze, Hegemoniales Kaisertum 321. Fried, Der Weg 615

55 LMA I 1397 f. VI 2038. Hirsch II 78 ff. Bauerreiss 140 f. Holtzmann II 411. Guttenberg I 52. Prinz, Grundlagen und Anfänge 187. Guth 26. Schulze, Hegemoniales Kaisertum 322. Fried, Der Weg 615 f. Althoff, Empörung, Tränen 60 ff. bes. 76 ff. Zur Rivalität Würzburg – Bamberg vgl. etwa: Wendehorst, Bischöfe und Bischofskirchen 226 f.

56 LMA IV 1791, 2038. Hirsch II 78 ff.

57 Thietm. 4,54; 5,24. Trillmich, Thietmar 219 Anm. 94. Beyreuther 90

58 Annal. Sangall. maiores 982. LMA VIII 1496. Pauler I 26, 30 ff. 38 f. Wolter 169 ff.

59 Thietm. 4,54. LMA I 915 f. (Fasola), V 1881 f. Hirsch I 235 ff. II 362 ff. Schulze, Hegemoniales Kaisertum 305. Fried, Der Weg 624 f. Pauler 14 f. 26, 31, 42 ff. 95, 150 ff. Vgl. auch die folg. Anm.

60 Thietm. 5,24 ff. 6,3 ff. 6,7 ff. 7,24. Adalb. Vita Heinr. c. 35. Wipo c. 1. Annal. Hildesh. 1004. Herm. v. Reichen. 1004. Der Neue Brockhaus V 406 f. dtv-Lex. 19, 225 f. LMA I 1018, II 753, VI 1833. Hirsch I 240 ff. 272, 300 ff. 306 ff. II 355 ff. III 120. Menzel I 309. Gregorovius II/1, 6 f. 9 f. Looshorn I 94 ff. Hartmann, C. M. IV 1. H, 162 ff. Holtzmann II 364, 380 ff. 387. Hoffmann, Gottesfriede 71. Flecken-

stein/Bulst 125 f. Auer, Der Reichskriegsdienst 122. Boshof, Die Salier 25. Pauler I 14 ff. 79 f. 87 f. Hlawitschka, Kaiser Heinrich II. 173. Trillmich, Wipo 533 Anm. 50. Schulze, Hegemoniales Kaisertum 305 f. Claude I 234. Fried, Der Weg 625 ff. Wolter 253 ff. Später, als Heinrich II. und der Papst für den vertriebenen Bischof Petrus von Asti, Arduins rührigen Anhänger, dort einen gewissen Adelrich, den Bruder des Markgrafen Odelrich-Manfred von Turin, einsetzten und dabei die Kompetenz des Mailänder Metropoliten mißachteten, schleuderte dieser nicht nur den Bann gegen Adelrich, sondern belagerte auch mit seinen Suffraganen samt Vasallen Asti und erreichte die Amtsenthebung des vom Papst bereits Geweihten, wenn er ihn auch wieder einsetzen mußte. Allerdings übertrug er Adelrich das Bistum Asti erst, nachdem er und sein Bruder, Markgraf Odelrich, öffentlich Buße geleistet, nämlich barfuß zum Mailänder Dom gegangen waren, wobei Adelrich – merkwürdige Strafe – eine Bibel tragen mußte und Odelrich, was freilich als entehrend galt, einen Hund.

61 LMA II 360 f. VII 84. HEG II 1050 f. Hauck IV 586 ff. Hlawitschka, Kaiser Heinrich II. 170 f. Schulze, Hegemoniales Kaisertum 302 f. Fried, Der Weg 612 f.

62 Thietm. 5,15; 5,18. Hirsch I 205, 225. Holtzmann II 269, 326, 343, 372 ff. Hauptmann, Die Frühzeit 327. Fleckenstein, Grundlagen 205. Hlawitschka, Kaiser Heinrich II. 170. Fried, Der Weg 612. Ludat, Piasten 342 ff. sieht in Boleslaws Einfall keine Aggression, auch hält er Heinrich an dem Attentat für unschuldig.

63 Thietm. 5,18; 5,23; 5,29 f. 7,10. HBG I 312, 315, 711. HEG I 711, 872 ff. II 1051. LThK II[3] 557. LMA II 358 ff. 362, IV 1795, V 304 f. (Hilsch). VIII 1172 f. Hirsch I 231 f. 251 f. 268 f. III 11 ff. Trillmich, Thietmar 217 Anm. 86. 225 Anm. 115. 255. Anm. 42. Holtzmann II 343, 380 ff. Hauptmann, Die Frühzeit 327. Claude I 203, 287. Fleckenstein, Grundlagen 205. Hlawitschka, Kaiser Heinrich II. 170. Fried, Der Weg 611 f. Beyreuther 87

64 Hirsch I 253. Hauck III 453. Kist 21. Holtzmann II 385 f. Claude I 241 f. Hlawitschka, Kaiser Heinrich II. 170, 172

65 Thietm. 5,31; 5,40; 6,1; 6,16; 6,36 ff. 6,94 f. LThK II[3] 724. LMA II 755 f. Hirsch II 270. Holtzmann II 383, 472. Brackmann 206. Kossmann, Deutschland und Polen 440 ff. Claude I 203 f. 228, 231, 241, 243 ff. Zeißberg 5 ff. Bünding-Naujoks 73 ff. Kahl, Compellere intrare 177 f. Fleckenstein, Grundlagen 205. Erdmann 97 f. Prinz, Grundlagen und Anfänge 183 f. Epperlein, Fränkische Eroberungspolitik 289. Bosl, Herzog, König, Bischof 281. Neumüllers-Klauser 29. Beyreuther 87 f. Ludat, An Elbe und Oder 81 f. Fried, Der Weg 614, 617, 769

66 Vogel II 60 f. Guth 11

67 Thietm. 6,2; 6,10 ff. Adalb. 47. Hirsch I 316 ff. Hauck III 393. Looshorn I 102 f. Holtzmann II 386. Claude I 231, 252 f. Auer, Der Reichskriegsdienst 137. Wolter 220 f. Hlawitschka, Kaiser Heinrich II. 171. Fried, Die Formierung 31, 53. Ders. Der Weg 613, 706 (zit. Leo v. Vercelli u. 617 Thietmar). Guth 43, 46. Dahlhaus 375

68 Thietm. 6,10 ff. 6,14 f. Hirsch I 322 ff.

69 Thietm. 6,20. Herm. v. Reich. 1005. Ann. Magdeb. 1004. LThK VII[1] 6 f. LMA I 1952. Keller, Reclams Lexikon 374. Fichtinger 273 f. Hirsch I 300 f. 365. Claude I 232 f. Wolter 223. Hlawitschka, Kaiser Heinrich II. 171. Fried, Der Weg 617, 804

70 Thietm. 6,19; 6,22; 6,25 ff. Ann. Quedlinb. 1005. Ann. Magdeb. 1030. Hirsch I 367 ff. 370 f. II 294. LMA VIII 432. Vogel II 61. Looshorn I 112, 274. Holtzmann II 386 f. Claude I 240, 253 f. Auer, Der Reichskriegsdienst 137. Epperlein, Fränkische Eroberungspolitik 289 ff. Fried, Der Weg 613 f.

71 Thietm. 6,33 f. 6,56 ff. 6,61; 6,64 f. Ann. Quedlinb. 1010. Hirsch II 8 ff. 14 ff. 291 ff. LMA IV 1137 f. VII 1796, VIII 432 f. Hauck III 411 f. Looshorn I 173 f. Holtzmann II 389 ff. Auer, Der Reichskriegsdienst 137 f. Fleckenstein, Grundlagen 206. Claude I 248 ff. 254 ff. 262 ff. 267. Bannasch 161 ff. Brühl, Zur Geschichte 419 ff. Fried, Der Weg 662 f. 692 f.

72 Thietm. 1,16; 6,43; 6,59; 6,62; 6,66; 6,69; 6,80; 6,90. Hirsch II 330 ff. 334 f. Auer, Kriegsdienst MIÖG 405. Claude I 257 f. 274 ff. 282 ff. 287, 297. Leyser 163 f.

73 Thietm. 7,16 ff. 7,20 f. 7,50 f. Ann. Quedlinb. 1015. LMA IV 1349. Hirsch III 18 ff. Claude I 247, 289 f. Bannasch 85. Schulze, Hegemoniales Kaisertum 296

74 Thietm. 7,47 f. Ann. Hildesh. 1016. Vita Meinw. c. 132. LMA I 142 f. Hirsch III 41 ff. Trillmich, Thietmar 405 Anm. 165, 167. Bannasch 84 f. 175 f. 250 ff. 260 ff. 279 ff.

75 Thietm. 7,64. Hirsch II 392 f. III 55 ff. Holtzmann II 425. Fleckenstein, Grundlagen 206

76 Thietm. 7,50 f. 7,59 f. 7,64. LMA VI 1196. Hirsch III 60. Holtzmann II 429. Claude I 290 f. Epperlein, Fränkische Eroberungspolitik 294 f.

77 Thietm. 6,91; 7,64; 8,1. LMA V 274 ff. Hirsch I 207, III 86 ff. Holtzmann II 429 f. Auer, Der Reichskriegsdienst 138. Claude I 236, 241. Prinz, Grundlagen und Anfänge 183 f. Schulze, Hegemoniales Kaisertum 305

78 Thietm. 8,5. Adam v. Brem. 2,41; 2,46 f. LMA II 193, VIII 1274. Hauck III 638. Looshorn I 232. Holtzmann II 431 ff. Schöffel I 192

79 LP 2,265. JW 1,501. Thietm. 6,100 f. Kelly 154 f. LMA III 344. Hirsch II 382 f. Gregorovius II 1,3. Haller II 168. Seppelt II 391 f. Schulze, Hegemoniales Kaisertum 302. Fried, Der Weg 629

80 LP 2,266 f. JW 1,501 ff. Thietm. 6,100. Kelly 155 f. LMA V 543. VII 1787 f. Hirsch II 384. Gregorovius II 1, 5. Seppelt II 392

81 Thietm. 6,100. LMA IV 318. Schaller, Zur Kreuzzugsenzyklika 135. Dort alle Literaturhinweise

82 Vgl. den Anhang ebd. mit kritischer Edition der Enzyklika 150 ff. Kühner, Lexikon 76. Erdmann 102 ff. Seppelt II 393 hält das Dokument ebenfalls für echt und für den «Beginn der Kreuzzugsbewegung»

83 Kelly 156. Gregorovius II 1, 3 f. Seppelt II 393. Trillmich, Thietmar 349 Anm. 328. K.-J. Herrmann, Das Tuskulanerpapsttum 1 ff. Wolter 255

84 LP 2,268. JW 1,506 ff. Thietm. 6,101. Kelly 156 ff. 272 ff. Kühner, Lexikon 76 f. 166. Ders. Das Imperium 129. LMA I 1859. Hirsch II 385 ff. 419, III 127. Hauck III 518 f. 526 f. Cartellieri, Weltgeschichte als Machtgeschichte II 290, zit. nach Schulze, Hegemoniales Kaisertum 306 f. Seppelt II 393 ff. Sep-

pelt/Schwaiger 128. Haller II 168 f. Herrmann, Das Tuskulanerpapsttum 4 ff. 24. Prinz, Grundlagen und Anfänge 180

85 Thietm. 7,1. Ann. Quedlinb. 1013. LMA III 803, VII 623 ff. Kelly 156. Hirsch II 388 f. 414 ff. 424 ff. Hauck III 521. Gregorovius II 1, 7. Seppelt II 394 f. Wolter 253, 255 f. Prinz, Grundlagen und Anfänge 180

86 Thietm. 7,1 f. 7,4. Ann. Quedlinb. 1014. Kelly 157. LMA IV 295. Hirsch II 427 ff. Gregorovius II 1, 7, 9. Schulze, Hegemoniales Kaisertum 308 f. Prinz, Grundlagen und Anfänge 180. Wojtowytsch 159

87 Thietm. 7,2. Hirsch II 433. Fried, Die Formierung 17. Ders. Der Weg 858

88 Thietm. 7,45. Kelly 157. Hirsch II 380 ff. III 125 ff. 132. Gregorovius II/1, 10. Hauck III 520, 526. Seppelt II 395 f. Herrmann, Das Tuskulanerpapsttum 24. Erdmann 101 f. Schulze, Hegemoniales Kaisertum 310. Prinz, Grundlagen und Anfänge 180 f. Fried, Die Formierung 152

89 Kelly 157. LMA I 1859. II 1256. VI 492. Hirsch III 147 ff. 152 ff. 197. Gregorovius II/1, 10 f. Seppelt II 396. Herrmann, Das Tuskulanerpapsttum 47 ff. Prinz, Grundlagen und Anfänge 181. Wolter 280. Schulze, Hegemoniales Kaisertum 310. Fried, Der Weg 627

90 Herm. v. Reichen. 1020 ff. Ann. Quedlinb. 1021. Kelly 157. LMA I 1859. II 1256 f. III 803. IV 1978. VI 492, 2157. Hirsch III 155 ff. 159 ff. 168 f. 191 f. 194 ff. 198 ff. 210 ff. Gregorovius II/1, 12. Seppelt II 397. Prinz, Grundlagen und Anfänge 181. Herrmann, Das Tuskulanerpapsttum 32 ff. Wolter 280 ff. Guth 48. Schulze, Hegemoniales Kaisertum 311 f. Fried, Der Weg 627 f. 791 f.

91 1. Tim. 3,2; 3,12; 4,3. Tit. 1,6. LMA III 803. Hirsch III 217. Deschner, Das Kreuz 151 ff.

92 Ausführlich: Deschner, Das Kreuz 155 ff. 158 ff.

93 9. Syn. Tol. c. 10. Winterer 370

94 Syn. Gosl. c. 4 u. c. 6. Wolter 275 ff. mit Quellenhinweisen und Belegen

95 MG Const. I 70 ff. Hirsch III 213 ff. bes. 215 f. u. 218 f. Perecrin 115 ff., dem ich teilweise eng folge. Vgl. auch Grupp III 163. Wolter 283 ff. Seppelt II 398

96 Perecrin 115 ff. Vgl. auch Mehnert. Theiner I 280 ff. Grupp IV 436. Plöchl II 163. Wolter 285 ff. Lautemann 245. Winterer 373 f.

2. KAPITEL
KAISER KONRAD II. (1024–1039)
Auftakt des salischen Jahrhunderts

1 Wipo 3. Vgl. auch Hauck III 556

2 Hauck III 544

3 Otto v. Fr. Chron. 6,28

4 Struve, LMA V 1339

5 Wipo c. 2. LMA VII 1300 ff. Breßlau I 1 ff. Hlawitschka, Untersuchungen zu den Thronwechseln 79 ff. Keller, Zwischen regionaler Begrenzung 73 f. Vgl. auch Struve 217 ff. K. Schmid, Zum Haus- und Herrschaftsverständnis 21 ff.

6 Wipo c. 1 ff. Herm. v. Reich. 1024. Otto v. Fr. Chron. 6,28. LMA I 927, III 803 f. V 1338. LThK I[3] 968. Breßlau I 1 ff. 17 ff. 26 f. Bischof 285 ff. Hlawitschka, Untersuchungen zu den Thronwechseln 79 f. Huschner, Konrad II. 94 f. Streich II 405. Schulze, Hegemoniales Kaisertum 330 ff. Schnith, Kaiser Konrad II. 183 ff. Keller, Zwischen regionaler Begrenzung 57 f. 109. Boshof, Königtum 28 ff. Schwarzmaier, Von Speyer nach Rom 44 ff. Brunner 148. Mertens 233 ff. Zum Mainzer

Einfluß auf Synoden bereits des 10. Jahrhunderts: Hehl 117 ff.

7 Wipo c. 4. Otto v. Fr. Chron. 6,28. Taddey 288, 1058 f. LThK II³ 799 f. LMA I 927. IV 1465, V 1338. Breßlau I 8 f. II 342 f. 382 Anm. 3. Hauck III 541 f. Hlawitschka, Untersuchungen zu den Thronwechseln 81 f. 128 ff. Schulze, Hegemoniales Kaisertum 331 f. Engler 259 f. Huschner, Konrad II. 94 f. Schnith, Kaiser Konrad II. 183 ff. Boshof, Die Salier 33 ff. 38 f. Schwarzmaier, Von Speyer nach Rom 48, 50 ff. Brunner 146 ff.

8 Wipo c. 6 (hier das iter regnis per regna als Kapitelüberschrift); c. 10; 19 f. 25; 28. Herm. v. Reich. 1024 ff. 1030. Otto v. Fr. 6,28 f. dtv-Lexikon 1, 288. Kindlers Literaturlexikon 1967 III 1720 ff. LThK I³ 968. LMA III 804. V 1338 f. 1343. VIII 2143 f. HEG I 1042. Steindorff I 7. Breßlau I 92 ff. 301 ff. Hauck III 542. Trillmich, Taten Kaiser Konrads II. 577 Anm. 208. Engler 260. Schulze, Hegemoniales Kaisertum 333 f. Boshof, Die Salier 39 ff. 44 ff. 58 ff. Ders. Königtum 32 f. Schnith, Kaiser Konrad II. 186 ff. Huschner, Konrad II. 96, 98 ff. R. Schneider, Landeserschließung 119 f. Maurer 162. Krah 346 ff.

9 Ann. Quedlinb. 1025 ff. Ann. Hild. 1037. LMA III 805, IV 1465, V 1339, VII 102, 1922 ff. Das HKG III/1, 288 f. sucht dies ohne Belege zu entkräften, muß dabei vielmehr selbst das meiste einräumen. Breßlau II 340 ff. 353 ff. 365 ff. 379, 382, 389. Hauck III 501, 541 ff. 552 ff. 563 ff. Haller II 175, 180 f. 201. Boye 251 ff. Seppelt II 400 f. Fleckenstein/Bulst 154 ff. 158. Engler 260, 263 ff. Müller-Mertens/Huschner 86, 204, 295 ff. Stern/Bartmuß 206. A. Fliche zit. nach Boshof, Die Salier 83 ff. 86 f. Ehlers 74 f. Wolter 313 f. 353. Schnith, Kaiser Konrad II. 189, 192. Weinfurter, Herrschaftslegitimation und Königsautorität 59 ff. Kolmer, Christus 8. – Zu den geistlichen Bruderschaften vgl. etwa Sprandel, Verfassung 71 ff.

10 Wipo c. 6; 33. LMA III 804, V 1338 f. Breßlau II 344 ff. Trillmich, Wipo, Taten Kaiser Konrads II. 507 ff. LMA III 804, V 1338 f. Breßlau II 344 ff. Boshof, Die Salier 83, 89. Müller-Mertens/Huschner 68 ff.

11 MG Const. I 83 f. Nr. 38. Wipo c. 7; 11 ff. 16; 18; 37. Herm. v. Reich. 1027; 1038. Otto v. Freis. Chron. 6,29; 6,31. HEG I 722. Breßlau I 65 ff. 71 ff. 80 ff. 116 ff. 124 ff. 138 ff. 179 f. II 125, 274 ff. 305 ff. Steindorff I 319 ff. Gregorovius II/1, 13 ff. 19. Wolter 327 ff. Seppelt II 400. Hlawitschka, Vom Frankenreich 157. Boshof, Die Salier 41 ff. 47 f. 55; 77. Schulze, Hegemoniales Kaisertum 334 ff. Keller, Zwischen regionaler Begrenzung 92, 94 f. 197. Müller-Mertens/Huschner 72, 205. Huschner, Konrad II. 97 f. Brunner 213. Schnith, Kaiser Konrad II. 187, 192. Deschner, Der Moloch 257 ff.

12 Wipo c. 17; 34 ff. Herm. v. Reich. 1035; 1037. Otto v. Fr. Chron. 6,31. LMA I 926 f. III 174 f. (H. Keller), 804 f. 2179. V 1339 (Struve). VI 93 f. 793. VII 422. HEG I 722. II 59 ff. Breßlau II 211 ff. 240 ff. 250 ff. Gregorovius II/1, 18 f. Pauler 16 f. 146 ff. 173. Wolter 358 f. Schnith, Kaiser Konrad II. 187, 191 f. Boshof, Die Salier 52 f. 77 ff. 89 ff. Huschner, Konrad II. 98 ff.

13 LMA II 1087. HEG I 721. Breßlau II 115 ff. Boshof, Die Salier 71 f. Engler 262

14 LMA II 1087 f. IV 2067, V 1339, VI 1590, VII 884 f. Boshof, Die Salier 65 ff.

15 Thietm. 7,30. Wipo c. 8; 15; 29 ff. 35. Herm. v. Reich. 1032 ff. 1037. LMA II 1088 f. IV 1465, VI 1355, VII 1077. HEG I 647 f. 721. Taddey 1037. Kelly 166. Breßlau I 82 ff. II 8 ff. 69 ff. 86 ff. 254 ff. 269 ff. Boshof, Die Salier 65 ff. 69 ff. 86 ff. Keller, Zwischen regionaler Begrenzung 81, 97

16 Thietm. 8,2. Wipo c. 9; 29. Anm. Hildesh. 1028. Adam v. Br., Schol. 47. LMA II 36, V 306, VI 617 f. VII 53. HEG 720, 910. Breßlau I 98 ff. 249 f. II 342 f. Menzel I 324. Flekkenstein/Bulst 149. Trillmich, Wipo. Taten Kaiser Konrads II. 562 Anm. 156. Epperlein, Fränkische Eroberungspolitik 298. Boshof, Die Salier 72

17 Wipo c. 29; 33. Annl. Hildesh. 1032. LMA II 631 f. HEG 720, 910. Breßlau I 276 ff. 289 ff. 327 ff. II 6 ff. 79 ff. 94 ff. 118 ff. 150 ff. Menzel I 324 f. Hauck III 632 f. Fleckenstein/Bulst 149 f. Epperlein, Fränkische Eroberungspolitik 298. Boshof, Die Salier 72, 87 ff. 92

18 Menzel I 324. Fleckenstein/Bulst 108. Deér, Heidnisches und Christliches 8. Kossmann, Deutschland und Polen 451 f.

19 LThK IV^{3} 657 f. 1375. LMA I 1838. IV 1434, 1465 f. 1811 f. VIII 112 f. 1226 f. 1604. HEG II 262. Ferdinandy 209 f. Hóman, Stephan I. 122, 139, 227. Silagi 132 f.

20 Script. Rer. Hung. II 623. Thietm. 4,59. Wipo c. 1; 26. Herm. v. Reich. 1030. Ann. Hildesh. 1003. Ann. Sangall. mai. 1030. Ann. Altah. 1030. LThK III^{3} 625, IV^{3} 510. LMA III 1889, IV 1312, 1811 f. VIII 112 f. Keller, Reclams Lexikon 173, 468. Kühner, LEXIKON 75. HEG I 900. Steindorff I 148 ff. 159 ff. Breßlau I 297 ff. 314 ff. Pierer 18, 184. Bünding-Naujoks 84. Bónis 180 ff. Hóman, Geschichte des ungarischen Mittelalters I 236 ff. Ferdinandy 212 f. Buchner 672 Anm. 230. Trillmich, Thietmar von Merseburg 175 Anm. 228. Deér, Die heilige Krone Ungarns 12. Zur späteren Legendenbildung vgl. etwa Deér, Heidnisches und Christliches 14 ff.

21 dtv-Lexikon 17, 277. Keller, Reclams Lexikon 468. LMA VIII 113. Bónis 180 ff. Pierer 18, 184. Hóman, Stephan I. 151. Ders. Geschichte des ungarischen Mittelalters I 197, 227, dem ich teilweise folge. Vgl. auch die vorherige Anmerkung

22 LThK VI^{3} 162. LMA V 1238, VI 1942 (Roberg). Hauck III 640. Seegrün 63. Vgl. auch die folg. Anmerkung

23 Adam v. Bremen 2,47 f. 2,53; 2,63. LThK VI^{3} 162. LMA V 1238 f. VI 1096. HKG III/1, 254, 259, 264 f. Wetzer/Welte II 318 ff. Steindorff II 67. Breßlau I 139 ff. II 141 ff. Donin V 463. Hauck III 641 ff. Boshof, Die Salier 49

24 Adam v. Bremen 2,37 ff. bes. 2,55; 2,59; auch 2,71. Von der Heidenvernichtung des hl. Olaf bemerkt Adam ebd., daß «der glückseligste König» alle «Vogeldeuter, Magier und Beschwörer und die übrigen Trabanten des Antichrists», all diese «Ungeheuer», zu verfolgen beschloß, «damit durch Beseitigung dieses Ärgernisses die christliche Religion in seinem Land fester sich gründen möchte. Und er hatte bei sich viele Bischöfe und Priester . . .» Vgl. auch Adam, Schol. 42 – LThK VII^{1} 694 f. LMA VI 1384 ff. (Ehrhardt). HEG I 958. Wetzer/Welte VII 645 f. dtv-Lexikon 13, 211. Und bald gewann die Kirche gegenüber dem Königtum auch im Norden mehr und mehr die Dominanz, behielt sie in Dänemark, Schweden und Norwegen «noch

für lange Zeit ein organisatorisches und geistiges Übergewicht über die weltliche Gewalt» (Ahasver von Brandt). HEG II 889 ff. Breßlau I 101 ff. Pierer 12, 254. Hauck III 634 ff. 644. Kummer 161, 208 ff. 228. A. Heusler zit. nach Kummer ebd. 211. Schöffel I 120. Bosl, Europa im Mittelalter 170, 244. Vgl. zu Hitlers Feldbischof Werthmann: Deschner, Die Vertreter Gottes 15 ff. Erneut abgedruckt in Ders. Oben ohne 208 ff. Zum ganzen Komplex: Ders. Die Politik der Päpste II 13 ff. bes. 54 ff. 130 ff. 201 ff.

25 Ann. Hildesh. 1039

3. KAPITEL
KAISER HEINRICH III., «DER FROMME FRIEDENSBRINGER» (1039–1056)

1 Wipo Prol., c. 1

2 Fleckenstein, Rex Canonicus 63

3 Schnith, Mittelalterliche Herrscher 197, 200

4 HKG III/1, 289

5 Wipo c. 23 f. LMA IV 2039 f. V 1343. HEG I 723. II 40. Steindorff I 47 ff. Hauck III 576 ff. Fleckenstein, Rex Canonicus 63. Hlawitschka, Vom Frankenreich 164. Schnith, Kaiser Heinrich III. 196 f. Huschner, Heinrich III. 111. Struve 219. Schulze, Hegemoniales Kaisertum 374 f. K. Schmid, Zum Haus- und Herrschaftsverständnis der Salier 31. Störmer, Bayern und der bayerische Herzog 513 ff. Dikkerhoff 447. Fuhrmann, Deutsche Geschichte im hohen Mittelalter 53

6 Wipo c. 21; 28; 33. Adam v. Br. 3,5 f. LThK I³ 139. LMA I 97, III 1609 f. VI 1291 f. Meyer v. Knonau II 124, 128. Gregorovius II/1, 45. Zu den großen Schenkungen Heinrichs III. an den hohen Klerus vgl. etwa bes. Steindorff 78 ff. 85 ff. 90 ff. 98 f. 101 ff. u. o. Vgl. ferner etwa Goetting 268 f. – Gregorovius II/1, 45. Hauck III 575, 580. Fleckenstein, Rex Canonicus 63. Trillmich, Wipo. Taten Kaiser Konrads II. 584 Anm. 236. Boshof, Die Salier 93 f. 107. Keller, Zwischen regionaler Begrenzung 71, 121 f. Huschner, Heinrich III. 106 f. Fuhrmann, Deutsche Geschichte im hohen Mittelalter 53. Was Askese, Cluny und Reform betrifft, sei doch angemerkt, daß die dortigen Mönche auch das Feinschmeckertum und die Vielzahl der Gänge inspirierten. «In Cluny hat Europa zu essen gelernt!» Vgl. van Winter 91 f.

7 Taddey 504. LMA III 807, IV 2040 (Struve), V 165, VI 1970. HKG III/1, 289. HEG I 724. Steindorff I 4 f. 10 ff. Meyer v. Knonau I 1. Fleckenstein, Rex Canonicus 63. Wolter 362 f. Hlawitschka, Vom Frankenreich 165 f. Schulze, Hegemoniales Kaiserreich 374. Boshof, Die Salier 92 ff. 96. Fuhrmann, Deutsche Geschichte im hohen Mittelalter 51. Schnith, Kaiser Heinrich III. 196

8 Wolter 362 f.

9 Lamp. Ann. 1056. LThK X¹ 941 f. LMA III 807. Steindorff I 26 ff. 39, 47 ff. II 340 f. Hauck III 573 f. Haller II 201. Hlawitschka, Vom Frankenreich 163. Keller, Zwischen regionaler Begrenzung 75. Boshof, Die Salier 96 f. Fuhrmann, Deutsche Geschichte im hohen Mittelalter 53 ff. Vgl. auch die folg. Anmerkung

10 Lamp. Ann. 1044 ff. Herm. v. Reich. 1044. Ann. Altah. 1044. LMA I 661 f. 1370 f. III 807, 1023, 1030, IV 950, 1601, VI 25 ff. 586 ff. HEG I 726. Breßlau II 84 ff. 176 ff.

197 ff. Steindorff I 282. Köhler 46 ff. 54, 56. Schulze, Hegemoniales Kaisertum 383 f. Hlawitschka, Vom Frankenreich 164 f. Boshof, Lothringen, Frankreich und das Reich 63 ff. 66 ff. 69 ff. 72 ff. 87 ff. Ders. Die Salier 101 ff. 115. Huschner, Heinrich III. 111. Schnith, Kaiser Heinrich III. 197. Keller, Zwischen regionaler Begrenzung 81. Fuhrmann, Deutsche Geschichte im hohen Mittelalter 52 f. Vgl. auch M. Werner, Der Herzog von Lothringen 367 ff. bes. 382 ff. 419 ff.

11 LMA I 1370 f. III 1023. HEG I 726. Steindorff II 15 f. Boshof, Die Salier 105

12 Wipo s. Anm. 1. Herm. v. Reich. 1046 f. 1049. Lamp. Ann. 1046 f. 1053. Ann. Altah. 1049. LMA I 1370 f. III 1522. IV 515, 1601. HEG I 726. Steindorf II 5 ff. 18 ff. 46 ff. 83 f. 106 f. 280 f. Keller, Zwischen regionaler Begrenzung 80. Borst, Die Katharer 79. Boshof, Lothringen, Frankreich und das Reich 97 ff. 103 ff. 119 ff. Ders. Die Salier 104 ff.

13 Wipo, Prologus. LMA VI 617 f. Kretschmann, Die stammesmäßige Zusammensetzung 12. Boshof, Die Salier 95, 118 ff. Ich könnte mir keinen gelungeneren Kommentar zu den Wipo-Auslassungen denken als jene zwei Sätze Dieter Birnbachers 148 in seinem Essay «Das Dilemma der christlichen Ethik»: «Faktisch hängt das, was der Theologe als vermeintliches ‹Gotteswort› in die ethische Debatte einbringt, davon ab, was er höchstpersönlich für zeitgemäß hält. Da die Bibel nicht nur die Bergpredigt mit der Aufforderung zur Feindesliebe, sondern auch die Bücher Samuel mit der Aufforderung zum Völkermord enthält, ist es kein Wunder, daß sie sich auf pazifistischen Kundgebungen ebensogut zitieren läßt wie in Feldgottesdiensten auf Vernichtungsfeldzügen: Gott will jeweils das, was an der Tagesordnung ist ...» Dazu ausführlich: Buggle, Denn sie wissen nicht 56 ff. 68 ff. Vgl. auch 95 ff.

14 Kosm. Chron. 2,2 ff. Herm. v. Reich. 1039 f. LThK II³ 3. VI³ 394. LMA I 1458 f. II 36, 631. III 300 f. (Graus). VI 617 f. 1580. VII 1807. Steindorff I 63 ff. 91 ff. 100 (wie fast stets mit weiteren Quellen, wie alle Jahrbücher, um wenigstens einmal darauf hinzuweisen). Boshof, Die Salier 118 f. Vgl. auch Coué 380 ff. Schmugge 172 bemerkt beiläufig, daß «seit der Reformzeit eine Vielzahl von Reliquienfälschungen und Ablaßfälschungen» entstehen.

15 Herm. v. Reich. 1041. LThK II³ 3. Steindorff I 103 ff. Schünemann 67

16 Wipo c. 1; 26. Herm. v. Reich. 1039 ff. Lamp. Ann. 1045. Ann. Altah. 1041. HEG I 724 f. HBG I 314. LMA I 7. IV 1312, VI 519 (Györffy), 1931. Steindorff I 177 ff. 202 ff. Gregorovius II/1, 20. Pierer 18, 184. Janner I 493. Weller 120 f. Schünemann 71 f. Fleckenstein/Bulst 160 f. Keller, Zwischen regionaler Begrenzung 110. Boshof, Die Salier 120

17 Herm. v. Reich. 1050 ff. LThK V¹ 274. LMA IV 1162 f. Janner I 450 f. 465, 476, 493, 524, 571, 584. (Dieser letzte Satz findet sich bei Janner als «unbedenklich» akzeptiertes Zitat.) Weller 120 f. Kolmer, Regensburg in der Salierzeit 200 ff. Reuter 310. Störmer, Bayern und der bayerische Herzog 532 f. Für Boshof, Bischöfe und Bischofskirchen 113 ff., der Gebhard II. «farblos», Gebhard IV. «unglückselig» nennt, steht mit Gebhard III. die Regens-

burger Kirche politisch «im Mittelpunkt des Reichsgeschehens», Gebhard III. selbst ist «der bedeutendste unter den Regensburger Bischöfen des 11. Jahrhunderts».

18 Lamp. Ann. 1046. LMA I 601 f. VI 1931 f. Steindorff II, 13, 110 f. Pierer 18, 184. Fleckenstein/Bulst 160

19 Steindorff I 196 ff. (mit zahlr. Quellenhinweisen). Natürlich trafen solche Katastrophen, wie immer, die Armen zuerst und gewöhnlich auch ganz allein. Die herrschende aristokratisch-klerikale Welt wurde davon, zumindest direkt, kaum berührt. Sie regierte und kommandierte. Von ihr allein sprechen die Chroniken der Geschichtsschreiber. «Von anderen Leuten», so H. Dannenbauer, 66 f., «ist nichts zu vermelden. Das Volk auf dem Land ist zum größten Teil abhängig, unfrei in mannigfaltigen Abstufungen. Es hat zu gehorchen, zu arbeiten und Abgaben zu entrichten. Zu sagen hat es nichts. Es hat im Grund keine Geschichte.» Keine Spur von «Agrarromantik». Jeder Versuch einer Idealisierung kraß verfehlt. Dagegen herrscht Angst. Sie ist geradezu «eine Grunderfahrung des bäuerlichen Daseins», Rösener, Bauern im Mittelalter 12 ff. Vgl. auch 18 ff., das heißt Angst ist eine Grunderfahrung der meisten Menschen des Mittelalters, rekrutierte sich doch die Gesamtbevölkerung gewöhnlich zu mehr als 90 Prozent aus Bauern. Vgl. auch ders. Grundherrschaft, Bentzien 9 ff., auch Goetz, Leben im Mittelalter 137 ff., der S. 162 anmerkt, daß die Abgabe von den Erträgen des Bauern an den Herrn «schätzungsweise ein Drittel, vielleicht sogar die Hälfte des Gesamtertrags ausmachte». Dazu kamen noch die meist viel drückenderen Frondienste, servicia, operae, opus servile etc., die im frühen Mittelalter die Unfreien infolge «ihrer leibherrlichen Abhängigkeit unbegrenzt dienstpflichtig» machten. H. K. Schulze, Grundstrukturen I 150 f. Vgl. auch 113 ff. 140 ff. II 71 ff. mit dem Hinweis, daß ein Teil der deutschen Mediävisten in den letzten Jahrzehnten die Existenz eines freien Bauerntums im frühen Mittelalter prinzipiell bestreitet. Vgl. auch Cipolla/Borchardt 111 ff. bes. 117

20 Wetzer/Welte IV 612. LMA IV 332 (Boockmann), 1589. Steindorff I 136 f. 143. Erdmann 57 f. Boshof, Die Salier 110. Keller, Zwischen regionaler Begrenzung 69

21 Adam v. Bremen 3,8. Herm. v. Reich. 1050. Ann. Altah. 1055. HEG I 726. LMA I 97 f. II 192 f. IV 1162 f. V 1342 f. VIII 2144. Steindorff II 15 f. 40, 318 ff. 345 f. Meyer v. Knonau I 11. Janner I 517 ff. Vgl. auch 477 f. 504. Glaeske 55 ff. Hlawitschka, Vom Frankenreich 164. Boshof, Lothringen, Frankreich und das Reich 64, 93. Ders. Die Salier 98 ff. Goetting 258 ff. 268 f. 275 ff. Keller, Zwischen regionaler Begrenzung 80. Schnith, Kaiser Heinrich III. 197 f. Fuhrmann. Deutsche Geschichte im hohen Mittelalter 55. Huschner, Heinrich III. 111 f. Giese 282. Althoff, Die Billunger 309. Dahlhaus 389 f. nennt das Rammelsberger Silber eine der «Hauptgeldquellen des Königtums». Zu St. Simon und Judas ausführlich ebd. 403 ff.

22 LMA IV 1587 ff. HEG I 777. Steindorff I 137 ff. II 263, 338 f. Erdmann 212

23 LMA IV 1587 ff. (Kaiser). Steindorff 141 f. Keller, Zwischen regionaler Begrenzung 69 f. Boshof, Die Salier 110 f. Duden 292

24 LMA IV 331 f. Boshof, Die Salier 111

25 O. Brunner zit. in: LMA IV 331 ff. 1590 f. (R. Kaiser) II 504, 512, 515. III 89. Hausmann, Die Spuren der treuga 246 ff. Hoffmann, Gottesfriede 189. Schlesinger I 143

4. KAPITEL
«Ein Papst drängt sich neben den anderen ...»
Die Heiligen Väter um die Mitte des 11. Jahrhunderts

1 LP 2,270 ff. JW 1,519 ff. 1,523 f. Herm. v. Reich. 1033, 1044. Adam v. Br. 3,7. Rod. Glab. 4,5; 5,5. Desid. Casin. dial. 3 prol. Leo, Chr. Cass. 2,77 (Scr. VII 682). Bonizo, ad amic. 5. Petr. Dam. de abdic. episc. 3. Kühner, Lexikon 78 f. Kelly 159 ff. LMA I 1859 f. II 1628, IV 1668 f. V 543. Breßlau II 174 ff. Steindorff I 257 ff. Gregorovius II/1, 16 ff. (hier Viktor III.) II/1, 20 ff. Dresdner 63. Hauck III 559 ff. 569 ff. Schnürer II 228 f. Haller II 194 ff. 202 f. Seppelt II 403 ff. Seppelt/Schwaiger 131. Lautemann 257. Fleckenstein/Bulst 164. Gontard 205. Herrmann, Fragen zu einem päpstlichen Amtsverzicht 107. Herrmann, Das Tuskulanerpapsttum 20 ff. Anton, Bonifaz von Canossa 542 ff. Wolter 373 f. Engler 267 f. Chamberlin 84 ff. Keller, Zwischen regionaler Begrenzung 96. Tellenbach F 141. Schnith, Kaiser Heinrich III. 198 f. Fuhrmann, Deutsche Geschichte im hohen Mittelalter 56 f.

2 LP 2,272. JW 1,525 ff. PL 142, 577 ff. Kühner, Lexikon 79 f. Kelly 160 ff. LMA IV 1668, VII 1908. HEG II 76 ff. Steindorff I 260 ff. 312 ff. Gregorovius II/1 21 ff. 27 f. Seppelt II 406 ff. Seppelt/Schwaiger 132. Haller II 203 ff. Fleckenstein/Bulst 164 f. Engler 268. Wolter 294 ff. 374, 379 ff. 387 ff. Chamberlin 90 ff.

3 Desid. diall. 3 prol. Notiz des Lupus Barens. protospat. SS V 59. Kühner, Lexikon 80. Kelly 162 f. LMA II 2138. Schnürer II 228 f. Gontard 205. Gregorovius II/1, 29. Guttenberg I 98, Seppelt/Schwaiger 137 f. Specht 261 ff. Specht/Fischer passim. Dolley 343 ff. Fuhrmann, Deutsche Geschichte im hohen Mittelalter 58. Steindorff II 26 ff. (wieder mit zahlreichen Quellen) rechnet den Papstmord zu den «Fabeln», wie auch noch andere moderne Autoren; vgl. etwa Frech 308

4 JW 1,528 f. LP 2,274. Herm. v. Reich. 1048, 1052. Kühner, Lexikon 80. Kelly 160, 163. LMA I 1859 f. II 423. III 470. Steindorff II 28 ff. 52 f. 172 f. Gregorovius II/1, 29 ff. Menzel I 331. McCabe, A History 6. Haller II 208. Gontard 205. Anton, Bonifaz von Canossa 529 ff. bes. 552 f. Fuhrmann, Deutsche Geschichte im hohen Mittelalter 56, 58

5 Herm. v. Reich. 1049. Kühner, Lexikon 80. Keller. Reclams Lexikon 330 f. LThK VI[3] 824 f. LMA V 1880 f. Steindorff II 55 f. 69 ff. 184 ff. Donin II 533. Böhmer 27. Gregorovius II/1, 31 ff. Haller II 209 ff. 222. Erdmann 112. Tellenbach 154 ff. Heer, Mittelalter 204. Seppelt/Schwaiger 138. Fuhrmann, Deutsche Geschichte im hohen Mittelalter 58 f. Boshof, Bischöfe und Bischofskirchen 127. Kolmer, Regensburg in der Salierzeit 202 ff. Frech 309 ff.

6 Erdmann 108 f. Kühner, Die Kreuzzüge, Studio Bern 14. 10. 1970

7 Kelly 163 f. Gregorovius II/1 35. Erdmann 107 f. Haller II 209. Frech 309

8 Paul. Diac. hist. Lang. 4,46. Leo, Chr. Cass. 2,84. Petr. Dam. ep. 4,9. Lamp. Ann. 1053. Herm. v. Reich. 1053. Kühner, Lexikon 80 f. LThK VII[1] 161 ff. LMA IV 365, 1114 f. V 1880, VI 593 ff. Steindorff II 127 ff. 162 ff. 175 ff. 214 ff. 232 ff. 240 ff. Gregorovius II/1, 31 ff. 35, 39. Böhmer 27. Weller 123 f. Dresdner 88 f. Seppelt/Schwaiger 140. Gontard 213 f. Haller II 213 ff. Erdmann 107 ff. 112. Lautemann 363. Kühner, Die Kreuzzüge, Studio Bern 14. 10. 1970. Fuhrmann, Deutsche Geschichte im hohen Mittelalter 59. Heer, Mittelalter 204. Zur antinormannischen Politik Leos vgl. vor allem auch Deér, Papsttum und Normannen 82 f. 94, 100

9 Lamp. Ann. 1053. Herm. v. Reich. 1053. HEG I 1062 f. LMA II 2116 f. VII 889 f. Steindorff II 240 ff. 248 ff. Gregorovius II/1, 35 f. Hauck III 688 f. Haller II 215. Gontard 214 f. Erdmann 113. Kühner, Die Kreuzzüge. Deér, Papsttum und Normannen 25, 113. Fuhrmann, Deutsche Geschichte im hohen Mittelalter 59

10 Herm. v. Reich. 1053. Lamp. Ann. 1054. Brunonis episc. Singnini lib. de symon. 5,6. MG Lib. de lite II S. 550 f. LThK V[3] 329 f. VI[3] 824 f. LMA V 1377. HEG I 845 f. II 271. Steindorff II 252 ff. 258 ff. 266 ff. Gregorovius II/1, 36, 38. Erdmann 110 ff. Haller II 215. Kühner, Gezeiten I 163. Ders. Die Kreuzzüge

11 LMA VII 543 ff. Schieffer, Kaiser Heinrich III. 1017–1056, in: Die großen Deutschen I[2] 1956, 68. Zit. nach Tellenbach 133. Ders. ebd. 140 ff.

12 HKG III/1 287 (Kempf). Mirbt 280. Böhmer 19. Grupp III 150. Haller II 211 ff. Mehnert 56. Boelens 135. Deschner, Das Kreuz 163, 169, 198 ff. Tellenbach 136 ff. Schnith, Kaiser Heinrich III. 199 f. Fuhrmann, Adalberts von Bremen Mahnung 93 ff.

13 HEG II 40 f. Haller II 199 f. Ullmann 383. Tellenbach 134. Frech 313 ff. 331 f. Kelly 163 ff. LMA V 1880 f. VII 544 f. (Miethke). Haller II 199 f. 225 ff. McCabe, A History of the Popes 6. Jordan, Investiturstreit 16 f. Ullmann 383. Tellenbach 134. Frech 313 ff. 331 f. Seidlmayer I 106 ff. Schnith, Kaiser Heinrich III. 199 f.

14 LP II 277. JW I 549 ff. Lamp. Ann. 1054 ff. Herm. v. Reich. 1054. Taddey 458. Kelly 165 f. LMA II 423, IV 1598, V 207 f. Steindorff II 308. Meyer von Knonau I 10 ff. 24 ff. Gregorovius II/1 40 f. Seppelt III 32 ff. Seppelt/Schwaiger 142. Haller II 223 ff. 230 ff. Erdmann 116. Anton, Bonifaz von Canossa 529 ff. Frech 311 f.

15 LP 2,278; 334. JW 1, 553 ff. PL 143, 865 ff. Lamp. Ann. 1058. Ann. Altah. mai. 1057. Kelly 166 ff. LMA I 212, VIII 118 f. HEG II 284, 559 f. Meyer v. Knonau I 24 ff. 30 ff. bes. 35, 52 ff. 77 ff. Gregorovius II/1 42 f. 48 f. Dresdner 93. Seppelt III 34 ff. Seppelt/Schwaiger 142 f. Haller II 225 f. Erdmann 116. McCabe, A History 7. Zimmermann, Papstabsetzungen 140. Tellenbach 126. Jordan, Investiturstreit 15 ff. Frech 312 f. Unter Stefan IX. begann die folgenreiche Verbindung des Reformpapsttums mit der Pataria, der bekannten Mailänder Volksbewegung, über die ich in meiner Sexualgeschichte in dem Abschnitt «Zwölf Jahre Zölibatskrieg in Mailand» schrieb (Das Kreuz mit der Kirche 170 f.)

16 LP II 279. JW I 556 f. Kelly 167 f. LThK II[3] 206 f. LMA I 212, 1860, VIII 1123. Meyer v. Knonau I 85 ff.

118 f. Hauck III 678 ff. Davidsohn I 183 f. Gregorovius II/1, 48 f. Haller II 226, 233. Hägermann 161 f. 171. McCabe, A History 8. Tellenbach 126 f. 134. Jordan, Investiturstreit 18. Zimmermann, Papstabsetzungen 141 f.

17 Kelly 167 ff. LMA I 212. Meyer v. Knonau I 119 ff. 125 f. 134 f. 180. Gregorovius II/1, 49 ff. Davidsohn I 183 f. Hauck III 681, 683 ff. 698 ff. Grupp III 150 f. Seppelt/Schwaiger 144 f. Haller II 233 ff. Jordan, Investiturstreit 18. Blumenthal 30. Deschner, Abermals 228 f.

18 Kelly 167 ff. LMA III 303, IV 1978, V 209 f. VI 493, VII 1959 f. Meyer v. Knonau I 146 ff. Gregorovius II/1, 51 f. Hauck III 688 ff. Wühr 65. Erdmann 110, 114 ff. Seppelt/Schwaiger 144, 146. Haller II 239 ff. Jordan, Investiturstreit 19. Montgomery I 164 ff.

19 Kelly 168 f. Kühner, Lexikon 83. Meyer v. Knonau I 170 ff. 177 ff. 216. Gregorovius II/1, 53. Hauck III 689 f. Davidsohn I 220 f. Erdmann 117 f. McCabe, A History 8 f. Seppelt/Schwaiger 147 f. Haller II 244. Jordan, Investiturstreit 20. Zimmermann, Papstabsetzungen 141 ff. 147 f.

20 Meyer v. Knonau I 218 ff. Hauck III 702 ff. Haller II 245. Zimmermann, Papstabsetzungen 148 ff.

21 Petr. Dam. ep. 3,6; 7,13. Kühner, Lexikon 84. LThK III[1] 410. LMA I 212, 666, V 120. Meyer v. Knonau I 223 ff. Gregorovius II/1, 56 ff. Donin I 538. Davidsohn I 201. Zimmermann, Papstabsetzungen 148 ff.

22 Meyer v. Knonau I 250 ff. Gregorovius II/1, 58 f. Hauck III 706 ff. Haller II 245 f.

23 Lamp. Ann. 1074. Theod. Vita Conr. MG SS VIII 212 ff. Adam v. Br. 3,34. LThK I[3] 698, II[3] 798 VI[3] 528 f. HEG II 283 f. LMA V 1572. Beissel II 7 ff. Teuffel 27. Schreiber 95. Weller 128. Levison 103 f. Steinbach, Die Ezzonen 862 f. Lück 43 f. Fleckenstein, Heinrich IV. 227. Schwarzmaier, das «salische Hausarchiv» 114 betont, daß Kaiserin Agnes bei ihrer mehr als großzügigen Vergabe des Reichsgutes weder das salische Kernland angriff noch ihr Eigengut.

24 Lamp. Ann. 1074. Vita Benn. 10. LThK I[3] 698. Grupp III 202 ff. Lautemann 716 ff. 719 ff. His II 40. Stehkämper 75 ff. bes. 93 ff. Schieffer, Erzbischöfe und Bischofskirche 14 f. Coué 402 f. Vollrath 286 f.

25 Lamp. Ann. 1062; 1066; 1074 f. Vita Benn. 10. Taddey 504. Kühner 97. Kelly 197. LMA I 212, 666 f. V 1632. VII 1846 f. LThK I[1] 461 f. I[3] 698 f. Kindlers Literaturlexion I 709 f. Meyer v. Knonau I 11, 13 ff. 274 ff. bes. 278 f. II 92 ff. 391 ff. 398, 590 ff. 601 ff. Gregorovius II/1, 60. Beissel I 117. Hauck III 666 ff. 712 ff. 721, 725, 729, 752. Haller II 246. McCabe, A History 11. Steinbach, Die Ezzonen 863. Boshof, Heinrich IV. 21, 31 ff. 42 f. Epperlein, Heinrich IV. 115 ff. Jordan, Investiturstreit 21. Schnith, Kaiser Heinrich IV. 209. O. Engels, Das Reich der Salier 526 f. Schieffer, Erzbischöfe und Bischofskirche 9 ff. Erkens 293 ff. Thomas, Julius Caesar 251 f. Ders. Bemerkungen zur Datierung 24 ff. Giese 286. Zu den Anno angedichteten Wundern vgl. bes. Coué 402 ff., vor allem 407 ff.

26 Lamp. Ann. 1063 f. LThK II[3] 798. LMA 666. HEG II 285. Meyer v. Knonau I 257 ff. 300, 306 ff. 310 ff. 316 f. 377 ff. 383 ff. 436. II 162 f. 199. Gregorovius II/1, 60 ff. Hauck III 718, 721 ff. Haller II 246 f. McCabe, A History 11. Erdmann

119 f. 176 f. Beumann, Die Auctoritas 338 f.
27 LMA I 513, VII 889, 936 f. (Tramontana). Meyer v. Knonau I 240 ff. 245, 365 ff. Vgl. auch 605 ff. II 113 f. 182 ff. Erdmann 121 ff. Deschner, Die Politik der Päpste I 521
28 Meyer v. Knonau I 366
29 Meyers Taschenlexikon V 301 ff. LMA I 1439 f. VI 880 f. HEG I 447 f. Erdmann 124 ff. Haller II 257 ff.

5. KAPITEL
HEINRICH IV. (1065–1106) UND GREGOR VII. (1073–1085)

1 Lamp. Ann. 1075
2 Epistola c. 4
3 Defensio Heinrici IV Regis c. 5
4 Excerpta
5 Lib. de unit. eccl. conserv. 2,2 f.
6 Lamp. Ann. 1054; 1063; 1065 f. 1069; 1075. Ann. Altah. 1069. Kelly 170. LMA IV 2041. Meyer v. Knonau I 3 f. 8 ff. 274 ff. bes. 278 f. 400 f. III 428 f. Hauck III 676, 725, 747 f. Schnith, Kaiser Heinrich IV. 209 f. Boshof, Heinrich IV. 30 f. 46 f. Epperlein, Heinrich IV. 115 ff.
7 Lamp. Ann. 1063; 1066; 1073. Adam v. Br. 3,33 ff. 3,46 ff. LMA I 97 f. II 944, IV 2041 f. VI 636 ff. Meyer v. Knonau II 152 ff. Hauck III 735 f. Boshof, Heinrich IV. 18 f. Schnith, Kaiser Heinrich IV. 210. Epperlein, Heinrich IV. 118 f. Fenske 24 ff. Giese 285 f. Johanek 79 ff. bes. 91 ff., will aber in den Vergaben von 1065 nicht «schlichtweg Verschleuderung von Reichsgut» sehen (101)
8 Lamp. Ann. 1063; 1070. LMA IV 2206, VII 1866. Meyer v. Knonau I 328 ff. II 7, 154. Hauck III 732. Schmidt/Fritz 77 Anm. 8 u. 9
9 Lamp. Ann. 1063; 1070. Taddey 907. LMA VI 1578, VII 829. Meyer v. Knonau I 276, II 9 ff. 18 ff. Epperlein, Heinrich IV. 110. Schnith, Kaiser Heinrich IV. 210
10 Lamp. Ann. 1073. Vgl. Vita Benn. 9. Meyer v. Knonau II 225 ff. Fenske 24 f. 28 ff. 33 f. R. Schneider, Landeserschließung 135 ff. Vollrath 281 f.
11 Lamp. Ann. 1073 f. Vita Benn. 15. Helm v. Bosau 27. LMA II 943. HEG II 290 f. Meyer v. Knonau II 232 ff. 242 ff. 253 f. 263, 294 ff. 309 ff. 319 ff. Schnith, Kaiser Heinrich IV. 210 f. Zur Bedeutung von Worms (nicht nur für die Salier) vgl. Müller-Mertens 140 f. Fenske 100 ff. 108
12 Lamp. Ann. 1074. Vgl. auch ebd. 1071. Meyer v. Knonau II 328 ff. 337 f. Leyser 151. Reuter 297
13 Meyer v. Knonau II 404 f. wie meist mit einer Fülle von Quellenbelegen
14 Helm. v. Bosau 27. Meyer v. Knonau II 415, 485 ff. 495 ff. 509
15 Schmale I Nr. 66. Lamp. Ann. 1075. Helm. v. Bosau 27. Meyer v. Knonau II 499 ff. 503 ff. Excurs V. 874 ff. Schnith, Kaiser Heinrich IV. 214
16 Meyer v. Knonau 506 ff.
17 Lam. Ann. 1073. LThK II[3] 238. Schmale I Nr. 1 ff. 17; 39; 143. LMA I 1924, II 424 f. IV 1669. Meyer v. Knonau II 203
18 Kelly 173. LMA V 163 f. Meyer v. Knonau II 207. Schmale I Nr. 86
19 LMA IV 1669. Meyer v. Knonau II 204 ff.
20 Schmale I Nr. 22. Zu Kirchenfürsten und Machtmenschen vgl. H. Herrmann, Kirchenfürsten 59 ff. Lea 18, der Gregor einen Zimmermannssohn nennt, zählt hier Päpste proletarischer Herkunft auf.
21 Schmale I Nr. 3; 29; 36; 59; 72;

110. Hauck III 755. Finke 1427. Falco 203. Erdmann 185 ff. Haller II 265. Kühner, Tabus 33. Epperlein, Heinrich IV. 121

22 Hauck III 757 f. Finke 1427. Emerton S. XXIV. McCabe, A History 12

23 Schmale I Nr. 66; 73 ff. 146. Meyer v. Knonau III 370. Hartmann, Autoritäten im Kirchenrecht 439. Dickerhoff 449. Zum Komplex Macht und Recht vgl. Goody 67 ff.

24 Schmale I Nr. 18; 64; 73; 109. Grupp III 151. Haller II 309 f. Struve 237 f. Vgl. auch 224 u. 243 f. – Was den päpstlichen Jurisdiktionsprimat betrifft, ist die Erklärung des Bamberger Klerikers Gumpert vor der am 20. April 1085 in Quedlinburg unter dem Vorsitz des päpstlichen Legaten Odo von Ostia, des späteren Papstes Urban II., tagenden Synode gregorianischer Prälaten bemerkenswert. Bekannte der Geistliche doch frei heraus, die römischen Bischöfe hätten sich den Jurisdiktionsprimat selbst zuerkannt: W. Hartmann, Discipulus non est super magistrum 187 f.

25 Schmale I Nr. 47. LMA III 978 ff. HEG II 42. Caspar 201 ff. Haller II 276 f. Jordan, Investiturstreit 32. Gauss 56 ff. Fink, Papsttum und Kirche 33 ff. Lautemann 291

26 Schmale I Nr. 38. LMA III 978 ff. HEG II 42. Haller II 264. Vgl. auch Fuhrmann, Ecclesia Romana 44. – Hält Hans Albert 108 dem modernen religiösen Pragmatismus vor, daß es ihm nicht mehr um die Wahrheit einer Überzeugung gehe, «sondern um ihren Nutzen für das Leben», kann man analog vom Papsttum generell behaupten, daß es diesem, längst vor Gregor, nicht um die Wahrheit einer Überzeugung gehe – das wäre in solch fast unvergleichlichem Lügen- und Fälschungsgestrüpp auch mehr als kurios genug –, als vielmehr um ihren Nutzen für das Papsttum; nicht für den «Herrn», der stets für alles herhalten muß, sondern für die Herren selbst.

26a Ambros, ep. 21,4. Emerton XXIV. McCabe, A History 12, 14. Wühr 54, 58. Seppelt/Schwaiger 151. Haller II 266, 277 f. 298 f. 308 ff. Erdmann 204 ff. Schramm, Kaiser, Rom und Renovatio 250. Ullmann 402, 409, 435. Jordan, Investiturstreit 32 f. Hilsch 49

27 Schmale I Nr. 29; 40. LMA VI 2057. Meyer v. Knonau II 425 ff. Vgl. auch 435. Haller II 270 f. 293 f. Erdmann 147 ff. Blattmann 96

28 Schmale I Nr. 29. Vgl. etwa als moderne Gegenposition den Stolz des Atheisten bei Gelhausen 162 ff.

29 Schmale I Nr. 33; 53. LMA VII 1315. Meyer v. Knonau II 384 ff. 431 f. 550 ff. Wühr 58

30 Schmale I Nr. 83

31 Schmale I Nr. 45. Meyer v. Knonau II 555 ff. Wühr 51. Neuss 134. Deér, Papsttum und Normannen 56 ff.

32 HEG II 784 ff. Meyer v. Knonau II 203. Böhmer 126 ff. Laehr 33. Haller II 300, 308, 314. Erdmann 132, 136 ff. 172. Jordan, Investiturstreit 32 f.

33 Schmale I Nr. 41. Meyer v. Knonau II 339, 341. Gschwind 46 f. Mirbt 449. Erben 54. Erdmann 160 ff. 185 ff. 193 ff. 206, 245, 250 f. Haller II 267, 296. Seppelt/Schwaiger 150, 156. Jordan, Investiturstreit 32, 57. Kühner, Die Kreuzzüge, Studio Bern. Deschner, Das Kreuz 171 f. Vgl. dazu generell H. Herrmann, Passion der Grausamkeit 148 ff.

34 Erdmann 156 f. 196 f.

35 Meyer v. Knonau II 213 ff. Wühr 51, 56. McCabe, A History 12. Haller II 260, 264, 267, 294

36 Schmale I Nr. 19; 39; 41; 44; 59. Meyer v. Knonau II 349 f. 437, 440 ff. Gregorovius II/1 76 f. Wühr 50 f. Neuss 134. Erdmann 145 f. 149 ff. Haller II 267 ff. Lautemann 364. Gauss 41. Kühner, Gezeiten I 167. Ders. Die Kreuzzüge, Studio Bern. Jordan, Investiturstreit 33 f.

37 Schmale I Nr. 4; 9; 23; 28

38 Lamp. Ann. 1077. Schmale I Nr. 12; 73; 102; 134. LMA I 1745; IV 1598, VI 379 f. Davidsohn I 252 ff. McCabe, A History 12, 14. Haller II 281. Jordan, Investiturstreit 34, 40

39 Lamp. Ann. 1077

40 Schmale I Nr. 60; 129. LMA VI 393 f. Meyer v. Knonau II 442. Erdmann 150 ff. 207 f.

41 Schmale I Nr. 3; 11 f. 39. Hauck III 769 ff. 777. Haller II 271 ff. 278. Jordan, Investiturstreit 26, 36 f. Weinfurter, Die Salier und das Reich. Einleitung I 10 LMA V 477 ff. VIII 540

42 Lamp. Ann. 1075. Meyer v. Knonau II 540 ff. 546 f. Hauck III 785. Seppelt/Schwaiger 152

43 Lamp. Ann. 1076. Schmale I 58; 63; 65 f. LMA V 477 ff. bes. 479 f. HEG II 293. Meyer v. Knonau II 577 f. 611 ff. 618 ff. 629 f. Hauck III 786 ff. Janner I 558. Seppelt/Schwaiger 149. Haller II 279 ff. Jordan, Investiturstreit 37 f. Lautemann 294 ff. Schnith, Kaiser Heinrich IV. 214 f. Epperlein, Heinrich IV. 121

44 Lamp. Ann. 1076. Vgl. Schmale I 73. LMA I 1414 ff. bes. 1416. HEG II 294 f. Meyer v. Knonau II 628 ff. 638 ff. 660 ff. Hauck III 795 ff. Haller II 272, 281 ff. 288. Jordan, Investiturstreit 38 f. Epperlein, Heinrich IV. 121 f. Schnith, Kaiser Heinrich IV. 215 f. Schmidt/Fritz 347 Anm. 4

45 Lamp. Ann. 1076. Schmale I Nr. 132, vgl. auch 133. Meyer v. Knonau II 650 ff. 654 ff. 669 f. Hauck III 797 ff. Zum Seitenwechsel des Mainzer Erzbischofs Siegfried vgl. Staab 57 ff.

46 Lamp. Ann. 1077. LMA II 1439, 1441 f. V 1975. HEG II 296 f. Meyer v. Knonau II 739 ff. 747 ff. 755 ff. 761 f. Haller II 284 ff. Jordan, Investiturstreit 42 f. Schmidt/Fritz 399 Anm. 2. Johanek 103 f. Goez, Der Thronerbe 6 f. Als einziger deutscher Prälat versöhnte sich damals der Augsburger Bischof Embriko nicht mit dem Papst und entzog sich seiner Gefangensetzung durch heimliche Flucht, vgl. Horn 256 f.

47 Heine II 50. Engler passim bes. 358 ff.

48 Lamp. Ann. 1077. Schmidt/Fritz 407 Anm. 4 ff.

49 Lamp. Ann. 1075. LMA V 1632 (Struve)

50 Lamp. Ann. 1076. Meyer v. Knonau II 750. Engler 358 ff.

51 Schmale I Nr. 38 f. 58; 72; 77. Wein 110 f.

52 Schmale I Nr. 104. Lamp. Ann. 1077. Meyer v. Knonau II 753 f. 759

53 Lamp. Ann. 1058; 1063; 1072 f. 1075 ff. LMA II 1442, VII 1070 f. 1865 f. Sigeb. Gembl. Chron. MG SS VI 364. LMA II 1442, VII 1070 f. 1865 f. Meyer v. Knonau III 3 ff. 8 f. Hauck III 808 ff. Kosminski/Skaskin I 138. Haller II 265, 287 ff. Jordan, Investiturstreit 43 ff. Rörig 24 ff. Mitteis 80 ff. Scheibelreiter 23 f. Boshof, Die Salier 236 f. Ders. Heinrich IV. 80 ff. Staab 57 ff. Zur kargen

Quellenlage um Rudolf von Rheinfelden u. seine Familie vgl. Hlawitschka, Zur Herkunft und zu den Seitenverwandten des Gegenkönigs Rudolf v. Rheinfelden 175 ff. Zusammenfassung der Ergebnisse 215 ff.

54 Otto v. Fr. Gesta 1,1. LMA VII 1071. Meyer v. Knonau III 10 ff. 23. Menzel I 356 f. Weller 152 ff. Guttenberg I 46. Seppelt/Schwaiger 155. Haller II 289 f. Bosl, Geschichte Bayerns I 62. Falck 123. Jordan, Investiturstreit 40. Boshof, Heinrich IV. 84 ff.

55 LThK I[1] 322. I[3] 471 f. LMA I 477 f. Meyer v. Knonau III 23 ff. 35, 38 ff. 61, 71 ff. 96 f. 135, 138 ff. 142 f. 146 ff. 238 ff. 328 f. Menzel I 357. Looshorn I 457 f. Fries 148 f. Delbrück III 132 ff. Weller 152 ff. Jordan, Investiturstreit 46. Boshof, Heinrich IV. 86, 89 f. Zu dem Passauer Altmann ausführlich u. sehr positiv: Boshof, Bischöfe und Bischofskirchen 134 ff. Zu den Kroatengreueln vgl. Deschner, Die Politik der Päpste II 210 ff. bes. 220

56 Schmale I Nr. 134; 138. Meyer v. Knonau III 161 f. Hauck III 811 ff. 818. Boshof, Heinrich IV. 87 ff.

57 Schmale I Nr. 107. LMA IV 534 f. Meyer v. Knonau III 111 f. 246 ff. Gregorovius II/1, 93 ff. Menzel I 358. Haller II 296, 300

58 Schmale I Nr. 107; 116. Meyer v. Knonau II 586 f.

59 Schmale I Nr. 107. Meyer v. Knonau III 244 ff. 252 ff.

60 Schmale I Nr. 38; 93 f. 107 f. 116. Meyer v. Knonau III 366 f.

61 Meyer v. Knonau III 257 f. Hauck III 820 ff. Boshof, Die Salier 243 f. Ders. Heinrich IV. 90 f. Epperlein, Heinrich IV. 124

62 Otto v. Fr. Gesta 1,1. Vita Benn. 18. LMA II 705 f. Meyer v. Knonau III 284 ff. Hauck III 821 f. 825 f. Erdmann 214. Jordan, Der Kaisergedanke 90 ff. Lautemann 320 f. Boshof, Die Salier 244 f. Ders. Heinrich IV. 91 f. Epperlein, Heinrich IV. 124

63 Schmale I Nr. 2; 85; 95. Kelly 173. Meyer v. Knonau III 300 f.

64 Schmale I Nr. 4; 6; 8; 71 f. 86; 112; 140; 143. Eine Fülle von Quellenhinweisen bei Mirbt 592 ff. 598 ff. u. Dresdner 25. Vgl. ferner Hauck III 758. Haller II 265 f. McCabe, A History 12. Das häufig religiös geprägte Verteufeln und Hassen dauert fort. So schreibt Edgar Baeger 206, auf viele Beispiele verweisend: «Die Fernsehanstalten liefern die grausamen Bilder der Folgen religiös motivierten Hasses beinahe täglich in die Wohnzimmer.»

65 Schmale I Nr. 110 f. 113; 116. Meyer v. Knonau III 311 ff. Hauck III 822. Erdmann 158 f. Haller II 290, 301 f. Jordan, Investiturstreit 48

66 LMA I 398 f. Meyer v. Knonau III 301 ff. 316, 362 ff. Vgl. auch 374 ff. Gregorovius II/1 95 f. Hauck III 827. Jordan, Investiturstreit 49

66 HEG II 562 f. Meyer v. Knonau III 301 ff.

67 Ebd. II 444 f. 556 f. III 320 ff.

68 Otto v. Fr. Gesta 1,7. HEG II 299. Meyer v. Knonau III 331 ff. Menzel I 358. Hauck III 828. Wühr 64. Delbrück III 136 ff. Haller II 302. Jordan, Investiturstreit 48 f. Boshof, Heinrich IV. 92 f. Ders. Die Salier 245 f. Epperlein, Heinrich IV. 124

69 Helmold v. Bosau 30. Ann. Palid. 1082. Vita Benn. 20. LMA IV 2159 f. Meyer v. Knonau III 340 f. 353 f. 417 ff. 425 f. Hauck III 831. Haller II 302. Jordan, Investitur-

streit 48. Boshof, Heinrich IV. 93 f. Epperlein, Heinrich IV. 124. Twellenkamp 492 f.

70 Meyer v. Knonau III 377 ff.

71 Ebd. 387 ff. 391 ff.

72 Ebd. 432 ff. 447. Maleczek 20 f. spricht Wibert «etwas mehr militärische Fähigkeiten» als seinem Gegner zu

73 Ebd. 449 ff. Vgl. auch die folg. Anm.

74 Ebd. 470 ff. 490 ff. 521 ff. 528 ff. Gregorovius II/1, 97 ff. 100 ff. 104 ff. Hauck III 831 ff. Haller II 304 ff. Jordan, 48 f.

75 Hieron. ep. 128,5. Vgl. auch 123,16 f. 126,2. Meyer v. Knonau III 521 ff. Gregorovius II/1, 106 ff. Hauck III 834 f. Seidlmeyer 113. Haller II 307. McCabe, A History 13. Montgomery I 172

76 Meyer v. Knonau III 545 ff. 555 ff. 561 f. Gregorovius II/1, 111 ff. Hauck III 830. Grupp III 158. Seidlmeyer 113. Neuss 137, 159. McCabe, A History 14. Bernhart 114. Jordan, Investiturstreit 50

77 Zum Ganzen: Schmale-Ott, Quellen zum Investiturstreit II passim, bes. 68 ff. 174 ff. 240 ff. 272 ff. (alle königsfreundlich), 120 ff. (königsfeindlich). LMA I 2007 f. VI 190, VIII 2185. LThK II³ 285 f. Jordan, Der Kaisergedanke 87 f. 94 ff. 127 f. Erdmann 216 ff. Jordan, Investiturstreit 51 ff. Rentschler 4. Hartmann, Autoritäten im Kirchenrecht 440

78 Erdmann 237 ff. 241 ff.

79 Zahlreiche Quellenhinweise bei Mirbt 602 ff. Ferner: Weller 154 f. 158. McCabe, A History 14. Jordan, Investiturstreit 50 f.

80 Schmale I Nr. 44. LMA IV 1320 f. Gschwind 45 f. Ellinger 91, 103 ff. Haller II 174. Zimmermann, Papstabsetzungen 215

81 Zahlreiche Quellenbelege bei Dresdner 100 ff. 122 u. Grupp III 147. Davidsohn I 141 f. Hellinger 52

82 Schnürer II 179 f. Mehnert 47

83 Dresdner 136. Davidsohn I 108

84 LMA IV 386, VII 2127 f. Zimmermann, Das dunkle Jahrhundert 61 f.

85 Wattenbach-Holtzmann I 193. Dresdner 137 f. Grupp I 341. Guttenberg I 106 ff. Kist 28 f. Vgl. Dollinger 156, 164. Ähnliche Händel zwischen Bischof und Domherren gab es oft, z. B. unter Heinrich IV. in Konstanz, wo die Kanoniker Bischof Karl (Karlmann) 1070–1071 bezichtigten, den Schatz (thesaurus) des Konstanzer Münsters für sich und seinen Anhang ausgeraubt zu haben: Maurer 167 f.

86 LMA VI 26 f. 1583, VIII 1506. Pierer 18, 414. Meyer v. Knonau II 409. Pfleger 35 f. Auer, Kriegsdienst in MIÖG I 341, 349

87 Vita S. Nili c. 79 ff. Thietm. 3,17 f. Wattenbach/Holtzmann I 178 f. Dresdner 91. Hartmann, Geschichte Italiens IV 1. H. 123 f. Weller 98. Büttner 166, 171. Pfleger 24 f. Holtzmann I 261. Zimmermann, Papstabsetzungen, Das dunkle Jahrhundert 50. Prinz, Klerus und Krieg 152 ff. Heidrich 190. Vgl. auch Lea 26

88 Rather, de cont. 2,2. Adam v. Br. 3,37; 3,48; 3,55. Dresdner 16. Schöffel I 129 ff. 200 f. Huizinga 246 f. Vgl. auch Johanek 79 ff. bes. 89 ff. und vor allem Weinfurter, Die Salier und das Reich, Einleitung 9 u. ders. Herrschaftslegitimation 79. Natürlich waren – das gehörte zum Job – auch viele andere Prälaten hartherzig bis brutal. Es sei nur an den hl. Anno (S. 217 ff.) erinnert oder an Bischof Benno II. von Osnabrück

(1068–1088), zeitweise Bauleiter am Speyrer Dom, von dem sogar seine Vita meldet: «Im Eintreiben der Zinsen, die alljährlich gefordert wurden, war er bekanntermaßen ungemein streng. Nicht selten zwang er die Bauern durch Prügel, ihre Schuldigkeit zu tun»: Vita Bennonis c. 8, zit. nach Weinfurter ebd.

89 Rather, Lib. Apolog. 7. Ders. Synod. 5. Petr. Dam. ep. 1,15. Er empfahl freilich selbst Prozesse, natürlich nur, um Schlimmeres zu verhüten: ep. 4,9. LMA VII 457 f. Dresdner 91, 142 f.

90 LMA VII 1019 f. Davidsohn I 112 f. 145 ff. 149. Haller II 198. Franzen 189. Die entsprechende geschichtliche Situation zeigen ziemlich umfassend die Bücher der Brüder Theiner, Ranke-Heinemann, Eunuchen, Deschner, Das Kreuz mit der Kirche, und für die Gegenwart Mynarek, Eros und Klerus passim

91 Kühner, Lexikon 77 f. Looshorn I 385 f. 458. Böhmer 11. Schöffel I 198. Pfleger 33 f. Haller II 198

92 Dresdner 85 ff. 116 ff. 140 ff. 148

93 Dresdner 100. Hartmann, Geschichte Italiens III 2. H. 226 f. IV 1. H. 225 f. Schnürer II 174, 183. Vehse 123 ff. 129 ff. Falco 172. Zimmermann, Das dunkle Jahrhundert 91

94 Dresdner 90, 133 f. 140 f. 143

95 Kober, Die körperliche Züchtigung 433 ff. Dresdner 153 f. 164. Hauck III 344 f. Davidsohn I 191. Grupp III 349

96 Capit. v. J. 789 c. 16. Capit. v. J. 802 c. 11. Dresdner 147. Haller II 250. v. Schubert, Geschichte der christlichen Kirche II 628

97 Pallad. hist. Lausiac. c. 32. LMA IV 1168 (Schild). Kober, Die körperliche Züchtigung 386 ff. 436 ff.

98 LMA V 35 f. Grupp III 133 f. Hentig II 173. Frankfurter Rundschau 20. Febr. 1975

99 LMA IV 1948. Meyer v. Knonau IV 124 ff. bes. 126 ff. Menzel I 360. Weller 156. Fries 153

100 Kühner 87 f. Kelly 173 ff. LMA VIII 1665 f. Meyer v. Knonau IV 177 ff. 181 ff. 269 f. Gregorovius II/1, 114 ff. Haller II 310 ff. 323. Kühner, Das Imperium 149 f. Jordan, Investiturstreit 54. Zimmermann, Heinrich IV. 128

101 Kühner 88. Kelly 175 ff. LThK X[1] 431 f. LMA VIII 1282. Meyer v. Knonau IV 191 ff. 265 ff. Gregorovius II/1, 117 ff. Haller II 313 f.

102 Meyer v. Knonau III 62 ff. 122 f. 328, 421, 509, IV 203 ff. 400 f. Zoepfl 102 ff. Horn 257 ff.

103 Norb. Vita Bennon. 8. LThK II[3] 234, 798. LMA I 1917 II 943 f. IV 1948, 2159 f. Taddey 175 f. Meyer v. Knonau 208 ff. 221 ff. 226, 232 ff. bes. 240 ff. Vogtherr 449

104 LMA III 1762. Meyer v. Knonau IV 222 f. 291 ff. Beumann, Die Auctoritas 341 f. Vogtherr 449 f.

105 Kelly 176. Meyer v. Knonau IV 276 ff. 333 ff. 338 ff. 348 ff. 376 ff. Gregorovius II/1, 119 f. Haller II 314, 317 f. Jordan, Investiturstreit 55 f.

106 Kelly 175 f. Meyer v. Knonau IV 394 ff. 418 ff. 447 f. Gregorovius II/1, 118, 122. Haller II 317 f.

107 LMA I 146. Meyer v. Knonau IV 191, 217, 391 ff. 422 ff. 444, 449. Gregorovius II/1 119 ff. McCabe, A History 15 f. Haller II 317 f. Jordan, Investiturstreit 54 ff.

6. KAPITEL
Der Erste Kreuzzug (1096–1099)

1 Schnürer II 325

2 Kawerau

3 Anna Komnene zit. nach Grupp III 253
4 Schwinges, in: HEG II 189
5 HEG II 180. Atiya 22 ff. Maier, Die Verwandlung 249, 253 f. Heer, Kreuzzüge 7 ff.
6 LMA V 1510 ff. 1513 ff.
7 HEG II 180 (Schwinges). Kosminski/Skaskin I 227. Kawerau 131. Erdmann 130. Vgl. 65 f. Heer, Kreuzzüge 24 ff. 40 ff. 103. Kühner, Die Kreuzzüge, Studio Bern 21. 10., 1. Atiya 41 f.
8 Kelly 305 f. LMA V 1518. HEG II 192. Kühner, Die Kreuzzüge 14. 10., 2. Heer, Kreuzzüge 7.
9 LMA V 1508. Kühner, Lexikon 76. Bünding-Naujoks 85. Kühner, Die Kreuzzüge 14. 10., 2. Schaller, Zur Kreuzzugsenzyklika 135 ff.
10 Meyer v. Knonau IV 481 ff. Kosminski/Skaskin I 226. Pernoud 43. Oldenbourg 51. Kawerau 131. Heer, Kreuzzüge 28 ff.
11 LMA I 1364, IV 1768, VII 918 f. Erdmann 310 ff.
12 Menzel I 364. Kosminski/Skaskin I 226 ff. Pirenne 32 f. Oldenbourg 485. Heer, Kreuzzüge 32. Kühner, Die Kreuzzüge 14. 10., 10. Eban 146 f. Montgomery 188
13 HEG II 683 f. Meyer v. Knonau IV 481 f. Grupp III 280 f. Kosminski/Skaskin I 226 f. Oldenbourg 51. Atiya 16. Heer, Kreuzzüge 32. Montgomery I 188. Vgl. auch Fried, Die Formierung 116. Goetz, Leben im Mittelalter 26 f. Grupe 28. Auch Sklavenhandel «war in Deutschland im 11. Jahrhundert durchaus noch üblich». Pitz 76. Zur Geschichte der Armut: Geremek 47 ff. 64 ff. Vgl. auch Gurjewitsch 15, 275 ff. Arnold 58. Wurm 104 f.
14 Kosminski/Skaskin 227. Ostrogorski 330 f. Heer, Kreuzzüge 64, 79, 105. S. auch die einschlägigen Kapitel meiner Bücher Mit Gott und den Faschisten, Die Politik der Päpste im 20. Jahrhundert u. a.
15 LMA I 384 f. Meyer v. Knonau IV 441 ff. Grupp III 280. Oldenbourg 456 f. Atiya 43. Kühner, Die Kreuzzüge 14. 10., 7. Heer, Kreuzzüge 19 f.
16 Wilh. v. Tyrus, Hist. in part. transm. gest. Zit. nach Lautemann 366 f. Vgl. auch Fulch. Carn. Hist. Hierosolym. 1,1 ff. LMA II 2159 f. Kawerau 131 f. Durant 265. Zimmerling 39 f.
17 Koran 3,163 ff. Vgl. 2,149. Maier, Die Verwandlung 265 f. Noth 27 f. Weitere Parallelen: 139 ff. Atiya 15, 18. Heer, Mittelalter 215
18 LThK I³ 51 ff. LMA I 43 ff. Paulus II 41 ff. Ullmann 487
19 Kosminski/Skaskin I 227. Kawerau 131 f. Montgomery I 188
20 Meyer v. Knonau IV 481 f. Grupp III 280. Atiya 16 ff. 35. Kühner, Gezeiten 172 f. Ders. Die Kreuzzüge 14. 10., 8
21 LMA II 2160. VIII 1283. Menzel I 363. Grupp III 280. Erdmann 306 ff. Atiya 18 f. Heer, Kreuzzüge 27 f. Montgomery I 188. Eban 146 f.
22 LMA IV 1792. Fries 146. Atiya 37 ff. Maier, Die Verwandlung 249. Kühner, Die Kreuzzüge 14. 10., 7 f.
23 v. Schubert, Geschichte der christlichen Kirche I 228 ff. Heer, Mittelalter 233
24 Atiya 26 ff. Kühner, Die Kreuzzüge 14. 10., 8
25 Koran, Sure 2,257. Menzel I 362. v. Schubert, Geschichte der christlichen Kirche I 227. Atiya 34 f. Kühner, Die Kreuzzüge 14. 10., 7. Toynbee 400
26 Guib. Novig. Gesta 2,4. Eppelsheimer I 132. Kindermann/Dietrich 129. v. Wilpert I 261. dtv-Lexikon 15,218 f. LMA VII 959 ff. (I. Short). Pernoud 26, 38. Erdmann 157 ff.

253 ff. Kühner, Gezeiten I 175. Ders. Die Kreuzzüge 14. 10., 9. Heer, Kreuzzüge 34 f.

27 LMA IV 1015. LThK IV[3] 218. Gregorovius II/1, 127, 129. Pernoud 44 f.

28 Fulch. Carn. H. H. 1,4. Vgl. auch Guib. Novig. Gesta 2,3. LMA III 1765 f. Meyer v. Knonau IV 485. Pierer 9, 806. Grupp III 280. Atiya 43 f. Heer, Kreuzzüge 35. Charpentier 11. Lautemann 368 f.

29 Guib. Novig. Gesta 1,4. LMA V 1510. Grupp III 280 f. Pernoud 26 ff. Atiya 51 f. Heer, Kreuzzüge 35. Jordan, Investiturstreit 58

30 HEG I 1037. Czermak 16 ff. 26 ff. Vgl. zu den im Text genannten Hinweisen auf Bd. I auch Deschner, Abermals 442 ff. 452 ff. Zum Leben der Juden bei den Christen ausführlich: Durant 45 ff. Vgl. auch 57 ff.

31 Browe, Die Judenbekämpfung 226. Eckert/Ehrlich 27 ff. Stern, Der preußische Staat und die Juden I/1, 62 f. Eban 141 f. Kisch 13 f. Czermak 39 ff.

32 Kisch 43, 47 ff. Seiferth 89, 105. A. Müller 11. Stern, Der preußische Staat und die Juden I/1 62 f. Roth 198 f. Vgl. auch Heidrich 196 ff.

33 LThK VIII[1] 161. Kühner, Lexikon 69. Parkes 222. Browe, Die Judenbekämpfung 206. Ders. Die Judenmission 16, 112 f. 242 ff. Roth 273. Eban 142 f.

34 Adem. hist. 3,52. Gregorovius II/1, 10, 13. Eckert/Ehrlich 31. Eban 147. Falck 117 f. Vgl. Deschner, Abermals 452 f.

35 LThK I[1] 143 f. Boshof, Erzbischof Agobard 102 ff. 115 ff. Deschner, Abermals 453

36 Eban 147. Heer, Kreuzzüge 36 f. Schopen 49. Wollschläger 212. Vgl. auch Zöllner, Geschichte der Kreuzzüge 56

37 LMA IV 1002. Meyer v. Knonau IV 491. Schiffmann 26 ff. Eckert/Ehrlich 32, 45. Seiferth 104. Wollschläger 212 f. In Speyer hatte schon Bischof Huozmann (1075–1090), natürlich gegen Bezahlung, den Juden eine Reihe von Privilegien gewährt, und auch dies «als Sachwalter des Königs»: Heidrich 190 ff. bes. 197 f. 205

38 Taddey 703. Meyer v. Knonau IV 495, 498 f. 501 ff. Schiffmann 30 ff. Browe, Die Judenbekämpfung 365 f. Eckert/Ehrlich 32. Wollschläger 212 ff. Kupisch II 71. Boshof, Die Salier 260. Zöllner, Geschichte der Kreuzzüge 55 ff. Heidrich 205

39 Meyer v. Knonau IV 493 f. Ludwig 22. Falck 126 f. Kupisch II 75. Schnith, Kaiser Heinrich IV. 225

40 LMA V 1510

41 Guib. Novig. Gesta 2,4. Oldenbourg 59. Pernoud 29 f. Atiya 52. Heer, Kreuzzüge 35. Zöllner, Geschichte der Kreuzzüge 55 f.

42 LMA I 286 f. Meyer v. Knonau IV 509. Schünemann 72

43 Pernoud 36 f. (hier Anna Komnene zit.) Heer, Kreuzzüge 37 f. Zöllner, Geschichte der Kreuzzüge 57 f.

44 LMA I 151 f. VII 410 f. Pernoud 23 f. 42 f. Mayer, Zur Beurteilung 547 ff. Zöllner, Geschichte der Kreuzzüge 52, 59

45 LMA I 1366, II 500, IV 1598 f. Zöllner, Geschichte der Kreuzzüge 52. Durant 61. Vgl. auch Lea 26

46 LMA II 328 ff. 333. Pernoud 53 ff. Zöllner, Geschichte der Kreuzzüge 52 f. 59

47 Fulch. Carn. 1,4. Alb. Aquens. 2,28. LMA I 151 f. VI 1151, 2058. Grupp III 281. Atiya 46, 52 f. Pernoud 23, 49 ff. 59 ff. Haller II 325, 338. Jordan, Investiturstreit 58 f. Heer, Kreuzzüge 33, 43 ff.

48 Fulch. Carn. 1,10 ff. LMA VI 1151. Grupp III 281. Heer, Kreuzzüge

48 f. Montgomery I 194. Gabrieli 43. Zöllner, Geschichte der Kreuzzüge 60 f.

49 Fulch. Carn. 1,11 f. Alb. Aquens. 3,1 ff. 3,28. Steph. Carn., ep. ad Adelam. Haller II 338. Atiya 54. Heer, Kreuzzüge 38, 41, 49, 84. Oldenbourg 48, 467 f. Johansen 632

50 Haller II 338. Atiya 54. Wollschläger 219. Zöllner, Geschichte der Kreuzzüge 64 f.

51 Guil. Tyr. 4,16 ff. Anon. Gesta Franc. 20,9. Steph. Carn. ep. ad Adel. Al. Aquens. 3,37. LMA I 286 f. 716 ff. Menzel I 367. Atiya 54. Heer, Kreuzzüge 50. Pernoud 107 f. Kühner, Die Kreuzzüge 14. 10., 11. Oldenbourg 114. Gabrieli 44

52 Raimund. Agil., hist. Franc. 16. Alb. Aquens., Hist. Hieros. 4,34 ff. 5,4. Anon. Gesta Franc. 33. Otto v. Fr. Chron. 7,4. Pierer 9,807. Menzel I 366 f. Haller II 338. Atiya 54. Pernoud 54, 76, 83 ff. Heer, Kreuzzüge 50 ff. Montgomery I 189 f. Kühner, Die Kreuzzüge 14. 10., 11. Oldenbourg 468. Wollschläger 219 ff. Gabrieli 46 ff. Zöllner, Geschichte der Kreuzzüge 65 ff. 70 ff.

53 Alb. Aquens. 6,28. Anon. Gesta Franc. 28. Haller II 338. Atiya 54 f. Pernoud 99 f. 100. Charpentier 12 f. Heer, Kreuzzüge 42, 53 f. Zöllner, Geschichte der Kreuzzüge 74 ff.

54 Anon. Gesta Franc. 38,4 ff. Guil, Tyr. 8,20. Alb. Aquens. 6,23. Fulch. Carn. 1,20 ff. 27,12 ff. Otto v. Fr. 7,4. Eban 148. Oldenbourg 132. Pernoud 100 ff. Kühner, Die Kreuzzüge 14. 10., 12. Wollschläger 223 ff.

55 Anon. Gesta Franc. 39,1. Fulch. Carn. 1,21. Ekkeh. Uraug. Hierosolym. 20,2. Wetzer/Welte VI 280. Neuss 5, 145. Hertling 176. Buonaiuti II 190 ff. Ludwig 22. Atiya 55. Heer, Kreuzzüge 56 f. Ders. Mittelalter 219. Kühner, Die Kreuzzüge 14.10., 12. Wollschläger 224 f. Zöllner, Geschichte der Kreuzzüge 76 f.

56 Hay 343. Fuhrmann, Päpste 11, 125 f.

57 Kelly 177. Haller II 339. Oldenbourg 465. Jordan, Investiturstreit 59. Wollschläger 225. Becker, Papst Urban II. Teil 1, 40. Vgl. II 307 ff.

58 Zu einem nicht unbeträchtlichen Teil verifizieren die bisherigen Bände der Kriminalgeschichte die Sentenz des großen Franzosen. Und anno Domini 1998, da ich diesen VI. Band zum Abschluß führen konnte, erhob Papst Johannes Paul II. einen weiteren Verbrecher zur Ehre der Altäre, den Kroaten-Kardinal Alojzije Stepinac, eine besondere Zierde dieser ehrenwerten Gesellschaft. Dazu ausführlich meine Politik der Päpste im 20. Jahrhundert II 210 ff. bes. 238 ff. u. 444 ff.

7. KAPITEL
DAS ENDE DER SALIERZEIT UND DES INVESTITURSTREITS

1 Zimmermann, Heinrich IV. 128

2 Gregorovius II/1, 172

3 Taddey 505. LMA V 1341. Meyer v. Knonau IV 460 ff. 478 f. Haller II 348 ff. Jordan, Investiturstreit 60. Boshof, Die Salier 259 ff. Schnith, Kaiser Heinrich IV. 224 f. Goez, Der Thronerbe 3 ff. 11 ff.

4 Kelly 177 f. Gregorovius II/1, 139 f. Haller II 340 f. Jordan, Investiturstreit 60. Zimmermann, Papstabsetzungen 213. Boshof, Die Salier 260

5 LP 2,298; JW 1, 773 f. Kelly 178 f. LMA VII 1908. Gregorovius II/1, 139 f. Haller II 341. Servatius, Paschalis II. 42 f. 70 ff. 339. Boshof, Die Salier 260

6 Hauck III 882 ff. Gregorovius II/1,

139 ff. Haller II 341. Jordan, Investiturstreit 60. Heer, Kreuzzüge 120. Boshof, Die Salier 260

7 Helmold v. Bosau 32 f. Vita Heinrici IV c. 9 ff. Menzel I 377. Fries 163 f. Haller II 350. Jordan, Investiturstreit 61 f. Boshof, Die Salier 263 ff. Schieffer, Erzbischöfe und Bischofskirche 55. Schmid, Zum Haus- und Herrschaftsverständnis 43 ff.

8 Helm. v. Bosau 33. Pierer V 33. Gregorovius II/1, 148. Hauck III 885 f. Looshorn I 451. Teuffel 25 f. Fries 164. Boshof, Die Salier 265. Jordan, Investiturstreit 70. Schnith, Kaiser Heinrich IV. 228 f. Ders. Kaiser Heinrich V. 239. Ranke zit. nach Fuhrmann, Deutsche Geschichte im hohen Mittelalter 84. Weinfurter, Herrschaftslegitimation 55 f. Schmid, Zum Haus- und Herrschaftsverständnis 52 f. Zu weiteren Ehrungen Heinrichs V. für den Vater s. Heidrich 215 ff.

9 Hauck III 886 ff. Boshof, Die Salier 273 f.

10 Gesta Alber. 1 f. Kühner, Lexikon 272. Kelly 321. LThK VIII[1] 307. Pierer VI 407 f. Gregorovius II/1, 140 ff. bes. 142, 148 ff. Haller II 354 ff. Jordan, Investiturstreit 68 f. Schnith, Kaiser Heinrich V. 237 f.

11 Wörtlich heißt die Goethe-Sentenz: Das Beste, was wir von der Geschichte haben, ist der Enthusiasmus, den sie erregt: Max. u. Reflex. 495. Zit. nach dtv-Lexikon der Goethe-Zitate I 267. – Gesta Alber. 2 f. LThK IV[3] 150. LMA IV 963. Gregorovius II/1, 148 ff. Hauck III 897 ff. Haller II 354 ff. Jordan, Investiturstreit 68 f. Boshof, Die Salier 276 ff. Schieffer, Erzbischöfe und Bischofskirche 22 ff. bes. 24

12 Helm. v. Bosau 39 f. Taddey 505. HEG II 45. Gregorovius II/1, 152 ff. Hauck III 902 ff. Haller II 358. Bünding-Naujoks 82. Jordan, Investiturstreit 69 ff. Fenske 48. Boshof, Die Salier 280 f. Schnith, Kaiser Heinrich V. 238

13 Helm. v. Bosau 40. Vita Norb. 16. Taddey 735 f. LMA I 7, III 2155, V 2125 f. VIII 2153. Menzel I 380 f. Holtzmann, Aufsätze 255 ff. Haller 360 f. Boshof, Die Salier 285. Höflinger, Kaiser Lothar III. 253 f. Nach Vita Norb. folgten dem «Irrlehrer» (haereticus) Tanchelm etwa «3000 streitbare Kerle». «Sie tranken sogar sein Badewasser, trugen es als Reliquie davon . . .»

14 Kelly 186. LMA IV 688 f. VI 2136. Gregorovius II/1, 178 ff. Haller II 361. Boshof, Die Salier 288 f.

15 Kelly 178, 181. Gregorovius II/1 159 ff. 167. Jordan, Investiturstreit 73. Boshof, Die Salier 289 f.

16 LP 2,315; 3,162 f. 169. JW 1,821 f. 2,715. Kelly 180 f. LThK VI[3] 1500. LMA VI 412, VIII 611. Gregorovius II/1 164 ff. 171. Hauck III 912. Haller II 362 ff. Boshof, Die Salier 290 ff. Jordan, Investiturstreit 73 f.

17 Kelly 181 f. LMA II 1397, VII 2123, VIII 540. HEG II 318 f. Fuchs/Raab I 388. Menzel I 381 ff. Gregorovius II/1, 172. Eichmann/Mörsdorf 12 ff. Kosminski/Skaskin I 138. Haller II 363 ff. Bosl, Europa im Mittelalter 183. Jordan, Investiturstreit 75 ff. Chodorow 613 ff. Stroll 97 ff. Boshof, Die Salier 292 ff. 298 ff.

18 LThK II[3] 892. LMA 1397 (Maleczek), VI 1964 f. Vgl. HEG II 77. Kosminski/Skaskin I 138. Haller II 372. Becker, Papst Urban II., Teil 1, 120 f.

8. KAPITEL
LOTHAR VON SÜPPLINGENBURG. KRIEG FÜR KIRCHE UND PAPST

1 Hauck IV 579
2 Bernhardi 346, 425
3 Kosminski/Skaskin I 413
4 Engel/Epperlein 341
5 Otto v. Fr. Chron. 7,16. Gesta 1,16. Helm. v. Bosau 41. LMA IV 959. Bernhardi 3 ff. 21 ff. Stimming 125. Reuling 144. Schmidt, Königswahl und Thronfolge 34 f. 62. Neumeister, Lothar III. 139 f. Schnith, Kaiser Heinrich V. 246 f.
6 Otto v. Fr. Gesta 1,17. Vita Norberti 21. LMA I 99 f. (Gerlich). HEG II 322. Bernhardi 6 ff. Schmidt, Königswahl und Thronfolge 44 ff. Neumeister, Lothar III. 140 f. Petke, Lothar von Süpplingenburg 155. Ders. Kanzlei, Kapelle 13 ff. bes. 16, was Adalberts Geldgier beweist.
7 Helm. v. Bosau 53; 69. Vita Norberti 21. LMA II 1792. Bernhardi 18 ff. Menzel I 408. Haller III 68. Dörries, Fragen der Schwertmission 22 ff. Bünding-Naujoks 115 f. Kosminski/Skaskin I 413. Jordan, Investiturstreit 71, 95. Thieme 148. Engel/Epperlein 341. Dobb 368 vergleicht die deutsche Ostkolonisation des 12. und 13. Jahrhunderts mit dem Raubkrieg der Nazis in Ost- und Südosteuropa. Neumeister, Lothar III. 141. Petke, Kanzlei, Kapelle 277. Zur angeblich grenzenlosen Überlegenheit der deutschen Landwirtschaft des Mittelalters gegenüber der ihrer östlichen Nachbarn vgl. Bentzien 91 f.
8 Herb. 2,26; 2,41. Codex diplomat. Saxoniae reg. I,1 Nr. 40. Nach Lautemann 601 f. LMA IV 2149. Bünding-Naujoks 87 ff. Demm 60. Thieme 148. Beumann, Heidenmission und Kreuzzugsgedanke 129 ff. Sprandel, Flandrisch-lübekkischer Fernhandel 131 f. – Erinnert sei hier auch an die Ansicht Adams v. Bremen, 2,69, daß die Slawen schon längst Christen wären, «hätte die Habsucht der Fürsten die Bekehrung des Volkes nicht verhindert».
9 Helm. v. Bosau 64
10 Neumeister, Lothar III. 146
11 Herb. 1,26. Looshorn, Der heilige Bischof Otto 327. Kist 36. Guttenberg I 54, 126 ff. Demm 40, 44 u. «Zeittafel» S. 97. Zum Komplex «Burg und Herrschaft» generell vgl. Schulze, Grundstrukturen der Verfassung 86 ff. bes. 92 ff. 97 ff.
12 Herb. 2,19; 2,24. Ebo 2,8; 3,6. LMA VI 1580 f. VII 86 ff. VIII 2058. Donin IV 27 f. Looshorn, Der heilige Bischof Otto 327. Hauck IV 586 ff. 593 ff. bes. 600. Vgl. 610. Demm 53 f. Claude II 20. Kist 37. Petke, Kanzlei, Kapelle 223
13 Helm. v. Bosau 53; 79. LMA II 365 ff. IV 2062 f. 2149, VI 1581, VII 86 ff. VIII 1622. Taddey 862. Bernhardi 153 ff. Menzel I 386, 414. Looshorn, Der heilige Bischof Otto 168, 170, 243 ff. 327. Donin IV 26 ff. Hauck IV 574 ff. 593 f. Kist 37. Bauer 27. Jordan, Investiturstreit 71, 95 ff. Kossmann, Das unbekannte Ostseeland 648 f. Beumann, Das päpstliche Schisma 36. Demm 57. Claude II 16 ff.
14 Ebo 3,10. Taddey 22. LMA I 316 f. Bernhardi 229 ff.
15 LMA VII 2017. Bernhardi 416 ff. 606 f., wie stets mit einer Fülle von Quellenhinweisen
16 LMA IV 646, V 2125. Bernhardi 13 ff. 43 ff. Schmidt, Königswahl 46 ff. Petke, Lothar von Süpplingenburg 158 f. Neumeister, Lothar III. 140 f. 147. Ders. Heinrich V. 135
17 Ann. Saxo 1115. Otto v. Fr. Chron. 7,17. Gesta 1,17 ff. LMA IV 1355,

2076, VIII 2146, 2149. Bernhardi 121 ff. 125 ff. Petke, Lothar von Süpplingenburg 167 f. Ders. Kanzlei, Kapelle 308. Schmidt, Königswahl 60. Neumeister, Lothar III. 141 f. Ennen 37. Vgl. dazu auch Fichtenau 124 ff. u. Goetz, Leben im Mittelalter 39 f. Pitz 90

18 Otto v. Fr. Chron. 7,17. LMA V 1339. Ann. Patherb. 1128. Bernhardi 137 ff. 150 f. 556. Haller III 46. Schmidt, Königswahl 60 ff. Petke, Lothar von Süpplingenburg 167 f. Ders. Kanzlei, Kapelle 308. Neumeister, Lothar III. 143 f.

19 Ann. Patherb. 1127 f. Ann. Saxo 1127. LMA V 991, 1239. Bernhardi 125 ff. 133, 194 f. 234 ff. 243 ff. Neu 227. Schieffer, Erzbischöfe und Bischofskirche 29. Petke, Kanzlei, Kapelle 118 f. 257. Neumeister, Lothar III. 144

20 Vita Norb. 3 ff. 9 ff. 14 ff. bes. 19 f. Ann. Saxo 1126. Ann. Palid. 1126. Gesta Alber. 10. Taddey 862. LThK VII^1 618 f. IX 15 f. VII^3 903 f. LMA V 120, VI 1233 f. VII 1107. Bernhardi 88 f. 97 ff. 222 ff. Petke, Kanzlei, Kapelle 303 ff. 312 ff. Engels, Das Reich der Salier 527

21 LMA VIII 76. Bernhardi 257 ff. 433 f. 498 ff. 504 ff. 513 ff. 553 ff. Metz 361

22 LP 2,327 f. Ann. S. Disib. 1125. Ann. Ceccan 1125 ff. Kelly 182 ff. schreibt von Lothar: «in einem beispiellosen Schritt bat ihn der neue König, seine Wahl zu bestätigen». LMA IV 1863, V 120. HEG II 577, HKG III/2, 7 f. Bernhardi 52 f. 269 f. Gregorovius II/1, 174 ff. Haller II 26 f. Jordan, Investiturstreit 79. Hoffmann, Petrus Diaconus 88. Neumeister, Lothar III. 142

23 Falco v. Benev. Chron. 1127. Alex. Teles. 1,8 ff. LMA VII 892, 937 f. HEG II 576 ff. Bernhardi 273 ff. Paulus I 198. Haller III 25 ff.

24 Vita Norberti 19. Kelly 186. LThK I^1 385 (Seppelt) I^3 574, V^3 515 f. LMA I 568 f. Bernhardi 281 ff. 286 ff. 300 ff. 313 ff. 319. Ausführlich Hauck IV 136 ff. Haller III 29 ff. Jordan, Investiturstreit 91

25 Vita Norberti 19. Cod. Udalr. 245 ff. Kelly 184 ff. LThK I^1 385, I^3 574, V^3 515. LMA I 568 f. II 1600, VII 937 f. HEG II 578. Bernhardi 306 ff. 324 f. 327, 331 ff. 339 ff. 347, 351 f. Vgl. auch 485. Ausführlich Hauck IV 138 ff. Haller III 33 ff. Jordan, Investiturstreit 91 f. Claude II 28 f.

26 Otto v. Fr. Chron. 7,18. Ann. S. Disib. 1131. Anno Saxo 1130 f. Anselm. Gembl. 1130 f. Ern ald, Vita Bernh. 2,1. Bernh. v. Clairv. ep. 150. LMA VI 325. Bernhardi 335 ff. 354 ff. Hauck IV 147 ff. Haller III 35 ff. 46. Jordan, Investiturstreit 92. Neumeister, Lothar III. 144 f.

27 LThK I^3 328 f. LMA I 283. Bernhardi 425

28 Cod. Udalr. 258 f. Petr. Venerab. ep. 1,34. HEG II 578 f. Bernhardi 465. Haller III 37 ff.

29 Ann. Saxo 1132. Ann. Palid. 1132. Ann. Path. 1132. Vita Norb. 21. LMA I 1213. Bernhardi 438 ff.

30 Otto v. Fr. Chron. 7,18. 7,27. Rahewin, Gesta 3,10. Ern. Vita Bernh. 1,5. Vita Norb. 21. Kelly 185. HEG II 325. Bernhardi 473 ff. 481 ff. Gregorovius II/1 185. Holtzmann, Der Kaiser als Marschall 8 f. 34 f. Jordan, Investiturstreit 93 f. Petke, Kanzlei, Kapelle 317 f. Höflinger, Kaiser Lothar III. 257. Vgl. auch Claussen 99 f.

31 Haller III 41 f. Jordan, Investiturstreit 99. Bernhardi 492 ff. 590

32 Otto v. Fr. Chron. 7,19. Gesta Alberon. 15. Helm. v. Bosau 54. Bernhardi 560 ff. 614 ff. 633 f. 715

33 Ann. Saxo 1136. Ann. Patherbr. 1136. Ann. Magdeb. 1136. Bern-

hardi 608. Herrmann, Die Slawen 354. Ahlheim 340. Engel/Epperlein 320 ff.

34 Otto v. Fr. Chron. 7,19. Ann. Saxo 1137. LMA IV 1114 f. Bernhardi 649 ff. 660 ff. 670 ff. 680 ff. 687

35 Otto v. Fr. Chron. 7,20. Annal. Saxo 1137. Ann. Palid. 1137. Bernhardi 709 ff. 714 ff. Haller III 43 f.

36 Otto v. Fr. Chron. 7,20. Ann. Saxo 1137. LMA VII 421. Bernhardi 716 ff. 722 ff. 738, 745 ff. 752 ff. Haller III 44 ff.

37 Otto v. Fr. Chron. 7,20. Ann. Sax. 1137. Ann. Disib. 1137. Bernhardi 765 f. 770 ff. 783 ff. Haller III 45 f. Neumeister, Lothar III. 147. Zur Teilnahme von Herrscher-Gattinnen an Fahrten oder Treffen s. auch Voss 171 f.

9. KAPITEL
DER ERSTE STAUFERKÖNIG. KREUZZÜGE WIE VOM FLIESSBAND UND EIN HEILIGER KIRCHENLEHRER

1 Cardini 39

2 Bernh. v. Clairv. zit. nach Ronner 318

3 Kupisch 79

4 Schiller, zit. nach Wollschläger 226

5 Helm. v. Bosau 54. Otto v. Fr. Chron. 7,23 ff. Gesta Alber. 15. LThK I[3] 328 f. LMA I 283, III 1039, IV 2074, V 1339 f. 1899, VI 1581. HEG II 333 f. Menzel I 391 f. Hausmann 167 ff. Haller, Das altdeutsche Kaisertum 115 ff. 126, 130 f. Ders. III 47 f. 98 f. Jordan, Investiturstreit 101 f. Höflinger, König Konrad III. 266 f. Neumeister, Konrad III. 150 ff. Engels, Die Staufer 31 ff. 38

6 Helm. v. Bosau 56. Annal. Saxo 1139. LMA IV 2074, V 1899, VIII 2146. HEG II 333 f. Haller, Das altdeutsche Kaisertum 117 f. Jordan, Investiturstreit 102 f. 111. Höflinger, König Konrad III. 266 f. Neumeister, Konrad III. 153. Engels, Die Staufer 38 f.

7 LP 2,383; 3,138. JW 1,919. Kelly 185 ff. LMA VIII 1666

8 Otto v. Fr. Chron. 7,23 f. 7,29. Kelly 185. LMA VII 421. HEG II 570 f. Gregorovius II/1, 188 ff. Haller, Das altdeutsche Kaisertum 120. Ders. III 49 f. Jordan, Investiturstreit 100

9 Otto v. Freis. Chron. 7,23; 7,27. Kelly 185. LMA VIII 272. Gregorovius II/1, 191 f. Haller, Das altdeutsche Kaisertum 120. Ders. III 51 ff. Jordan, Investiturstreit 105. Schaller, Herrschaftszeichen 81 f.

10 LP 2,385 f. JW 2,1 ff. Otto v. Fr. Chron. 7,31; 7,34. Joh. v. Salisb. Hist. pontif. 27. Romuald SS 19,424. Gottfr. v. Vit. SS 22,261. Kelly 187 ff. LThK II[3] 1246 f. LMA III 4, 1569, IV 78 f. 1607 f. V 2162. Gregorovius II/1, 206 ff. Haller III 51 ff. 56

11 Anon. Gesta Franc. 39, 15 ff. Alb. Aquens. 6,47. Pernoud 111 ff. Heer, Kreuzzüge 80 f. Wollschläger 227 f. Zöllner, Geschichte der Kreuzzüge 77. – Eine Kreuzfahrt von Norwegen in den Mittelmeerbereich erfolgte von 1108 bis 1111 unter König Sigurd (Jórsalafari «der Jerusalemfahrer»). Er soll auch die Christianisierung des südöstlichen Schweden durch einen «Kreuzzug» versucht haben. Zuletzt wurde er geisteskrank und «gewalttätig», was er, genaugenommen, ja auch vorher war. Vgl. LMA VII 1896 f. u. HEG II 889

12 Alb. Aquens. 7,46. Otto v. Fr. Chron. 7,7. LMA I 1366, III 433 f. IV 1599 f. (Despy). Menzel I 371. Prawer 490 ff. Atiya 57 f. Heer, Kreuzzüge 80 ff. Oldenbourg 152 ff. Wollschläger 228. Zöllner, Geschichte der Kreuzzüge 76 ff.

13 Atiya 56 f. Gabrieli 61
14 Fulch. Carn. 3,37. Pernoud 125
15 Pasch. II. ep. ad archiepisc. et episc. et abbates Galliae 1099. LMA I 1366, 1823, IV 1942, VIII 1016. HKG III/1, 515. Pierer 9, 807. Menzel I 374. Pernoud 114 f. 136 f. Oldenbourg 207 f. 221 f. Heer, Kreuzzüge 83 f. Gabrieli 52 ff. 64 ff. Atiya 56 f. 62. Kühner, Die Kreuzzüge 12. Zöllner, Geschichte der Kreuzzüge 83 ff. Thorau 133
16 LThK V³ 982 ff. LMA V 613 ff. 982 ff. VII 878 (Hiestand), VIII 534 ff. Menzel I 375. Prutz 27. Neuss 152. Hertling 161. Atiya 61. Heer, Mittelalter 217. Ders. Kreuzzüge 95. Oldenbourg 252, 477. Benninghoven 4 ff. 11
17 Pet. v. Dusb. 1,1. Fuchs/Raab I 395 f. LThK V³ 983. LMA V 613 f. VII 878, VIII 536 f. HKG III/1, 530. Pierer 12, 335. Prutz 11 f. Atiya 60 f. Heer, Kreuzzüge 95, 99. Schumacher 384. Charpentier 13 ff. Oldenbourg 254. Bradford 20 ff.
18 Fuchs/Raab II 779 f. LMA V 168, VIII 534 ff. (Demurger). HKG III/1, 529 f. Atiya 60. Heer, Kreuzzüge 95 f. Montgomery I 190. Charpentier 35
19 Atiya 61. Heer, Kreuzzüge 93 f. 96 ff. Charpentier 30. Benninghoven 4 f. Zimmerling 42 f.
20 LMA III 1565 f. Atiya 59 f. Montgomery I 190 ff.
21 Otto v. Fr. Chron. 7,4; 7,30. Gesta 1,37. LMA III 1565 ff. (Ferluga), V 383, VI 1317. Montgomery I 189. Lammers 551 Anm. 100
22 Otto v. Fr. Gesta 1,31
23 Zur Vorgeschichte des Kreuzzugs: Otto v. Fr. Gesta 1,35 ff. Ferner 1,37 f. Chron. 7,32 f. Vita Bernh. 3,4. LMA V 1511. Pierer 9, 807. Haller III 60
24 Otto v. Fr. Gesta 1,49 ff. Wetzer/Welte I 839 f. LThK I³ 1022, II 268 ff. LMA I 1005 f. 1992 ff. V 2183, VII 1764. Kelly 194, 324. Heer, Kreuzzüge 89 f. Franzen 191. Dickerhoff 471 f.
25 Otto v. Fr. Gesta 1,44. Bernh. v. Cl. ep. 239; 247; 363; sermo in coena Dom. 3. Wetzer/Welte I 840. Pierer 9, 807. Menzel I 397. Haller, Das altdeutsche Kaisertum 121 f. Ders. III 60 f. Bernhart 136. Heer, Kreuzzüge 85 ff. 91, 93. Kühner, Gezeiten I 186. Lautemann 371
26 Helm. v. Bosau 59. Otto v. Fr. Gesta 1,36
27 Otto v. Fr. Gesta 1,43; 1,67
28 Helm. v. Bosau 59 f. Otto v. Fr. Gesta 1,39 ff. 1,44. Niket. Choniat., hist. 1,5. LMA V 2183 f. VI 1359. HEG II 705. Menzel I 397, 399. Atiya 64. Heer, Kreuzzüge 100. Pernoud 158 f. Wollschläger 237. Zapperi 119 f. Zöllner, Geschichte der Kreuzzüge 89 f. 92 ff. Neumeister, Konrad III. 156. Höflinger, König Konrad III. 268
29 Gerh. Reichersp. De invest. Antichr. 1,69. Helm. v. Bosau 60. Odo Diogil. 6. Pierer 9, 807. Menzel I 400. Haller, Das altdeutsche Kaisertum 123 ff. Ders. III 68 f. Heer, Kreuzzüge 100 ff. Kühner, Gezeiten I 189. Montgomery I 192. Wollschläger 239 ff. Gabrieli 98 ff. Höflinger, König Konrad III. 268 f.
30 Wetzer/Welte I 841 f. Haller, Das altdeutsche Kaisertum 126. Ders. III 70. Heer, Kreuzzüge 103. Kühner, Gezeiten I 189. Bradford 33
31 Otto v. Fr. Gesta 1,43. Helm. v. Bosau 62 ff. bes. 65. Bernh. v. Clairv. ep. 457. LMA VI 1163, VIII 2183. HEG II 103, 336. Hauck IV 628 ff. Ahlheim 341. Claude II 59. Bünding-Naujoks 98, 102. Engel/Epperlein 326. Stoob 223 Anm. 4. Vgl. auch Prinz, Die Grenzen des Reiches 172

32 LThK I³ 712. LMA I 316 f. 678 f. Hauck IV 630. Ahlheim 341 f.
33 Wetzer/Welte XI 863. LThK X¹ 819 f. HKG III/2, 49
34 LMA I 591 f. (H.-R. Singer) III 230 f. VI 1406 f. VII 1769 f. HEG I 1001 ff. (Lacarra/Engels) 1008, 1013 ff. II 208 f. 922 ff. Ballesteros/Beretta 59 f.
35 LMA I 393 f. VI 1863. HEG I 1003, 1008 f. 1015 f. HKG III/1, 152 f.
36 LMA I 393 f. VII 1370 ff. HKG III/1, 153. HEG I 1008. Hassauer. Vgl. auch Denecke 213, 215, Hassauer/Brühl, Deschner, Opus Diaboli 207 ff. bes. 220 ff.
37 LMA I 394 f. V 1884 f. VI 1599, VII 528. HEG I 1008. HKG III/1, 153 f. 248. Ballesteros/Beretta 68 f.
38 LMA VII 427 f. Ballesteros/Beretta 69. Vones 41 ff.
39 LMA II 957 ff. bes. 971, 979 f. Vincke 4 ff. Ballesteros/Beretta 70 f. Montgomery I 182
40 LMA IV 362 f. V 1885, VI 895, VII 1356 f. HEG II 193, 932. HKG III/1 250. Erdmann 269
41 LMA I 398 f. V 1885, VI 895, VIII 843. HKG III/1, 251. Ahlheim 354
42 HEG II 210. Erdmann 267 ff. Haller II 257 ff. Jordan, Investiturstreit 25. Kühner, Die Kreuzzüge 4 f. Fried, Der päpstliche Schutz für Laienfürsten 63 ff. Vones 75 ff.
43 Der Neue Brockhaus I 464. Kindlers Literaturlexikon I 2603 ff. LMA II 2078 ff. HEG II 927, 930 f. Erdmann 269 f. Ahlheim 353. Vgl. Becker, Papst Urban II. Teil 2, 333 ff.
44 LMA I 399, 449 f. II 2079, VIII 1380 f. HEG II 928 f. Ahlheim 355
45 LMA V 153, VII 407. Vgl. auch LMA III 695 u. HEG II 941. Ahlheim 355 f. u. die dort genannte Literatur
46 Otto v. Fr. Gesta 1,26; 1,71. Neumeister, Konrad III. 157 f. Höflinger, König Konrad III. 268 ff. Cardini 72

10. KAPITEL
Barbarossas mildes Antlitz

1 Acerb. Mor. 1162
2 Niket. Choniat. zit. nach Cardini 256
3 Cardini 92 f.
4 Lod. Anon. 1167. Narr. de Longob. obpress. 1159 ff. Otto Mor. 1155, 1160 f.
5 Otto v. Fr. Gesta 1,1 ff. LMA IV 931, 959, 2083, V 798, VI 1581 f. VII 401 f. Hampe 140 ff. Haller, Das altdeutsche Kaisertum 132 f. Meyer-Gebel 217 ff. Appelt 179. U. Schmidt, Königswahl und Thronfolge 134 ff. Vgl. auch die vorh. Anm.
6 Otto v. Fr. Gesta, Prol. Vgl. Friedrichs I. Brief an Otto, in: Schmale, Bischof Otto von Freising und Rahewin 2, 82. Taddey 909
7 Kelly 190 LMA IV 931. Hampe 147 ff. Haller, Das altdeutsche Kaisertum 136. Jordan, Investiturstreit 114 f. Cardini 68 f. 76, 94 f. Appelt 180 f.
8 Otto v. Fr. Gesta Prol. 2,12 ff. 2,17 ff. Narr. de Longob. obpress. 1155. Otto Mor. 1154. LMA VIII 883. Haller, Das altdeutsche Kaisertum 136 ff. Ders. III 90 ff. Jordan, Investiturstreit 117 ff. Koch 281. Appelt 177, 180. Müller-Mertens, Reich und Hauptorte der Salier 148 nennt 19 Italienzüge der Ottonen und Salier. Zum Aufschwung der italienischen Städte: Sprandel, Verfassung 102 ff. Zur Entstehung und Situation der nordalpinen Städte ebd. 110 ff.
9 Otto v. Fr. Gesta 2,21 ff. Otto Mor. 1154 f. Narr. de Longob. obpress. 1155. Schmale, Bischof Otto von Freising und Rahewin 336 Anm. 67. Cardini 100 f. Vgl. auch die vorher. Anm.
10 Otto v. Fr. Gesta 2,30 ff. Otto Mor.

1155. Gerh. Reichersp. De investig. Antichr. 1,40. Kelly 190 ff. LMA IV 1823. Gregorovius II/1 220 ff. Hampe 152 f. Haller, Das altdeutsche Kaisertum 140 f. Ders. III 90 ff. Jordan, Investiturstreit 118. Heer, Kreuzzüge 89 f. Wollschläger 226. Cardini 103 ff.

11 Helm. v. Bosau 81. Kelly 191 f. Gregorovius II/1, 223 ff. Holtzmann, Der Kaiser als Marschall 1 ff. 6 ff. 20 ff. 36 ff. 44 ff. Hampe 153 f. Koch 282. Cardini 105 f. Appelt 182

12 Otto v. Fr. Gesta 2,35. Otto Mor. 1155. Kelly 191 f. Cardini 207 ff. 210 ff. Nach Metz 362 gehörten «die zahlreichen kriegerischen Unternehmungen des Adels ‹zum Wesen des Adels überhaupt›».

13 Otto v. Fr. Gesta 2,33 ff. 2,36 f. Otto Mor. 1155. Gregorovius II/1 227 ff. Hampe 151. Haller III 95 f. Jordan, Investiturstreit 118 f. Schmale, Italische Quellen 11. Töpfer 174. Koch 281 f. Appelt 182

14 Otto v. Fr. Gesta 2,39 f. Haller, Das altdeutsche Kaisertum 141 f. Ders. III 96. Jordan, Investiturstreit 119. Töpfer 174. Koch 282

15 Ich folge weitgehend Cardini 114 ff.

16 Otto v. Fr. Gesta 2,51. Guil Tyr. 18,7 ff. Otto Mor. 1155. Haller III 97. Cardini 119

17 LMA IX 132 (hier Hugo Falcandus zitiert). Seidlmeyer 132. Hampe 154 f. Haller, Das altdeutsche Kaisertum 144 f. Ders. III 97 f. Jordan, Investiturstreit 119 f. Heer, Kreuzzüge 103. Grebe 27. Cardini 118 f. Koch 282 f. Appelt 182

18 Rahewin 3,10 ff. 3,26. LMA IV 14, VII 418 f. Hauck IV 223 ff. Hampe 154 f. 157 f. Haller, Das altdeutsche Kaisertum 146 f. Ders. III 100 ff. Jordan, Investiturstreit 126. Grebe 27. Töpfer 175 f. Cardini 122 ff. Koch 284. Appelt 182

19 Rahewin, Gesta 3,12 f. 3,19 f. 3,26 f. Hampe 150. Haller, Das altdeutsche Kaisertum 147 ff. Ders. III 104 ff. Jordan, Investiturstreit 126. Cardini 126 f. Appelt 184

20 Rahewin, Gesta 3,30 ff. Otto Mor. 1158. Narr. de Longob. obpr. 1155 ff. Cardini 122 f. 129 ff. 140

21 Rahewin, Gesta 3,21; 3,29; 3,34 ff. Otto Mor. 1158. Narrat. de long. obpr. Cardini 131

22 Otto Mor. 1158. Narr. de Long. obpr. 1159. Haller, Das altdeutsche Kaisertum 149 ff. Cardini 131 f. 134, 144

23 Rahewin, Gesta 4,18 ff. 4,25. Narr. d. Long. obpr. 1159. Kelly 192. Hauck IV 226. Haller, Das altdeutsche Kaisertum 153 f. Ders. III 107 ff. Jordan, Investiturstreit 131

24 Rahewin, Gesta 4,28 ff. 4,32 ff. Otto Mor. 1159

25 Rahewin, Gesta 4,38 ff. 4,48 ff. 4,51. Otto Mor. 1159. Narr. de Long. obpr. 1158 f. LMA III 339. Cardini 141 ff. 145 ff. Zum Geldbedarf des (hessischen) Adels überhaupt vgl. Metz 363 ff.

26 Rahewin, Gesta 4,55

27 Rahewin, Gesta 4,56 f. Vgl. Otto Mor. 1159 u. Narr. de Long. obpr. 1159 f. Cardini 145 f.

28 Rahewin, Gesta 4,57. Narr. de Long. obpr. 1159 f.

29 Rahewin, Gesta 4,72. Otto Mor. 1160. Acerbus Mor. 1162. Cardini 146

30 Rahewin, Gesta 4,52; 4,59 ff. 4,63. Otto Mor. 1160. Narr. de Long. obpr. 1159 f. Gerh. Reichersp. de investig. Antichr. 1,53 ff. JW 2,418 ff. MG Const. 1,252 ff. LMA VIII 1666 f. Kelly 192 ff. Gregorovius II/1, 237 f. Davidsohn I 470 f. Hampe 168 f. Haller, Das altdeutsche Kaisertum 154. Ders. III 111 ff. Jordan, Investiturstreit 131 f.

31 Rahewin, Gesta 4,60 ff. Haller III 114 f.

32 Rahewin, Gesta 4,64 f. 4,74 ff. Otto Mor. 1160. Gerh. Reichersp. De investig. Antichr. 1,55. Gregorovius II/1, 239. Hampe 169. Haller, Das altdeutsche Kaisertum 155. Ders. III 116 ff. Heer, Kreuzzüge 103 ff. Jordan, Investiturstreit 132. Koch 286

33 Gregorovius II/1 239 f. Hampe 170. Haller III 121 ff. 373. Jordan, Investiturstreit 132 f.

34 Otto (Acerbus?) Mor. 1161. Fries 205. Haller, Das altdeutsche Kaisertum 157. Herde 342 ff.

35 Otto (Acerbus?) Mor. 1161 f.

36 Narr. de Longob. obpr. 1160 ff. Otto Mor. 1160. Otto (Acerbus?) Mor. 1161. – Zu den sehr wenigen zeitgenössischen Christentumskritikern, die das grauenvolle Schicksal des Tieres in unserer sogenannten Kultur anprangern, gehören Nelly Moia, vgl. etwa Für die Frauen 339 f., Géint d'Pafen 193 ff. u. a., ferner Hans Wollschläger, Horst Herrmann, vgl. etwa Was ich denke 122 ff., Peter Singer und Edgar Dahl, s. Das gekreuzigte Tier 280 ff. Dazu auch die sehr nachdrücklichen Hinweise bei G. Streminger, Gottes Güte und die Übel der Welt 105 f. 308, 373 f. u. a. S. auch Streminger, Die Jesuanische Ethik 139. Ich selbst wurde diesbezüglich – nicht eigentlich unfreundlich – erst unlängst in die kompromittierende Nachbarschaft der christlichen Kirchen versetzt. Schrieb Eckhardt Henscheid 18 doch: «Die geradezu maliziöse Unentschlossenheit der zumal katholischen Kirche bis hin zur Laxheit, Indifferenz und Indolenz scheint selbst ihre geschworenen Gegner und bösartigsten Kritiker (Nietzsche, Deschner u. a. m.) infiziert zu haben: Auch bei ihnen findet sich kaum ein anklagender Verweis auf vergangene christliche Kriminalia in der Tierverfahrensweise ...» Tatsächlich aber geißelte ich dies gelegentlich durchaus, zuletzt in meinem jüngsten Buch «Für einen Bissen Fleisch». Doch räume ich ein: viel zu selten! Und nicht erst heute wäre es mir lieber, nur ein Buch gegen die Pest des Christentums geschrieben zu haben und dafür ein paar Dutzend zugunsten der Tiere.

37 Narr. de Long. obpr. 1162. Zotz, Präsenz 177 ff.

38 Narr. de Long. obpr. 1162 ff. Schmale, Italische Quellen 23. Zotz, Präsenz 183 f.

39 Narr. de Long. obpr. 1162 ff. Acerbus Mor. 1162. dtv-Lexikon 15,39. LMA III 1388 f. VI 2074. Davidsohn I 477. Hampe 170 f. Wein 123 ff. Haller, Das altdeutsche Kaisertum 157 ff. Herkenrath 6. Grebe 15. Koch 287. Ein weiterer Kölner Metropolit, Rainalds Nachfolger, der dortige Domdechant Philipp von Heinsberg, dessen Gebeine im Kölner Dom ruhen, zerstörte zusammen mit den Römern, kurz vor seiner Bischofswahl 1167, Albano. Die Karriere verdankte er Barbarossa, zu dem er dann infolge der Machtzusammenballung beim Ausbau seines Kölner Territoriums in Gegensatz trat.

40 Acerbus Mor. 1162. Hampe 171 f. Haller, Das altdeutsche Kaisertum 160 f. Ders. III 128 ff. 131 ff. Jordan, Investiturstreit 134 f.

41 LThK III[3] 426. LMA III 1521

42 Hist. ducum Venet. SS 14,78. JW 2,426 ff. Acerbus Mor. 1163 f. Lod. Anon. (?) 1164 f. 1167. Kelly 195 f. LThK II[3] 1133. LMA II 1910, V 1352, VI 1753, VIII 1568 f. Gregorovius II/1, 240. Davidsohn I 489 f.

Hampe 173 f. Haller, Das altdeutsche Kaisertum 163 ff. 167. Ders. III 133 f. Jordan, Investiturstreit 137, 143. Schmale, Italische Quellen 207 Anm. 74. Appelt 188 f.

43 Acerbus Mor. 1164. Lodes. Anon. (?) 1167. Ann. Ceccan. SS 19,285. Boso, LP 2,412 f. LThK VI[3] 284. Gregorovius II/1, 241. Davidsohn I 499. Hampe 175. Haller, Das altdeutsche Kaisertum 168. Ders. III 134, 146. Jordan, Investiturstreit 137. Schmale, Italische Quellen 8 ff.

44 Hampe 174 f. Haller, Das altdeutsche Kaisertum 167. Ders. III 143 f. Jordan, Investiturstreit 138 f. Appelt 188

45 Lod. Anon. (?) 1166 f. Narr. de Long. obpr. 1167. LMA II 535 f. Gregorovius II/1, 242 f. Hampe 176 f. Haller, Das altdeutsche Kaisertum 169 f. Ders. III 147 f. Appelt 189. Cardini 194

46 Lod. Anon. (?) 1167. Gregorovius II/1, 243 f. Hauck IV 208. Haller, Das altdeutsche Kaisertum 170 ff. Ders. III 148. Lautemann 424. Cardini 194

47 Lod. Anon. (?) 1167. LMA IV 960. Gregorovius II/1, 244 ff. Hampe 177. Haller, Das altdeutsche Kaisertum 172. Ders. III 148. Cardini 196 f. Zu Rom als Festung («Romana arx») vgl. R. Schieffer, Mauern, Kirchen und Türme 129 ff.

48 Lod. Anon. (?) 1167. Gregorovius II/1, 247. Hampe 147, 177. Haller, Das altdeutsche Kaisertum 172 f. Ders. III 148. Cardini 197 f. Appelt 189. Zu Seuchen im Mittelalter generell vgl. Keil 109 ff. Dazu auch Dirlmeier 150 ff.

49 Lod. Anon. (?) 1167. v. Wilpert I 73. Menzel I 411. Hauck IV 226. Hampe 155 ff. Grebe 25 ff.

50 Narr. de Long. obpr. 1167. Lod. Anon. (?) 1167 f. LMA V 2100. Gregorovius II/1, 247 f. Hampe 178 ff. Haller, Das altdeutsche Kaisertum 174, 177. Ders. III 149. Jordan, Investiturstreit 140 f. Cardini 198 ff. Appelt 189 f.

51 Menzel I 413. Hauck IV 274. Davidsohn I 489 f. Hampe 181 f. Haller, Das altdeutsche Kaisertum 177 f. Jordan, Investiturstreit 142 ff. Cardini 201 f. Appelt 190

52 LP 2,420 f. Kelly 196 f. LMA I 353. Gregorovius II/1, 240, 253. Haller, Das altdeutsche Kaisertum 179. Cardini 204 ff.

53 LMA IV 556. Menzel I 416. Gregorovius II/1 248 ff. Davidsohn I 519 f. 538. Haller, Das altdeutsche Kaisertum 181, 198 f. Ders. III 173. Koch 290

54 Narr. de Long. obpr. 1174 f. LMA II 1809, V 1806. Menzel I 416 ff. Gregorovius II/1 249 f. Hampe 182 ff. Haller, Das altdeutsche Kaisertum 181 ff. Ders. III 174 f. Jordan, Investiturstreit 148. Koch 290. Appelt 190 f.

55 LMA I 567 f. VIII 1471. Hampe 186. Haller, Das altdeutsche Kaisertum 189 f. Ders. III 176 ff. Jordan, Investiturstreit 148 f. Koch 290. Engels, Die Staufer 92 f. Cardini 216 ff.

56 Boso LP 2,433. MG Const. 1,249 f. 1,259 ff. 1,349 ff. Romuald SS 19,443 ff. Narr. de Long. obpr. 1177. LMA I 568, VIII 1471. Menzel I 418 ff. Gregorovius II/1, 251 f. Hampe 187 ff. Haller, Das altdeutsche Kaisertum 189 ff. Ders. III 176 ff. Jordan, Investiturstreit 148 ff. Cardini 216 ff. 221 f. Koch 290 f. Appelt 191 f. Engels, Die Staufer 93, 97. Über den Frieden v. Venedig ausführlich: Rom. Salern. Vgl. den entspr. Auszug bei F.-J. Schmale, Quellen z. d. Italienzügen

57 LMA II 1398. Gregorovius II/1 253. Hampe 188 ff. Haller, Das altdeut-

sche Kaisertum 191 f. Ders. III 179 ff. Appelt 191 f.

58 Kelly 193 f. LMA I 404, IV 2050 f. VIII 702 f.

59 Kelly 192 ff. LMA V 1741 f. Gregorovius II/1, 254. Grupp III 277. Haller III 181. Cardini 225 f. Kolmer, Christus als beleidigte Majestät 9 f. Vgl. auch Patschovsky 317 ff. u. (mitunter peinlich apologetisch) Trusen 435 ff. Lea 91 f.

60 JW 2,431. Kelly 194. LMA V 434. Gregorovius II/1 254, 256. Hampe 190 f. Haller, Das altdeutsche Kaisertum 198 f. Ders. III 182 f. 189. Jordan, Investiturstreit 156. Cardini 226

61 LP 2,450. Arnold v. Lübeck 3,16. LMA V 2162 f. VIII 1284. Kelly 197 ff. Hauck IV 306. Hampe 209 ff. Haller, Das altdeutsche Kaisertum 199 ff. Ders. III 188 ff. 194. Jordan, Investiturstreit 157. Cardini 235 f.

62 LMA IV 1957, V 357, VII 1280. Hampe 212 ff. Haller, Das altdeutsche Kaisertum 201 ff. Ders. III 194 f. Atiya 73. Jordan, Investiturstreit 160. Gabrieli 262

11. KAPITEL
DER DRITTE KREUZZUG (1189–1192)

1 Cardini 245

2 Zit. nach Wollschläger 256. Vgl. auch Pernoud 205 f.

3 Zit. nach Wollschläger 261 f.

4 LThK VI³ 473. HEG II 190. Paulus I 126 II 32. Wollschläger 259. Zöllner, Geschichte der Kreuzzüge 108 f. Cardini 243 ff.

5 LThK I³ 485. LMA I 508 f. Atiya 65 ff. Zöllner, Geschichte der Kreuzzüge 100. H. E. Mayer 63 ff.

6 LMA IV 1957, VII 416 f. Atiya 71. Kühner, Gezeiten I 190. Wollschläger 253 f. Oldenbourg 348 ff. Hamilton 97 ff. Gabrieli 156 ff. 170. Zöllner, Geschichte der Kreuzzüge 102 ff.

7 Heer, Kreuzzüge 107 f. Kühner, Gezeiten I 190 f. Gabrieli 143

8 LMA VII 1280, 1317. Atiya 71 f. Heer, Kreuzzüge 108. Montgomery I 193. Wollschläger 263. Zöllner, Geschichte der Kreuzzüge 101

9 LMA IV 1957. Atiya 71. Montgomery I 193 ff. Heer, Die Kreuzzüge 108. Pernoud 182, 202 ff. Wollschläger 255 f. Gabrieli 159 ff. 170, 176 f. 179 ff. Möhring 20 ff. Zöllner, Geschichte der Kreuzzüge 100 ff. 105 f. Bradford 37 ff.

10 LMA VII 417. Montgomery I 196. Pernoud 205. Gabrieli 171, 180 ff. 184 ff.

11 LMA VII 1280 f. Atiya 71 f. Heer, Kreuzzüge 108. Kühner, Die Kreuzzüge II 21. Oktober 1970, 2. Wollschläger 255 f. Pernoud 208. Gabrieli 184 f. 188, 201 ff.

12 Menzel I 427. Atiya 72. Kühner, Gezeiten I 192 f. Heer, Kreuzzüge 108. Pernoud 183, 210 f. Oldenbourg 368 ff. 380. Gabrieli 190 ff. 204 ff.

13 Gabrieli 211

14 LMA I 386, V 666 f. VI 1399, VII 1043 f. Atiya 72. Heer, Mittelalter 232 ff. Ders. Kreuzzüge 108 f. Oldenbourg 377 ff.

15 LP 2, 349. JW 2, 528 ff. Kühner, Lexikon 97. Kelly 198 ff. LMA IV 1671. LMA VIII 998, 1284. Menzel I 428. Paulus I 204. Holtzmann W., Die Dekretalen 113 ff. Haller, Das altdeutsche Kaisertum 203. Ders. III 191 ff. 197 f. Heer, Kreuzzüge 109. Pfaff 175 ff. Zöllner, Geschichte der Kreuzzüge 109

16 Kelly 200 f. LMA II 2140 f. IV 2050 f. VI 2058. Menzel I 425. Gregorovius II/1, 259. Haller, Das altdeutsche Kaisertum 203 f. Ders. III 198 ff. Heer, Mittelalter 572.

Atiya 73. Jordan, Investiturstreit 160. Wollschläger 260. Kühner, Gezeiten I 193. Ders., Die Kreuzzüge II, 21. Oktober 1970, 1. Zöllner, Geschichte der Kreuzzüge 109 f.

17 Menzel I 428 f. Fries 227. Lekai 76 f. Haller, Das altdeutsche Kaisertum 204 f. Kühner, Gezeiten I 194. Wollschläger 262. Heer, Kreuzzüge 109. Zöllner, Geschichte der Kreuzzüge 111 f. Vgl. auch Voss 168 f.

18 Menzel I 430. Haller, Das altdeutsche Kaisertum 205 f. Ders. III 211. Wein 125 ff. Atiya 73. Heer, Kreuzzüge 109 f. Jordan, Investiturstreit 161. Gabrieli 262 ff. Zöllner, Geschichte der Kreuzzüge 112

19 LMA IV 2051, VII 810 f. Haller III 201 f.

20 LMA VI 2059. Gregorovius II/1 261. Kawerau 143. Wollschläger 264. Zöllner, Geschichte der Kreuzzüge 112 f.

21 Pierer 9, 808. Menzel I 431. Kawerau 143. Atiya 73. Heer, Kreuzzüge 110. Pernoud 220 ff. Wollschläger 265. Gabrieli 266 ff. Zöllner, Geschichte der Kreuzzüge 113 f.

22 Arnold v. Lüb. Chron. Slav. 4,16. Grupp IV 147 f. Ludwig 23. Heer, Mittelalter 219. Ders., Kreuzzüge 110. Kühner, Die Kreuzzüge II, 2. Wollschläger 268. Gabrieli 278 f.

23 Kühner, Lexikon 98. LThK IV[3] 746 f. Pierer 9, 808. Pernoud 238 ff. 246 f. Heiler 177 f. Montgomery I 196. Haller III 211. Heer, Mittelalter 219. Jordan, Investiturstreit 161. Gabrieli 280 ff.

BENUTZTE SEKUNDÄRLITERATUR

Aerssen, J. van, Kirchengeschichte für Schule und Haus, 1901

Ahlheim, K., Kreuzzüge und Ketzerkriege in Europa, in: Deschner (Hg.), Kirche und Krieg, 1970

Albert, H., Die Formen des religiösen Pragmatismus, in: Dahl, E. (Hg.), Die Lehre des Unheils, 1993

Althoff, G., Amicitiae und Pacta. Bündnis, Einung, Politik und Gebetsgedenken im beginnenden 10. Jahrhundert, 1992

Althoff, G., Die Billunger in der Salierzeit, in: Weinfurter, S. (Hg.), Die Salier und das Reich, 1. Bd., 2. A., 1992

Althoff, G., Empörung, Tränen, Zerknirschung. ‹Emotionen› in der öffentlichen Kommunikation des Mittelalters, in: FMS, 1996

Anton, H. H., Fürstenspiegel und Herrscherethos in der Karolingerzeit, 1968

Anton, H. H., Bonifaz von Canossa, Markgraf von Tuszien, und die Italienpolitik der frühen Salier, in HZ (214), 1972

Appelt, H., Friedrich Barbarossa (1152–1190), in: Beumann (Hg.), Kaisergestalten des Mittelalters, 3. A., 1991

Arnold, K., Die Einstellung zum Kind im Mittelalter, in: B. Herrmann (Hg.), Menschen und Umwelt im Mittelalter, 1996

Atiya, A. S., Kreuzfahrer und Kaufleute. Die Begegnung von Christentum und Islam, 1964

Auer, W., Heiligen-Legende für Schule und Haus. Mit Bild, Leben eines Heiligen, Lehre und Gebet für jeden Tag des Jahres. 5. A. (154. bis 160. Tausend), 1907

Auer, L., Der Kriegsdienst des Klerus unter den sächsischen Kaisern, in: MIÖG, 1971

Aufhauser, J. B., Bayerische Missionsarbeit im Osten während des 9. Jahrhunderts, in: Festgabe Alois Knöpfler, 1917

Baeger, E., Staat und Kirche, in: Dahl, E. (Hg.), Die Lehre des Unheils, 1993

Ballesteros/Beretta, A., Geschichte Spaniens, 1943

Bannasch, H., Das Bistum Paderborn unter den Bischöfen Rethar und Meinwerk (983–1036), 1972

Bauer, A., Der Livlandkreuzzug, in: Wittram, R. (Hg)., Baltische Kirchengeschichte, 1956

Bauerreiss, R., Kirchengeschichte Bayerns. Zweiter Band. Von den Ungarneinfällen bis zur Beilegung des Investiturstreites (1123), 1950

Becker, A., Papst Urban II. (1088–1099). Der Papst, die griechische Christenheit und der Kreuzzug, Teil 2, 1988

Becker, K., Sag nein zum Krieg, o. J.

Beissel, S., Die Verehrung der Heiligen und ihrer Reliquien in Deutschland bis zum Beginn des 13. Jahrhunderts I, 1890

Beissel, S., Die Verehrung der Heiligen und ihrer Reliquien in Deutschland während der zweiten Hälfte des Mittelalters (II), 1892

Benninghoven, F., Der Orden der Schwertbrüder, 1965
Bentzien, U., Bauernarbeit im Feudalismus. Landwirtschaftliche Arbeitsgeräte und -verfahren in Deutschland von der Mitte des ersten Jahrtausends u. Z. bis um 1800, 2., verb. A., 1990
Berg, D./Goetz, H.-W. (Hg.), Ecclesia et regnum. Beiträge zur Geschichte von Kirche, Recht und Staat im Mittelalter. Festschrift für Franz-Josef Schmale zu seinem 65. Geburtstag, 1989
Bernhardi, W., Lothar von Supplinburg. Neudruck von 1879. 2. unveränd. A., 1975
Bernhart, J., Der Vatikan als Weltmacht. Geschichte und Gestalt des Papsttums. 19.–23. A., 1951
Bertram, A., Geschichte des Bisthums Hildesheim I, 1899
Beumann, H., Das päpstliche Schisma von 1130, Lothar III. und die Metropolitanrechte von Magdeburg und Hamburg-Bremen in Polen und Dänemark, 1971
Beumann, H. (Hg.), Heidenmission und Kreuzzugsgedanke in der deutschen Ostpolitik des Mittelalters, 1963, 2. A., 1973
Beumann, H., Das Reich der späten Salier und der Staufer (1056–1250), in: Seibt, F. (Hg.), Europa im Hoch- und Spätmittelalter, HEG, Bd. 2, 1987
Beumann, H. (Hg.), Kaisergestalten des Mittelalters, 3. durchges. A., 1991
Beumann, H., Die Auctoritas des Papstes und der Apostelfürsten in Urkunden der Bischöfe von Halberstadt. Vom Wandel des bischöflichen Amtsverständnisses in der späten Salierzeit, in: Weinfurter (Hg.), Die Salier und das Reich, II, 1992
Beyreuther, G., Heinrich II., in: Engel/Holtz (Hg.), Deutsche Könige und Kaiser des Mittelalters, 1989
Birnbacher, D., Das Dilemma der christlichen Ethik, in: Dahl, E. (Hg.), Die Lehre des Unheils, 1993
Bischof, N., Über die Chronologie der Kaiserin Gisela und über die Verweigerung ihrer Krönung durch Aribo von Mainz, in: MIÖG 58, 1950
Blattmann, M., «Ein Unglück für sein Volk». Der Zusammenhang zwischen Fehlverhalten des Königs und Volkswohl in Quellen des 7.–12. Jahrhunderts, in: FMSt 1996
Blumenthal, U.-R., Rom in der Kanonistik, in: Schimmelpfennig, B./Schmugge, L. (Hg.), Rom im hohen Mittelalter, 1992
Böckle, F., Friede und moderner Krieg, in: Der katholische Gedanke, Heft 1, März 1967
Böhmer, H., Kirche und Staat in England und in der Normandie im XI. und XII. Jahrhundert. Eine historische Studie, 1899
Bónis, G., Die Entwicklung der geistlichen Gerichtsbarkeit in Ungarn vor 1526, 1965
Borst, A., Die Katharer, 1953
Borst, A., Mönche am Bodensee 610–1525, 4. A., 1997
Boshof, E., Erzbischof Agobard von Lyon, 1969
Boshof, E., Lothringen, Frankreich und das Reich in der Regierungszeit Heinrichs III., in: RhVjbl. 42, 1978
Boshof, E., Lotharingien – Lothringen: Vom Teilreich zum Herzogtum, in: Heit, A. (Hg.), Zwischen Gallia und Germania, 1987
Boshof, E., Odo von Beauvais, Hinkmar von Reims und die kirchenpolitischen Auseinandersetzungen im westfränkischen Reich, in: Berg, D./Goetz, H.-W. (Hg.), Ecclesia et regnum, 1989

Donin, L. (Hg.), Leben und Thaten der Heiligen Gottes oder: Der Triumph des wahren Glaubens in allen Jahrhunderten. Mit Angabe der vorzüglichsten Geschichtsquellen und praktischer Anwendung nach den bewährtesten Geistesmännern. Zweite verm. u. verb. A., 7 Bde., 1861/62

Dörries, H., Fragen der Schwertmission, in: Wittram, R. (Hg.), Baltische Kirchengeschichte, 1956

Dörries, H., Wort und Stunde. I. Gesammelte Studien zur Kirchengeschichte des vierten Jahrhunderts, 1966. II. Aufsätze zur Geschichte der Kirche im Mittelalter, 1969. III. Beiträge zum Verständnis Luthers, 1970

Dresdner, A., Kultur- und Sittengeschichte der italienischen Geistlichkeit im 10. und 11. Jahrhundert, 1890

dtv-Lexikon. Ein Konservationslexion in 20 Bänden, 1966

dtv-Lexikon der Antike, Philosophie Literatur Wissenschaft, 4 Bde., 1970

dtv-Lexion der Goethe-Zitate, 1972

Duby, G., Die Zeit der Kathedralen. Kunst und Gesellschaft 980–1420, 2. A., 1984

Duden, Das Große Fremdwörterbuch. Herkunft und Bedeutung der Fremdwörter. Herausgegeben und bearbeitet vom Wissenschaftlichen Rat der Dudenredaktion, 1994

Dümmler, E., Geschichte des Ostfränkischen Reiches, I: Ludwig der Deutsche bis zum Frieden von Koblenz 860, II: Ludwig der Deutsche vom Koblenzer Frieden bis zu seinem Tode (860–876), 2. A. 1887. III: Die letzten Karolinger. Konrad I. 2. A. 1888, Neudruck 1960

Durant, W., Das frühe Mittelalter, 1981

Eban, A., Dies ist mein Volk. Die Geschichte der Juden, 1970

Ebel, E., Die sogenannte ‹Friedelehe› im Island der Saga- und Freistaatszeit (870–1264), in: Schwab/Giesen/Listl/Strätz (Hg.), Staat, Kirche, Wissenschaft in einer pluralistischen Gesellschaft, 1989

Ebner, H., Die Burg als Forschungsproblem, in: Patze (Hg.), Die Burgen I, 1976

Ecker, W. P./Ehrlich, E. L., Judenhaß – Schuld der Christen? Versuche eines Gesprächs, 1964

Ehlers, J., Geschichte Frankreichs im Mittelalter, 1987

Eichmann, E./Mörsdorf, K., Lehrbuch des Kirchenrechts auf Grund des Codex Iuris Canonici, II. Bd., Sachenrecht, 7. A., 1953

Ellinger, G., Das Verhältnis der öffentlichen Meinung zu Wahrheit und Lüge im 10., 11. und 12. Jahrhundert, 1884

Emerton, E., The correspondence of Pope Gregory VII, 1932

Endres, Rolle der Grafen von Schweinfurt, in: JbfL, 1937

Engel, E./Epperlein, S., Die feudale deutsche Ostexpansion im 12. und 13. Jahrhundert und die Herausbildung der vollentwickelten Feudalgesellschaft zwischen Elbe und Oder, in: Herrmann, J. (Hg.), Die Slawen in Deutschland, 1970

Engel, E./Holtz, E., Deutsche Könige und Kaiser des Mittelalters, 1989

Engels, O., Die Iberische Halbinsel von der Auflösung des Kalifats bis zur politischen Einigung, in: Seibt, F. (Hg.), Europa im Hoch- und Spätmittelalter, HEG, Bd. 2, 1987

Engels, O., Zum päpstlich-fränkischen Bündnis im 8. Jahrhundert, in: Berg, D./ Goetz, H.-W. (Hg.), Ecclesia et regnum, 1989

Engels, O., Das Reich der Salier-Entwicklungslinien, in: Weinfurter, S. (Hg.), Die Salier und das Reich, Bd. 3, 2. A., 1992

Engels, O., Die Staufer, 6. überarb. und erweit. A., 1994
Engler, A., Canossa. Die große Täuschung, 1988
Ennen, E., Die Frau in der mittelalterlichen Stadt, in: Herrmann, B. (Hg.), Mensch und Umwelt im Mittelalter, 1996
Eppelsheimer, H. W. (Hg.), Handbuch der Weltliteratur I. Von den Anfängen bis zum Ende des achtzehnten Jahrhunderts, 1947
Epperlein, S., Fränkische Eroberungspolitik, feudale deutsche Ostexpansion und der Unabhängigkeitskampf der slawischen Stämme bis zum 11. Jahrhundert, in: Herrmann, J. (Hg.), Die Slawen in Deutschland, 1970
Epperlein, S., Heinrich IV. 1056–1106, in: Engel, E./Holtz, E. (Hg.), Deutsche Könige und Kaiser des Mittelalters, 1989
Erben, W., Kriegsgeschichte des Mittelalters, 1929
Erdmann, C., Die Entstehung des Kreuzzugsgedankens, 1965
Erffa, W. v., Wehrkirchen in Oberfranken, 1956
Erkens, F.-R., Die Bistumsorganisation in den Diözesen Trier und Köln – ein Vergleich, in: Weinfurter, S. (Hg.), Die Salier und das Reich II, 1992
Falck, L., Mainz im frühen und hohen Mittelalter (Mitte 5. Jahrh. bis 1244), 1972
Falco, G., Geist des Mittelalters. Kirche, Kultur, Staat, 1958
Faußner, H. C., Die Fälschungen Wibalds von Stablo für und gegen das Kollegiatsstift zu Aschaffenburg, in: Schwab/Giesen/Listl/Strätz (Hg.), Staat, Kirche, Wissenschaft in einer pluralistischen Gesellschaft, 1989
Feeley-Harnik, G., Herrscherkunst und Herrschaft: Neuere Forschungen zum sakralen Königtum, in: Lüdtke, A. (Hg.), Herrschaft als soziale Praxis, 1991
Fenske, L., Adelsopposition und kirchliche Reformbewegung im östlichen Sachsen. Entstehung und Wirkung des sächsischen Widerstandes gegen das salische Königtum während des Investiturstreits, 1977
Ferdinandy, M. de, Die nordeurasischen Reitervölker und der Westen bis zum Mongolensturm, in: Valjavec, F. (Hg.), Frühes Mittelalter, 1956
Fichtenau, H., Lebensordnungen des 10. Jahrhunderts. Studien über Denkart und Existenz im einstigen Karolingerreich, 2. A., 1994
Fichtinger, C., Lexikon der Heiligen und Päpste, 1980
Fink, K. A., Papsttum und Kirche, 1981
Finke, H., Das Problem des gerechten Krieges in der mittelalterlichen theologischen Literatur, in: Lang, A./Lechner, J./Schmaus, M. (Hg.), Aus der Geisteswelt des Mittelalters, 1935
Fischer, J., Königtum, Adel und Kirche im Königreich Italien (774–875), 1965
Fischer, L., Studien um Bamberg und Kaiser Heinrich II., 1954
Fischer, R., Das Untermaingebiet und Aschaffenburg im frühen und hohen Mittelalter, in: Kolb/Krenig (Hg.), Unterfränkische Geschichte, 3. A., 1991
Fleckenstein, J., Rex Canonicus, in: Festschrift für P. E. Schramm, 1964
Fleckenstein, J., Heinrich IV. und der deutsche Episkopat in den Anfängen des Investiturstreites. Ein Beitrag zur Problematik von Worms, Tribur und Canossa, in: Fleckenstein/Schmid, Adel und Kirche, 1968
Fleckenstein, J., Grundlagen und Beginn der deutschen Geschichte, 1974
Fleckenstein, J., Über die Anfänge der deutschen Geschichte, 1987
Fleckenstein, J./Bulst-Thiele, M. L., Begründung und Aufstieg des deutschen Reiches, 1973
Fleckenstein, J./Schmid, K. (Hg.), Adel und Kirche, 1968

Folz, R., Frankreich von der Mitte des 11. bis zum Ende des 15. Jahrhunderts, in: Seibt, F. (Hg.), Europa im Hoch- und Spätmittelalter, HEG, Bd. 2, 1987
Franzen, A., Kleine Kirchengeschichte, 1965
Frech, G., Die deutschen Päpste – Kontinuität und Wandel, in: Weinfurter (Hg.), Die Salier und das Reich II, 1992
Fried, J., Der päpstliche Schutz für Laienfürsten, 1980
Fried, J., Die Formierung Europas 840–1046, 1991
Fried, J., Der Weg in die Geschichte. Die Ursprünge Deutschlands. Bis 1024, 1994
Fries, L., Geschichte, Namen, Geschlecht, Leben, Taten und Absterben der Bischöfe von Würzburg und Herzöge zu Franken. Nach zwei der ältesten und vorzüglichsten Handschriften herausgegeben, 1924
Fuchs, K./Raab, H., dtv-Wörterbuch zur Geschichte, 2 Bde., 1972
Fuhrmann, H., Adalberts von Bremen Mahnung: Si non caste tamen caute, in: Mare Balticum, FS für E. Hoffmann, 1992
Fuhrmann, H., Ecclesia Romana – Ecclesia Universalis, in: Schimmelpfennig, B./Schmugge, L. (Hg.), Rom im hohen Mittelalter, 1992
Fuhrmann, H., Deutsche Geschichte im hohen Mittelalter von der Mitte des 11. bis zum Ende des 12. Jahrhunderts. 3. durchgesehene und ergänzte A., 1993
Fuhrmann, H., Die Päpste. Von Petrus zu Johannes Paul II., 1998. Vgl. dazu M. Lhotzkys ironisch-kritische Rezension Hände falten, Goschen halten, in: FAZ, 23. 11. 1998
Gabrieli, F. (Hg.), Die Kreuzzüge aus arabischer Sicht. Aus den arabischen Quellen ausgewählt und übersetzt, 1975
Ganahl, K. H., Verfassungsgeschichte der Klosterherrschaft St. Gallen, 1934
Gauss, J., Ost und West in der Kirche und Papstgeschichte des 11. Jahrhunderts, 1967
Gelhausen, H., Atheismus – ein Stadium der Reife, in: Dahl, E. (Hg.), Die Lehre des Unheils, 1993
Geremek, B., Geschichte der Armut. Elend und Barmherzigkeit in Europa, 1991
Giese, W., Reichsstrukturprobleme unter den Saliern – der Adel in Ostsachsen, in: Weinfurter, S. (Hg.), Die Salier und das Reich, 1. Bd., 2. A., 1992
Gilsenan, M., Patrimonialismus im Nordlibanon – Willkürherrschaft, Entzauberung und Ästhetik der Gewalt, in: Lüdtke, A. (Hg.), Herrschaft als soziale Praxis, 1991
Glaeske, G., Die Erzbischöfe von Hamburg-Bremen als Reichsfürsten, 1962
Gontard, F., Die Päpste. Regenten zwischen Himmel und Hölle, 1959
Goody, E., Warum die Nacht recht haben muß: Bemerkungen zur Herrschaft eines Geschlechts über das andere, in: Lüdtke, A. (Hg.), Herrschaft als soziale Praxis, 1991
Goetting, H., Das Bistum Hildesheim. Die Hildesheimer Bischöfe von 815 bis 1221 (1227), 1984
Goetz, H.-W., Das Herzogtum im Spiegel der salierzeitlichen Geschichtsschreibung, in: Weinfurter, S. (Hg.), Die Salier und das Reich, 1. Bd., 2. A., 1992
Goetz, H.-W., Leben im Mittelalter vom 7. bis zum 13. Jahrhundert, 1994
Goez, E., Der Thronerbe als Rivale: König Konrad, Kaiser Heinrichs IV. älterer Sohn, in: HJb, 116. Jg., Erster Halbband, 1996
Graus, F., Volk, Herrscher und Heiliger im Reich der Merowinger. Studien zur Hagiographie der Merowingerzeit, 1965

Grebe, W., Studien zur geistigen Welt Rainalds von Dassel, in: AHVN 1969
Gregorovius, F., Geschichte der Stadt Rom im Mittelalter. Vom V. bis zum XVI. Jahrhundert, 2. A., 8 Bde., 1869/1874. Fast stets benutzt wurde aber die im dtv vollständig edierte und überarbeitete Ausgabe von W. Kampf, 1978
Grupe, G., Umwelt und Bevölkerungsentwicklung im Mittelalter, in: Herrmann, B. (Hg.), Mensch und Umwelt im Mittelalter, 1996
Grupp, G., Kulturgeschichte des Mittelalters, 6 Bde., 1907–1925
Gschwind, P., Die Priesterehe und der Cölibatszwang, 1875
Gurjewitsch, A. J., Das Weltbild des mittelalterlichen Menschen, 1978
Guth, K., Die Heiligen Heinrich und Kunigunde. Leben, Legende, Kult und Kunst, 1986
Guttenberg, E. v., Das Bistum Bamberg, Bd. I, 1937, Bd. II, 1966
Hägermann, D., Untersuchungen zum Papstwahldekret von 1059, in: ZSRG, Kan. Abt., 1970
Haller, J., Das altdeutsche Kaisertum, 1944
Haller, J., Die Epochen der Deutschen Geschichte, 1956
Haller, J., Das Papsttum. Idee und Wirklichkeit I–V, 1965
Hamilton, B., The Elephant of Christ: Raynald of Châtillon, in: Studies in Church History 15, 1978
Hampe, K., Deutsche Kaisergeschichte in der Zeit der Salier und Staufer, 9. A., 1945
Handbuch der Kirchengeschichte, Die mittelalterliche Kirche. Erster Halbband: Vom kirchlichen Frühmittelalter zur gregorianischen Reform, Bd. III/1, 1985
Handbuch der Kirchengeschichte, Die mittelalterliche Kirche: Vom Kirchlichen Hochmittelalter bis zum Vorabend der Reformation, Bd. III/2, 1985
Hartmann, C. M., Geschichte Italiens im Mittelalter, 4 Bde., Neudruck 1969
Hartmann, W., Discipulus non est super magistrum (Matth. 10,24). Zur Rolle der Laien und der niederen Kleriker im Investiturstreit, in: Mordek, H. (Hg.), Papsttum, Kirche und Recht im Mittelalter, 1991
Hartmann, W., Autoritäten im Kirchenrecht und Autorität des Kirchenrechts in der Salierzeit, in: Weinfurter, S. (Hg.), Die Salier und das Reich, 3. Bd., 2. A., 1992
Hassauer, F., Am Anfang ein Grab – am Ende die Geldmacht, in: Deutsches Allgemeines Sonntagsblatt Nr. 39, 28. 9. 1986
Hassauer, F./Brühl, H., Santiago de Compostela. Plötzlich lag sie vor uns, die ersehnte Stadt, in: Kölner Stadt-Anzeiger, Ostern 1982
Hauck, A., Kirchengeschichte Deutschlands, Bd. III und IV, 9. unveränd. A., Neudruck 1958
Hausmann, F., Reichskanzlei und Hofkapelle unter Heinrich V. und Konrad III. (Schriften der MGH 14), 1956
Haverkamp, A., Italien im hohen und späten Mittelalter 1056–1454, in: Seibt, F. (Hg.), Europa im Hoch- und Spätmittelalter, HEG, Bd. 2, 1987
Haverkamp, A., Einführung, in: Heit, A. (Hg.), Zwischen Gallia und Germania, Frankreich und Deutschland, 1987
Haverkamp, A., Die Städte Trier, Metz, Toul und Verdun: Religiöse Gemeinschaften im Zentralitätsgefüge einer Städtelandschaft zur Zeit der Salier, in: Weinfurter, S. (Hg.), Die Salier und das Reich, Bd. III, 2. A., 1992
Hay, D., Das Reich Christi. Das mittelalterliche Europa nimmt Gestalt an, in: Rice (Hg.), Morgen des Abendlandes, 1965

Heer, F., Aufgang Europas. Eine Studie zu den Zusammenhängen zwischen politischer Religiosität, Frömmigkeitsstil und dem Werden Europas im 12. Jahrhundert, 1949

Heer, F., Mittelalter, 1961

Heer, F., Kreuzzüge – gestern, heute, morgen? 1969

Hehl, E. D., Iuxta canones et instituta sanctorum patrum. Zum Mainzer Einfluß auf Synoden des 10. Jahrhunderts, in: Mordek, H. (Hg.), Papsttum, Kirche und Recht im Mittelalter, 1991

Heidrich, I., Bischöfe und Bischofskirche von Speyer, in: Weinfurter (Hg.), Die Salier und das Reich, Bd. II, 1992

Heiler, F., Erscheinungsformen und Wesen der Religion, 1961

Heine, H., Sämtliche Werke, hgg. v. H. Kaufmann, Bd. II, 1964

Heit, A. (Hg.), Zwischen Gallia und Germania, Frankreich und Deutschland. Konstanz und Wandel raumbestimmender Kräfte. Vorträge auf dem 36. Deutschen Historikertag, Trier, 8.–12. Oktober 1986, 1987

Helbig, H., Landesausbau und Siedlungsbewegungen, in: Seibt, F. (Hg.), Europa im Hoch- und Spätmittelalter, HEG, Bd. 2, 1987

Hellinger, W., Die Pfarrvisitation nach Regino von Prüm, in: ZSRG, Kan. Abt., 1962/63

Hellmann, M., Die politisch-kirchliche Grundlegung der Osthälfte Europas, in: Schieffer, T. (Hg.), HEG, Bd. 1, 3. A., 1992

Helmold von Bosau, Slawenchronik. Ausgewählte Quellen zur deutschen Geschichte des Mittelalters. Freiherr von Stein Gedächtnisausgabe, 1963

Henning, M., Der Koran, übertragen von M. Henning, Einleitung und Anmerkungen von A. Schimmel, 1960

Henscheid, E., Welche Tiere und warum das Himmelreich erlangen können. Neue theologische Studien, 1995

Hentig, H. v., Die Strafe. I Frühformen und kulturgeschichtliche Zusammenhänge, 1954. II Die modernen Erscheinungsformen, 1955

Herde, P., Das staufische Zeitalter, in: Kolb/Krenig (Hg.), Unterfränkische Geschichte I, 3. A., 1991

Herkenrath, R. M., Ein Notar Friedrich Barbarossas im Dienste des Erzbischofs Philipp von Köln, in: JKG 1973

Herrmann, B. (Hg.), Mensch und Umwelt im Mittelalter, 1996

Herrmann, E., Fragen zu einem päpstlichen Amtsverzicht, in: ZSSR, Kan. Abt., 1970

Herrmann, H., Ketzer in Deutschland, 1978

Herrmann, H., Kirchenfürsten. Zwischen Hirtenwort und Schäferstündchen, 1992

Herrmann, H., Passion der Grausamkeit. 2000 Jahre Folter im Namen Gottes, 1994

Herrmann, H., Was ich denke, 1994

Herrmann, J. (Hg.), Die Slawen in Deutschland, Geschichte und Kultur der slawischen Stämme östlich von Oder und Neisse vom 6. bis 12. Jahrh., 1970

Herrmann, K.-J., Das Tuskulanerpapsttum (1012–1046), Benedikt VIII., Johannes XIX., Benedikt IX., 1973

Hertling, L., Geschichte der katholischen Kirche, 1949

Hillebrecht, M.-L., Eine mittelalterliche Energiekrise, in: Herrmann, B. (Hg.), Mensch und Umwelt im Mittelalter, 1996

Hilsch, P., Die Bischöfe von Prag in der frühen Stauferzeit. Ihre Stellung zwischen Reichs- und Landesgewalt von Daniel I. (1148–1167) bis Heinrich (1182–1197), 1969

Hirsch, S., Jahrbücher des Deutschen Reiches unter Heinrich II. I–III, Neudruck der 1. Auflage von 1862, 1975

His, R., Das Strafrecht des deutschen Mittelalters. I Die Verbrechen und ihre Folgen im allgemeinen, 1920. II Die einzelnen Verbrechen, 1935

Hlawitschka, E. (Hg.), Königswahl und Thronfolge in ottonisch-frühdeutscher Zeit, 1971

Hlawitschka, E., Vom Frankenreich zur Formierung der europäischen Staaten- und Völkergemeinschaft 840–1046. Ein Studienbuch zur Zeit der späten Karolinger, der Ottonen und der frühen Salier in der Geschichte Mitteleuropas, 1986

Hlawitschka, E., Untersuchungen zu den Thronwechseln der ersten Hälfte des 11. Jahrhunderts und zur Adelsgeschichte Süddeutschlands. Zugleich klärende Forschungen um «Kuno von Öhningen», 1987

Hlawitschka, E., Kaiser Heinrich II. (1002–1024), in: Schnith (Hg.), Mittelalterliche Herrscher in Lebensbildern, 1990

Hlawitschka, E., Zur Herkunft und zu den Seitenverwandten des Gegenkönigs Rudolf von Rheinfelden – Genealogische und politisch-historische Untersuchungen, in: Weinfurter, S. (Hg.), Die Salier und das Reich, Bd. 1, 2. A., 1992

Hoffmann, H., Gottesfrieden und Treuga Dei, 1964

Hoffmann, H., Petrus Diaconus, die Herren von Tusculum und der Sturz Oderisius' II. von Montecassino, in: DAEM, 1971

Höflinger, K., Kaiser Lothar III. (1125–1137). Die Nachkommen Kaiser Lothars III., in: Schnith, Mittelalterliche Herrscher in Lebensbildern, 1990

Höflinger, K., König Konrad III. Die Nachkommen König Konrads III. (1138–1152), in: Schnith, Mittelalterliche Herrscher in Lebensbildern, 1990

Höflinger, K., Kaiser Heinrich VI. (1190–1197). Der Nachkomme Kaiser Heinrichs VI., in: Schnith, Mittelalterliche Herrscher in Lebensbildern, 1990

Holtzmann, R., Der Kaiser als Marschall des Papstes. Eine Untersuchung zur Geschichte der Beziehungen zwischen Kaiser und Papst im Mittelalter, in: Schriften der Straßburger Wissenschaftlichen Gesellschaft in Heidelberg, 8. Heft, 1928

Holtzmann, R., Aufsätze zur deutschen Geschichte, 1962

Holtzmann, R., Geschichte der sächsischen Kaiserzeit, 900–1024, 2 Bde., 1955, 1971

Holtzmann, W., Die Dekretalen Gregors VIII., in: MIÖG 58, 1950

Hóman, B., Geschichte des ungarischen Mittelalters. I. Bd. Von den ältesten Zeiten bis zum Ende des XII. Jahrhunderts, 1940. II. Bd. Vom Ende des XII. Jahrhunderts bis zu den Anfängen des Hauses Anjou, 1943

Hóman, B., König Stephan I. der Heilige. Die Gründung des ungarischen Staates, 1941

Horn, M., Zur Geschichte der Bischöfe und der Bischofskirche von Augsburg, in: Weinfurter, Die Salier und das Reich, Bd. II, 1992

Hornus, J.-M., Politische Entscheidung in der alten Kirche. Mit einem Vorwort von Nikolaus Koch, 1963

Huizinga, J., Herbst des Mittelalters. Studien über Lebens- und Geistesformen des 14. und 15. Jahrhunderts in Frankreich und in den Niederlanden, 8. A., 1961

Huschner, W., Konrad II. (1024–1039), in: Engel/Holtz (Hg.), Deutsche Könige und Kaiser des Mittelalters, 1989
Huschner, W., Heinrich III. (1039–1056), in: Engel/Holtz (Hg.), Deutsche Könige und Kaiser des Mittelalters, 1989
Illmer, D., Erziehung und Wissensvermittlung im frühen Mittelalter. Ein Beitrag zur Entstehungsgeschichte der Schule, 1979
Janner, F., Geschichte der Bischöfe von Regensburg, 2 Bde., 1883/1884
Johanek, P., Die Erzbischöfe von Hamburg-Bremen und ihre Kirche im Reich der Salierzeit, in: Weinfurter II (Hg.), Die Salier und das Reich, 1992
Johansen, P., Saxo Grammaticus und das Ostbaltikum, in: ZOF, 1974
Jordan, K., Der Kaisergedanke in Ravenna zur Zeit Heinrichs IV. Ein Beitrag zur Vorgeschichte der staufischen Reichsidee, in: DAM, 1938
Jordan, K., Investiturstreit und frühe Stauferzeit, 1970
Kahl, H.-D., Compellere intrare. Die Wendenpolitik Bruns von Querfurt im Lichte hochmittelalterlichen Missions- und Völkerrechts, in: Beumann, Heidenmission, 1963
Kahl, H.-D., Die Entwicklung des Bistums Brandenburg bis 1165, in: HJ, 1966
Kallfelz, H., Lebensbeschreibungen einiger Bischöfe des 10.–12. Jahrhunderts. 2. unver. A., 1973
Kawerau, P., Geschichte der mittelalterlichen Kirche, 1967
Keil, G., Seuchenzüge des Mittelalters, in: Herrmann, B. (Hg.), Mensch und Umwelt im Mittelalter, 1996
Keller, H., Zwischen regionaler Begrenzung und universalem Horizont. Deutschland im Imperium der Salier und Staufer 1024 bis 1250, 1990
Keller, H. L., Reclams Lexikon der Heiligen und der biblischen Gestalten. Legende und Darstellung in der bildenden Kunst, 1968
Kelly, J. N. D., Reclams Lexikon der Päpste, 1988
Kindermann, H./Dietrich, M. (Hg.), Lexikon der Weltliteratur, 1950
Kindlers Literaturlexikon, 1967
Kisch, G., Forschungen zur Rechts- und Sozialgeschichte der Juden in Deutschland während des Mittelalters, 1955
Kist, J., Fürst- und Erzbistum Bamberg, 1962
Kober, F., Die Deposition und Degradation, nach den Grundsätzen des kirchlichen Rechts historisch dogmatisch dargestellt, 1867
Kober, F., Die körperliche Züchtigung als kirchliches Strafmittel gegen Cleriker und Mönche, in: TQ 1875
Koch, W., Kaiser Friedrich I. Barbarossa (1152–1190). Die Nachkommen Kaiser Friedrichs I., in: Schnith, Mittelalterliche Herrscher in Lebensbildern, 1990
Köhler, O., Das Bild des geistlichen Fürsten in den Viten des 10., 11. und 12. Jahrhunderts, 1935
Kolb, P./Krenig, E.-G. (Hg.), Unterfränkische Geschichte I. Von der germanischen Landnahme bis zum hohen Mittelalter, 3. A., 1991
Kolmer, L., Christus als beleidigte Majestät. Von der Lex «Quisquis» (397) bis zur Dekretale «Vergentis» (1199), in: Mordek, H. (Hg.), Papsttum, Kirche und Recht im Mittelalter, 1991
Kolmer, L., Regensburg in der Salierzeit, in: Weinfurter, S. (Hg.), Die Salier und das Reich, 3. Bd., 2. A., 1992

Koeniger, A. M., Das Recht der Militärseelsorge in der Karolingerzeit, in: Festgabe Alois Kröpfler, 1917

Der Koran, übertragen von M. Henning. Einleitung und Anmerkungen von A. Schimmel, 1960

Kosminski, J. A./Skaskin, S. D., Geschichte des Mittelalters, Bd. I, 1958

Kossmann, O., Das unbekannte Ostseeland Selencia und die Anfänge Pommerns, in ZOF, 1971

Kossmann, O., Deutschland und Polen um das Jahr 1000. Gedanken zu einem Buch von Herbert Ludat, in ZOF 21, 1972

Krah, A., Absetzungsverfahren als Spiegelbild von Königsmacht. Untersuchungen zum Kräfteverhältnis zwischen Königtum und Adel im Karolingerreich und seinen Nachfolgestaaten, 1987

Kretschmann, H., Die stammesmäßige Zusammensetzung der deutschen Streitkräfte in den Kämpfen mit den östlichen Nachbarn unter den Karolingern, Ottonen und Saliern. Ein Beitrag zur Frage der Verhältnisse zwischen Reichs- und Ostpolitik, 1940

Kühner, H., Gezeiten der Kirche in zwei Jahrtausenden, I, 1970

Kühner, H., Die Kreuzzüge, Studio Bern, 14. 10. 1970, 21. 10. 1970

Kühner, H., Tabus der Kirchengeschichte. Notwendige Wandlungen des Urteils. 3., verb. und erg. A., 1971

Kühner, H., Das Imperium der Päpste. Kirchengeschichte – Weltgeschichte – Zeitgeschichte. Von Petrus bis heute, 1977

Kühner, H., Lexikon der Päpste von Petrus bis Paul VI., o. J.

Kummer, B., Midgards Untergang. Germanischer Kult und Glaube in den letzten heidnischen Jahrhunderten, 1927

Kupisch, K., Kirchengeschichte I 1973, II 1974, 2. A., 1984

Lacarra, J. M./Engels, O., Mauren und Christen in Spanien (711-1035), in: Schieffer, T. (Hg.), HEG, Bd. 1, 3. A., 1992

Laehr, G., Die Konstantinische Schenkung in der abendländischen Literatur des Mittelalters bis zur Mitte des 14. Jahrhunderts, in: HS, H. 166, 1926

Lammers, W. (Hg.), Otto Bischof von Freising. Chronik oder die Geschichte der zwei Staaten, 5. A., 1990

Lang, A./Lechner, J./Schmaus, M. (Hg.), Aus der Geisteswelt des Mittelalters, 1935

Lange, K.-H., Die Stellung der Grafen von Northeim in der Reichsgeschichte des 11. und frühen 12. Jahrhunderts, in: NdsJb 33, 1961

Lautemann, W., Mittelalter, 1970

Lea, H. Ch., Die Inquisition, revid. und herausgeg. von J. Hansen, 1985

Lekai, L. J., Geschichte und Wirken der weißen Mönche. Der Orden der Cistercienser, 1958

Levison, W., Aus rheinischer und fränkischer Frühzeit. Ausgewählte Aufsätze, 1948

Lexikon des Mittelalters, Bd. I bis IX, 1980–1998

Lexikon für Theologie und Kirche, Bd. I bis X., 1930–1938, Bd. I bis VII, 1993–1998

Leyser, K. J., Herrschaft und Konflikt. König und Adel im ottonischen Sachsen, 1984

Lindner, K., Untersuchungen zur Früh-Geschichte des Bistums Würzburg und des Würzburger Raumes, 1972

Lohmer, C., Ordo und Heilserwartung bei Petrus Damiani, in: Mordek, H. (Hg.), Papsttum, Kirche und Recht im Mittelalter, 1991
Looshorn, J., Geschichte des Bisthums Bamberg, nach den Quellen bearbeitet, 7 Bde., 1886–1910
Looshorn, J., Der heilige Bischof Otto. Nach den Quellen bearbeitet, 1888
Lotter, F., Heiliger und Gehenkter. Zur Todesstrafe in hagiographischen Episodenerzählungen des Mittelalters, in: Berg, D./Goetz, H.-W. (Hg.), Ecclesia et regnum, 1989
Loewenich, W. v., Von Augustin zu Luther, Beiträge zur Kirchengeschichte, 1959
Lück, D., Erzbischof Anno II. von Köln. Standesverhältnisse, verwandtschaftliche Beziehungen und Werdegang bis zur Bischofsweihe, in: AHVN, 1970
Ludat, H., Piasten und Ottonen, in: L'Europe aux IXe–XIe siècles, 1968
Ludat, H., An Elbe und Oder um das Jahr 1000. Skizzen zur Politik des Ottonenreiches und der slawischen Mächte in Mitteleuropa, 2. A., 1995
Lüdtke, A. (Hg.), Herrschaft als soziale Praxis. Historische und sozial-anthropologische Studien, 1991
Ludwig, G., Massenmord im Weltgeschehen. Bilanz zweier Jahrtausende, 1951
Maier, F. G., Die Verwandlung der Mittelmeerwelt, in: Fischer, Weltgeschichte, Bd. 9, 1968
Maier, F. G., Die Partner des christlichen Abendlandes: Byzanz, die orthodoxen Slawen und der Islam, in: Seibt, F. (Hg.), Europa im Hoch- und Spätmittelalter, HEG, Bd. 2, 1987
Maleczek, W., Rombeherrschung und Romerneuerung durch das Papsttum, in: Schimmelpfennig, B./Schmugge, L. (Hg.), Rom im hohen Mittelalter, 1992
Maurer, H., Die Konstanzer Bischofskirche in salischer Zeit. Über Dauer und Wandel ihrer rechtlichen und gesellschaftlichen Grundlagen, in: Weinfurter (Hg.), Die Salier und das Reich, Bd. II, 2. A., 1992
Mayer, H. E., Zur Beurteilung des Adhémars von Le Puy, in: DA 1960
Mayer, H. E., Die Legitimität Balduins IV., in: HJ 108, 1988
Mazal, O., Das Byzantinische Reich unter der Syrischen und der Makedonischen Dynastie, in: Schieffer, T. (Hg.), Handbuch der Europäischen Geschichte, Bd. I, 3. A., 1992
Mehnert, W. (Hg.), Cölibat und Sittlichkeit. «Die Einführung der erzwungenen Ehelosigkeit bei den christlichen Geistlichen und ihre Folgen.» Im Auszug mit bibliographischen Einführungen und Ergänzungen, neu herausgegeben, 1932
Menzel, W., Geschichte der Deutschen, 3 Bde., 1872
Mertens, D., Vom Rhein zur Rems. Aspekte salisch-schwäbischer Geschichte, in: Weinfurter, S. (Hg.), Die Salier und das Reich, 1. Bd., 2. A., 1992
Metz, W., Wesen und Struktur des Adels Althessens in der Salierzeit, in: Weinfurter, S. (Hg.), Die Salier und das Reich, 1. Bd., 2. A., 1992
Meyer, O., In der Harmonie von Kirche und Reich, in: Kolb/Krenig (Hg.), I. Von der germanischen Landnahme bis zum hohen Mittelalter, 1989
Meyer von Knonau, G., Jahrbücher des Deutschen Reiches unter Heinrich IV. und Heinrich V., Neudruck d. 1. A. 1890, 2. unveränderte A. 1964
Meyers Taschen-Lexikon Geschichte in 6 Bänden, 2. aktualisierte und durch einen Nachtrag ergänzte A., Bd. V, 1989
Meyer-Gebel, M., Bischofsabsetzungen in der deutschen Reichskirche, 1992
Mirbt, C., Die Publizistik im Zeitalter Gregors VII., 1894

Mitteis, H., Die Krise des deutschen Königswahlrechts (SB München 1950), in: Hlawitschka (Hg.), Königswahl und Thronfolge in ottonisch-frühdeutscher Zeit, 1971
Möhring, H., Saladin und der Dritte Kreuzzug, 1980
Moia, N., Für die Frauen. Pour les femmes, 1992
Moia, N., Géint d'Pafen, 1994
Montgomery of Alamein, B. L., Weltgeschichte der Schlachten und Kriegszüge, 2 Bde., 1975
Moraw, P., Die Pfalzstifte der Salier, in: Weinfurter (Hg.), Die Salier und das Reich, 2. A., 1992
Mordek, H. (Hg.), Papsttum, Kirche und Recht im Mittelalter. Festschrift für Horst Fuhrmann zum 65. Geburtstag, 1991
Müller, A., Geschichte der Juden in Nürnberg 1146–1945, 1968
Müller-Mertens, E., Reich und Hauptorte der Salier: Probleme und Fragen, in: Weinfurter, S. (Hg.), Die Salier und das Reich, Bd. 1, 2. A., 1992
Müller-Mertens, E./Huschner, W., Reichsintegration im Spiegel der Herrschaftspraxis Kaiser Konrads II., 1992
Mynarek, H., Eros und Klerus. Vom Elend des Zölibats, 1978
Neu, H., Karl I. der Gute, Graf von Flandern, in: NDB 11, 1977
Neumeister, P., Heinrich V. (1106–1125), in: Engel/Holtz (Hg.), Könige und Kaiser des Mittelalters, 1989
Neumeister, P., Konrad III. (1138–1152), in: Engel/Holtz (Hg.), Könige und Kaiser des Mittelalters, 1989
Neumeister, P., Lothar III. (1125–1137), in: Engel/Holtz (Hg.), Deutsche Könige und Kaiser des Mittelalters, 1989
Neumüllers-Klauser, R., Heinrich II. Herrscher und Heiliger in seiner Zeit, Historischer Verein Bamberg, 1974
Neuss, Die Kirche des Mittelalters, 1946
Niemeyer, G., Die Miracula S. Mariae Laundunensis des Abtes Hermann von Tournai. Verfasser und Entstehungszeit, in: DAEM, 1971
Noth, A., Heiliger Krieg und Heiliger Kampf in Islam und Christentum, 1966
Oldenbourg, Z., Die Kreuzzüge, Traum und Wirklichkeit eines Jahrhunderts, 1967
Ostrogorsky, G., Geschichte des byzantinischen Staates, 2. A., 1952, 3. A., 1962
Parisse, M., Lothringen – Geschichte eines Grenzlandes, 1984
Parkes, J., The Conflict of the Church and the Synagogue, A study in the origins of antisemitism, 1934
Patschovsky, A., Der Ketzer als Teufelsdiener, in: Mordek, H. (Hg.), Papsttum, Kirche und Recht im Mittelalter, 1991
Patze, H. (Hg.), Die Burgen im deutschen Sprachraum I, 1976
Pauler, R., Das Regnum Italiae in ottonischer Zeit. Markgrafen, Grafen und Bischöfe als politische Kräfte, 1982
Paulus, N., Geschichte des Ablasses im Mittelalter vom Ursprunge bis zur Mitte des 14. Jahrhunderts, 3 Bde., 1922/23
Pauly, Der Kleine Pauly. Lexikon der Antike, Ziegler/Sontheimer (Hg.), 5 Bde., 1979
Perecrin, Das Vatican'sche Concil und die Priesterehe. Zugleich ein Beitrag zur Cultur- und Sittengeschichte, 1870
Pernoud, R., Die Kreuzzüge in Augenzeugenberichten, 1961

Petke, W., Kanzlei, Kapelle und königliche Kurie unter Lothar III. (1125–1137). Forschungen zur Kaiser- und Papstgeschichte des Mittelalters, 1985

Petke, W., Lothar von Süpplingenburg (1125–1137), in: Beumann (Hg.), Kaisergestalten des Mittelalters, 3. A., 1991

Pfaff, V., Sieben Jahre päpstliche Politik, in: ZSRG, Kan. Abt. 67, 1981

Pfleger, L., Kirchengeschichte der Stadt Straßburg im Mittelalter. Nach den Quellen dargestellt, 1941

Pierer's Universal-Lexikon. Vergangenheit und Gegenwart, 19 Bde., 1857–1865

Pirenne, H., Sozial- und Wirtschaftsgeschichte Europas im Mittelalter, o. J.

Pitz, E., Wirtschafts- und Sozialgeschichte Deutschlands im Mittelalter, 1979

Plöchl, W., Geschichte des Kirchenrechts I 1953, II 1955

Poole, A. L., Die Welfen in der Verbannung, in: DAM, 1938

Pöschl, A., Bischofsgut und mensa episcopalis, 1908

Prawer, J., The Latin Settlement of Jerusalem, in: Speculum 27, 1952

Preidel, Slawische Altertumskunde des östlichen Mitteleuropa im 9. und 10. Jahrhundert, I, 1961

Prinz, F., Klerus und Krieg im frühen Mittelalter. Untersuchungen zur Rolle der Kirche beim Aufbau der Königsherrschaft, 1971

Prinz, F., Grundlagen und Anfänge. Deutschland bis 1056, 1985

Prinz, F., Die Grenzen des Reiches in frühsalischer Zeit: Ein Strukturproblem der Königsherrschaft, in: Weinfurter, S. (Hg.), Die Salier und das Reich, I. Bd., 2. A., 1992

Prutz, H., Die Geistlichen Ritterorden. Ihre Stellung zur kirchlichen, politischen, gesellschaftlichen und wirtschaftlichen Entwicklung des Mittelalters, 1908

Ranke-Heinemann, U., Eunuchen für das Himmelreich. Katholische Kirche und Sexualität, 1988

Reindel, K., Königtum und Kaisertum der Liudolfinger und frühen Salier in Deutschland und Italien (919–1056), in: Schieffer, T. (Hg.), HEG, Bd. 1, 3. A., 1992

Reuling, U., Die Kur in Deutschland und Frankreich. Untersuchungen zur Entwicklung des rechtsförmlichen Wahlaktes bei der Königserhebung im 11. und 12. Jahrhundert, 1979

Reuter, T., Unruhestiftung, Fehde, Rebellion, Widerstand: Gewalt und Frieden in der Politik der Salierzeit, in: Weinfurter, S. (Hg.), Die Salier und das Reich, 3. Bd., 2. A., 1992

Rice, D. T. (Hg.), Morgen des Abendlandes, 1965

Ronner, W., Die Kirche und der Keuschheitswahn. Christentum und Sexualität, 1971

Rörig, F., Geblütsrecht und freie Wahl in ihrer Auswirkung auf die deutsche Geschichte. Untersuchungen zur Geschichte der deutschen Königserhebungen (911–1198), in: Hlawitschka (Hg.), Königswahl und Thronfolge in ottonisch-frühdeutscher Zeit, 1971

Rösener, W., Bauern im Mittelalter, 4. unveränderte A., 1991

Rösener, W., Grundherrschaft im Wandel. Untersuchungen zur Entwicklung geistlicher Grundherrschaften im südwestdeutschen Raum vom 9. bis 14. Jahrhundert, 1991

Rösener, W., Bauern in der Salierzeit, in: Weinfurter, S. (Hg.), Die Salier und das Reich, Bd. 3, 2. A., 1992

Roth, C., Geschichte der Juden. Von den Anfängen bis zum neuen Staate Israel, 1964

Sage, W., Aspekte der Mittelalter-Archäologie, in: Herrmann, B. (Hg.), Mensch und Umwelt im Mittelalter, 1996

Schaller, H. M., Zur Kreuzzugsenzyklika Papst Sergius' IV., in: Mordek, H. (Hg.), Papsttum, Kirche und Recht im Mittelalter, 1991

Schaller, H. M., Herrschaftszeichen der römischen Kommune, in: Schimmelpfennig, B./Schmugge, L. (Hg.), Rom im hohen Mittelalter, 1992

Scheibelreiter, G., Der Regierungsantritt des römisch-deutschen Königs (1056–1138), in: MIÖG, 1973

Schieder, T. (Hg.), Handbuch der Europäischen Geschichte. Europa im Hoch- und Spätmittelalter, Bd. 2, 1987

Schieffer, R., Heinrich III. (1039–1056), in: Beumann (Hg.), Kaisergestalten des Mittelalters, 1991

Schieffer, R., Mauern, Kirchen und Türme. Zum Erscheinungsbild Roms bei deutschen Geschichtsschreibern des 10. bis 12. Jahrhunderts, in: Schimmelpfennig, B./Schmugge, L. (Hg.), Rom im hohen Mittelalter, 1992

Schieffer, R., Erzbischöfe und Bischofskirche von Köln, in: Weinfurter, S., Die Salier und das Reich II, 1992

Schieffer, T., Winfried-Bonifatius und die christliche Grundlegung Europas, 1954, Neudruck 1972

Schieffer, T., Burgund (879–1038), in: Schieffer, T. (Hg.), HEG, Bd. 1, 3. A., 1992

Schieffer, T., Die abendländische Kirche des nachkarolingischen Zeitalters, in: Schieffer, T. (Hg.), HEG, Bd. 1, 3. A., 1992

Schieffer, T. (Hg.), Handbuch der Europäischen Geschichte. Europa im Wandel von der Antike zum Mittelalter. Bd. 1, 3. A., 1992

Schiffmann, S., Heinrich IV. und die Bischöfe in ihrem Verhalten zu den deutschen Juden zur Zeit des ersten Kreuzzuges. Eine Untersuchung nach den hebräischen und lateinischen Quellen, 1931

Schimmelpfennig, B./Schmugge, L. (Hg.), Rom im hohen Mittelalter. Studien zu den Romvorstellungen und zur Rompolitik vom 10. bis zum 12. Jahrhundert, 1992

Schlesinger, W., Kirchengeschichte Sachsens im Mittelalter I: Von den Anfängen christlicher Verkündigung bis zum Ende des Investiturstreites, 1962

Schmale, F.-J. (Hg.), Bischof Otto von Freising und Rahewin. Die Taten Friedrichs oder richtiger Chronica, 1965

Schmale, F.-J., Quellen zum Investiturstreit. Erster Teil. Ausgewählte Briefe Papst Gregors VII., 1978

Schmale, F.-J. (Hg.), Italische Quellen über die Taten Kaiser Friedrichs I. in Italien und der Brief über den Kreuzzug Kaiser Friedrichs I., 1986

Schmale-Ott, I., Quellen zum Investiturstreit, Zweiter Teil, Schriften über den Streit zwischen Regnum und Sacerdotium, 1984

Schmid, H. F., Der Gegenstand des Zehntstreites zwischen Mainz und Thüringen im 11. Jahrhundert, in: ZSRG, Germ. Abt., 1922

Schmid, K., Zur Ablösung der Langobardenherrschaft durch die Franken, in: QFIAB, 1973

Schmid, K., Zum Haus- und Herrschaftsverständnis der Salier, in: Weinfurter, S. (Hg.), Die Salier und das Reich, Bd. 1, 2. A., 1992

Schmidt, A./Fritz, W. D., Lampert von Hersfeld, Annalen 1962
Schmidt, H.-J., Religiöse Mittelpunkte und Verbindungen, in: Heit, A. (Hg.), Zwischen Gallia und Germania, Frankreich und Deutschland, 1987
Schmidt, U., Königswahl und Thronfolge im 12. Jahrhundert, 1987
Schmitt, J.-C., Macht der Toten, Macht der Menschen. Gespenstererscheinungen im hohen Mittelalter, in: Lüdtke, A. (Hg.), Herrschaft als soziale Praxis, 1991
Schmugge, L., Kirche – Kommune – Kaiser, in: Schimmelpfennig, B./Schmugge, L. (Hg.), Rom im hohen Mittelalter, 1992
Schneider, R., Die Königserhebung Heinrichs II. im Jahre 1002, in: DAM 28, 1972
Schneider, R., Landeserschließung und Raumerfassung durch salische Herrscher, in: Weinfurter, S. (Hg.), Die Salier und das Reich, Bd. 1, 2. A., 1992
Schneider, R., Das Frankenreich, 3. A., 1995
Schnith, K., England von der normannischen Eroberung bis zum Ende des Hundertjährigen Krieges 1066–1453, in: Seibt, F. (Hg.), Europa im Hoch- und Spätmittelalter, HEG, Bd. 2, 1987
Schnith, K. R. (Hg.), Mittelalterliche Herrscher in Lebensbildern. Von den Karolingern zu den Staufern, 1990
Schnith, K. R., Kaiser Konrad II. (1024–1039). Die Nachkommen Kaiser Konrads II., in: Schnith (Hg.), Mittelalterliche Herrscher in Lebensbildern, 1990
Schnith, K. R., Kaiser Heinrich III. (1039–1056). Die Nachkommen Kaiser Heinrichs III., in: Schnith (Hg.), Mittelalterliche Herrscher in Lebensbildern, 1990
Schnith, K. R., Kaiser Heinrich IV. (1056–1106), in: Schnith (Hg.), Mittelalterliche Herrscher in Lebensbildern. Von den Karolingern zu den Staufern, 1990
Schnith, K. R., Kaiser Heinrich V. (1106–1125), in: Schnith (Hg.), Mittelalterliche Herrscher in Lebensbildern. Von den Karolingern zu den Staufern, 1990
Schnürer, G., Kirche und Kultur im Mittelalter, 3 Bde., 1927/29
Schöffel, J. B., Kirchengeschichte Hamburgs, Erster Bd.: Die Hamburgische Kirche im Zeichen der Mission und im Glanze der erzbischöflichen Würde, 1929
Scholz, K./Wojtecki, D. (Hg.), Peter von Dusburg. Chronik des Preußenlandes, 1984
Schopen, E., Geschichte des Judentums im Orient, 1960
Schopen, E., Geschichte des Judentums im Abendland, 1961
Schramm, P. E., Die Krönung in Deutschland bis zum Beginn des salischen Hauses, in: ZSRGKA 55, 1935
Schramm, P. E., Kaiser, Rom und Renovatio. Studien zur Geschichte des römischen Erneuerungsgedankens vom Ende des karolingischen Reiches bis zum Investiturstreit, 2. A., 1957
Schreiber, G., Mutter und Kind in der Kultur der Kirche. Studien zur Quellenkunde und Geschichte der Karitas, Sozialhygiene und Bevölkerungspolitik, 1918
Schreiner, K., Gregor VIII., nackt auf einem Esel. Entehrende Entblößung und schandbares Reiten im Spiegel einer Miniatur der «Sächsischen Weltchronik», in: Berg, D./Goetz, H.-W. (Hg.), Ecclesia et regnum, 1989
Schreiner, P., Byzanz, 2. überarb. A., 1994
Schröder, I., Zur Rezeption merowingischer Konzilskanones bei Gratian, in: Mordek, H. (Hg.), Papsttum, Kirche und Recht im Mittelalter, 1991
Schubert, E., Der Wald: wirtschaftliche Grundlage der spätmittelalterlichen Stadt, in: Herrmann, B. (Hg.), Mensch und Umwelt im Mittelalter, 1996

Schubert, H. v., Geschichte der christlichen Kirche im Frühmittelalter, I 1917, II 1921
Schulze, H. K., Hegemoniales Kaisertum. Ottonen und Salier, 1991
Schulze, H. K., Grundstrukturen der Verfassung im Mittelalter, Bd. 1, Stammesverband, Gefolgschaft, Lehnswesen, Grundherrschaft, 2. verb. A., 1990. Bd. 2, Familie, Sippe und Geschlecht, Haus und Hof, Dorf und Mark, Burg, Pfalz und Königshof, Stadt, 2. verb. A., 1992
Schumacher, B., Die Idee der geistlichen Ritterorden im Mittelalter, in: Neumann, Heidenmission, 1963
Schünemann, K., Deutsche Kriegsführung im Osten während des Mittelalters, in: DAM, 1938
Schütz, J., Ortsnamentypen und slawische Siedlungszeit, in: JffL 28, 1968
Schwab, D./Giesen, D./Listl, J./Strätz, H.-W. (Hg.), Staat, Kirche, Wissenschaft in einer pluralistischen Gesellschaft. Festschrift zum 65. Geburtstag von Paul Mikat, 1989
Schwarzmaier, H., Das «salische Hausarchiv», in: Weinfurter, S. (Hg.), Die Salier und das Reich, Bd. 1, 2. A., 1992
Schwarzmaier, H., Von Speyer nach Rom. Wegstationen und Lebensspuren der Salier, 2. A., 1992
Schwinges, R. C., Die Kreuzzugsbewegung, in: Seibt, F. (Hg.), HEG, Europa im Hoch- und Spätmittelalter, Bd. 2, 1987
Seegrün, W., Das Papsttum und Skandinavien bis zur Vollendung der nordischen Kirchenorganisation (1164), 1967
Seibert, H., Libertas und Reichsabtei. Zur Klosterpolitik der salischen Herrscher, in: Weinfurter (Hg.), Die Salier und das Reich, II, 1992
Seibt, F. (Hg.), Bohemia Sacra, Das Christentum in Böhmen 973–1973, 1974
Seibt, F. (Hg.), Europa im Hoch- und Spätmittelalter, HEG, Bd. 2, 1987
Seibt, F. (Hg.). Polen von der Jahrtausendwende bis 1444, in: Seibt, F. (Hg.), Europa im Hoch- und Spätmittelalter, HEG, Bd. 2, 1987
Seibt, F., Von der Konsolidierung unserer Kultur zur Entfaltung Europas, in: Seibt, F. (Hg.), HEG, Bd. 2, Europa im Hoch- und Spätmittelalter, HEG, Bd. 2, 1987
Seidlmayer, M., Geschichte Italiens. Vom Zusammenbruch des Römischen Reiches bis zum Ersten Weltkrieg. Mit einem Beitrag «Italien vom ersten zum zweiten Weltkrieg», von T. Schieder, 1962
Seiferth, W., Synagoge und Kirche im Mittelalter, 1964
Seppelt, F. X., Geschichte des Papsttums, 5 Bde., 1931/1936
Seppelt, F. X./Schwaiger, G., Geschichte der Päpste. Von den Anfängen bis zur Gegenwart, 1964
Servatius, C., Paschalis II., 1979
Servatius, C., Heinrich V. (1106–1125), in: Beumann (Hg.), Kaisergestalten des Mittelalters, 1991
Siegwart, J., Die Chorherren- und Chorfrauengemeinschaften in der deutschsprachigen Schweiz vom 6. Jahrhundert bis 1160, 1962
Silagi, G. (Hg.), Die «Gesta Hungarorum» des anonymen Notars. Die älteste Darstellung der ungarischen Geschichte, 1991
Singer, P./Dahl, E., Das gekreuzigte Tier, in: Dahl, E. (Hg.), Die Lehre des Unheils, 1993

Sommerlad, Th., Die wirtschaftliche Tätigkeit der Kirche in Deutschland. I. Bd. 1990; II. Bd. 1995
Specht, W., Der Tod des Papstes Clemens II., in: JFL 1959
Specht, W./Fischer, K., Chemisch-toxikologische Studie an 900jährigen Mumienrelikten, 1960
Spindler, M., Handbuch der Bayerischen Geschichte. Das alte Bayern. Das Stammesherzogtum bis zum Ausgang des 12. Jahrhunderts, 2. A., Bd. 1, 1981
Sprandel, R., Verfassung und Gesellschaft im Mittelalter, 5. überarb. A., 1994
Sprandel, R., Flandrisch-lübeckischer Fernhandel und die deutsche Ostsiedlung, in: Deutsche Ostsiedlung in Mittelalter und Neuzeit, 1971
Sprotte, F., Biographie des Abtes Servatus Lupus von Ferrières. Nach den Quellen des neunten Jahrhunderts, 1880
Staab, F., Die Mainzer Kirche, Konzeption und Verwirklichung in der Bonifatius- und Theonestradition, in: Weinfurter, Bd. II, Die Salier, 1992
Stehkämper, H., Die Stadt Köln in der Salierzeit, in: Weinfurter, S. (Hg.), Die Salier und das Reich, Bd. III, 2. A., 1992
Steinbach, F., Das Frankenreich (Brand/Meyer/Just, Hg., Handbuch der deutschen Geschichte 1,2), 1955
Steinbach, F., Die Ezzonen. Das erste Jahrtausend, 1964
Steindorff, E., Jahrbücher des Deutschen Reiches unter Heinrich III., Bd. 2, 1881
Stern, L./Bartmuss, H. J., Deutschland in der Feudalepoche von der Wende des 5./6. Jh. bis zur Mitte des 11. Jh., 1973
Stimming, H., Das deutsche Königsgut im 11. und 12. Jahrhundert. 1. Teil: Die Salierzeit (HSt. 149), 1922
Stoob, H. (Hg.), Helmold von Bosau, Slawenchronik, 1963
Störmer, W., Früher Adel, Studien zur politischen Führungsschicht im fränkisch-deutschen Reich vom 8.–11. Jahrhundert, 1973
Störmer, W., Die Anfänge des karolingischen Pfalzstifts Altötting, in: Berg, D./Goetz, H.-W. (Hg.), Ecclesia et regnum, 1989
Störmer, W., Im Karolingerreich, in: Kolb, P./Krenig, E.-G. (Hg.), Unterfränkische Geschichte, Bd. I, 3. A., 1991
Störmer, W., Bayern und der bayerische Herzog im 11. Jahrhundert. Fragen der Herzogsgewalt und der königlichen Interessenpolitik, in: Weinfurter, S. (Hg.), Die Salier und das Reich, 1. Bd., 2. A., 1992
Streich, G., Burg und Kirche während des deutschen Mittelalters. Untersuchungen zur Sakraltopographie von Pfalzen, Burgen und Herrensitzen, 2 Bde., 1984
Streminger, G., Gottes Güte und die Übel der Welt. Das Theodizeeproblem, 1992
Streminger, G., Die Jesuanische Ethik, in: Dahl, E. (Hg.), Die Lehre des Unheils, 1993
Stroll, M., New Perspectives on the Struggle between Guy of Vienne and Henry V., in: Arch. hist. pont. 18, 1980
Struve, T., Die Stellung des Königtums in der politischen Theorie der Salierzeit, in: Weinfurter, S. (Hg.), Die Salier und das Reich, Bd. 3, 2. A., 1992
Taddey, G. (Hg.), Lexikon der Deutschen Geschichte. Personen – Ereignisse – Institutionen. Von der Zeitwende bis zum Ausgang des 2. Weltkrieges, 1979
Tellenbach, G., Die westliche Kirche vom 10. bis zum frühen 12. Jahrhundert, 1988

Teuffel, R., Individuelle Persönlichkeitsschilderung in deutschen Geschichtswerken des 10. und 11. Jahrhunderts, 1914
Theiner, J. A., und Theiner, A., Die Einführung der erzwungenen Ehelosigkeit bei den christlichen Geistlichen und ihre Folgen. Ein Beitrag zur Kirchengeschichte, III, 1892
Thieme, H., Die Magdeburger und Kulmer Stadtrechte im deutschen Osten, in: Deutsche Ostsiedlung in Mittelalter und Neuzeit, 1971
Thomas, H., Bemerkungen zu Datierung, Gestalt und Gehalt des Annoliedes, in: ZDPh 96, 1977
Thomas, H., Julius Caesar und die Deutschen. Zu Ursprung und Gehalt eines deutschen Geschichtsbewußtseins in der Zeit Gregors VII. und Heinrichs IV., in: Weinfurter, S. (Hg.), Die Salier und das Reich, 3. Bd., 2. A., 1992
Thorau, P., Die Burgen der Assassinen in Syrien, in: Welt des Orients, 18, 1988
Töpfer, B., Friedrich I. Barbarossa 1152–1190, in: Engel/Holtz (Hg.), Könige und Kaiser des Mittelalters, 1989
Toynbee, A. J., Der Gang der Weltgeschichte, I, 1979
Trillmich, W. (Hg.), Wipo. Taten Kaiser Konrads II. in Quellen des 9. und 11. Jahrhunderts zur Geschichte der Hamburgischen Kirche und des Reiches, 1961
Trillmich, W. (Hg.), Thietmar von Merseburg. Chronik, 7. A., 1992
Trusen, W., Vom Inquisitionsverfahren zum Ketzer- und Hexenprozeß. Fragen der Abgrenzung und Beeinflussung, in: Schwab/Giesen/Listl/Strätz (Hg.), Staat, Kirche, Wissenschaft in einer pluralistischen Gesellschaft, 1989
Twellenkamp, M., Das Haus der Luxemburger, in: Weinfurter, S. (Hg.), Die Salier und das Reich, I. Bd., 2. A., 1992
Ullmann, W., Die Machtstellung des Papsttums im Mittelalter. Idee und Geschichte, 1960
Valjavec, F. (Hg.), Frühes Mittelalter, 1956
Vehse, O., Die päpstliche Herrschaft in der Sabina bis zur Mitte des 12. Jahrhunderts, in: QFIAB, 1929/30
Vincke, J., Staat und Kirche in Katalonien und Aragon während des Mittelalters, 1931
Vogel, P. M., Lebensbeschreibungen der Heiligen Gottes auf alle Tage des Jahres. Mit zur Nachfolge ermunternden Lehrstücken, 1863
Vogtherr, Th., Die Reichsklöster von Corvey, Fulda und Hersfeld, in: Weinfurter, S. (Hg.), Die Salier und das Reich, II, 1992
Voigt, K., Die karolingische Klosterpolitik und der Niedergang des westfränkischen Königtums. Laienäbte und Klosterinhaber, 1917
Vollrath, H., Konfliktwahrnehmung und Konfliktdarstellung in erzählenden Quellen des 11. Jahrhunderts, in: Weinfurter, S. (Hg.), Die Salier und das Reich, 3. Bd., 2. A., 1992
Vones, L., Geschichte der Iberischen Halbinsel im Mittelalter, 711–1480, 1993
Voss, I., Herrschertreffen im frühen und hohen Mittelalter. Untersuchungen zu den Begegnungen der ostfränkischen und westfränkischen Herrscher im 9. und 10. Jahrhundert sowie der deutschen und französischen Könige vom 11. bis 13. Jahrhundert, 1987
Wattenbach, W./Holtzmann, R., Deutschlands Geschichtsquellen im Mittelalter. Deutsche Kaiserzeit, Bd. 1–4, 1948

Weber, M., Grundriß der Sozialökonomik, III. Bd., 1. und 2. Halbband, 3. A., 1947
Wein, M. (Hg.), Ich kam, sah und schrieb. Augenzeugenberichte aus fünf Jahrtausenden, 1964
Weinfurter, S., Die Salier und das Reich. Einleitung, in: ders., Die Salier und das Reich I, 1992
Weinfurter, S. (Hg.), Die Salier und das Reich. Salier, Adel und Reichsverfassung. Bd. 1, 2. A., 1992
Weinfurter, S., Die Salier und das Reich. Die Reichskirche in der Salierzeit, Bd. 2, 2. A., 1992
Weinfurter, S. (Hg.), Die Salier und das Reich. Bd. 3, Gesellschaftlicher und ideengeschichtlicher Wandel im Reich der Salier, 2. A., 1992
Weinfurter, S., Herrschaftslegitimation und Königsautorität im Wandel: Die Salier und ihr Dom zu Speyer, in: Weinfurter, S. (Hg.), Die Salier und das Reich, Bd. 1, 2. A., 1992
Weller, K., Württembergische Kirchengeschichte bis zum Ende der Stauferzeit, 1936
Wendehorst, A., Im Ringen zwischen Kaiser und Papst, in: Kolb/Krenig (Hg.), Unterfränkische Geschichte, 3. A., 1991
Wendehorst, A., Bischöfe und Bischofskirchen von Würzburg, Eichstätt und Bamberg, in: Weinfurter (Hg.), Die Salier und das Reich, 2. A., 1992
Werner, K. F., Westfranken – Frankreich unter den Spätkarolingern und frühen Kapetingern (888–1060), in: Schieffer, T. (Hg.), HEG, Bd. 1, 3. A., 1992
Werner, M., Der Herzog von Lothringen in salischer Zeit, in: Weinfurter, S. (Hg.), Die Salier und das Reich, 1. Bd., 2. A., 1992
Wetzer, H. J./Welte, B., Kirchen-Lexikon oder Encyklopädie der katholischen Theologie und ihrer Hilfswissenschaften I–XI, 1847–1854
Wilpert, G. v. (Hg.), dtv-Lexikon der Weltliteratur, 4 Bde., 1971
Winter, J. M. van, Kochen und Essen im Mittelalter, in: Herrmann, B. (Hg.), Mensch und Umwelt im Mittelalter, 1996
Winterer, H., Zur Priesterehe in Spanien bis zum Ausgang des Mittelalters, in: ZSRG KA, 1966
Wittram, R. (Hg.), Baltische Kirchengeschichte, 1956
Wojtowytsch, M., Die Kanones Heinrici regis. Bemerkungen zur römischen Synode vom Februar 1014, in: Mordek, H. (Hg.), Papsttum, Kirche und Recht im Mittelalter, 1991
Wollschläger, H., Die bewaffneten Wallfahrten gen Jerusalem. Geschichte der Kreuzzüge, in: Deschner (Hg.), Kirche und Krieg, 1970
Wolter, H., Die Synoden im Reichsgebiet und in Reichsitalien von 916 bis 1056, 1988
Wühr, W., Studien zu Gregor VII. – Kirchenreform und Weltpolitik, 1930
Wührer, K., Die Anfänge der nordeuropäischen Monarchien, in: Schieffer, T. (Hg.), HEG, Bd. 1, 3. A., 1992
Wurm, H., Körpergröße und Ernährung der Deutschen im Mittelalter, in: Herrmann, B. (Hg.), Mensch und Umwelt im Mittelalter, 1996
Zapperi, R., Der schwangere Mann. Männer, Frauen und die Macht, 1984
Zeissberg, H., Die öffentliche Meinung im 11. Jahrhundert über Deutschlands Politik gegen Polen, in: Beumann, Heidenmission, 1963

Ziegler, K./Sontheimer, W. (Hg.), Der Kleine Pauly I–V, 1979
Zimmerling, D., Der Deutsche Ritterorden, 4. Aufl., 1994
Zimmermann, H., Papstabsetzungen des Mittelalters, in: MIÖG 69, 1961 f.
Zimmermann, H., Das dunkle Jahrhundert. Ein historisches Porträt, 1971
Zimmermann, H., Das Papsttum im Mittelalter. Eine Papstgeschichte im Spiegel der Historiographie. Mit einem Verzeichnis der Päpste vom 4. bis zum 15. Jahrhundert, 1981
Zimmermann, H., Heinrich IV. 1056–1106, in: H. Beumann, Kaisergestalten des Mittelalters, 3. A., 1991
Zöllner, W., Heinrich VI. 1190–1197, in: Engel/Holtz (Hg.), Deutsche Könige und Kaiser des Mittelalters, 1989
Zöllner, W., Geschichte der Kreuzzüge, 6. A., 1990
Zoepfl, F., Das Bistum Augsburg und seine Bischöfe im Mittelalter, 1955
Zotz, T., Präsenz und Repräsentation. Beobachtungen zur königlichen Herrschaftspraxis im hohen und späten Mittelalter, in: Lüdtke, A. (Hg.), Herrschaft als soziale Praxis, 1991
Zotz, T. Die Formierung der Ministerialität, in: Weinfurter, S. (Hg.), Die Salier und das Reich, Bd. 3, 2. A., 1992
Zullinger, J., Kommunikation bei Bernhard von Clairvaux. Lizentiatsarbeit bei der Philosophischen Fakultät I der Universität Zürich, 1991

ABKÜRZUNGEN

von Quellen, wissenschaftlichen Zeitschriften und Nachschlagewerken

Acerb. Mor.: Acerbus Morena, Geschichtsschreiber, gest. 1167; Sohn von Otto Morena

Adalb. contin. Regin.: Adalbert von Weißenburg/Magdeburg: Continuatio Reginonis

Adam von Br., Gesta Hamm.: Adam von Bremen, Gesta Hammaburgensis ecclesiae pontificum

Adalb. v. Utr.: Adalbold von Utrecht, Vita Heinrici II imperatoris

Adem. v. Chab.: Ademar v. Chabannes, Historia (auch: Chronik)

AHVN: Annalen des Historischen Vereins für den Niederrhein, Köln 1855 ff.

Alb. Aquens.: Albert v. Aachen, Historia Hierosolymitana

Alex. Teles.: Alexander v. Telese. De rebus gestis Rogerii Siciliae regis libri IV

Ambros.: Ambrosius von Mailand

Ann. Altah.: Annales Altahenses maiores

Ann. Hildesh.: Annales Hildesheimenses

Ann. Lob.: Annales Lobienses

Ann. Magdeb.: Annales Magdeburgenses

Ann. Patherb.: Annales Patherbrunnensis

Ann. Quedlinb.: Annales Quedlinburgenses

Ann. Sangall.: Annales Sangallenses maiores

Ann. Saxo.: Annalista Saxo, Arnold, Abt v. Berge und Nienburg

Bernh. v. Cl.: Bernhard von Clairvaux, sermo in coena Domini

Bonizo: Bonizo v. Sutri, Liber ad amicum

Cod. Udal.: Codex Udalrici

DAM: Deutsches Archiv für Geschichte des Mittelalters (1937–1944), ab 1951 (Bd. 8) Deutsches Archiv für Erforschung des Mittelalters

Ekkeh. Uraug.: Ekkehard v. Aura, Hierosolymita

Falco v. Benev.: Falco v. Benevent, Chronik

FMSt.: Frühmittelalterliche Studien, Berlin 1967 ff.

Fulch. Carn.: Fulcherius Carnotensis, Historia Hierosolymitana

Gerh. v. Reichersb.: Gerhoh v. Reichersberg, De investigatione Antichristi

Gesta Alber.: Gesta Alberonis archiepiscopi Treverensis auctore Balderico

Gesta Franc.: Anonymus, Gesta Francorum et aliorum Hierosolymitanorum

Guib. Novig.: Guibertus Novigensis, Historia quae dicitur Gesta Dei per Francos

Guil. Tyr.: Guillelmus Tyrensis, Historia rerum in partibus transmarinis gestarum

HEG: Handbuch der Europäischen Geschichte. Band I: Europa im Wandel von der Antike zum Mittelalter, herausgegeben von Theodor Schieder, 3. Aufl. 1992. Band II: Europa im Hoch- und Spätmittelalter, herausgegeben von Ferdinand Seibt, 1987

Helm. v. Bosau: Helmold von Bosau, Cronica Slavorum

Herm. v. Reich.: Hermann von Reichenau (Hermannus Contractus), Chronik

HJb: Historisches Jahrbuch der Görres-Gesellschaft 1880 ff.

HKG: Handbuch der Kirchengeschichte, herausgegeben von Hubert Jedin. Band III/1: Die mittelalterliche Kirche: Vom Frühmittelalter bis zur gregorianischen Reform. Sonderausgabe 1985. Band III/2: Die mittelalterliche Kirche: Vom kirchlichen Hochmittelalter bis zum Vorabend der Reformation. Sonderausgabe 1985

HZ: Historische Zeitschrift, München 1859 ff.

JbfL: Jahrbuch für fränkische Landesforschung, Erlangen u. a. 1935 ff.

JW: P. Jaffé, Regesta pontificum Romanorum ab condita ecclesia ad annum post Christum natum MCXCVIII, 2. Auflage, herausgegeben von G. Wattenbach 1885 ff. Nachdruck 1956

Lamp. v. Hersf.: Lampert von Hersfeld, Annales

Lib. de unit. eccl. conserv.: Liber de unitate ecclesiae conservanda
LMA: Lexikon des Mittelalters I–IX 1980–1998
Lod. Anon.: Lodeser Anonymus
LP: Liber Pontificalis 2 Bde. ed. L. Duchesne 1886 ff. 2. Aufl. 1955
LThK: Lexikon für Theologie und Kirche 1. Aufl. 1930 ff. 3. völlig neubearb. Aufl. 1993 ff. (bisher Bde. 1–7)
MG: Monumenta Germaniae historica 1826 ff.
MG Const.: Leges. Constitutiones
MG SS: Scriptores
MIÖG: Mitteilungen des Instituts für Österreichische Geschichtsforschung 1880 ff.
Narr. de Long. obpr.: Civis Mediolanensis anonymi narratio de Longobardie obpressione et subiectione
NDB: Neue deutsche Biographie, Hg. Historische Kommission bei der Bayerischen Akademie der Wissenschaften, Berlin 1953 ff.
NdsJb: Niedersächsisches Jahrbuch für Landesgeschichte, Hg. Historische Kommission für Hannover, Hildesheim 1930 ff.
Notk. Gesta Kar.: Notkeri Gesta Karoli
Odo. Diog.: Odo Diogilensis (Odo v. Deuil), Chronik
Otto. v. Fr.: Otto von Freising, Chronica sive historia de duabus civitatibus = Chronik
Otto v. Fr.: Otto von Freising, Gesta Frederici (I u. II)
Otto Mor.: Otto Morena, Ottonis Morenae eiusdemque continuatorum libellus de rebus a Frederico imperatore gestis
Pallad.: Palladius, Historia Lausiaca
Peter v. Dusb.: Peter von Dusburg, Chronica terre Prussie
PL: J.-P. Migne, Patrologiae cursus completus. Series latina
QFIAB: Quellen und Forschungen aus italienischen Archiven und Bibliotheken, Zeitschr. des Preußischen bzw. Deutschen Historischen Instituts in Rom, 1898 ff.
Rahewin: Rahewin, Gesta Frederici (III u. IV)
Raimund. Agil.: Raimundus Agilensis, Historia Francorum qui ceperunt Ierusalem
Rath. v. Verona: Rather von Verona: Synodica; De contemptu canonum
RhVjbl: Rheinische Vierteljahrsblätter. Mitteilungen des Instituts für geschichtliche Landeskunde der Rheinlande an der Universität Bonn, Bonn 1931–1942; 1948 ff.
Rom. Salernit.: Romoald von Salerno, Chronik
Sigeb. Gembl.: Sigebert von Gembloux, Chronik
Thietm.: Thietmar von Merseburg, Chronik
Vita Benn.: Vita Bennonis II. ep. Osnabrugensis
Vita Bernw.: Vita Bernwardi
Vita Heinr. IV.: Vita Heinrici IV. imperatoris
Vita Math.: Vita Mathildis posterior
Vita Meinw.: Vita Meinwerci episcopi Patherbrunnensis
Wipo: Wipo, Gesta Chuonradi II. imperatoris
ZDPh: Zeitschrift für deutsche Philologie, Halle 1869 ff.
ZKTh: Zeitschrift für Katholische Theologie, Wien u. a. 1876–1943; 1947 ff.
ZOF: Zeitschrift für Ostforschung. Länder und Völker im östlichen Mitteleuropa, Marburg 1952 ff.
ZSRG GM: Zeitschrift der Savignystiftung für Rechtsgeschichte, Germanische Abteilung, Weimar 1880 ff.
ZSRG KA: Zeitschrift der Savignystiftung für Rechtsgeschichte, Kanonistische Abteilung, Weimar 1911 ff.

REGISTER

Das folgende Register umfaßt alle im vorliegenden Band 6 enthaltenen Namen von Personen, auch von fiktiven, legendären oder gefälschten, sowie die Namen aller mehr oder minder fingierten oder mythischen Gestalten aus alten Literaturen oder anderen Traditionen.

Da sämtliche Zitate buchstabengetreu aus den Quellen übernommen wurden, kommen etliche Namen in verschiedenen Schreibweisen vor.

Zur Erleichterung der Suche wurde in bestimmten Fällen ein und dieselbe Person mit mehreren Namensvarianten in das Register aufgenommen. Auf Querverweise wird weitgehend verzichtet, um dem Benutzer Unbequemlichkeiten zu ersparen.

Vornamen, Titel, Ränge, Verwandtschaftsverhältnisse, Zeitangaben ergänzen pragmatisch, nicht systematisch, das Stichwort, damit der Leser nicht unnötig nachschlägt. In der Regel werden Nebenfiguren genauer charakterisiert als die bekannteren Personen.

Erstellt hat das Register Dr. Barbara Gerber, Hamburg.

ÜBER DEN AUTOR

Karl Heinrich Leopold Deschner wurde am 23. Mai 1924 in Bamberg geboren. Sein Vater Karl, Förster und Fischzüchter, katholisch, entstammte ärmsten Verhältnissen. Seine Mutter Margareta Karoline, geb. Reischböck, protestantisch, wuchs in den Schlössern ihres Vaters in Franken und Niederbayern auf. Sie konvertierte später zum Katholizismus.

Karlheinz Deschner, das älteste von drei Kindern, ging zur Grundschule in Trossenfurt (Steigerwald) von 1929 bis 1933, danach in das Franziskanerseminar Dettelbach am Main, wo er zunächst extern bei der Familie seines Tauf- und Firmpaten, des Geistlichen Rats Leopold Baumann, wohnte, dann im Franziskanerkloster. Von 1934 bis 1942 besuchte er in Bamberg das Alte, Neue und Deutsche Gymnasium als Internatsschüler bei Karmelitern und Englischen Fräulein. Im März 1942 bestand er die Reifeprüfung. Wie seine ganze Klasse meldete er sich sofort als Kriegsfreiwilliger und war – mehrmals verwundet – bis zur Kapitulation Soldat, zuletzt Fallschirmjäger.

Zunächst fernimmatrikuliert als Student der Forstwissenschaften an der Universität München, hörte Deschner 1946/47 an der Philosophisch-theologischen Hochschule in Bamberg juristische, theologische, philosophische und psychologische Vorlesungen. Von 1947 bis 1951 studierte er an der Universität Würzburg Neue deutsche Literaturwissenschaft, Philosophie und Geschichte und promovierte 1951 mit einer Arbeit über «Lenaus Lyrik als Ausdruck metaphysischer Verzweiflung» zum Dr. phil. Einer im selben Jahr geschlossenen Ehe mit Elfi Tuch entstammen drei Kinder, Katja (1951), Bärbel (1958) und Thomas (1959 bis 1984).

Von 1924 bis 1964 lebte Deschner auf einem früheren Jagdsitz der Würzburger Fürstbischöfe in Tretzendorf (Steigerwald), dann zwei Jahre im Landhaus eines Freundes in Fischbrunn (Hersbrucker Schweiz). Seitdem wohnt er in Haßfurt am Main.

Karlheinz Deschner hat Romane, Literaturkritik, Essays, Aphorismen, vor allem aber religions- und kirchenkritische Geschichtswerke veröffentlicht. Auf über zweitausend Vortragsveranstaltungen hat Deschner im Laufe der Jahre sein Publikum fasziniert und provoziert.

1971 stand er in Nürnberg «wegen Kirchenbeschimpfung» vor Gericht.

Seit 1970 arbeitet Deschner an seiner großangelegten «Kriminalgeschichte des Christentums». Da es für so unruhige und beunruhigende Geister wie ihn keine Posten, Beamtenstellen, Forschungsstipendien, Ehrensolde, Stiftungsgelder gibt, war ihm die ungeheure Forschungsarbeit und Darstellungsleistung nur möglich dank der selbstlosen Hilfe einiger Freunde und Leser, vor allem dank der Förderung durch seinen großherzigen Freund und Mäzen Alfred Schwarz, der das Erscheinen des ersten Bandes im September 1986 noch mitgefeiert, den zweiten Band aber nicht mehr miterlebt hat, dann des deutschen Unternehmers Herbert Steffen.

Im Sommersemester 1987 führte Deschner an der Universität Münster einen Lehrauftrag aus zum Thema «Kriminalgeschichte des Christentums».

Für sein aufklärerisches Engagement und für sein literarisches Werk wurde Karlheinz Deschner 1988 – nach Koeppen, Wollschläger, Rühmkorf – mit dem Arno-Schmidt-Preis ausgezeichnet, im Juni 1993 – nach Walter Jens, Dieter Hildebrandt, Gerhard Zwerenz, Robert Jungk – mit dem Alternativen Büchnerpreis und im Juli 1993 – nach Sacharow und Dubček – als erster Deutscher mit dem International Humanist Award.

Um die «Kriminalgeschichte des Christentums» geht es – pro und contra – in dem 70minütigen Videofilm von Ricarda Hinz und Jacques Tilly mit dem Titel «Die haßerfüllten Augen des Herrn Deschner». Zu beziehen über: Humanistischer Verband Deutschlands, Wallstraße 61–65, 10179 Berlin.

Karlheinz Deschner

Karlheinz Deschner wurde 1924 in Bamberg geboren. Im Krieg Soldat; studierte Jura, Theologie, Philosophie, Literaturwissenschaft und Geschichte. Seit 1958 veröffentlicht Deschner seine entlarvenden und provozierenden Geschichtswerke zur Religions- und Kirchenkritik.

Kriminalgeschichte des Christentums
Band 1. Die Frühzeit. *Von den Ursprüngen im alten Testament bis zum Tod des hl. Augustinus (430)*
544 Seiten. Gebunden und als rororo sachbuch 19969

Band 2. Die Spätantike. *Von den katholischen "Kinderkaisern" bis zur Ausrottung der arianischen Wandalen und Ostgoten unter Justinian I. (527 - 565)*
688 Seiten. Gebunden und als rororo Band 60142

Band 3. Die Alte Kirche. *Fälschung, Verdummung, Ausbeutung, Vernichtung*
720 Seiten. Gebunden und als rororo sachbuch 60244

Band 4. Frühmittelalter. *Von König Chlodwig I. (um 500) bis zum Tode Karls "des Großen" (814)*
624 Seiten. Gebunden und als rororo 60344

Band 5. 9. und 10. Jahrhundert. *Von Ludwig dem Frommen (814) bis zum Tode Ottos III. (1002)*
704 Seiten. Gebunden und als rororo sachbuch 60556

rororo sachbuch

Band 6. 11. und 12. Jahrhundert. *Von Kaiser Heinrich II., dem «Heiligen» (1002), bis zum Ende des Dritten Kreuzzugs (1192)*
656 Seiten. Gebunden

Oben ohne *Für einen götterlosen Himmel und eine priesterfreie Welt*
320 Seiten. Gebunden und als rororo sachbuch 60705

Opus Diaboli *Fünfzehn unversöhnliche Essays über die Arbeit im Weinberg des Herrn*
288 Seiten. Broschiert und als rororo sachbuch 19764

Die Politik der Päpste im 20. Jahrhundert *Erweiterte, aktualisierte Neuausgabe von "Ein Jahrhundert Heilsgeschichte" I und II*
1392 Seiten. Gebunden

Weitere Informationen in der **Rowohlt Revue**, kostenlos in Ihrer Buchhandlung und im **Internet**: www.rowohlt.de

3646/3